张义奇 著

评传

大河
无声
李劼人

四川文艺出版社

图书在版编目（CIP）数据

大河无声：李劼人评传 / 张义奇著. — 成都：四川
文艺出版社，2023.6
ISBN 978-7-5411-6659-4

Ⅰ . ①大… Ⅱ . ①张… Ⅲ . ①李劼人（1891–
1962）—评传 Ⅳ . ①K825.6

中国国家版本馆CIP数据核字（2023）第093805号

DAHE WUSHENG : LIJIEREN PINGZHUAN

大河无声：李劼人评传

张义奇 著

出 品 人	谭清洁
策划组稿	张庆宁
责任编辑	周 轶
封面设计	张 军
内文设计	史小燕
责任校对	蓝 海
责任印制	桑 蓉

出版发行　四川文艺出版社（成都市锦江区三色路 238 号）
网　　址　www.scwys.com
电　　话　028-86361802（发行部）　028-86361781（编辑部）

邮购地址　成都市锦江区三色路 238 号四川文艺出版社邮购部　610023
排　　版　四川胜翔数码印务设计有限公司
印　　刷　成都紫星印务有限公司
成品尺寸　168mm × 238mm　　开　本　16 开
印　　张　33　　　　　　　　　字　数　485 千
版　　次　2023 年 6 月第一版　印　次　2023 年 6 月第一次印刷
书　　号　ISBN 978-7-5411-6659-4
定　　价　98.00 元

自 序

李劼人是20世纪中国新文学史上不可忽视的文化存在。

他不仅是最早的白话文作家，而且是20世纪30年代长篇小说五大家之一；同时，他是早期的法国文学翻译家，译过九部长篇、一部中篇，以及一批短篇小说、戏剧及民歌。此外，他还是现代作家中罕见的实业家，担任过民生机器厂厂长，又亲手创建了嘉乐纸厂并长期担任董事长，以经营实业践行了青年时期立下的宏愿，即：做西南新文化运动的坚实基础。他还是四川早期的媒体人和积极的社会活动家，"五四"时期，他发起组织"少年中国学会"成都分会，用自己主办的报刊，竭力倡导新思想，宣传新文化，直接促使了"五四"新文化运动在四川的广泛传播。

一 从《李劼人全集》看其文化遗产

李劼人终究是以文学作品闻名于世的。

从1912年到1962年，他的文学活动持续了整整半个世纪。五十余年中，他究竟留下了多少文字，如今已是一个难以说清的问题。由于原始材料的缺失，加之他一生使用过的笔名多达三十几个，而目前研究者掌握的笔名不过八九个，因此不少文章散佚或失考。尤其在20世纪初叶，地方军阀统治时期，他用笔名发过的大量文章，恐怕只能永远封存在故纸堆中了。

即使如此，今天人们能够读到的文字，业已是他留下的一笔丰厚文化遗产。

2011年由四川文艺出版社出版的《李劼人全集》，收录了当年能找到的几乎所有文章，共十七卷二十册，总计约六百万字，包括了他创作的小说、散文、随笔、杂文、报告文学、戏剧剧本、文学理论、书信、旧体诗、调查报告和翻译作品等各种文体，可以说重要的作品都收进去了。煌煌六百万言，呈现给我们的是一个思想丰富、文采斐然的文化大师的多个侧面。随着人们对李劼人研究工作的深入展开，将来或许还有新的作品会被打捞出来。寄希望于未来研究者的进一步发现。

李劼人的文学生涯是从写小说开始的，后来他从事媒体工作，写作的文体种类逐渐增多，除了文学作品之外，还有反映当时社会状况的非虚构的纪实类作品，并且相当一部分发表在成都地方报纸上。由于年代久远，图书馆、档案馆也收藏不全，最遗憾的是李劼人的处女作、也是新文学史上的第一篇白话小说《游园会》，因为当年报纸缺失，至今未被找到。

另一部分被出版部门遗失的作品，也很有遗珠之憾。长篇散文《成嘉来回记》，据作者称有近万字，内容是写20世纪30年代中，作者因嘉乐纸厂事来往于成都和嘉定（乐山）之间的见闻，此文应该很有价值，所以上海中华书局的《新中华》半月刊提前一个月就刊登了预告。几乎所有的研究资料都记载该作品发表于1936年8月号的《新中华》上。但事实上，该刊8月号并没有发表这篇作品，不仅如此，以后也未刊登。2010年因编辑《李劼人全集》之故，笔者在南京图书馆查阅了《新中华》从1933年创刊到1949年闭刊的每一期刊物，均未发现该文；并且还查阅了1957年生活·读书·新知三联书店出版的《〈新中华〉总目》单行本，除了广告之外，亦不见踪影。由是可断定，这篇作品已经遗失了。

《中国人的衣食住行》，是李劼人晚年的一部重要书稿，作者说约有十六七万字（实际上可能不止），但现在读者看到的也只是残稿，仅仅是其中的"食"这一部分，全书并未出版，原稿想必也遗失了。

李劼人的日记毁于"文革"，是一个很大的损失。据李眉讲，她父亲的日记从1911年记到1962年去世前，一直没有间断。这些日记最大的特点是记载日常生活，事无巨细，哪怕是买几根葱葱蒜苗，都记载得清清楚楚，包括价格，卖主的长相、言谈举止等。李劼人记载这些日常琐事，是为他的文学创作积累素材，对今天的人们来说，则是研究他的作品和历史的可贵的资料。可惜，这些都在"文革"中烧毁了。

此外，还有大量的书信散落于民间。李劼人从青年时代就爱写信，在法国期间，每周都要写一至两封信给家人或朋友，谈重要事情，也谈生活琐事。爱写信这个习惯一直保持到老年。但这些信件一部分已烧毁，另一部分则在民间收藏者手上。《李劼人全集》收录的书信仅仅是其中的一小部分，还多亏了当年有人检查这些书信时拍照存档才得以保存，最后又流落至文物市场被研究者购买。

六百余万字的存世作品，虽然不是作家一生写作的全部，但一代文化大师的风采已尽在其中！

二　李劼人与中外文学的关系

李劼人与西方文学的关系，一直是研究者们很乐意讨论的话题。

一般人们都注意到了法兰西文学对他长篇小说创作的影响，不断重申他作为中国的左拉、东方的福楼拜的成就，却很少有人留意到他对于外国文学吸取的动态变化过程。

纵观李劼人的文学之路，大致可以分为三个时期：第一个是20世纪一二十年代，是短篇小说探索与成熟时期；第二个是20世纪30年代，是长篇小说《大波》涌动时期；第三个是20世纪50年代重写《大波》时期。仔细阅读这几个时期的作品就会发现，不同时代，外国文学给他留下的影响，或者说他对外国文学的取舍是有差异的。

20世纪一二十年代的短篇小说时期以留法为界，可分为前后两个阶段。前一个阶段是"五四"新文化时代，后一个阶段是"五四"退潮之后。前一个时期是李劼人文学创作的探索期，题材明显受到清末以来黑幕小说和谴责小说的熏陶，内容以暴露黑暗为主；而叙事方式则多学习林（林纾）译英美小说，尤其英国狄更斯、美国华盛顿·欧文等人的作品。他这时的短篇虽然写人物，但并不注重展示性格，而是竭力夸张、丑化，语言多以讽刺为主，以人物的滑稽表演达到幽默的效果。在艺术结构上，短篇与中长篇的界线还比较模糊，分不清它们的区别，因此短篇有中长篇压缩的嫌疑。这是时代的局限。

不过，李劼人终究是现代小说意识觉醒比较早的作家，特别是留法归来后，短篇小说有了明显变化，无论内容、形式，还是叙事技巧，都与前一阶段有明显的不同，此时的作品已是标准的现代短篇小说，其标志是截取生活的某个横断面，并注重人物形象的塑造。内容上尽管也是揭露军阀统治下的黑暗，却并无黑幕小说的特征，而更注意写人物的命运和生存状态；幽默风格依旧得到保持，但又并非像以前那样的漫画化，而是以人物自身可笑的行动举止来制造幽默效果。这时的短篇小说，显然是学习法国文学的结果，其中莫泊桑、都德等短篇小说大师的创作对李劼人短篇小说的成熟起到了催化的影响。

20世纪30年代是李劼人"大波涌动"时期，也是他文学生涯的黄金时代。著名的"大河三部曲"——《死水微澜》《暴风雨前》《大波》相继问世。"大河小说"仅仅从规模上看，就显然受到法国文学的启示，李劼人有意要效仿左拉《卢贡·马卡尔家族》的写法。而在人物塑造上，福楼拜则给了李劼人很好的借鉴，《死水微澜》中的蔡大嫂，就能看到《包法利夫人》中爱玛的影子。法国文学中的其他作家，擅长女性心理描写的，如普鲁斯特，擅长地方风光描写的，如龚古尔，以及莫泊桑、都德等，都给过他巨大的启迪。

但是，李劼人并没有生搬硬套这些大师的方法，他不过是用他们的现代小说模式，来构建自己的历史叙事，可谓是用西方文学的新瓶来装中国文学的传统佳酿。宏观上我们看到的是西方"当代"，微观上我们读到的则是中国的"传统"。《金瓶梅》《红楼梦》的世情书写在"大河小说"中得以传承。中国的乡土芬芳、地方风俗，在重建的历史空间背景下，被移情到现代小说的艺术框架中，从而完成了东西方文学艺术的一次完美的融合。

20世纪30年代李劼人的"大河小说"既不同于中国的史传小说，也有异于西方历史传奇，而是崭新视野下中国历史小说叙事的一次大突破，进而开辟了中国文学的一条新路径。

20世纪50年代是李劼人重写《大波》的时期，也是他文学之路上辉煌的夕阳阶段。这时期，李劼人的写作兴趣已从虚构的文学世界转到了真实的历史场景中。重写《大波》，一切以"真"作为标准，文学的想象和精细的生活尽管还是其中的一部分，但已经退居到了历史的背后。因此，在叙事结构上不再倾向于普通人的世情生活，而更注重时代的宏大叙事。由于李劼人有意建构一部气势宏大而庞杂的史诗文学，这时他借鉴的外国小说不仅有法国小说，而且更注意到了苏联文学和美国文学。他读了包括列夫·托尔斯泰、阿·托尔斯泰、肖洛霍夫、费定等苏俄作家在内的许多作品，尤其是老托尔斯泰的《战争与和平》让他大受启发；美国现代女作家玛格丽特·米切尔的《飘》，也使他获益匪浅。他在给儿子李远岑和朋友的信中，不止一次谈到这点。于是才有了重写本《大波》直追《战争与和平》的宏阔气魄。

但李劼人毕竟是受法国文学浸润很深的作家，早年所受熏陶已经深入骨髓，其中自然主义的文学理念无不时时左右着他。过去评论家们谈及李劼人与自然主义的关系，总是集中在情欲描写方面，其实，那不过是一种表象而已。自然主义对李劼人影响至深的地方是，文学要保持对待生活的绝对客观性，尤其在对待历史的态度和观念上，文学作品应该遵循自然的原则。1865年，龚古尔兄弟在相继出版了他们作为自然主义经典的《热曼妮·拉曼顿》《夏尔·德玛依》《费罗曼娜修女》等作品之后，曾经明确地指出，小说要依据自然口述和笔录所构成，十分强调文学作品的资料性和文献性。李劼人重写《大波》时，把这一理念贯彻到了始终，连文中涉及的一份文告，也要找到当年的原文。重写本《大波》具有的文献性和资料性，被作家视为对于历史本真的追求。这是以往的史传小说，尤其是《三国演义》一类的作品都难以做到的。李劼人对于历史真相的痴迷，正是自然主义对他潜意识作用的结果。

历史在重写《大波》中不是虚构，而仅仅是重构。它不仅为读者提供了文学文本，也提供了历史文本。

三 有关李劼人研究的几个阶段

从"大河小说"问世以来，有关李劼人作品的评论与研究也历经了几个阶段。

第一个阶段是20世纪30年代，这是新文学史上优秀长篇小说不断出现的时代，李劼人在此获得了一席之地，自然就引起了评论家的重视，其中最有名且至今常被研究者引用的便是郭沫若的《中国左拉之待望》。郭沫若赞扬李劼人"有大家风度"，"是可以称为一位健全的写实主义者"，说他的作品是"小说的近代史，至少说是小说的近代《华阳国志》"。不仅评价甚高，而且以左拉的名字来指代李劼人。从此，"中国左拉"的称谓被传开去。

郭沫若定义的"中国左拉"，让李劼人获得了崇高的声誉，"大河三部曲"被一下提升到了世界文学的高度，但同时也为1949年以后李劼人作品遭受冷遇埋下了伏笔。左拉是19世纪法国的批判现实主义作家，其自然主义的文学理论，与深受苏联社会主义现实主义文艺理论影响的中国是格格不入的，"中国左拉"自然也就失去了价值。

第二个阶段是从20世纪50年代到70年代末，近三十年时间里，李劼人的作品除了重写本《大波》偶尔在报刊上有零星的简介评述外，研究基本是一片空白。高等院校几乎所有的文学史教材都没有李劼人的位置。王瑶的《新文学史稿》，刘绶松的《中国新文学史初稿》，丁易的《中国现代文学史略》，林志浩的《中国现代文学史》等具有权威性的著作，都不约而同地把李劼人和他的大河小说"遗忘"了。其实不是文学史家们遗忘了，而是不能写李劼人。因为李劼人的作品没有明确的阶级划分。刘绶松就明确地表示："必须在新文学史研究中，划清敌我，分清主从。"原来当年的文学史是一部意识形态史、阶级斗争史啊！李劼人的作品敌我不分，谁还敢去研究呢？

直到唐弢主编《中国现代文学史》，才在该书第十章第五节"其他作家作品"中，用六百余字介绍李劼人和《死水微澜》与《大波》。

与国内寂寞的状况相反，李劼人和他的小说在海外却很热闹。在日本，自

1955年桑原武夫访问菱窠归国后，发表了《四川纪行》，向日本读者首次介绍了李劼人的生平和文学作品，"大河小说"成为日本汉学家学习汉语的语言教科书。1960年，京都大学教授竹内实发表了《被埋没的作家》，为李劼人鸣不平；同时将《死水微澜》《暴风雨前》翻译成日文出版。之后，森时彦来到成都搜集研究资料，准备翻译长篇小说《大波》。另一位学者海谷宽，不仅翻译了《大波》，而且撰文盛赞李劼人。在《关于李劼人的文学》一文中，海谷宽将《死水微澜》《暴风雨前》与日本现代小说相比，称它们"稳重，无懈可击"，犹如长江一样波澜壮阔；又将李劼人与日本自然主义作家德田秋声、田山花袋相比较，认为李劼人没有日本自然主义作家那种软绵绵的悲哀的可怜相。而评论家花田清辉更是将"大河小说"与岛崎藤村的《黎明之前》相提并论，岛崎的作品在日本是被誉为里程碑式的作品。

日本河出书房出版的十二大本"现代中国文学"丛书，其中只有鲁迅、李劼人、郭沫若、茅盾、赵树理、曲波六人独立成集，其余六本都是多人合集，由是可知李劼人作品在日本读者眼中的分量。

李劼人的作品也被介绍到法国。法籍华裔学者温晋仪女士用十年时间将《死水微澜》译成法文，并于1981年出版。"被遗忘的李劼人"和"中国的包法利夫人"，都上了巴黎的报纸，一时成为法国读者的热门话题。

在我国港台地区，李劼人一直是学者们关注的作家。李璜等当年的留法勤工俭学学生，在台北时有回忆文章谈及李劼人和他的作品。香港学者司马长风所著《中国新文学史》中，首次将李劼人列为20世纪30年代中长篇小说的七大家之一。而曹聚仁是李劼人作品最忠实的读者和推荐者，他不仅对旧版《大波》有极高的评价，认为当代没有比李劼人更成功的作家，而且对于重写本《大波》也大为赞赏，称其有直逼福楼拜、托尔斯泰的气派，并且给予了李劼人"东方福楼拜"的称谓。

这时期唯一遗憾的是，夏志清在美国写《中国现代小说史》时，没有写到李劼人。2004年，他在接受中国大陆学者季进专访时，曾不无遗憾地表示没有讲到李劼人和萧红。

20世纪80年代以后，中国政治领域的思想解放引发了学术界关于"重写文学史"的讨论，钱理群、黄子平、陈平原三人提出"二十世纪中国文学"新概念，冲破了现代文学僵硬的研究思路。在这样的学术大背景下，李劼人等一批"被遗忘"的作家被纳入文学史家视野。《新文学史料》最早刊登了一批有关李劼人的史料，高校学报，如四川大学学报陆续发表了一系列研究论文；高校文学史教材也开始出现专节甚至专章介绍李劼人的生平和作品，如黄修己的《中国现代文学简编》，西南十四院校编写的《中国现代文学史》等等。不仅如此，一些学者对李劼人的评价达到了一个相当的高度。曾有评论家说："在三四十年代有三位十分努力而且政治色彩较淡的作家——李劼人、沈从文、张爱玲，本来应是进入诺贝尔文学家族最合适的人选，可惜因为阴差阳错，未能顺应人愿。""在国内重写文学史的议论中，我曾说过，倘若让我设计中国现代小说史的框架，那么，我将把李劼人的《死水微澜》和《大波》作为最重要一章。"

与此同时，在国外，李劼人的作品在继续进一步传播。1988年瑞典汉学家马悦然主编的《中国文学手册：1900—1949》第一卷便有李劼人及其作品的介绍。马悦然对李劼人评价之高出乎预料："对能够阅读并欣赏中国文学的人而言，鲁迅、李劼人、沈从文和其他许多作家的作品显然是足以登上世界文坛的。"[①]他把李劼人排在鲁迅之后。

美国学者司昆仑教授曾经在四川大学留学，她回国后也把李劼人研究带到了美国，她在完成《巴金〈家〉中的历史——1920年代的成都社会》一书后，目前正在准备撰写出版一本从李劼人作品视角出发的成都社会研究的专著。

李劼人和他的作品已经走向了世界。海外学者对李劼人的研究已经到了新的高度。香港城市大学的吴国坤副教授在哈佛大学读博士时，导师李欧梵给他指定的专攻方向就是研究李劼人。吴国坤的博士论文《小说的丰碑：李劼人的地缘诗学与20世纪中国历史想象》获得了较高评价，后来吴国坤曾两次到成都

① 马悦然：《答〈南方周末〉记者问》，《当代作家评论》2004年第5期。

考察并搜集资料，写成了《李劼人：1930年代"大河小说"中的成都记忆与想象》。李欧梵之所以如此看重李劼人，是因为他认为李劼人"绝对是一流的文学大师，他深受法国文学影响，是一种严肃的写实主义，展示宏大历史的细部结构。他是非常独特的历史小说家，《死水微澜》《大波》等在现代文学史上具有举足轻重的地位"[①]。从马悦然到李欧梵，在他们看来，李劼人无疑已经具有世界意义。

2011年《李劼人全集》出版后，国内学人对李劼人的关注热情空前高涨。如今在各类学刊上，每年都能看到不少研究论文，尤其是高校师生，运用各种理论来阐释李劼人作品，这说明李劼人不仅回归了文学史，也获得了相应的历史地位。然而也无须讳言，相当一部分论文充满了相似性，还有一些所谓的研究是在玩学术技巧，堆砌一些新概念、新名词，貌似高深。这可能是某些学术论文的通病。而对李劼人研究工作来说，最需要的是新突破，需要切实的学理分析和对基础的材料发掘整理。

有关李劼人的研究也还存在一些误区和盲区。误区是不少研究者常常将两个版本《大波》混为一谈。旧版《大波》（又称中华版）是一个纯文学文本，历史只是背景，重写本则是历史与文学兼得的文本，而且历史是重头戏。两个版本结构不同，人物数量不同，规模也大大不同，如果不加区别地笼统评价，很难准确考辨两个版本的真正价值。

盲区之一，长篇小说《天魔舞》被忽略了。其实这是一部与"大河小说"不同风格，但仍很有价值的作品，足可与巴金最好的作品《寒夜》相提并论，所以我将这两部作品视为抗战大后方的双城记，现代文学作品的双璧。

盲区之二，李劼人作为新闻人的身份被忽略了。李劼人是从报纸进入文学的，他一生都与新闻媒体有密切的关系，很值得研究。

盲区之三，李劼人作为实业家被忽略了。李劼人当过民生机器厂厂长，更

---

① 蒋蓝：《李欧梵：在传统与后现代之间漫游》，《成都日报》2011年10月10日"天下成都"。

长的时间是在经营嘉乐纸厂，他既有先进的经营理念，又有丰富的管理经验。这是一个很值得关注的课题。乐山师范学院文新学院副教授付金艳2016年出版了一本《实业家李劼人档案揭秘》，是一部很实在的学术著作，可以说开了这个课题研究的先河，很有意义。

多重身份的李劼人是一座文化富矿，阅读者从不同的侧面、不同的视角进入，都会发现历史的一片新天地。

以上是我阅读李劼人作品及诸多研究文章后想到的几点拙见，谨以此为序。

目录

小引：从成都走向世界

1962年冬天，成都的天气比往年寒冷。

12月24日晚饭后，作家沙汀从大街上散步归来刚进家门，中国作协四川分会新调来的一位同事就匆匆跑来告诉他一个噩耗：李眉刚才来电话说，李劼人在20点05分逝世了。李眉是李劼人的女儿，她在第一时间便向父亲的密友，也是省作协领导人沙汀报告。

沙汀头脑中"嗡"的一声，像是遭到重物击打。随后下意识看下时间，此刻正值晚上八点半。

沙汀未加思索，在家人的惊愕声中，急忙穿上大衣，连手套、烟盒都忘记拿就奔出了门。对于老朋友的病逝，沙汀在精神上虽然早有准备，但当噩耗真的传来，他仍然有些措手不及，一种悲伤的情绪顿时涌上心头。前两次到四川省人民医院探望李劼人的情景还历历在目：第一次是21日，是与作家林如稷夫妇一道去的。病房里除了忙碌的医生护士之外，出现在眼前的几乎全是管子和玻璃瓶。平日十分健谈的李劼人此时已经说不出话来，瘦削的面孔，眼窝深陷。当他明白是两位老友来看望自己了，已经干瘪的嘴角终于露出了一丝笑意，但又转瞬即逝。李劼人已经无力与老朋友再交谈了。

望着形容枯槁的李劼人，沙汀忍住马上就要流出来的眼泪，逃也似的离开了病房。但李劼人的病情总是他心中的挂牵。坏消息不时传来，市政协负责人也开始谈及李劼人的后事问题。所以23日，沙汀与张秀熟相约再次去医院探望李劼人。这一次沙汀看到的是紧闭双眼的李劼人，若不是病人还在输氧、输血，他真不敢相信，躺在病床上的老朋友还活着。

沙汀的眼泪终于忍不住流出来了。

当沙汀第三次来到医院时，病房里的橡皮管子、玻璃瓶子都没有了，只有门边堆着一堆血迹斑斑的褥子、布头，而床上的病人身体已经盖上了白色的罩单，曾经熟悉的音容笑貌已被这薄薄的罩单阻隔。这对相识相知达二十年的老朋友从此永别了！

沙汀知道李劼人这个人还是1926年在成都省立师范读书期间，那时的李劼人已经是成都鼎鼎有名的作家。但他们真正认识则是在1938年。之后，两人在抗敌文协工作期间多有交往，成为无话不谈的好朋友，并把友谊保持到终生。

此刻，沙汀能够为离世的老友做的第一件事，便是将李劼人的噩耗赶紧报告中国文联和中国作协，以及外地的朋友们。

12月25日晚，中国文联、中国作协都发来了唁电。在北京和上海的李劼人生前好友随即也纷纷发来了唁电。叶圣陶从秘书史晓风口中得知李劼人去世的消息，感觉很突然，去年在"菱窠"与李劼人晤谈的情景还历历在目。叶圣陶怅惘地在窗前站立良久，转身坐下来写唁电："成都市人委转李劼人副市长家属：阅报惊悉劼人先生病逝，伤悼殊深。去春访菱窠，豪情犹在目前。嘱书'劳余'字额，犹未奉缴。"电文结尾无不痛心叹息："而先生不我待矣，鸣呼。叶圣陶"[1]

郭沫若、巴金也分别发来了唁电。巴金的电文是："惊悉劼人同志逝世，

---

① 史晓风：《菱窠之忆——记叶圣陶与李劼人最后一次晤谈》，《圣陶下成长》，北京：人民教育出版社，2008年12月第1版，第45页。

文艺界失去了一位杰出的作家，我失去了一位良师益友，深为哀悼！谨电吊唁，并致慰问。"巴金这位年龄比李劼人小十三岁，却被李劼人尊称为"老兄"的同乡作家，对李劼人这位兄长的去世无不惋惜。巴金的唁电，沙汀认为"最热情，也最好"。

12月30日，成都市人民委员会在旧皇城致公堂为李劼人举行公祭。由中共四川省委统战部部长、成都市市长李宗林主祭，四川大学教授、著名作家林如稷致悼词，悼词经省、市委宣传部领导指示，由洪钟起草、沙汀修改形成，向人们介绍了李劼人的生平，高度评价了他的思想及文学成就。林如稷是李劼人感情笃厚的老友，致完悼词后忍不住哭了。①

随后，李劼人的遗体在亲友们的护送下火化，骨灰安葬在成都市北郊的磨盘山公墓。

李劼人出生于成都平原，最后又回归到了生养他的这一方厚土中。

李劼人走了！终年七十一岁。这位以"大河小说"三部曲——《死水微澜》《暴风雨前》《大波》而蜚声文坛的中国作家，在重写《大波》尚未完成时，不得不放下了他十分不甘心放下的笔，带着满腔的遗憾离开了他挚爱一生的文学事业，离开了他深爱的这座城市。从13日清晨发病被紧急送至四川省人民医院，李劼人的病情就十分不好，时而清醒时而昏迷。医生诊断为高血压、心脏病。至19日，病情再度恶化，且转化为急性坏死性小肠炎，医生先后实施了两次手术，依然没能挽救他的生命。这位年逾古稀的老人，满怀生的希望在病床上挣扎着度过了十天，最终还是告别了人世。

李劼人虽然走了，但他给后人留下了无尽的话题；他的身后用文字铸就的一座巍峨的丰碑，正在历史的天空闪耀着熠熠的光辉！

在中国新文学史上，李劼人是一位乡土地理意识极强，但同时又具有世界眼光的作家，他的创作终其一生都没有离开故土。他的作品内容都是抒写故乡

---

① 李劼人病中及逝世后的内容根据《沙汀日记》整理而成。

的事件，叙事语言采用的也是故乡的方言。从目前所能阅读到的作品看，除中篇小说《同情》是写在巴黎患病治疗的经历外，其余都是记述故乡土地上的人和事。而他选择翻译的法国文学作品，也是站在一个"外省人"的角度去看待的，所以他的译著多选择乡土气息浓郁的作品，甚至有时直接用四川方言去对应法文的句子，常常让读者忍俊不禁。

但李劼人是具有国际视野的作家，他的文字土得掉渣，极具地方性和民族性，却在精神上始终保持与世界相通。可以毫不夸张地说，李劼人的作品与北京的老舍、湘西的沈从文、东北的萧红等作家的作品一样，是中国新文学史上一座标志性的文学纪念碑。

作家的风格是由他的个性和他生活的环境所决定的，环境因素对作家的创作起着至关重要的作用。

李劼人生活、成长的故乡是成都平原，俗称川西坝子，这块总面积1.881万平方公里的平原，四面环山，气候温和，雨量充沛，物产丰富，不仅是四川盆地，也是我国西南地区经济最富庶的地区。

成都平原的富饶得益于大自然的恩赐，更得益于古往今来世代人民的创造。岷江从川西高原奔流而下，众多支流在平原上像蛛网一般撒开，不仅带来了丰富的水源，也造就了肥沃的土地，并形成了古代便利的交通。早在几千年前，古蜀人就世世代代不断在这块平原上治水、开垦，到李冰开凿都江堰后，终于使百川归流，进而造就了"水旱从人，不知饥馑"的天府之国。

生长于天府之国的文人，自古以来就有一种追求闲适，同时又不乏创新、创造的文化品质。一方面因"蜀道难，难于上青天"的大山阻隔，使蜀地少战乱，文人能够怡然自得地在其中进行文化创造，因而形成了独具特色的天府文化；另一方面，因为有长江与中原相连，高高的山脉并不能挡住蜀中文人的视野。走出夔门，他们能看到外面精彩的世界，并紧跟上时代的步伐。

"成都为沃野千里、天府之国的首府，米好、猪肥，蔬菜品种多，而且味均厚且嫩，故成都之川菜，特长于小炒，而以香、脆、滑为咀嚼上品。成都也为粮户聚集安居之地，所谓有闲阶级，则以谈天消遣，此成都茶馆特多而好友聚谈其中，经历三小时不倦，我辈自幼生长其中，故好吃好谈，直到海外学习，此习尚难改掉。"①

　　一个"好吃好谈"道出了古往今来成都人的特性！好吃，吃出了文化；好谈，谈出了一个文学大家。

　　20世纪的李劼人便乘着从夔门刮来的西方文明之风，走出了盆地，走向了世界。

---

① 李璜：《回忆在巴黎常聚之几位同学少年李劼人、李哲生、周太玄、黄仲苏》（上），台北：《中国时报》，一九七八年四月十一日，第二十版。

第一章

移民的后代

　　史学家蒙文通在谈及汉代闭塞的四川为什么会出现司马相如这样的大文学家时，认为是秦末移民的结果："迁蜀的工商业者，既然提高了巴蜀的经济，迁蜀的知识分子，自然也会提高巴蜀的文化。"[①]的确，纵观四川历史上的数次移民潮，每一次移民之后，都会出现文化的新气象，移民后代中会出现一批杰出的人物。

　　移民是一个很奇特的群体，他们不仅带来中原地区先进的文化，而且在移民过程中会造就优良的精神，诸如吃苦耐劳、坚韧进取等品质。这些品质会化为血液传给子孙后代。

　　四川古代最后一次大规模移民出现在明末清初。李劼人的先祖便是此时来到成都的移民。李劼人的母系来自陕西三原，父系则来自湖北黄陂。

　　李氏先祖入川后不像其他湖广移民，以插占土地成为自耕农，而是以经商和行医在城市立足。所以李家世代无田无产，是地道的城市平民。到李劼人父

────────────

① 蒙文通：《巴蜀古史论述》，成都：四川人民出版社，2019年11月第1版，第96页。

亲李传芳这一代，由于家庭境况并不太好，不得不辞别妻儿，到远离故土的江西谋生。六年后，九岁的李劼人与母亲，追寻着父亲的脚步去他乡与亲人团聚。可是好景不长，又过了六年，父亲突然病逝了。十五岁的少年四处求告，办理完父亲的丧事后，再沿着来时的路护送父亲灵柩回归故乡。

少年李劼人的首次远行，历经千辛万苦，像先祖入川一样，完成了一次思想与精神的成长旅行。

一、李氏先祖入川

明末清初，天下大乱。

各地农民纷纷揭竿而起，风起云涌，此起彼伏；满洲贵族的八旗军在关外纵横驰骋，大明官军自袁崇焕惨遭凌迟处死之后便一败涂地，最终东北全境落入清军之手。

历经二百七十六年的大明王朝，在李自成大顺军和清军及大明叛将吴三桂的多重打击下，终于在明思宗崇祯十七年（1644）走到了凄风苦雨的尽头。是年三月十九日，崇祯皇帝在煤山上吊自尽，明朝灭亡。清世祖顺治则从沈阳迁都北京，建立了中国历史上最后一个帝制王朝，是为清顺治元年。

明朝末年的战乱，中国西南尤为惨烈。其中川西平原这块自东汉以后极少遭受战乱之苦的丰饶原野，此时却成了千里无人烟、处处是虎狼的荒凉之地。

崇祯六年（1633），"黄虎"张献忠率兵首次入川失利后，于次年再次卷土重来，终于打败了官军和地方武装，随即血洗成都。"饬令剿洗全城，不留一人"，"城中僧人最多，已达二千之数，因献忠惨杀，无一漏网者，其余住川中各州县人民，多遭杀戮"。①传教士安文思记录下了当年成都大屠杀的惨景。

张献忠屠城后便在成都称帝，建立起了号称"大顺"的大西国。然而，这个土皇帝与史上的割据政权最大不同在于，他给四川带来的并不是偏安一隅的和平，反而是无穷无尽的破坏和杀戮。张献忠与官军和地方武装的相互攻伐，

---

① 古洛东：《圣教入川记》，成都：四川人民出版社，1981年1月第1版，第26—27页。

本来已致四川人口急遽减少，民不聊生。不料，大西政权建立后，又再次对士人进行了有意识的屠杀。因此张献忠所搭建的大西国"草台班子"很快就失去了百姓的支持，仅仅存在两年就草草收场，随即便是更加惨绝人寰的大浩劫。大西军在撤出成都之前，对这座具有两千多年历史的古城进行了彻底的毁灭，将首次屠城后新迁入城的百姓再一次杀光，城市被付之一炬，带不走的宫殿、民居均在大火中化为灰烬。"献忠由川往陕，离成都时下令将皇宫焚毁。嗣在城外见隆烟腾空，火光烛照，大为狂喜。复令将全城四面纵火。一时各方火起，公所私地，楼台亭阁，一片通红，有似火海……川中首城已成焦土，人畜同化灰烬"。离城后，"献忠率领大队人马沿途奸掠烧杀，所过村庄场镇，尽成丘墟"①。

"张献忠剿四川"的史事不仅记录在清代诸多的地方文献如《滟滪囊》《蜀难叙略》《蜀碧》《蜀警录》《蜀龟鉴》《蜀破镜》《荒书》等书中，而且也在民间一代代口头流传。2016年至2020年连续三期发掘的江口古战场考古遗址，出土了张献忠掠夺的大量财宝，其中除了官府的金银之外，还有不少的民间金银，包括女人的首饰，以充足的实物证明了张献忠抢劫杀戮的行径。

明亡数百年后，一位移民的后代，也就是本书的主角李劼人在谈及成都历史时，仍然对这场空前的浩劫痛心疾首："在公元1646年初，（张献忠）开始有计划地将成都和川西平原上所有未曾跑散的人民都集中起来，城墙都拆平，所有房屋都烧毁。单以成都而言，在他（指张献忠）彻底败坏了六个月，将人民和军队一起带走后，城内城外几乎全光了……一直到公元1659年，十三年中成都是一片荒芜，城内只有野兽而无一个人的踪迹。到1659年清四川巡抚高民瞻奏请省会由阆中仍迁成都，才开始有了人烟。"②

以上引文描述的仅仅是作家笔下成都城内的惨景，实际上，在学者的研究中，当年四川广大的农村也依然是十室九空，人烟稀少。康熙二年（1663），

---

① 古洛东：《圣教入川记》，成都：四川人民出版社，1981年1月第1版，第39页。
② 李劼人：《成都历史沿革》，《李劼人研究2007》，成都：巴蜀书社，2008年3月第1版，第11页。

赴蜀地任巡抚的张德地自剑门关入川，沿途所见的荒凉就曾令他大为震惊："沿途瞻望，举目荆榛，一二孑遗，鹑衣菜色。""在川省境内行数十里，绝无烟爨；迨至郡邑，城鲜完郭，居民至多者不过数十户，视其老幼，鹄面鸠形，及抵村镇，止茅屋数间，穷赤数人而已。"张德地由顺庆府（今四川南充）至重庆、泸州看到的则是："舟行数日，寂无人声，仅存空山远麓……"再看成都，"举城尽为瓦砾，藩司公署已鞠为茂草矣"。偌大的千年古都竟然使清廷的总督衙门无以立足，省会只好暂时设置于川西北小城阆中。由此可见当时四川人口的锐减程度。

数十年的战乱，将"水旱从人，不知饥馑"的天府之国糟蹋成了一个虎狼成行的人间地狱。至康熙六年（1667），崇庆县仅有"一百三十三丁，不过数百人"。新津县土著仅余数姓，然皆逃外县，匿迹洪雅。"民无孑遗，荒榛满目"。郫县"土著之民，靡有孑遗，如孙村、范村、刘村等皆因其姓而名之，而户口则甚寥寥"。邛崃县"连年兵灾疫病，人口严重流失，庐舍成墟"。省会成都在顺治四年（1647）尚有"残民千余家"，至康熙三年（1664）时则仅余"数家"。①曾经被誉为"扬一益二"的富庶都会败落成荒冢野乡。

战火、瘟疫、虎患，造成了人口的大灭绝。面对地广人稀，严重影响赋税的四川，清朝初定时，官府一方面招抚四川原籍流民返乡，另一方面则实行一系列优惠政策鼓励外籍百姓移民四川。这就是历史上有名的"湖广填四川"的大移民。

这次中国的人口大迁徙从顺治十六年（1659）开始，至嘉庆元年（1796）结束，前后持续了一百多年。来自湖北、湖南、广东、福建、江西、陕西、贵州等省的大批移民进入四川，终于使天府之国重新燃起了人间烟火，绵绵的土地上逐渐恢复了生机。

"湖广填四川"的移民，吃苦耐劳，开拓奋进，耕读传家。许多家庭经过

---

① 上述引文转引自孙晓芬《清代前期的移民填四川》，成都：四川大学出版社，1997年2月第1版，第11页。

几代人的努力，渐渐兴旺发达。至二百七十年以后，清王朝寿终正寝之前，移民的后代中已经出现了许许多多影响中国历史文化的名人。19世纪末至20世纪初出生的有名人物就有军事家和政治家如朱德、陈毅，还有科学家周太玄、刘子华，哲学家贺麟，文艺家王光祈、郭沫若、李劼人、巴金、艾芜等等，不一而足。

文学家李劼人在长篇小说《大波》中介绍主人公时，说："楚子材的远祖，趁着张敬轩讳献忠的，以及摇黄十三家，以及当日一般据地自雄的土英雄，努力把四川人口杀尽，把四川地面腾空之后若干年，跟着招募人员，毅然决然舍去了湖广省麻城县孝感乡的瘠土，来到四川新津县，用竹竿插占了一片沃土，从此便以稼穑传家。"这段文字所写，其实就是一般"湖广填四川"移民的经历。艾芜（汤道耕）在《我的幼年时代》中讲述新繁县汤氏先祖入川时，就是这同样的经历。

李劼人的先祖也是这大移民队伍中的一员。只是他没有在荒凉的乡村去插占土地，而是靠灵活的头脑和中医手艺，在残垣断壁的城市中安下身来。

对于本书的主角李劼人而言，在"湖广填四川"大移民的千家万户中，有两个人至关重要，他们是李劼人的两位先祖。这两位移民先祖一个姓杨，名兴；另一个姓李，名述明。杨兴是李劼人母系的先祖，亦是李劼人夫人杨叔捃的七世祖先，李述明则是李劼人父系的八世祖先。

先说杨氏一族。

据李劼人抄录的《旧账》中的祭文和老岳（李劼人女婿）所写《李劼人先生的外家》一文所述，杨家入川第一代先祖杨兴，原籍陕西三原县，在清朝初年平定川滇后，由陕西贩布入川，定居成都。之后历经杨继谋、杨建如三代，均"家道贫"，"门衰祚薄难比论"。至第四代杨海霞，由于经营有方，遂开始发迹，在成都磨子街[①]买下一片院落，并不断扩充，取名"四知堂"，差不多

---

① 磨子街是与状元街相连的一条街道，民国初年因城市建设而消失，余下一段并入状元街。

占了半条街。杨家在"不数年间，田产房屋，无不加赠"①，成为此街上与另一座杨家府第——即明朝状元杨慎（字升庵）后人的府第相比肩的豪门深宅。

杨海霞养育有四男四女，二子杨炯南、四子杨炤南均未获得功名，便随父继续经商；长子杨煜南，则在成都府试中获得头榜秀才，三子杨焕南不仅中了秀才，后又补为廪生，肆业于成都锦江书院，被川中名宿、理学家李惺收为门徒。李惺曾官至左春坊左赞善，与曾国藩同时奉旨，以在籍翰林的身份办团练。因为这层关系，当杨海霞去世时，杨焕南以廪生名义禀报并经李惺以翰林身份举荐，杨海霞取得了"修职佐郎"的官称封号，其夫人王氏也获得七品诰命。"杨家为杨海霞大办丧事时，李惺不拘一格充当了丧事'点主官'，由此还可看出翰林李惺同杨焕南之间很不寻常的师生情谊"②。后杨海霞被其子孙尊为"海霞公"。

杨海霞的四个儿子分为四房，共有十一个孙子。杨焕南四兄弟也被他们的后代依次尊为"培之公""景之公""畅之公""蔚之公"。在杨家家谱列祖列宗的画像上，都着上了清代七品官员的蓝翎马褂。其中四房"蔚之公"杨炤南的次子杨拥，也就是杨海霞的第八孙，便是李劼人的嫡亲外祖父。而三房"畅之公"杨焕南的独子杨栋，则是李劼人的三外祖父，也是李劼人夫人杨叔捃的祖父。这样梳理下来，李劼人与杨叔捃乃是三代之后五服以内的堂表兄妹。

杨家传到李劼人舅父那一辈，还"式微之象未著，尚及恭逢热闹"，他们之中出了几位秀才、廪生，还出过一位教谕，并且都能书画诗文，直到民国早期还有人做过县知事、征收局长和提款委员之类的官吏。在晚清直至民国初期的成都省城，杨家确乎是一个有名的世家。

再看李氏家族。

李劼人的八世祖李述明原籍湖北黄陂（今湖北武汉黄陂区）人，他入川时间似乎比杨兴略早。据李劼人之女李眉说："其八世祖李述明于清朝初叶逃荒

---

① ② 老岳：《李劼人先生的外家》，《李劼人研究2007》，成都：巴蜀书社，2008年3月第1版，第93页。

入川。沿途贩卖布匹，兼行中医，后到四川省成都定居。"①李劼人的两位先祖都是贩布入川，看来不是偶然的，而是当时许多移民谋生的手段。大量的移民在长时间的迁徙中，肩挑背磨，加之风餐露宿，衣服磨损快，消耗量增大，便给另一些移民提供了谋生的机遇。这种谋生的手段以及经营的头脑，作为一种家族基因，会在一定时候，在他们的后人中再次得到延伸并发扬。

与杨兴入川时不同，李述明还多了一门祖传的医术，贩布之外还兼行中医，这一家传医术一直在其后人中延续。李劼人的青少年时代，还多亏了祖先传下的一种制药秘籍，才极大缓解了来自经济的压力。

李家不如杨家走运，入川后传了七代，还依然无房产、无田产，是典型的城市平民。正如李劼人自己所说："自我八世祖由湖北黄陂县逃荒，一路贩卖布匹和行医，入川定居以来，到我修建了这几间茅屋，才算有了自己的住宅。"②李家后人也是在李劼人这一代才算"显赫"起来，李劼人不仅成了一代著名的作家，而且还官至四川省会成都市的副市长。

自李述明入川后，其后人从第五代起，开始按"正大传家远，诗书处世长"十字排列辈分。李氏家族人丁一直不旺，"正"字辈曾经有兄弟四人，但老大老二都过早离世。老三李正康以教私塾兼行医开中药铺为业，他还出售以祖传秘方研制的中成药"朱砂保赤丸"，这种药对治疗小儿肚子痛有特效。因此李家的生活虽不算殷实，相对一般贫民却也好过许多。然而，李正康没有后代，他去世后，这一房人也就断绝了；余下的一房人便只有行四的李正庸了。李正庸先后娶了一妻一妾，尽管他的寿数也不长，却留下了两个儿子，妻所生一子，名李大卿；而如夫人则生有一子一女，其子在光绪三十一年（1905）四十岁时病故；其女嫁到金堂县，至20世纪40年代寿终，是为李劼人唯一的姑祖母。

李大卿寿命也不长，儿子还年幼时，他就离世了，只活了二十一岁。所以

---

① 李眉：《李劼人年谱》，《新文学史料》1992年第2期。
② 李劼人：《自传》，《李劼人全集》第1卷，成都：四川文艺出版社，2011年9月第1版，第13页。

李劼人说："父亲幼孤，在他外家涪州（今重庆涪陵）彭家坝抚养到十八岁方回成都，小考入学，即在成都教私塾，并承继祖业中医。"①这个幼孤的儿子，名叫李传芳，字幼卿，就是李劼人的父亲。李传芳也在光绪三十三年（1907）年四十一岁时在江西病故，仅比他叔父多活了一岁。

李传芳病故时，他唯一的儿子李劼人只有十五岁。这位少年丧父的李氏家族的唯一传人，在以后的艰难岁月中渐渐地成长为光照文学史册的一代著名作家。

二、端娃子的童年

清光绪十七年五月十四日，即公元1891年6月20日，成都经历司街②的一户李姓市民家中传出了弄璋之喜，李传芳的妻子杨氏顺利产下了一胖男孩。李家居住的小院子顿时热闹起来，老少都沉浸在一片喜悦之中，左邻右舍前来道喜的人络绎不绝，有的还为产妇送来坐月子所需的红糖、鸡蛋、醪糟、挂面等；李家的亲戚，尤其是杨氏的娘家更是送来了大礼，不仅有礼金，还有不少产妇的滋补品、婴儿的衣物等等。无论亲戚朋友还是周围邻居，都为李传芳家新添男丁感到高兴。李家世代男丁稀少，此一男孩的诞生，意味着李家香火有人继承了。

成都人，抑或说是咱中国普通百姓人家，数千年来一直有一个优良传统，谁家有个大小事情，邻里左右都会相互帮衬；谁家若遇上喜事，那附近的老老少少也会跟着沾上喜庆。那几天，李家每天都要煮不少红蛋，以此答谢前来祝贺的人们。

新生儿的出生为李家带来了新的希望，最高兴的当然是婴儿的曾祖母周氏。这位初通诗文的老太太即是李正庸的正房妻子。重孙的出生使这位七十四

---

① 李劼人：《自传》，《李劼人全集》第1卷，成都：四川文艺出版社，2011年9月第1版，第1页。

② 经历司街是清代经历司署衙所在地，此街现已不存。据陈德棣先生《李劼人出生地考》，清代经历司街即是今天的华兴东街。参见《李劼人研究：2007》一书。

李劼人自传

《李劼人自传》手迹

岁的老人喜出望外，她整天想的就是李家一脉的香火谁来传承。李家男丁从她丈夫这一辈开始，不是早逝就是无后，如今孙子已经二十七岁了，总算盼来了这个重孙子，将来到阴间见到丈夫，也好向他报告这一喜讯。周老太太那几天真是高兴得合不拢嘴，愁眉许久的苦脸终于灿烂地舒展开来。婴儿的来临更是让李传芳乐不可支，心情大好。俗话说，不孝有三，无后为大，在许多别的人家，像他这样年纪的男子，小孩子早都该发蒙读书了，可自己的儿子却才出生。不过，虽说儿子来得迟了，却总算没有辜负先辈的厚望。

李家人对这一新生儿的降临满怀欢欣和希望，是因为他们从新生婴儿的身上看到了家庭的未来。许多年后，这个婴儿早已经长大成名，在写《自传》时，道出了家人当年的心境："我出生后，家中人口计有：一位曾祖母，于一九一一年去世，得年九十四岁；一位姨曾祖母，于一九零六年病故，约得年六十以上；一位祖母，于一九一六年病故，得年七十三岁；一位叔祖父，系姨曾祖母所生，于一九零五年病故，得年四十岁，虽娶了妻，却无子女，其妻亦早死。"[①]从这段记述文字中可看出，此时的李家除了两代寡母以外，四辈人中加上新生儿才三个男性。

李家婴儿出生的日期是清光绪十七年辛卯五月十四日，此时距端午节刚过去几天。李传芳与妻子商量，便给孩子取了个小名叫"端端"，意为端午节过后出生的娃娃，昵称"端娃子"。端午节是中国人的传统节日，是为缅怀战国时期楚国诗人屈原而设立的纪念日，所以历代文人又视端午节为诗人节。端端似乎天生就与文字结缘，好像冥冥之中已透露出这个男婴与生俱来的诗性。多年后，当年的小端端已经成为著名作家的时候，不知他是否意识到自己小名中所蕴含的玄机。当然，父母给他取这个小名也许并没想那么多，但有一点是可以肯定的，所有的父母潜意识中都希望自己的孩子长得端端正正，漂漂亮亮。李传芳看到儿子那张粉嫩的小脸，五官漂亮又分布匀称，尤其一对大眼睛下的

---

① 李劼人：《自传》，《李劼人全集》第1卷，成都：四川文艺出版社，2011年9月第1版，第1页。

鼻梁棱角分明，实在透露出未来帅小伙儿的俊气，用端正来形容是再准确不过了。有了小名，当然还得取大名。端端的大名是从入川第五世祖开始排下来的，到这一辈正好是"家"字辈。李传芳便给儿子取名叫"李家祥"，希望李家从此如意吉祥。

李家祥出生及幼年生活的19世纪末，古老的华夏大地处于风雨飘摇之中，统治中国两百多年的清廷正急遽走向末路。从1840年鸦片战争之后，清廷就进入了内外交困的境地。外部列强环伺，不断蚕食中华山河：英国强占了香港，葡萄牙攫取了澳门，而沙皇俄国则从中国掠夺了一百四十多万平方公里的土地，将一片大桑叶状的国土啃噬成了"鸡头"。东洋人也不甘落后，早在19世纪七八十年代就开始不断侵占中国的藩属国，之后又趁着西方列强蚕食中国之机，通过史称"甲午战争"的黄海之役，彻底摧毁了大清建立的第一支近代化海军——北洋水师；还强迫腐朽的清政府割地、赔款，不仅强加给中国人民繁重的经济负担，还抢占了中国东南的海上宝岛台湾及澎湖列岛达半个世纪之久。

清廷对外战争的一系列失败，标志着洋务运动数十年的强国梦顷刻化为乌有。而在国内，也是烽火连绵，农民暴动不断，北方的捻军、南方的太平天国先后起事，差点就让江山易主了，后虽经曾国藩等一干能臣力挽狂澜，但清廷的根基已经摇摇欲坠，倾斜的大厦只不过暂时添了几根临时的支撑而已。

国家的内忧外患，使不少仁人志士痛心疾首，旨在民族救亡图存的维新变法和资产阶级民主革命运动正在中国各地蓬勃开展。但这一切对于不谙世事的小端端来说是全然不知的，他还是一个集全家宠爱于一身的孩子，正在无忧无虑地成长。其实，地处西陲之地的四川广大民众对于国家的危亡也无甚感觉。除了少数有见识的读书人之外，麻木的老百姓关心的只是自己那一亩三分地，对于来到内地的洋人，人们除了惊诧就是好奇，进而视之为妖魔鬼怪。几十年后，小端端已成为一名作家，回想起童年时代的情景，他把成都的这一段社会历史称为"死水"和"微澜"时期。

"死水"和"微澜"时期的川西平原继续延伸着数千年来农耕文明的田园

梦想。生活在城里的居民恬静而安详，遍布于大街小巷的是数百家大小茶铺，从早到晚都是人来人往；酒楼饭铺当然也时常人满为患；夜晚的川戏园子更是座无虚席，丝竹锣鼓伴着悦耳的唱腔过后，便爆发出阵阵喝彩声。成都城地处川西平原腹地，成都人的生活两千多年以来除了少数几次数得着的战乱之外，一直就是这样怡然自得。这一切都要得益于川西平原土地的滋养。周慎王五年（前316），秦国灭掉古蜀国之后，为了将蜀郡建设成进攻楚国的战略基地，派蜀守李冰在成都西北岷江的出山口修筑了一座惠泽千古的都江堰，从此川西平原成了"水旱从人，不知饥馑"的膏腴之地。春日，成都城内外繁花似锦，意趣盎然；夏日，当沉甸甸的麦子刚收回仓，水汪汪的田畴又插满了碧绿的秧苗；秋日，当荷塘的清香弥漫在空气中的时候，平原上已是金浪翻滚了；到冬天，当北国冰封万里雪飘之际，川西平原薄雾轻柔的田野却是片片绿色。川西平原的丰饶与富足便如此年复一年养育着生于斯、长于斯的人民，也养育着成都这座繁华的千年都市。

"端娃子"李家祥便生长在这样的环境中。儿时所感受到的川西乡村的富庶和九里三分的成都城市的繁荣，从此在小端端头脑中扎了根。几十年后，他头脑中的这些景象不断地通过他的笔尖流泻到他的书稿中，并最终演绎成了中国新文学中一道永不褪色的风景。

不过此刻的小端端还不识字，正在懵懵懂懂地快乐生活着。

三、两次发蒙

转眼间，端端三岁了。这个年龄的小孩子，在一般成都人的家庭并未到读书认字的年龄，甚至许多这么大的娃娃还在追着母亲要奶吃。[①]但是，有诗书传统的人家则希望孩子早一点读书认字。李传芳看到一些有钱人家并不把发蒙的事看得很重，胡乱教孩子认几个字便算发蒙了。殊不知，小儿一生的好歹，都

---

① 旧时成都小孩不像当今小孩有牛奶可补充营养，因此普遍断奶时间很迟，有的甚者五六岁还在吃母乳。

在这发蒙上定轻重。于是父母商量着要找一个品学兼优，又有功名的先生来给端端发蒙。母亲一下想到了端端的幺外公。

于是光绪二十年（1894），端娃子由母亲杨氏带回娘家，即磨子街杨家大院，请她的幺爸，也就是端娃子的堂幺外公、排行十一的杨材为端端发蒙。"犹记余三岁时（大约尚未满三岁），一日，母亲率余到外家大堂屋，在祖宗前点大烛一对，请幺外公为余发蒙，照例磕头后，幺外公以红单页写《三字经》四句，就茶几上教三次曰：'幼而学，壮而行，上至君，下泽民，扬名声，显父母。'并笑曰：'好好上进，莫要学我当一辈子老童生。'"[1]所谓发蒙，就是启发蒙昧，是小孩子读书识字的开始。旧时小孩发蒙是一件十分庄重的事情，首先是要选择好日子，由蒙师带领在孔子画像前上香叩首，然后才教小孩认识最初的几个字。端端发蒙当然也离不开这样的仪式，所不同的是，端端发蒙时并没有对着孔子画像磕头，而是对着祖宗牌位行礼。这一天的情景，后来被成年后的李劼人写进了短篇小说《儿时影》其二之中。

杨材对端端的教导也可谓肺腑之言，既体现了老辈对晚辈的厚望，也是一个读书人对自己没能博取功名的无奈叹息。杨材读了一辈子"四书""五经"，最终连个生员（秀才）的名号都没能博取，心中的悲凉是可想而知的。所以他只好把学而优则仕的理想寄托在这个幼小的外侄孙儿身上。

端端从光绪二十年开始便逐渐认识了已有数千年历史的汉字，并受到由此带来的中国文化的熏陶和洗礼。遗憾的是这位老童生幺外公没多久就去世了，端端的学业也就停顿下来。不过，父亲倒是经常教儿子读《孝经》《三字经》，甚至还背诵一些唐诗宋词。其中有一首词《鹧鸪天》是这样的："五百人中第一仙，等闲平步上青天。绿袍乍著君恩重，黄榜初开御墨鲜。　龙为马，玉作鞭，花如罗绮柳如绵。时人莫讶登科早，月里嫦娥爱少年。"词中寄托了一代代读书人的理想追求，也是老一辈对下一代的殷殷希望，即通常所教小孩的"书中自有黄金屋，书中自有颜如玉"。但懵懂的幼儿并不知道词的意

---

① 李劼人：《旧账》，成都：《风土什志》，1947年第1卷第6期。

思，只是跟着父亲背诵便是。

这一年国际国内都接连有大事发生。八月一日中日甲午战争爆发，随即在黄海大战中，清政府苦心经营的北洋水师全军覆没，日本强迫中国割地赔款，进一步加深了中国的半殖民地化，同时引来了列强新一轮瓜分中国的狂潮；十一月二十四日，孙中山先生在夏威夷檀香山建立了中国第一个资产阶级革命团体。民主革命运动和革命党人的武装起义在国内不断爆发，中国人的爱国激情渐渐被唤醒。

李家在这一年也有一件重要事情，那就是李传芳接受了一位在江西任知县的亲戚邀请，去知县手下谋了个掌管公文书信往来的差事，便从此留在了江西，靠笔墨和行医为生。

李传芳去江西并未携带妻儿，端端与母亲仍留在成都生活。光绪二十二年（1896），端端跟随母亲和曾祖母、祖母一道离开了他的出生地经历司街，移居到磨子街杨家大院，住进了外祖父家的后院。这个后院的位置实际上在指挥街118号。

在杨家大院，端端有了许多玩伴，杨家有三个表哥、五个表姐，还有表妹，他们常在一起玩耍，比起住在经历司街实在愉快多了。小时候的李家祥人长得又黑又瘦，伙伴儿们就给他取了个绰号"猴子"。其实在成都话中，称小孩"猴子"还有另外的含义，一是敏捷聪明，二是调皮捣蛋。"端娃子"李家祥大概是这两样都兼而有之，所以得了这个外号。

与所有小孩一样，李家祥总爱缠着大人讲故事。母亲、祖母、曾祖母、外祖母都给他讲过故事，什么《安安送米》《孙悟空大闹天宫》《王祥卧冰》《杜鹃啼血》《马蚕娘娘》《穆桂英大破天门阵》等等都听过不止一遍。此外他还常常跑到街口的茶铺去听人说书，"我家门口有个茶铺，近几夜正请了一

李劼人父亲李传芳

李劼人母亲杨氏

位说评书的，讲说《水浒传》，我前几夜曾去听来，十分好听"①。此外还听了《三国演义》《隋唐演义》《说岳全传》之类。民间故事和说书人讲的评书，是幼年李家祥获得的最初的文学启蒙，他讲故事的本领便是从这里开始学习的。

光绪二十三年（1897），李家祥六岁，十三舅父杨赞贤（字襄如）为他第二次发蒙。后来李劼人曾经说他真正的蒙师是这位十三舅父。

杨襄如先生是温江县秀才，曾留学日本，为人方正，话语幽默，且能书画诗文。家祥做了这位舅父一年的私塾弟子，学到了不少知识。在杨家大院内，家祥先是学习《三字经》《千字文》《孝经》《幼学琼林》等，后又系统学习了"四书"，即《大学》《中庸》《论语》《孟子》，又熟读了《龙文鞭影》《地球韵言》《诗品》《唐诗三百首》。然后又继续学习《诗经》《书经》《礼记》等儒家经典。

十三舅父之后，另外换了私塾老师。李劼人转到灵官庙读书，这位私塾老师便没有舅父那般仁慈了，不仅迂腐，而且刁钻、严苛，学生稍有差池或背不出书，便会吃老师一顿"干笋子熬肉"。家祥从此对私塾先生没有好感。许多年后，他在写小说时，私塾先生那种腐朽、邋遢、刻薄、贪婪的印象还清晰地出现在他眼前。

家祥聪明，学习又肯上心，老师的戒尺倒是挨得少，但他并不觉得快乐，尤其是感觉瞌睡总是睡不够。私塾的读书时间是，从清早起床入学堂后，一直到打二更，中间是没有休息的，只有早午两餐，或上茅厕的时间除外；一年到头也无假期，只有端阳、中秋各放学三天，以及过年可以要半个月，除此之外，就只有生疮害病才能得以短暂休学。儿时的李家祥心中竟常常盼望自己能生病。病了不仅可以逃学，而且还能够得到妈妈的心疼。有时家祥想装病，装个肚子痛、头痛之类的，这虽然可以暂且免去读书之苦，却又不得不吞下一碗碗的汤药，也是一桩极苦的事。

---

① 李劼人：《儿时影》，《李劼人全集》第6卷，成都：四川文艺出版社，2011年9月第1版，第10页。

时间就在如此疲倦中过去。光绪二十六年（1900），李家祥九岁。中国北方爆发了义和团运动，拳民在"扶清灭洋"的口号下，盲目排外，滥杀无辜；清政府也自不量力，悍然对世界列强宣战，结果引来八国联军打进北京城。义和团也影响到了成都，廖观音和她组织的红灯照信徒一度啸聚山林，占州县，烧教堂，杀洋人，一时间曾闹得成都省城人心惶惶。

不过，李家祥并未受到影响。此刻他已经在私塾学习了三年，对于中国传统文化已经有较为直观的了解。只是对父亲的记忆却有些模糊了，细细算来，李传芳离开家已经六年之久。父亲去江西时，小端端才三岁，如今六年过去了，除了母亲常常念叨父亲之外，父亲在家祥心中已仅仅是一个符号。

也就在这一年，父亲李传芳打信来了。信中说，他用几年来在江西积攒的几百两银子捐了一个典史指分后补①，希望杨氏带着儿子一道去江西与他团聚。

捐官是中国古代很久远的一项制度，始于秦汉，尤甚于清代。这是朝廷为充盈国库财政空虚而采取的补足办法，却由此形成了国家吏制的腐败。捐款上位的官员，不仅要想法赚回自己的本钱，还可趁机大捞一把，所谓"三年清知府，十万雪花银"即是如此。据说辛亥年在四川保路运动中掉了脑壳的封疆大吏赵尔丰就是捐官起家的。

接到江西来信，端端的母亲李杨氏此时正有腿疾，但想到已经与丈夫分别多年，儿子也已这么大了，便不顾病痛折磨以及旅途的千难万险，毅然决定前往江西。家人只好为远行的母子俩凑足盘缠，并订了远航的船。于是从未出过远门的端端，跟随母亲来到成都东门外九眼桥下游的望江楼码头。

九岁的李家祥要追随父亲的脚步去远行了。

四、少年远行

成都东门外府河与南河交汇的合江亭一带，江面宽阔，水流平稳，自古以

---

① 典史是中国古代官名，明清设于州县，为县令的佐杂官，不入品阶。捐纳后补官，可请求分发到某衙门，称为指分。

来就是成都水上交通的大码头，明清以来尤为繁荣。江面上桅杆林立，大大小小的木船停泊在沿江岸边，负重装卸的工人上上下下，一派忙碌景象。码头分为货码头与客码头，货码头主要集中在合江亭的府河与南河交汇处至白塔寺一带，并且有油、米、盐、冈炭、木柴、布匹、杂货以及砖石、粪水等行业的区分。而上客的码头则在九眼桥下游二里许的崇丽阁楼下的玉女津。

家祥与母亲乘坐的轿子，过了九眼桥，沿白塔寺前的小路径直来到望江楼下的客运码头。码头在一片河滩地上，水面上则泊满了密密麻麻的大木船。家祥满怀欣喜地同母亲上了一条去乐山的船，这是他首次离开家乡，少年的心里充满了对外界的好奇，根本不知道世道的险恶和生活的艰辛。

母子俩乘船沿锦江顺流而下，过黄龙溪，进岷江，一直抵达乐山。在这里换船到叙府，在叙府又换船到重庆，再由重庆换船走长江水路过万县；出三峡，经宜昌，过汉口，在九江登岸；又转船，经鄱阳湖入赣江，最终抵达南昌。虽然旅途一路辛苦，但对于初次出远门的家祥来说似乎不算个啥，一切对他来说都充满了新鲜感，沿途所见的自然与人文风景也在他幼小的头脑中留下了深刻印象。只是他没想到，六年之后，他还会沿着这条水路逆行上溯返回故乡，而且是带着一个少年不能承受的沉重。

旅途辗转已经十分辛苦，加之在成都时家祥母亲杨氏的腿疾尚未治愈；再经过一个多月的长途跋涉，病情愈发严重了，刚一到达南昌就病倒了；而且一病不起，时间达三个月之久，右腿也从此残疾再不能行走。

家祥随父母在南昌住了一年，这是他童年时期日子最艰难困苦的一年。由于父亲李传芳捐官耗尽了全部积蓄，加之母亲又病倒，无疑是雪上加霜。用李劼人后来在《自传》中的话说，这一年过得异常穷困，连衣服都进了当铺。生活都如此艰难，家祥自然就辍学了，好在他已经读了三年私塾，有了一定基础，于是他在父母的监督下，重新捡起了《诗经》《书经》《礼记》《唐诗三百首》等已经读过的经典，父亲偶尔也给儿子讲讲《左传》《楚辞》。因为贫困，经常跑当铺，使小小的李家祥深切地感受到了人间的冷暖，生存之不易。在南昌的这一年，原本无忧无虑的端娃子似乎一下长大了，成了能够为父母分忧的男子汉。

正当全家处于饥寒交迫之际，清政府开设的课吏馆给李传芳带来一线生机。课吏馆，即士学馆的前身，是清末由政府设立的一个专门培训、考核、甄别后补官员的机构。旨在整顿吏制，培训政治人才。课吏馆最初在成都设立，后经中央王朝推行到全国。捐官是为后补官员，自然应该是新开办的课吏馆的成员。作为"典史指分"的李传芳，在课吏馆每月都考上优等而得奖，正是得益于这点微薄收入，终不至于使全家饿肚子。

光绪三十年（1904），李传芳在抚州府东乡县得到一个小差事，全家随即迁往东乡县。收拾行李时，才发现家中稍微值钱点的东西早都进了当铺。因此全部的行李不过两挑，其中一挑全部是书。即使失去全部家财，也不能丢掉阅读的书籍，这正是中国历代读书人最可宝贵的品质。

到东乡后约一年时间，李传芳又在抚州府衙谋得了一个收发的差事，同时兼任医学堂的监督，每月有三十多两银子的收入，一家三口人的生活顿时有了改善。

就在这个时候，在中国延续了一千多年的科举制度宣告废除了。李家祥得以进入临川县官立小学堂乙班读书。临川县是一个富有诗书传统的文化之乡，隋唐以降，中国诗文中随处可见临川人的身影。初唐四杰之一的王勃就曾发出过"邺水朱华，光照临川之笔"的感慨；宋代政治家兼大文豪王安石、史学家兼诗人曾巩，明代戏曲家汤显祖等均出生或居住于此县；从宋代至清代，获得进士及第的临川籍士子就达七百多人。

已受过三年私塾教育的李家祥，在临川不仅继续得到传统文化的熏陶，而且进一步接受了现代教育。在临川官立小学的学习中，李家祥增长了不少见识，学到了很多新知识，初步奠定了他的现代文化基础。

但是从父亲所在的衙门里，少年的李家祥也初步认识了中国官场的腐朽与黑暗。1942年，他在自己编辑的《风土什志》上发表了《忆东乡县》一文，特意写到当年所看到的三个在《官场现形记》以及笔记小说中都难见的官员。

一个是周知县。他在一年中没有问上十个案件，人民的诉讼十控九不准。

唯有一件谋杀亲夫案，过了四五堂，每每一堂要审四五个钟头，并且都在深更半夜。所谓奸夫淫妇受刑时的惨叫声，可以从深深的大花厅响彻到二堂以外。除了这变态的审案，"周知县懒到连初一十五照例的上庙行香，也委粮厅捕厅代行，所以县衙门真个清静到执事仪仗都生了霉，大堂上的暖阁，倒败得和古庙的神龛一样"[1]。由于周知县懒政，班房中收押的偷牛贼竟然把坐牢当成了居家，白天出去找活干，晚上回到班房炊爨，菜米油盐俱全，烧柴则取班房的地板天花、门窗户格。而衙役差人等闲来无事，居然组织了一个徽调戏班，出色的旦角出自县衙号房，出色的小生则来自县衙皂班。衙门越清静，城内的戏就越唱得起劲。

与周知县相反的是继任的何知县。他勤政是每天都坐堂审案，班房里随时都有几十人在押，县衙外的一条街都因为县衙的热闹而生意兴隆起来。

另一个给李家祥印象极深的官员是千总苏兰亭。东乡禁止宰杀耕牛，但苏千总却偏偏喜好吃牛肉。想吃牛肉时，他竟有本事发现数十里之外的人在杀牛。每次从乡下回城，除了鸡鸭鹅羊之外，照例还会有不少鲜嫩的牛肉。苏千总的家人、仆人一大堆，李家祥为他算过一笔账，以他的俸禄连喝稀饭都不够。但苏千总自有生财妙招，东乡有六十名汛兵名额，实际总爷衙门里只有四名兵，其余五十六名的军饷全进了苏千总的腰包。苏千总也的确有胆量，他去抓赌，只带两名老兵堵门，自己则连裁纸小刀也不带，他居然就能让那些动辄白刀进红刀出的流痞赌棍乖乖地把赌资装进他事先准备好的口袋，顺便还将水烟袋、茶壶、茶碗等物件也一律收拾"充公"了。

东乡县这些官员的嘴脸给少年李家祥留下了很深的记忆，是这些官员给李家祥上了人生哲学的另一课，使他有机会读到了社会这本大书的另一页。

两年后，抚州开办印刷局，李传芳将十四岁的家祥送进印刷局学习做排字工。这印刷局在清末还是一个新兴行当，与传统的木刻印刷有本质的不同，排

---

[1] 李劼人：《忆东乡县》，《李劼人全集》第7卷，成都：四川文艺出版社，2011年9月第1版，第16页。

字工虽然成天与铅字打交道，很是辛苦，却能够通过排印的文章，最早感知到各种新思想新事物。李传芳送家祥去当排字工，或许初衷是想让儿子在文化行业中学习一个新兴的谋生手段，殊不知，这一短暂的经历为李家祥后来进入报馆工作做了一个很好的铺垫。当十余年后，李家祥以一个青年作家的身份经营、管理一家报馆时，排字工的经历就成为他宝贵的人生经验。

就在李家祥进入抚州印刷局学习现代印刷的时候，近代史上第一个资产阶级革命政党——中国同盟会在日本东京正式成立了，民主主义革命运动即将在华夏大地上风起云涌，已经摇摇欲坠的清王朝即将走到它的尽头。

五、扶父灵柩归乡

然而，也许是上天要给李家祥的人生故意制造磨难，他刚刚当了三个月排字工，父亲李传芳就病倒了。看病吃药，耗尽了家中仅存的银两，却依然没能保住父亲的生命。李传芳英年早逝，年仅四十一岁，只比他叔父多活了一岁。

李传芳的去世，无疑对他家庭是个巨大的打击，尤其是对于儿子李家祥，使他刚见好转的境遇一下又陷入了困顿之中。这一年，李家祥只有十五岁，是他少年时期遭遇最黑暗的时刻。父亲走后，家中只剩余了两块银圆，母亲又已残疾，一切事情都落到了懵懂少年肩上。

多亏了李传芳的上司兼同乡、抚州知府王乃征等人的资助，李家祥才得以将父亲的棺殓及丧事妥善办理。之后，他又冒着七月的酷暑步行一百八十华里到南昌，找同乡，告亲戚，四处发求援信，以期能够护送父亲的灵柩回归故乡。

如此忙碌了一个多月，总算得到了亲友的援助。李家祥和病残的母亲，要沿着来时的水路带父亲回成都了。落叶归根，是中国人祖辈留下的传统习惯，游子在外无论走到天涯海角，最终都要回归生他养他的故乡，否则会成为孤魂野鬼。李家祥母子俩当然也不会把亲人留在异地他乡，无论生活多么艰难，他们都会把客死在外的李传芳带回成都，这是传统人伦赋予母子俩的使命。

距离父亲逝世近二十年后，李劼人写了一篇文章叫《湖中旧画》，发表在

1925年7月的《小说月报》十六卷七号上。这篇作品历来都被视为小说，实际上这是一篇纪实性很强的作品，即当今所谓的非虚构文学。其实新文学史上，不少作家讲述自己的生平经历，常常喜欢采用小说的形式来隐晦地表达。譬如比李劼人后生的另一位法国文学翻译大家敬隐渔，就把自己的身世隐藏在中篇小说《玛丽》当中。李劼人的《湖中旧画》也是如此，它所叙述的正是李家祥母子扶送父亲灵柩返回故乡的一段真实经历。在这篇作品中，我们看到了李家祥母子当年返川的艰难旅程和遇险过程，看到了一个少年的顽强与坚韧。

光绪三十二年（1906）八月十六日，李家祥护送父亲灵柩在临川县东门外上了一条去湖北的米船，启程返乡。之所以要搭乘米船，按《湖中旧画》所说，是父亲的朋友，李家祥称为陈老伯的主意。这位"陈老伯"可能正是抚州知府王乃征的化名。因为李家祥母子盘费短少，不能到南昌去乘小火轮到九江，只好雇一条客货混装的运米民船。船老板为了多挣钱，竟然又超载了三个河南纸客和他们的货物。这只船是直航武昌的货船，如果顺利的话，李家祥一家便可以顺着来时的水路，一个多月就能返回家乡了。他们返程的路线是：从抚河顺流而下进入鄱阳湖，再入长江，逆流而上，在武昌换乘火轮，经宜昌进三峡，过万县抵重庆，再换船至叙府，然后溯岷江而上就能回到成都。

从江西到四川，虽然关山重重，江水迢迢，却再一次给了李家祥观察社会、了解人生的机会。《湖中旧画》中诸多的人物，客商、老板、小贩等，都构成了李家祥生活中重要的人生体验，特别是那位卖茶水老太婆做暗娼的女儿，已经为数十年后《死水微澜》中的流娼刘三金的出场做了准备。两个年轻女子出场时，一个共同之处是，都遮掩了真实的年龄。那位卖茶水老太婆的女儿，"她那时或者不止十八岁，但我总觉得她嫩得同初熟的荸荠一样"，而刘三金则"自己说是才十八岁，但从肌理与骨骼上看来，至少有二十一二岁"。很显然，这次旅途的见闻，是李家祥获得的一次重要的文学积淀。

但少年李家祥当年并没有意识到这些，他要面临的是当下旅途的艰险。

真是天有不测风云，当米船从抚河进入鄱阳湖，立即就成了广阔水域上的一叶扁舟，更要命的是湖上刮起了五天五夜的大风："遍湖都是排山般的大浪，浪头打在沙洲上，激起的水花总够四五尺高。沙洲上的残芦，昨天傍晚看见时，有八九尺高，然而此刻却只能望得见一点儿叶杪，并且浪头一来，它们便随势倾倒，直到浪过了许久方软软的翻起；第二第三的浪又接连而来，所以它们便老是那样一起一伏，得力它们没有劲健的力量，所以也才能那样的一起一伏。"李家祥扶灵乘坐的米船便在这样的大风大浪中前进，它也和水中的残芦一样在波峰浪谷中起伏摇曳；尤其是再遇到火轮船走过，那楼山一样高，并且箭一般快的火轮走过之后拖起的波浪，让米船向火轮磕头似的颠簸。

米船走走停停，虽然躲过了大风，也战胜了逆风，终于没能躲过暗礁的袭击。一天早晨，米船行至卵石矶，距离九江还有二十五华里水路。正在吃早饭的李家祥，忽然听得船头"砰"的一声大响，"船身往后一挫，接着又往前一顿，那碗冻红肉便从凳上跳到船上"[1]。李家祥最初以为是搁浅了，听到船老板比寡妇哭老公还尖锐的哭声时，方知道是船被打破了。尽管船工奋力地往外舀水，也只不过是将米船沉没的时间延长一点罢了。李家祥为残疾母亲和父亲的灵柩担心起来，湖水如此深，怎能尽快将父母救上岸啊？他焦急却又无助地盼望救援的船只。

终于盼到了十几只小船，却没料到，这些人并不是来救援的，而是来抢东西的，船上的白米、纸包以及乘客的箱笼都是他们发财的目标。李家祥情急之中总算抓住了一条空船，在答应了船老板所抢货物之外，又耗费八块大洋方才得以将母亲和父亲灵柩分别转上小船并载到九江。

母亲生命得救，父亲的灵柩也得到了抢救，但母子俩随行的所有行李，尤其是李家祥酷爱的书籍却损失殆尽了，唯有一本《七侠五义》抢救出来。书籍是父亲留下的最珍贵的遗产，如今不得不葬身水府，李家祥为此心痛了很久。

从九江又搭乘木船到武昌后，在亲戚的帮助下，李家祥携母扶灵柩乘火轮船来到宜昌，又先后多次转乘木船，总算驶入了岷江。路途难关重重，对一个

---

① 引文均出自李劼人：《湖中旧画》，《李劼人全集》第6卷，成都：四川文艺出版社，2011年9月第1版，第252—257页。

少年来说可谓历经千难万苦，但李家祥承受了，扛住了，终于携母扶灵回到了故乡。江西对李家祥来说，既有美好的回忆，也是一个伤心之地。他在这里接受了现代教育，积累了社会生活经验，但却在这里失去了父亲，葬送了满满的希望。

此时的少年李家祥还决然想不到，他家与江西未来还会有不尽的缘分。许多年后，当李劼人已经离开人世，他的夫人和他们的儿子、孙子孙女还要踏上这片土地，而且距离他当年生活过的东乡县仅仅数十公里。[①]生活有些时候真是一种宿命！

李家祥母子回到成都后，仍然寄住在外祖父家的后院。李家祥九岁出川，十五岁又回到这里，杨家院子过去那些玩伴都长大了，还有些是李家祥去江西后才出生的。这群小娃儿都喜欢整天围着家祥转，听他讲书中的故事是他们最大的乐趣。小听众中有个女孩叫杨叔捃，比李家祥小八岁，是他表舅的女儿，因排行九，大家都喊她老九，或者九九，只有李家祥单叫她"九"，这个亲昵的称呼一直保持到老。冥冥之中，上天似乎早已将这对小儿女拴在了一起。

而在李家祥自己家中，姨曾祖母和祖父、叔父都早已经去世了，只剩下曾祖母、祖母和母亲三代寡妇，李家祥既无兄弟，也无伯叔，他成了家中唯一的男儿。

历经了归途的艰辛和家中的变故，少年李家祥真正长大了。

---

① 李劼人去世后，其夫人跟随儿子在北京居住。1969年，儿子工作的中国人民大学单位撤销，教师下放江西余江县"五七干校"，李氏全家随干校安置。余江距离李家祥当年生活的东乡县仅三四十公里。

第二章

历经辛亥风云

1907年，已经十六岁的李家祥考取了成都华阳中学，因替一受欺负的同学打抱不平而受到学堂粗暴处分。于是李劼人愤而退学。

次年秋，李家祥再考入当时的最高学府四川高等学堂附属中学丁班，一年后又升到丙班。这个班上云集了一大批后来在中国声名显赫的学生，郭沫若、王光祈、周太玄、魏时珍、蒙文通、曾琦……李家祥与他们朝夕相处，同窗五载，一起经历了急遽变化的时代，一起参与了改变中国历史走向的保路运动。

辛亥革命后，这批朝气蓬勃的莘莘学子纷纷远走他乡继续求学，而李家祥则因为家庭经济拮据而暂时滞留家中。一个偶然的机会，让他写作并发表了第一篇白话文小说。

这也是20世纪中国新文学史上的第一篇白话小说。

李家祥从此走上了文学的道路，并改名李劼人。

一、退出华阳中学

李家祥从江西临川返回成都后，家中的生活依然过得很艰难。虽然外祖父十分疼爱这个过早失去父亲的外孙，对他格外关照。但由于李传芳的早逝，李家终归是失去了一大支柱。好在有李家祥的三曾祖父李正康当年靠教书、行医遗留下三百两银子，再加上李家祥祖母娘家支援的二百两银子，共计有五百两放在商号里生息，每月可得利息五两六钱；同时，李家祥找出了多年未用的祖传秘方朱砂保赤丸，由祖母制成药丸出售，没想到竟收到很好的市场效果，不到三个月时间，就有了丰厚的回报，每月都可赚到七八块银圆的利润。这样一来，全家生活顿时有了改善，甚至每月还有了少许节余，得以有钱为曾祖母准备一些百年之后的东西。此时，李家祥的曾祖母，即早逝的李正庸的妻子已经年过九十了。

光绪三十二年（1906），李家祥已经十六岁了，这个年龄在今天已经快高中毕业。但当年的李家祥还仅仅是读过三年私塾和两年新式小学的青年。学业不能再耽误下去，李家祥遂于这年夏天考进了位于成都梨花街的华阳县立中学戊班。家人亲友都为李家祥感到高兴，远在湖北的姑父刘碧仁为此承诺每学期资助李家祥五十个大洋。之后，李家祥正是靠这笔资助完成了五年的中学学业。

但李家祥就读华阳县立中学的时间并不长，一件偶发的事件让他愤然自行退学。

起因是一个同学受到另一个姓丁的同学欺负，好打抱不平的李家祥仗义痛骂了丁同学一顿，或许是因为李家祥气愤至极，言语有些激烈，把事情闹大了，从而惹恼了学校当局。监督（校长）陆绛之和教务长冯剑平一致视李家祥为"浮嚣""油滑子弟"，竟以违反校规、辱没师长之名，将李家祥降级到华阳县立小学。成都人从来都把降级或留级生称为"降班头儿"，是奇耻大辱的事。血气方刚的青年李家祥哪能受得这般羞辱，于是他当即就愤然宣布自动退学。

虽然是自动退学，但这件事情对李家祥的打击还是很重的，以至于许多年后他都不能释怀。1946年在《追念刘士志先生》一文中还不忘提及此事。当年华阳县立中学的处罚的确太过苛刻，否则今日的成都三中校史上会有李家祥的一席之地，准确说应该是李家祥会给成都三中的历史增添一页光彩。因为今天成都三中的前身便是华阳县立中学，是光绪二十九年（1903）在潜溪书院的基础上建立起来的。

其实当年的学校监督（校长）陆绎之也并非趋炎附势之徒，而是一代有名的教育家。他与胡雨岚、徐炯、杨静川、王叔钧等人，先在潜溪书院创建了华阳县立小学，两年后又升格成中学。陆绎之是晚清举人，毕生以办教育为己任。光绪三十年（1904），他曾与陈罗澄在文庙后街共同创办了淑行女塾，是为成都女子师范学校的前身。宣统三年（1911），淑行女子中学堂改为四川省城女子师范学堂，1935年更名为成都女子师范学校。一个清代的旧举人，敢于开办女子学校，足见其思想和勇气，在当时的四川都是可佩的。或许正是这种新旧交织的教育理念，决定了他严厉的管理近乎刻板，不近人情。尽管对于学生并没有主观的恶意，但还是给人造成了情感伤害。

李家祥退学以后，在高等学堂分设中学还会和陆绎之"遭遇"。陆绎之后来在分设中学专门教授《左传事纬》，李家祥再次成为陆绎之的学生。于是在以后长期接触中，李家祥逐渐真正认识了这位先生。李劼人曾回忆，刘士志先生逝世后，分设中学师生准备为他召开追悼会，却遭到时任监督都永和的反对，"我们请了全堂教习去与之理论（陆绎之先生竟自开口骂起他来），他才像打败的牛一样，屈服了"①。由此可见陆绎之为人的耿直。

李家祥进入中学这一年，中国社会已经从以往的"死水微澜"时期开始进入"暴风雨前"。对四川而言，这一年发生了许多大事，一方面朝廷将川汉铁路公司改为"商办川省川汉铁路有限公司"，并随后在成都成立了"川汉铁路总公司"；赵尔巽调任四川总督；铁路公司二百万两银子的路款被重庆铜元局

---

① 李劼人：《追念刘士志先生》，《李劼人全集》第7卷，成都：四川文艺出版社，2011年9月第1版，第36页。

挪用。另一方面，革命党人和民间会党异常活跃。先有吴玉章联络哥老会、孝友会、三合会、三点会等在日本东京成立共进会，并出版了《四川》杂志，宣传反满革命；同年九月，同盟会员杨维、张治祥等人准备在成都庆祝慈禧太后生日期间发动武装起义，不料事情败露，华阳县知县王棫逮捕了杨维、黄方等六人，造成了史上有名的"丁未六君子"事件。

二、高等学堂附中丙班

从华阳县立中学"愤然自行退学"出来之后，李家祥便在宣统皇帝即位前的这年秋天，投考了四川省高等学堂附属中学丁班。

四川省高等学堂是光绪二十八年（1902）在王闿运当过山长的尊经书院基础上创办起来的，其首任校长是进士出身的翰林编修胡峻。高等学堂的附属中学开办于光绪三十二年（1906）秋季，首任监督是教育家徐炯（字子休），民国时期著名的"五老七贤"之一。继徐炯之后任监督的便是对李家祥产生了重大影响的刘士志先生。刘士志被排挤后，陆绎之短暂代理了一段监督，再之后则是学生们十分讨厌的、被人称为"都喇嘛"的都永和（字静阶），多年后李劼人、郭沫若两人还在各自的作品中以讽刺笔调写到这个人物；并且这位"都喇嘛"还出现在长篇小说《大波》中，成为绰号为"土端公"的屠监督的原型。出过一大批青年才俊的高等学堂分设中学最终就是在都永和任监督时关门的。分设中学的旧址在民国时期成了私立成公中学的一部分，就是今天的石室中学。

四川高等学堂附属中学，学制是五年，开设的课程不仅有经史、国文等传统课，而且有理化、数学、博物、英文、体育等课程，毕业生可以不再经过考试就直接升入高等学堂文理本科，因此附中实际上是一所大学预科学校。但是到了刘士志任监督后，将高等学堂附属中学改成了"高等学堂分设中学"。两个校名虽然只有细微的文字差别，却有了实质性的不同。改名之前，附属中学的大小事务，包括学校监督、各课教习、经费核算等一切方面都由高等学堂管理，中学没有自主权；更名后，经费和行政都得以半独立出来，毕业生也失去了直接升学的资格。不过，当时的学生似乎对此并不在意，反而为中学有了自主权而高兴。

四川高等学堂分设中学大门

李家祥投考高等学堂附属中学时，已经十六岁，经过了初试和复试才被录取进丁班。所谓甲乙丙丁，是指四个不同的年级。丁班就是刚组建的最低年级。这个班正式录取四十人，备取六人，李家祥是他们中年龄最大的。同学中很多人后来都取得了大成就，成了未来中国的栋梁之材。其中王光祈是中国现代音乐奠基者；周焯（即周太玄）成了生物学家；魏时珍为数学家；蒙文通成了史学家；李言蹊后来考入北京大学；白敦庸、王稽亚考入清华后又赴美国留学；胡选之考入德国汉堡工业大学，后任国民政府兵工署秘书长；杨樾林从日本留学归来后在青岛一纱厂任总工程师；还有一些人则成了政治家，如魏崇元、曾琦等。这批同学可谓人才济济，星汉灿烂。李家祥与他们朝夕相处数年，相互学习，相互影响，从而也结下了深厚的同窗情谊。

附属中学的老师也有一批出色的人物。监督刘士志，国文教习刘豫波，英文教习杨沧白、廖学章等，都给李家祥留下了深刻印象。李家祥最佩服的是监督刘士志先生。先生清明、正直的性格品质以及严而不厉、威而不猛、因人施教的治学态度，在李家祥看来具有异乎凡众的魅力。其实李家祥认识刘先生也是有一个过程的。李家祥因为在华阳县立中学曾遭降级处分，所以刘士志先生最初也以为李家祥是个浮嚣、油滑的城市子弟；而李家祥也在刘先生点名时表现不恭敬。这不恭敬反倒引起了刘先生的注意，每次巡视夜自习，刘先生都要查看他的抄本，并问一些问题，后来竟从他多次被记过的行为中，发现这个学生并不怎么坏，遂起了好感。

直到李家祥又一次被记过，刘先生彻底改变了对他的印象。有一次和同学张新治开玩笑，相互散发四六文传单，彼此讥骂，李家祥用自己发明的复写纸，便散发得多些，结果被监学查获了两张，遂告到监督那里。刘先生在问明情况后，故意引导李家祥说，两个人共犯，处分要轻些。谁知李家祥竟把责任一人担了，请求处分自己一人。最终李家祥被记一大过五小过。但从此以后，刘先生不再把李家祥视为浮嚣、油滑的城市子弟。再后来，李家祥又通过学校对几件事情的处理，看到了刘先生对待学生光明、公正、热忱、谨严的一面。半个世纪以后，李劼人（李家祥）在回忆自己中学时代的老师时，特别提到了其中的两位。"我个人对于中学时代的先生，所受影响最大，塑性最强的，有两位。一位是达县刘士志（讳行道）先生，教我以正谊，以勇进，以无畏之宏毅。""另一位便是双流刘豫波（讳咸荣）先生，教我以淡泊，以宁静，以爱人。"[1]刘士志是一位革命党人，也是一位教育家。他思想开明，为人正直，尤其对待学生能够因人施教，循循善诱，而且能够做到光明、公正、热忱、谨严，所以深得学生们拥戴。李家祥实在庆幸遇到了这样一位师长："在刘先生

_____

[1]　李劼人：《敬怀刘豫波先生》，《李劼人全集》第7卷，成都：四川文艺出版社，2011年9月第1版，第44页。

当监督的任内，我们学堂的学风，敢说是良好的，没有故意与管理人为过难，没有轰走过教习，没有聚众和监督开过玩笑。但是在刘先生去后的两年内，则不然了。平日最善良的学生，也会刁顽起来，平日凡是不在乎的学生，那更不在乎了。"①

在附属中学，李家祥又与陆绎之相遇了。那是刘先生离开后，陆绎之代理监督，他依然是"固执成见，以为管理之道，在乎严厉，严厉之方，又在乎立威示范。于是在他代理之初，便因一点小过失，斥退了六个学生，胡助便是其一。因为罚不当罪，反而为学生所轻视；又因是非不明，便是纯谨的学生也不能不学狡猾了"。李家祥对陆绎之是有看法的，但他终究认为："陆先生毕竟还是正派人，还懂得一些办学道理，也还骨鲠无私。"②

光绪三十四年（1908）十月，被慈禧囚禁在瀛台的光绪皇帝爱新觉罗·载湉驾崩，三岁的溥仪登基做了小皇帝，改元宣统。中国社会变革的步伐正急遽加快，但成都民间的生活依然照旧，并未受到多大影响。

高等学堂是晚清教育"新政"的成果，附属中学也一样。因此课程设置既传统又现代，学生除了学习文史法政等课程外，还要学习数理化、博物等自然科学。就读附中一年过后，李家祥等同学由丁班升入丙班，学业大为长进。

李家祥的学业进步也无不得益于学堂管理的严谨而有序。

当年附中学生是全体住校，每日按时起床睡觉，违规者会受记过处分。学生每学期的学费是五元，食宿杂费二十元，每学年由学堂发给学生蓝洋布长衫两件，青毛布对襟小袖马褂两件，漂白洋布单操衣裤两身，墨青布夹操衣裤一身，皮底青布靴两双，平顶硬边草帽一顶，青绒遮阳帽一顶。寝室是四至六人居住，每人一间干净柏木床，卧单、枕头都一应俱全；寝室内还有衣柜、储藏室供放置箱笼，照明的菜油锡灯盏每天有小工专门打理；每处寝室还有人工自

---

① 李劼人：《追念刘士志先生》，《李劼人全集》第7卷，成都：四川文艺出版社，2011年9月第1版，第35—36页。

② 李劼人：《追念刘士志先生》，《李劼人全集》第7卷，成都：四川文艺出版社，2011年9月第1版，第36页。

来水盥洗所，冷热水俱备，连洗脸盆都由学堂提供；此外，讲堂和自习室到冬天还烧有大火盆，学生日常所用纸笔墨砚，更不用说是齐备完善的了。这样便宜优渥的生活与学习环境对于李家祥来说是很惬意的。

李家祥从小在母亲的影响下，养成了做事有条有理，又十分爱好整洁的习惯。进入中学时，穿着服饰虽不如富家子弟华丽，但总是熨帖干净，连后背的毛根儿（辫子）都梳理得油光水滑，除了脸上有几颗发红的青春痘之外，英气勃勃的李家祥周身硬是找不出一点瑕疵。于是同学们给他起了个绰号叫"精致"，这"精致"既是一种赞美，若加上昵称或爱称，就成了"精公"。

宣统元年（1909）秋，四川教育会在成都南校场首次举办全省学生运动会，除了省城中等以上的学堂外，远在重庆、自流井等城市的公立和私立学堂都派出了参赛队。比赛场面异常热闹，场内外彩旗猎猎，号乐齐鸣，一派喜庆，总督及诸多官员都在主席台观看。李家祥在运动会担任杠架木马分队的小队长。那天他正领着一队选手去比赛，忽然从场外窜进来一伙既无领队又无学堂标识的彪形大汉。原来这是巡警教练所的警察。这次运动会本是成都学界发起的，规定参加者只限于文学堂，连当时的陆军学堂都没参加。临到开幕时，巡警教练所却突然提出要参加，遭到拒绝后，不由分说就把队伍开到了比赛场。大概省城的警察平日在百姓中就口碑不好，学生与警察一开始就像是不能同在一个容器内的薰莸，所以学生们羞于与警察兵为伍。李家祥带领的选手便一哄而散了。

李家祥及同学回到学堂驻地，发现在障碍竞走赛场，也有两个彪形大汉在十几个少弱的学生中间比赛。就在越过最后的障碍时，一个警察兵眼看不能获胜，竟举起拳头向前面的学生砸去。这种恶劣行径顿时惹恼了场外的观众，很快会场的油印小报就报道了警察兵的野蛮。学生们纷纷拥向巡警教练所讨说法，结果遭遇了警察更无耻的报复，竟然用枪刺对付学生，当场就戳伤了几个学生，从而把四川历史上首次运动会酿成了流血事件。时任总督赵尔巽非但不严惩肇事巡警，反而对请愿师生态度蛮狠。刘士志、杨沧白、廖学章等诸先生在教育会会长徐炯等人辞职退缩的情况下，据理力争，并且把事件真相通报给京沪的报馆，又做了直接向北京大理院控告的准备。赵尔巽怕事件进一步闹大，才答应严查凶手，撤换巡警提调。

李劼人在后来创作长篇小说《暴风雨前》时，专门写了"第五部分　运动会"一章。尽管是小说，却基本还原了当时的情景。而在散文《追念刘士志先生》一文中则更是详尽地描写了运动会流血事件的来龙去脉。

宣统二年（1910），丙班又来了几位插班生，此前一年已有曾琦（字慕韩）、涂传爵插班进来，如今再次插入了四位新同学。一个姓李，一个姓罗，是都永和监督的同乡。罗同学的经历很有些意思，他读过日本成城学校，又在上海住读过两年中国公学，照理说有如此经历的人，"可以回到家乡称孤道寡"，可是这位罗同学"却公然还有雄心进本省的中学"[1]。后来李劼人在写《大波》时，其中写到一个绰号叫"罗鸡公"的同学，不知是否以他为原型。另外还有两个插班生，一个是郭开贞，就是后来大名鼎鼎的郭沫若；另一个名张伯安，李劼人在《追念刘士志先生》中记述为张其济（泽安）即是同一人。郭、张二人的遭遇与李家祥此前有些相似，他们是从嘉定中学被辞退来的。李家祥是不愿受辱而自动退学，郭、张二人却是遭了中学监督的恶意打击，被挂牌辞退。原因是："嘉定中学学生和营房军闹事，学校当局采取了高压手段，镇压学生，不问青红皂白，一次就开除了八名学生，记了几十名大过。我和张伯安都在被辞退之列。"[2]郭、张二人非但被挂牌辞退，而且被通饬了全省，这就断送了被通饬学生的前程，郭、张二人幸得嘉定城王畏岩先生的推荐，才得以进入高等学堂分设中学丙班。

郭、张插班时，具有正义感的监督刘士志已经被排挤去了北京，杨沧白等一批有水平的教习也被迫辞职了，学堂监督已换成了都永和。学堂良好的学风已被破坏得踪影全无，其根源皆因都永和丝毫没有办学经验，他本人就像一个

---

① 郭沫若：《反正前后》，《郭沫若选集》第1卷，成都：四川人民出版社，1982年12月第2版，第182页。

② 郭沫若：《反正前后》，《郭沫若选集》第1卷，成都：四川人民出版社，1982年12月第2版，第164页。

杂佐小吏，只会巴结上司。在郭开贞看来，学堂的教习，无论从思想素质到业务水准都大为不佳。讲经学的只能拿一本《左传事纬》照本宣科，国文熬来熬去只是一部《唐宋八大家文钞》，历史差不多只有一个历代帝王的世袭表和改元的年号表，讲现代数学的则是连照本宣科的能力都没有，最令他失望的是英文教习，竟然不知道Newfoundland是海岛，而是望文生义译成新大陆。

所以刚到丙班的郭开贞"失望、焦虑、愤懑、烦恼，这几条支流混合而成的自然是无为、堕落、自暴、自弃的洪流"[①]。这自然与他对教习的水准不满有关系，但也有与班上老同学不和谐的因素。张伯安身体有缺陷，是个独眼龙；而郭开贞则由于刚患过重症伤寒，头发完全脱光了，是个光头；再加上他们满嘴的南路口音[②]，难免受到个别同学的奚落。所以刚插班入学之初，郭开贞都只是和插班的几个同学交往，坐茶馆、逛花会、下酒馆，几个插班生常常聚在一起酗酒，发泄愤懑。

但是郭开贞对王光祈、李家祥等人的印象还是很好的。他在《反正前后》中曾欣然写道："王光祈、魏嗣銮、李劼人、周太玄诸人都是我们当时的同学，前三位是丙班的同班。在当时要算是同学中的佼佼者。"[③]同窗之间，即使因为生疏产生一些隔膜，但很快也就消除了。郭开贞与老同学的关系，因一件事顿时变得融洽起来。那就是刘士志先生的死讯从北京传来后，分设中学的师生酝酿召开追悼会，一致选举郭开贞当筹备员。刘士志与郭开贞并无师生之谊，郭开贞插班时，刘士志已经离开学堂了。同学们一致推举郭开贞担任追悼会的筹备员，无疑是对他的一种莫大的信任，这对因自卑而心存芥蒂的郭开贞来说，是很受宠若惊的。

虽然老同学和插班生刚开始有不相适应的情形，但是大家同窗受业，不久

---

① 郭沫若：《反正前后》，《郭沫若选集》第1卷，成都：四川人民出版社，1982年12月第2版，第180页。
② 旧时成都城大约在今二环路以内，人们口音已开始有很大区别，从双流再往南的方言被统称为南路话。
③ 郭沫若：《反正前后》，《郭沫若选集》第1卷，成都：四川人民出版社，1982年12月第2版，第200页。

就变得融洽了，开始经常相互交流读书心得。同学聚在一起吟诗诵词，玩文字上的游戏，或撞诗钟，或对神仙对子，或者次韵杜甫《秋兴》，这都成为他们以后的美好难忘的记忆。许多年后，郭沫若在北京家中设宴请周太玄时，谈及当年撞诗钟，谁的诗出得慢了，就得请大家吃一顿，菜肴少不了的有麻婆豆腐、匀白肉、烧冒节子等。

李家祥似乎对诗的兴趣不大，他更感兴趣的还是小说。魏嗣銮在《回忆李劼人》一文中说，最初同学感情并不十分浓厚，熟悉小说的人很少，但"劼人在当时，既泛滥于中外小说，又绘声绘色，道出其中人物、情景，十几岁的青年怎能对他不发生感情，劼人声名著于全校，他人莫能企及"[1]。李家祥因为善于讲书，赢得了同学的好感与敬重。

学校安排的课程，除了数学及其他自然科学外，还有文史，如《左传事纬》《唐宋八大家文钞》等，每周还要写一次作文。一般同学都会按照学校规定学习课程，以争取高分，唯独李家祥不喜欢规定课程，而喜欢阅读小说。从《三国演义》《水浒传》《红楼梦》《儒林外史》《官场现形记》《七侠五义》等各种古典小说到林琴南翻译的《旅行述异》《块肉余生述》《巴黎茶花女遗事》《黑奴吁天录》《战血余腥记》《撒克逊劫后英雄略》等外国作品他都详细读过，而且他还能把读过的小说复述给同学听，他是丙班同学中公认的讲故事高手。每当晚饭后，大家便聚集在寝室，听李家祥抑扬顿挫、绘声绘色地讲他读过的小说，如讲诸葛亮羽扇纶巾，徐步而来，顿时让大家感觉到孔明先生的淡泊宁静；讲到李逵，则击掌拍案，称兄道弟，立马使人领略到粗犷豪放……同学围坐李家祥周围，屏息倾听，直到校工摇响晚自习的铃声，大家才意犹未尽快快散去，约定明晚继续讲。

郭开贞与李家祥谈不上深交，但仍然不妨作为李家祥说书时的听众。二十多年后，当郭沫若欣喜地读到李劼人的《死水微澜》《暴风雨前》《大波》三部小说时，中学时代的情景又浮现在了他的眼前：

---

① 魏时珍：《回忆李劼人》，成都：《龙门阵》1981年第1期。

中学时代的精公已经是嗜好小说的。在当时凡是可以命名为小说而能够到手的东西，无论新旧，无论文白，无论著译，他似乎是没有不读的。他的记忆力很强，新读过的小说能颇详细地重复出来，如是翻译的外国小说，他连一些极诘屈的人名都能记忆。……他是读通学的人，但每每在午前也跑到学校里来。来——是为的什么呢？不外是被几个相好的缠着，在寝室里就和说评书一样说他所读的小说而已。

在他说小说的时候，我总是在场的。①

由于李家祥十分嗜好小说，以至于在国文课上做作文时也时常用小说笔法，这就不可避免地会遭到冬烘先生的斥责和嘲讽。有个国文教习，同学给他取的绰号叫"漩翁"。缘起于他讲苏轼的《留侯论》。此翁端坐讲坛上，一口气读下全文，其间摇头晃脑，手舞足蹈，好似在空中打了个大旋涡。这位"漩翁"先生只推崇唐宋八大家，除了《古文观止》一类的文章外，稗官野史之类的小说在他眼里简直就是异类。可是偏偏他的学生中居然就有不务正业的人，这让他很生气，每每看到李家祥用小说笔法做文章，他就气不打一处来。然而，这位"漩翁"先生永远想不到，正是这个常常被他斥责的学生，日后竟能凭借写小说而大放异彩。

其实，中学时代的李家祥除了嗜好小说，还十分喜欢阅读当时出版的报刊。诚如他自己所说，章太炎所办的《民报》，于右任办的《神州日报》《民呼日报》《民立报》等都是他在中学时特别喜爱的。这些报纸都是早期同盟会会员所办，宣传民族民主革命。李家祥不仅通过阅读报纸大开了眼界，受到了新思想的最早洗礼，也积累下了报刊文章写作的经验，对他日后走进媒体工作大有裨益。

---

① 郭沫若：《中国左拉之待望》，《李劼人选集》第1卷，成都：四川人民出版社，1980年第1版，第7页。

三、亲历保路运动

时光进入宣统三年，也就是公元1911年，统治中国两百多年的清王朝终于走到它的尽头。1911年4月27日下午，同盟会在广州发动武装起义，黄兴率一百三十余名敢死队员攻打两广总督署。总督张鸣歧在惊恐中逃走。起义军焚毁总督署后，遭遇水师提督李准的镇压，起义军终因寡不敌众而失败。起义领导人黄兴负伤逃亡香港，喻培伦、方声洞、林觉民等革命志士英勇牺牲，其中七十二人的遗体被安葬于广州黄花岗。因此史称黄花岗七十二烈士。

黄花岗起义是革命党人发动的第十次武装起义，虽然还是失败了，但是它惊醒了更多的中国人，预示着一场更加猛烈的风暴即将来临。

就在黄花岗起义后不久，四川也酝酿着一场风暴。起因是预备建设的川汉铁路。

保路风潮来临之前，成都各学堂的学生已首先经历了一次"国会请愿运动"，这是由四川立宪党人策划组织的政治活动。早在光绪三十四年（1908），中国立宪派人士就提出召开国会的要求，次年全国十六个省的代表齐聚北京，再次提出了这一要求，却遭到清廷拒绝。朝廷提出的"预备立宪"是九年时间。于是在宣统二年（1910），各省咨议局组成"国会请愿代表团"，又分别进行了第三和第四次请愿。四川省咨议局也在辛亥年初组织了数千人到总督衙门请愿，随后又将这一运动扩展到学校。"风潮的发源地是四川最高学府的高等学堂，一通油印的通函要求各学校举出代表来在教育总会开会。"①李家祥和郭开贞作为丙班的代表参加了请愿，罢课持续了三天，最终在军警的武力干涉下平息下来。但正如郭开贞后来说，他们接受了有生以来第一次政治训练。

国会请愿运动虽然平息下去了，但是保路运动却在如火如荼地发展。

---

① 郭沫若：《反正前后》，《郭沫若选集》第1卷，成都：四川人民出版社，1982年12月第2版，第202页。

19世纪末至20世纪初，西方列强为进一步开拓海外市场，将国际垄断资本的注意力瞄准了中国西南。美英法德均向清政府施压，要求获得四川铁路的筑路权，英法两国甚至还派出了测量队深入到四川各地窥测建设路线。但是，由于四川人民反对列强侵夺路权的呼声日渐高涨，时任四川总督锡良上书朝廷请求自办川汉铁路。光绪三十年（1904），川汉铁路总公司在成都成立，并且建立了宜昌分公司。在其《川汉铁路总公司集股章程》中明确说明："自办者即不招外股，不借外债之谓……如非中国人之股，公司概不承认。"[①]章程中所谓的自办，实为官办，其股金来源，除了官绅自愿认购和官本股份外，主要靠抽租。而租股则由政府强制性收取，规定凡收取租谷十担者，须缴纳三斗作为股金入股，收取百担者，则须缴纳三担，以此类推，股金达到五十两，即可取得一股权。当年"川省有五千万人，除了极贫不愿附股之千余万人，及边区山城视铁路无足轻重之二千万人外，约二千万人均每日捐钱一文作铁路之款，如此每日可得钱二万吊，约合洋七百万元一年"[②]。由此可见四川省有近一半的人与川汉铁路有直接的经济利益的联系，也就是说，至少有两千万人是川汉铁路公司的股东，他们是铁路的直接投资者。

然而，西方列强不愿看到中国人自办铁路而失去商机，遂向清政府不断施压，朝廷也出尔反尔。至宣统元年（1909），张之洞与英德法三国银行团签订了《湖广境内川汉 粤汉铁路借款合同草约》。张之洞去世后，清廷又于宣统三年（1911）四月发布上谕，借英美德法四国银行一千万英镑，借日本横滨正金银行一千万元作为振兴实业和推广铁路之用。随即清廷刚上台的"皇族内阁"便匆匆宣布铁路国有化政策，规定："干路均归国有，定为政策。所有宣统三年以前各省分设公司集股商办之干路，延误已久，应即由国家收回，赶紧

①　戴执礼：《四川保路运动史料汇纂》，台北·中央研究院近代史研究所出版，1994年版，第267页。
②　《英国政府刊布中国革命蓝皮书》，《辛亥革命》（八），上海：上海人民出版社，1957年7月第1版，第272页。

兴筑。如有不顾大局，故意扰乱路政，煽惑抵抗，即照违制论。"①盛宣怀则奉旨与英美德法四国银行团签订了六百万英镑的合同，年息五厘，以两湖厘金、盐税作担保。四国取得了粤汉和川汉铁路的筑路权，以及该路在延长时继续投资的优先权。

四川从办川汉铁路以来，已经征集了路款一千四百万两，其中抽取租股九百五十万两，官民认购二百六十万两，土药盐茶商认股一百二十万两，除去铁路开工已用去的几百万两外，朝廷将路权出卖给了西方列强后，却并不退还近千万两剩余的民间股金，而是全部转换成国家铁路股票，这就等于侵夺了投资者的财产。消息一传出，四川人民彻底愤怒了，立宪派人士领导的川汉铁路总公司组织了保路同志会，一次声势浩大、波澜壮阔的群众性革命运动就此拉开了序幕。随后，成都连续出现了商人罢市、学生罢课、手工业者罢工，并拒缴一切厘税、杂捐，这一行动迅速蔓延到全省，使清政府感到了极大恐慌。四川总督赵尔丰认为这是乱党造反，遂于七月十五这天用计诱捕了蒲殿俊、罗纶、颜楷等九名同志会领导人。百姓闻讯后，纷纷赶到走马街总督衙门请愿，却不料被赵尔丰卫队当场开枪射杀数十人，造成了成都著名"七月十五开红山"的大惨剧，史称"成都血案"。

成都血案发生后，革命党人曹笃、朱国琛用"水电报"通知各地同志会。各地保路同志会迅速改编成保路同志军围攻成都。清廷也急忙从湖北调集两标鄂军人马，由端方率领入川镇压。端方率军离开后，导致了清军湖北兵力空虚。1911年10月10日，武昌新军中的革命党人趁机发动了武昌起义，赶走了湖广总督瑞澂。革命党取得了成功，各省纷纷响应，重庆革命党人随即宣布独立并成立了蜀军政府。端方在赴川途中，到达资州时被军中革命党人砍了头。四川总督赵尔丰见大势已去，不仅释放了所捕同志会领袖，而且被迫交出了政权。立宪派接管政权后，立即宣布四川独立。清政府在四川的统治就此结

① 彭芬：《辛亥逊清政变发源记》，《辛亥革命》（四），上海：上海人民出版社，1956年第1版，第340页。

束了。

但是，立宪党人由于自身的局限，并不能稳妥地掌控大局，也没有收拾全川乱局的能力，用郭沫若的话说，"他们依然是封建社会里面的骨董"[1]。所以在四川独立后不到半个月，成都便发生了"东校场兵变"，酿成了成都城被称为"打启发"[2]的一次浩劫。后由尹昌衡率凤凰山新军入城平叛，总算稳住了阵脚，但蒲殿俊、朱庆澜领导的"大汉四川军政府"也随之倒台，代之而起的是尹昌衡、罗纶为正副都督的四川军政府。新政府随后派兵包围总督府，将赵尔丰押至皇城明远楼当众斩首，"成都血案"的罪魁田征葵在化装逃亡途中被重庆蜀军政府抓获，也被当众处决了。

1912年元旦，中华民国临时政府在南京成立，2月12日，清帝宣布退位。统治中国二百七十六年的清王朝灭亡，从秦始皇以降统治中国达两千多年的帝王皇权制度也走向了终结。辛亥年成为现代中国历史开启的一个新起点。

四川保路运动作为辛亥革命的前奏，其历史意义是巨大的。经历了保路运动的郭沫若曾说："辛亥革命的首功是应该由四川人担负，更应该由川汉铁路公司的股东们担负的。虽然他们并没有革命意识，然而他们才是真正的社会革命的发动者，而且也是民族革命的发动者。"[3]假如没有四川保路运动，武昌起义不可能取得及时的胜利。正如孙中山所说："若没有四川保路同志会的起义，武昌革命或者要迟一年半载的。"[4]这些都是对保路运动最准确的评价。

保路运动发生时，成都的各个学堂不可避免地卷入了运动中。从保路运动

---

[1]　郭沫若：《反正前后》，《郭沫若选集》第1卷，成都：四川人民出版社，1982年12月第2版，第262页。
[2]　打启发：四川话，指揩油、占便宜；也指乱兵抢劫。
[3]　郭沫若：《反正前后》，《郭沫若选集》第1卷，成都：四川人民出版社，1982年12月第2版，第225页。
[4]　转引自隗瀛涛：《孙中山与四川辛亥革命》，《辛亥四川风雷》，成都：成都出版社，1991年9月第1版，第32页。

开始，李家祥就很关注事态的进展。当时成都出版有几种报纸，如《蜀报》《成都日报》《西顾报》《启智画报》等，时时都有关于保路的最新消息，这些都成了他了解社会的必读之物。

宣统三年（1911）五月二十一日，川汉铁路公司在岳府街原清军名将岳钟琪公馆举行保路同志会成立大会，来自各州县、各行业的代表把岳公馆内外拥挤得水泄不通。李家祥作为分设中学的学生代表出席了大会。几十年后，在重写《大波》时，李劼人还清楚记得保路同志会成立时人山人海的情景："人多，看来各色各样的人都有；学生和做手艺的年轻人，好像更要多些，都朝一个方向在走，一条不很宽的三道拐街变成了人的河流……一道岳府街的铁路公司，还在三道拐街北口，人流就堵住了，前面是岳府街的影壁，岳公爷府第自从捐出来作川汉铁路公司，内部修改了一下，而一道又厚，又宽，又高的砖砌影壁，还原封保存。影壁内七八丈见方的空地也站满了人。影壁东西的街面也窄。由西头来的人比东头来的多……人是那样多，全都涌在大门跟前，简直像戏场。"①由于李家祥长时间注意阅读报刊，对时局的关注，使他十分敏锐地意识到保路同志会的成立之于历史的重大意义，认为这是自明末张献忠破城之后，"成都空前未有的一桩掀天动地的大事"，"这一天，是四川人在满清统治下二百多年以来，第一次的民众——不是，第一次有知识的绅士们反抗政府的大集合"。②这是李劼人在小说中对保路运动的评价，其实也是作为当年的学生代表对于亲身经历过的这一事件的清醒认识。

七月初一这天，保路同志会召开有数万人参加的大会，号召全省罢市、罢课。李家祥不仅参加了大会，还积极响应罢课号召，与同学们走上街头巷尾、茶馆戏园去宣传鼓动，高唱《保路歌》"废约保路兮，吾头可断，志不移"，"川粤汉路不争回，不死复何期"。③阴历七月十五日，赵尔丰开枪镇压请愿群众后，李家祥十分悲愤。母亲怕儿子遭遇意外，不要他出门去，但血气方刚的

---

①　李劼人：新版《大波》，北京：人民文学出版社，1991年6月第1版，第26页。
② 李劼人：旧版《大波》，成都：四川文艺出版社，2018年12月第1版，第30页。
③ 伍加伦、王锦厚：《李劼人传略》，《新文学史料》1983年第1期。

青年李家祥则说，路亡则国亡，声讨国贼，匹夫有责！他毅然决然冲出家庭，投入到了保路爱国的洪流中。他曾愤怒地把当时人们讽刺赵尔丰的对联书写在墙壁上："望江楼上望江流，江流千古，江楼千古；赵尔丰前赵尔巽，尔巽一年，尔丰半年。"赵尔巽乃赵尔丰兄长，曾任四川总督一年，在全省首届学生运动会上包庇过警察行凶，又武力弹压国会请愿活动；赵尔巽调离四川后，由其弟赵尔丰继任，刚好半年就被尹昌衡砍了脑壳。锦江依然流淌，望江楼依然矗立，赵氏兄弟却在辛亥年一个丢了官，一个殉了大清。

尽管保路运动得到了全川人民拥护，但还是有一部分守旧者并不以为然。分设中学中那位时常斥责李家祥的"漩翁"先生就是其中之一。这回他又来找李家祥麻烦了。"漩翁"先生对保路运动颇有微词，出了一道国文题要学生论时事。李家祥写了一篇不足五百字的短文，开头便用了李白的一首诗打破了当时作文的常规："长安一片月，万户捣衣声。秋风吹不尽，总是玉关情。何日平胡虏，良人罢远征。"然后在论及保路中的死难者时，又用了"其人虽死血尤香"的句子。这就进一步惹恼了"漩翁"，他在批语上对李家祥大加申斥，讥讽他用字不通，而且几近胡闹。李家祥感觉"漩翁"先生的批语是对自己的极大羞辱，"这使精公脸上的一片烧疙瘩也会气得来板起了石榴皮。他连那课卷本子也不要了，被好事的我替他保留了下来，替他加了许多顶批后赞，在同学中传观。这一来，便把同学中好弄文笔的人又挑动了，你来一首颂词，我来一首赞诗，甲在摹仿《陋室铭》，乙在效拟《获麟解》，四六体，《满江红》，不久之间便把那一本课卷完全写满了"。[1]据郭沫若记述，这本课卷被他在年假时带回了家，曾寄放在嘉定城中张伯安的家里。郭沫若视其为一种幽默的宝贝。

由此可见李家祥中学时代的作文就曾在同学中产生过很大的共鸣。

其实，嗜好小说的李家祥偶尔也作诗。有一次，李家祥、郭开贞、周焯

---

① 郭沫若：《中国左拉之待望》，《李劼人选集》第1卷，成都：四川人民出版社，1980年7月第1版，第9页。

（太玄）等七八个同学相约在武侯祠吃茶，其间，有人提出以尹昌衡西征为题，以轻重为韵，意存讽刺，各作七言一首。郭开贞天生具有诗人品质，反应灵敏，最先就交了卷："藏卫喧腾独立声，斯人决计徂西征。豪华定远居投笔，俊逸终军直请缨。羽檄飞驰千万急，蛮腰纤细十分轻。寨中欢乐如何似，留滞安阳楚将营。"李家祥平日注意力都在小说方面，对作诗似乎要迟钝些，但也更工整，所以他最后交卷。相互传阅后，评比下来，李家祥的七言诗竟得了第一名。李家祥的诗这样写道："锦官城外柏森森，将军走马去西征。非关陈琳传神檄，真是终军请长缨。藏鸟康花情重重，宝刀名马意轻轻。筹边方略何须问，几时归来酒一樽。"[1]这次同学之间的赛诗是他们中学时期的一次难忘的经历，也给郭开贞留下了深刻记忆，使他后来在论及李劼人小说时还明确指出："精公不消说也能做诗词。"[2]大概就是这次赛诗给他留下的记忆。

四、第一篇白话小说

民国诞生，清帝退位，一个新时代开启了。

正当李家祥与同学们兴高采烈的时候，"都喇嘛"却宣布了一个令人沮丧的消息：分设中学被裁撤，尚未毕业的四、五两个年级——即丙班和丁班被一同归并到成都府联合中学堂的新甲新乙两班。此时距离李家祥毕业还有一年时间。在这最后一年里，"四班人成为一班，济济一堂，足有二百人的光景。我们在那儿又住了一年算是把旧制的五年中学弄毕了业，我们要算是这种制度的殿军"[3]从郭沫若文字的语气中可以看出，这一年同学多在混时间。难怪郭、李两位作家后来都不约而同地在作品中表达出对都永和监督的强烈不满甚至

① 黎本初：《李劼人先生的一首轶诗》，《成都文物》1987年第2期。
② 郭沫若：《中国左拉之待望》，《李劼人选集》第1卷，成都：四川人民出版社，1980年第1版，第8页。
③ 郭沫若：《中国左拉之待望》，《李劼人选集》第1卷，成都：四川人民出版社，1980年第1版，第9页。

怨恨。

群英荟萃的"丙班"就此成为历史。许多年后，当不少的学生已成大材，四川高等学堂分设中学丙班将成为一个有趣的话题。

"精公"是一个很重情义的人，与同学相处关系很好，即使郭开贞这位"没有深交"的同学，在毕业前夕，也受邀去了一次李家祥的家中做客。其实李家祥是在以一种特殊的亲近方式向同学告别。很快他们就将天各一方了，一部分人升入了高等学堂，一些人分别去了上海、北京，还有人去了国外留学，最不济的也通过关系在社会上找到了工作。

毕业时，周无、李劼人、王光祈、魏嗣銮（时珍）、胡助等一批同学曾商量，毕业后都要到省外他们向往的地方去继续读书。周太玄后来回忆说："这些人在一般同学中已经是非常熟悉和契投的，并相约毕业后不问有无条件，都一定要出省，到那时认为是先进的上海或北京去读书。"①但李家祥并未动身出省去考学校，因为资助他学业的姑父刘碧仁恰在这年病逝了。李家祥顿时断绝了学费来源，而家中的微薄收入实在无力供他继续读书。"在辛亥年上半年，帮助我学费的亲戚死了，家里绝对挪不出费用来供我在中学毕业后再上高等学堂，所以我只好废学求业。"②数十年后，作家在谈到青年时期这一经历时，心中还是充满遗憾的。

因家贫而未能升学的同学还有王光祈。这位因能做诗而与李家祥最为要好的同学，家境与李家祥一样困难。他出生以前父亲就去世了，"他的家产最多不过三四百两银子，而恒定的收入，仅仅温江县城外一个锅厂，每年可收二十几千文的租……一直到九岁，才进本地的私塾"。王光祈之能进入小学、中学，皆因他祖父的受业弟子赵尔巽为报师恩，对他多有关照；并且赵尔巽在任四川总督期间，还指拨了一千两银子在商号存息，每年可得息银

---

① 周太玄：《关于发起少年中国学会的回忆》，《五四时期的社团》（一），北京：生活·读书·新知三联书店，1979年4月第1版，第537—538页。

② 李劼人：《自传》，《李劼人全集》第1卷，成都：四川文艺出版社，2011年9月第1版，第3页。

四十余两。辛亥革命后，赵尔巽下台，这笔指拨的息银当然也就没了下落。也有资料说，存在商号中的银子在辛亥年成都遭"打启发"时被乱兵抢了，而且在1913年，王光祈又相继失去了两位亲人，一位是他的母亲，一个是他不满两岁的幼女。

贫困但并不潦倒的王光祈，在成都一家报馆找了个编稿的事做，时常有空来找李家祥，二人便不时相约到少城公园闲聊。可是时间一长，闲聊其实已成无聊。这是两个青年人最苦闷的时期。李劼人后来在《诗人之孙》一文中写道，王光祈"虽在一个无聊的报社里编稿子，但是只有一碗小菜饭吃，日暇无聊，便来找着我，少城公园茶铺里一坐，相对无言，连谈女人的兴趣都没有了。不久，报馆关门，他就夹起小包裹一径跑回了温江"[1]。李家祥也无事可做，终日在家以读小说、报刊和写诗词打发时间，有时候也帮母亲做些事，诸如搓朱砂保赤药丸，下厨房煮饭炒菜等等。前者是为生存，是李家祥不得不做的事，后者是为生活，且是李家祥颇感兴趣的。

朱砂保赤丸是李家的秘制药丸，专治小儿抽搐和成人高烧。李家对这个秘方一直秉承传男不传女的规定，传到家祥这一代，已经有一百多年历史。到1950年，这个祖传的家规打破，秘方被继承者无私地送给了长顺街的一家老药铺，使其能惠及更多的患者。据说李劼人的女儿李眉曾向她母亲问起过秘方，得到的答复是："方子早送出去了，也没有啥子秘密。我做的'半单'药方是：按以前十六两市制计算，有：雄黄一钱（飞净）、桨子（巴豆）一钱、胆南星一钱、麝香五分、牛黄五分、朱砂一钱（飞净），以上各药加干面糊一两和匀，其中巴豆要用面裹后在微火上烘烤，然后剥去外壳，再用纸包起将油榨干。丸药颗粒比绿豆略小，做好后再佘一钱朱砂。"[2]不过这是后话。

---

① 李劼人：《诗人之孙》，《李劼人全集》第7卷，成都：四川文艺出版社，2011年9月第1版，第13页。
② 李眉：《一张秘方的故事》，《李劼人研究：2016》，成都：四川文艺出版社，2017年12月第1版，第304页。

李家祥当年帮母亲制作的就是这种药丸。他在搓药丸时，常常是左手翻书，右手在瓷盘搓药丸，读书制药两不耽误。

然而，李家祥并没忘记好友王光祈的忠告，那就是尝试着写点文章向报刊投稿；而且王光祈已介绍他认识了一些报馆的编辑，他们也不时给李家祥一点临时采访任务。

辛亥革命后，社会并没有实质性的变化，只是为更多的政客们纷纷登台抢夺革命果实大开了方便之门。连革命党人王孟兰都说："所谓反正，不过是一种新名词，其实官还是官，幕友还是幕友，绅粮还是绅粮，平民百姓还是平民百姓，一切照旧，只不过把知县改为司令。"[1]这与鲁迅在小说《药》中写到的情景是惊人地一致："革命党进了城，但还没有什么大异样。知县大老爷还是原官，不过改了什么称呼……带兵的还是先前的老把总。"这让李家祥强烈地感受到了辛亥革命的局限性，他把这一切都看在眼里记在心里。

当时成都有一家进步报纸叫《晨钟报》，正在举办征文活动。编辑与李家祥相互都很熟悉，他们知道李家祥平日不仅喜欢看《民报》《神州日报》，还爱读林琴南的翻译小说，就鼓励他写文章。恰好适逢少城公园举办游园会，报馆编辑就派他去采访。李家祥来到少城公园，正赶上一幕拉选票的滑稽戏，给他留下了深刻印象："当时四川有个政党叫共和党，是劫夺辛亥革命成果的，很反动。这一年他们为了拉咨议局的选票，就包园（原少城公园）办游园会，请人进去游览，不买票，还有招待。我记得请吃橘子的地方，还挂上一幅大旗，写着'维持大局'四个大字，十分牵强。"[2]于是李家祥以《游园会》为题，写了一篇万余字的小说：一个自作聪明的小市民和一个刚进城的乡下人，两人游园，一路走一路批评，又一路闹出不少笑话。人物和故事都是虚构的，通过两人的对话，有力地讽刺了当时的政治现实。

《游园会》很快就在《晨钟报》刊登出来，作者署了个笔名"李劼人"。

---

[1] 李劼人：新版《大波》，北京：人民文学出版社，1997年6月新第1版，第930页。
[2] 李劼人：《谈创作经验》，《李劼人全集》第9卷，成都：四川文艺出版社，2017年9月第1版。第244页。

之所以取用这个名字，"意味着：奋进、坚定、勤勉、谨慎。不难看出，李劼人从青年时期就立志要做一个正直而勤奋、严谨而整饬的人。这同他的思想作风有关，也同他的'精致'绰号有关"①。从此李家祥成了李劼人，并且这个名字伴随了他一生。

李劼人是哪一个？人们并不知道，但《游园会》的内容却引起了读者的浓厚兴趣。小说发表后，立即就引起了热烈反响。"刊出来的第一天，我非常兴奋，想搜集一下反映，就拿给熟人看，熟人捧我，说这是空前绝后之作。我又跑到街上挂报纸的地方，看看读报的人多不多，一看，有七八个人，看样子还很欣赏，这一下就给了我勇气，认为群众批准了。从那时起，我就立志当作家。"②

鲁迅也在这一年创作了他的处女作，那就是刊载在次年4月25日上海《小说月报》四卷第一号上，署名周逴的《怀旧》。作品通过一个孩子的视角，写辛亥革命到来时一位富家少爷金耀宗和秃先生以及一般下人的反应。文笔辛辣、讽刺，具有漫画色彩，生动地描绘了金耀宗和秃先生在听到革命到来时惶惶然若丧家犬的惊恐。鲁迅自己后来大约都把这篇文言作品忘了，更不会料到它会对李劼人的早期文学创作产生影响。

很有意思的是，李劼人和鲁迅在1912年写作他们的第一篇作品时，都采用了讽刺、夸张的艺术手法。唯一的区别是鲁迅的《怀旧》是文言文，而李劼人的《游园会》则是白话文。

中国新文学史上公认的第一篇白话文是1918年5月15日第四卷五号《新青年》月刊上发表的鲁迅先生的日记体小说《狂人日记》。而李劼人的《游园会》则比《狂人日记》早了整整六年。当然《狂人日记》在思想深度和影响上可能要大大超越《游园会》，但无论如何，李劼人作为新文学史上真正的第一个白话文作家，其重要价值是不可忽视的。遗憾的是，《游园会》这篇李劼人

---

① 李眉：《李劼人轶事之一：其名的由来》，《四川工人日报》1987年8月15日。
② 李劼人：《谈创作经验》，《李劼人全集》第9卷，成都：四川文艺出版社，2017年9月第1版，第245页。

最早的作品至今下落不明。在编辑《李劼人全集》时，笔者查阅了能够找到的1912年各地出版的《晨钟报》，唯独没有成都的这种报纸，只有寄希望于民间收藏家，看何时能够让这篇小说重见天日。

1912年对李劼人来说是重要的一年，他从此确立了文学创作的信心；而对于中国新文学史来说，一个重要的符号开始形成。

第三章

高擎新文化的旗帜

短暂的官场生涯后，李劼人看到了民国换汤不换药的社会本质，他发誓不再进入官场。几次有人来邀请他再去担任科长，他都谢绝了。

新文化运动发生的1915年，李劼人在报馆找到了自己的位置。他从主笔、编辑一直做到总编辑、社长。他在新兴的媒体如鱼得水，不仅受到了新思想、新文化的洗礼，也通过他的手将新思想、新文化传递到巴山蜀水。

"五四"时代，他是"少年中国学会"成都分会的发起人，《星期日》的创办者，也是新文化运动在四川最有力的传播者、鼓吹者之一；五四运动爆发后，他又是四川最直接的火炬接力者。

在李劼人的努力下，新文化、新思想在封闭的四川得以更广泛地传播。而李劼人在履行了自己的职责使命后，决定赴欧洲勤工俭学，去开启人生的另一片天空。

一、初涉民国官场

李劼人的小说首次发表就得到了读者认可，从而坚定了他将来从事文学创作的信心。但是，眼下摆在他面前的首先是饭碗问题。他已经二十二岁，应该自食其力了。可手中的一支笔又暂时不能给他带来经济收益。《晨钟报》虽然发表了他的作品，编辑也希望李劼人继续写稿，却是没有任何报酬的。更何况，"不久，这报纸遭当时的反动政府封闭，我连这无酬报的职业也失去了"①。李劼人发表文章的路子一下断了，同时他也明白自己还需要积累更丰富的生活经验和人生体验。

恰逢此时，李劼人的舅父杨砚愚被委任为泸县知事，便聘任李劼人为县知府的第三科，也就是文教科科长。泸县，地处川南长江北岸，古称江阳，是一座有两千余年历史的古城，自古就是繁华之地。李劼人欣然地接受了这份职业。1914年初，他便随舅父前往泸县任职，同行前往任事的还有杨氏家族中李劼人的四位堂舅父和四位表弟。

袁世凯窃取大总统宝座后，倒行逆施，大搞复辟活动，社会矛盾愈发严重。李劼人原本对辛亥革命的胜利表示出怀疑态度，此时进入官场，对于民国初年的政治生态更是深感极度失望。每天的工作除了办理统计和帮杨砚愚处理文牍外，毫无新意。工作失望之余，青年人难免会搞出点荒唐事情。

泸县城内有一名妓叫周七，与杨家叔侄过从甚密。几个人原本年龄相差不大，表弟们遂不时地拉上李劼人一起到周七家中厮混。久而久之，这件事让杨砚愚知道了，尽管那个年代狎妓算不得丢人的事，甚至还是某种时髦，但杨砚愚是传统士人，从不染风月场中事，得知一伙兄弟侄儿与周七鬼混，气得大发雷霆。在除夕之夜，竟亲自带人到周七家将杨氏兄弟和李劼人抓回去，严加训斥了一顿。从此李劼人不敢再去周七家。但是周七这个女人给李劼人留下了极其深刻的印象，令他想起了少年时在鄱阳湖看到的那个卖茶水老太婆的女儿，她们的举止言谈，一颦一笑，在他头脑中反复叠现、综合，将在二十年后形成小说中一个崭新的文学形象。

---

① 李劼人：《自传》，《李劼人全集》第1卷，成都：四川文艺出版社，2011年9月第1版，第4页。

是年春天，中学同学王光祈和曾琦来到了泸县。他们是出川去读书和谋事的，乘船过泸县时特地来看望李劼人。他乡遇故知，感到分外亲切。几个好友在这座小县城聚会了数日，他们登了城外的玉蟾山，参观了龙脑桥、永嘉桥等古迹，还游览了圆通寺，当然还少不了的是坐茶铺、尝美食，凡泸县能耍的，能吃的，他们都体验了。开销由豪爽的李劼人包揽，他宣称是为尽地主之谊；而家境富裕的曾琦自然不答应，至于王光祈，他们则都不要他出一分钱。事实上，王光祈这次到泸县，除了看望老同学，还有一个目的，就是筹措进京的旅费。离开成都出发时，王光祈就囊中羞涩，带了一块半大洋就毅然上路了，到达泸县，仅仅剩下两文钱。李劼人自然是尽其所能来帮助好友。

这是几个同学自毕业以来最愉快的几天。

王光祈、曾琦都劝李劼人辞掉泸县的工作，同他们一道出川去，李劼人也很动心，但因为盘缠问题和舅父的工作关系，他不能成行，只能与两位同学依依惜别。临行前，李劼人托王光祈带几张自己的照片去上海送与魏嗣銮、胡助和周太玄等好友。王光祈对李劼人说，何不写几个字呢？当时，李劼人正在学习填词，"我一时骚兴大发，便各填了一阕《丑奴儿》词，写在小照背后"[①]。可惜，因时间久远，作者自己后来也记不得这几首词了。

看着两位同学乘舟东下奔前程去了，自己却还在这小县城混时日，二十三岁的李劼人心中怅然若失。他在一张照片两侧无奈地题了一行小字："一事无成人渐老，壮怀要问天公。"之后又连续填了十多首《浣溪沙》词，以此作为对这次同学相会的纪念。然而，这一组词至今也散佚了，只有其中一首的半阕保留在作者怀念王光祈的《诗人之孙》一文中："一水惹情牵远浦，万山将意渡平芜，计行人已过巴渝。"王光祈也写了一组杂诗，其中有"千载忧难已，深宵剑自鸣；直行终有路，何必计枯荣。"从中可以看出王光祈远大的抱负与勇往直前的决心。

---

① 李劼人：《诗人之孙》，《李劼人全集》第7卷，成都：四川文艺出版社，2011年9月第1版，第13—14页。

一事無成人漸老此堪愛閒天公

二十四歲子李劼人

李劼人在泸县任教育科长时期

1915年春天，杨砚愚从泸县调任雅安县任知事。李劼人也随舅父一同前往雅安任职，仍然担任第三科科长职。但这次任职时间却不长。是年八月，杨砚愚卸任，李劼人也返回了成都。在泸县与雅安两年短暂的官场生涯就此结束了。如果说，早年在江西时期，李家祥还是作为少年旁观者近距离地观察晚清的官场丑态，那么，如今的李劼人则有了对民初官场身临其境的体验。"在这二十二个月内，我获得了不少的社会知识，并深切知悉在旧民主革命之后全国大小反动政府所作的许多丑恶事件。满清时代的官场情形我已曾看到了一些，如今再把这些丑恶情况一看，使我对辛亥革命的成果及其意义发生了怀疑。因此回到成都，便确定了我不再跨入官场的方向。"[①]因为"我知道的官场情况，比李伯元的《官场现形记》还多"[②]。两年的官场生活不仅使李劼人眼界开阔，增长了社会见识，也为他后来的文学创作提供了丰富的素材。

旧时的读书人多以入世"兼济天下"作为人生理想，李劼人也不例外，但无论是晚清还是民初的官场都给了他重重的一击，种种丑恶的黑幕，破灭了他的理想，他便下决心从此不再踏入官场。以后又有几次受邀去任科长的机会他均谢绝了。

他回归到了"独善其身"的文人境界。

二、"老懒"声名大振

1914年，第一次世界大战爆发，欧洲各国战争打得正酣。

而中国则是从北京到地方都在泛起一股尊孔复古思潮。袁世凯一心想当中华帝国皇帝，对国际交战双方均采取中立态度。同时对日本的侵略扩张野心也一味地忍让、退缩。为取得日本人对他登基的支持，竟然接受了日本旨在灭亡中国的"二十一条"。日本人也对袁大总统投桃报李地表示："总统如接受此

---

① 李劼人：《自传》，《李劼人全集》第1卷，成都：四川文艺出版社，2011年9月第1版，第4页。

② 李劼人：《谈创作经验》，《李劼人全集》第9卷，成都：四川文艺出版社，2011年9月第1版，第246页。

种要求，日本人民将感觉友好。日本政府对总统亦能遇事相助。"①1915年5月25日，袁世凯与日本正式签订"二十一条"，顿时激起了全国人民的愤怒。京、沪等地掀起了抵制日货的浪潮，全国教育联合会规定，以5月9日为国耻纪念日；各地纷纷召开大会，要求废除"二十一条"，并诛杀卖国贼曹汝霖以谢天下。

袁世凯的倒行逆施也引起了四川人民的极大愤慨。成渝等各地都汇入声势浩大的反袁浪潮中，报纸发表大量的反袁文章。远在日本留学的成都人马宗融在东京参加留日学生游行示威，反对"二十一条"，被驱逐回国。

这年9月15日，陈独秀在上海创办《青年杂志》（次年改为《新青年》）。他在第一卷第一号上发表的《敬告青年》一文中，满怀激情地写道："青年如初春，如朝日，如百卉之萌动，如利刃之新发于硎，人生最可宝贵之时期也。"他以进化论的观点，号召青年勇敢地肩负起未来的责任："青年之于社会，犹新鲜活泼细胞之在人身。新陈代谢，陈腐朽败者无时不在天然淘汰之途，与新鲜活泼者以空间之位置及时间之生命。人身遵新陈代谢之道则健康，陈腐朽败之分子充塞社会，则社会亡。"②这无疑是中国新文化史上划时代的一声惊雷！

《新青年》不仅对现实社会强烈批判，而且要挖掘专制社会的老根，倡导建设一种新的思想和新的文化。陈独秀的文字把握住了时代的脉搏，立即就引起了全国的共鸣。

很快《新青年》就进入了四川，重庆、成都、泸州等地都设立了代售处。思想的星星之火在巴山蜀水间迅速燃烧开来。

当时成都总府街劝业场内新开了一家专事印刷出版业务的昌福公司，人称昌福馆。主办者是清末民初四川工商界的领军人物、同盟会会员樊孔周。他曾

---

① 王云生：《六十年来中国与日本》第6卷，北京：生活·读书·新知三联书店，1980年4月第1版，第91页。
② 陈独秀：《敬告青年》，谢俊美主编《新青年》，郑州：中州古籍出版社，1999年1月第1版，第26—27页。

创办了悦来公司、悦来电灯厂、因利织布厂、信立钱业等民族工商企业。光绪三十四年（1908），樊孔周担任成都总商会协理后，又主持筹建了劝业场。昌福公司在1914年7月创办了一份文艺半月刊《娱闲录》，邀请吴爱智（吴虞）、李老懒（劼人）、李哲生（思纯）、曾延年（孝谷）、刘长述（觉奴）等一批思想进步的人士来撰稿。他们发表的作品，形式新颖，思想进步，在读者中产生了广泛的轰动效应，其中尤以李劼人以"老懒"的笔名发表的小说《儿时影》《夹坝》等受到读者追捧，刊物发行量也逐月大增，成为当时成都文化界的一道风景。"这《娱闲录》发行的时代，又算得上是文人得志时代。只要知道当时成都事情的人，哪个不晓得吴爱智、方舣斋、刘觉奴（刘长述，刘光第长子）、李老懒、曾安素（名延年，号孝谷，成都人，中国话剧运动创始人之一）、李哲生、胡壁经堂（胡安澜）、何六朝金石造像堪侍者（何振羲，字雨神，号与宸，庆符人）这几位记者先生，因为这《娱闲录》是他们办的俱乐部样。"① 但是，好景不长，当年底，《娱闲录》却停刊了，被整合进《四川群报》，成为副刊。

《四川群报》的前身是1910年创刊的《成都商报》，辛亥革命后改为《四川商会公报》，樊孔周接管后改为《四川公报》，随后与《中华国民报》合并后，一度更名为《国民公报》，但很快又恢复成《四川公报》。1915年10月，因官方发行了一份同名的报纸，樊孔周遂将《四川公报》改名为《四川群报》。由樊孔周、宋师度、董蜀芝三人主持，报馆设立在劝业场成都商会总会内。

《四川群报》以反袁作为办报的总方针，刊登了各地大量反对袁世凯称帝的新闻报道，吴虞的文章《对于国体问题之意见》《独立后之商榷》《人才》等，受到广泛关注。同时，《四川群报》又聘李劼人为报馆的首任主笔，月薪为十个大洋。成为报馆主笔，标志着李劼人已经开始步入成都文化界名流的行

---

① 孙少荆：《1919年以前的成都报刊》，《四川文史资料集粹》第4卷，成都：四川人民出版社，1996年12月第1版，第247页。

列，因为《四川群报》所聘的二十余位主笔均是文化界有影响的人，其中就包括吴虞、刘觉奴等著名人物。

1915年12月12日，孤注一掷的袁世凯竟然不顾全国人民强烈反对，在中南海居人堂宣布登基，改中华民国五年为洪宪元年。殊不知，正当洪宪皇帝接受百官朝贺之时，蔡锷已经潜回云南，联合唐继尧等在昆明兴师讨袁。护国军一路凯歌高奏，攻入四川、贵州，随即南北多个省份相继宣布独立。袁世凯在四川的心腹陈宧，迫于全国形势，宣布倒戈；而在湖南，被袁世凯册封为"一等侯"的汤芗铭也反水了，这给了老袁最致命的一击。刚过了八十三天皇帝瘾的袁世凯在内外交困中被迫宣布废除帝制，不久便气恨交加，暴病而亡。

任《四川群报》主笔一年后，李劼人又被聘为编辑。于是他依托这张报纸，继续用老懒的笔名，发表了大量的时评、杂文，揭露社会黑暗，揭露张勋复辟丑剧，同时还发表了百余篇小说，其中包括四十余篇总目为《盗志》的小说连载。这些作品"全部写社会各个角落的黑暗面，绝大多数材料都是取自于二十二个月在泸县、雅安的所见所闻"①。李劼人还以报馆的名义，聘请王光祈为驻京记者。王光祈时常有北京的新闻发回成都，并且常常撰写评论，剖析国内局势，使地处西僻之壤的成都人得以及时了解外面发生的事情，李劼人本人也因此扩大了视野，增长了见识。这是成都新闻媒体刊登外地消息的开始。

然而，这一年四川也发生了自中华民国成立以来第一次军阀混战。护国战争胜利后，蔡锷被北京政府任命为四川督军兼省长。但是，由于病情恶化，蔡锷草草处理完善护国事宜后，即将督军之职交与参谋长罗佩金，自己则东渡日本治病去了。而罗佩金在"强滇弱川"政策的支配下，不仅大肆搜刮四川财富，而且以武力削弱川军，最终爆发了川军刘存厚部与滇军罗佩金之间的成都巷战。随后罗佩金兵败被赶出成都，四川军政大权落入黔军戴堪手中，又导致刘、戴之间川、黔军之战。1917年4月至7月连续两次川滇、川黔的军阀战争，

---

① 李劼人：《自传》，《李劼人全集》第1卷，成都：四川文艺出版社，2011年9月第1版，第4页。

给成都人民造成了严重的灾难，也开启了四川内战极其恶劣的先例。此后二十余年间，四川军阀内战不断，人民死伤无数，房屋财产严重损毁，搞得四川民不聊生，百姓痛苦不堪。

军阀混战给人们造成的痛苦，使李劼人进一步认识到社会的黑暗和统治者的腐朽，他对军阀深恶痛绝，唯有将所见所闻述诸笔端，否则不足以表达心中的愤懑。其间，他继续写了许多杂文和时评，所用过的笔名连他自己后来也记不得了。可以说，初入媒体的李劼人，不仅是以一个作家的身份，而且是以文化战士的姿态向社会黑暗发起了战斗。

由于《四川群报》坚持社会批判，揭露时弊，暴露官场丑恶，自然得罪了专制统治者，尤其是军阀政客。当权者的矛头首先对准了《四川群报》社长樊孔周。樊孔周自办报以来就与军阀作对，先是竭力反袁，后又反对军阀横征暴敛，甚至亲自撰写社论猛批川军第三师在防区内设卡征收盐税，这就更为军阀们所不容。1917年4月20日，樊孔周由重庆返回成都，行至乐至县施家坝的路途中，竟遭钟体道所部团长张鹏舞派人刺杀。[①]《吴虞日记》5月11日记载道："樊孔周行至简州，有着白衣者十余，以自来得手枪击之，登时殒命，银钱衣物并无损失，奇矣。"[②]可见这纯粹是一场政治谋杀。事后，成都著名文化人刘师亮写下一副挽联揭露军阀的罪恶："樊孔周周身是孔，刘存厚厚脸犹存。"

樊孔周被刺杀后，当年5月李劼人便辞去了《四川群报》主笔和编辑的职务，结束了在媒体的第一阶段工作。此时的世界都在发生深刻变化。国内，王光祈、周太玄正在北京酝酿组建"少年中国学会"，并且已经与北京大学的李大钊和留学东京的曾琦取得联系，共同讨论学会的组织形式与活动内容；而在国外，俄国于11月7日爆发了对世界历史影响深远的"十月革命"。

李劼人对布尔什维克和苏维埃政权并不了解，但是朦胧地感到可能这是一种新东西。

---

① 《从辛亥革命到五四时期四川大事记》，成都：四川人民出版社，2001年10月第1版，第150页。

② 吴虞：《吴虞日记》上册，成都：四川人民出版社，1984年5月第1版，第315页。

三、"五四"火炬接力

1918年6月30日下午，由王光祈、周太玄召集的"少年中国学会"在京成员，于城南岳云别墅召开首次会议，这是"少年中国学会"史上最重要的会议。到会者六人，讨论了学会的宗旨与未来的活动。"岳云别墅者，本会成立史中最可纪念之发祥地也。到会者为陈君淯、张君尚龄、周君无、曾君琦、雷君宝菁、王君光祈六人。会议结果，公推王君光祈为起草员，遂由王君光祈草拟规约数十条，复在岳云别墅修改数次，并邀同会员李君大钊商榷一切。于是本会规约七十条全体产出。当时列名发起者，则为陈淯、张尚龄、曾琦、李大钊、周无、雷宝菁、王君光祈七人也。"①李大钊是王光祈、周太玄于1916年在《京华日报》做编辑时，经陈淯介绍认识的，李大钊当时在编《晨钟报》副刊。王光祈、周太玄不仅与李大钊有稿件往来，更主要是他们都十分佩服李大钊的思想。关于少年中国学会成立的缘起，周太玄曾回忆说："酝酿发起少年中国学会的主要动因，就是都感到现状不能容忍，老一辈的人已不可靠，甚至迷惑人已久的所谓'泰西'所走的路子也未必可靠，必须由自己联合同辈，杀出一条道路，把这个古老腐朽、呻吟垂绝的被压迫、被剥削的国家改变为一个青春年少、独立富强的国家。"②

王光祈等同学在北京忙于组建"少年中国学会"时，李劼人则在成都继续办报纸。

《四川群报》由于长期与统治者作对，特别是李劼人以多个笔名写作了大量反袁的文章，当局对此十分恼怒。早在民国六年（1917），四川督军熊克武就认为《四川群报》"有反动嫌疑"，如今终于被军阀政府抓住机会查封了。昌福公司也在樊孔周遇害后经营不振。于是宋师度等人约请李劼人与刘觉奴出

---

① 王光祈：《本会发起之旨趣及经过情形》，载少年中国学会《会务报告》第3期，第16页。

② 周太玄：《关于发起少年中国学会的回忆》，《五四时期的社团》，北京：生活·读书·新知三联书店，1979年4月第1版，第539页。

面召集《四川群报》旧部，重新创办一份日报，定名《川报》，并且聘任李劼人担任社长兼总编辑。

当时成都报馆的资本都不大，一般都不注意埠外消息，若每天能有二三十个字的京沪专电见报，已经是很了不起的事。因为当时邮局只有有线电报，发新闻电报费用比商业电报费用还要贵。但李劼人是一个有远见卓识的"新青年"，深知睁眼看世界的重要性。所以他接任后，立即增聘周太玄为驻上海记者（但很快周太玄便离沪至京随后又去了巴黎），曾琦为驻东京记者，加之原来驻北京记者王光祈，《川报》的消息来源增多，四川人看到了外面更精彩的世界，民智因此而大开。《川报》也因此拉近了读者与世界的距离，成为成都一张特别受读者欢迎的新报纸。其中特别是王光祈的文章，来得又多又好并且很及时。以前他在《四川群报》上就刊登过许多反对袁世凯称帝和反张勋复辟的通讯和时评，深得成都读者喜爱，如今王光祈又有许多关于新文化的文章源源不断从北京发回来。

1918年，四川境内再次遭遇军阀的战火涂炭，连远在上海的柳亚子都为成都吴虞的命运担忧，特来信邀请其到上海避祸："唐继尧起倾国之师以来，其锋恐未易当。而吴广新又将入蜀，蜀中必为南北两军激战之场。弟为兄计，不如避地为宜，倘能来海上则大妙矣。"[1]不幸真被柳亚子言中，刘、戴巷战刚刚谢幕，另一场长时间的军阀混战又上演了。1918年是四川军阀内战时间最长的一年。从年初开始，听命于广东大元帅府的熊克武的靖国军和属于北洋军的刘存厚上演了全武行，战火几乎燃遍了全川，时间达半年之久，史称"靖国之役"。

这场在四川境内开打的南北战争，再次使百姓生灵涂炭、民不聊生。人民遭殃之极，令举国震动！饱受战乱祸害的李劼人，用激愤的感情、冷峻的文字记录了这场内战的来龙去脉，专门在《川报》新年增刊上发表了一篇《四川一年大事记》，逐月逐日记载了这一年四川军阀战争的重大事件。今天阅读这些

---

[1] 吴虞：《吴虞日记》上册，成都：四川人民出版社，1984年5月第1版，第334页。

李劼人（左）与曾琦、王光祈。

似乎有些枯燥的文字，我们仍然能感觉到李劼人当年的愤怒，以及他自觉地担当史家责任的动机。

1918年11月，第一次世界大战终于结束了，中国虽然没有直接派军队参战，但先后派出了二十万华人前往欧洲，担任了协约国的后勤劳工；中国北洋政府也在1917年与德国断交并公开宣战。中国理所当然地成为战胜国之一。因此，1919年召开的巴黎和会，其中涉及德国在中国山东窃取的权益，应顺理成章地归还中国。但事与愿违，原本是"公理战胜"的中国非但没有赢得战胜国的权益，反而成了另一伙强盗讨价还价的筹码。

李劼人的中学同学周无（太玄）、李璜正是带着这样的目的，来到巴黎并很快创办了"巴黎通讯社"。每天都将"巴黎和会"的最新消息发回北京、上海和成都。"巴黎通讯社"的建立，一举打破了中国国内有关国际新闻的报道均由英美日等国垄断的尴尬局面，一时间，国内各个大报的特约通讯都采用巴黎通讯社的稿件。因此，巴黎通讯社成为现代中国新闻史上一段重要的历史记忆。

在国内，为更深入地发展"一战"后的中法友好关系，帮助四川学生留学法国，由蔡元培、吴玉章等人与法国教育界人士在巴黎共同组织的华法教育会四川分会此时也在成都成立。随即四川青年学生迅速掀起了一股留法勤工俭学的热潮。成都和重庆相继开办了"留法勤工俭学预备学校"，其中成都先后有两批毕业学生，共计一百三十一人去了法国，他们中就有陈毅。重庆也有九十余名学生先后去了法国，邓希贤（邓小平）、聂荣臻便是其中的两位。陈、邓、聂三人后来都成了中华人民共和国的开国元勋。

不过，成渝两地"留法勤工俭学预备学校"出去的都是"官派生"，其中毕业考试成绩获得前三十名的还有四百元的旅费津贴。李劼人不是官派生，因此并不属于这两批人中的一员，他是由省长杨庶堪保送的十七名自费赴法学生之一，由洋务局法文班所培训。除李劼人外，何鲁之、李思纯、孙倬章、闵达等人也是这个班的。杨庶堪保送的省内其他人，还有荣县的吴振环，眉山的王璐（仲怀），叙永县的黄乃渊、陈昭亮等。①但是，1919年11月之前的李劼人并未出国，他还在忙于办报，传播新思想、新文化。这之间，他做了两件无论于四川历史，还是于四川新文化都影响深远的大事。

第一件事是传递了"五四"新文化运动的火炬。

此时的李劼人和他的同学好友王光祈、周太玄正分别处在成都、北京和巴黎三座城市。李劼人在成都办《川报》；王光祈从中国大学毕业后，正积极从事社会活动与新闻采访，并在北京大学旁听；周太玄、李璜则在巴黎全力投入通讯社工作。历史奇妙地将远隔千山万水的几位中学同学联系在一起，使他们共同见证并参与了中国现代史上最重大的事件。

从1919年1月18日开始，二十七个国家的代表就聚集在法国首都召开"巴黎和会"，讨论战后世界格局的重新划分。因涉及各国利益，会议争论不休，时间持续了数月之久。周太玄、李璜的"巴黎通讯社"从当年3月开始，几乎每天都向国内北京的《北京晨报》、上海《时事新报》、《中华新报》、《神州报》、成都《川报》发布会议进展的消息。中国当时作为战胜国之一，却又是一个弱国，民众最关心的我国山东问题，自然也成为"巴黎通讯社"最密切关注的重大新闻事件。终于，"到了4月底至5月初的时候，消息慢慢传出来，说是连美国的威尔逊总统，美国的代表团都不能帮我们的忙。所以我们在山东的权益恐怕要吃亏啦"②。会议的重要内容让周太玄和李璜探得了，西方列强竟然要把战败国德国在我国山东的权益转让给日本，而中国政府已经准备在文件上签字。

真是岂有此理！周太玄反复核实消息确切后，连夜赶写稿件，终于抢在英美日等国通讯社之前，首先将这个耻辱的消息发回了国内。

关于"巴黎通讯社"的报道工作，《留法纪事》有比较详细的记载：

---

① 黄里州：《四川留法勤工俭学运动》，《四川文史资料集粹》第4卷，成都：四川人民出版社，1996年12月第1版，第469页。
② 胡适：《五四运动是青年爱国的运动》，《胡适的声音》，桂林：广西师范大学出版社，2005年8月第1版，第16页。

1919年2月，李璜到法国留学，他对巴黎和会也非常关心。他的法文较好，对《小巴黎人报》等巴黎大报正发表的和会消息很注意。3月，周无（太玄）也从上海到巴黎来留学，他对李璜说：京、沪各报需要巴黎和会内幕消息甚急。他离上海时受友人之嘱，与上海《新闻报》和《申报》长期通讯，报社将按月付稿酬。在北京的少年中国学会会友王光祈也给他们写信称：北京各报也需要和会的消息。周无本是穷学生，此次到法留学即拟以稿费来维持生活。但他法文程度低，尚不能阅览报纸，于是要求李璜译给他听，然后记下来加以编纂，再用胶版拓印多份分寄京、沪各报，各报非常欢迎。于是二人办起了"巴黎通讯社"，每周发稿一次，报道和会的动态。为了采访到和会的内幕，在中国代表王正廷的帮助下，李璜弄到了一个代表团记者的名义，这样他就得以中国记者的身份，随时可以进入凡尔赛宫。他多次与各国记者交换情报，消息就更灵通了。一旦得到特殊点的消息，便立刻跑回住地与周无商量，用十字码电报拍给上海《新闻报》，得使该报能抢先发布最新消息。

　　这个"通讯社"的消息便成了五四运动发生的源头之一。[①]

　　西方的强盗行为立即引发了中国人民的愤怒，北京学生首先汇聚天安门请愿，随即，震惊中外的五四运动在北京爆发了，并迅速波及全国，从此开辟了一个新的时代。周太玄因此而成为直接点燃五四运动导火索的第一人。

　　五四运动爆发时，作为北大旁听生的王光祈，参加游行且目睹了火烧赵家楼的情景。富有职业敏感的王光祈当天下午便通过电报局，向成都发回了消息。当时国内无线电报尚未普及，新闻只能通过有线电发送，而且新闻电比官电和商电都慢，所以直到6日晚电文才送达《川报》。李劼人立即意识到这是一

---

① 《"巴黎和会"会场外的中国留学生》，周永珍：《留法纪事》，北京：国家图书馆出版社，2008年7月第1版，第184—185页。

个重大的历史事件,遂以最大字号将这一消息发表在次日《川报》头版上。由于文字过分简短,这则消息并没在民众中引起多大的反响。随后,李劼人又不断编发来自巴黎和北京的文章,每天都以显著的位置大版面地刊登有关五四运动的消息、通讯和时评,有时候一天就有三篇通讯,这就大大引起了川内民众的重视。

五四运动开始在成都学生中发酵。从5月4日至16日,王光祈总计向成都发回了五十多篇报道五四运动的文章。

5月17日,王光祈的长篇通讯又寄到了李劼人手上,文中详述分析了五四运动的发生、发展过程及未来走向。李劼人立即为这篇通讯添加了富有鼓动性的小标题,配发了长篇按语。文章见报当日就引起了巨大震动,尤其是在进步的知识分子中,无异于投下了一颗大爆炸弹。据当时的高师学生张秀熟晚年回忆:"五月七日午前七时,我正在学校——成都高等师范的大食堂吃早饭,忽有一人登上桌子,大声宣读《川报》上所登载的关于五四的专电。登时似乎火山爆发了,几百个同学嚷成一片,食堂变成了会场,一致通过拟发电报,声援北京学生,声讨卖国政府,拒绝巴黎和会签字,要求罢免曹汝霖、章宗祥、陆宗舆等亲日派卖国贼。饭后,成都各大中学校学生数千人不约而同地齐聚在高师校致公堂前,略经酝酿,即整队出发,游行讲演,向督军署、省长公署(督军熊克武、省长杨庶堪系广东军政府任命的)请愿,要求声援,并通电各省和全省各县一致奋起,反日救国,并加强抵制日货运动。"[①]随后几天,运动迅速扩展到工商各行业,全省九十余个市县相继出现了罢课、罢市、游行示威和抵制日货的活动,最终迫使四川督军熊克武致电北京,要求中央政府拒绝在巴黎和会文件上签字。

五四运动是历史的转折点,它把新文化运动推向了新的高点,中国由此进入了新时代;"五四"的大火是一个伟大的象征,它烧毁了旧世界,照亮了新

---

① 张秀熟:《五四运动在四川的回忆》,《二声集》,成都:巴蜀书社,1992年7月第1版,第405页。

世纪的航程；"五四"所撞响的中华民族救亡的警钟，直到今天还回响在人们的耳畔；以"五四"为标志的新文化运动所倡导的民主与科学、自由与平等的精神，已经成为现代中国的重要思想遗产。无论当今人们如何评价这段历史，五四运动对于中国人思想启蒙的功绩都是无法抹杀的。诚如五四运动的参与者罗家伦所言："五四以前的中国是气息奄奄的静的中国；五四以后的中国是天机活泼的动的中国。五四运动的功劳就在使中国'动'！"[①]

周太玄、王光祈和李劼人就像火炬传递的接力手，而李劼人是这趟接力传递中的最后一棒，是他亲手点燃了四川五四运动的熊熊烈火，也把四川新文化运动推向了高潮。当年成都虽然有好几家日报，但唯有《川报》做了最切实的推动工作。在那个风云际会和狂飙突进的时代，李劼人和他的朋友们之所以会成为新文化传播者和五四运动的火炬手，是和他们的远见与卓识、理想与智慧、勇气与精神分不开的。他们在"五四"时期所做的工作，是一代有志青年知识分子在现代历史大舞台上的首次精彩的亮相。

四、少年中国学会在成都

第二件事是组建少年中国学会成都分会。

五四运动发生之前，四川历经军阀混战，官府腐败不堪，李劼人深切感到"到处都呈现出一种糜烂而不可收拾的局面，越是有思想的人，越是感到苦闷"，五四运动的爆发"无异黑暗漫漫当中，露出一线光明"[②]。因此，李劼人便利用掌管的《川报》舆论阵地，尽力为这光明撕开一扇投射进黑夜的窗口。

作为新文化在四川传递的火炬手，李劼人内心的激情也被点燃了。

五四运动发生后不久，李劼人收到了王光祈和曾琦联名从北京寄来的信。他们在信中详尽阐述了"少年中国学会"的宗旨与组织结构，邀请李劼人加入，并要求他在成都发展会员。李劼人对"振作少年精神，研究真实学术，发

---

① 转引自蒙木：《五四风云》，上海：上海三联书店，2010年2月第1版，封底。
② 李劼人：《回忆少年中国学会成都分会之所由成立》，《五四时期的社团》（一），北京：生活·读书·新知三联书店，1979年4月第1版，第550页。

展社会事业，转移末世风气"的学会宗旨深表赞同，加上是好友王光祈、曾琦的邀约，所以毫不犹豫地同意参加少年中国学会，并且被"少中"筹备处推选为临时编译部编译员。当时的筹备处主任是王光祈，文牍为周太玄，临时编译部主任则是李大钊。

在成都，李劼人根据学会的要求，在不到半个月的时间内，就联络几个二十三至三十一岁的有志青年，将名单提供给总会，这些人是：李思纯（哲生）、孙少荆、胡助（少襄）、周光煦（晓和）、何鲁之、彭举（云生）、李珩（小舫）、穆济波；还有一位陈岳安，因为他是佛教徒，不能入会，做了总发行人。他负责的华阳书报流通处在传播新文化方面起着至关重要的作用。另外还有两人主动要求入会，一个是被誉为思想界的清道夫、只手打倒孔家店的老英雄吴虞，另一个是与李叔同和欧阳予倩共同创办过春柳社的早期话剧奠基人曾孝谷。但总会回信认为，吴、曾二人年龄已超过四十，与学会的"少年"二字不相符，但欢迎他们作为会外赞助人，而不成为正式会员。所以，二人以后也就以会外赞助者的身份参加"少中"成都分会的活动，并在《星期日》上发表了不少论述新文艺的文章。

1919年7月1日，少年中国学会在北京后王公厂回回营二号陈淯（愚生）住宅正式成立。

王光祈阐明了这个学会成立的意义："中国青年是世界新文化的创造者，是中国旧社会的改革者。有了中国青年的思潮，然后才有少年中国学会的产生。"[①]学会筹备时提出的"振作少年精神，研究真实学术，发展社会事业，转移末世风气"的宗旨，经李大钊、王光祈等人提议，修改为"本科学的精神，为社会的活动，以创造少年中国"三句话。会议选举王光祈为执行部主任，曾琦为评议部主任，李大钊为月刊编辑主任，李劼人与王光祈、曾琦、李璜、宗白华、田汉等二十余人作为月刊编辑员。[②]其时，李劼人还担负少年中国学会成

---

①　王光祈：《少年中国学会之精神及其进行计画》，《少年中国》第1卷第6期。
②　少年中国学会编：《少年中国学会周年纪念册》，第6页。

都分会的书记。

少年中国学会是"五四"时期中国最重要的一个青年社会学术团体，集合了一批各个领域的精英。这一时期新生的社团很多，蔡元培先生曾经预言："现在各种集会中，最有希望的是少年中国学会。因为它的言论，他的举动，都质实得很，没有一点浮夸与夸张的态度。"[①]历史已经证明，少年中国学会的绝大多数会员，后来都成了中国政治、经济、军事、科学、教育、文化等诸多领域的顶尖级人物，在20世纪40年代便有人感叹，当今中国，已成"少年中国学会"的天下！其影响一直延续至今天。仅以共产党人为例，毛泽东、恽代英、邓中夏、杨贤江、沈泽民、高君宇、刘仁静、赵世炎、张闻天、黄日葵、侯少裘、张申府、周佛海等都是少年中国学会会员，中共"一大"代表有四分之一出自少年中国。在这些共产党人中，除了刘仁静、张申府脱党，周佛海堕落成汉奸外，绝大多数都为他们心中的理想献身了。只有毛泽东、张闻天等人迎来了中华人民共和国的成立。

当年加入少年中国学会是许多有志青年的共同愿望，但入会的条件却很严格，有宗教信仰的、娶有小妾的、当官的都不能入会，被视为品德有问题的人也被一概拒之门外。青年郭沫若原本与王光祈、周太玄等人是中学同班同学，却因为狎妓、酗酒等不端行为而被拒之门外，这使他深受打击，痛苦不已，竟一度想到了死。1920年1月18日和2月16日，郭沫若在连续给好友宗白华的两封信中，都曾对自己以前的行为有所忏悔。在第一封信中，他称自己是"独陷在这Stryx 的amoeba"（沙田里的阿米巴虫），是"坏了的人"，"而慕韩（曾琦）、润玙（王光祈）、时珍（魏时珍）、太玄（周太玄），都是我从前的同学，我对着他们真自惭形秽，真的连Amoeba也不如了！"在第二封信中，郭沫若表示："我罪恶的负担，若不早卸个干净，我可怜的灵魂终久困顿在泪海里，莫有超脱的一日……我过去的生活，只在黑暗地狱里做鬼；我今后的生

---

① 蔡元培：《工学互助的大希望》，《少年中国》1920年1月，第1卷第7期。

活，要在光明世界里做人了。"①连郭沫若这样的才子都遭到拒绝，由是可见，少年中国学会最初是一个多么纯洁的青年团体！

少年中国学会成都分会的第一次会议是在白马寺召开的，会员自带干粮。讨论了几个重要的话题：选购图书；组织学术谈话；发行会刊《星期日》。由于成都与北京通信最快也要十六七天，联系非常不便，经李劼人请示总会同意，"少中"成都分会便早于总会成立的半月前，即1919年6月15日借《川报》地址宣布正式成立。参加会议的有在蓉的九名"少中"会员和吴虞、曾孝谷两位编外成员。会议进一步明确了分会的组织方法。李劼人被公推为分会书记兼书报保管员。同时还决定，每星期六开谈话会一次，讨论学术问题；研究出版《星期日》周刊；并且决定间日研究英法文三点钟，建立书报代办处等等。

以上事务，李劼人于分会成立当夜，便写信给王光祈做了汇报，并在信中请王光祈代为订购两种英文报刊，一是《密勒氏评论》，二是《华北明星报》或《华洋公论报》。7月15日出版的《少年中国》一卷一期"会务纪闻"全文发表了此信，借此向全体会员通报成都分会成立的消息。成都分会会员也经李劼人推荐，全部成为少年中国学会会员。

"少中"成都分会成立后，李劼人联络会员和一些知识界著名人士，于7月13日正式创刊《星期日》。这是"五四"时期李劼人继《川报》后办的一份重要的周刊，定为每逢星期天发行一期，"分会的会友因为大家讨论的问题，要求一种较广的研究，并且要想在四川传播新思想，做文化运动，大家才又商议创刊一种周刊，定名《星期日》。公举孙少荆任经理，李劼人任编辑，于八年七月十三日发行第一号"②。对这份刊物，李劼人寄予了十分热情的期望，他在发刊词中阐明了办刊的缘由："我们为什么要办这个周报，因为贪污黑暗的老世界，是过去的了。今后便是光明的世界！是要人人自觉的世界！可是这里还有许多人，困于眼前的约束，一时摆脱不开，尚不能走到自觉的地步上。如

---

① 郭沫若：《致宗白华》，《少年中国》1920年3月，第1卷第9期。
② 《五四时期的社团》（一），北京：生活·读书·新知三联书店，1979年4月第1版，第253页。

其竟没有几个人来大声呼唤一下，因此我们才敢本着自家几个少数少年人的精神，来略说一些很容易懂的道理。"①李劼人希望"人人自觉去创造这光明的新世界，迎受这光明的世界"，"从这黑暗的世界里，促进人人的觉悟，解脱了眼前的一切束缚，根据人的究竟，创造人类公同享受的最高幸福的世界"②。这就是创办《星期日》的初衷和目的。

《星期日》周刊最初是"少中"成都分会的会刊，基本班底均是少年中国学会的会员，正如李劼人所说，没有少年中国学会成都分会，便没有《星期日》。因此《星期日》始终秉承的是少年中国学会的思想精神，在版面上学习当时影响大的京沪刊物，"类似当时北京的《每周评论》和上海的《星期评论》；内容也同样是尖锐地批评旧制度，热烈地传播新思想"③。吴虞的《吃人与礼教》《说孝》《成都的女学》《说图书馆》等批判性、针对性很强的文章，最初就是发表在《星期日》上的。不仅本地文化人，省外的名家也纷纷给《星期日》寄来稿件，据《吴虞日记》1919年12月26日记载，陈独秀、李大钊、胡适、张东荪、康白情、潘力山等人都有稿件寄来。影响最大的是第二十六期"社会问题专号"，出版了五张，首次发表了陈独秀的《男子制与遗产制》，李大钊的《什么是新文学》，高一涵的《言论自由问题》等特写专稿。此外第三十三、三十四期出版了"妇女问题专号"，集中讨论男女同校、女子剪发等问题，为女性的觉悟与解放呐喊；第三十五期的"劳动者专号"，更是在成都的所有报刊中率先提出了劳动问题。毛泽东发表在《湘江评论》上的《论民众的大联合》也被《星期日》加以转载。

《星期日》以其新锐的思想和广阔的视野，很快就成为全国新文化运动中的一个重要的舆论阵地。陈独秀对它给予了很高的评价，称成都的《星期日》

---

① 《五四时期期刊介绍》（第一集）上册，北京：生活·读书·新知三联书店，1979年4月第1版，第280—281页。

② 李劼人：《〈星期日〉的过去与将来》，《李劼人全集》第7卷，成都：四川文艺出版社，2011年9月第1版，第2—3页。

③ 李劼人：《回忆少年中国学会成都分会之所由成立》，《五四时期的社团》（一），北京：生活·读书·新知三联书店，1979年4月第1版，第550页。

和长沙的《湘江评论》是"五四"文化新军的"两个小兄弟"，是一支富有战斗力的新文化队伍。①《星期日》从创刊到停刊，前后历时一年，共出版五十二期。其中前三十六期先后由李劼人、孙少荆、穆济波（李劼人说是孙少荆交给了李珩，可能不准）主编，他们都是少年中国学会会员。由于他们三人相继离开，故而三十六期以后的《星期日》便不再是"少中"成都分会的刊物，而是由四十余位成员组成的"星期日周报社"的刊物。虽然后期不再是"少中"的刊物，但由李劼人等少年中国学会会员确定的编刊方针和思想品质却延续了下来。

由于《星期日》所发文章新颖，富有战斗性，从一面世就受到了读者关注，甚至在成都文化界一度产生了轰动效应，这在闭塞的四川影响是极大的，发行量也从第二期开始就达到了三千份以上，为新思想新文化在西南地区的广泛传播，开时代新风气做出了重要的贡献。当年许多青年人正是阅读《星期日》等刊物后，打开了眼界，建立了新的人生观。成都的中学生李尧棠（巴金）和新繁县的汤道耕（艾芜）正是在"五四"时期接受了新思想，走上了崭新的人生道路。

正当《星期日》如日中天的时候，李劼人收到了李璜从巴黎寄来的信，说"巴黎通讯社"业务很繁重，急需人手。李璜在信中说自己患了胃病，要到外地去疗养，而周太玄一人应付编辑工作有困难。尽管曾琦已经到巴黎参加通讯社工作，但编辑人员仍需补充。所以邀请李劼人约同几个能读译法文的同学去巴黎通讯社工作。老同学的信写得富有文采，详细地描述了法国的自然和人文风光，特别是介绍了法国的文学与艺术成就，以及大仲马、福楼拜、左拉、雨果等文学大师，这些都对李劼人产生了很大的诱惑力。李璜在信中还特别幽默了老同学一下："我劝兄走出四川，走出中国，来法做工、学习。兄蛰居家中，左手持书，右手搓丸药，自斟自饮，有何出息？"

---

① 伍加伦：《学兼东西、文风独创的文学家李劼人》，《四川文史资料集粹》第4卷，成都：四川人民出版社，1996年12月第1版，第27页。

李璜的劝说是有道理的。但李劼人是个孝子，他是家中唯一的男子汉，是家里的顶梁柱，即使在编辑报刊最忙的时候，他都没有忘记时时帮母亲劳作，尤其是搓朱砂保赤丸，那是家中的经济来源之一。母亲的腿有重度残疾，不能伸直，要将膝盖跪在一把特制的木椅上才能缓步挪动，生活极其不便。唯有自己多做事，方能减轻母亲的痛苦。其实李劼人中学毕业时，大家就相约，无论多贫寒，都要想办法走出夔门去。李劼人很无奈的是，除了经济窘迫，还有家中的老祖母和残疾母亲谁来照顾的牵挂，所以过去了好几年时间，他也没能动身。如今李璜热情洋溢的信，再次燃起了李劼人心中希望之火。他很忐忑地向母亲谈及勤工俭学的事，谁知母亲非但不反对，反而竭力支持儿子走出中国去。这位粗识文墨的旧式妇女以非凡的胆识与自我牺牲精神，为儿子未来的坦途铺了第一块基石，也为未来中国文学一代大家的出现做了宝贵的贡献。

1919年8月，李劼人辞去了《川报》社长和总编辑的职务，将编辑工作交给了另一位少年中国学会会员卢思（即卢作孚）；而《星期日》的编辑发行则由孙少荆接任。

卢作孚（1893—1952），原名卢魁先，别名卢思，四川合川人，现代著名爱国实业家、教育家和社会活动家，长江航运业的先驱，民生轮船公司创始人。但此刻的卢作孚还是《川报》的普通编辑。不过也可称是报馆的"老人"。早在1916年，卢作孚在家乡受贪官污吏陷害入狱，被人救出后，就经朋友介绍进入《四川群报》工作。李劼人与卢作孚的相识正是从这里开始的。卢作孚在报纸上发表了一系列针砭时弊的文章，如《各省教育厅之设立》《告反对戴勘诸君》等文，有思想、有见地，在读者中产生了很大的影响。《四川群报》被查封后，卢作孚被迫回到家乡。

李劼人担任《川报》社长兼总编辑之后，便立即致函卢作孚，邀请他来《川报》担任主笔和编辑。如今，李劼人即将去国，他感觉能够接替他社长和总编职务的最佳人选便是卢作孚。卢作孚无论人品还是学识水平都是能够使李劼人放心的人选，更何况卢作孚也是少年中国学会的会员，他们有着共同的追求和志趣。

安排好报馆后续工作后，李劼人终于结束了"五四"时期在成都的所有编辑事务，准备启程去欧洲勤工俭学了。

纵观"五四"新文化运动在四川的历程，因为有了李劼人这样的一批思想敏锐、目光如炬的青年知识分子的鼓动宣传，使得地处西南偏僻的巴山蜀水拥有了与全国先进地区思想同步的时代机遇。李劼人在《五四追忆王光祈》一文中说："那时，成都真是全中国新文化运动的三个重点之一。（其余二个自然是北京和上海。北京比如是中枢神经，上海与成都恰像两只最能起反映作用的眼睛。）其所以致此的原因，当然很多，自不能完全归功于某一二人，不过因为某一二人的努力，而发生了引头作用，因而蔚然成为一股风气，这倒是不可磨灭的。"① 李劼人在此赞颂了王光祈对于中国新文化的贡献。事实上，李劼人自己在四川的新文化运动中也绝对是一位不可或缺的人物。他从主编《四川群报》起就竭力鼓吹新思想新文化，主办《川报》和《星期日》以后，更是一如既往，持续地将醒世启蒙的春风吹遍了城市与乡村。这期间，四川爆发的五四运动，李劼人功不可没。十多年之后，他在回答记者提问时，对"五四"新文化运动给予了高度的评价：

第一，文化复兴——即是对旧有文化要重新估价，原前认为只要古书上说的，都是对的，"五四"要把一切的旧东西搬出来称一称重量，不对的，硬是要废除。第二，提醒民族意识的警觉——满清推翻后，大家以为好了，谁知想要做皇帝的仍不乏其人，情形一天比一天坏，尤其是青年更苦闷极了。当外人凌辱祖国的时候，便使青年非过问政治不可。第三，过问国家外交——"五四"以前，请问谁敢过问外交，一切的主宰，皆决定在政府的任性措施。"五四"一起，不仅少数人，就是任何一个人都可以

---

① 李劼人：《五四追忆王光祈》，《李劼人全集》第7卷，成都：四川文艺出版社，2011年9月第1版，第47页。

过问国家外交，此实倡导了示威运动的先声。[1]

五四运动和新文化运动本质上是两种不同的运动形态，却具有相辅相成的关系。二者路径不同，但终极指归则是相同的，那就是救国救民。新文化运动体现了中国知识分子的文化觉醒，因而是思想文化领域和风细雨的启蒙，是从文化层面上开始的社会变革；五四运动则是一场政治运动，用胡适的话说，"是青年爱国的运动"，是一次激进的社会变革运动，因而难免会有一些过激的行为。但不管怎么说，五四运动以爱国救亡为初衷，其伟大历史意义是不可抹杀的。

当年之所以能够酿成这场声势浩大的爱国运动，又是与数年来的新文化运动的思想启蒙密切相关的。可以说，五四运动是新文化运动的结果，若没有新思想新文化的启蒙，五四运动的发生是难以想象的；而五四运动爆发又把新文化运动推到一个新境界。"中国所谓文艺复兴运动，远在1919年以前。不过与五四运动有什么关系呢？……五四运动帮助文艺复兴，从前是限于《新青年》《新潮》几个刊物，以后就变成一个全国的运动。"[2]罗家伦也说："五四运动是受新文化运动影响，而新文化运动也广泛地澎湃地由五四运动而扩大。新文化运动和五四运动一贯的精神，就是要使中国现代化。"[3]这就是新文化运动与五四运动的关系，也是后来人们把新文化运动统称为五四新文化运动的缘故。

李劼人不仅历经了五四新文化运动的全部过程，而且是这场运动在四川的重要参与者、传播者和推动者，为四川新文化建设做出了不可磨灭的贡献。他的这一重要贡献，我们从两位四川著名作家后来的回忆中就可见一斑。巴金曾经写到五四运动及新文化对他的深刻影响："我那时不过十四岁半，我也跟着

---

① 林欠云：《李劼人先生谈：在四川谁是响应五四第一声》，1936年5月4日《青年世界》1卷4期。

② 胡适：《五四运动是青年爱国的运动》，《胡适的声音》，桂林：广西师范大学出版社，2005年8月第1版，第23页。

③ 罗家伦：《对五四运动的一些感想》，台北：《传记文学》第10卷第5期，1967年5月，第17页。

大哥、二哥，一起贪婪地读着本地报纸上关于大学生运动的北京通讯，以及后来六三运动的记载。本地报纸上后来还转载了《新青年》和《每周评论》的文章。这些文章使我们的心情非常激动。我觉得它们常常在说我们想说而又不会说的话。""在成都也出版了《星期日》《学生潮》《威克烈》等等刊物……每天晚上我们总要抽出时间轮流读这些书报，连通讯栏也不肯放过。"①

艾芜当年还是新繁县的一名小学生，也受到了新文化的洗礼："我们从热爱《学生潮》开始，就更进一步寻找学校图书室的白话书刊了。成都出的《星期日》，北京出的《新青年》《新潮》《每周评论》，上海出的《星期评论》《少年中国》，就成为课余经常的读物。……老实说，刊物的很多文章是读不懂的，但因为是白话写成，还是使我们喜欢它，想尽量从里面吸收一些东西，即使懂得一句话，一个新名词，也是好的。"②由此可见，李劼人等所传播的新文化思想，已经照亮了一代新青年的心灵。

1950年《川西日报》在报道成都市文学工作者协会成立时，转述军管会领导的讲话，称颂李劼人是少年中国学会的老战士，四川新文化运动的先辈。

这个评价对李劼人是恰如其分的！

---

① 巴金：《觉醒与活动》，《巴金选集》第10卷，成都：四川文艺出版社，2014年11月第1版，第56—57页。
② 艾芜：《五四的浪花》，《艾芜全集》第13卷，成都：四川文艺出版社，2014年6月第1版，第101页。

第四章

法兰西岁月（上）

　　在赴法之前，家人为李劼人匆忙举办了婚礼，新娘是他心仪已久的表妹。婚后第八天，李劼人就辞别母亲和妻子，踏上了赴法勤工俭学的旅程。邮船从上海出发，经南中国海，过印度洋，穿过苏伊士运河、地中海，历时一个月抵达法国马赛。

　　在蒙达尔尼补习一阵法文后，李劼人转道巴黎，一边参与"巴黎通讯社"的工作，一边在巴黎大学旁听文学课程，正式开始了在法国的勤工俭学生活。

　　然而，天有不测风云，正当李劼人信心百倍地投入新闻事业中时，巴黎通讯社却关门了，而且一场突如其来的疾病将他击倒。不到一年的巴黎生活就此结束。

一、"李表哥"与"九小姐"

　　李劼人打算去法国的想法虽然得到了母亲支持，却在亲友中引起了不小的争议。有赞成他出去的，认为出国混个洋进士将来才有出息，至少可以当上个县太爷；也有不赞成他走的，认为法兰西乃西夷之地，远隔重洋，遥遥万里，路途艰险莫测，孤身在外，万一有个灾祸怎么办？最后由舅父定夺，支持李劼人的决定。但前提是他要先安顿好腿脚残疾的母亲。

去法兰西的旅费是一笔不小的开支。当时官派的学生或多或少都能得到政府的补助，多的三四百大洋，少的也有近百元，这用于置装、旅费就相当宽裕了。而李劼人是自费生，一切费用都得自理，这对于一个平民（几近于贫民）家庭来说，负担之重是可想而知的。众亲戚都知道李劼人的经济窘迫，纷纷伸出援手，少的送五元十元，多的送二三十元。父亲李传芳母亲家有一位远在涪陵的彭姓亲戚，李劼人对他的大儿子有救命之恩，曾把他从最危险的地方救出来，所以彭家一直对李劼人心存感激，此次听说李劼人要赴法国勤工俭学，正好借此感恩，一下就资助了五十元。李劼人的十八舅父杨硕贤（字彦如）也从刚卖掉的一个小宅院的款项中拨出一部分赠予他最喜爱的外甥，尽管他自己已经家道中落了。亲戚们的慷慨解囊，替李劼人解决了天大的困难。八月下旬母亲又叫他取出了存在商号生息的二百两银子，总算凑齐了赴法的所有费用。

剩下来的就是母亲的问题了。经济上，李家的朱砂保赤丸已经有很好的销路，虽说不能靠此发家致富，却也足以解决家人的生活费用。李劼人愁的是，自己走了，家中谁来照顾行动不便的母亲？此时，亲戚们便提出要尽快给李劼人说门亲事，娶个媳妇进门。一来因为李劼人已经二十八岁，老大不小了，若在大户人家，怕是小孩子都该上学堂了；二来媳妇进家门后，即可替李劼人照看母亲，使其在外也少些后顾之忧。

这的确是个好办法！

有关李劼人的婚姻问题，并不是现在才提及。母亲为这个独生子早已操碎了心。李劼人一表人才，登门说媒提亲的倒是不少，但总是高不成低不就。据李劼人的女儿李眉回忆，曾经有一位做官的刘姓亲戚，媒人打算撮合李劼人和刘家女儿的亲事。但刘家父母却说："劼人太寒！"即是觉得李家太贫寒而拒绝了。这个话传到了李劼人耳朵里，他觉得自己受到了极大的羞辱，于是找到媒人专门传话给刘家："李劼人不咸，倒是有点酸。"李劼人很幽默，"寒"和"咸"在四川话中同一个音，借用"寒酸"反向对方显示了自己的清贫高洁。后来又有人提出要把李劼人姨妈曹家的一个姑娘说给李劼人，两人是姨表兄妹，年龄相当，姑娘人也长得漂亮，然而脾气不大好，最终因李劼人母亲不同意而告吹。李劼人虽然属于"五四"时代的新人，但在婚姻问题上，他还是谨遵了"父母之命，媒妁之言"的传统，却也绝不像鲁迅那样把遵母命娶进门的媳妇仅仅视为"母亲的礼物"；也不似郭沫若那样丢下原配独自远走高飞，将妻子冷落一旁。李劼人在婚姻问题上与胡适一样，同原配厮守终身，并且伉俪情深。

李劼人的妻子是由他的二十舅父杨祁如保媒的。女方是母亲的一位堂侄女，名杨叔捃。对于这门亲事，母亲很满意，李劼人自己也很满意。其实在李劼人的心里早就对这位表妹心仪了。母亲看儿子多年来对待自己的婚姻一直不上心，曾经问过他究竟看上了谁家姑娘。李劼人羞答答地回答说，杨家不是有那么多表妹吗。母亲恍然大悟，再细问他看上了哪个表妹。母亲从儿子躲躲闪闪的回答中，终于明白了他钟情的对象。

杨叔捃1899年出生在杨家大院，是杨家三房的后代杨史贤（字直如）的女儿，八岁时失去了母亲，也从此养成了她勤劳、善良、坚强的性格特征。李劼人小时候随母亲居住在杨家大院，对这位比自己小八岁的表妹感到很亲切，一直昵称她"九"。因为杨叔捃在杨家第三房中排行第九，长辈都叫他"九九"，李劼人却只单称她一个字，可见其亲密感情在少年时就存在了。

1918年8月，赶在李劼人离开成都之前七天，李、杨两家为这对青梅竹马的儿女举办了简单而隆重的婚礼。当下的杨家已今不如昔，早没了李劼人在《旧账》中所写的那个豪华年景，双方都拿不出多少钱财来为儿女完婚。于是费用只得两家分摊，李家负担招待宾客和置办酒席费用。李劼人将从商号中取出的二百两银子，一半作为置装费和去上海的路费，另一半作为结婚的开支。杨家则陪奁了一个立柜，添置了衣服、被褥，外加一对朱砂红瓷坛和一只木座钟。由于李、杨两家原本是比邻而居，杨家住磨子街（后并入状元街），属正门前院；李家住指挥街，属于杨家后院，因此两家仅仅隔着花园和一道后门。但是花轿总不能直接从前院抬到后院吧！于是只能从磨子街、状元街抬出，绕过红照壁，再往南折回指挥街一百一十八号。花轿一路吹吹打打，在街上转了一圈，等于是向左邻右舍广而告之，一对新人结婚了。

喜宴是在杨家的花园和花厅里摆的。百年前成都人办喜宴，不像现在可以在大酒楼大饭店举办，但热闹的程度却也丝毫不亚于今天。李劼人的新婚宴席简练而闹热，来了十多桌客人，多数是杨家的亲戚。因为对于杨家而言，这场喜宴具有双重的意义，既是嫁女，又是为姑太太娶媳妇。所以杨家上下，老老少少都欢天喜地。李劼人的曹家姨妈也出席了当天的喜宴，这位长辈看到自己熟悉的两个晚辈，如今完成了人生的终身大事，情不自禁吟出一段顺口溜："天上打雷笑呵呵，地上做媒二十哥。梳妆打扮九小姐，标标致致李表哥。红叶公，红叶婆，带个娃娃吃么喝。"这最后一句便是指李劼人的二十舅父杨祁如夫妇带着小儿子来吃喜酒。"么喝"（音读为"抹获"），是一个典型的成都词汇，占便宜之意。多年后，李劼人的亲戚们还记得这段顺口溜。

这一天，"李表哥"和"九小姐"在亲戚们的祝福声中欢天喜地进了洞房，完成他们一生的大事。

婚后第八天，李劼人辞别了母亲和新婚妻子，踏上了赴法的遥远旅途。把残疾的老母交给妻子照料，李劼人放心了。他唯一感到对不起的是妻子，新婚的缠绵还未过去，自己就远走他乡，又把家的重担加在她肩上。但是为了前途，也为了家的未来……此时他想到了父亲。当年父亲也是远离母亲外出谋生，最终把生命留在了异地他乡。自己此次出洋，比父亲走得更远，一定要学到真本事，以便将来有所作为，也免得辜负了母亲和妻子对自己的深爱！

临行前，不少朋友来送行。其中有一位新近认识的青年，他的名字叫张秀熟。这位姓张的朋友是川西北平武县人，生于光绪二十一年（1895），比李劼人小四岁。两人虽然不久前才认识，但一见如故，大有相见恨晚之感。张秀熟为人诚实热情，当时是四川省学生联合会的理事长，而李劼人是《川报》总编辑，因大力宣传五四运动，那段时间他们有了频繁的接触。"渐渐谈得接近，建立了初步友谊。"①其实，早在1915年张秀熟还在江油读中学时，他就从《四川群报》上知道了"老懒"的大名，后来才知道这位名声大振的老懒本名叫李劼人。张秀熟到省城读高师时，经常去陈岳安的"华阳书报流通处"，终于有一天，经陈岳安介绍，张秀熟认识了曾经无数次想象过的"老懒"君。李劼人的才华和风度引起了张秀熟的倾慕，而张秀熟的热情、诚实和积极向上的精神也深深感染了李劼人。他们两人相互引为同道。此后交往数十年，一个成了著名作家，一个成了著名教育家和革命家，但无论社会风云如何变幻，他们始终保持着当年的友谊。

此刻，张秀熟问李劼人到法国打算学习什么，李劼人沉吟了片刻，果断回答道："还是学文学吧！这个天地似很广阔；我的兴趣，我的性格，还是学文学好些！"李劼人这个回答并不是随意的，而是经过了深思熟虑，因为"待到1919年底李劼人赴法留学之时，他作为一名优秀作家的基本审美素质和思维方式都已经大体形成了，这种艺术感知的习惯和框架无形中支配了他择取异域文化的行为和以后的创作倾向"②。

夏末的锦江，江水丰沛，宽阔的江面上船只来往如梭，码头上则是帆樯林立。李劼人来到崇丽阁楼下，抬眼望着这座被民间称为"望江楼"的阁楼，若有所思。望江楼是光绪十年（1884）由华阳县举人马长卿提议并集资建造的。马长卿在给四川总督上书建造此楼时说，大清朝立国以来成都还没出一个状元，皆因明末张献忠一把大火烧掉了文峰塔，断送了接应文曲星降落的地方，才导致文运不兴。官府于是准允马长卿集资在锦江边建造崇丽阁。耗费数年时间，成都城这座最高的楼阁终于建成。仔细算来，这座高楼比李劼人还长几岁呢！

李劼人望着楼顶，再回眸脚下滚滚东逝的江水，顿时想起了阁楼下那副

---

① 张秀熟：《李劼人选集·序》，《李劼人选集》第1卷，成都：四川人民出版社，1980年7月第1版，第2页。
② 李怡、肖伟胜主编：《中国现代文学的巴蜀视野》，成都：巴蜀书社，2006年6月第1版，第131页。

没有下联的对联："望江楼，望江流，望江楼上望江流，江楼千古，江流千古。"

虽然有一拨又一拨的文人雅士试图续出下联，但始终都不尽如人意，甚至闹保路风潮时，还有人出过下联："赵尔丰，赵尔巽，赵尔丰前赵尔巽，尔巽一年，尔丰半年。"这不过是讽刺赵氏兄弟而已。

李劼人和他的朋友们每每到望江楼喝茶，也对出过下联，也还是不满意。不过，此刻萦绕李劼人头脑中的不是要对出下联，而是感觉人生就应该如这江楼和江流一样，流芳千古才对呀！今朝远离亲人故乡，他日应当获得流芳百世的本领才对得起养育了自己的这片土地和这条奔流不息的母亲河。

李劼人在心中暗暗地勉励自己。

再见了，故乡！再见了，亲友们！李劼人站在船头，不停地向码头上送别的人们挥手。木船在岸上众人的注视下，缓缓驶离岸边，只见船老大将篙竿使劲一撑，木船立即调转了船头，迅速地向激流中驶去。

码头渐渐远去了，送行的人们已模糊。映入眼帘的是大河两岸延绵的田园，远处成片的水稻已经在抽穗，望不到边的秧苗在微风中泛着绿浪；矮坡与荒地间是团团的桤木树林，不时有一群鸟儿"噗"地飞出，惊扰了正在寻食的白鹭；临近河道边的便是一丛丛的芭茅和芦苇了，偶尔会看到一支钓竿伸在水面上，头戴斗笠的钓翁则在茅草中隐隐难见。沿江的景致，李劼人早已领略过，那是十多年前的事。庚子年他跟随母亲去江西，走的就是这条水道，六年后扶着父亲灵枢也是从这条水道返回的。如今他再次顺着这条江东下。

不过，这一回他将走得更远了。

二、冲出夔门跨越重洋

勤工俭学是20世纪初期中国青年为寻求中国富强之路，所开展的一场向西方学习、"输入世界文明于国内"的运动，先后有数千名中国勤工俭学生远涉重洋，在法、德等国家工作、学习，他们寻求救国救民的真理，学习各类先进技术。这批人后来对中国的现代化产生了深远影响。

勤工俭学的倡导者是李煜瀛（石曾）、吴永珊（玉章）、吴敬恒（稚晖）等。早在1902年，李石曾去法国蒙达尔尼留学时，刚从日本归来的吴稚晖就嘱咐他，去海外留学的越多越好，用苦学的方式可以去很多人。中华民国建立后，李石曾于1912年在北京成立留法俭学会，组建了留法预备学校；同时委托吴玉章在成都筹建了留法俭学分会和留法预备班。当年11月，北京留法预备学校第一班和成都留法预备班的学生就赴法留学。次年5月，北京又送出了第三班学生。

"二次革命"后，留法预备学校和勤工俭学受到袁世凯政府的干扰而沉寂了一段时间，直到第一次世界大战结束后，勤工俭学运动再度兴起。尤其是经过"五四"新思想、新文化洗礼的新青年，极度渴望寻求救国救民的理论和掌握最新的科学技术，以建设一个崭新的中国。于是中国青年，特别是四川、湖南等省青年学生掀起了一股勤工俭学的热潮。

李劼人正是这众多有志青年中的一个。

川西地区的勤工俭学生的出发地是在成都。由两条路东下重庆：一是从成都牛市口乘轿或步行至简阳县石桥铺换乘木船，由沱江顺流而下经资州（资阳）、内江、自贡、泸州转至重庆，再由重庆换乘火轮下行；另一条是完全水路，直接从成都东门外水神寺的大码头上木船，沿岷江而下，经眉州（眉山）、嘉定（乐山）、叙府（宜宾）、泸州，到达重庆换乘轮船。李劼人走的是全程水路，即从望江楼下的水神寺大码头上船。

1919年8月30日，成都天气晴好，连续数日的闷热，经过一夜风雨后终于有所缓解，这对行船来说真是个好日子。天刚刚放亮，码头上已经陆续聚集了不少的人，一半是即将远行的人，另一半则是送别远行人的亲友。李劼人也在其中。母亲和妻子曾要送他到码头，被他坚决阻止了，母亲腿脚残疾，不便行走；妻子刚刚新婚，码头告别，难免忍不住落泪，引发伤感。因此，李劼人便在家门前与母亲、妻子依依惜别，答应她们学成后就立即归来。

此次与李劼人在成都上船同行的还有十一位青年，包括少年中国学会会员，以及李劼人中学时的同学。他们是何鲁之、李思纯、胡助、闵达、吴少海、王怀仲、董宝琪、黄乃渊、陈昭亮、孙诒谋、曾义宇。船到嘉定后，他们换了一条更大的木船，沿岷江继续下行，从叙府进入了长江，一路顺风，半月后抵达了川东重镇重庆。在这里又有简簏、杨汝方、罗永纯三位青年学生加入。

由重庆开始，长江上开始有了火轮船往返于沪渝之间。川内的长江航运始于光绪二十四年（1898），但直到20世纪早期，江面上来往的多是外国船只，美国的旗昌，英国的太古、怡和等轮船公司几乎垄断了长江航运，江面上的船只要么是飘着大英帝国国旗，要么就是美利坚的星条旗，至于中国旗帜，那简直寥若晨星。何时才能有中国的轮船航行在我们自己的长江上？李劼人在心中暗暗问道。

随着四川远行旅客的增多，眼下外国轮船的运量也远远不够。李劼人一行和其他去上海的旅客在重庆竟等待了半个月时间，才终于等到登船机会。重庆以下，江面宽阔，火轮船的速度比木船的确快多了，许多同学都是初次乘船远行，情绪颇为兴奋，吟诗的，高歌的，高谈阔论的，久久不肯离开甲板。

船到了夔州，夔门便在巫山脚下。出了夔门就真正离开四川了，忽然一阵思乡的情绪涌上了李劼人的心头。郦道元《水经注》写三峡，有"巴东三峡巫峡长，猿鸣三声泪沾裳"之句，李劼人已经来回三峡三次，虽未听到古人称"断肠啼"的猿鸣，却也实实在在体验到了与家乡的远隔。他开始思念他的"九"了。

神女峰在头顶上方缓缓移动，上国文课时背诵得滚瓜烂熟的宋玉作品《神女赋》和《高唐赋》的句子又交替闪现在李劼人头脑中：

夫何神女之娇丽兮，含阴阳之渥饰。披华藻之可好兮，若翡翠之奋翼。其象无双，其美无极。毛嫱鄣袂，不足程式；西施掩面，比之无色。

昔者，楚襄王与宋玉游于云梦之台，望高唐之观，其上独有云气，崒兮直上，忽兮改容；须臾之间，变化无穷。王问玉曰："此何气也？"玉对曰："所谓朝云者也。"王曰："何谓朝云？"玉曰："昔者，先王尝游高唐，怠而昼寝，梦见一妇人，曰：'妾，巫山之女也，为高唐之客，闻君游高唐，愿荐枕席。'王因幸之。去而辞曰：'妾在巫山之阳，高丘之阻，旦为朝云，暮为行雨。朝朝暮暮，阳台之下。'旦朝视之，如言。故为立庙，号曰'朝云'。"

出了三峡就是江汉平原，两岸的景色与成都平原无异，李劼人的思绪又回到了故乡。但轮船跑得更快了。刚才还在秭归，如今已到宜昌府。难怪诗仙李白会写出："朝辞白帝彩云间，千里江陵一日还。两岸猿声啼不住，轻舟已过万重山。"

旅途一路走走停停，在宜昌换船等了四天，到武昌又等了两天。当年扶父亲灵柩回川，他曾在这里换船，那是他一辈子都不会忘记的事，鄱阳湖中那险恶的一幕仿佛就在昨天。如今他再次逆着当年的归路远行，父亲若在天有灵，定当会保佑他这个远行的儿子吧！

总算登上了去上海的轮船。李劼人凝神地久久远眺宽广的江面，想象着即将去远航的更加辽阔的大海。轮船一路下行，过了九江，过了镇江，石头城南京已在船舷外。

轮船到达南京时，已经是10月26日。李劼人并未直达上海，而是在南京上了岸，此时正值少年中国学会南京分会筹备成立之际。因为成都在国内最早成立分会，所以南京方面有意要学习成都分会的经验。于是由左舜生出面，在南京高师召开欢迎会，特别邀请路过的李劼人与南京的同志进行详细交流。

李劼人在南京逗留了数日，趁机游览了这座六朝古都。11月1日，少年中国学会南京分会正式成立，李劼人应邀在会议上作了报告，介绍成都分会的经验。"李君便乘这个机会将成都分会成立以来的经过情况，择要报告了些，大概是（一）关于会友学术的切磋方面，有每周学术谈话会以及读书会；（二）关于介绍新出版物的方面，办了一个书报代办处；（三）关于提倡新文化运动的方面，发行了一种周刊——《星期日》——每星期销行至三千份以上，末后他极力鼓吹南京分会的成立。"①正是在南京分会成立大会上，李劼人认识了一批新的会员，他们是左舜生、黄仲苏、黄忏华、赵叔愚、沈泽民、蒋锡昌、阮真、杨贤江、王克仁、谢循初、方东美、王德熙。这些人后来有的成了革命家，有的成了著名学者。

离开南京，上海就在前方不远了。已经在路途上耽搁了不少时间的李劼人，此刻恨不能立即从上海飞到法国。然而没料到，在上海等船竟又滞留了一个月之久。上海不像成都遍街都有茶铺，实在有些百无聊赖，每天只能逛街看西洋景混时间。好在有许多少年中国学会的朋友来沪，多少带来了一些振奋的消息。最令人高兴的是，10月30日，王光祈携女友吴若膺来到了上海。他们在少年中国学会会员宗白华的住处会了面。李劼人与王光祈已经有六七年没有相见了，两人都清楚记得那年在泸县分手的情景。李劼人实在佩服王光祈勇往直前的精神。当年他出川时，身上只有一块半大洋，到泸县时仅剩下了两文，但他还是义无反顾地朝远方走去。作为老朋友，李劼人只能尽一点绵薄之力。王光祈在经三峡时，写下了一组《夔州杂诗》，其中几句让李劼人深受感动："千载忧难已，深宵剑自鸣；直行终有路，何必计枯荣。"看到王光祈这次与女友同行，李劼人很为这个孤独的老朋友高兴。吴若膺又名吴楷，是"只手打倒孔家店"的老英雄吴虞的长女，她与妹妹吴辟疆（又名吴桓），人称"浣花姊妹"，她们是成都著名的才女。王光祈与吴若膺恋爱已久，他们还决定一起到欧洲去留学。从《吴虞日记》中可以看到，吴若膺多次写信告诉父亲她与王光祈的行踪，而且声称她们姐妹俩也将加入少年中国学会。

这次在上海短暂相会，李劼人、何鲁之、李思纯、沈君怡等会员与王光祈详细讨论了少年中国学会的会务情况及未来的设想。王光祈此次南方之行，已到过武汉、南京、上海，之后还要去济南、天津等地，目的就是与各地会员沟通会务，商议少年中国学会的刊物事宜，因此在上海逗留时间不长。但老同学相逢，足以使李劼人忘掉候船的烦恼，快乐了好一阵。

---

① 少年中国学会编：《少年中国学会周年纪念册》，第21页。

李劼人（中左三）与部分留法同学1919年启程赴法前在上海合影。

　　11月下旬，李劼人与各地汇聚到上海的赴法勤工俭学生们终于登上了一艘七千吨的法国邮轮。这批赴法勤工俭学生有一百五十余人，多数是来自四川和湖南的青年，其中四川人五十四名，湖南人四十二名，其余的则分别来自江苏、浙江、江西、湖北、河南、直隶、奉天。1960年，李劼人曾写了《回忆在法国勤工俭学时的片段生活》一文，可能是因为时间久远记忆模糊，某些事情的回忆已不准确。他曾明确表示记不清自己是第几批赴法人员，但又说同船到达马赛的有向警予、徐特立，并且言之凿凿地说向警予和几位女学生坐的是三等舱。其实这是误记。李眉在《李劼人年谱》的注释中，曾纠正李劼人的说法："李劼人在《回忆》一文中说与徐、向等同船到马赛。经查，徐、向等人是1920年1月底才到法国的，抵达后即去蒙达尔尼中学。李与徐、向等人相识地点，可能是在他们到达蒙达尔尼之后。"①但李眉说得比较含糊，准确的记载在当年上海法华教育研究会的档案中。周永珍根据档案资料整理的《留法纪事》记载：李劼人等是第十一批留法勤工俭学人员，乘坐的是法国七千吨级的"斯芬克斯"号邮轮。徐特立、向警予都不是这一批的。资料显示，徐特立是第七批赴法人员，李劼人还在上海等船时，他已经乘坐"博尔多斯"号于11月12日抵达法国；而向警予则是第十二批赴法人员，乘坐的是"盎特蓬莱"号邮轮，于1920年1月28日才到达马赛，比李劼人晚到了十四天。

与李劼人同船到法国的四川人中，的确有一位很杰出的江津人叫聂莹臻，别名荣臻②。他后来成了著名的共产党人，中华人民共和国的开国元帅，这便是革命家、军事家聂荣臻。可能当年出国时，李劼人与聂荣臻相互都不认识。

"斯芬克斯"号邮轮从上海出发，经香港、西贡、新加坡，过马六甲海峡，进入印度洋至科伦坡、吉布提，再经苏伊士运河，跨地中海，达到法国南部港口马赛。这条航线正是李劼人的好友周太玄当年2月走过的，周太玄在给他的来信中曾述说旅途的艰辛，现在他开始有所体验了。

轮船出了马六甲就进入了印度洋，海天茫茫，陆地、城市都在视野中消失了，船舷四野除了望不见边际的波涛外，只有偶尔飞过的鸥鸟。由于第一次世界大战刚刚结束，各国的经济都十分萧条，来往于航线上的轮船相当稀少。此刻，李劼人更深刻地理解了周太玄那首《过印度洋》诗的境界："圆天盖着大海，/黑水托着孤舟。/远看不见山，/那天边只有云头。/也看不见树，/那水上只有海鸥。/那里是非洲，/那里是欧洲！/我美丽的故乡，/却在脑后！/怕回头，怕回头，/一阵大风，/雪浪上船头。/飕飕，/吹散一天云雾一天愁。"老同学的诗真是写得太好！只有经过了印度洋体验的诗人才能写得出如此美妙的句子。

赴法勤工俭学的学生中除个别有钱人家子弟外，一般都是选择购买一百大洋一人的四等舱船票，而四等舱是用船头的货仓改建的，若干上下铺可以塞进

---

① 李眉：《李劼人年谱》，《新文学史料》1992年2期。
② 周永珍：《留法纪事》，北京：国家图书馆出版社，2008年7月第1版，第255页。

数百人，这种舱位在第一次世界大战期间主要用来运送华工和安南（今越南）士兵，如今又成了大批赴法勤工俭学学生的舱位。

由于是货舱，没有透气的窗，只有舱顶一个二丈见方的大孔，若遇大风大浪时，为避免海水涌入，便要封闭舱顶。如此一来，舱内空气的恶劣程度可想而知。舱内除了一百多中国学生，还有八九十个远东法国退伍老兵和十多个德国俘虏，以及二十几个回国的捷克与塞尔维亚士兵。数百人呼出的气体便又无数次反复被吸入。因此，人们白天都宁肯在甲板上看单调而苍茫的大洋，也不愿进舱房去。

经过三十多天艰苦而漫长的航行，终于在1920年1月14日，"斯芬克斯"号载着满怀理想的中国青年学子们抵达了法国南部著名的海港城市马赛。

这座始建于公元前6世纪的古城，风景秀丽，气候宜人。马赛美丽的自然风光和昔日光荣的传统，是法国人引以为豪的。李劼人早已在作家们的作品中认识了它，而且他知道这是产生了《莱茵战歌》，即法兰西国歌《马赛曲》的英雄城市。1792年，马赛人民正是唱着这首战歌从这里出发，浩浩荡荡向巴黎挺进。因此，马赛是法国人民心目中一座令人神往的城市，伟大的贝多芬曾经在他的笔记中写下了他对马赛的印象："法国南部，是啊！只要人们能够来到这里，便能重新攀上艺术的高峰。"

李劼人读到过王韬翻译的《麦须尔诗》，那正是马赛曲最初的中译本。"前进吧，祖国的儿女，光荣的一天等着你……"他曾经多次想象过产生了如此激昂诗句的城市的样子，而如今，自己已经站在了这块令他崇敬与神往的土地上！心中不禁涌起阵阵激动。

啊！光荣的法兰西，我来了！

三、从蒙达尔尼到巴黎

忘记了三十多天来海上航行的艰辛，李劼人和所有初到法国的青年一样，被兴奋笼罩着，马赛的一切对他们来说都是那么新鲜，与国内的城市是那么迥异。然而，美丽的马赛并不是他们行程的终点。

登岸不久，连马赛的城市景色都尚未来得及详细观察，他们又要启程。这一批赴法学生仍然被分为两拨：一拨去生活消费高的巴黎，另一拨则是去小城蒙达尔尼。当年法华教育会分配勤工俭学生，一般是家境较富裕的去巴黎，而经济条件差一些的则去蒙达尔尼。这是位于法国南部一座一百多平方公里的小城，当时的总人口还不足两万。

李劼人去了蒙达尔尼。他将在这里暂住一个月，开始补习法文。

第一次世界大战后的欧洲，百废待兴，加之俄国十月革命的胜利，人心思变，左翼思潮迅猛扩展。法国的左翼报纸如《人道报》《每日报》《晨报》等，发行量剧增。这些都直接影响到了中国勤工俭学生们的思想。

而在国内，1920年1月，少年中国学会编辑出版了《少年世界》。这是继上一年7月15日创办《少年中国》月刊后的另一份机关刊物。两份刊物都是少年中国学会最重要的月刊，但两者所刊载的文章分工有所不同，《少年中国》重文化运动，阐明学理，纯粹科学；《少年世界》重实际调查，叙述事实，应用科学。一句话，前者重理论，后者重实践。《少年世界》在南京编辑出版，张闻天、沈泽民负责校刊，黄仲苏负责组稿。刚到蒙达尔尼不久，李劼人就收到了黄仲苏的约稿信，因此在补习法文之余，李劼人开始注意法国基层社会状况的调查。

蒙达尔尼是一座美丽的城市，一条运河南北贯穿，两岸绿树掩映之中露着一幢幢垩白赭红的建筑。这与李劼人见惯了的中国民居是迥然不同的另一种风格。城里还有一个小巧秀丽的杜吉公园，风景迷人，是中国学生们最流连的地方。

每当夕阳西下，李劼人从补习学校出来，走在整洁清静的林荫道或是静谧的公园小树林中，空中便时常有悠悠音乐声传来，乐声有时从楼里微开的窗户中传出，有时又从树林深处传出；有时是悠扬的小提琴声，有时是低回婉转的钢琴声。美妙的音乐声沁人心脾，使李劼人感到既享受又新鲜。在国内只听过琵琶、三弦、胡琴、笛子、洞箫等中国乐器的演奏，如今忽然听到西洋乐，他还不能完全体悟其中的韵味。直到许多年后，李劼人还没有忘记当时的感受：

"迨与西洋音乐接触起来，倒是提琴较能接受，钢琴哩，则是经过了相当时间，才探到了它的韵味。"①

蒙达尔尼汇集了许多初来乍到、对法语还相当陌生的中国学生。这里被视为勤工俭学的发祥地，李石曾最初留法时就在这里补习法语。蒙达尔尼中学对中国勤工俭学生很友好，校长和教师都在这里工作多年，培训了不少中国学生。周太玄以及少年中国学会好些留法会员如曾琦、左舜生、李璜等初到法国时都在这里补习。李劼人也进了这所学校补习法文。

在蒙达尔尼中学期间，李劼人认识了一批湖南来的勤工俭学生，其中两位给他留下了极其深刻的印象，一位是年近半百的徐特立，另一位是女中豪杰向警予。老少两位湖南人在以后的岁月中都成了著名的共产党人。尤其是当时已经四十多岁的徐特立还漂洋过海来勤工俭学，让李劼人十分佩服："但是我们对于徐老先生非常钦佩，他已是半百之年了，还丢掉校长职位，同一般年轻人去法国勤工俭学，光是这种精神就振奋了我们。"②

就在李劼人如饥似渴地补习法文时，老同学李璜来信称，他即将离开巴黎到蒙达尔尼来，他要转到蒙达尔尼农业实用学校去读书。这所学校正是留法勤工俭学的主要倡导者李石曾的母校，李石曾在这里学习了四年，回国后便开始推进勤工俭学运动。李璜原本1919年3月就进入巴黎大学文学系就读，中途却转至蒙达尔尼学习了一年农业，之后又重新回到巴黎大学，并以两年的学习时间就获得了文学硕士学位，他是勤工俭学生中的佼佼者。

李璜要去蒙达尔尼读书，巴黎通讯社的人手就更加紧张了，周太玄要求李劼人和何鲁之尽快赶到巴黎去。李劼人来法国的另一个目的本来就要参加通讯社的工作，于是他与何鲁之商量，立即终止了在蒙达尔尼的法语补习课程，转道去巴黎。

---

① 李劼人：《乐——为费曼尔女士作》，《李劼人研究：2016》，成都：四川文艺出版社，2017年12月第1版，第30页。
② 李劼人：《回忆在法国勤工俭学的片段生活》，《李劼人全集》第7卷，成都：四川文艺出版社，2011年9月第1版，第295页。

战后的巴黎，经济虽然在恢复之中，但依然是欧洲最重要、最繁华的城市，被称为欧洲的首都。对于巴黎的知识，李劼人早已从书本和朋友的书信上获得。他知道，在古代，这个地方称为鲁特西亚，是沼泽地的意思；自公元6世纪开始便作为法兰西王国的都城，至今建都的历史已经有一千三百多年。美丽的塞纳河从城市中流过，这里有建于12世纪的巴黎圣母院，有收藏古今无数珍宝的卢浮宫，有拿破仑时代的凯旋门，有世界最高的埃菲尔铁塔……尤其还有巴黎上流社会的生活。对巴黎的上流社会，李劼人也早已从林琴南翻译的《巴黎茶花女遗事》中领略过一二了。如今，自己即将近距离地来观察这座神秘又令人神往的大都市，心情是十分愉悦的。

蒙达尔尼距离巴黎约三小时的火车行程。1920年2月底，李劼人左手提藤匣，右手挈皮包，与何鲁之一道在蒙达尔尼登上了去巴黎的早班火车。对于从东方古国初来乍到的李劼人来说，不仅前方的巴黎充满诱惑，眼前的一切也是那么新奇，尤其是法国男女的交往，上车不久就让李劼人见识到了何为法兰西的浪漫。车到麦兰时，上来了一位大胡子先生，最初他与一位少妇对面而坐，可不多一会儿竟坐到了少妇的身边，而且两人耳鬓厮磨，很是亲密；不仅如此，"胡子先生"的手更是伸到了少妇的腰间，那少妇非但丝毫不加反对，而且取出一枚糖来自己吃一半，将另一半喂到"胡子先生"嘴里。这一幕让从小接受孔孟之道教育的李劼人竟一时无法接受，他立即拿出道学先生的面孔来，正襟危坐，满脸严肃。可是眼睛却不听使唤，老要去偷看这对男女是不是抱得更紧了，是否还要亲嘴？令他失望的是，人家除了调笑，并没有进一步的动作。反倒是他自己的脸上有些烧烘烘的。于是他就根据读西洋小说的经验来判断，这两人一定是情人关系，因为不便在家乡彰明较著地相爱，才相约到巴黎去。因此他断定："这种婆娘一定不是个好东西，所以才被那胡子先生这样开玩笑。"

然而这回李劼人很快就发现，自己根据中国人的传统思维来想象法国的男女交往，真是大错而特错。火车到达里昂，那"胡子先生"竟与少妇握手告别，然后扬长而去了。

这给李劼人的人生认识切切实实上了浪漫的一课，法国人的热烈与开放程度，让他大开眼界。几年后，在写散文《正是前年今日》时，火车上的一幕仍然清晰地浮现在他眼前，却又使他觉得恍如隔世。

巴黎火车站人头攒动，李劼人与何鲁之随着人流出了车站。眼前的巴黎街景让两人看得眼花缭乱，头晕目眩，宽阔的大街上，汽车像流水一样疾驰穿梭，来往的人们也大都行色匆匆。这对看惯了街巷中轿子往来和到处闲适悠悠的李、何二人来说，真是大大地开了眼界。

在来巴黎之前，李劼人已经写信给李璜，请他来接站。可在车站外连李璜的踪影都没见到。正当两人急得一筹莫展之际，周太玄笑吟吟迎面走来。自中学毕业后周太玄就离开成都，以后李劼人与他尽管书信不断，但是两人却已有将近十年未见面了。此刻两位老同学、老朋友在异国他乡相逢，心中是说不出的激动。三人在车站一阵亲热寒暄，周太玄紧紧握住李劼人的手说："老兄你终于出来了！"随后帮他提了行李，带他们离开车站上了地道车。

地道车即巴黎的地铁，这又让李劼人惊愕了好一阵。虽然他从翻译小说中早知道巴黎有这种东西，但是实在想象不出是个什么样子，如今看到人家费那么大的工程，在地下打洞，将铁路伸到了城市下面，真不能不使他感到十分惊奇。他生活的四川省会成都，不仅街道狭窄，出行的交通工具还是引进没有多少年的人力东洋车，与此并行的则是更加落后的轿子；即使是在上海这样中国最洋盘①的大城市，他看到的也不过只有路线并不长的有轨电车和无轨电车，最多的还是人拉的东洋车。

巴黎地铁真是让李劼人大开了眼界！不仅在城市地下打洞，而且还用瓷砖将顶壁砌得如此讲究，这在中国，尤其是在成都简直想象不出来。难怪数年以后，当他游学归来时，成都的公共交通才刚起步，他便想到了巴黎的地道车，还说巴黎"电车之阔气更千百倍于成都华达公司的汽车。而且别人所取于乘客

---

① 洋盘：四川方言，指洋气、时尚、时髦等。

的，不论远近，不管你携带若干东西，一律不分贵贱，每位铜元两枚"①。

周太玄住在巴黎郊外一个叫哥伦布的小镇。镇上有个华侨协社，汇聚了不少从民国七年（1918）以来陆续到达的勤工俭学青年和华工，使这个小镇几乎有了唐人街的气象。当时在巴黎已经很有名气的豆腐公司里的几个直隶人也在镇上开了个中国餐厅，名字叫协和饭店，每人四个法郎一顿，有中国菜两盘，安南白米饭一钵。李劼人与何鲁之初到，所以这顿饭由周太玄做东，还特意添了四法郎一份的爆炒腰花。周太玄请的这顿大大超越了日常开支的"接风宴"，对于在蒙达尔尼中学吃了一个多月陈面包、通心粉和半生不熟牛肉之类西式食品的李、何二人来说，简直无异于一顿饕餮大餐，安南雪白的大米饭添了一碗又一碗，最后因为面子问题，不得不忍嘴放下筷子，但肚子里则还在说只有半饱。

饭后，周太玄领李劼人与何鲁之去巴黎郊外游览布洛涅森林。这又是李劼人很乐意的。他从小就喜欢森林，从未得到过观赏心的满足。成都北门外昭觉寺的林盘很大，却终究不是森林，达不到他心中"走半天也走不完"的要求。蒙达尔尼倒是有一个大森林，浓荫蔽日，林中道路也好走，曾琦在李劼人到达蒙达尔尼的第二天就带他去游览过，但是与布洛涅森林比较起来，他认为简直是拿登徒子的老婆去与宋玉东邻之子赛美，岂但不伦，也未免唐突了美人！与中国的名胜园林比较起来，李劼人觉得布洛涅森林总是处处都合人意，处处都熨帖入微，处处都有令人驻足欣赏的价值。

接风和游览之后，紧接着的便是工作了。

"巴黎通讯社"等待新成员的加入已经很久，李劼人在哥伦布小镇周太玄的住处暂住几日后，便与何鲁之在拉丁区奥古斯特·孔特街（Rue Auguste Comte）一处公寓二楼合租了一间小屋住下来，很快就投入到通讯社的采访、编辑工作中去。当年的赴法勤工俭学生，实际上是分为勤工生和俭学生两部分，

---

① 李劼人：《正是前年今日》，《李劼人全集》第7卷，成都：四川文艺出版社，2011年9月第1版，第282页。

从《留法纪事》一书所列名单看，勤工生的人数比俭学生多。所谓勤工生，多数时间都在工厂做工，业余时间则在学校学习。比如赵世炎，便是白天在铁工厂做铁工，夜里在学校读书；其实许多早期革命家如陈毅、聂荣臻、邓希贤、向警予等勤工生都是这样；而俭学生似乎正相反，以读书为主，做工只是为赚取学费，如李璜就是如此，尽管他的留法档案上是勤工，实际他是俭学生。

李劼人的留法档案上填写的也是勤工，但他并没有像其他勤工生那样去工厂做工。他做的工是履行曾答应周太玄的诺言，为通讯社编辑、采写稿件，同时担任《旅欧周刊》和《华工旬刊》的编辑。前者是周太玄创办的，后者是受华工工会委托创办的，李立三、赵世炎、周太玄、李劼人都参与了编辑。此外，李劼人也向国内的《少年中国》《少年世界》《国民公报》《川报》《星期日》等报刊撰写通讯，以获取生活所需的稿酬。

这期间，李劼人用笔名写过不少文章，可惜由于许多笔名已经失考，文章也就无从查考了。

《少年世界》1920年第一卷第五期"工厂调查"专栏所发表的《法国Groupement工厂写真》一文，就是李劼人刚到巴黎不久写下的。不过这篇文章并非李劼人的原创，而是根据湖南湘潭的两位勤工生罗增益、罗学赞的来信整理而成的。文章详细介绍了华工在工厂如何辛苦，如何受到侮辱、谩骂，物价如何昂贵，以及工厂管理、法国工人的习性等等，堪称一战后法国工厂的一幅逼真的素描。李劼人之所以要花精力整理罗增益和罗学赞的来信，也是对刚创刊的《少年世界》的支持。这期间，李劼人还为《少年中国》月刊写了《鲁渥①的画》，不仅择要介绍了卢浮宫的历史与环境，还重点介绍了一批名画，并结合自己的审美观点与见解对画家、画作进行了点评。

初到巴黎的李劼人似乎是以俭学为主，除了采编工作之外，他把主要精力都投入到了学习中去。一是继续补习法文，二是到巴黎大学文学系去当旁听生。他在这里聆听了朗松教授、余勒威尔教授等著名学者的文学课。尤其是朗

---

① 鲁渥：卢浮的旧译名。

松（Gustave Lanson，1857—1934），既是巴黎大学的教授，同时还是巴黎高等师范学校的校长，是继伊波利特·泰纳（Hippolyte Taine，1828—1893）、爱弥儿·法盖（Emile Faquet，1847—1916）之后，法国文学批评界最著名的学者，其专著《法兰西文学史》是当时法国高校文科的权威作品。李劼人从朗松先生那里第一次知道了拉伯雷、蒙田、高乃依、莫里哀、孟德斯鸠、伏尔泰、卢梭、夏多布里昂、雨果、大仲马、乔治·桑、梅里美、司汤达、巴尔扎克、福楼拜、龚古尔兄弟、左拉、都德、莫泊桑、法郎士、罗曼·罗兰等一大批法国文学史上熠熠闪光的名字，深切地感受到了法兰西文学艺术的辉煌与伟大。这对他现代文学观念的形成影响很大。我们从他后来的翻译和长篇小说创作中都可以明显看到法国文学的厚重印记。

此时的巴黎已经汇集了一批少年中国学会会员，周太玄、曾琦、李劼人、何鲁之、李哲生、胡助、赵世炎……李璜虽去了蒙达尔尼，离巴黎并不远，有重要活动也会参加。在巴黎的会员则是每周星期日都要相见一次，大家在一起畅谈国际国内形势，交流留法的经历和见闻，并且酝酿成立少年中国学会巴黎分会。除了老朋友之外，与李劼人相谈甚欢的新朋友是赵世炎。

他们之所以很谈得拢，一则因为赵世炎本人是少年中国学会会员，是由邓中夏介绍入会的，有思想有见地；二来也因为赵世炎的哥哥赵国兴是李劼人中学时丙班同学，二人的名字中的"家祥""国兴"正好可以作一副对联。因为这个缘故，李劼人与赵世炎两人关系变得亲切了许多。赵世炎吃苦耐劳的勤工俭学精神和谈话中表现出来的思想敏锐性、积极性以及勇往直前的人生态度，使李劼人深受感动："他是白昼做工，夜里读书，法文的社会主义书籍读得不少，并且读得精细。所以一连三个星期的晤谈，总不外于政治、经济，尤其谈得多的，就是当时正在受内外夹攻的苏联情况。我们对苏联情况的真相，知道得并不多，法国报纸除了《人道报》一家外，报道苏联的情况，大都是含有恶意的，何况那时法国政府还派了一员大将帮着波兰的反动政府，在向苏联作战哩！不过，我们几个都盲目地、诚心诚意地，全相信苏联的大革命是必然成功，而欧美亚各帝国主义干涉者必要失败。"①1928年，当李劼人已经回到成都四年以后，有朋友从上海带来噩耗，李劼人才知道赵世炎已经在1927年被杨虎杀害了。这令李劼人感到十分悲伤，想起他们在巴黎短暂而愉快的交往，他深为当代中国失去了一位杰出的青年而沮丧。又过了许多年，当赵世炎等先烈为之奋斗的新政权建立时，1951年，李劼人终于能够在《川西日报》上公开缅怀这位逝去的朋友了。他在《记先烈赵世炎》一文中，充满深情地说，他很感激两位先烈（另一位是刘愿庵烈士）："我确实因了他两位的无形影响，使我愈益明确坚定了我这二十几年来的行动方向。"

巴黎的留法勤工俭学生，许多人都参加了政治活动。少年中国学会会员也分为两派，经常发生争论。李劼人没有参加任何政治组织的活动，但是早期共产主义者们对他思想的影响是潜移默化的。后来曾琦、李璜两位老友组建"中国青年党"，康白情、孟寿椿组建"新中国党"，都来拉拢他入伙，均被他严词拒绝了。这些大概都与早期共产党人对他的影响是分不开的。

1920年5月7日，老同学王光祈和魏时珍到巴黎来了。他们是随第十四批赴法勤工俭学生乘坐"宝勒加"号法国邮轮到法国的。同船的一百一十人中只有他们两人是将要转道去德国的留学生。

李劼人和周太玄听说王光祈、魏时珍要来巴黎，早早就赶到火车站去迎候。王光祈终于到欧洲来了，这让巴黎的所有老同学们都感到很欣慰。他们在中学毕业时就曾经约定，将来无论贫富，一定要离开四川，争取到海外去留学。以后，同学们大都陆续冲出夔门，继而出国了。王光祈虽然离川较早，但出国却最晚。这一方面是因为少年中国学会的日常事务脱不开身。他是学会的灵魂和实际组织者，诸如刊物出版、组稿以及学会建设等都非他莫属；另一方面则是经济原因，他是一个只靠一支笔杆糊口的贫困者。此次能随留法学生一起到巴黎，旅费还是由同学魏时珍资助的。

----

① 李劼人：《记先烈赵世炎》，《李劼人全集》第7卷，成都：四川文艺出版社，2011年9月第1版，第49页。

王光祈和魏时珍的到来，使巴黎的老朋友们像过节一样高兴，纷纷放下了手中的工作和学习，来举行这个久别之后的短暂聚会，连在蒙达尔尼的李璜也向学校告了假来到巴黎。5月初的巴黎，天气还颇有些凉意，但朋友们聚在一起，气氛却充满浓浓的暖意。他们在周太玄的住处、从前房主人家放马车的旧房子中举办了一次虽不丰盛却是很热烈的宴会。食品是由李璜与何鲁之去采买的，掌勺师傅则是李劼人，他烹饪的是一桌大家久违了的川菜。《周太玄传》中写到了现代中国几位杰出的青年在异国他乡这次相聚的情景：

> 他们刚进门，王光祈便笑呼道："拿肉来吃！"原来在三十多天的海上生活中，光祁和时珍住在四等舱里，只能咽下一些一二等舱弃置不用的、为数有限的肉屑，怎不盼望在巴黎进行补充呢？魏时珍坚持非吃清炖肥牛肉不可。太玄主持烹饪，李璜担任购买，这可把李璜难住了，他怎么也买不到极肥的牛肉，以飨二位饕餮，最后想出了一个权宜之计：向一位屠夫求情，把他准备售作化学工业之用的牛油让了一小块。李璜兴高采烈地带回来，请太玄、劼人把它一起炖入牛肉汤中。这下可好了，端出来时，碗内油厚可及二寸。这份美肴不仅满足了食欲，也大大助长了他们的谈兴。光祁一面吃油，一面谈笑，喉愈润而声愈高。他们一同回忆"少年中国学会"的会友，一个个屈指数算着，哪个赴欧，哪个留美；某人学何专业，哪个可望有所创造……他们最后的结语是："中国之事大有可为呀！"[1]

王光祈、魏时珍与朋友们在巴黎欢聚了三天，参观了埃菲尔铁塔，欣赏了卢浮宫的艺术珍宝，还去听了几场露天的和室内的音乐会。巴黎各种专业和业余的乐队很多，公园或路边园林，夏日几乎每天都有乐队演奏；室内音乐有咖啡厅的演奏和音乐厅的正式演出。在咖啡厅听音乐，只需花七十五生丁买一杯

---

[1] 刘恩义：《周太玄传》，成都：四川科技出版社，1992年6月第1版，第72页。

咖啡或啤酒，即可欣赏到优美的小型音乐演奏；而到峨北纳名贵的音乐厅去听一场乐团的精彩演出，也不过三法郎。从小就喜欢音乐的王光祈，初到巴黎就被朋友们引进了音乐的海洋中，这对他后来留学德国，最终放弃了他熟悉的政治经济而改为主攻音乐起了重要的助推作用。

当然王光祈和魏时珍还去了李劼人、周太玄都竭力推崇的布洛涅森林。三天以后，王光祈和魏时珍便辞别朋友们，登上了前往柏林的火车。之后不久，王光祈因为处理他与女友吴若膺（即吴楷）的关系问题，曾坐夜车再次到巴黎，但仅仅停留了半天，只见过了周太玄，而未能与李劼人再在巴黎相见。因为李劼人此时突然生病住进了医院，王光祈则因为失恋，痛苦至极，情绪十分低落地匆匆返回了柏林。

王光祈与吴若膺原本是一对热恋的情人。王光祈在成都时就与吴虞很熟悉，到北京后，吴虞的两个女儿也来北京读书，两人被人称为"浣花姐妹"，很招人注意。吴虞曾委托王光祈照应两姐妹。当时王光祈与郭有守租住在北京北河沿南头的"蓬庐"，两姐妹不时地便来此小叙，有时候还与郭有守、周润生等几人一起游览颐和园。这两姐妹在成都读的是教会学校，深受西方文化影响，对于男女情感并无顾忌。"后来，王光祈和身材窈窕举止大方的二小姐，不知不觉间有了更进一步的感情。"①王光祈是少年中国学会的重要人物，经常去各地主持学会的活动，吴若膺就紧跟其后，形影不离，他们一同游历了天津、汉口、南京、上海、杭州等城市。左舜生在南京自己的家中接待过王吴二人，吴给他留下的印象是："一个二十一二的小姐，操纯粹四川口音，身材窈窕，举止大方。"②吴若膺在黄仲苏的记忆中也是"风致绰约"，可见吴若膺是个美女。

因为跟随王光祈四处活动，吴若膺还积极准备加入少年中国学会。《吴虞日记》有十八处提到王光祈，其中又多次记载"楷女"和王光祈出游的情形和

---

① 郭正昭、林瑞明：《王光祈的一生与少年中国学会》，台北：台湾环宇出版社，1974年，第16页。

② 左舜生：《记少年中国学会》，台北：传记文学出版社，1979，35（1）:35—36。

"楷女"准备入少年中国学会的事。在谈到王光祈时，吴虞多有赞美之词，如"少年中国学会王润屿、曾慕韩诸人皆极纯洁"[1]等。但是，1920年赴欧留学时，王光祈和吴若膺却没有同乘一船出洋。据郭有守回忆，王光祈原本是准备留学美国，但由于费用问题改而前往德国。《吴虞日记》也有同样记载。也是因为费用问题，王光祈没能与吴若膺同船，因为王光祈的旅费是魏时珍赞助的，他实在无力再多负担另一人的费用。于是王光祈只得先行，且与吴若膺相约在法国马赛相会。王光祈乘坐的是4月1日从上海起航的法国邮轮"宝勒加"号四等舱，随第十四批赴法勤工俭学生一道走，同行的有魏时珍、陈宝鄂等；而吴若膺乘坐则是5月9日的"阿尔芒勃西"号三等舱。[2]吴若膺赴欧时间比王光祈晚了整整一个月有余。

问题就出在这一个月里。先期到达德国的王光祈将他收到的全部稿费都寄给吴若膺，热切盼望恋人与他尽快在马赛相会。他哪里想到，他爱的人已经移情别恋了。

与吴若膺同船的赴欧同伴中有一位陕西富平人王独清，曾经留学过日本，早年做过《秦镜报》的总编，赴法前是上海《救国日报》的编辑，后来成为创造社的才子兼诗人。吴与王在轮船上邂逅之后，竟然迅速坠入情网。王独清虽非少年中国学会会员，但因为他任《救国日报》编辑时，就与周太玄等人熟悉，因此巴黎通讯社仍打算邀请他参加其工作。然而，因与吴若膺的"恋爱事件"，王独清最终被周太玄等人拒之门外。与吴若膺同行的姐妹，即周太玄夫人王耀群、胡助的妹妹胡蜀英也与吴若膺绝了交。黄仲苏后来在纪念王光祈的文章中斥责吴若膺"别有所恋，中途相背"。左舜生也批评吴若膺的无情无义："在来法途中，与另一位同船的王姓青年发生了不可分的关系，竟视光祈为路人。"

王光祈与吴若膺在巴黎见面，知道关系已无可挽回，便果断终止了与她的

---

① 吴虞：《吴虞日记》上册，成都：四川人民出版社，1984年5月第1版，第550页。
② 郭有守：《若愚在蓬庐》，上海：《王光祈先生纪念册》，1936年。

关系，带着满心的伤痛返回了柏林。据同为留德学生的宗白华在南京追悼会上的悼词说："他的恋爱事件，使他精神上很痛苦，到欧后，恋爱又幻灭，他受了这重大的刺激，几乎自杀。"因此有人认为王光祈后来改学音乐，与这场失败的爱情有关。无论是否如此，王光祈回到德国后，便一头扎进书斋，从此孤独地跋涉在学术的园地中。他不仅在音乐方面取得了卓越的成就，成为中国现代音乐理论的奠基者，而且在文艺、政治、经济、军事、外交、国防等诸多领域都取得了一般人难以企及的重要建树，仅仅写作与翻译的著作就达四五十种之多。

其实王光祈与吴若膺相爱，一开始就引起少年中国学会的一些朋友的不满。方东美、舒新城、林瑞明等人都有微词。"光祈性格，高超纯洁，其律己之严同人中无有出其右者，唯情之所钟，独在一晚辈如花之美媛，当时少中同人群以未来中国文化创造力之一半应由全国妇女负荷之，故极力倡导妇女运动，苟因发起者一人私情溺爱之故，致令妇女运动遭受疑难挫折，将何以见谅于国人。"[1]他们认为王光祈家中有原配，又与青年女子相爱，有悖少年中国学会竭力倡导的一夫一妻制。其实这正是"五四"一代文化人面临的困惑，一方面他们无法摆脱父母之命，另一方面又要追求自己的自由。鲁迅不是也被迫接受了"母亲的礼物"吗？胡适、郭沫若等均是如此，王光祈自然也不能超越时代的局限。不过，也有资料显示王光祈之妻罗次岇早已于1918年就病故了。[2]

而吴若膺抛弃王光祈四个月后，又再次离开王独清。吴若膺是"五四"之后追求绝对自由的现代女子，在性爱方面丝毫不受传统礼教的束缚。她后来在里昂再次闹出恋爱风波。经历了若干情人后，终于在1924年与留学日本归来，并在江苏东台创建裕华屯垦公司的杭州人傅某订了婚。"楷女自江苏东台县西

---

① 方东美：《苦忆左舜生先生》，台北：传记文学出版社，1969年，第55页。
② 有关王光祈妻子病故时间各说不一，据廖辅叔在1983年6期《人民音乐》的文章《独上昆仑发巨声》说是1918年，而温江区委宣传部和区档案馆编的《王光祈生平事迹年表》则说是1946年前。

团镇裕华垦殖公司来信，言已于三十一日与傅君订婚矣。"① 王独清经历了与王光祈一样的失恋痛苦。据李建忠在2000年2期《新文学史料》撰文《王独清轶事钩沉》称，也是"痛苦已极，精神崩溃，几乎投湖自杀"。之后，王独清于1936年写了一本小书《我在欧洲的生活》，其中有近一半篇幅讲述的便是他与吴若膺的恋爱始末，只不过书中所涉及人物均采用谐音或化名来代替，比如，称王光祈为"汪广季"，吴若膺叫"吴蒻云"，周太玄成了"周虚成"，李大钊名"李修昌"，曾琦为"曾暨"，恽代英改"恽台耀"，郭沫若谐音"郭麦弱"，向警予以"向金绮"等等。对吴若膺离开王光祈，王独清竭力洗清自己的责任，而对吴若膺却是充满了怨言。认为"她之同我要好，大概开始便准备维持一种三角形势"。她之所以又想维持与王光祈的关系，"为的是她到欧洲后家中接济不够时，由他的方面可以得些补助。这自然是很明白的，她和他的结合既是中间夹杂着有别种成分，她性爱的要求便不得不由另一方寻求满足，而我便作了供她这种要求的人物了"②。男女之事本是双方有意才行，孤掌难鸣，仅凭单方岂能成事？所以王独清的这番独白，终究还是难脱横刀夺爱之责。

王光祈失恋离开巴黎之后，李劼人与这位好朋友，后来是否还在巴黎或是别的地方见过面，目前还没有资料证明。若真是后来再未见面，那么，1920年5月7日的这次巴黎聚会，便是王光祈与李劼人的永诀。当他们下一次再相逢时，才华横溢的老朋友王光祈已经是一抔洁白的骨灰，这是令李劼人感到十分悲痛的。

送别王光祈和魏时珍以后，李劼人、周太玄等又各自恢复了自己的工作与学习状态。少年中国学会在巴黎的会员周日例会依然举行，且每星期都有一个主题，先由一名会员主讲，然后大家讨论，不同观点的争论当然是在所难免。通过这种形式，大家都觉得深受启发，有很大收获。10月17日的例会主讲人是

---

① 吴虞：《吴虞日记》下册，成都：四川人民出版社，1986年8月第1版，第174页。
② 王独清：《我在欧洲的生活》，沈阳：辽宁教育出版社，1998年12月第1版，第4页。

胡助，主题是《理化学之革命》，李劼人、李璜、何鲁之、曾琦、周太玄、许德珩等会员出席并围绕题目进行了热烈讨论。

然而，就在勤工俭学生活照预想的目标推进时，一件令人沮丧的事也悄然发生了。"巴黎通讯社"的稿件在国内报刊越来越不受重视。通讯社最初只有两人，现在已经发展到五六人，全部都是少年中国学会会员。通讯社一度非常红火，国内订户不断增加，甚至以伍朝枢为首的南方政府代表团和以陆征祥为首的北方政府代表团都订阅通讯社的稿件；《大公报》的总经理兼总编辑胡政之路过巴黎时，专程看望了通讯社诸位编辑。胡政之是周太玄的老师，对巴黎通讯社的成就大加赞赏，他后来说，自己创办"国闻通讯社"正是受到了"巴黎通讯社"的启发。

正当事业如日中天的时候，"巴黎和会"结束了，周太玄和李劼人已经规划好的发展电讯业务的长远蓝图只好付之东流。这时的法国新闻迅速失去了热点效应。"由于国内报纸的注意力转向国内和远东局势，不再注意欧美的消息，且通讯社面临人员和资金的问题，巴黎通讯社才日渐衰微。"[①]当过报纸总编辑的李劼人，曾经对巴黎通讯社寄予了很高的期许和高度的评价，认为："它开创了中国人自己在外国办通讯社的先例，有了它，而后京、津、沪各大报才有了派驻欧洲各国的特约通讯记者，国际新闻，才不完全由几家外国通讯社所垄断。"[②]因此，小小的"巴黎通讯社"在中国新闻史上因其开创性的工作而具有重要地位。而当时，对李劼人和周太玄这两个穷学生来说，通讯社还是他们在法国生活的经济支柱，凭借微薄的稿费收入至少能够帮助他们顺利完成学业。

可是如今，"巴黎通讯社"将面临关门歇业，这一经济来源也就断了。

巨大的生存压力顿时向李劼人、周太玄袭来。"一战"以后，巴黎的生活费猛涨，尤其在1920年秋季以后，比战前高出了四五倍；后来虽略有回落，却

① 吴小龙：《少年中国学会研究》，上海：上海三联书店，2006年8月第1版，第36页。
② 李劼人：《回忆在法国勤工俭学时的片断生活》，《李劼人全集》第7卷，成都：四川文艺出版社，2011年9月第1版，第296页。

也是战前的三倍多。对中国留学生而言，去廉价饭店吃一顿饭，餐费也要三个半法郎，于是许多人就自办伙食，这样一天的费用也就才三法郎左右，可以大大节省开支。李劼人、周太玄当然是加入到自行开伙行列的人。但即使如此，房租还是一笔不小的开支。房租也翻了两三倍，1914年，公寓最好的房间月租不过七八十法郎，如今已经涨到一百七八十法郎。李劼人与何鲁之合租一间房，虽然房费平摊，却也有不少压力。但他无论多困难，宁肯从口中节省，也从不拖欠房租。有时实在没钱买食品，李劼人就将一支法棒切成若干小段，等到实在饿极了，才用开水泡上一块充饥。这段时间，李劼人的情绪简直低落到了极点。

四、养病小城拉密尔

屋漏又遭连夜雨。正当"巴黎通讯社"奄奄一息之际，李劼人也突然病倒了。

1921年冬季的巴黎，天气异常寒冷，到法国来之前，李劼人从未经历过这样的严寒。1月11日这天，因法语教师请假不上课，李劼人便躺在他奥古斯特·孔特街租住寓所内的床上，想多暖和一会儿。何鲁之已经出门走了，屋外天色暗淡，还飘着雪花；房间内因为没有生火，寒气逼人。虽然盖了棉被和呢毯，还是感觉很冷。因为上午11点钟之前，服务员要来打扫房间，李劼人只好瑟缩缩地起身下床，想用水洗漱。忽然，感觉肚子一阵剧痛。由于没有人可招呼，李劼人便忍着疼痛取出酒精炉，以为烧点开水喝下就没事了，结果肚子愈发疼痛，只能重新回到床上。何鲁之带着面包回来，见李劼人并未去买菜，遂又转身出门去了，李劼人叫他顺便再买些生火的木材。结果木柴送到了，李劼人刚有缓解的肚子又剧痛起来，房东纪诺先生见此情景，帮他把火烧旺，又让女儿露易丝端来一杯热腾腾的薄荷水让李劼人喝下。但疼痛仍没有缓解，纪诺先生只好从日耳曼大街请来医生诊治。结果是李劼人得了急性阑尾炎，后又并发腹膜炎和膀胱炎。亏得纪诺先生带着何鲁之走了很远的路，翻墙进一个花园中取了冰块来镇痛。李璜、周太玄都赶了过来，几人轮流守护了一夜。次日，医生再次来出诊，一阵忙碌后，病情仍没有好转；医生只得开出重病证明书，又由纪诺先生到区长公署开了一张穷学生证明，遂将李劼人送进了免费的巴黎市立仁爱医院。

在仁爱医院一住就是六十二天。在这里，李劼人受到了医生和护士无微不至的医疗和护理，使他得以从死亡线上挣脱回来；而与他同船到达法国的四川老乡陈昭亮却不幸在巴黎病逝了。这场突如其来的疾病，极大摧残了李劼人的健康，虽然疾病得以治愈，但是到出院时体重只有三十二公斤，仅仅剩一副骨架了，连走路都在随风摇摆。有一天，他去找周太玄，在经过卢森堡公园旁边一片热闹广场时，汽车很多，健康人自然容易避让，他却踟蹰起来，最后还是一个警察和老太太架住他左右臂，才走过了车流不息的街道。

病后的李劼人身体虚弱到如此程度，学习和工作不能不暂时搁下来。

有关这次生病的时间，李劼人在《回忆在法国勤工俭学时的片段生活》说是1921年春天，李眉在《李劼人年谱》中的记载则是1920年12月16日，李劼人自己在纪实小说《同情》中记述的也是12月16日。但这两个时间都不准确。根据李劼人到达拉密尔小镇的次日，即3月17日给李思纯写信的日期往上推，住院时间是六十二天，减去发病时在寓所耽搁的一天，那么李劼人这次生病的时间就应该是1921年1月11日左右。另外，李劼人还说自己"在免费医院内睡了两个月，完全由本身抵抗力把病魔打退"。这个说法似乎不太厚道、也不符合事实，与他在纪实小说《同情》中的叙述也相悖。李劼人写这篇回忆是1960年，可能当时的政治气候不允许他为资本主义国家"评功摆好"。若此，这倒是情有可原的。

临出院前，医生特意嘱咐李劼人尽快离开巴黎，到空气清新的山区去休养一段时间。于是李劼人便应了王璐（怀仲）的邀请，前往巴黎西南部与意大利相邻的阿尔卑斯群山中的小城拉密尔（La Mure）休养。李劼人变卖了一件皮袍，周太玄、李璜等朋友又帮他凑了六百法郎，算是作为他去拉密尔的生活费用。在朋友们的帮助下，李劼人拖着瘦弱的身体，乘火车走了一夜，于次日上午十时到角城，在车站等了两个小时，换车至圣日耳曼；又转乘两个小时的登山电车才最终抵达拉密尔镇。电车一路沿陡壁绝壑行驶，窗外风景奇绝，使李劼人的心情大为好转。

拉密尔是一座高原小镇，人口稀少，城内洁净无比，"全镇二千余人，尚不如吾们小乡城。除学校门前小园内有树木几株，通街无一茎草，灰尘绝，大街如蒙城乡下之大道，通镇只面包店两家，咖啡店七八家，寂寥为如此，它可想知。学校房屋尚大，但绝龌龊……"[①]这样一个宁静而洁净的小城的确是适合疗养的好地方。稍微有不尽如人意的地方是，每周只能吃四次肉，其余时间则只有洋芋泥下饭。

在拉密尔城，李劼人与王璐相伴合租住一处。李劼人之所以选择拉密尔作为疗养地，除了这里空气清新，符合医生提出的要求外，就是与王璐彼此可以照应；还有更主要的原因是在这里可以进入公立中学补习法文，比在巴黎请私人教师好许多，而且生活消费水准也较低，在巴黎一个月的费用，在拉密尔足可供三个月之用。

于是，李劼人在巴黎第一阶段的勤工俭学生活结束了，从1920年2月至1921年1月，前后时间不到一年。

---

① 李劼人：《致李思纯》，《李劼人全集》第10卷，成都：四川文艺出版社，2011年9月第1版，第3页。

第五章

法兰西岁月（下）

在医院住了两个月出院后，李劼人在朋友们的帮助下，来到法国南部小城拉密尔养病，他在这里一面继续学习法文，一面详细考察了这座城市的市政与文化建设。之后，李劼人来到格勒诺布尔（Grenoble），原本打算在这里进入大学，却因为学费昂贵而作罢。暑假之后，转道去了蒙彼利埃大学，并在这里长住下来，时间达两年多。他既在这里学习，也在这里开始翻译第一批法国文学作品。

1924年2月，李劼人离开蒙彼利埃，返回巴黎大学，继续在文学院听课。但此时李劼人的兴趣已经转到文学翻译上，仅在巴黎停留了四个月，便带着八箱法文书籍返回已经阔别了四年多的祖国。

一、暂住格勒诺布尔

王璐，即王怀仲，四川眉山人，著名的造纸专家。他是与李劼人同船抵达马赛的勤工俭学生，彼此十分亲切友好。王怀仲听说重病后的李劼人需要到空气清新的地方养病，便立即致信李劼人，邀请他到拉密尔来。

拉密尔是个小城，物价便宜，还可补习法语；更使李劼人感动的是王怀仲的热情。来法之前他们并不相识，在赴法旅途中，因为志趣相投而成了朋友。后来他们一起创业，并把友谊保持了一生，但遗憾的是王怀仲在抗战中不幸英年早逝。

此刻在拉密尔，他们不仅是租住一屋的"室友"，而且是法文补习班的同学。多亏王怀仲的相伴照顾，使病后的李劼人在异国他乡终不至于感到十分孤独。

自生病后，李劼人异常思念家乡，思念亲人，尤其思恋婚后不到十天就离别的妻子。记得在医院中，每当护士沙郎姑娘来护理他时，他都会将沙郎姑娘美丽的眼睛幻化成妻子那双黑而大的眼睛，只可惜令他遥不可及。而当法语老师西门夫人到医院探视他时，他从她慈爱的眼泪中，则看到了母亲的目光。每当探望他的人离去后，李劼人都会感到一阵悲凉从心中涌上来，家贫亲老，远处异国他乡，穷困时谁来接济？病卧了又有谁来扶持呢？若非法国的医疗制度和医生、看护们的人道关怀，我还能活着吗？想到这里，向来不作儿女悲戚的李劼人，已不觉间潸然泪下。

躺在病床上，李劼人的思绪也时常萦回在锦江与玉垒之间，即使正在与病友谈话，成都那古老的城墙，那奔流不息的锦江水，还有川西平原的田园风光，甚至过去从未在意的家乡景象，都会突然跳跃在他的眼前。

若是妻子和母亲在自己身边，那该是多幸福的事啊！住院这两个月来，久久没收到法国来信，妻子、母亲肯定十分着急。他原本是五天，最迟也不过八天就要往家寄一封信，可自从住院后，已很长时间没给家里写信，所以还在医院时，他强撑着病体，给家里写了一封字迹潦草的短信。以往写信，他都是用钢笔写蝇头小字，而这封信却写得歪歪斜斜，字有胡豆大，仅仅简单报告了一下，自己不幸小病一场，现在已经好了三分之二，以后只是调养了。可是"以我平日对家里来信的观察来说，只要吾妻的字迹稍为潦乱——吾母年老眼昏不能写字，即是吾母的信也是吾妻代笔——就要狐疑不是写字的人害了病，就是生活失了常度，或是心里有了不安，何况吾妻对于我的注意，似乎比我对于她的还亲切十倍"①。真想象不出母亲和妻子看到这样的信，心中会牵挂成什么样了！

想到此，李劼人真想立即就回到故乡，回到母亲和妻子身边去。然而转念又想，自己远涉重洋到法国干什么来了，吃了那么多的苦，不就是要学得报效祖国的本领吗？如今一事无成就回去，有何面目见江东父老！

多亏有王怀仲的帮助和鼓励，病后的李劼人才战胜了强烈的思乡情绪，转而以更积极的态度投入到学习中。养病期间，他的法语水平有了明显提高，优雅的法语也激起了他浓厚的兴趣，尽管此时身体还虚弱，但是补习法语的热情很高。

1921年3月27日，少年中国学会巴黎分会正式成立，刚到拉密尔不久的李劼人，又专程赶回巴黎出席了大会。会议选举周太玄为分会书记，陈登恪为通信员。巴黎分会虽成立较晚，但活动的时间却很早，停止活动也最晚。

自周太玄办巴黎通讯社起，陆续到达巴黎的少年中国学会会员就开始聚集一起活动。1920年10月，巴黎的会员曾经向总会提出过两条建议，一是提议吸收女会员加入少年中国学会。《吴虞日记》1920年1月19日就记载，"少荆得王光祈信云，楷、桓将入少年中国学会"②。吴楷在致父亲吴虞的信中也称，"慢慢的我也要加入少年中国学会了"，说明在学会内部早已有动议吸收女会员，但不知何故，实际并没有实施，会员名册也始终没有见到女性的名字。二是禁止有宗教信仰的人入会。第二条在学会内部曾引起了激烈的争吵，远在日本的会员田汉表示强烈抗议，认为侵害了会员的信仰自由；另一个会员张涤非则愤而退出了少年中国学会。有关会员不允许信仰宗教的规定，由于反响激烈，在少年中国学会第一届年会上被取消了，但学会由此开展了一场关于宗教问题的研究。《少年中国》月刊上的"宗教问题号"，均是由巴黎分会编辑出版的。

20世纪20年代中国的反宗教运动，其源头就要追溯到这里。由是可看出少

---

① 李劼人：《同情》，《李劼人全集》第六卷，成都：四川人民出版社，1984年5月第1版，第147—148页。

② 吴虞：《吴虞日记》（上册），成都：四川人民出版社，1984年5月第1版，第516页。

年中国学会巴黎分会的历史影响。

巴黎分会成立大会后，李劼人立即重返拉密尔公立中学，继续法文学习。但这次以疗养为目的学习时间并不太长，前后有大约三个多月。至当年6月，王怀仲与几位同学要去法国南部城市格勒诺布尔，打算在那里进入造纸专门学校学习造纸技术。若王怀仲离开，拉密尔便没有熟悉的朋友了，如此寂寞的小城，李劼人一个人自然难以继续孤独地住下去。

于是1921年6月，李劼人随王怀仲等人一道去了格勒诺布尔市。

李劼人在拉密尔居住的时间虽不长，但收获却很大。在这里，他才开始真正认识了法国社会，"使我得有机会深入到法国的基层社会，看到法国农工阶级的真正面貌和品德；也懂得法国在强邻侵略之下，能够屡扑屡起的真正力量；也了解到在殖民地和在我们中国那些为非作歹的家伙，也是善良法国人所深恶痛绝的社会渣滓。后来在格勒诺布尔，在蒙北烈（蒙彼利埃的旧译）两个大城，虽然也曾接触到一些城市小市民和工人，但总不如在拉密尔时的机会多，总不如在拉密尔接触的那么深，那么透"[①]。由此可见拉密尔对李劼人的游学生涯和思想认识都产生了极其重要的影响。

在拉密尔，李劼人不仅深入了解了法国社会，还对这座小城的历史和建筑进行了详细的考察。地处阿尔卑斯（Alpes）群山中的拉密尔，建城不过四十几年，已俨然是一座现代化的城市，而之前只是一个不成形的小村庄。因为山中发现了煤和铁矿，城市得以迅速地建设起来。李劼人从市政和文化建设等多方面对拉密尔进行了观察。拉密尔城建的第一步，是修通了直达省会格勒诺布尔的铁路，使山中的矿藏得以顺利运抵各大城市；第二步是"破天荒创建了七八处法国前所未有的水电厂"，电力不仅供应本城，还能够供应里昂（Lyon）、郎西（Nancy）等城市。由于有了电力，人口大增，手套工厂也兴起了；第三步是路政建设，从拉密尔出城，有五条大道通往格勒诺布尔，有四条道路通往各

---

① 李劼人：《回忆在法国勤工俭学时的片断生活》，《李劼人全集》第7卷，成都：四川文艺出版社，2011年9月第1版，第296—297页。

村镇，蛛网式的公路四通八达。在文化方面，拉密尔重视教育，一个二千多人的小城，竟办有公学（包括乙种工艺学校）、女子职业学校、新式小学校、女子小学校等多所学校；还组建有球队、音乐队、同乐会、儿童俱乐会等；有一年一度的农器赛会、牲畜赛会，以奖励农牧。市民的生活福利也很有保障，有一所很讲究的医院，清洁美丽，比许多大城中的医院还好；市政厅建有公共澡堂，差不多等于免费；此外有小菜场、公共洗衣所、大旅馆、大衣店、大杂货店，以及各种商店、咖啡馆、弹子房等，这些店铺都门面辉煌，装饰耀眼，城外有一座公共坟园作为逝者的安息处。拉密尔城因矿业而兴，因此它的人口以矿工、手套厂女工为主，而矿主为工人所建的住宅也很讲究：有各自独立的小院，都间以花园菜圃。

对这样一座现代化的小城，李劼人无不心生羡慕，他曾写道："这个小城，新兴不过四十年，人口不过二千余，我们但看他魄力的雄厚，组织的精密，实令我国动辄号称数十万家的省会，对之生愧，况他的发展尚正未艾……直截说来，这个山城，确乎可以供给我们谈农村改造的朋友们的参考。"[1]许多年以后，李劼人出任成都市副市长，正好分管城市建设，拉密尔的这段经历或许是他重要的执政参考。

告别拉密尔来到格勒诺布尔市，李劼人与王怀仲在布歇尔·德·佩尔歇街17号（17，Rue Bouchel de Pelches）租房居住下来。王怀仲进了造纸专门学校，同时又在造纸厂当工人。

李劼人没有随王怀仲去半工半读，他的兴趣还是在文学上。他对当地的大学做了认真考察，并旁听了一些课程，想就此进入大学继续学习法文。但学费太昂贵，从7月到10月，就要二百五十法郎，而且要一次性缴足。此时的李劼人刚刚大病初愈，养病期间已经耗费了他不少钱财，连基本生活都很拮据，若要再缴上那么大一笔学费，那简直难以想象。因此他被迫放弃了在格勒诺布尔大

---

[1] 李劼人：《法国山城中的公学》，《李劼人全集》第7卷，成都：四川文艺出版社，2011年9月第1版，第216页。

学学习的想法。

当时李劼人的窘迫境况，我们从7月18日他写给李思纯的信中便可以看出："昨夜因愁无处筹措，一夜不得好睡。幸今晨得家信，知家中已给我汇出百元，由法领事署换法郎六百枚。前陈岳安由上海喻君转汇七十元，彼云随后尚有数十元寄我。尊处所接之挂号信，一陈岳安，一上海喻君，此二信恐即是银信；一是馥记，大约便是郑少卿的汇票，务请即交鲁之，拆开一看。若承天眷，不由中法实业银行汇来，即请鲁之费心，立刻与我汇来，至恳至恳。老兄一定少会鲁之，但请量此事之重要，特为我花二方车费，往哥伦布一行。接款之后，定买几张顶好的画片，以为酬劳老兄。此事有关人命，千万懒不得！"[1]7月26日，再次致信李思纯，因上海的"一点小款"催促说，"你和鲁之都快点才好。"

将请李思纯去帮忙查看国内稿费视为"有关人命"的大事，足见李劼人当时已经窘迫到了山穷水尽的境地。

由于无钱进入学校，李劼人在格勒诺布尔市只住了一个暑期。这期间他一面自学法语，一面焦急地等待国内汇款。10月初，李劼人收到了周太玄来信，请他到蒙彼利埃去[2]，原来周太玄已经在那里住读。自李劼人去拉密尔不久，"巴黎通讯社"就被迫关门了，李璜又回到了巴黎大学，何鲁之则去了华法教育会工作。周太玄和他的未婚妻王耀群结婚后，也离开了巴黎大学，转到了蒙彼利埃大学。周太玄在信中告诉李劼人，蒙彼利埃大学特别为外国人办了个文学补习班，这对于勤工俭学生非常有益；同时周太玄还说，他们佃居的地方还有一间小楼可以居住，大家在一起办伙食比一人单独在外吃饭省俭得多。

周太玄这封信简直无异于一场及时雨，让心情焦急的李劼人顿有甘露降临之感。他毫不犹豫收拾起行李，很快就告别王怀仲，离开了格勒诺布尔市，于1921年10月来到了蒙彼利埃市。

---

① 李劼人：《致李思纯》，《李劼人全集》第10卷，成都：四川文艺出版社，2011年9月第1版，第4—5页。

② 蒙彼利埃于1981年与我国四川省成都市结为友好城市。

二、求学蒙彼利埃

　　蒙彼利埃（Montpellier）是法国南部濒临地中海的爱洛省省会，是一座古老的城市，也是法国南部重要的工商业中心。这里不仅气候宜人，风景优美，而且市内有许多古罗马时期留下的遗迹，文化氛围十分浓郁。而蒙彼利埃大学(Université de Montpellier)也是世界上最古老的大学之一，其历史可以追溯到1289年。这样古老美丽的城市和历史悠久的大学，正是李劼人梦寐以求的。

　　来到蒙彼利埃市，李劼人住进了布伊松·贝尔特朗大街11号（11,Ave. Buisson Bertrand）周太玄租住的公寓。在这里共同开伙的除了周太玄夫妇，还有李劼人以及胡助的胞妹、学化学的胡蜀英，李璜的胞妹、学美术的李碧云。当时在蒙彼利埃的中国留学生很少，总共不到十人，但由于住在一起的都是四川人，大家感到很亲切，彼此关照，就像一家人；加之蒙彼利埃悠久的历史文化和优美的环境，李劼人一下就喜欢上了这座名城，从此长住下来。"我在地中海滨的蒙北烈住得最久，从一九二一年十月，一直住到一九二四年二月。我之能够稍稍读得几本书，翻译了几本书，都在这个时间和这个地方。"[①]

　　在蒙彼利埃市，李劼人终于能够如愿地进入蒙彼利埃大学文学院学习法国文学。他在这里继续选读法国古典文学、法国文学史等课程，并开始研究法国近代文学批评和雨果的诗；一大批法国文学名著和富有鲜明特色的当代法国作家的作品同时进入了他的阅读与研究视野。尽管李劼人是注册的留学生（后来还短暂进入巴黎大学文学院学习），但根据他1948年所填的《简历表》和1950年所填的干部登记表看，他均坦言"并未参加学位考试"。吴楷写信给她父亲吴虞，也谈到李劼人的这种游学方式。《吴虞日记》1921年12月15日记载道："周太玄、李劼人来法已经二三年，至今尚未入正式学校也。"[②]其实，这种游学而不考文凭的人并非李劼人一个，似乎是当时一种相当普遍的现象。巴金也

---

① 李劼人：《回忆在法国勤工俭学时的片断生活》，《李劼人全集》第7卷，成都：四川文艺出版社，2011年9月第1版，第297页。

② 吴虞：《吴虞日记》上册，成都：四川人民出版社，1984年第1版，第662页。

李劼人在法国蒙彼利埃住过的公寓

曾游学法国，也并没取得学位；游学欧美多所大学的陈寅恪亦未取得学位。但是这些并不妨碍他们日后成为各自领域的一代巨匠大师。

李劼人的独特还体现在，他虽挚爱文学事业，却又并不打算把文学作为糊口的职业，尽管他后来在《向党交心》中曾说："在法国的时候，我已把自己一生的出路安排在搞文学这一途。"[1]在少年中国学会发放的一张1920年10月至1921年11月底《会员终身志业调查表》中，李劼人在"终身欲研究之学术"一栏，填写的是"社会学"；在"终身欲从事之事业"一栏，填写的是"公民教育、道路建设"；在"事业着手之时日及地点"一栏，填写的是民国"二十年，四川"；在"将来终身维持生活之方法"一栏，填写的则是"劳工"。以后的人生道路并未完全沿着李劼人所填这张表的愿望发展，文学最终还是与他终身形影不离，直至生命终结。

---

① 李劼人：《向党交心》，《李劼人全集》第8卷，成都：四川文艺出版社，2011年9月第1版，第196页。

正当李劼人在蒙彼利埃如饥似渴地学习和工作时，收到了何鲁之的来信，告诉他在巴黎的勤工俭学生发生了"进军里昂事件"。这个事件的起因是这样的：1920年以后，由于法国陷入了经济危机中，许多工厂经营困难甚至倒闭，导致了大批中国勤工俭学生失业，衣食无着。处于困境中的勤工俭学生只能寄希望于"华法教育会"维持生存。然而，面对勤工俭学生的困境，"华法教育会"和中国驻法公使馆不积极解决问题，而且还推卸责任，声称要将无工作的勤工俭学生送回国。之后"华法教育会"又两次发布通告，宣布与勤工俭学生脱离经济关系，只负责精神援助，这就将贫困的勤工俭学生推到了绝境。而这时候，与勤工俭学关系密切、以庚子赔款退还资金建立的里昂中法大学，因宗旨不仅是为中国学生提供高等教育的机会，更主要是为中国培养一批高级学者和研究人员以及合格的大学教授，所以吴稚晖、李石曾采取了严格的甄别收缩策略，即：凡进入里昂中法大学的学生必须要经过"法华教育会"的选拔考试并得到校方批准，方可入学就读。这一来，许多勤工俭学生都被排斥在了大学外。于是，勤工俭学生中的政治活动家便组织了声势浩大的"进军里昂"活动。

　　"进军里昂"事件发生后，法国政府在中国驻法公使的授意下，强行将一百多名勤工俭学生送回国，这批被遣送回国的人员中好几位后来成了著名的共产党人，如蔡和森、向警予、陈毅、李立三、李维汉等等。

　　其实在"进军里昂"之前，在蒙彼利埃就发生了"面包，面包！""求学权！"的留学生运动，学生们集体到巴黎，一度包围了中国驻法公使馆。[①]蒙彼利埃学运的领导者就是李劼人十分佩服的向警予。她后来成为中共的早期领导人和妇女运动的领袖。

　　"进军里昂"事件发生时，远在法国南方的李劼人自然不知情，大概何鲁之在信中阐述得也并不是很清楚，所以李劼人在回信中产生了一些疑问，但同时也表明了他的态度："十三日手示收到，不过你说得太含糊，太简单，所谓强迫中国人一律回国，是只强迫勤工俭学一部分吗？或者在法全体的中国人？

---

① 　王独清：《我在欧洲的生活》，沈阳：辽宁教育出版社，1998年12月第1版，第26页。

用什么手段来强迫？没有盘缠的，谁送？……对事呢，我却不敢妄论，为同学而牺牲，义士仁人尽可以做，不为同学而牺牲，在个性上说来，也有道理。我的私心，像这种无结果的牺牲，总在未当处，日本一方，前例甚多……"[①]

李劼人虽远离巴黎，其实也并未处于世外桃源。他不参加留学生的任何政治活动，却也并非对留学生的生存境遇无动于衷，他曾经组织过一场"求援活动"。赴法勤工俭学生至1921年后，数量已接近两千人，其中尤以四川和湖南学生居多。多数人皆因经费来源中断而陷于贫病之中。李劼人与何鲁之在川籍勤工俭学生中进行了详细调查，结果发现陷入困境中的学生，有些是未经家里同意擅自赴法的，负气不要家里的钱；有的则因为学业不佳，行为不端，引起家人不满，不敢向家里求援。而四川又处于军阀割据状态，战乱连连，地方政府哪里能顾及海外学子的困境。对于勤工俭学生们如此糟糕的情况，联想到自己体悟过的饥寒交迫，李劼人实在是感同身受，于是他在川籍勤工俭学生中发起了写信求援活动，即由留法生本人向同乡同学写信，劝家人支援在外子弟；如果本人羞而不愿写信，则由在法国的朋友代写。这一活动收到了很好的效果，半年之中，有近百个川籍勤工俭学生得到了家里的经济援助。

李劼人曾说："在蒙北烈期间，仅用了一小半时间在大学读书，而大半时间，则用来搞翻译和给成都两家报社写通讯。"为了解决生计问题，李劼人不能不勤勉地工作。这也是当时留法勤工俭学生们普遍的生存状况。没有进工厂去"勤工"的李劼人，主要是凭借自己的笔头之功，不断地为国内撰写法国见闻，以换取稿酬作为重要的经济来源。"在上海为我接洽出版和卖稿子，汇兑稿费、版税这一切烦难事件的，是少年中国学会会员左舜生。在成都为我帮忙的，则是我中学同学，当时在成都开设华阳书报流通处、宣传新书新报的陈岳安。"[②]这期间，他写了好些介绍法兰西的通讯、调查报告，今天能够找到的仅

---

① 李劼人：《致何鲁之》，《李劼人全集》第10卷，成都：四川文艺出版社，2011年9月第1版，第6—7页。
② 李劼人：《回忆在法国勤工俭学时的片断生活》，《李劼人全集》第7卷，成都：四川文艺出版社，2011年9月第1版，第298页。

仅是很少几篇，其中重点是对法国各类教育的介绍。

对于法国现代教育的考察，是李劼人留法期间除了城市建设之外另一个很重要的课题。他在《少年中国学会会员终身志业调查表》的"终身欲从事之事业"栏，填写的便是"公民教育、道路建设"。下面这几篇有关教育的文章，正是他当年所做的"功课"：

《法国山城中的公学》发表在1922年《中华教育界》第十一卷第十期，李劼人从拉密尔的城建入手，着重考察并介绍了法国公学的情况，包括公学的性质、教师组成、教学方法、教学设备、课程设计、学校管理、师生关系、学生生活、公学与中学的对比等，而且还通过中法两国学校的对比，指出了各自的优劣。其中一些教育理念对于今天的中学教育依然具有参考的价值。

1923年《中华教育界》第十二卷第五期刊载的《巴黎的大学城》，则是对巴黎大学城的建设的考察报告，李劼人对大学城的缘起、地皮划拨、建设规模、学生容量、学生宿舍、生活费用等都做了详细说明；特别强调，大学城是一个非逐利的项目，建城的土地由政府划定，而建设费用则是由一位名为歹底士克·德·纳麦尔特（Deutsch de la Meurthe）的大富翁慨然捐出了四百万法郎。为了更充分展示大学城的风格全貌，李劼人还节译了大学城设计师白克曼对巴黎Excelsior报记者的谈话要点，称这"无异集合各国不同之学生村落而成一蔚然大观的大学城"。李劼人之所以详细介绍这个新兴的大学城，显然是在给当时正在赴法留学的中国学生和国内正在兴起的高等教育做个重要的参考。

《巴黎的高等教育谈》是一篇比较系统地讲述巴黎国立高等教育的文章。是李劼人从蒙彼利埃重回巴黎后的作品。按李劼人的说法，他的这篇长文分为两部分，一部分是谈巴黎大学的文理法医、药物学校、各个学院和各种实验室；第二部分是谈巴黎大学以外的法兰西学院、自然史博物馆、高等研究实习学校、现代东方语言学校、古典学校、卢浮博物馆学校。但目前《李劼人全集》收入的只有其中发表于1924年《中华教育界》第十三卷第十二期上的一篇。这是一篇介绍世界大学之母，即巴黎大学的简史。李劼人说巴黎大学最初是11世纪由圣母教堂中教士的私塾兴起，并介绍了私塾与教会的关系，教士

（教师）与学生的关系，学生的课堂与住宿。而这种私塾突变为大学有两个原因，一是12世纪初出现了一位奇怪的教育家阿伯纳，他来巴黎教书，"由他一手把中古造得来万丈光芒"；另一个原因是法国加伯尖王朝定都巴黎，各地游学之士如潮水涌来，这样逐渐地大学才从教会中分离出来。到文艺复兴时，由于基督教徒所办的许多学院争夺了不少学生，巴黎大学一度衰颓，直到法国大革命和拿破仑时代才复兴起来，尤其是普法战争后。因为一般民众都明白一个道理，败绩之国，欲雪耻非兴教育不成。

李劼人之所以详细叙述巴黎大学的兴衰，显然并不仅仅是向读者传达历史知识，也是为积贫积弱的中国做参考。

《中华教育界》1924年第十三卷第十期还发表了李劼人的《法人对于性教育的讨论》，这是一篇带社会思想评论的报告。先批评中国传统礼教的虚伪，一些人年年纳妾，还兼嫖娼闹相公，却反对男女接近。李劼人明确表示"理性绝对不能剿灭情感，也绝对不能剿灭性欲的本能"。文章介绍了法国人的性欲观，大学教授们写的相关书籍，从卢梭师生的观点一直谈到法国教育部门对性教育的讨论。人类进入20世纪后，"青年人的性教育已经成为全世界最重要的一个社会和教育问题"。李劼人写这篇文章时，中国虽然已经过"五四"新文化的洗礼，科学地讨论男女之事不再是禁区，但传统意识依然顽固，因此介绍法国人对于性教育的讨论，依然具有重要的思想解放意义。

《巴黎的国民乐艺院》是李劼人早期一篇有关审美教育的文章，详细介绍了巴黎的国民乐艺院。这是大革命之后，法国设立的一所专门学习音乐和戏剧的艺术机构，研究包括九个大类。李劼人十分赞赏这样的艺术机构，称它是"法国戏剧家歌曲家音乐家的出产地"。法国政府之所以如此重视艺术，是因为"法国人全数十分之六七，都含有音乐癖"。在巴黎街头，从影戏院到咖啡厅再到普通人家，都能听到悠扬的琴声。我们的祖先原本是很重视音乐的，可是到如今，有数千年先进文化的中国竟然连一个完美的乐队也组织不起来。戏剧方面，从17世纪以后，它就与诗歌、小说三足鼎立。从事演艺的人，在法国被尊为艺术家，而在中国则称为"娼优与台"。文章通过中法两国的对比，论及了美育的重要性。不过，李劼人对中国京剧也提出了自己的看法：

> 我国的戏剧，到传奇集了大成后，不能从韵文转到口语，却为最俚俗的京调代了他的位置，这种退潮的趋向，未免太奇怪。（一定要说戏剧由昆曲到京调是进步，鄙人期期不敢强同，因为戏剧的可贵不单在乐歌与艺术上，至少也得合几成文学的趣味才行，如京调的鄙俚，未免只能说他有声无词，有艺术无趣味，文学上绝对没有他的位置；至于说到这是平民文学，那吗，我更要老实说一句，所谓平民文学，他重要处在抒情，京调除表演历史与故事外，抒情的地方何在？况乎平民文学，是要使平民文学化，并不在文学平民化，这意义伸引出来甚长，绝不是在此处可以说得明白的，且不是题目内文章，姑且置之，待后有机会时再说。）[①]

这个观点也体现了李劼人对中国戏剧文学的独立的思考。

除了上述有关教育的考察外，李劼人也对一些社会政治现象进行了考察，并且表述了自己的观点。发表于1924年《东方杂志》第二十一卷第十期上的《法人最近的归田运动》，是李劼人写的一篇法国当代社会思潮的报告。战后的法国，经济正在振兴，城市迅猛发展，包括地主和普通农民在内的农村人口潮水般涌入城里，结果出现了粮食危机，于是法国人掀起了一场归田运动。文章分析了农民拥入城市的种种原因，接着介绍了法国在这场归田运动中采取的行政、立法、宣传等诸多方面的措施。李劼人总结说："农人们之弃乡里趋城市的主要原因，不过是去求一种较安乐、较完备、较有趣的生活，救济他们，就是把城里的安乐生活、完备生活、有趣生活，择其有利而少害的，一律散布到乡间，使大家尽量享受；这是法国人历来的进步思想，也是我们亟须注意采

---

① 李劼人：《巴黎的国民乐艺院》，《中华教育界》1923年第13卷第3期。《李劼人全集》未收入。

纳的。"[1]李劼人这个在近百年前提出的城市与农村协调发展的思想，今天的中国不是正在实施吗？可见其远见卓识！

《李宁在巴黎时》是李劼人在列宁去世后所写的一篇纪念文章，发表于1924年《东方杂志》第二十一卷第三号。作者翻译、引用法国《每日报》的文章，记录了列宁在巴黎的革命活动片段，又以巴黎大学教授、著名社会学家季特先生的通信，讲述了列宁所领导的十月革命。李劼人在留学期间从不参加政治活动，但对于革命者，他是满怀崇敬的；而对列宁，则更是给予了极高的评价："无论如何，我们都觉得这是一位世界的伟人！"[2]

除了观察法国的社会现象，对法国文学的研究当然是李劼人主要的课题，并且这时也有了初步的成果。

《法兰西自然主义以后的小说及作家》一文，是李劼人1922年写成的一篇评述法国19世纪下半叶和20世纪初期文学思潮的重要理论文章，发表于《少年中国》第三卷十期上。作品分析了自然主义衰颓的内在与外在的原因，详细介绍了1885年以来法国各个流派的作家作品，包括自然主义、反自然主义、写实主义、艺术派、心理派、诗情派、情感派、风土派等，李劼人选择了一批各流派具有代表性的作家作品进行了评述。虽然仅仅是对这些作家作品的简单解读，但分析与评论精准到位，对于开拓当时中国读者的眼界，深入理解法国文学的最新潮流，进而促进中国新文学的发展都有裨益。此外，从李劼人对某些法国作家的推崇，我们也可以看出他的审美倾向和艺术趣味，从而更明确理解他后来翻译法国文学作品的价值取向。

留法期间，李劼人即便如此勤奋写作，但仅靠稿费收入维持生计的日子还是很艰难的。有时国内的汇款没有到，手上又仅仅剩下不多的几法郎，便不能买菜做饭了，只敢买几条面包，斟酌切成若干份，并且还要等到饥不可忍时，

---

[1] 李劼人：《法人最近的归田运动》，《李劼人全集》第7卷，成都：四川文艺出版社，2011年9月第1版，第268页。

[2] 李劼人：《李宁在巴黎时》，《李劼人全集》第7卷，成都：四川文艺出版社，2011年9月第1版，第270页。

才能用冷水泡一泡吃一份。而房租水电则是一分钱也不能拖欠的。生存是常常困扰李劼人、周太玄等留学生们的难题。可是一旦稿费寄到，手上忽然宽裕了，几个老朋友又往往会聚在一起饱餐一顿，而且吃得讲究，吃得认真，此时此刻的李劼人不光是个老饕，还要充当大厨。

1923年3月，李劼人在早春的寒意中完成了一部充满人性温暖的日记体中篇小说《同情》，记述了他从患病到住院两个多月所经历的生活琐事。同年6—8月便在《少年中国》杂志上连载；次年1月又作为"少年中国学会丛书"之一由中华书局出版。

这是他小说创作中唯一的中篇。作品以非虚构的纪实手法，翔实地讲述了自己患病和治疗的整个过程，文中没有小说情节的起伏跌宕，却在平淡无奇的叙事中，融入了丰富的情感内容。

首先，提供了百年前法国人真实的生活与生存状态。法国的医疗制度之进步，是李劼人事先并不知道的。在入院之前，他曾揣想"断乎没有一个钱不出的医院！纵然医药不出钱，起居费总是应出的"，但事实却完全出乎他意料之外，他在医院住了两个月，不仅没出钱，而且受到了周到的治疗与护理。原来在巴黎每一个区都有一两所平民医院，专门收治穷人。难怪在法国，做苦工的人和总理站在一起，除了衣饰上的差别外，看不出总理比工人高贵。病房中的两个病友，罗尔服和喀伦，分别是汽车厂的工人和木材厂的工头，"虽然都是工人社会的人物，但气象都威重、堂皇、聪明、和蔼，起码可以充得我们总统府中的高等顾问"。读者通过这两个普通工人"高超、华贵、尊严、恺悌的气度"，看到了法国人民的生活状况。这是让北洋军阀统治下的东方作家感到新奇的。

其次，揭露了战争的罪恶。作品中写到一个护士百合花姑娘，她是那么美丽动人，理应享受快乐的生活。然而，她的男朋友却在战争中阵亡了。所以她反对征兵，反对战争。内科病房还有一位病人，孤独而无语，他也是战争的受害者。最悲惨凄凉的是病友龙沙尔，他的三个哥哥都战死在前线，母亲因伤心过度也去世了，而他自己原本在邮船上工作，战争第二年也被征兵上战场，他第二次负伤中了毒后，便一直没有痊愈，已经在病床上躺了一年多。看来龙沙尔已经没有痊愈的可能，但他却盼望自己能够多在病床上拖延两年，目的是多积攒一点国家给他的抚恤金，以便赠给他的女友将来作嫁资。作者写龙沙尔的不幸，更写他内心的善良和人性美丽。然而，这善与美的生命终被无情的战争毁灭了。悲剧的背后留下的是凝重的思索。

其三，表现了法兰西人民友善的民族本性。如果龙沙尔对女友的深爱，流露的是法国人对自己同胞的爱，那么作品中写到的众多普通人物对"我"这个外国人的关爱、帮助，则可以说体现了法兰西人民淳朴、善良、友爱的本质特征，表达了人类共同的大爱。文中写了好些人物，有房东一家老小，有法语老师，还有医生、护士、病友，他们虽然只是在作者笔下匆匆掠过，但都表现出了极其可爱的一面，沙郎姑娘、麦蕾姑娘、加立野、若飞尔夫人对李劼人的精心护理与治疗，不仅是职业道德的体现，更是人性光辉照耀。最令人感动的是房东纪诺先生一家，他们听说李先生病了，立即忙上忙下。纪诺先生听医生说需要冰块缓解疼痛，亲自到卢森堡花园找，但铁门已关了。纪诺先生正准备翻爬进去，被警察拦住了，当纪诺先生说明缘由后，警察竟用肩头做梯子帮他翻爬，而门内的守卫依然以肩做梯。这些琐碎的细节，都蕴含普通的法国人对一个中国穷学生最质朴的人性温度。

正是在这些生活细微中，让李劼人体验到了人间的温暖。这是《同情》最基本的主题。如李劼人在开篇时写道："同情，我在国内把他寻觅了好多年，完全白费了工夫，到处遇到的只是一些冷酷、残忍、麻木、阴险、仇视，何等的失望！……我到巴黎才十个月，居然就把它在一种不意的牺牲后寻得了。"①富有人道主义内涵的亲善与关爱，正是《同情》打动我们的根本所在。

中篇小说《同情》是李劼人早期作品，也是他唯一的日记体小说，多年以来并未引起研究者的过多注意。他以这样的叙事方式来讲述这样亲历的故事，

---

① 李劼人：《同情》，《李劼人全集》第六卷，成都：四川文艺出版社，2011年9月第1版，第100页。

看似对留法生活的一段记录，实际上这篇作品标志着作者从思想到艺术的进一步觉醒，更流露出他对中国人精神现代化的焦虑。

日记体小说，艺术形式不同于中国传统的笔记小说。笔记体不外志人、志怪两类，除了记录逸闻趣事，便是讲述鬼怪故事，很难达到关注当下人生的目的。而新型的日记体小说不仅叙事新颖，让读者倍感亲切，而且能直抒胸臆地袒露作者的心扉，表达对社会人生的看法，起到振聋发聩的艺术效果。鲁迅的《狂人日记》就是以日记体小说的形式奠定了新文学的基础，以后也有不少作家相继采用这一形式写出了优秀作品，丁玲的《莎菲女士的日记》，茅盾的《腐蚀》都是如此。

李劼人选择日记体来抒写自己的一段留法生活，也是有明确艺术考量的，是内容决定了他选择这种叙事方式。于是我们看到，他记录的重点并不在自己的痛苦，而是以大量的文字写法国人健康快乐的风貌，"内阁总理和一个做苦工的工人站在一处，除了衣饰的差别外，你在面貌上，神情上简直看不出总理高于工人的在那里"，这对于当时充满了"上等人"和"下等人"巨大差异的中国社会来说，是一种何等强烈的对照和震撼！

李劼人同时饱含深情地写法国人对一个陌生外国青年的热情关爱，这对于病态、冷漠、自私的中国社会来说，又何尝不是一记沉重的巴掌。李劼人以自己的所见所闻和切身感受到的温暖，欲告诉读者的是，自己在医治身体疾病的同时，更多的是获得了一次灵魂的治疗。因此这个作品是以自己身体病苦的康复，来引起人们精神治疗的注意。

然而，《同情》并没有把法兰西写成天堂，李劼人也看到了现代光鲜背面依然潜藏着的丑恶和痛苦，尤其是那毁灭美好世界的战争，是一个应该引起全人类思索的问题。

作品因为是日记体，在素材的剪裁上或许还有值得斟酌之处，但是字里行间所透露出的淳朴的人性之美，洋溢着现代小说炽热的人文关怀，实在可以说是"五四"新文学时期的一部难得的好小说。

三、重返巴黎大学

在蒙彼利埃的日子，虽然时常为填饱肚子发愁，却也刺激了李劼人的思想和学业的长进。

此时的国际国内都在发生重大变化。1922年，赵世炎、张申府、周恩来等人组织成立中国少年共产党旅欧支部，随后曾琦、李璜、何鲁之等人也在1923年组建了中国青年党，宣扬国家主义。

李劼人（右一）与周太玄、王耀群、李碧云1922年在蒙彼利埃郊外。

少年中国学会巴黎分会内的青年党人和共产党人，曾经有过短暂的合作，但终因政治理念不同而分歧日趋严重，到"进军里昂"事件后，两派矛盾尖锐化。曾琦、李璜利用"工余社"出版的《工余》杂志，撰文抨击马克思主义，赵世炎、周恩来等人也撰文加以痛斥。随后便爆发更大的冲突，并且大打出手，直至最后公开决裂。

因共产党人和青年党人的矛盾冲突，导致少年中国学会巴黎分会最早分裂。共产党人一直想改造这个学会，并将其引上政治斗争的道路。据黄仲苏回忆，赵世炎曾批评少年中国学会是一个宗旨不明确，组织不完整，纪律不严密的团体。并且预言说，这个团体要变，要改，要动，否则将会分散，无形消灭。少年中国学会后来的发展，果然不幸被赵世炎言中。

而在国内，7月在杭州召开的少年中国学会第三届年会上，重点讨论的也不再是思想学术而是政治问题，左舜生、朱自清、陈天启都提出了"打倒军阀"的主张，高君宇则提出学会应采取马克思主义。经过激烈的争论，虽然高君宇的主张被否决，但反帝反军阀被写进了决议案。少年中国学会成立之初，是以道德、学术、友情为纽带，倡导"以科学之精神，为社会活动"的，但1921年南京会议，尤其是1922年杭州会议后，已经无法坚持原来的主张。

学会中思想冲突的左右两派会员互不相让，不断发生论战；而另一部分人则埋头求学，对于左右纷争无暇顾及或不愿顾及，他们与左右两派都有往来。李璜曾回忆，周太玄"恶议政治，与光祁同调"，说明少年中国学会的两位创始人都反感谈论政治，在通信中甚至提议与好搞政治的会友分道扬镳。

李劼人也无心介入政治纷争，从不参加任何党派，却与共产主义者赵世炎，青年党人曾琦、李璜、左舜生都是朋友。曾琦、李璜曾邀约李劼人参加中国青年党，被他严词拒绝了，他感觉他们的政治见解太狭隘、太陈腐。李劼人的态度，从《曾琦日记》中也可看出来，1923年2月23日曾琦记载道："饭后与李君往咖啡店闲谈，渠力劝予改变狷介之性，稍与流俗周旋并举其祖某所作对联：'情事如棋，让一着不为输我；心田似海，纳百川方算容人。' 以为予最，其意诚挚可感，洵不可多得之良友也。"[1]李劼人与曾琦、李璜既是同学又是好友，但对他们热衷的政治却毫不感兴趣。所以曾琦要劝他"稍与流俗周旋"。

康白情、孟寿椿也热情邀请李劼人去参加他们组建的新中国党。对于这伙

---

① 沈云龙主编：《曾慕韩先生日记选》，台北：文海出版社，1966年版。

人，李劼人则认为"他们不仅没有见解，而且近于当时一般政治掮客所搞的把戏"①。康白情是中国新诗的开拓者，名气很大，也的确对现代新诗发展有很大贡献。他曾加入少年中国学会，而且在五四运动中，还是北京五大学生领袖之一，但也正是从此时起，他便热衷于从事政治活动。后留学美国，曾与日本共产党和美国共产党联络，均未得到响应，于是转而投身旧金山的中国洪门，并以帮会为靠山组建自己的政党。于是二十八岁的康白情摇身一变成了新中国党的党魁，四处拉拢留学生建立党部。

李劼人作为少年中国学会成都分会的创建者，如今又是留法学生，自然就成了康白情拉拢的对象。不过在李劼人这里，康白情却被杵了一鼻子灰。李劼人怎么可能加入这个所谓的"新中国党"？可如今网上却有文章，乃至百度"康白情"词条都说"李劼人被说服加入"，甚至有研究者也这样认为。这实在是讹传。这个误会有可能来自于赵毅衡的一篇文章《留学而断送前程的康白情》，该文中有一句话，说"康白情在上海北京等地设党部，并四处拉各国留学生，如刚到法国的李劼人等加入"②。细读这段话，赵先生并没有下结论，只说了康白情四处拉拢留学生加入，可能因为意思有些模糊的缘故，竟被人理解成"刚到法国的李劼人加入了"，以致造成以讹传讹。

1923年10月，少年中国学会在苏州召开第四届年会，上海、南京的会员邓中夏、恽代英、左舜生、陈启天、刘仁静等共计十七人出席。彼时国内直系军阀和英美帝国主义加强了勾结，"二七"大罢工遭到吴佩孚的血腥镇压，曹锟则通过贿选当上了中华民国大总统。军阀的暴行和政府的腐败，引起了与会爱国知识分子们的强烈愤慨。这次年会决定，少年中国学会总会迁移南京，明确提出了"求中华民族独立，到青年中间去"的政治口号，并根据这一政治方针发表了《苏州大会宣言》，制订出九条纲领，其内容融合了共产主义者和国家

---

① 李劼人：《回忆在法国勤工俭学时的片断生活》，《李劼人全集》第7卷，成都：四川文艺出版社，2011年9月第1版，第298页。
② 赵毅衡：《对岸的诱惑：中西文化交流人物》，成都：四川文艺出版社，2013年3月第1版，第50页。

主义者两派的意见。这是经过激烈争论、妥协达成的一份纲领性文件，可以视为少年中国学会内共产党人与青年党人唯一的一次友好合作。随后在1924年和1925年召开的第五、第六届年会上，国家主义逐渐占据了上风，李璜、曾琦、左舜生、陈启天、余家菊等青年党骨干在学会的月刊上发表了不少主张国家主义的论文，混淆了学会内部一些人的思想，因而引起了恽代英等共产党人反驳。

少年中国学会不可避免地走向了分裂。

远在德国的王光祈出于对学会深厚的情感，提出了调和方案。他说："我相信民族主义，不相信国家主义，不相信共产主义；但认为在最近的中国，国家及共产两种运动皆各有用处，只求不要过火，我都相对赞成。民族主义系以争求中华民族独立自由为宗旨。（满、汉、蒙、回、藏统称为中华民族。）其方法系从'研究真实学术，发展社会事业'入手，以培养民族。至于将来中国政治经济组织应采何种形式，则须待各派合作之大革命，再按照彼时世界现状及趋势，与夫国民程度及愿望而定。此时不宜胶执己见，多立党派，减少国民对内对外战斗能力。"[1]但共产主义者与国家主义者的矛盾已经发展至不可调和的地步。鉴于此，不少会员都主张解散少年中国学会，如毛泽东就认为："会员所抱主义，显然有互相冲突之点，且许多会员精神不属于学会，少年中国学会在此时实无存在之必要，主张宣布解散。"[2]

因此，1925年在南京的第六届年会，实际上是一次散伙会。中国现代史上一个最重要的文化团体就此进入了历史星空。

少年中国学会召开第二、第三、第四届年会时，李劼人正在法国刻苦攻读与勤奋写作；但是对于学会的动向，对于学会内部左中右几派，他都看得非常清楚。他曾经写信给王光祈讨论过学会问题，认为王光祈"固执于少年中国学

---

① 张允侯等：《五四时期的社团》，北京：生活·读书·新知三联书店，1979年4月第1版，第514页。
② 张允侯等：《五四时期的社团》，北京：生活·读书·新知三联书店，1979年4月第1版，第509页。

会的口号"，"太不符合实际"。1925年9月，李劼人在填写《少年中国学会改组委员会调查表》时，在"对于目前内忧外患交迫的中国究抱何种主义"一栏，李劼人填的是："概括言之，可以说是'国家主义'，分析言之，是本于'爱乡'的感情，推而及于'国'；凡有害于'国'与'乡'的恶势力，无论在国内外，一概极端反对到底。"[①]这里所说的"国家主义"，与曾琦、李璜等青年党人提倡的国家主义是有本质区别的，与"少中"另一个会员杨亮工所填写的"广义的国家主义"类似，简单说就是爱国和爱家乡；在"对本会会务改进究抱何种态度"一栏，则填道："仍认本会是社会的学术集合团体；仍认以本会的行为思想改善庸众的观感，使向于进步方向为主旨。绝对反对与现在之一切恶势力合作或假借之。"这一点与毛泽东等会员因思想分裂而主张解散学会不同，李劼人仍坚持学会是"学术集合团体"的初衷，这一方面体现了李劼人对政治的远离，另一方面却表明了他对一种理想的坚持。

尽管李劼人没有公开参加学会内部两派争论，但他的思想倾向还是比较明确的。否则，在列宁去世后，他不会花精力去写《李宁在巴黎时》一文，并且认为列宁"无论如何，我们都觉得这是一位世界的伟人，因为他的思想行动给予世界影响委实不小，而且这影响没有时间性的，便再过百年也有存在的价值"[②]。

1924年2月，李劼人结束了在蒙彼利埃的学习生活，回到巴黎。从初到蒙彼利埃算起，他已在这座法国南部城市度过了两年多勤工俭学的生活，留法的一半光阴都留在了这里。如今他告别这座给予他知识、开拓他眼界的城市，心中充满着留恋与感激。

再次来到巴黎，李劼人依然住在拉丁区卢森堡公园后的一所公寓，把主要精力都投入到法国文学作品的翻译中，其余时间继续去巴黎大学文学院听课，

---

① 张允侯等：《五四时期的社团》，北京：生活·读书·新知三联书店，1979年4月第1版，第508页。
② 李劼人：《李宁在巴黎时》，《李劼人全集》第7卷，成都：四川文艺出版社，2011年9月第1版，第270页。

但仍然没有申请学位的打算。学习和翻译之余，李劼人周末经常去的是李璜和李碧云兄妹俩在拉丁区学院街租住的一处公寓。李碧云在巴黎艺术学院学习绘画，于是这里经常会有一大批文艺青年朋友聚会。周太玄、王耀群夫妇，黄仲苏、李思纯和徐悲鸿、蒋碧微夫妇，以及陈登恪、陈洪、常玉等在巴黎的朋友都会来。大家聚会在一起，既谈国际国内形势，也交流对文学艺术问题的理解与看法，很有点巴黎上流社会文艺沙龙的氛围，只是遗憾他们并没有像左拉的"梅塘之夜"那样留下一本集体作品集。

周末聚会除了是一次精神聚餐外，最惬意的是还可以满足口腹。李氏兄妹租住的公寓比较宽敞，有客厅，有卫生间，有厨房。厨房有自来水，还有瓦斯（煤气），可以关门大嚼。周末或周日，李劼人、周太玄等几个善烹饪的成都人便各显神通，或红烧，或小炒，或煎炸，或炖煮，总会弄出几样美味来，这对平日里生活艰苦的留学生们来说，实在是一场难得的饕餮盛宴。徐悲鸿、常玉只要听说李劼人和周太玄要做好菜，宁肯放弃去卢浮宫临摹古画，也一定要来参加聚会。

李思纯是每聚必到，但他不能上厨烹饪，又不是外出采买的人，厨房洗菜打下手又有李碧云、王耀群、蒋碧微一干女士，于是他只好打杂干脏活，洗碗和清理垃圾常常由他包了。餐后自然是谈论雅事，画家们会拿出他们的新作供朋友们评头论足，喜欢古诗的人则不免吟哦几句。李思纯在聚餐前就将诗写好，饭后自己一边洗碗，一边听李劼人唱吟自己的大作。古诗文韵味不是读出来的，而是需要"唱"出来。李劼人唱毕，人们自然是一致称赞，既称诗人诗作得好，也赞李劼人唱得好。

聚会对于李劼人来说，还有一件更重要的事，就是需要请李璜为自己的译作把关。李璜回忆称："每餐饱食之后，劼人时约我去他的旅舍，取出所译法国写实派小说，莫泊桑或亚尔丰斯·都德的名著，要我为之校改。劼人的法文根基并不深厚，虽然了解小说原著大意，然将其中文笔转折与意趣寄托的细密之处，每每忽略，故其译成中文，只显表明意义，而我校改起来，也非常吃力，推敲再三，改得并未称心满意。但劼人急于要寄往上海卖钱，以为留学食住之需，也就马胡了事。因此劼人所译法国小说，虽在中华书局等处出版不少，但不及李青崖所译莫泊桑小说显有功力。劼人以小说见长，不在译品，而在创作。"[①]看来李璜更推崇的是李劼人的创作，而李劼人早期翻译小说的确为生活所迫，有些急于求成。这也可能是后来他曾反复重译某些作品的缘故。

然而这次重返巴黎，李劼人住的时间并不长，前后不过三个月。细细算来，他已经离开祖国、离开亲人四年多。每每看到好朋友周太玄和王耀群出双入对，他就想起自己的妻子杨叔捃，新婚几日就把行动不便的母亲托付给妻子照顾，而自己一走就是数年，心中总觉得对不住她。

思乡情绪越来越严重地左右着李劼人。成都城市虽然远没有巴黎的繁华，却是亲切而熟悉的故乡。周太玄那首《过印度洋》的诗句最近总时时萦绕在他脑中："……哪里是非洲，哪里是欧洲，我美丽的故乡却在脑后……"故乡有温暖的家，家中有亲人。亲爱的母亲，还有亲爱的九，一别数载，亲人们可都安好？

此时四川赴法勤工俭学生已经有不少人开始陆续归国。这年暑假，法国远东轮船公司的船票照例又减价了，如果用学生证购买船票，还可以在减价的基础上打折扣。于是，李劼人买了一张三等舱船票，告别了欧洲之都巴黎，告别了周太玄等一班好朋友，乘火车前往马赛，然后启程回国了；而周太玄则继续在巴黎大学深造，直到1930年才载誉归来。

从1919年12月底在马赛登岸，李劼人在法兰西游学已经有四年六个月。这些年的游学生活，让李劼人重新认识了世界。西方所创造的精神文明与物质文明成果对他未来的人生将产生极其有益的影响；同时，对于资本主义国家的政治黑暗，他也有清楚的认识："从实际生活中却看清了所谓文明国家政治其乌糟腐败之处，并不亚于当时的中国，而她的人民却善良可爱，尤其是法国基层社会的人民，和我国绝大多数人民并无不同的地方，这使我在出国之前从历史

---

① 李璜：《忆在巴黎常聚之几位同学少年李劼人、李哲生、周太玄、黄仲苏》（上），台北：《中国时报》，1978年4月21日，第二十版。

上所接受的一种民族自卑感，得以根本清除。"①

1924年6月5日，李劼人沿着来时的海路踏上了返程之旅。

在回祖国的轮船上，还发生了一件令他终身难忘的小故事：他认识了一位同行的法国军官，开始两人一直相处不错，很谈得拢。但是，当航程接近东方时，双方却冷淡下来。原因是法国军官看到越南人的困苦生活，不禁产生了一种傲慢的情绪；而李劼人得知这军官是去重庆一条法国军舰服务的，也顿时产生了对侵略者的仇恨和憎恶。许多年后，李劼人还耿耿于怀，将此事讲给沙汀听。

留法归来的李劼人，没有给家人、亲戚带回什么珍贵礼物，除了一个皮箱装着换洗的衣服，一个旅行袋装着日用品之外，他只给阔别了四年多的妻子购买了一顶当年法国流行的紫红色女式呢帽和一瓶法国香水。但是，他却托运了八个大件，那是满满的八箱法文书籍。

一位头脑浸润了西方多元文化和现代新思想的海外游子终于回到了母亲的怀抱。

---

① 李劼人：《回忆在法国勤工俭学时的片断生活》，《李劼人全集》第7卷，成都：四川文艺出版社，2011年9月第1版，第299页。

第六章

海外归来

20世纪20年代的"海归"是社会的"香饽饽",各路"诸侯"都争相邀至门下。此刻的四川正处于军阀割据的状态,手握枪杆子的大老粗也要附庸风雅,装点门面,表示尊重文化,于是"海归"们纷纷投靠,成了军爷的座上宾,风光无限。

然而,李劼人却"不识时务",不仅拒绝了军阀杨森的聘任,还在报刊上行文讥讽人家。于是遭到报复便在所难免,两次被捕入狱,但李劼人初心不改,他一心要建构的是西南新文化的大事业。

一、《川报》惹风波

1924年7月,李劼人终于踏上了故国的土地。上海依旧是那么繁华,似乎比他四年前离开时还热闹,即使与欧洲之都巴黎比较起来,洋派的气氛也不逊色;唯不同的是巴黎满街跑的是汽车,间或有几辆装饰豪华的马车,而上海街道上则到处是人拉的黄包车,西装革履的先生与身裹华丽旗袍的太太、小姐昂首坐在车上,在一阵叮叮当当的铃声中从行人跟前飞跑而过。

但李劼人知道，上海的喧嚣不属于自己，这里是富人的天堂，冒险家的乐园，像他这样的读书人只能开个眼界而已。因此，他只是走马观花地在上海游览几天，便沿着长江，从来时的航道溯流而上。

途经南京时，他去拜访了老朋友。此时，少年中国学会的总部已经迁到这里。几年前出国途经时，他曾受邀出席了少年中国学会南京分会的成立大会，朋友们当年意气风发的精神给他留下了很深的印象。如今返乡路过南京，他特别想再会见当年的那班老朋友们。然而，李劼人并不知道，他尚未抵达上海之前，就在7月8日，少年中国学会刚在南京开过第五届年会，分裂的迹象已经很明显。经过激烈争论，会议提出了九条纲领，共产主义派的观点尽管部分被容纳了，但占上风的则是国家主义的思想。

黄仲苏等老朋友为李劼人洗尘，同时给他传达了第五届年会的内容。李劼人重申了自己的观点，他还是希望远离政治，主张学会是一个纯粹的文化团体。但是，这只是他个人的见解，连王光祈这样一直主张非政治化的灵魂人物，此时对于这个寄予自己思想和理想的学会的走向也已经无能为力了。

朋友们劝李劼人留在南京。黄仲苏是东南大学教授，他希望李劼人去东南大学教授法国文学。李劼人思虑之后，谢绝了老朋友的这番美意。他心中明白，新文化运动后期的南京正笼罩着一股复古之气，尤其东南大学更是"学衡派"的大本营，"复古空气很浓，与我的怀抱大异"①。这里汇集着胡先骕、梅光迪、吴宓等一批反对新文化、倡导文言文的学者，他们因创办《学衡》而闻名于世，并以此作为与新文化分庭抗礼的阵地。

南京的《学衡》和北京的《甲寅》，都是新文化运动中的逆流，曾经受到鲁迅、胡适等人的强烈批判。李劼人是新文化、新思想的积极倡导者和实践者，他曾经在四川大力宣传鼓吹新文化，并且是最早使用白话文进行小说创作的作家，他定然会与东南大学的复古气氛格格不入，只能避而远之。

_____

① 李劼人：《自传》，《李劼人全集》第1卷，成都：四川文艺出版社，2011年9月第1版，第6页。

8月，李劼人回到了魂牵梦绕的故乡成都。他先居住在指挥街的寓所，两个月后搬到磨子街110号舅父家的后院。这是一处幽静的小院，窗外有一株粗壮的山茶树，枝叶高出屋檐，每当冬春之际，繁花朵朵，红白相间，将小院装点得格外雅致；树下还有若干盆不同季节的花卉，尤其两盆夏兰，花开之时，阵阵幽香，透过窗帘，沁入心脾，让李劼人感觉到久别故乡的亲切。

20世纪20年代的成都，虽然早已经有不少留学日本和欧美的学生，但留洋归来的人才依然很令人瞩目。李劼人刚到家不久，就被许多人"盯"上了。先有一帮法国回来的同学来找他，要他去觐见军阀杨森。黎纯一、喻正衡两个人此时正是杨森跟前的红人，是其幕府秘书团中的所谓"洋秘书"，深得重用。黎纯一、喻正衡是资格较早的勤工俭学生，两人都是1919年5月乘日本邮轮"因幡丸"号的第一批留法勤工俭学生。

黎纯一、喻正衡回国后借助军阀势力，骄横跋扈，颐指气使，李劼人尚未回成都，他们的种种劣迹已经传到了他的耳朵里。而黎、喻二人却以为李劼人和他们是同一类人，居然屈尊下顾，代杨森下柬要请他吃饭。却不料，竟然碰了一鼻子灰。李劼人以"闭门读书，不问外事"为由，拒绝了他们代杨森的聘请。李劼人如此不识抬举，让黎、喻二人很扫面子，由是怀恨在心。

李劼人对于依附于军阀的一帮留法同学十分地鄙视。在致何鲁之的一封信中，李劼人写道："李思纯被傅子东拉去谬充外语专门校长，孙少荆钻营狗洞得任军办市政提调，然而此二人者平居尚需仰黎、喻等之鼻息。我未抵成都，早知此等现象。"[1]厌恶之情可见一斑！李思纯、孙少荆曾经是李劼人的朋友，他们都是由李劼人亲自介绍加入少年中国学会的，并且在出国前一起办过《星期日》，应该是志同道合的同志。1919年的《吴虞日记》中，有多处他们在一起聚会、宴乐的记载。去法国时，李劼人和李思纯是同乘一船到达的，在巴黎大学又是同学，至少在1921年7月以前，他们关系还很正常。从当月18日和26

---

① 李劼人：《致何鲁之》，《李劼人全集》第10卷，成都：四川文艺出版社，2011年9月第1版，第9页。

日李劼人致李思纯的两封信看，两人还是好朋友。谁也不曾想到，归国后他们竟然彻底反目了。这其中除了李思纯原本比较守旧，思想意识与新派人物格格不入之外，恐怕还有别的因素。其实《吴虞日记》1922年10月29日的记载就已露出端倪："……言李思纯无耻事，已被少年中国学会逐矣。"与李思纯一样被除名的还有孙少荆。只是他们究竟因为什么事发展到被少年中国学会开除会籍，今天已难以知道，但我们从少年中国学会的入会条件，以及郭沫若始终没能入会的情况中，或许能够猜度出一二。

李劼人归国后，大概与李思纯已经彻底断交。李劼人对李思纯"依附"杨森深为不齿，视其为小人。《吴虞日记》1925年10月30日记："至华阳书报流通处同李劼人、陈岳安谈，劼人颇恶哲生为小人。"而且，从李思纯一些怪异行为看，他的为人也确有欠厚道之处。《吴虞日记》1927年6月15日记："李思纯有文一篇，攻击成大。"1928年3月24日又载："《民力日报》有李思纯评成都大学一篇，于表方、君毅及聘回之人，皆骂之。甚小人之反复也。"[①]李思纯是国立成都高师的教授，对于高师分出成都大学有看法很自然，但也不至于在报纸上公开攻击一所新型的大学吧，更何况将人家聘请来的教师也一并骂了，这就有些过分，难怪吴虞也要称他是"小人"。由此也可以看出，李劼人与他的矛盾隔阂，绝非单方面造成的。

对于军阀杨森，李劼人更是满怀恶感。杨森自称"新文化军人"，提出了所谓"建设新四川"的口号，对留洋归来的人才，竭力拉拢。但李劼人还在上海时就听说这个人"诞而且妄"；等回到成都实地一看，发现杨森的"新政"大都不过是有名无实的虚假东西；更令人愤慨的是，杨森正是打着新政的旗号，大肆搜刮民脂民膏。"自他霸据成都以来，唯知刮地皮，正经粮税征收至民国十七八年不算，还有田亩、军米、鸦片捐、人头捐，一切名目，不过所得之钱并不买田置地，以数百万存储外国银行，以千余万汇汉口与上海购买枪支

---

① 吴虞：《吴虞日记》下册，成都：四川人民出版社，1986年8月第1版，第399页。

子弹，以备扩充势力。"①原来这位"新文化军人"比起一般军阀来并无差别，搜刮来的钱财除了中饱私囊以外，便是扩充军力，以备他打内战，争夺"四川王"的需要。

对于这样祸害社会、搜刮民财的军阀，李劼人岂肯依附？更何况他早年就已发誓，此生绝不再踏进官场半步。

成都高等师范学校校长傅振烈（字子东）也来请李劼人去任教，仍然被李劼人一口拒绝了。在李劼人看来，这个绰号"脂粉队长"并且"忝列"高师校长的人，非但不学无术，而且是"只能早起傅粉承欢笑于杨森左右"的无耻之徒。独立教育已经被杨森破坏殆尽，许多校长都是无耻无学的小人，其中以北大、北高之顽劣分子为多。如法政学校校长周敌良，仅一金堂县高小毕业生，因拜倒于到过日本考察的祝屺怀门下，在早稻田大学住学两期，归国后竟被破格任为校长。这些被军阀任命的校长，并不专心于学校建设，而是与军阀沆瀣一气。如省立第一中学，本系收费学校，款项充足，但自从杨森委任了北大生陈嘉谟当校长后，竟将三千余元概刮于荷包中，教员授课五月仅能得一月薪水。教师若罢课索薪，杨森便召集教师痛骂一场，甚至武力相向，以"枪毙"威胁。②对于军阀控制下丧失独立精神的学校，李劼人依然是不屑一顾。不过，李劼人对傅振烈轻蔑，是否多少带有一些个人的情绪呢？确有值得商榷之处。至少傅振烈不像李劼人所说的那么不堪，成都大学就是在他任高师校长时首先开办起来的，而成都大学正是今天四川大学的主要源头。可以说，傅振烈是建立四川大学最早的实施者，仅此一点，于中国文化也功不可没。至于他投靠军阀，这既有个人的品质问题，也有时代的局限。

在军阀专制时代，一介书生敢于对权贵说"不"，一方面体现了高风亮节的品质，另一方面厄运也将在不远处等着。

---

① 李劼人：《致何鲁之》，《李劼人全集》第10卷，成都：四川文艺出版社，2011年9月第1版，第8页。
② 李劼人：《致何鲁之》，《李劼人全集》第10卷，成都：四川文艺出版社，2011年9月第1版，第8页。

卢作孚也来找李劼人，问他愿不愿意出来办教育。卢作孚是少年中国学会会员，也是李劼人的好朋友，他们早在李劼人办《四川群报》之时就已经相识，后来李劼人留法前又特意请卢作孚代替自己出任《川报》总编辑。他们一生曾经长期合作，无论是办刊物还是办企业，包括在民生公司机器厂和嘉乐纸厂期间，都保持了深厚的友谊。但此时，卢作孚正在杨森统治下办成都通俗教育馆。之前，在川南泸县时，卢作孚就担任过永宁道尹公署的教育处长，而永宁道尹正是杨森。卢作孚曾经邀请共产党人恽代英、萧楚女到川南师范任教，其中恽代英还担任了教务长。那时的杨森表面上还真有点新派军人的样子，提出在他占领的二十五县"建设新川南"，的确实施了一些诸如兴办实业、修筑公路、整顿市容、倡导体育、鼓励办学等进步工作，尤其是在恽代英等共产党人影响下，还废除文言，提倡白话，并主张男女同校等新政。但是到1924年1月，杨森占据成都之后，他过去在川南所做的一些表面功夫实际上已经丢了。这一方面是他的军阀本性决定的，另一方面是因为他的后台已经变了。著名革命女作家胡兰畦对他有准确的分析："杨森到了成都以后，已经没有在泸州时的新派作风了。原来杨森从泸州兵败出川，他已经完全没有了实力。这次能打回来，是得到北洋军阀吴佩孚的支持，靠山既已转换，他又怎能像在泸州时那样搞新文化运动呢？"[1]卢作孚书生意气，政治反应迟钝，他还认为杨森同在泸州时期一样，所以对李劼人说："杨森是前进的军人，可与合作。"[2]李劼人对卢作孚的观点颇不以为然，他对杨森有清醒的认识，因此对卢作孚盛邀自己出来办民众教育的要求也谢绝了。

李劼人不问外事是假，闭门读书却是真的。回成都之初，他全力投入到翻译都德的长篇小说《达哈士孔的狒狒》和蒲勒浮斯特的《妇人书简》的工作中，到当年十月份以后，作品翻译基本完成。经不住《川报》一班老朋友邀请，李劼人依旧回到了报馆去任总编辑。令他没想到的是，这居然惹恼了李思

① 胡兰畦：《胡兰畦回忆录》，成都：四川人民出版社，1995年5月第1版，第58页。
② 李劼人：《自传》，《李劼人全集》第1卷，成都：四川文艺出版社，2011年9月第1版，第7页。

纯。李思纯随即与黎纯一和喻正衡通信，认为李劼人是存心要与他们为敌，因为《川报》早就得罪了杨森的秘书团，他们欲找《川报》的麻烦久矣。此刻已经严词拒绝投效杨森的李劼人竟加入《川报》，这岂不是明摆着要与他们作对吗？李思纯与李劼人原本关系良好，交恶之后竟在背后对李劼人大使绊子，这实在不是大丈夫所为。

有一天，报馆的勤杂工拿着一张名片，急匆匆跑到李劼人跟前，片子上赫然写着军部副官某某。勤杂工话音未落，副官已经挺胸跺步走进编辑部，往藤椅上一坐，傲慢地询问："谁是总编辑？"李劼人只好前来应酬。原来是报纸刊登了一条直系军队吃败仗的消息，惹得杨森生气了，因为杨森部正是直系一派的，所以认为是报馆在故意捣乱。不料，李劼人却不慌不忙地回答，这是转载你们军部机关报上的汉口专电呀！副官看李劼人拿出了证据，顿时缓和了口气：我们这些军人只晓得弄枪弄炮，上峰也没闲心来看你们的报纸，只不过有几个连马弁也不如的文人总是和你们过不去，常在上峰面前说你们是敌党。李劼人此刻才恍然大悟，自己拒绝秘书团已经埋下了祸根，这是《川报》遭查处的前奏。

就在黎纯一们欲找《川报》碴儿之际，《川报》自己却给人家主动送上了一道"菜"。事情的原委是这样的：黎纯一夫妇曾经登报代喻正衡征婚。这在当时的成都虽是一个新鲜事，也不足为怪，但征婚广告被"好事的"樊学圃先生看到以后，认为这太肉麻了，便乘着酒兴，以女郎口吻亦刊登了一则广告，内容完全是冲着喻正衡的广告编写的，声称应征者要日服威古龙丸若干，云云。署名是"吕顺意"。这威古龙丸是一种壮阳药。凑巧的是，樊学圃的广告又正好送到了《川报》。收稿的人不知威古龙丸是何种东西，更不知"吕顺意"即是黎纯一的谐音，遂立即收钱付印。次日见报后，李劼人与报馆同人方知闯了祸事，这不是存心要给人家难堪吗？但报纸既刊出，补救为时已晚。

黎纯一、喻正衡见报大怒，气急败坏，拿着报纸直接到杨森处去告状，称《川报》故意捣乱，要求严惩。杨森见亲信受了委屈，立即叫法政学校校长周敌良写一纸命令，交宪兵大队逮人。命令写道："即将《川报》馆封闭，并将社长宋师度拘捕重笞。"宋师度是赵熙与向楚的学生，为民国初期四川新闻界的名人，成都报业的开拓者。但笔杆子终究还是不敌枪杆子。11月11日上午，宪兵部书记官以大队长袁葆初的名义将宋师度拘了去；午后，又有一排宪兵来查封报馆，发行所、编辑部被一并贴封，同时将李劼人与另一名编辑也拘捕了去。

之所以抓捕李劼人，一是杨森秘书们因他不合作而怨恨在心，另一方面也是杨森本人要给李劼人这个穷酸文人一点颜色看。因为李劼人连续在上海的《文学周报》《小说月报》《东方杂志》等刊物上发表了几篇小说，均是讽刺军阀的："我那时也因写了几篇讽刺短篇小说，发表在上海的报纸和杂志上，用的真名，被杨森看见，说我有意同他捣乱，所以他才连'新文化军人'的虚名都不顾了。"[①]逮捕李劼人显然是杨森和他秘书们的一次报复行为，并且逮捕李劼人的手令都是杨督军亲自写的。不过那纸手令却闹出了一大笑话，手令是这样写的："李劼人可恨！捉来重台之！"督军的中文水平只有小学程度，分不清"笞"和"台"两字的区别，遂将"重笞之"写成了"重台之"。李劼人被带到军法处，询问督军对他打算如何"台"法？军法官无言以对，彼此会心一笑作罢。后来李劼人将此事绘声绘色地给李璜等诸位朋友讲起，惹得大家差点没笑破肚子。

宋师度、李劼人等被捕，顿时引起舆论大哗，成都文化界为之震惊，对军阀迫害文人的恶行纷纷表示不满，一些看清了杨森嘴脸的人甚至愤而辞职。张秀熟就"因抗议军阀这种暴行，也辞去高师附中教师聘，离开成都"[②]，去了重庆，直到杨森被驱逐后才回来。

卢作孚、叶秉诚等社会名流为之奔走呼号，连杨森部下旅长王兆奎都出来说情了。北洋军阀时代，媒体的力量不可小觑，即使北京的大总统和中央政府，对于新闻舆论多少也还是有些忌惮。像杨森这样的地方军阀，尽管野蛮骄横，却也不能不顾及舆论的影响，更何况他还要以"新文化军人"的外衣掩饰

---

① 李劼人：《自传》，《李劼人全集》第1卷，成都：四川文艺出版社，2011年9月第1版，第7页。

② 张秀熟：《李劼人选集》序，《李劼人选集》第1卷，四川人民出版社，1980年7月第1版，第3页。

内在的粗野。所以在外界舆论的压力下，杨森也就顺坡下驴，将拘留在宪兵部副官处"优待"了两日的宋、李等人释放了，前提是不准再办报纸。李劼人在《自传》中称被关了八天，但从他当年致何鲁之信中看，实际上只是被"请"去"静养"了两日。

直到杨森被刘湘赶出成都后，1926年成都又才办起了一份《新川报》，已去成都大学教书的李劼人又兼职做了该报副刊的主编，此是后话。

李劼人等被平安释放后，在报纸上发表了一则《启事》，内容如下：

> 劼人于十一月一日因《川报》馆的连带公文一角，被督办公署副官处率武装士兵从家中"请"去"居住"三日，得亲友之力，现已安然返家。亲友盛意，无以为报，但自视我的骨头尚和从前一样是硬邦邦的，差可告慰。谨此申谢，恕未一一函达。[①]

这则《启事》表面上是在向亲友报平安，实则是在向社会控诉军阀政府的罪行，同时更表明了作者毫不屈服的坚强意志。"硬邦邦的骨头"，是柔弱的笔杆子对枪杆子强硬的回击！"这样的启事确足以表示他是一个真正道地的书生。这样的书生确是当今所不易得的。"[②]

黎纯一等人对李劼人被开释还不甘心，随即又打通法院，又以检察厅名义提起诉讼，罪名是侮辱罪，不过这场滑稽的闹剧官司并没能打下去，因为1925年5月，杨森即被北京段祺瑞政府免去了四川军务督办之职，随后又被刘湘联络黔军袁祖铭打了个落花流水，直接跑到汉口去做寓公了。主子被撵走，奴才的

---

① 《李劼人全集》第7卷收入该文，编辑注释称，该启事发表在《川报》，恐怕有误，李劼人等被捕后，《川报》随即被封馆，怎么可能再发启事？谢扬青在1987年2期《成都文物》发表的《等闲平地起波澜》引用《启事》时，只说"在报上刊登了一则这样的启事"，并未说是《川报》。舒新城在《蜀游心影》48节"访囚徒"也引用了《启事》全文，仅个别文字不同，舒文写于1924年11月20日，特别说明是"今日午前，本地某报载有李劼人底启事一则"，也未说是《川报》。
② 舒新城：《蜀游心影》，上海开明书店，1929年10月初版，第168页。

戏当然也就演完了。

《川报》的这场厄运，当时成都著名教育家夏斧师写下了一首打油诗："六箱（刘湘）洋参（杨森）到锦江，高师男女竟同窗[①]。报馆无端遭封闭，威古龙丸引兴长。"沙汀记得的打油诗却是这样的："博士无聊说电影，秘书有劲着洋装。报纸无端遭封闭，威古龙丸引兴长。"博士指的是留美经济学博士杨吉甫，当年很有名，但回成都后无用武之地，只好去电影院作解说。因为当时青年会放映的都是进口的无声电影，需要解说员为观众讲解故事内容。[②]

李劼人在报馆被封闭后，给何鲁之去信，细说了遭遇的过程，并且以此为素材，创作了著名的短篇小说《编辑室的风波》。在这个作品中，李劼人借易副官之口道出了报馆被查封的主要缘由："我们军部的人同你们并无丝毫的恶感……只是几个教育界的红秘书，连马弁都不如的人，不知同你们有什么怨恨，常常在上峰跟前毁你们；就如这一回，也是他们把你们的报纸指给上峰看，说你们是敌党。"军阀的蛮横和秘书团无耻文人的下作，在这篇小说中被无情地揭示出来。

1936年，赵家璧主编《中国新文学大系》时，将《编辑室的风波》收入小说三集。

二、为舒新城"代牢"

李劼人因《川报》被逮捕是1924年11月11日，不料，时隔数月，1925年4月28日，他又一次被杨森的宪兵逮了去，这次时间长达十天之久。有关这一次被捕，李劼人在《自传》中只字未提，其女李眉所著《李劼人年谱》也没有涉及。倒是舒新城先生在民国时期所著的《蜀游心影》和《舒新城自述》等书中有详尽的记述。因为这一次的"牢狱之灾"完全是由舒新城所引起的，所以他

[①] 成都高师原来只招收男生入学，1924年杨森却强行将其姨太太送进高师就读，从而开启了男女同校的新规定，故而有"高师男女竟同窗"之说。

[②] 沙汀：《为川西坝子人民立传的李劼老》，《李劼人作品的思想与艺术》，北京：中国文联出版社，1989年9月第1版，第6页。

用了"李劼人代牢"来讲述这段遭遇,既是对一段往事的记忆,也以此文字表达对李劼人的感念之情。

舒新城(1893—1960),湖南人,原名玉山,字心怡,号畅吾庐。现代著名教育家、出版家。1923年经恽代英、穆济波、李儒勉、杨效春、曹刍五人介绍,加入少年中国学会。但李劼人归国路过南京时,并未会见舒新城。二人初次相识是1924年在成都,陈岳安是介绍人。陈岳安与舒新城早在1919年就有书信来往,当时舒新城在长沙主办《湖南教育》。1920年,陈岳安作为四川教育考察团成员到上海考察,与正在吴淞中国公学中学部任教的舒新城终于晤面,舒新城对陈岳安经营华阳书报流通处,在偏僻的四川传播新文化很赞赏。以后他们成了相互敬重的好朋友。

1924年,舒新城接受成都高等师范学校校长傅振烈的邀请,前往该校任教。陈岳安工作所在商业场昌福馆华阳书报流通处,自然成了初到成都的舒新城首先要去的地方。正是在这里,舒新城问起了李劼人的情况,之前他只是从《少年中国》月刊上知道李劼人是少年中国学会的创始老会员,也从文学刊物上知道李劼人是成都的一位名作家,但从未谋面交流,仅仅听朋友说李劼人"身中、面白、无须"。到成都后,又从报纸上看到《启事》,方知他被军阀捉去过,立即对他从漠不关心的态度,骤变为敬仰的感情。陈岳安听舒新城问起李劼人,立即就盛情邀请舒新城一道去磨子街住宅找李劼人。陈岳安家和李劼人家本是邻居,只有一墙之隔,并且前后相通。李劼人的居所在舅父杨家大院,虽是偏房,却是独立小院,房子虽旧,但宽大敞亮。一走进门,舒新城就感觉到一种宁静、恬淡、古朴的氛围和整洁、安适的环境。

在这小院里,舒新城见到了李劼人全家,即李劼人的母亲和妻子,包括一个十七八岁的丫头。后来在写《蜀游心影》时,舒新城称李劼人的妻子杨叔捃"为其中表,美而贤",而对李劼人的印象则是:"劼人长不满五尺,但两目灼灼有光,讲起话来,声音高亢而嘹亮,气势从容不迫,俨然向人演说一样。他平常做事的责任心如何,我因为系初见面而不能断定,但他说话一字一句不肯轻放过,两手抱着水烟袋也在那里一口一口地狂吸,走起路来就在房间里也是大踏步向前的态度，很可以想到他平时治事的精神。"

舒、李二人虽然新识，但都有相见恨晚之感，"好像十年故交久别重逢一样，什么话都讲，而且滔滔不绝，一讲便几点钟"。对远道而来的客人，李劼人当即置酒款待，席间海阔天空，滔滔不绝，他们讨论文学、教育、哲学等，也议论时局谈论家常，李劼人甚至连个人隐私也不惜吐露给这位初次相见的朋友："不独互道家常，就是他人所认为不可与第二人道的恋爱经验，也信口而出。他并且把他在巴黎所结识的法国爱人底影片指示给我看。"①可见李劼人性格中的豪爽与率真，以及对这位新朋友的信任。

李劼人为人耿直、乐观、侠肝义胆，尤其对朋友舍得两肋插刀。很快，舒新城就体验到了李劼人对友人的一片真情。

事情还得从舒新城的一场"师生恋爱"说起。1923年秋，吴玉章曾数次致函舒新城，邀请他到校任教，以接替恽代英离校后的教职。当时舒新城因已经先接了南京的聘书，故而未能成行。至次年，傅振烈接任吴玉章执掌成都高师后，再次发出恳切邀请，舒新城遂于1924年11月抵蓉。

初到成都的舒新城，认识的朋友有限，在高师校内只认识王克仁夫妇以及孙倬章。因此他常去王克仁家走动，正是在这里他认识了高师的女生刘舫和另一位女生林静贤。她们都是预科的女生，与舒新城本没有接触机会，由于刘舫打算出川求学，又自知英文水准太差，遂每日去王克仁家请王夫人黄淑班补习。一日，舒、刘二人不期而遇见了面。舒新城因为出版过《公民课本》，刘舫早就读过，这回见到了作者，自然颇有一些敬慕之感，而刘舫各门功课优良，在校内也是红人，舒新城亦早有耳闻。

舒新城十分爱好摄影，是我国现代摄影史上的一位先行者，曾著有《摄影初步》《晨曦》《习作集》和《美的西湖》等，在成都高师期间他便随身携带照相机出门。20世纪20年代的成都，照相机绝对是一种稀罕之物，刘舫和林静贤见舒新城有照相机，便要舒新城为她们照相，这一来二往自然就十分熟悉

① 上述引文均出自舒新城：《蜀游心影》，上海开明书店，1929年10月初版，第170—171页。

了。每次舒新城外出，总有一大群男女同学相随，最初是李劼人、陈岳安等一班朋友，大家常在一起游览市内名胜古迹，还去了稍远一些的新都宝光寺和桂湖，后来才逐渐多了学生。师生交往多了以后，刘舫等同学又请舒新城教她们冲洗照片，为寻找暗室，舒新城得以进入刘舫寄宿的林静贤同学的家。林家父母对舒新城大为欢迎，并希望他能为其子女补习功课，以便她来年出川就学。于是舒新城成了林家的座上宾，与刘舫、林静贤的来往自然更密切了，刘舫又提出要从舒新城学习国文和阅读方法，作为教师的舒新城当然也就应允了。

"她已是我的私淑弟子。我们的来往也渐多——在那时，男生方面在文字上可称为私淑弟子者尚有罗文汉——一月三十日我生了一场病，也是她和林君及其弟子照料一切……可是这私淑却成了引线，而引燃着一件教育史上所未有的大问题。"[1]这场成都教育界的轩然大波就是所谓的"师生恋爱"。

舒新城和刘舫的相识、来往，本是正常的师生交往，因为舒新城在南京已有妻子和儿子，此时根本不存在恋爱关系。但是在军阀专制统治、传统礼教浓厚的成都，却演变成为一些人眼中有悖人伦、道德败坏的罪过。究其原因，实际上因为刘舫各方面都较为出色，遂引起诸多男生的追求和女生的嫉妒；而舒新城在校内也风头健旺，这就引起了许多人的妒与恨。于是便有人写信告状，假借杨森姨太太之意要学校强令刘舫退学。校长傅振烈两次找刘舫谈话，要她转学，刘舫坚持不从，声称愿意请求法医检验以自明。刘舫与校长论理之间难免言语龃龉，学校当局竟致函刘舫的保人，即林静贤的父亲林梓鉴，称女生告刘舫有不正当恋爱，强令其转学，自星期一便不必到校上课。林静贤与父亲林梓鉴到校找傅振烈论理，双方自然又是激烈言语冲突，校方竟以林静贤干涉学校行政、咆哮校长室为由，当即挂牌将其斥退，并且请督署叫来了宪兵。部分学生对校方的处分义愤填膺，质问校长令刘舫转学和开除林静贤的理由，逼迫校长收回成命。随即师生便分成了两派，反对者认为祸根在舒新城，罪名是"引诱女生，师生恋爱"。其实，校内早就有人认为舒新城平日言论不检，有

---

① 舒新城：《舒新城自述》，合肥：安徽文艺出版社，2013年4月第1版，第262页。

损校中"要人"的声威。于是由这些人组成了"驱舒团",他们认为仅仅使其去职还不够,应当将祸首立即处死。"驱舒团"由数学教员张某带领至督署请兵,斋务长秦某则指挥学生和宪兵四处搜捕舒新城,且明令捕得即行殴毙。

傅振烈无法阻止"驱舒团"的行动,却也不愿看到舒新城受害,遂通知他赶紧逃避。从这一点也可以看出,傅振烈并非完全与杨森等人沆瀣一气。

舒新城出校门后,学生王子塈强行将舒新城送至李劼人寓所。李劼人一方面准备午餐,一方面派人去高师通知傅校长,请将舒新城的行李送至自己家。午饭尚未吃完,又有学生陆续来告,说学校已经开会决议,请督署派兵会同学生工人将舒新城逮捕处死。是时,舒新城西装革履,众人均劝他易装躲避。却不料,"易装甫毕,即闻门外人声嘈杂,劼人乘酒兴出与大闹,我乃由岳安乘间引至劼人舅氏后院短墙边,扶我逾墙跳至邻居;邻人初以为盗,大声呼喊,岳安告之,且同逾墙,始获无事。劼人之闹,则为故延时间,使我能安全逃出。经过半小时之争辩,劼人卒令督署及学生代表入室搜索不得,乃将劼人捕去"[1]。待宪兵带李劼人走后,陈岳安才将舒新城领到自己家。陈家和李家有后门相通,但四周有巡逻的人,仍不安全。到晚上才由林静贤将其转移到她姨丈家,躲藏了近半月,直到最后化装离开成都。

李劼人被捕去后,"驱舒团"并不善罢甘休,各城门、教堂、医院以及舒新城友人处均放有暗探;督军署还发出了通缉令;同时派人到林家,对刘舫和林静贤及其家人威逼利诱,均未得逞。

事件也惊动了新闻界。从5月4日至5月底,四川的报纸登载的新闻多是此事;连上海、北京、重庆等地的媒体也竞相报道,《国民日报》《蟋蟀周刊》还发表了评论,对成都高师予以谴责。舒新城躲在林静贤亲戚家,"心中最为念系者是劼人之牢狱难与刘舫之精神上的刺激。为着劼人的因我受累,精神上至感不安,几次欲亲自去替换,均为岳安阻止"[2]。陈岳安认为,逮捕李劼人不

---

① 舒新城:《舒新城自述》,合肥:安徽文艺出版社,2013年4月第1版,第262页。
② 舒新城:《舒新城自述》,合肥:安徽文艺出版社,2013年4月第1版,第270页。

过是某些人对前一次《川报》事件的报复，并无性命之忧。李劼人的老母亲和妻子也很淡然，不断安慰舒新城。

果然，在成都高师孙倬章、叶茂林、林文海等三十余位社会贤达的强烈呼吁下，李劼人被关了一阵后便释放出来。四川大学档案馆至今保留着1925年5月5日《四川高师教职员孙倬章等函请转意释放李劼人致督署函》，信函有高师校长傅振烈的签字，是以高公函名义转交督军署的。该信函竭力为李劼人开脱，称："李劼人与舒新城虽有朋友之谊，至舒新城诱惑女生一节，事前确不知情，且舒新城原系住校，是偶遇李宅开谈。并非劼人有嗣往，□队检查并无其人，想系舒新城先行逃避，非李劼人所藏匿。是以此次被押，实以朋友相识受累，委系无辜。即或李宅被查，时稍涉言语抵触口角，想劼人事出□超于说会想。督办宽大为怀，当□曲予优□，不以为意。今劼人家属因其被押，终日皇皇，甚为惴恐，情实可怜。拟请贵校长再函督署。"

出狱当夜，李劼人便去看望舒新城。当被问及狱中情况，李劼人回答既轻松又风趣，说是进去休息了十天，只是宪兵将左手无名指上的结婚戒子掠去了，舒兄是有赔偿责任的。

随后，李劼人与陈岳安筹划，将舒新城化装成来川的"京华书局主任余仁"，亲自将舒新城送至东门外码头登船离开成都。

舒新城与刘舫的这段风波，终究成就了他们的一段好事。六年之后，两人终于走到一起组建了新的家庭。而李劼人经过此次"代牢"后，也结交了一位过命的好友，他们之间的友谊，不仅保持到终老，而且延续到了下一代。直到1962年9月，李劼人去世前几个月，还与舒新城之女舒泽淞保持着通信联系，而舒新城则在1960年11月已经作古。

"李劼人代牢"是现代中国文坛的一段往事，也成为现代文学史上的一段佳话。

三、筹建嘉乐纸厂

深受军阀当局迫害的李劼人，有一段时间很想学习诸葛亮躬耕垄亩，不求闻达于社会，但祖上并没有给他留下一二亩土地，使他没有世外桃源可以逃遁。他还得在这个污浊的现实中挣扎，对于邪恶的军阀势力只能采取犯而不校的避让。

在归国以来经历了一连串的打击和郁闷之后，李劼人终于迎来了一个舒心的日子。

1925年8月4日，天气虽已入秋，但秋老虎的余威尚未退去。妻子为他生下了一个漂亮的女婴。李劼人心中一扫数月以来由兵痞们所造成的阴霾，连因持续创作和翻译所带来的疲劳感也消失得无影无踪。李劼人终于做了父亲，这一年他已经三十四岁了，算是中年得子了。

初为人父的李劼人，喜悦的心情是可想而知的。女儿那张粉嫩的小脸儿，尤其是那对大大的眼睛，实在太逗人爱，李劼人的头脑中一遍一遍筛过古诗文中的精美句子，他一定要给漂亮女儿取一个配得上她的富有诗意的名字。忽然脑中闪过才女卓文君的故事。对，就给女儿取名远山，单字一个"眉"。这个名字典故出自西汉刘歆的《西京杂记》，其中有一篇记述卓文君的美貌，有"眉色如远山"之句，后代女子效仿文君画眉，称之为"远山眉"或"文君眉"。李劼人为女儿取名远山，显然认为女儿长大后不仅是个美女，而且还是个才女。

女儿是李劼人的福星，厄运似乎被好运连连击退。女儿出生不久，译著《马丹波娃利》就出版了，而且社会反响很是不错。随即，李劼人筹划已久的造纸工厂也终于有了眉目。1925年10月，李劼人留法时期在拉密尔、格勒诺布尔等地曾经共处一个寝室的好朋友王怀仲回国了，与他同时归国的还有梁彬文。这位梁彬文也曾经是个风云人物。他是四川长宁县人，中学就读于成都济川公学，后考入北京大学理科，积极投身学生运动，五四运动爆发时，因参与火烧赵家楼而被京师警察厅逮捕。1919年5月6日《晨报》报道的三十二名被捕学生名单中，第二个便是梁彬文。"五四"后，梁彬文与众多勤工俭学生一同到了法国，他比王怀仲早一个多月出洋，是第九批乘法国邮轮"宝勒加"号到法国的。后来他和王怀仲一同进了格勒诺布尔造纸技术学校专门学习造纸，同时又在造纸工厂做工，他们真正做到了理论与实践相结合。

王怀仲和梁彬文的归来，立即激发了李劼人办厂造纸的热情。

其实造纸梦在李劼人头脑中已经萦回了多年。早在八九年前担任《四川群报》编辑时，他就痛感纸张短缺的困难，其间，还发生了因纸张缺乏而停刊的事情。由于洋纸入川不易，且价格不断猛涨，成都出版的报纸都改用了夹江手工土纸，印刷质量很不理想。后来李劼人任《川报》总编辑，更是强烈感受到改良新闻纸的迫切性。然而令他没想到的是，回国后看到《川报》用纸的现状依然如故，每日两大张八个版，全是粗糙的土纸，与人家法国出版的报纸简直无法相比。于是李劼人向宋师度谈及自己多年来的想法："四川有这么多造纸原料，而新闻纸的需要又如此其重要，何以自周孝怀先生开办的进化纸厂失败以后，再没人干这种事业？我们虽然都是穷酸，何不张开口来喊一喊，或许喊得出几位有力量的热心人来，开一个机器纸厂，也算积了一点阴功了！"①宋师度是民国成都著名的老报人，他对李劼人的这个建议十分赞成，当即问及他留法同学中有无学习造纸的专门人才，李劼人立即推荐了王怀仲。这不仅仅因为王怀仲本身是学习造纸专业的，且在法国的造纸厂工作过几年，还由于他的个人品行、兴趣志向都与李劼人很投缘。其实在李劼人熟知的留法生中，黎纯一、胡国犹都是学习造纸的，但是他们回国后，仰军阀鼻息，一心想往上爬，自然不会对创业感兴趣的。

　　宋师度请李劼人立即写信邀请王怀仲回川来办纸厂。但由于信件须经过华侨协社转送的缘故，李劼人等了两个月都没有收到回信。于是1924年11月20日，李劼人再次写信给何鲁之打听王怀仲的消息："如今奉托你一桩事，就是王怀仲目前还在法国否？在何处？我归家不久，曾有一信寄彼，系由华侨协社你名下转的，信中约他回川来办纸厂，此因四川纸业现在已到供不应求的地位上，造土纸的没有大组合，一遇年荒世乱，有些造，有些就不愿意造……目前只要老王回信，有踏实把握，三四千元的基本股可一呼而集，这笔钱我就打算拿来托老王办机器，以及他的盘费，其后再集二万元的活动股，拿来开办，不

①　李劼人：《说说嘉乐纸厂的来踪》，《李劼人全集》第7卷，成都：四川文艺出版社，2011年9月第1版，第306页。

够还可以多募几文。对于募股一事，有几个人很有把握，将来经理一席，即由我担任，而制造一事则一概委托老王……关于四川的实业，关于我将来在社会上活动的初基，望老兄仔细审度之后，看如何方能助我一臂之力。"①李劫人言辞之恳切，何鲁之自然不敢慢待。

王怀仲接到李劫人此信，很快就启程归国。一踏上祖国的土地，王怀仲就对江浙一带的造纸厂进行了详细调查，然后揣着造纸梦回到了故乡。而此刻，成都一班同样满怀实业救国理想的朋友们已经在酝酿入股的事情了。

1925年8月23日，在磨子街110号李劫人的寓所正式召开了首次造纸公司筹备会。据付金艳《实业家李劫人档案揭秘》一书中的嘉乐纸厂档案披露，到会者有李劫人、宋师度、卢作孚、郑璧成、李澄波、陈子立、杨云从、王怀仲、程宇春、陈鬻鲲十人。这些人中大部分都是成都文化新闻界的掌门人，李劫人、宋师度、卢作孚等自不待说，其他人如李澄波是《国民公报》的社长，程宇春是《民力日报》的社长，陈子立是成都商会会长、昌福公司总经理，还有一位没有参加筹备会，但表示要认股份的朱良辅，则是成都有名的"朱财神"。

在筹备会上，首先由李劫人将与会者中唯一的造纸专家王怀仲介绍给大家认识，然后他阐明了创办造纸公司的由来和目的；随即由王怀仲对建立造纸厂做了可行性论证，即：介绍了他在国外和省外调查造纸工厂的情况与省内对纸张的迫切需求。之后，大家讨论了约一个小时，初步确定公司名称为"万基造纸公司"，并作出了八项决议：

> 又议决着手之前，须由王工程师亲自赴绵竹、灌县、夹江等处实地调查材料、产额、原料价值及场地等；
> 于调查期间即函天津机器工厂询造纸机情形；
> 凡发起人若前次已纳二十元为工程师归川盘费者续补三十元，共凑

---

① 李劫人：《致何鲁之》，《李劫人全集》第10卷，成都：四川文艺出版社，2011年9月第1版，第12页。

五十元；若新加入之发起人则一次纳五十元，为王工程师调查旅费及筹备处之办公费；

俟工程师事竣归来，即一面作计画（划）书招股一百，去函定制机器，预拟须缴定钱五百元，当于去函时汇去；

继议定本公司定名"万基造纸公司"；

末公推李劼人为筹备主任，在筹备期间每次集会由主任通知发起人，出席在五人以上始开议；

筹备期间暂假磨子街110号杨家花厅为会所；

议决后即由各人亲笔书认股数目，除王怀仲认股五百元外皆认一千元，自出与代募任便。当时得认股数共九千五百元。发起人朱良辅系最后由宋师度将认股单携去，由本人亲书认股一千元，连前各发起人所认达一万零五百元。[①]

出席筹备会的十位股东当即亲笔书写了认股单，但资金缺口还很大，根据王怀仲的初步计划，开办纸厂最少得需要三万元，于是发起人决定继续募集资金；同时，派王怀仲前往夹江、洪雅、嘉定、灌县等地考察了原料产地和建厂地址。

距第一次筹备会两个多月后，即1925年11月8日，发起人在李劼人家召开了第二次会议。档案记载，出席者有李劼人、宋师度、朱良辅、郑璧成、陈子立、杨云从、王怀仲、程宇春、陈翥鲲，新增发起人刘星垣、钟继豪。李澄波因事未出席，但委托郑璧成代表；卢作孚因在省外也未出席，来信称他和孙少荆合认五百元，但孙少荆也没到会；卢作孚信中还说已经邀请成都地产商俞凤岗加入，但俞也未到会。在这次会议上，在议定厂址时发生了分歧，陈翥鲲因不同意在嘉定建厂中途退席而去。

不过，王怀仲给大家带来了一个好消息，他在嘉定会见了著名实业家陈宛

---

① 付金艳：《实业家李劼人档案揭秘》，上海：上海书店出版社，2016年8月第1版，第26页。

溪。陈老先生对于建设机器纸厂极端赞成，表示愿意投资。有陈宛溪的加入，办纸厂的事可以说就板上钉钉了。

陈宛溪（1855—1929），四川三台人，堪称清末民初的实业巨擘。时至今日，在三台县谈及老先生，人们还津津乐道他的故事。2019年夏，笔者还在三台县杜甫纪念馆外的玻璃橱窗中，看见"梓州历史文化"栏有对陈宛溪的详细介绍。1903年，陈宛溪在家乡创办缫丝厂，因运用缫丝新技术，其"双鹿牌"产品成功地走出了国门，先后获得了"巴拿马公赛"和"莱比锡博览会"金奖。民国初年的四川军政府曾经对陈宛溪明令褒奖，并委任其为四川实业局局长。1913年，陈宛溪之子陈光玉在上海认识了川汉铁路会办汪曼卿，此人握有川汉铁路的大量资金，于是陈、汪联合在嘉定城演武街联办起了"嘉祥丝厂"，产品远销上海及东南亚。第一次世界大战爆发后，因为国际生丝市场严重受挫，汪曼卿强行退出股份，丝厂遂由陈宛溪独家经营，将厂名改为"华新丝厂"。由于经营有方，华新丝厂生意越做越大，至20年代已成为四川省内有上千职工的大型工厂，陈宛溪也一跃成为民国早期四川工商界远近闻名的实业家。

陈宛溪老先生愿意入股纸厂，实在令李劼人等喜出望外。受省城发起人的委托，1926年3月的一天，李劼人与刚完成实地调查回到成都不久的王怀仲一道乘船赶往嘉定。船到眉州，王怀仲因家中有急事，遂登岸回家去了，行前留下了几封介绍信，李劼人便持信单独去嘉定。

李劼人到达嘉定后，陈宛溪也因事务缠身，尚在眉州未返，李劼人便落脚在距华新丝厂不远的嘉裕碱厂，与碱厂总账房黄远谋、经理施步阶分别进行了前期会商，这两位也是白手起家的成功奋斗者，他们都很赞赏李劼人的想法。

陈宛溪回到嘉定后，立即与李劼人见面，彼此问候，陈老先生开口第一句话便是："啊！李先生，我等得好苦呀！"随后便商谈办厂具体事宜。老少二人相谈甚欢，"我们两个从年龄到一切相去如此不侔的一老一少，居然谈得那么投合，那么的有味，至今整十年了，回思起来，尚觉诧异。"十年后，李劼人回忆这次会见时，心中对陈老先生仍然充满敬佩和感激之情："他已六十多岁了，竟能把他敏锐老眼，从当时还未显现衰象的丝业环境中，转移到机器造纸上来，这是何等可令人佩服的地方。"①

与陈宛溪会谈后，李劼人又与陈宛溪的儿子陈光玉进行了详谈，陈光玉是老先生的得力助手，也是一位强力的实业家。随后陈宛溪又向李劼人引见了嘉定城中另外几位有实力的人士，有张富安、陈渐逵、陈紫光等。大家在一起商讨了建厂的基本步骤，确定了稳扎稳打的策略，同时重新审定了王怀仲的计划书，一致认为办厂的最初资本需要五万元。陈宛溪带头认股一万元，并在嘉定代为募股一万元；张富安也认股一万元；此外便是在眉州和成都各募股一万元，由王怀仲、李劼人各自负责。李劼人与陈宛溪鉴于周孝怀办进化纸厂失败的教训，达成了一致意见，即：不铺张，从小处着手，待工匠技术熟练和工程师有了实际经验，再进行工厂扩张。

"嘉定会议"公推陈宛溪为筹备主任，陈老先生将成都方面以前确定的"万基造纸公司"更名为"嘉乐纸厂"，典出《礼记·中庸》的记载："《诗》曰：嘉乐君子，宪宪令德。"取嘉美喜乐之意。此后这个厂名便延续下来，直到1997年破产倒闭，嘉乐纸厂的名字在嘉定城（乐山）存在了七十年。

从1925年到1927年，经过一年多的筹备，嘉乐纸厂终于在四川文化界人士的期盼中万事齐备了。王怀仲从天津订购的机器经长途辗转，已经运抵嘉定，厂址最终选定在原蜀新碱厂旧址。经陈宛溪先生出面做工作，已经废弃的蜀新碱厂以全部房屋、设备及十一亩土地作价一万元加入股本。开工之前，王怀仲把他的同学梁彬文也请到了嘉乐纸厂，进一步充实了技术力量。又经过董事会协商，确定陈光玉出任嘉乐纸厂经理，王怀仲当厂长，梁彬文为工程师。从设备到人员均已落实，至1927年4月，嘉乐纸厂正式开工了。

为了专心忙于纸厂的事，李劼人在纸厂开工前夕辞掉了《民力日报》总编辑的职务，并于1927年6月6日在报上发表了一则启事："嘉乐纸厂正式成立在即，鄙人也算任了一点小职务，在理须亲自参与此种典礼，因此之故即在近日

---

① 李劼人：《说说嘉乐纸厂的来踪》，《李劼人全集》第7卷，成都：四川文艺出版社，2011年9月第1版，第309—310页。

便当赴嘉定一行，本报总编辑一事，自元月五日起暂由社长孙倬章兼任，特此告白。"《川报》被杨森查封后，宋师度等人又办起了一张《新川报》，聘李劼人作为文艺副刊的主编。1927年5月12日，李劼人因《民力日报》业务繁忙而辞职。结果，一个月后再因嘉乐纸厂事而辞去了《民力日报》总编辑之职。由是可以看出，李劼人对嘉乐纸厂是充满了很大期望的。

关于嘉乐纸厂，不少学者说这是四川第一家机器造纸厂，其实并非如此。且不说李劼人在文章中已经提到过清季周孝怀创办过一家进化纸厂，仅付金艳《实业家李劼人档案揭秘》提及的机器造纸厂就有好几家。如1905年兴办的重庆富川造纸厂，1906年及以后相继出现的成都乐利造纸公司、彭县造纸厂、忠州造纸厂、铜梁造纸厂等，即使夹江县也出现过机器纸厂。①只是这些纸厂或是因技术问题，或是因原材料欠缺，又抑或是自身经营不善，都先后失败了。

那么嘉乐纸厂的命运又会如何呢？

事实上嘉乐纸厂也是命运多舛，经历了几起几落。开工不久，问题就来了，造纸机是天津一家小工厂生产的，既粗糙又简陋，用作试验尚可，若用于经营则吃亏很大；其他设备如电机、碾浆机、洗浆机，以及蒸稻草的汽锅都是上海配置的，而两台锅炉则是很陈旧的卧式圆筒锅炉，极其费燃料，从而增大了成本。另外，四川当时处于军阀混战，外购机器设备经长江水路运输，被沿途军队层层设卡，运费成本已经大大超出了预算，又因造纸机的配件未买够，一旦所需钢丝布和毡子坏掉，全厂都只得停工待货，因此机器只能开开停停，几千元的流动资金也就损失殆尽。加之造纸原料是七成稻草，三成竹麻，外加嘉裕碱厂的烧碱，工程师的技术工艺水平尚待提高，生产出的纸张无论质还是量，同洋纸相比都相距甚远。据付金艳《实业家李劼人档案揭秘》介绍，1927年全厂试机生产的纸张只有八十八张。

这是嘉乐纸厂开工后遭遇的第一个重大打击。

1928年是李劼人很难过的一年。嘉乐纸厂再次开工，陈光玉辞去经理职

---

① 付金艳：《实业家李劼人档案揭秘》，上海：上海书店出版社，2016年8月第1版，第22页。

务，改由张富安担任，李劼人任协理，陈宛溪任董事长。但由于资金周转严重不足，陈宛溪、张富安二位先生又热情骤减，许多事情都压在了李劼人头上，"这一年直把小可压得骨断筋拆，而纸厂则终日在闹穷，终年在闹毡子不够使用，如此一直弄到民国十八年夏，小可出省游历，才将一副重担强迫交与陈光玉先生去乘位"[①]。此时的李劼人已经在国立成都大学和公立四川大学教书，为嘉乐纸厂的生产经营，他不仅在授课之余奔波于成嘉两地，而且为纸厂搭进了不少资金，几乎是他教学收入的全部，文学创作则基本停止下来。这段经历，他后来写成了一篇长达数万言的散文《成嘉来回记》。《新中华》月刊原定要刊载此文，并已经发了广告，但最终不知何故没有刊登。2010年因编辑《李劼人全集》，笔者在南京图书馆查阅了《新中华》从创刊到闭刊的全部目录，除的确有广告之外，并没发现该文。

1929年夏天，李劼人受张澜委托，要去北京、上海、杭州等地聘请教授，不得已将重担再次交给陈光玉。也就在这一年，董事长陈宛溪先生去世，工程师梁彬文辞职，售出的产品款项也未收回，流动资金无着，工厂只得面临又一次歇业。据李眉回忆，有钱人不愿投资，专家不屑为这个简陋小厂出力，所造纸张质量很差，根本无法与外来的机器纸竞争："我小时候经常看见大堆大堆的嘉乐纸存放在指挥街我家寓所的后院，惨淡经营了几年，纸厂被迫关了门。"[②]李劼人初踏实业救国之路，便被碰了个鼻青脸肿。

这便是初创时期的嘉乐纸厂。

而此刻卸下重担的李劼人，暂时又回归了文人的岗位，做了成都大学的教授。

四、受聘成都大学

1926年，李劼人接受张澜的聘请，出任国立成都大学教授。当时的成都大

---

① 李劼人：《说说嘉乐纸厂的来踪》，《李劼人全集》第7卷，成都：四川文艺出版社，2011年9月第1版，第311页。
② 李眉：《李劼人和嘉乐纸厂》，《李劼人研究：2007》，成都：巴蜀书社，2008年3月第1版，第184页。

学汇集了一批著名的学者，文学院长熊晓岩，理学院长魏时珍，法学院长吴君毅，中文系主任吴芳吉，外文系主任廖天祥，历史系主任叶秉诚，教育系主任刘绍禹，数学系主任胡少襄……教授也大都是名人，如吴虞、林山腴、蒙文通、伍非白、刘咸荥等。

国立成都大学是新成立的一所综合性大学。据《四川大学史稿》第一卷记载：国立成都大学由国立成都高等师范学校分离出来。四川学人创办综合大学的想法由来已久，早在1919年，留美归来的任鸿隽就向省长杨庶堪提出办四川大学，当局也表支持，但由于军阀混战，经费无着而搁浅。1924年春，杨森攻占成都，其智囊人物傅振烈接替吴玉章出任国立成都高等师范学校校长，傅振烈与省议会议长熊晓岩关系密切，因此得以从英文科主任升任校长。李劼人反感傅振烈，拒绝到高师任教，主要因为傅振烈是杨森亲信，而对于杨森其人，李劼人还在归国途中就听说了他"是妄人"，后来又连续两次被杨森部下所抓，所以更是对杨森恨之入骨，他所写揭露军阀的小说，多以杨森为原型。于是恶其余胥，杨森的红人一概都在李劼人讨厌之列。

然而傅振烈并非无能之辈，成都大学（四川大学的主源头）能够顺利创办，其功劳是不可磨灭的。傅振烈任高师校长不久就重提"改大"的建议，并且招收了第一批预科生。1925年6月，趁杨森发动四川"统一之战"的机会，傅振烈向教育部呈报了创办综合大学的备案，同时挂出了成都大学的招牌。此举立即遭到高师学生的反对，但傅振烈得到了杨森认可，更得到高师教职员和首批预科生的支持。

刘湘驱逐杨森后，同年12月召开"善后会议"，继续支持创办成都大学。张澜出席了会议，并提出每年以六十万盐税作为办学经费，获得当局通过，教育部也正式任命张澜为国立成都大学校长。不料，由于在校址、校产、图书、仪器以及招生等诸多问题上与高师产生矛盾，张澜遭到了高师学生的强烈反对，并发生了"驱张夺印"事件，官司一直打到教育部。最终，教育部以成都高师和成都大学"分途并进"，即高师和成大各自办理的训令结束了纷争。成都大学从任鸿隽提议到傅振烈动手实施，至张澜大功告成，使得四川省终于有了第一所国立的综合性大学。

张澜（1872—1955），字表方，四川顺庆府（今四川南充）人。清末秀才补廪生，曾就读于尊经书院，后又留学日本弘文书院。回国后，在顺庆府任中学堂监督，并创立初、高等小学和端明女塾等新式学堂。清末，为四川咨议局议员，川汉铁路股东会副会长，参与领导了轰轰烈烈的四川保路运动。辛亥革命后，先后担任过川北宣慰使、嘉陵道尹、四川民政长，有"布衣省长"美誉。"五四"时期，张澜在北京历经新文化运动并耳闻目睹了蔡元培改办北京大学的情况，深受启发。

张澜任成都大学校长后，学习蔡元培的办学经验，倡导民主办校，主张思想学术自由、兼容并包，广延名家到校任教，既请蜀学宿儒，又聘"五四"新文化人。张澜这种唯才任用的治校方针深得李劼人钦佩和拥护。在保路运动时期，当李劼人还是中学生时，张澜就给他留下了很好的印象。如今张澜来成大任校长，李劼人心中自然十分欢喜，不仅公开表示愿去成大执教，而且还邀约朋辈中的有学之士一同去成大。"当时成都教育界中一些先生们不满意张校长，都不与他合作，我于是便公开说我愿意支持张校长，并且还愿约些朋友来帮助他。这样我才到大学教书。"①李劼人初在成都大学只教授《文学概论》，半年后又受聘兼任当时最难办理的文预科主任。

刚入教职的李劼人是很愉快的，却也是很忙碌的。他除了偶尔做些创作翻译，身心大部都投入到了编写教程和授课中。很遗憾他当年的《文学概论》讲稿没留存下来，不过另一门课程《中国文学史概要》的讲稿却保留了部分。这是他为文预科三年级学生开的课程，在这份从《诗经》起，到魏晋止的讲稿中，我们不仅看到李劼人具有非常丰富的古典文学知识，而且论述深刻富于学理，由此可以看出李劼人深厚的国学根基。

这门课原本该由吴虞开的，却被他拒绝并推给了李劼人。据《吴虞日记》

---

① 李劼人：《自传》，《李劼人全集》第1卷，成都：四川文艺出版社，2011年9月第1版，第7页。

1926年4月20日记载：“成大预二学生来，要求每周多讲二小时，予未允，荐李劼人。”对这门别人不愿意开的课程，李劼人不但应承下来，而且很认真地编写了讲义，同时在授课中也十分注重吸取当时国内外的最新研究成果。《吴虞日记》在1929年12月5日对此亦有记载：“李劼人言盐谷温《中国文学概论讲话》，孙俍工译，开明书店出版，二元五角。盐谷留学欧洲，与蔡孑民同时，在法住十年。又与叶德辉拜门，专门研究中国文学。”次日，继续记载：“李劼人借与予《中国文学概论讲话》一册。”然而，吴虞对于李劼人的讲课效果却似乎不以为然，1927年10月4日记载道：“李劼人在预科讲《文学概论》，颇嫌空疏。”1930年5月11日记载两个学生的话：“吴芳吉讲诗乱说，全无根据。《白屋诗钞》，买者寥寥。李劼人以临川王义庆之‘王’为姓，叶秉诚以地名为人名。”1930年6月17日又记：“今日周裕冕言，李劼人在讲堂上乱扯，甚至已‘乱曰’为‘乱日’；吴芳吉以‘返魂草’为《离骚》中之香草。”1930年9月7日还记载：“成大女生胡世玉来……又言吴芳吉、李劼人，初听讲时尚觉其好，听久便知其浅薄无根矣。”[①]上述有关李劼人讲课中的问题多为道听途说，而且一些指责简直滑稽可笑，竟是稍有古文基础的人都不可能犯的错误，别说是李劼人等大家。

其实任何一个教师讲课，学生都可能出现多种不同的反映，吴虞却偏偏只选择性地记载一种意见，难怪有学者批评吴虞在日记中记载别人的“坏事”，是其秉承的一贯做法：“与他在成大国文系一起教书的同事鲜有没有‘坏话’记录在档的，大多数是说他们教课教得如何差，如何不受学生欢迎。关于这些同事‘坏话’的消息来源，除个别为老师外，大多是来源于学生。蒙文通、庞石帚、吴芳吉、李培甫、吕子方、林思进、向先乔、刘鉴泉、唐迪风等人，吴虞的日记里，都有他们教书如何不行、如何没有学问的记录。从我们现在来

---

① 上述引文均出自《吴虞日记》下册，成都：四川人民出版社，1986年8月第1版，第484、504、509页。

看，这些人都是极有学问的人，反而可证明他所说之不实。"①如此看来，吴虞的记载也是有偏颇的。

事实上，李劼人作为"五四"中成长起来的新作家，且又留学法国，他给新兴的国立成都大学是带来了新气象的。据已故老诗人白峡说："他主讲《文学概论》《中国文学史》《诗经》选读课。在他的影响下，中文系成立'新文学研究会'，出版学术刊物《文学汇刊》。其他系也纷纷成立学术团体，出版学术刊物，'成大'呈现一派学术自由的竞茂景象。"而李劼人的授课效果则"很受学生欢迎。《诗经》选谈，他不讲爱情诗如《北风·静女》等迎合青年学生，而是选讲引起学生对腐败社会进行深思的诗作，例如《硕鼠》。这类诗是写古，也是写今"。②可见，李劼人授课并不希望学生钻进象牙塔中，而是要教他们如何面对社会，面对未来的人生。

除了在成都大学任教外，李劼人还兼任了公立四川大学的教授。国立成都大学成立后，原四川的五所公立专科学校，即：国学专门学校、外国语专门学校、法政专门学校、工业专门学校、农业专门学校，于1927年8月合并组成了公立四川大学。五校合并后，原来各校遂分别成为公立四川大学的中国文学院、外语学院、法政学院、工科学院、农科学院。公立四川大学不设校长，由各院学长组成大学委员会，公推文学院学长向楚承头。③向楚（1877—1961）字仙樵，辛亥革命元老；著名学者，尤其在文字学、音韵学方面造诣很深；辛亥革命时期担任过重庆蜀军政府秘书长，后又先后做过四川军政府秘书长、政务厅长、代省长等；而且还是成都高师国文系教授兼系主任。无论资历还是学问，向楚都有很高的威望。李劼人对向楚犹如对张澜一样尊敬，后来写《大波》时还曾多次请教。此时公立四川大学招揽教授，多为成都大学、成都师范大学的

---

① 冉云飞：《吴虞和他生活的民国时代》，济南：山东人民出版社，2009年11月第1版，第257页。

② 白峡：《李劼人轶事》，《李劼人的人品与文品》，成都：四川大学出版社，2001年6月第1版，第155—156页。

③ 四川大学校史办公室：《四川大学史稿》第一卷，成都：四川大学出版社，2006年8月第1版，第110页。

名师。李劼人自然便在聘请的名师之列。李劼人当时已有很高的社会知名度，甚至于竟然有人假冒他的名义卖稿。《吴虞日记》1927年1月28日载："邹文奎交报及青木原稿来，今日登完。言温某偷李劼人名片，介绍商务馆卖稿事，李劼人作一文骂之。温某名誉已破产矣。"[①]居然有人偷窃李劼人的名片来做牟利的勾当，可见李劼人在文化界已经有很大的影响。但由于李劼人忙于成都大学教学和嘉乐纸厂的事务，直到1930年才接受了公立四川大学的聘任。

李劼人在国立成都大学和公立四川大学担任专职或兼职教授，甚至后来还在几所中学教过国文，却唯独没有去高师任过教。付金艳《实业家李劼人档案揭秘》说李劼人"同时还在四川省立第一师范学校等高校兼职"，则不知其史料来源于何处？至于李怡为该书所作序言《"杂色"李劼人的人生与文学》一文中，也说李劼人还执教于成都师范大学[②]，则可以肯定是个误会。查阅《四川大学史稿》第一卷，成都师范大学教授名单中并无李劼人。既然回国之初，李劼人就视高师校长傅振烈为"无耻之徒"，他怎么可能与其为伍呢？即使傅振烈倒台后，师大又先后有龚道耕、杨伯谦、周光鲁、宋绍曾任校长，但格局已定，李劼人已在两校任职，还要忙于嘉乐纸厂的事，也不可能再有精力去师大任教。

在成都大学，校长张澜对李劼人颇为信任和倚重。1929年暑期，李劼人受张澜委托，与吴君毅、罗元叔一道出川前往北京、上海和杭州约聘教授。张澜与几位教授还亲自到码头送行。《吴虞日记》6月28日记载："六时起，过君毅，同出东门。至东门外水神寺大码头，李劼人罗元叔已先在。入茶肆茗饮久之，七时半后刘天予、魏时珍始到，少顷表方来。八时上船。予遂雇车归。"

此次出游历时近半年，分两次出行。第一次去北京，时间为三个月，吴虞9月25日记载道："元叔言君毅忙于油大，劼人耽于酒，元叔不能待先行。"

第二次去上海和杭州，仍然耗时三个月。李劼人到上海后却患上了一种叫

① 吴虞：《吴虞日记》下册，成都：四川人民出版社，1986年8月第1版，第340页。
② 付金艳：《实业家李劼人档案揭秘》，上海：上海书店出版社，2016年8月第1版，第1、10页。

"瘰窒扶斯"的疾病。此病在清末称为肠热寒、湿温伤寒、肠伤寒、伤寒热等。实际上就是极其险恶的伤寒症。李劼人刚到上海就不幸患上此病，不得不在医院住了好长一段时间，以致后来成都报纸上有"李劼人十年一病"的说法。[1]

半年外出，纵横数千公里，耗银三千余元。在公干之余，李劼人一行也领略了各地的风俗民情、美食文化，甚至对北京八大胡同的风尘女子也有详尽的观察。这些对他后来的写作都产生了积极的裨益。

李劼人从沪杭回来后，专门请吴虞到家中来品从杭州带回的龙井茶，还详细告诉了他们这次出省游览和花销的情景。对此，吴虞在日记中都有记载。

李劼人在成都大学的几年是很愉快的，但这种生活很快就要结束了。随着三所高校合并的到来和张澜的辞职，李劼人也即将告别成都大学。

从1926年12月至1930年夏，张澜任成都大学校长近四年的时间里，李劼人始终得到张澜的照顾和倚重，李劼人也尽心尽力支持张澜办学，甚至学校的总务课长宋师度也是由李劼人推荐给张澜的。

如今李劼人要誓与张澜共进退。

五、资助贫困学生

作为大学教授，李劼人与学生的关系，也是值得述说的故事。

对于一些寒门出身的贫困学生，李劼人尽力伸出援手，体现了一个教师博大仁厚的情怀。其中他与三个学生的交往最令人难忘。第一个学生是王介平。王介平（1907—1985），字光祥，笔名丐萍，四川泸县人。生前为四川大学历史系教授。王介平早年就读于有革命传统的川南师范学校，1926年，刘伯承策动的泸顺起义失败后，学校被当局查封。王介平失学后，流浪到成都，抱着渺茫的希望给李劼人兼职的《新川报》副刊投稿，因此和李劼人有了书信往

---

[1] 小髭：《李劼人十年一病》，《李劼人研究：2016》，成都：四川文艺出版社，2017年12月第1版，第386页。

来，李劼人对王介平的写作给予了热情指导。生活无着，走投无路的王介平有一天冒昧闯到李劼人家，希望能在报馆找个校对的工作。李劼人告诉他大学毕业找工作都困难，何况是学生。正当王介平绝望之际，李劼人要他报考成都大学，并为他担保以后补交学杂费，吃饭问题则由投稿来解决。稿酬一般是千字五角，但李劼人给王介平是七角。这让处于绝境的王介平终于有了生机。在成都大学教育系读书期间，王介平与同学蒋梦鸿联合翻译了一本英文著作《教育之根本原理》。尽管译文还有些稚嫩，但李劼人基于对青年学生的爱护和鼓励，把译稿介绍给中华书局得以出版，获得了四百多元版税，王介平分得了二百八十元。他用这笔钱，不仅帮父亲还了债，而且得以出川求学，于1931年考入清华大学哲学系。[1]

李劼人对于王介平的帮助并没结束。王介平在北平读书，生活依然贫困。李劼人便将王介平的困境告知了孙震，请孙将军予以资助。孙震（1892—1985），字德操，四川华阳人，老同盟会员，国军陆军上将，热衷乡梓教育事业，20世纪20年代曾创办了四所树德小学，以后又创办了树德中学。孙震是李劼人唯一有交往的川军将领。李劼人写过大量的杂文、时评、小说来抨击军阀的恶行，身为军人的孙震非但不反感，反而仰慕李劼人的文采，意欲认识作者。恰巧孙震的参谋长汤万宇将军与魏时珍是蓬安同乡，李劼人常去魏时珍家，因而认识了汤万宇。经汤万宇介绍，李劼人结识了孙震。这是1927年的事。之后他们成了好友，孙震也成为嘉乐纸厂的重要股东。但此时，李劼人见孙先生热衷于教育，便将一些有前途却又家境贫寒的学生推荐给他。对王介平，孙震表示愿意每年资助两百元。李劼人怕王介平不肯接受，特别在1931年8月27日的信中说："孙先生为人淡泊，待人并不以功利，此足尚也。"对于孙震的资助，王介平感到难为情，所以在1932年6月9日的信中，李劼人继续强调："足下境遇太困，鄙意四川军人为孙德操者，人尚不恶。近顷与谈，大有

---

[1] 王介平：《回忆李劼人老师》，《李劼人小说的史诗追求》，成都：成都出版社，1992年12月第1版，第330—331页。

李劼人于1929年前往杭州为成都大学聘教师期间，在虎跑泉。

见解。其人倘有所助，尽可假用，将来自有力时，本利奉还，此亦人情有可许也。"王介平是一位颇有骨气的学子，境遇稍好点便急匆匆还钱。于是1933年6月8日李劼人又致信王介平，劝他不用着急还账："足下有钱还账，如何不喜！然又甚怪足下硁硁，如何便等不到发财？仆亦未尝不有求尝于足下之心，然今尚非其时，俟之俟之。"李劼人知道王介平的经济状况并未大改观，所以佯装生气。足见李劼人对这位学生的关心。其实从李劼人致王介平的信中看，李劼人没有单纯把王介平视为学生，而是当作知心朋友，他在信中除了谈"钱"之外，也谈自己的工作和生活，包括自己新翻译的作品，家中小儿遭绑架等等。

王介平也没有辜负李劼人的期望，学成后回到家乡，1949年后成为四川大学教授。

与王介平一样受到李劼人帮助的学生还有钟朗华。钟朗华（1908—2005），四川自贡人。自幼家贫，但学习优异，1927年考入成都师范大学。钟朗华认识李劼人是因为写诗的缘故。李劼人在成都大学的学生李之清，是钟朗华在川南师范读书时的同学。李之清把钟朗华写的新诗拿给李劼人看，李劼人大为感动，问起了钟朗华的情况，当得知钟朗华家庭经济困难，还没办法进大学，李劼人爱才心切，慨然答应资助入学费。据钟朗华晚年撰文说，他在成都师范大学文预科读了三年书，都是李劼人先生每月提供伙食费。"李劼人先生的家庭经济并不宽裕，主要靠薪资维持生活。他从自己的生活费中节省出来的钱帮助学生，不只我一人；我是受他帮助时间最长的一个。在我上省的第二年，他唯一的男孩子被匪人绑去，勒索巨款，李先生各方托人，东挪西借，花了几百元才把孩子取回来，家庭经济显得拮据了，但对我的供给从未中断，我每月按时到李先生家里拿钱，有时他外出就由李师母交给我。"[1]

钟朗华深受李劼人喜欢，李劼人虽然没有在师范大学给学生上课，但李、钟二人不是师生却胜过师生。后李劼人辞教职开餐馆，钟朗华主动当堂倌，一时成为新闻。

---

① 钟朗华：《怀念李劼人先生》，《自贡文艺》1980年4期。

钟朗华毕业后，要去外省求学，李劼人又将他推荐给孙震将军，他得到资助，考入青岛大学。九一八事变后，钟朗华因参加学潮被开除，学校也被解散。钟朗华来到北平，老乡曹葆华、何其芳主张他自修。李劼人得知消息，致信王介平转告钟朗华，希望他继续踏实读书，钟朗华遂南下考入上海大夏大学。在校期间，钟朗华主编上海杂志公司发行的校园诗歌刊物《诗经》，得到李劼人支持，并寄了几首古体诗去发表。《李劼人全集》第八卷中收录的《为友人咏情怀》《西月楼》《五言四首》就发表于《诗经》创刊号，使我们得以了解李劼人创作的另一面。

七七事变爆发前，钟朗华从大夏大学毕业，正值孙震军部需要一位秘书，李劼人便推荐钟朗华去二十二集团军。以后随部队南征北战，在报道台儿庄战役滕县保卫战过程中，钟朗华认识了范长江、史沫特莱等中外著名记者，尤其受范长江的影响，思想日趋进步。后来钟朗华掩护了军中地下党，表示想去延安，但党组织负责人告诉他留在军中意义更大，因此他便一直留在了二十二集团军中。

由于钟朗华在抗战中的卓越表现，他被授予国民革命军少将军衔。钟朗华没有辜负老师的期望，在抗击外敌、争取中华民族解放战争中贡献了自己的力量。

抗战胜利后，钟朗华不愿卷入内战之中，遂脱下戎装回到家乡做了一名中学教师。50年代，李劼人与钟朗华还保持密切联系，李劼人热情鼓励钟朗华把抗战中的经历写成小说，并给他开了二十余种参考书目。钟朗华还讲过一件小事：当年他随军出川抗战时，曾将一口书箱寄存在李劼人桂花巷的寓所。十年后，这口书箱还完整地保留在"菱窠"李劼人家中。在经常躲避日机空袭，人的生命都时刻受到威胁的战乱岁月，李劼人也没有忘记学生的这个小小嘱托。难怪已经进入晚年的钟朗华，依然不忘恩师的教导和关怀："我对新文学有了知识，首先是与李劼人先生的教导分不开，我能够到外省读大学及以后参加工作，特别得力于李先生的支持帮助。伟大的作家与伟大的人品相联系……李劼人先生光明磊落，热爱进步，对人对事认真负责，与他忠于写作的精神一致。"①

李劼人学生中最悲情的是青年诗人孙鸥。有关孙鸥的生平，我们今天已难知晓，只能从李劼人的一篇散文中去寻找蛛丝马迹，这便是他为早逝的学生编辑出版的诗集《以泊》所写的序言。孙鸥是成都大学文预科的学生，但李劼人知道"以泊"这个名字却是在编辑《新川报》副刊时，孙鸥以"以泊"的笔名写诗给报馆投稿。李劼人从作品中看出这是一位浪漫的青年，也知道他是个大学生，却并不知道正是自己的学生。终于有一天，孙鸥用"以泊姑娘"之名写的一些爱情诗，让女同学发现了，李劼人才知道"以泊"就是孙鸥。于是他对这个学生便格外关注，劝他少写东西，多读书，把世俗的无聊毁誉看轻些。然而没料到，1929年冬，当李劼人从省外出差回来，却听说孙鸥病逝了。对孙鸥的早逝，李劼人深感痛心，所以当同学来请求李先生编辑孙鸥的诗集时，他不但慨然应允，认为"这总算我与孙鸥在师弟交情上的一件幸事"，而且欣然为诗集《以泊》写下了一篇《余慨》作为序言。在这篇与鲁迅文风颇为相近的文章里，李劼人认为孙鸥的死，社会是有责任的，因为"近几年来，正是中国青年倒霉的时候"。同时，他也为孙鸥的纯洁感到高兴："恭喜他入世尚浅，到底还抱着天真以没！自己没坏，也还未多多受着抵抗坏的痛苦。"从孙鸥的单纯，李劼人联想到另外一些青年，"其危机尚不在走直线，端在学会了他们所不满意的中年人、老年人最不好的坏毛病——含沙射影"②。李劼人这篇文章写得很沉痛，痛惜一位青年诗人的早夭，也痛惜另一些青年的堕落。

———————————

① 钟朗华：《缅怀李劼人先生》，《新文学史料》，1992年第2期。

② 李劼人：《余慨》，《李劼人全集》第7卷，成都：四川文艺出版社，2011年9月第1版，第6页。

第七章

写实的讽刺与幽默

李劼人的短篇小说创作，以留法为界可分为两个时期。第一个时期是"五四"前后，这是作者小说创作的探索期，作品或多或少都带着从晚清黑幕小说和向林琴南翻译小说学习而来的特征。处于新旧过渡时代的作品，难免打上鲜明的时代烙印。

短篇小说创作最集中、也最成熟的时期，是从法国归来后的20世纪20年代中期。较之前期的作品，这一时期的小说，无论思想内容还是艺术创造都有了新的突破和完善。选材上，作者更关注现实人生和小人物的命运；艺术上，作者已能娴熟地截取生活的某一断面作为叙事框架，并充分运用包括心理描写在内的多种现代小说艺术技巧，从而使人物形象更鲜明。

同时，作者早期小说中惯用的讽刺与幽默的艺术手法在这时也得到了进一步的美学提升。

一、由旧到新的创作探索

李劼人是四川现代文学的开拓人，也是中国现代小说的早期探索者。

早于新文化运动三年，更早于文学革命五年，即1912年，李劼人已经作为一个白话小说家正式登场了。关于新文学史第一篇白话小说，学界一般认为是鲁迅发表于1918年《新青年》五月号上的《狂人日记》，这个依据主要来自茅盾在《中国新文学大系·小说一集》的导言："民国七年，鲁迅的《狂人日记》在《新青年》上出现的时候，也还没有第二个同样惹人注意的作家，更其找不出同样成功的第二篇创作小说。"

也有学者提出，新文学最早的白话小说是民国才女陈衡哲以"莎菲"的名字于1917年发表在胡适主编的《留美学生季报》上的《一日》。这是一篇记录留学生一天生活情景的作品，全文以对话为主。作者在作品开头就说"既无结构，亦无目的，所以只能算是一种白描，不能算为小说"。但事实上的确可以视为早期的白话小说。

然而，新文学中还有一位发表白话小说更早的作家，这就是李劼人。他的白话小说《游园会》1912年发表于成都出版的《晨钟报》。

如果一定要把新文学的发生精确无误地界定在1917年2月陈独秀的《文学革命论》发表之后，那么第一篇白话自然是陈衡哲或鲁迅了。但是，一个文学新时代的来临，又岂是能量化到某月某天的？它必定要经历一个渐进的过程。如此，在"五四"一代新文学作家中，李劼人可以说是真正的中国现代白话小说第一人。只因当时的李劼人还不是"惹人注意"的作家，以后又长期不在文学主流话语圈之内，他的最早的白话也就很难为人所知。当然，《游园会》和《狂人日记》比较，前者还带着晚清黑幕小说的尾巴（这从后来的《儿时影》《做人难》中也可看出），而后者则更具有现代小说的意味。因此《游园会》的确离"新"文学还有距离，但它在形式上是最早的白话小说却是可以肯定的。

因此我们说李劼人是中国新文学史上的第一个白话小说家，应该是无疑的。

遗憾的是李劼人这篇处女作《游园会》如今散失了，经过两代研究者的苦苦寻觅，依然没有找到，只能从作者的回忆和阅读过这篇作品的老一辈读者的文章中，方能了解到作品的内容。作者本人曾谈到过这篇作品：

> 我开始写作的时间是一九一二年，那时我还是个中学生。当时四川有个政党叫共和党，是劫夺辛亥革命果实的，很反动。这一年他们为了拉咨议局的选票，就包园（原少城公园）办游园会，请人进去游览，不买票，还有招待……革命后不久，统治阶级还没有足够的精力来压制进步思想。成都一部分进步知识分子，就办了一个《晨钟报》，专门评论当局。我一直对孙中山先生很美慕，对革命抱有很大希望，喜欢看《民报》《神州日报》，和地方报馆编辑也认识，大家也谈得来。报馆鼓励我写文章。我平时爱看林琴南的小说，看多了就引起写作兴趣，只是找不到题目、内容。遇到这个游园会，报馆叫我去采访。我去了，很厌恶，就以《游园会》为题，写了一篇小说，人和故事是虚构的。我写一个自作聪明的小市民，一个刚进城的乡下人，两人游园，一路走一路批评，一路闹笑话。通过两人的对话，以讽刺当时政治。这篇小说有一万多字，分期在《晨钟报》上刊登。①

这段文字不仅有创作的背景，也说明了作品的内容，其中"虚构"之说，表明这确实是小说。

已故文艺评论家洪钟曾对笔者讲，20世纪50年代他还保存着这篇作品，并且读起来依然饶有兴味。而李劼人对自己的处女作直到老年都比较满意。在《谈创作经验》一文中，他就认为后来写的《儿时影》不及《游园会》好，因为《游园会》有他的是非观和见解，有浓厚的感情，写得也容易，也很感染读者。读者与作者的看法究竟如何，由于我们现在无法读到原作，因而不能做出

---

① 李劼人：《谈创作经验》，《李劼人全集》第9卷，成都：四川文艺出版社，2011年9月第1版，第244页。

判断。

"五四"到来之前，是李劼人小说创作的探索期，也是第一个丰收期，除了《游园会》之外，据作者自己说是"写有百多篇"，其中《盗志》就有四十多篇。不过这里所谓的"篇"与今天收集在《李劼人选集》或《李劼人全集》中的短篇的概念略有不同。李劼人最初是在《娱闲录》《四川群报》《国民公报》等报纸上发表小说，版面所限，文字一般不会太长，一个小故事就是一篇，譬如今天人们所读到的《儿时影》就是由若干篇组成。因此当年的"篇"，可能没有今天的"篇"的长度。尽管如此，李劼人早期的小说还是有相当数量的，或许还有一部分潜藏在故纸堆当中，有待研究者去发现。

如今收入《李劼人全集》中的"五四"之前的作品有七篇，它们是：《儿时影》《夹坝》《新新红楼梦》《盗志》《做人难》《续做人难》《强盗真诠》。其中《盗志》是一个由"集束"式短篇组成的长篇，每一篇故事情节相对独立，但各篇的主要人物又是同一人或同几人，由他们来演绎新的"官场现形记"。可惜，这部作品只留下了其中第十三节《官魔》（上）。

上述作品在当年的读者中曾经产生过重要影响。孙少荆曾回忆说："唯有那老懒君的脍炙人口的小说，一名《盗志》，一名《做人难》。这两种小说，是人人都称赞他好得很，因为这是写实社会的缘故。"[①]然而在后来的数十年中，除了极少读者和研究者之外，这些作品几乎不再被人提及，更遑论发现其中的思想与艺术价值了。其实仔细阅读这些作品，不仅能够使我们了解百年前成都各阶层人们的生活状况，也能窥视到一代文学家成长的心路历程。

先来看《儿时影》。原载于1915年7—9月《娱闲录》第二卷1—3期；1980年第5期《四川文学》杂志重新登载了这篇小说，取名为《私塾一日》，让读者大惊，人们方知李劼人竟然在那么早的时期，就写出了既有如此思想内容又很有可读性的小说。

---

① 孙少荆：《1919年以后的成都报刊》，《四川文史资料集粹》第4卷，成都：四川人民出版社，1996年12月第1版，第249页。

这篇小说是李劼人对幼年私塾读书生活的回顾。李劼人很坦诚地说，思想和艺术上都受到了鲁迅文言小说《怀旧》的启发。李劼人是从恽铁樵主编的《小说月报》第四卷第一号上读到鲁迅这篇作品的，对其大加赞赏。但是当初他并不知道这位署名周逴的作者就是后来大名鼎鼎的鲁迅。多年后，李劼人在为纪念鲁迅所写的《遗恨》一文中说："因为当时还没有新文学运动，大家对何谓文学的这个观念还没有成立，因而也没有真正的文学批评，因而这篇《怀旧》也尚没有立时立刻发生出甚大的影响，如后几年在《新青年》刊出的《孔乙己》《狂人日记》《药》……等篇一样，因而我个人虽然能够欣赏得比恽铁樵稍进一步，并且受了它的启示，从而在民国四年五年时，用我自己的语体文，写出过《儿时影》几篇，《盗志》三十几篇。"①李劼人推崇《怀旧》，是看出了这篇小说的不落套，没有桐城派的语调，也没有阳湖派的恶态，很像司马迁《项羽本纪》的手法。李劼人推崇《怀旧》是真诚的，纵观李劼人的全部作品，鲁迅这篇文言小说对他的影响还不仅仅在《儿时影》，在长篇小说《暴风雨前》中也似乎能看出一些痕迹：有关红灯照扑城的描写和郝公馆内廖观音的对话，与《怀旧》中的乡绅们惊恐于辛亥革命，并回忆起从前闹太平长毛的情景就很相似。

　　一篇作家自己并不看重的作品（鲁迅生前并未将《怀旧》编入自己的小说集中），却被另一位作家高度推崇，这是很有意思的文学现象。也由此可见鲁迅作为中国现代文学的一位巨擘，对于中国新文学的影响确实是巨大的。

　　其次在文风上，《儿时影》还保留着早期翻译小说的遗韵。所谓"自己的语体文"，也是作者吸收了古今中外作家的叙事艺术后所形成的。其中明显有林琴南所译狄更斯长篇小说《块肉余生述》（今译《大卫·科波菲尔》）的痕迹，尤其在人物描写和叙事技巧等诸多方面，都深受翻译小说的影响。

　　作品共有五则，每一则人物大致相同，但故事独立成篇，风格上有明显的

---

① 　李劼人：《遗恨——纪念鲁迅十四周年忌》，《李劼人全集》第9卷，成都：四川文艺出版社，2011年9月第1版，第138页。

林译小说的影子。均采用第一人称叙事，具有强烈的纪实性。除了其中第二则是写李劼人小时候在舅父家发蒙读书的情景外，其余的都是以"我"为视角，叙述私塾学堂中老师与学生的种种矛盾冲突，重点刻画了一个野蛮对待学生的冬烘先生的丑陋形象。这个私塾老师长一对鳅鱼眼睛，戴着大近视眼镜，穿的夹衫浸满油污烟渍，其臭难当，脚上趿着云头夫子鞋；他还当着学生们捉虱子并递到鼻尖上赏玩；可一见到钱财便急不可耐，满面是笑，露出一口玉麦黄牙。这样一个肮脏、迂腐、贪婪的老师，对学生却视若寇仇，手段几近残暴，打人的毛竹板子二尺来长，七八分宽，四五分厚，动辄就要和学生的肩臂股腿、头脸手掌"亲热"。此外的惩罚便是罚跪，而且跪的花样繁多，有所谓梅花落地跪，即让犯错最重的学生跪在坚硬又锋利的炭渣上，"不到半点钟时候，那炭渣的锋棱，如利钉一般，直刺人皮里。抵到膝盖骨上，痛彻心府"；有所谓跪独木桥，即令学生跪在一根酒杯粗的连皮青冈木棍上；最轻的罚跪谓之"走马川"，就是跪平地。这样一个把心思放在如何惩罚学生上的老师，能够有多少的真才实学呢？所以作者给他取了个绰号叫"蛮子老师"。这"蛮子老师"惩罚学生不问青红皂白，犯错的固然要打，没犯错的也要打，理由是为何不告发那些犯错的，打完之后还要骂一声"蠢才"。

李劼人几乎是用愤怒的语言在控诉蛮子老师野蛮的奴隶式教育，说"若一一写出，恐罄南山之竹"。于是一群孩童积极的或消极的反抗都具有充分的合理性，诸如集体逃学，诸如背书作弊等。

作品中写到的几个学生，也是各有特征，姓戚的表面最善于孝敬老师，因此挨打最少，背书却作弊；姓张的同学作弊更是有板有眼，教得大家"背起熟书来，果无一人似从前那般艰难"。另一个绰号"竹竿子"同学则对老师进行了报复，晌午趁老师去吃饭时，叫一个补烂碗的在老师的眼镜上钻了五个大洞。结局当然凄苦，全体同学均少不了每人三十大板，"竹竿子"当然更甚，而且赔了眼镜。学生中还有个绰号叫"哭生"的，是李劼人精心设计的一个文学形象，他长得眉清目秀，十分可爱；他诚实，从不参与作弊，也不搞恶作剧；他人很聪明，大家都对不出的一句对子，他张口就说出了下句。但老师对哭生却总看不顺眼，总是常常打他，甚至一件连错误都算不上的小事，也会将他腿上打得无一处不是半分高的板子痕。哭生每次挨打都不吭声，也从不告饶，他的坚韧，给读者感觉是沉默，沉默，不在沉默中毁灭，就必将在沉默中爆发！

《儿时影》的最后一则意味深长，年假即将过完，李劼人借"我"之口无不痛苦地感叹道："正月二十便是开学之期，又将进学堂受罪了，这如何是好！呵呀！如何是好！"鲁迅在1918年写的《狂人日记》中发出了"救救孩子！"的呼喊，李劼人则在1915年写的《儿时影》中，直接替孩子们发出了血泪的控诉。鲁迅所指出的"吃人"，在《儿时影》中已经被淋漓尽致地体现出来。"五四"前毫不相干的两位作家，竟不约而同地将批判的锋芒对准旧礼教旧教育制度，这绝不是偶然的。这是经历过"吃人"场景的时代觉悟者才有的猛然惊醒！

《儿时影》的思想启蒙价值过去一直被低估，今天我们应予以公正的评价。

《盗志》也是受到林译华盛顿·欧文作品《旅行述异》的启发写成的。李劼人说《旅行述异》："这部书对我的影响很大，我就学习他的写法，把我所见的社会生活，写成一些短篇，总的篇名叫《盗志》，揭露官场黑暗。"[1]非常遗憾，这组作品在《李劼人全集》中只搜集到一篇，但也足以管中窥豹。现存这篇《官魔》（上），讲述的是二次革命时期，革命党人姚紫卿到江安县运动县知事黄汲荫反正，因这位黄汲荫既是姚紫卿的亲戚又是同学，姚紫卿满以为十拿九稳。却不料，黄汲荫是袁世凯的忠实走狗，做梦都想捉拿革命党人。但黄汲荫又是一个十分狡猾的家伙，碍于他与姚紫卿的关系，他并不亲自出面捉人，而授意警察局张老爷动手。可怜革命党人姚紫卿到死都不知被出卖了，还一心盼望黄汲荫来救他。作品通过姚紫卿的轻率行为，婉转批评了革命党人的

---

[1] 李劼人：《谈创作经验》，《李劼人全集》第9卷，成都：四川文艺出版社，2011年9月第1版，第246页。

幼稚，更揭露了黄汲荫之流为一己私利不惜出卖亲友的丑恶行径。

《做人难》《续做人难》是两篇讽刺小说。前者使用的是第三人称叙事，后者是第一人称叙事。写一个小官吏内热翁的拼命投机钻营，趋炎附势，如变色龙一般的官场人生，并通过他的视角进一步揭示官场的腐败、黑暗。作品背景是反袁护国时期，掌权的地方军政大员朝秦暮楚或变化不定，内热翁为巴结逢迎，往往要揣摩上司内心，一旦弄错了，就诚惶诚恐自己的命运。所谓"做人难"就是内热翁之流在变幻莫测的官场上常常感到无所适从的苦恼，以此折射出了当时社会的动荡不宁。清末的官场，李劼人少年时就近距离观察过，民国初年，李劼人又跟随做县知事的舅父在泸县、雅安当过两年多教育科长，对官场的生态和官员行为可谓了如指掌。那内热翁的所为很难说没有李劼人舅父的影子。

《做人难》《续做人难》是写做官吏的"为难"，《强盗真诠》则是直接描写了兵匪横行给人民带来的灾难。一群土匪改编的军队在乡场上捉了"强盗"，百姓则要出大笔犒劳费，军队回到城里，享受了民众供奉后，因不服上官编制，司令便摇身一变恢复了土匪本性，将平日惯用的"变、抢、逃、待"四个字一一落实。司令才淫掠而去，剿匪的大军又开来了，人民照例又得重金犒劳，收钱之后，团长并不出城剿匪，说是要招抚，百姓还得缴纳招抚费。团长将截留后的招抚费送给城外的匪军，司令依然不进城整编。这一来，双方对峙，李劼人无可奈何地写道："人民究竟怎样过日子，那是下一篇里面的事。"兵匪实为一家，百姓怎么过日子，这哪里是李劼人能回答的问题。

《强盗真诠》写出了民国早期的社会乱象，揭示了军阀横行所造成的民不聊生的局面。

《夹坝》是李劼人早期创作的一篇文言小说，语言精练，写人写景都生动传神，颇有传统笔记小说的特征。这可能是根据他在康藏边地雅安任职时的所见所闻创作的。作品写英国人巴白兰和他的汉族翻译、蜀士吴伯平在川藏边的巴塘与芒康间旅行的一段经历。"夹坝"系藏语强盗之意。巴白兰在与吴伯平的对话中，高高在上，藐视一切，从胯下的马匹到人，均是欧洲至上。当听说有强盗出没，巴白兰颇不以为然，"弱者稚者，诏以鞭"，"以吾英人皮鞭之利，任何狡人，亦可使其驯服若狗，初不仅藏奴为然也！""强而悍者，诏以枪"。巴白兰以为手中有鞭子和枪，便英雄无敌。可是当强盗真正袭来，刚才还强大无比的巴白兰却惊吓得魂不附体，"伏于地长号"，连短枪也丢到了数尺之外；明明毫发未损，却声称自己已经中了强盗的长刀。可见已经惊恐万状。倒是那些运货的西藏人面对强盗无所畏惧，拼死抵御，才保证了巴白兰一行人员与货物的安全。

《夹坝》通过对比性的描写，给予天生优越的西洋人以莫大的讽刺。这篇作品出现在"五四"新文化时期，当西方文化正成为潮流而被全盘接收的当口，作者逆流而行，自然有其特殊的意义，说明作者的思考已经到达了一般新文化倡导者还不曾想到的维度甚至高度，而作品在叙事上采用文言，似乎也不是单纯的为怀旧。

《新新红楼梦》是仿《红楼梦》章回语体写的小说，人物是《红楼梦》中的原班人，故事也发生在荣国府。李劼人在当时究竟写了多少回这样的作品，现在不得而知。如今我们能读到的这一回名叫"王熙凤养病大观园，李宫裁代理荣国府"，发表于1916年9月12日—20日的《国民公报》上，署名老懒，全文无标点。2010年，为编辑《李劼人全集》，我专程前往国家图书馆搜集这个作品，因报纸残缺，只找到这一回。当时阅读之后，甚是惊讶，李劼人也能写这样的作品！

这类作品很可能是李劼人当年的"实验性"写作。不过，这种作品除了让我们看到李劼人青年时代小说创作的多种探索之外，本身的文学价值并不大。

辛亥革命后至"五四"前夕，是李劼人小说创作的第一个高峰时期，也是创作的探索期。尽管现在我们读到的仅仅是他早期作品的一小部分，但仍然能从中看到他探索时期的创作风貌。评价这些早期作品的成就，如果单纯以今天的理论视野去打量，可能会失之偏颇。纵观20世纪初期中国文坛，尤其从当时小说创作的格局中去两相比较，李劼人早期小说的价值和局限可能会更一目了然。

李劼人早期小说的探索期，恰恰是中国小说从旧到新的过渡期，也是一个混沌期。西方诸多现代小说从清末时输入中国（以林纾的翻译为代表）以来，到此时已经有一二十年。加之梁启超提出"小说界革命"后，认同"欲新一国之民，必先新一国之小说"①的人愈来愈多。小说这一过去不入流的文体，一下被提高到了文学艺术殿堂的顶端，因此，读小说和写作小说成为当时文化人的一项雅事。小说广泛的读者市场，激励作家们大量地创作小说。然而，在新文化运动前的七八年时间里，中国能够称得上现代小说的作品却很难见踪影，占据小说界显赫地位的不外几种倾向。罗家伦1919年以"志希"的笔名在《新潮》杂志上发表了一篇题为《今日中国之小说界》的评论，归纳了当时小说界的几大流派："第一派是罪恶最深的黑幕派"，《中国黑幕大观》《官场现形记》《留东外史》等就属于这派；"第二派的小说就是滥调四六派"，著名小说家徐枕亚的《玉梨魂》《余之妻》，李定夷的《美人福》等就是这派；"第三派的小说，比以上两种好一点的，就是笔记派"，这派又分为言情的、神怪的、技击的、轶事的。罗家伦只对这派轶事的略有好感，如《袁世凯轶事》《黎黄陂轶事》《左宗棠轶事》等"或者可以灌输人民一点'掌故知识'"②。罗家伦这篇评论可以说基本概括了当时中国小说创作的客观现状。在这几派小说中，最盛行的就是第二派，史称鸳鸯蝴蝶派，又称礼拜六派。他们的代表人物除了鼻祖包天笑之外，徐枕亚、李定夷等人年龄都比李劼人小，但名气却大得很。这些浪子加才子们创作的小说，除了柔靡香艳，矫揉造作，千篇一律的花月风情之外，有谁关注过社会与民生疾苦？这批作家不过是脱离人民大众，躲进象牙塔中制造香艳故事的写手，终究不能跨进新文学的门槛。相反，在泛滥的小说浊流之外，此时正淌过一股清流，这股清流就是后来成为新文学作家的那批人，周逴（鲁迅）的《怀旧》，叶匋（叶圣陶）的《穷愁》等小说就肩负起了小说应有的责任。不过，此时的这些

①　陈平原、夏小虹编：《二十世纪中国小说理论资料》第1卷，北京：北京大学出版社，1997年2月第1版，第50页。
②　严家炎编：《二十世纪中国小说理论资料》第2卷，北京：北京大学出版社，1997年2月第1版，第67—69页。

作家作品还处于开创新潮流的初期。

李劼人的早期小说创作正是在这个背景下进行的。但是我们欣喜地看到，虽然李劼人也深受时代的影响，却没有落入浊流的窠臼，而是自觉地加入了创造新潮流的开拓者行列中。可以说在"五四"前，李劼人作为未来著名小说家的基本美学品格已经初步形成，因此他早期的小说便已经具有现代小说的新特征。

什么是新文学？李大钊明确回答："刚是用白话作的文章，算不得新文学；刚是介绍点新学说、新事实，叙述点新人物，罗列点新名词，也算不得新文学。我们所要求的新文学，是为社会写实的文学，不是为个人造名的文学；是以博爱心为基础的文学，不是以好名心为基础的文学；是为文学而创作的文学，不是为文学本身以外的什么东西而创作的文学。"①不过，这个写实的文学又与黑幕小说的写实有本质的区别。在新文学作家看来，黑幕小说算不得好小说；周作人甚至认为，黑幕小说根本不是小说，他的理由是，黑幕小说中没有作者的人生观："试问那班黑幕家的人生观如何？""倘说只要写出社会的黑暗实事，无论思想如何，却是新文学好小说，那么中国小说好的更多，譬如《大清律例》上的例案与《刑案汇贤》，都是事实，而且全是亲口招供，岂非天下第一写实小说么？"②周作人的小说标准，简单概括必须是"人的文学"。

以上述标准来打量李劼人早期的小说，"新"文学的因素是贯注其中的。作为新文学史上最早使用白话写作的李劼人，其早期作品不仅用白话写作，更重要的是他以"社会写实"跨入了中国现代作家的行列。

鲜明的现实批判意识，这是李劼人早期作品的意义之所在。

在短篇小说艺术上，青年小说家李劼人也做了有益的探索。"五四"新文化运动之前，能够与西方文学相较的现代短篇小说，还不是中国作家得心应手

---

① 李大钊：《什么是新文学》，《中国现代文学运动资料摘编》，北京：北京出版社，1985年1月第1版，第51页。

② 严家炎编：《二十世纪中国小说理论资料》第2卷，北京：北京大学出版社，1997年2月第1版，第75页。

的体裁，即使到文学革命后，也尚不完全成熟。1921年1月9日，《申报·自由谈》就发表了张舍我的《短篇小说泛论》，认为当时的短篇小说"其病在于受笔记体与杂志体、传记体等文章之毒，而与短篇小说混为一谈"[①]。这里所谓笔记体，当然是指魏晋以来就有的笔记小说，而传记体则是指由长篇小说压缩成的短篇小说。正因为短篇小说的艺术结构、人物塑造等叙事方式尚未被多数作家掌握，所以才有理论家对短篇小说进行专门的理论总结。清华小说研究社1921年出版了一本《短篇小说作法》，从短篇小说的性质、结构，包括种类、选题、布局、述法、人物、标题等方方面面给予了详细的理论阐述。在这本书中，短篇小说被明确界定："描写某事某人某物最精警的一段……容载的人物少而简……只写一桩事或一桩主要的事情。"[②]从这个理论出发，我们回头看李劼人的早期小说，基本上是比较标准的短篇，人物少，故事只是截取生活的某个侧面或某一件事，《儿时影》《做人难》《强盗真诠》均是如此。

然而，李劼人早期小说创作毕竟处于古典文学向现代文学转换时期，在新旧嬗变交替的过程中，其创作从思想内容到艺术构建，都不能不受到时代的局限和制约，虽然他接受西方文学较早，但国内的文学潮流也时时在影响他。譬如《做人难》《续做人难》的黑幕味就很浓，《盗志》的笔记痕迹也重，这些作品明显地受到了《官场现形记》等流行小说的启发和影响。另外，《娱闲录》特定的风格要求对李劼人早期短篇小说的文风也产生了"规范效应"。《娱闲录》在创刊之初就表示，"在这样一个动荡不堪的世界里，对社会和政治的直接针砭太过危险。妙语评论和幽默比严肃的论文在促使人们睁大眼睛看清现实方面更为成功"[③]李劼人的小说最初能发表出来，正是因为他的文风契合了《娱闲录》的办刊要求，但之后写得多了，也就形成了作者创作风格的一

---

① 严家炎编：《二十世纪中国小说理论资料》第2卷，北京：北京大学出版社，1997年2月第1版，第100页。

② 严家炎编：《二十世纪中国小说理论资料》第2卷，北京：北京大学出版社，1997年2月第1版，第109页。

③ ［美］司昆仑（Krisin Stapleton）：《巴金〈家〉中的历史——1920年代的成都社会》，成都：四川文艺出版社，2019年6月第1版，第52页。

部分。李劼人短篇小说中惯常使用的夸张修辞手段，以及幽默、讽刺文风的形成，正是作家与报刊共生契合的结果。

李劼人早年受林译小说的启蒙，尤其英国小说家狄更斯的《块肉余生述》和美国作家华盛顿·欧文的《旅行述异》对李劼人早期的创作影响至深，使其无论在取材还是人物塑造，抑或是叙事风格等诸多方面，都留下了鲜明的烙印。但李劼人并没有生搬硬套别人的叙事技巧，而是融会贯通，最终把外国文学的营养化成了早期中国文学的一部分。

如果从思想到艺术评判，我认为，李劼人这时期最好的作品当是《儿时影》《强盗真诠》，无论从"人的文学"出发还是社会批判精神，他们都称得上是中国新文学前夜真正的现代小说。

二、短篇小说大收获

川报馆被强令关闭后，李劼人又一头扎进了书斋。此后直至30年代初期的几年时间，是李劼人写作最勤奋的时期，创作了一大批作品，尤其短篇小说技艺已十分成熟，是其文学创作的一个大丰收期。

这一时期，在很短的时间内他竟然先后两次被逮捕，内心十分激愤，使他更进一步认清了军阀统治下社会的黑暗面，他以老懒、懒心、吐鲁、云云等十个多笔名，先后发表了一系列揭露、讽刺军阀们横征暴敛和人民痛苦生活的散文、杂文。但由于当年报刊资料的缺失和一些笔名的失考，《李劼人全集》散文卷所收入散文、杂文可能仅仅是其中一部分，但即使如此，我们依然能看出李劼人当年的文风和字里行间所透露出的性格秉性。这些作品有散文《正是前年今日时》《游嘉杂记》等。

前者是一篇随笔，写作者留学法国时在各地的所见所闻，尤其以自己亲身经历的人与事，对法兰西物质与精神文明表达了热情的称赞。后者是一篇游记，是游览嘉定（乐山）大佛时的所见所思，由"大佛的脸""题壁""名实两致的钱钞"三部分组成，均是描写军阀战争给这座城市造成的种种破坏。文章一开篇矛头就从袁世凯、张宗昌直指蛾子般爆发的四川军阀，连年军阀混战，连大佛也难幸免，佛脸即使套了面套，左眼还是被炮火打了一个窟窿；景区楼阁的粉墙上则到处题有军人别字连篇的狗屁诗；嘉定的币值更是比省城还混乱，造币厂、铜元局都乡村化了，货币的价值也就大打了折扣。《游嘉杂记》与其说是"游"，不如说是"记"。真实记录了军阀给嘉定造成的破坏。

李劼人的散文最大的特征是直抒胸臆，与一些无病呻吟的"美文"相比，他写景状物总是密切联系社会的现状，大有借他人酒杯浇心中块垒之意。李劼人是一个社会责任感极强的作家，他并非写不出纯粹的美文，而是黑暗的现实促使他必须把每一篇文字都作为社会批判的子弹。

如果说散文是李劼人社会批判的子弹，那他的杂文则是抛给军阀们的炸弹。

且看那些文章的题目就已充满了火药味。《唉！讲演》简直是一篇幽默的小品，写杨森占领成都后，手下比蚂蚁还多的"新人物"四处组织演讲，讲演者像教习在给学生上课，听众却以为是卖臭虫药的走方郎中。《可恶的话》以传教士的口气写中国人的愚昧落后，实际上是作者有了东西方文化对比后，对于中国文化的反思。《此之谓武力民众化》直接批评军阀杨森"一发言，一动作，无一不是《笑林广记》上的资料"，顺带也不忘点一下那拨洋秘书的名。《饥兵政策》批评杨森之流的军阀疯狂搜刮民财，却又对士兵大肆克扣，伙食采取"两稀一干"手段，荒谬的理由是猫吃饱了就不抓老鼠，士兵饥饿才有战斗力。

1927年是充满血雨腥风和动荡不安的一年，原本在大革命中密切合作、并肩战斗的国共两党在这一年反目成仇，分道扬镳了。在四川，军阀刘湘、王陵基竟然在上海"四一二"政变之前，就制造了"三三一"惨案，随后又枪杀了中共重庆地委杨闇公、冉均等领导人，积极配合了即将到来的国民党的反共行动。"四一二"政变发生后，上海的共产党人被国民党大肆逮捕、处决，李劼人的好友、少年中国学会的同志赵世炎也在不久后被捕并遭秘密杀害。当时，李劼人并不知道赵世炎已经牺牲，但是他看到遍地腥风血雨，他的心中是悲愤的，写了大量的杂文、时评，抨击当局和军阀的暴行。他的文字从不闪烁其词，常常指名道姓，从北洋的袁世凯、段祺瑞到国民党的蒋介石及四川地方军阀的名字，都能在他的时评中看到。

李劼人此时对于新旧军阀们的本质已经有很清楚的认识。他的杂文批判矛头已经不局限于杨森，而是从北洋政府到南京政府及地方的大小军阀。《内乱也有好处》是正话反说，历数自清末以来，中国军队在武器装备上的进步，乃是军阀混战，社会内乱的结果。《今日！今日！》写孙中山逝世后，各路大小军阀与政客们的投机行为。《我觉得稍有不同的今年国庆日》，先写北伐军占领武昌后社会出现的新气象，希望蒋介石要真正打破旧军阀的独裁才好，但很快就发现蒋介石"完全成了海陆军大元帅，连所谓政府也者，也成了他们的附属品"。可见批判的意识十分鲜明。下面这段话看出李劼人的政治敏感：

> 就是在民国十三年改组前的国民党，也是坏在一种认议会制可以解决一切；把十八世纪在欧洲盛行，而现在已不大中用了的旧制度，想完全拿到二十世纪情形不同的中国来应用，所以应用一次，便失败一次，然而失败之后，老是莫名其妙，直等俄国的新方法见了成效，然后才恍然知所取法，这岂不是很可怜的事吗？……所以我去年在《新川报·副刊》上作过一篇纪念文中，曾说："蒋介石——那时还不称他的号——要真正打破军阀独裁的积习才好，不然，这回的革命恐防又有点令人惶恐了。"

李劼人的杂文和散文一样直抒胸臆，对于批判对象一律直呼其名，剑指其人；语言多采取揶揄、讽刺、挖苦、嘲笑，在幽默的字里行间，使军阀社会的丑恶嘴脸暴露无遗。这种文风既体现李劼人耿直、无畏的性格特征，也构成了他这一时期所有作品的整体风格。

这一时期最重要的创作成就是短篇小说。

李劼人一生所写的短篇小说集中在两个时期，一个是在留法之前，即"五四"时代；另一个在留法归来后，即20年代。这一时期，李劼人十分勤奋，有时一个月之中就要发表二至三篇，从而形成了他短篇小说创作的第二个高峰期。此时作品不仅多，而且质量上乘，技法娴熟。收入《李劼人全集》第六卷中的中短篇小说共计二十六篇（包括两篇存目），其中20年代的作品就占了将近一半，它们是《大防》《只有这一条路》《捕盗》《失运以后的兵》《编辑室的风波》《湖中旧画》《棒的故事》《好人家》《请愿》《市民的自卫》《对门》《兵大伯陈振武的月谱》共计十二篇。

上述作品分别发表于上海的《醒狮周报》《文学周报》《东方杂志》《北新》等刊物。这些作品除了《湖中旧画》是写少年时"我"扶父亲灵柩回川的故事外，其余篇目都是社会写实作品。从内容上看，可以分为两类：一类是现实批判叙事，另一类是乡村叙事。前者直接揭露军阀的黑暗统治和军阀们的骄奢淫逸；后者揭示乡村残酷的宗法制度与腐朽恶习，思想上是对"五四"精神的承袭，艺术上则是四川乡土文学的开型。

因此，较之于"五四"时期的创作，李劼人此时的短篇小说无论思想内容还是艺术创造，都有了新的突破与完善，尤其是叙事结构方面，由早期注重情节的起伏跌宕转向了人物性格塑造与内心刻画，叙事风格也从过去的漫画式转向了绘画式。

"五四"时期的作品，尽管也关注社会矛盾，但更多的是搜寻记忆中的素材进行创作，如《儿时影》《做人难》等等，即使是《强盗真诠》《捕盗》这类作品，所包含的笔记、野史的成分也很重，对现实题材的关注度并不够。而如今的这批短篇小说，最大的特征就是关注社会当下，直面严酷人生，透露出作家强烈的批判意识和忧患意识，具有现实批判叙事的鲜明特征。所谓现实批判叙事，就是把当下正在发生的事和人的行为以生动的小说形式表达出来。

民国以来，四川实行防区制，军人由辛亥时期的数万人，十余年中增加至数十万，省内军阀割据，你征我伐，连年混战，给人民造成了深重的灾难，也严重伤害了四川的人文环境。作为一位满怀良知的写实作家，他不能不强烈地关注现实人生。因此，李劼人笔尖首先对准的便是大小军阀们的罪恶以及军阀制度对于普通人民身心的戕害。

对军阀及其军阀制度的无情揭露与深刻批判从三个层面上展开，其一，直接揭露军阀们的荒淫无耻，暴露他们的丑恶面目；其二，关注军阀统治下普通人的命运，尤其是妇女的不幸遭遇；其三，揭示军阀制度对善良人的腐蚀和对社会道德认知的摧毁。

直接描写军阀横行霸道的有《编辑室的风波》《大防》。前者是以《川报》被查封和自己被抓捕作为素材而创作，有很强的非虚构性；而后者则直接揭露了军阀头目的丑恶言行。小说中那位"大大的军爷"，满口新文化新道德，已经娶了八房姨太太，如今又打起了八姨太同学——一位求助于他的女子淑贞的主意。淑贞小姐的父亲本是川南一大地主，因兵匪一再勒索，便搬进省城隐居，结果又被当土财主敲诈。地主一气之下，遂大把使钱，捐了个不论军功的团长，也干起了军阀的勾当。却不料，螳螂捕蝉黄雀在后，待他捞得差不多了，他的团部被司令裁撤了，人也被抓来关起。司令放话，要赎人，需得十二万大洋。女儿情急之中，通过她平时最鄙视当八姨太的同学找到那位"很大的军爷"求助，淑贞的美貌外加一番美妙的言辞，早已让这位"很大的军爷"动心，更何况她还暗示自己要以身相许。"很大的军爷"自然是欢天喜地，立即下了放人的命令。当他正做梦要纳淑贞姑娘为九姨太，为他"多多传些优秀的种子"时，手下人却发现，淑贞一家早没了踪影。"他大怒了。以他堂堂一位大……大……如此大的人物，竟被一个女子玩弄得像耍猴戏似的，岂不丢人！"于是他想到，男女之间实在不该太自由，而委实应该规规矩矩。如此便产生了"新道德建设论"。凡违背这新道德的一律被视为"犟神"[①]。又于是"很大的军爷"亲自带着士兵上街去抓"犟神"，只是不久他又开始了南征北战、东荡西平的大工作，他新道德新文化也随着他的离去而消沉了，留给成都的只有男女之间这道"大防"。李劼人对这个军爷的讽刺真是辛辣而深刻！

显然，《大防》也是根据真人真事创作的一篇讽刺小说。那位大军爷正是军阀杨森，而背景还包括了成都大学校园内发生的"师生恋爱"风波，教师舒新城差点被捉去处死。

对于普通人命运的关注，如《市民的自卫》，写兵祸给人们造成的灾难，

---

① 犟神：四川方言，指游手好闲不务正业之徒，或二流子、市井无赖之流。

导致人人都患上了恐惧症。《对门》则写的是军官淫威下女人的悲惨命运。颜旅长这个"小军爷"与《大防》中那个"很大的军爷",正好给旧军阀拍了一幅"标准照",《对门》可以视为对《大防》的一个补充叙事。不过,《对门》的视角却有些特别,它以寡妇石太太的眼睛来看对门邻居颜太太命运的斗转骤变。这颜太太是颜旅长的三姨太,人长得并不漂亮,已嫁过三次人,还做过两年暗娼,靠颜旅长发迹之前的老情人推荐,被颜旅长纳为三姨太,顿时风光无限,周身穿金戴银、珠光宝气,富贵十足;出门或乘车或坐轿或骑马,勤务兵、丫鬟、老妈子前呼后拥,威风凛凛。看着恃宠而骄,高高在上的颜三太太,惹得邻居石太太慕荣羡富的心直发痒痒,恨不得将自己的女儿也嫁给旅长当小老婆。结果突然有一天,对门的情况发生了翻天逆转,颜三太太一行人不但被刺刀戳得满脸是伤,还差点被当众枪决,三太太求饶后虽暂时逃过一劫,却最终还是不得好死。这篇文字不长的小说,叙事很有特征,以侧面描写的方式,通过对比、烘托,写活了一组人物,石太太、颜三姨太、颜三姨太的干妈罗胖婆等,最重要的颜旅长,虽未正面写一字,却已将其面目充分地活脱脱地画出来。这篇小说表面看写的是女人的故事,深层却是揭示军阀的荒淫与残忍。

除了直接揭露军阀的丑恶嘴脸和军阀战争造成的社会危机外,李劼人从更深层面上看到军阀制度对于普通人的腐蚀与毒害。《只有这一条路》写隐士张肯堂满心希望儿子张桂荪中学毕业后,可以弄个官费出洋留学,谁知张桂荪暑假回来,便称不愿再去学那《经史百家杂钞》,即使毕了业也没有用,永远不会发达。所以张桂荪要去报考军官学校。注重传统学而优则仕的张肯堂遂与儿子产生了冲突,张桂荪脑子中却像过电影一样反复上演着当军官的好处,数不尽的票子、华丽的房子、成群的老婆;还有大大的权力,"二指宽的条子,写一张就一个县知事",想啥就有啥。最后,张桂荪与同学商量的结果是,只有报考军校一条路了。延续中国几千年的读书人的人生价值观竟在军阀制度下土崩瓦解了。

《兵大伯陈振武的月谱》是另一类人的从军路。青年农民陈老三在农村实在生活不下去了，便在路边去做"加班匠"，即做长途轿夫替换的"零班轿夫"。然而，由于军阀混战，加班匠也做不下去了，加之母亲和妹妹都已经饿死，走投无路的陈老三被迫去当了兵，顶替了被打死的陈振武的名字。之后陈振武跟着老兵油子学会了敲诈、嫖娼、赌博、抢劫、拉夫、调戏良家妇女等种种恶行，当然也经历了杀逃兵和打仗等事情。后来军队打了败仗，刚发了点战争小财的陈振武以为可以去做小生意，不料钱财又被团防兵搜刮了去，陈振武再次还原为陈老三。但是已经尝到了当兵"甜头"的陈老三最终决定还要去当兵，在他眼里，当兵是唯一的出路。这一点，他竟和张桂荪的观点惊人一致，唯一的区别是张桂荪是当军官，有权力，而对陈老三这样的穷人来说，则当兵后"一是吃穿不焦心；二是在营门内受长官的气，出了营门便是人家受我的气；三是找钱容易……"一个淳朴的青年农民，在几个月的时间里，因为军阀部队的浸染，竟堕落成一个坏事无所不为的烂兵油子，足见军阀制度对人的摧残。

与上述作品类似的还有《失运后的兵》。这是《兵大伯陈振武的月谱》的姊妹篇，写张阿六、陈老幺被军阀部队抓去当了兵，更名张占春、李得胜，作为炮灰送上战场，失败后成为祸害地方的"烂兵"，差点被袍哥民团抓住杀掉。

乡村叙事，描写的是农村宗法制社会中的人生状态与命运，是李劼人这一时期创作的新拓展，也是新亮点。像《好人家》《棒的故事》这类对成都农村社会有生动描写的作品，在李劼人之前还没有过，它们堪称四川乡土文学的经典之作！尽管这类乡村叙事作品篇目不多，但它们创作时间早，为李劼人后来文学名著《死水微澜》的乡村叙事奠定了基础。遗憾的是这类早期的短篇小说很少被现代文学研究者纳入其研究视野。

《好人家》以第一人称的观感写成，可能是李劼人根据自己某一位亲戚的故事创作的。新都县大财主赵幺粮户，因家产分配不公，吃了兄长官司。赵幺粮户死了娘子，便和风骚寡妇勾搭，一心想娶进门来做姨娘，却遭儿女反对，只好将一个蠢丫头收了房。但赵幺粮户并不满足，将家搬进省城后，开始访暗娟，抽鸦片，结果被警察局抓去坐了几天牢。民国成立后，各处组织公口，赵幺粮户受两个袍哥大爷"栽培"，以抛撒大量钱财招待兄弟伙为代价，自己也风光了一阵。不料，两个大爷很快被政府就地正法了，赵幺粮户只好退隐，叫两个儿子也退了学，"读书多了不但无益，说不定还会惹些怪事！"赵幺粮户全家就这样躲进自己的小天地，过起了怡然自得的地主生活。几年后，当"我"再次来到这个好人家，看到的依然是天不变道亦不变的景象，小有不同的是烟枪多了一支，两个儿子抽成了大瘾，两个少娘子也学会了烧两口，而赵幺粮户则走到放高利贷的路上去了。

作家对于这种所谓"好人家"的批判倾向是十分鲜明的，指出："像这样的人家，正是社会的柱石。要是没有它们，就没有这么多年的内乱，而一般社会也不致永远停顿在十八世纪，而大多数的民众也不致憔悴呻吟得如此利害，顶少数聪明才智进步有为之士，亦何致横尸原野，为一般暴君和一般糊涂虫称快哩。"这已经涉及对于国民灵魂劣根性的拷问。《好人家》并没有大起大落的故事情节，赵幺粮户也并非恶人，但这个储藏鸦片都可以抽几代人的"好人家"，恰恰包含着极大的平庸、保守、腐朽和自私。"好人家"的"好"正是鲁迅先生所批判的"无声的中国"，"无事的悲剧"。李劼人很敏锐地看到了中国民众中这一悲剧的现象，这是他思想意识的一大进步，也与他留学法兰西，深受西方文学的熏陶分不开。

《棒的故事》堪称李劼人这一时期短篇小说成就最高的作品，无论思想性还是艺术性都达到了一个崭新的高度。作品写的是发生在成都农村的悲剧：何老太的独生儿子何九如在城里读书，恋爱上了梁姑娘。而何老太则一心要儿子娶她的内侄女有珍。但何老太拗不过儿子，连前来为自己妹妹说亲的表哥张阿三也被何九如骂了回去。何九如迎回了自己心爱的人，何老太却对儿媳妇何少娘子百般不顺眼，最终由厌恶发展到仇视。何九如到外地去读书之前，嘱咐爱人暂且忍耐。何九如离家不久，早年就丧父失母的何少娘子又因瘟疫死了兄嫂，梁家最后的亲人也没了。何老太见儿媳回城料理兄嫂后事竟还要梳妆打扮，顿时疑心大发，后听人说儿媳与药材行小老板有染，辱骂儿媳的话更加不堪入耳。一天，张阿三、有珍到何老太家，婆媳之间又发生了口角，张阿三非但不劝阻，而且火上浇油，姑侄顿时起了杀心，何老太早就想置媳妇于死地，而张阿三则因妹妹不能嫁入何家而生恨，又欲报何九如曾叫他"滚"之仇，于是一顿乱棒将何少娘子活活打死。何九如得知爱人惨死，要提刀报仇，长工劝阻道："你杀人要抵命的，人家杀你的人，是不抵命的！"这就是当时成都农村的残酷现实，也是宗法制中国乡村的普遍现象。

有关何少娘子的"罪行"，何老太仅仅是"隐约听得"两个"据说"，就敢下如此狠手。从表面看，这是因婆媳矛盾引发的血案，实际上则揭示了宗法制农村的野蛮与残忍。何老太、张阿三固然是凶手，但他们之所以胆大妄为，是因为其背后有延续两千多年的传统礼教。张阿三手握的不仅是青冈棒，而且还有专制制度这根精神大棒。他们打死了人，自己还站在道德制高点上。这是何等黑暗的现实！

《好人家》《棒的故事》是20世纪20年代四川乡土文学的杰作，即使放在整个新文学史的背景中观察，这两个作品也堪称优秀之作。

"乡土文学"是20世纪二三十年代中国新文学中的一大潮流，自鲁迅《故乡》之后，中国主流文坛出现了王任叔、许钦文、彭家煌、台静农、冯文炳、王鲁彦、蹇先艾等一批乡土文学作家，他们的作品从不同层面反映了20年代中国农村的生活现实，表现了农民的疾苦，尤其是劳动妇女的不幸。关于"乡土文学"的概念是鲁迅先生1935年在《中国新文学大系·小说二集导言》中首先提出的，其后不久，茅盾在1936年2月《文学》杂志第六卷二期上发表了《关于乡土文学》的论述，"乡土文学"正式作为一种潮流被确定下来。然而，文学史上任何一种流派，并不是因为有了理论界定才形成的，而是先有不少作品出现才会引来评论家的关注。乡土小说在20年代初，就已不断出现。1923年上海《文学周报》还发表了王伯祥的《文学的环境》《文学与地域》等文章，已经明确注意到了文学创作的乡土特色。

李劼人虽然1924年才留法归来，但对于中国文坛前沿的乡土文学并不陌生，也没有缺席。更何况他这一时期的小说几乎都发表于上海，他不能不密切

短篇小说集《好人家》1947年初版封面

注意文坛新的潮流。因此，我们有理由相信，《好人家》《棒的故事》是四川乡土小说最早的成果，而李劼人则是四川乡土文学最早的实践者。

著名文学史家杨义先生认为，"我国乡土文学从二十年代前期到三十年代，有一个值得注意的由东向西的渐进过程"，这似乎很有道理，但他同时又认为"四川乡土作家晚闻于世"，而"李劼人早在1919年旅法勤工俭学，到他1935年再潜心小说创作，写出《死水微澜》等富有四川乡土特色作品的时候，沙汀、艾芜、周文等作家已经在上海崭露头角了"。[①]显然，杨义先生把李劼人更早的作品《好人家》《棒的故事》排除在了乡土文学之外。

事实上，这两篇小说描写的故事不仅发生在成都市区之外的乡村，而且它们叙事的主题也是完全符合乡土文学标准的。乡土文学的叙事一般包括表现农民的疾苦，反映农村女性所受的迫害，描写农村的陋俗和农民思想的麻木，揭示富裕人家的衰败与堕落，当然也描写不同于城市的自然风光、田园景色、牧歌情调；在艺术上，乡土文学则都是采用写实主义的方法，并以充满同情、批判的目光去打量农村问题和农民的生存状态。

由是观之，《好人家》《棒的故事》无论从思想还是从艺术的角度看，都是不错的乡土文学杰作。读《好人家》，总令人联想起鲁彦的《自立》《阿卓呆子》，它们叙述的故事虽然各不相同，但是土财主们相互争斗的本性何其相似；读《棒的故事》，难免不想到许钦文的《疯妇》、废名（冯文炳）的《竹林的故事》。《疯妇》中的双喜媳妇，因受婆婆的精神虐待而被逼疯，后来死掉了，还不让在外做工的丈夫知道。双喜媳妇与《棒的故事》中何少娘子的命运又何其相似，她们的命运都是如此悲惨。但李劼人的这两篇作品却比鲁彦和废名的作品时间要早，说明李劼人并非在乡土文学"西渐"后才创作的。

在艺术创造方面，如果说李劼人早期的短篇小说还处于艺术觉醒的阶段，那么此时便是艺术自觉的时期了。李劼人这一时期的作品，艺术上已经相当成

① 杨义：《中国现代小说史》第2卷，北京：人民文学出版社，1996年9月第1版，第415、417页。

熟。其具体表现有几方面：其一，能够熟练地截取生活的某一断面作为叙事的框架，并在其中舒展人物性格，描写命运沉浮，不再有早期短篇那种中长篇压缩的痕迹，人物性格彰显代替了情节叙述，如《大防》《好人家》《只有这一条路》《失运后的兵》《市民的自卫》《请愿》等，都只截取了现实生活的一段甚至是一个横切面来做尖锐的社会批判。其二，熟练地运用现代小说心理描写的技巧，以达到刻画人物鲜明性格的目的，如《对门》中写寡妇石太太对颜三太太由羡慕到失落庆幸的转化，把一个爱慕富贵荣华的庸俗女性刻画得淋漓尽致；又如《只有这一条路》，写张桂荪几乎都是以他的心理活动来建构的，他头脑中放的六本电影，就是一个军阀的成长史。其三，多种叙事技巧的灵活运用，如倒叙、补叙、转叙、插叙等都为一个目的，即：构成悬念和情节的起伏跌宕。《棒的故事》就从放牛娃的心理活动开头，"他一定是回来拼命的"，巧妙地设了悬念，然后用倒叙展开故事情节；《大防》中女学生的故事，《好人家》中赵幺粮户以前的经历，都是以多种叙事手法来展开情节的一波三折……

无论现实批判还是乡村叙事，在风格基调上，李劼人的短篇小说都以讽刺与幽默见长。这是贯穿他短篇小说始终的特征，只有他去世前写的最后一个短篇是例外。但这种讽刺与幽默在他不同的创作时期，其具体表现也是不同的。早期作品的讽刺与幽默，主要以漫画式的描写、夸张性的细节、讥讽的语言等手段，来制造诙谐幽默的效果，从而达到讽刺的目的，这是浅表性的讽刺与幽默，其方法一是出自作者早年阅读的林译小说，尤其是狄更斯小说，二是来自中国笔记小说，特别是晚清黑幕小说。如《儿时影》中私塾老师起床后的一系列动作，《做人难》中内热翁的种种行为，《夹坝》中巴白兰言行的前后对比，《强盗真诠》中反语的运用等等，都具有强烈的反讽调侃意味。但这种反讽调侃带给读者的主要是阅读过程中的审美情感放松，供人思索的空间似乎不大。但是在20年代短篇小说中，作者将讽刺与幽默的审美层次掘进到了更深一层，即：靠完全写实，也就是作品主人公自己的"笑料"来达到讽刺与幽默的目的，由过去的漫画法，"转到了对人物和环境进行细致入微描写的绘画法"①。白描式的书写，隐藏了作家的主观评判，从而更具深意，给读者在幽默体悟中留下了一定的弦外空间。譬如《大防》中写那个大军阀，作者虽然也用了讥讽性的叙事语言，但并没有用夸张或漫画的手法加以丑化，他之可笑完全是因为他本人"色令智昏"，才被一小女子耍弄了。浅表幽默和深层讽刺在这篇作品中得到了完美的统一。《好人家》中"四多一少"，即鸦片多，预计可以吃几代人；尘埃多，不是因为懒，而是迷信打扫干净后不主财；鸡粪多，多到不能下脚，多到堂屋古式椅子上也是一堆一堆的；银子也多，可是不像尘埃、鸡粪，不大看得见；田地自然也多，只是不能摆在家里；至于书籍嘛，确乎是太不多了，全部积存加起来还没有账簿高。这样的描述，不仅把一个土财主的可笑面目活画得入木三分，也反映出了旧时代中国农村的保守、愚昧与落后。

鲁迅先生对优秀的讽刺文学有一段鲜明的论述："其实，现在的所谓讽刺作品，大抵倒是写实。非写实决不能成为所谓讽刺；非写实的讽刺，即使能有这样的东西，也不过是造谣和污蔑而已。"②李劫人这一时期的短篇小说讽刺与幽默的风格正是建立在写实主义美学基础上的，因而至今阅读这些作品，我们仍然还能感受到它们的魅力。

---

① 伍加伦：《李劫人小说的艺术手法》，《李劫人作品的思想与艺术》，北京：中国文联出版公司，1989年9月第1版，第77页。
② 鲁迅：《论讽刺》，《鲁迅全集》，北京：人民文学出版社，1981年第1版，第278页。

第八章

法文翻译的嘉年华

李劼人是中国新文学史上法国文学翻译的先驱,其译著在中国作家和普通读者中产生过重要的影响。

他的文学翻译始于1922年,一直持续到1944年,时间长达二十二年。先后翻译过九部法国中、长篇小说和相当数量的短篇小说、戏剧、民歌。译著涉及既有享誉世界的大家名著,也有名不见经传,却十分有特色的作家作品。这对读者了解、学习法兰西文学艺术的辉煌成就起到了极好的促进作用。

李劼人的文学翻译也可以大致分为前后两个时段,前一个是留法期间,一面苦修法国文学,一面翻译,几部长篇及部分短篇译著,均在法国勤工俭学期间完成翻译后,在国内以"少年中国学会丛书"的名义出版。这些译作诚如李璜所说,译者由于亟须获取稿费谋生,翻译时间仓促,某些译文难免有粗疏之嫌,因此也受到了不少批评。

然而这时所译的《马丹波娃利》(今译《包法利夫人》)却在国内获得了巨大成功,它是第一个中文译本。波娃利夫人的艺术形象让中国读者们眼界大开。

归国后的二三十年代是李劼人翻译的第二个时期，也是高峰期。这期间，译者不仅重译了部分以前的作品，还继续翻译了几部长篇名著及短篇小说。

一、《马丹波娃利》来到中国

研习法国文学作品，汲取有用的营养，同时也向国内介绍法国的优秀作家，是李劼人既定的学习写作计划。从1921年下半年开始，他便着手翻译法国文学作品。在少年中国学会编辑出版的"少年中国学会丛书"中，李劼人是出版著作最多的会员，一共有六部，其中五部是翻译作品；而其他会员中只有田汉可与之比肩，也是五部译著。[①]

李劼人首先选定翻译的作品是"梅塘集团"作家之一莫泊桑（Guy de Maupassant，1850—1893）的小说《人心》，这是莫泊桑（李译为"莫泊三"）生前完成的最后一部中篇小说。李劼人之所以选择《人心》入手，一个很重要的原因是，这部作品与作者之前的作品风格不尽相同，"虽不能如《马丹波娃利》《萨朗波》之为一个时代的伟大著作，然而比之同一著者的《一生》，就深刻多了"[②]。而且这部作品语言抽象，虽然有占据近一半篇幅的心理分析，但恰到好处，给读者留下了很大的思索空间；此外，作品描写的布尔乔亚式爱情故事，对东方文化熏陶下的译者也有不小的吸引力。所以，选择这样的作品首译，虽然难度很大，对初通法语，又对西方文化抱有强烈兴趣的李劼人来说，收获却也是很大的。

《人心》讲述了一个巴黎上流社会的爱情故事。男主人公叫马立约耳，是一个很有钱的单身汉，而且在文学艺术上很有修养。然而，他没有职业，也不做任何事情。后来经人介绍，进入了贵族寡妇密舍·德·毗尔仑的文学沙龙。这位沙龙的主人，不仅长得风姿绰约，美艳动人，而且风雅高傲，是一朵上流

---

① 《〈少年中国学会丛书〉目录》，《五四时期的社团》，北京：生活·读书·新知三联书店，1979年4月第1版，第260—261页。

② 李劼人：《〈人心〉重版小言》，《李劼人全集》第9卷，成都：四川文艺出版社，2011年9月第1版，第192页。

社会男士们热烈追捧的玫瑰。可是毗尔仑夫人却把垂青的目光降临到了马立约耳身上。马立约耳幸运地成了毗尔仑夫人的情夫，沉醉在疯狂的爱情中。但毗尔仑夫人的反应却没有马立约耳期盼的那么热烈，她依然热衷于上流社会的各种交际。严重受伤的马立约耳隐居到乡下，美丽的少女旖丽沙白·来得吕成了他的仆人兼情妇，并且给了他热烈的爱情。毗尔仑夫人知道情况后，找到乡下来。马立约耳旧情复燃，答应毗尔仑的要求重返巴黎。旖丽沙白却非常痛苦，于是马立约耳决定带她一起回巴黎去，继续充当他的情妇。

作品涉及男女情感伦理问题，作家通过一场上流社会的爱情纠葛，描写了贵族男女游戏人生的态度。所谓爱情，在这里只是占有和被占有的关系。小说生动地揭示了贵族沙龙里人们的生活本质，男女主人公的形象被刻画得栩栩如生。不过，这美貌的毗尔仑夫人以及她对马立约耳不冷不热的的态度，和马立约耳对旖丽沙白狂热的爱恋，总令人想起李劼人1937年创作《大波》时描写的两个人物：黄澜生太太和楚用，尤其是把丈夫与情人都玩弄于股掌之间的黄太太，与毗尔仑夫人不是有太相似的地方吗？

李劼人对《人心》似乎很钟爱，1922年4月由中华书局以"少年中国学会丛书"名义首次出版，之后又三次重译。

《人心》中译本面世以后，李劼人的译笔便一发不可收，之后近两年的时间里，他异常勤奋地翻译了一系列小说。可以说这是他文学翻译的第一个黄金时期，部分中短篇和最重要的长篇小说翻译都完成于这个时期。这些译作，计有短篇考贝的《甘死》，鲁意士的《斜阳人语》，歹里野的《诺厄尔节之前一日》，蒲勒浮斯特的《和解》，纳魏党的《烦恼》等等。其中对蒲勒浮斯特短篇小说集《妇人书简》的翻译，在归国前就开始，一直延续到归国后的几年中。

留法期间翻译的最重要作品是都德的长篇小说《小物件》和福楼拜的长篇小说《马丹波娃利》。

《小物件》（今译《小东西》）是李劼人继《人心》之后翻译的一部长篇小说。原著者是阿尔丰斯·都德（Alphonse Daudet，1840—1897，李译"亚尔风士·都德"），他是法国19世纪后半叶的著名爱国主义作家，在长、短篇小说方面都取得了巨大成就。李劼人说："他最著名的短篇小说为《磨坊文札》，最有名的长篇小说则为《小东西》与《沙福》。"①《磨坊文札》是一部短篇集，收入我国中学教科书中的《最后一课》《柏林之围》两篇脍炙人口的经典作品均出自这本集子。而《小物件》则是都德的长篇代表作品。内容讲述的是一个被人蔑称为小物件的男孩子达利·爱洒特的成长故事。他先是遭遇父亲破产，进入中学，因为个子矮小，被人嘲笑为"小物件"，后来再遭变故，全家人被迫四下分散各自谋生，"小物件"便去了偏远山区学校当学监。在这里他遭到同事的蔑视、敌意，甚至陷害，差点丢了性命。后来，"小物件"带着他创作的诗稿，穿着一双树胶鞋来到巴黎，投奔二哥杰克，过了一段愉快的生活。"小物件"与比野罗特的女儿加密丽产生了爱情。但不久，哥哥杰克随侯爵去了外地，"小物件"失去庇护，被坏女人引诱而背叛了爱情。杰克回到巴黎后，四处寻找弟弟下落，总算使负债累累的"小物件"摆脱了厄运，但杰克却不幸去世了。深受打击的"小物件"也得了重病，幸得比野罗特一家不计前嫌，精心照料，才使他逐渐康复；加密丽也原谅了他，二人终成眷属。结尾是"小物件"继承了他老丈人比野罗特经营瓷器与玻璃器皿的拉鲁埃特老店。

《小物件》带有很浓郁的作者自传色彩，某些内容简直就是都德自己早年生活的真实记录。原著者在语言亲切的叙事中，描写了社会与家庭两个截然不同的景象，社会充满了冷酷与陷阱，而家庭却处处有温暖和爱意。这可能正是打动译者的地方。

李劼人曾两次翻译这部作品，首译是1922年留法期间，作为"少年中国学会丛书"的一本，由上海中华书局于1924年、1928年、1935年先后初版、再版、三版。对于这个初译本，批评家的意见很大，1927年《现代评论》第六卷第一百三十四期发表了周名瑄的文章《李劼人译〈小物件 Le Petit Chose〉》，指

---

① 李劼人：《〈小东西〉改译后细说由来》，《李劼人全集》第9卷，成都：四川文艺出版社，2011年9月第1版，第200页。

出李劼人采用直译法的三种错误，一是很多句子若不先看原文，简直看不懂；二是原文中有许多难懂的地方在译文中被删去了；三是一些句子译者并没有读懂而翻译错了。这位精通法语的周名珊以书中第六章为例，一一对照原文分析了译文的十处错误。[①]

评论家的批评，对初涉法国文学翻译的李劼人来说，无疑具有巨大的警示和帮助作用。因此1943年第二次翻译该书时，他便进行了较大的改动，修改了批评家指出的几十处错误；尤其是同为法国文学翻译家的敬隐渔的意见，引起了李劼人的极大重视。1924年3月9日出版的《创造周报》第四十三号上发表了《〈小物件〉译文的商榷》，指出了译文中的七处硬伤，譬如说《小物件》中有一句："Je suis très fort des reins, je n'ai pas des ailes En pelure d'oignon comme les demoiselles..."李劼人的译文是："我的腰肢很强健，我啊，虽没有那样的翅子葱皮似的懒得像那般姑娘。"敬隐渔指出，Demoiselles 是蜻蜓类的飞虫，也有姑娘的意思，此处应该译为飞虫才对，而李劼人却译成了"姑娘"，并且凭空增加了一个"懒"的含义。敬隐渔还指出了李劼人译文的多处错误，如把抒情的"lyripue"错译成七弦琴"lyre"，把Angelus译成了"午祷钟声"，真正的意思应该是"三祷经"或是"三钟经"。[②]

敬隐渔是四川遂宁人，自幼在教堂中学习长大，精通法语，进而成为后起的著名法国文学翻译家。李劼人十分看重这位曾经翻译过罗曼·罗兰巨著《约翰·克里斯多夫》的老乡的意见，所以1943年11月，他再次细细地将《小物件》译了一遍，并将书名改为《小东西》，交由重庆作家书屋出版。

虽然李劼人的译文受到一些批评，但译著本身还是获得了广大读者的喜爱，1923年《学生杂志》第十卷第三期就李译《人心》《小物件》专门发文广而告之。正是有广泛的读者，才使这两部译著一版再版。

《马丹波娃利》是李劼人翻译的第三部长篇小说，也是他最成功的翻译

---

① 周名珊：《李劼人译〈小物件 *Le Petit Chose*〉》，《李劼人研究：2016》，成都：四川文艺出版社，2017年12月第1版，第384页。

② 张英伦：《敬隐渔传奇》，上海：上海文艺出版社，2015年6月第1版，第68页。

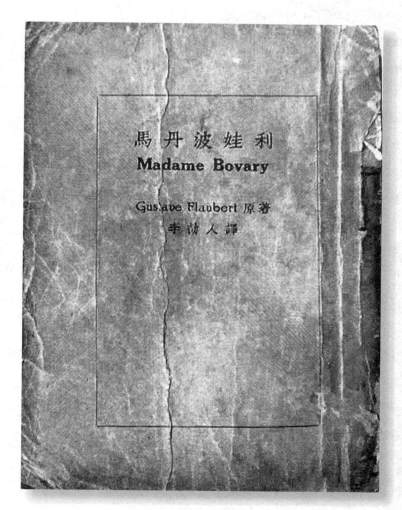

馬 丹 波 娃 利
Madame Bovary

Gustave Flaubert 原著

李劼人 譯

中译本《马丹波娃利》初版本封面

作品。

李劼人直接用了音译作为书名，"马丹"即法语"Madame"音译，意为夫人。这部名著的第一个中译本即是李劼人的译本，在中国的影响最大，对李劼人自己的创作也产生了不可估量的影响。

《马丹波娃利》是居斯塔夫·福楼拜（Gustave Flaubert，1821—1880，李译"古斯塔夫·弗洛贝尔"）1856年在《巴黎杂志》上连载过的作品，曾引起巨大的争议，也是19世纪法国批判现实主义里程碑式作品。这部作品对于法国社会的批判，刺痛了政府当局，认为作者道德败坏，有伤风化，污蔑法兰西，并且诽谤宗教，要求严惩。但是读者却对这部杰作表现出极大的热诚。

李劼人所据的是1922年的法文单行本。小说的女主人公爱玛是外省一个富裕的农家女，十三岁便进了修道院的寄宿女校接受贵族教育，从而养成了浪漫的气质。成年后嫁给了乡村医生沙儿·波娃利。但沙儿是个平庸之辈，感情贫乏，使婚后的爱玛极度失望。爱玛羡慕上流社会的奢侈生活，尤其向往"比海洋还宽广"的巴黎的豪华。为了能够离开乡村小镇多司特，爱玛佯装患了利害热症，又喝醋来把身体弄瘦。沙儿只得将家搬到了距鲁昂只有八法里的依勇威尔。在这里，爱玛认识了各种各样的人物。其中有个叫罗多尔服的地主，勾引爱玛做了他的情妇。爱玛以为找到了爱情，意欲同罗多尔服私奔，却不料人家只是逢场作戏而已，这使爱玛精神很受伤害。后来，爱玛又遇到了早就认识的赖翁。他对她垂涎已久，此时趁机将爱玛搞到了手。于是爱玛时常往来于鲁昂和依勇威尔之间与赖翁幽会。爱玛再次把浪漫的爱情寄托于赖翁身上，并恣情在肉欲的享乐中，为此她不惜向商人莱赫尔借债来维系两人的花销。然而，赖翁与罗多尔服一样，渐渐对爱玛感到腻味了，遂有意回避她。此时商人莱赫尔来催债了，并限定二十四小时还清，否则以家产抵押。爱玛只得四下找人借债，换来的却是包括昔日情人朋友的冷眼、侮辱，绝望的爱玛回到家中便喝下砒霜结束了生命。

沙儿为了替爱玛还债，变卖了所有家产，最后只剩下十二法郎七十五生丁，仅够他们的女儿波娃利姑娘去祖母家的路费。沙儿在爱玛死后不久，也因为身心极度绝望而去世了。这就是李译本讲述的《马丹波娃利》的故事。

《马丹波娃利》是一部法国19世纪的社会悲剧，作品虽然以"七月王朝"为背景，但揭示的是法国19世纪资本主义社会生活的现实。小说中描写了形形色色的人物，有弄虚作假的药剂师何麦，有厚颜无耻的高利贷者莱赫尔，有专事勾引妇女的地主罗多尔服，还有道貌岸然的律师，一心想往上爬的见习生……爱玛正是在这些人的包围中一步步走向了毁灭。

李劼人对《马丹波娃利》省外风情的描写情有独钟，弗洛贝尔塑造的爱玛与沙儿·波娃利对他的文学创作产生了至深的影响。李劼人曾经三次翻译、修改这部名著。首次翻译是1923年在留法期间，初译本在他归国后于1925年作为"少年中国学会丛书"的一本，由上海中华书局出版。第二次修订是在1936年，原本中华书局打算编入"欧洲文学丛书"出版，后来可能因为抗日战争的爆发，改译稿遗失了。第三次改译、修订是在1943年，李劼人对原来的译文逐字逐句进行了修订，新译本于次年由重庆作家书屋出版。

李劼人所译的《马丹波娃利》，作为第一个成功的中译本，在中国读者中产生了深远而广泛的影响，对于中国作家，李译本《马丹波娃利》一度成为他们爱不释手的经典，特别是对丁玲等一批中国女性作家的人生与写作都具有重要的启示作用。萧伊绯所著《左右手百年中国的东西浪潮》一书，用相当的篇幅阐述了李劼人译本的重要意义。在1949年以前，弗洛贝尔的这部长篇小说有三个译本，都是李姓译者所译。除李劼人之外，还有李青崖的《波华荔夫人传》，1927年由商务印书馆出版，但影响力远远逊于李劼人的译本；另一个就是李健吾的《包法利夫人》，1948年9月由文化生活出版社出版，这是当时最好的译本，不过其影响已在1949年以后。

因此，在新文学的三十年中，李劼人译本是传播最广泛的。"无论读者从哪个角度去阅读，弗洛贝尔的《马丹波娃利》，在1920、1930、1940年代的书店里，都是常销书。"被国民党杀害的"左联五烈士"之一胡也频，在小说《到莫斯科去》中两次提到《马丹波娃利》，他试图在自己作品中以女性主义视角，抨击法国现实主义小说，以表达对革命现实主义的理想化追求。沈从文在《记丁玲女士》中，也两次提到《马丹波娃利》，似乎与胡也频小说中的情景形成了默契，"种种迹象表明，胡、丁都看过并且钟爱着《马丹波娃利》"。1940年，沈从文在峨眉山创作的小说《梦与现实》，仍然两次写到《马丹波娃利》。这些"都透露出那个时代，中国小说界向'现实主义'观念及手法祈灵的真实状况"。

李劼人对于法国文学翻译的意义，萧伊绯给出了十分中肯的评价："很难想象，在那个胡适们开始大规模译介英美文学的时代，在那个鲁迅们重视推广日本、希腊、苏联文学的时代，李劼人却几乎是以一己之力，继林纾译介《茶花女》之后，开启了1920年代的法国文学嘉年华。而且这种开启，还是相当有诚意，有水准的开启……这是完全沉浸于法语原生语境中的译解。这代表着那个时代法国文学译介的高度与标准。可以说《马丹波娃利》就正是这样一个'标准器'，它足以鉴证法国文学在中国翻译史上的真正开端。"[1]李劼人的法文翻译的巨大作用由是可见一斑。

二、勤奋的翻译家

归国后的头几年，李劼人的强烈兴趣依然在法国文学作品的翻译上，这期间新译不断又多次旧著重译，堪称一位勤奋的翻译家。这是李劼人法国文学翻译的高峰期。

1924年回国后，李劼人先是继续翻译普鲁斯特的中短篇小说集《妇人书简》。对这部书的翻译工作最初始于1922年，至1925年已经陆续翻译并发表了二十多篇，它们是第一辑中的《一个听忏悔的教士》《酒馆中》《施恩呀！》《忠荩》《新春》《二十八日》《一种情人的选择方法》《两个不懂事的女孩子》《戏谑》《火》《西摩伦的日记》《小波尔多》《最后的忠告》《魂来》《神玉梨烟教堂的玻璃窗花》《指示（一）》《指示（二）》《一个小说方

---

① 有关《马丹波娃利》评价的引文均出自萧伊绯：《左右手百年中国的东西浪痕》，福州：福建教育出版社，2015年版，第198、199、202页。

法》《最后的情人》《华格勒的女信徒》《赎罪》。

普鲁斯特在法国文学史上并非一流作家，李劼人为何对他的作品情有独钟？阅读这些作品，再回头看李劼人对他的评价，似乎就明白了。在李劼人看来，普鲁斯特"专从心理的研究下手，而又欲出奇见长，所以更以描写妇女心理著名"。他不仅是"法国二十世纪初期有名的小说家"，"艺术也是第一等的"，而且还认为他"一共三四十部著作，只有一条线索：'妇人心理'"。[①]原来是普鲁斯特小说出色的女性心理描写引起了李劼人浓厚的兴趣！这些短篇译作大都发表在1923年至1924年的《少年中国》杂志上，其中最早译出的第一辑，于1924年3月作为"少年中国学会丛书"的一本，由中华书局初版，并在1928年和1936年又先后再版、三版。

李劼人还翻译其他作家的短篇小说，有鲁意士的《马丹埃士果里野的非常奇遇》，发表于1924年4月《小说月报》第十五卷号外《法国文学研究》，写马德乃伦夫人和阿尔猛德小姐两姊妹因为穿了一身巴黎最体面的衣服而遭遇裁缝劫持的奇特故事，情节充满悬念，心理描写很有特色。阿尔夫的《堵色 爱斯迭儿》，原载《文学周报》1925年第二百期，写个性开放的波兰乡村女爱斯迭儿已经有婚约，却又成了驻地军官"我"的情妇，并得到家人的认可，但有一天她与未婚夫偷情被发现，被父亲骂为"下流女子"而遭暴打并赶出家门。1926年《妇女杂志》还发表了李劼人翻译的都德短篇小说《误会》，写一对夫妻两人因志趣、行为差异而造成误会隔阂，作品分别从夫与妻的心理活动切入，对读者如何处理夫妻关系颇有启示意义。

对自然主义文学潮流中的马尔格利特，李劼人的评价也比较高。马尔格利特有兄弟俩，兄长名保罗·马尔格利特（Paul Margueritte，1860—1918），弟弟为维克多·马尔格利特（Victor Margueritte，1866—1942），他们出生于将门家庭，1887年后他们曾像龚古尔兄弟一样合作写小说，其中描写普法战争的系列

---

① 李劼人：《法兰西自然主义以后的小说及其作家》，《〈斯摩伦的日记〉译者附言》，《李劼人全集》第9卷，成都：四川文艺出版社，2011年9月第1版，第170、182—183页。

作品《一个时代》就是兄弟合作的成果。但李劼人似乎更欣赏保罗的作品，因为他不仅是龚古尔学院最早的院士之一，而且摆脱师承，成为反对左拉的"五人宣言"者之一。李劼人阅读了不少他的短篇小说，称他是"自然主义将崩颓时法国文坛上一个最重要的人物"[①]。《虫》《离婚之后》便是李劼人归国后翻译的保罗·马尔格利特短篇小说集《白甲兵》中的两篇，分别发表在1925年《小说月报》第十六卷一号和五号上。前者像是一篇儿童文学作品，但写得富有哲理，一个喜欢读书的八岁神经质孩子在玩耍中活活烧死了一只昆虫，他由此联想到了舅父的死，祖父的死，进而想到自己也会死，便立即充满了对死亡的恐惧。"在保罗·马尔格利特看来人之为恶只是一种盲目的冲动，愈是残忍的人愈怕死，并且残忍极顶的人有时也可行点妇人之仁的小惠，不过都是无意识罢了。"

《离婚之后》是一篇有关家庭伦理的小说，已经有七年婚史的多太伦士夫妻反目，到正式分开后才发现他们彼此又都恋恋不舍。对这则婚姻故事的结局，李劼人评论道："假如少年马丹多太伦士不毅然舍去，再误之后，结果依旧是痛苦，依旧是前七年的生活，何以呢？因为她并没有爱情，只是贪欲，只是手段，反不如彼此分携之后，尚不免有丝微真恋的残影。"[②]法国人的婚姻道德观，在李劼人看来是值得中国人借鉴思考的。

《达哈士孔的狒狒》（今译《达拉斯贡的达达兰》）是李劼人继《小物件》之后翻译的都德第二部长篇小说。这是都德长篇小说三部曲中的第一部，创作于1827年。很多年之后，都德才在1885年和1890年分别完成了后两部《狒狒在阿尔卑斯》《达哈士孔海港》（今译《达达兰在阿尔卑斯》《达拉斯贡海港》）。

据译者李劼人在小说第一段尾注中解释：达哈士孔是根据法国南部传说中

————————

① 李劼人：《离婚之后》译后记，《李劼人全集》第17卷，成都：四川文艺出版社，2011年9月第1版，第322页。

② 以上两则引文均出自李劼人：《离婚之后》译后记，《李劼人全集》第17卷，成都：四川文艺出版社，2011年9月第1版，第325页。

怪兽的名字演变而来，狒狒则是书中主人公的称谓，以动物的名称作为人名，是原作者借以讽刺法国南部人。因此李劼人所译书名，可能更接近原著者的本意。

作品主人公狒狒是达哈士孔的富人，因读了不少冒险的小说，一心要当英雄，所以他准备了各种武器，时时刻刻都盼望大显身手。晚上外出去俱乐部，走到街道拐弯处，他就幻想有强盗向他袭来，可是连一条狗都没碰上。他差一点就要到中国上海去远游，城里的麦歇（先生）们都来请教他有关上海的问题。但他终于还是没走成。密歹伦动物馆有一头阿特纳士狮子，狒狒背着带刺刀的长枪，昂首阔步来到狮子笼前，总算显示了一次英雄气概。狒狒成了达哈士孔城的狩猎大王，他决心要到非洲去猎狮子。于是他来到亚尔及利亚（今译阿尔及利亚），将码头上的挑夫当成了海盗。他出城狩猎，埋伏在野外学山羊叫，想引来狮子，果然一头野兽被他刺中了。到天亮时才发现刺中的是一头毛驴，狒狒赔了驴主人二百法郎才得以走脱。以后狒狒又遇到一对骗子，结果被女骗子骗去了不少钱财；而男骗子则冒充亲王诱他到草原，狒狒终于有机会击毙了一头狮子。不料这头狮子是修道院养的瞎眼狮子。为此，狒狒吃了官司，花光了钱财，总算得到了一张狮子皮。当狒狒回到达哈士孔城时，他被当成了猎狮英雄……

小说的讽刺意味是很明显的，狒狒的行为颇有些像骑着瘦马、手握长矛与风车大战的堂吉诃德。然而狒狒却没有堂吉诃德心中追求社会公平正义的理想，也没有堂吉诃德丰富的学识。因此狒狒的性格与堂吉诃德有本质的不同，他不过是幻境中的英雄，他的举动也不过是闲来无事的有产阶级图慕虚荣的无聊行动，于是他的所有行为只能成为一堆愚蠢的笑料。

《达哈士孔的狒狒》充满了漫画式的叙述，情节滑稽而幽默，这与李劼人短篇小说的文风倒颇有几分契合，也许这正是译者喜爱这部作品的缘故，又抑或是译者通过翻译，也从中学习到了一些精彩的讽刺艺术。总之，李劼人的译文也是幽默轻松，充满了活泼的氛围。

1924年译完的《达哈士孔的狒狒》，同年8月作为"少年中国学会丛书"之一，由中华书局出版，1928年和1935年又由中华书局再版、三版，可见这部译著在读者中受欢迎的程度。这部著作共有三章（李译为三段）若干节，每段有尾注，每节另有脚注，较详细地介绍了书中所涉及的法国南部的风土民俗和历史人文，这是李劼人为中国读者认识法国特别增加的内容，直到今天对读者仍然不无裨益。

如果说《达哈士孔的狒狒》是一部阅读轻松的译著，那么《女郎爱里沙》则是一部阅读沉重的译著。这是艾德蒙·德·龚古尔（Edmond de Goncourt，1822—1896）的作品。这部作品原本是该由龚古尔兄弟两人共同来完成的，他们曾就这一题材做了多次采访。然而不幸弟弟茹尔·德·龚古尔（Jules de Goncourt，1830—1870）去世，艾德蒙直到1877年才写完。李劼人认为，这是艾德蒙（李译龚古尔兄弟名字分别为"爱德芒"和"第耶尔"）最受读者欢迎的一部作品，讲述爱里沙姑娘不堪忍受母亲的家暴，不愿继承母亲的收生妇（接生婆）的职业，遂跟人逃到巴黎沦落为妓女。后来做了一名士兵的情妇，又因失手而杀死了这名士兵，被判处死刑。由于修道院长的辩护，爱里沙最后被改判终身监禁。在监狱中因长期受到虐待，爱里沙渐渐变得痴呆了。作品叙事的主旨不在妇女的堕落，而是揭露19世纪法国司法制度的黑暗状况，"揭示法国监狱中的黑暗情状，真可说是尽此中能事"[①]。

李劼人1926年翻译完成全书，并写了译者附言，于1926年4月25日至6月25日在《东方杂志》第二十三卷八号至十二号上连载。1934年中华书局出版单行本，1936年再版；1943年译者改译后，书名为《爱里沙姑娘》，此书名比之今译《勾栏女爱丽莎》似乎更人性化一些。

《彼得与露西》是罗曼·罗兰（Romain Rolland，1866—1944）于第一次世界大战即将结束前夕创作的一部中篇小说。作品主人公彼得和露西，是巴黎的两个青年，彼得是法官的二儿子，一个已经被征召入伍的学生；露西是个画

---

① 《女郎爱里沙》记者附识，《李劼人全集》第17卷，成都：四川文艺出版社，2011年9月第1版，第110页。

工，单亲家庭，母亲是军工厂的工人。两个年轻人在隆隆的大炮声中，于巴黎的地道车（地铁）中邂逅，由此相识，然后相爱了。最后在教堂中，炸弹突然爆炸，将一根石柱炸倒，两个紧紧依偎在一起的青春生命瞬间便消失了。作品揭示了战争的残酷性。战争对谁都是罪恶的灾难，无论是高贵的绅士还是普通的平民；战争更是对人类美好爱情的毁灭。作品通过一对青年的爱情故事，表达了对第一次世界大战的深刻反思。

李劼人归国不久即翻译了这部作品，并且写了《译后赘上的几句话》，说明他翻译此书的初衷："似乎他关于非战的作品，尚没有人译过，于是我就因陋就简地译出了他这部小书。"此外这部作品的艺术成就也让译者动心，李劼人总结了四条："第一，他并不努着排山倒海之力去写战争的正面；第二，他并不用些热辣辣的笔墨来激起我们的反感，有如寻常作家要写出战争罪恶时之所为的；……罗曼·罗兰这部书是艺术的，并不想用论文式的沉闷而枯涩的作法来闭住读者的兴趣；战争与生活之不相容，必牺牲其一始能保存其一的地方，明白得很。"[1]换句话说，《彼得与露西》因为从思想内容到艺术创造都吸引了李劼人的兴趣，所以他回国后，在繁忙的教学之余翻译了这部作品，《小说月报》1926年第六、七两期予以发表，但单行本则直到1945年才由成都人言出版社出版。

还值得一提的是，这部译著语言清新流畅，文风朴实，即使今天读起来仍然能够感受到作品的艺术魅力。

除了名家名著之外，李劼人对某些有特色的法国文学作品，也不忘译介给中国读者。《霸都亚纳》便是这样一部长篇小说：非洲一个叫格利马利的小部落，原本是一个和平祥和的地方，但自从殖民者到来后，短短数年的时间里，这里便被糟蹋成人间地狱一般，人们不得不奋起反抗，被称为"豹子"的霸都亚纳，在父亲死后的葬礼上，毅然作出了反抗与复仇的决定。

---

① 李劼人：《译后赘上的几句话》，《李劼人全集》第15卷，成都：四川文艺出版社，2011年9月第1版，第81—82页。

这是一部为非洲中部被压迫的黑人鸣不平的书，也是1921年龚古尔文学奖的获奖作品，但不久，这部作品连同作者都被法国文坛遗忘了。李劼人却对这部作品情有独钟，甚至可以说是他文学翻译工作中十分尽心的一部著作，其译文的流畅、优美，即使在九十年之后的今天来阅读，也不会感觉有障碍。

书中的主人公霸都亚纳并非虚构，而是一个真实的人物，名字叫瓜拉，是邦达族的一个酋长。但这并不是促使李劼人翻译它的原动力，而是作家对非洲异域风光和对非洲黑人生活的描写使译者产生了浓厚兴趣："我之翻译它，实在因了感兴那描写的真实，深切，自然。""用法文描写非洲事情的书，在《霸都亚纳》出世之前，据我看过的，少也有十来种，白种人的描写，到底是隔了一层膜，不怕他们蓄意遣笔是怎样的真诚。黑种人做的也不少，但都不及《霸都亚纳》的明快，其原因，就以《霸都亚纳》的作者不仅仅是个有能力的小说家，并且是一个爱美的诗人。"[1]由此看来，李劼人对描写风俗民情的作品始终是很感兴趣的。

原著者赫勒·马郎是一位法属殖民地有非洲血统的作家，1924年李劼人在巴黎曾经与他会过一面，这次交流或许正是直接促使李劼人翻译这部作品的缘故。然而，《霸都亚纳》1928年由上海北新书局出版后，却遭遇了读者冷遇，实在不能和《马丹波娃利》的传播相比。1929年，李劼人到上海，由舒新城出面才索要到五十元版税。1936年，刘大杰到上海曾代李劼人催讨版税，仅得到新月书店老板李小峰支付的一百元，李老板的答复是，《霸都亚纳》实在卖不得，故六年间的版税，只有这一点。出版九年以来，还是请人上门讨要，李劼人才仅仅得到了这部译著一百五十元的版税。究其原因，刘大杰认为："《霸都亚纳》之销不得，大约不是书的内容不好，而是书名太不响亮。"按刘大杰的意思，书名若取成非洲什么录或是什么传，版税定不止这点。[2]看来民国时期，作家起书名就已经在考虑如何吸引人眼球了。其实《霸都亚纳》的真

---

① 李劼人：《翻译〈霸都亚纳〉以后》，《李劼人全集》第14卷，成都：四川文艺出版社，2011年9月第1版，第114页。

② 李劼人：《好人家自序》，《好人家》，上海：中华书局，1945年6月第1版，第3页。

实情况可能是出版商的花招。该书既然销售如此不好，为什么1938年又再次出版呢？

20世纪30年代初，李劼人不仅重新校改了以前的译著《人心》，而且在九一八事变后，特别翻译了莫泊桑的著名短篇小说《脂球》（今译《羊脂球》）。他之所以选择翻译这篇小说，在专门发表的《〈脂球〉译后赘言》作了阐述。他首先认为这个短篇小说"如王之涣的《黄河远上》，毕竟是他短篇中顶好的一篇"，其次更重要的是小说所写的普法战争背景与中国当前面临的境况有相似之处："现在我们虽未对日宣战，但所受的已不亚于一八七一年的法国，我们的感情自然很被激动了，但是请稍稍放手静点，来把这篇小说看一遍，在流离琐尾中，如伯爵，如罗亚等人多哩，如鲁色小姐的多哩。"[1]当敌人已经打进国门，肉食者们还在争权夺利的时候，一介布衣书生，在穷困之际，依然心系国家，忧患苍生，这是李劼人至今还让我们感动的地方。

福楼拜的另一部长篇小说《萨朗波》，也是李劼人颇费心思翻译的一部作品。这是福楼拜历史小说的代表作品。

故事发生在公元前300年的迦太基由盛及衰的历史时期。迦太基是腓尼基人建立的一个庞大的奴隶制国家，由于与罗马帝国的连年战争，人民贫困不堪，许多人已经衣不遮体，而统治者却过着穷奢极欲的生活，并且还对内横征暴敛，对外不断地发动战争。两个统治官（今译执政官）的骄奢淫逸和穷兵黩武，最终引发了雇佣军的暴动。他们在首领马多（今译马托）的领导下，与统治官的军队进行了殊死的战斗。作品在写战争的同时，还描写了一个浪漫而凄美的爱情故事：马多为了得到迦太基统治官汉密迦的女儿萨朗波的爱情，盗走了大里特（月神）庙中的神衣。为了夺回神衣，月神祭司萨朗波只身来到马多的军营与之幽会，成功地拿到神衣后趁乱逃了回去。起义军被汉密迦镇压下去，马多被残忍地处死了。萨朗波也在马多死后突然倒地而亡。

原著者福楼拜的情感明显是倾向起义军的，他笔下的马多英勇善战，胆识

---

① 李劼人：《〈脂球〉译后赘言》，《西蜀评论》第1卷第7期，1932年。

过人，是一个英雄；而对于萨朗波的爱情悲剧，福楼拜也给予了充分的肯定。萨朗波爱马多，但其月神祭司的身份决定了她不可能嫁给马多。父亲汉密迦将她嫁给了一个卑鄙的投降将领纳儿哈发，这是一个贪婪、好色的十足小人。此外，作品中的其他几个人物也都栩栩如生。统治官项龙，贪婪、好色、残酷，浑身长满疥疮，是一个丑陋不堪的家伙，象征了迦太基统治阶级丑恶的本质。邦斯丢是书中写得最鲜活的人物。他原是希腊妓女的儿子，早年靠贩卖神女发财，后来在同罗马人作战时被俘虏，做过苦役，还在浴室伺候过人，再后来从战船上跳海逃跑，被抓住后带到迦太基，成了马多的奴隶。但此人头脑灵活，诡计多端，虽为奴隶身，实际却成了马多的军师，他帮马多盗窃神衣，用计破坏运水石道，但马多最后也因他的误导致使军队被困斧峡而失败。邦斯丢的狡猾还表现在另一方面，被困斧峡时，他怕人怪罪，便让人散布他已死去的消息；他发现有植物可以解渴，却对人说那植物有毒，以便他独自享用。总之，这是一个多面性格的人。

李劼人的中译本《萨朗波》，由商务印书馆于1931年出版，1947年再版。为了使读者能够了解作品所写的历史，进而深刻理解福楼拜的创作意图，译者专门写了一篇《〈萨朗波〉译者前言》，在这篇文章中，没有对作品本身做思想或艺术方面的评论，而是重点介绍了迦太基和罗马帝国为争夺地中海霸权所爆发的三次"匹尼（今译布匿）战争"，以此说明迦太基城由盛而衰的过程和缘由，实际上这篇译者序就是一篇简明的迦太基历史。

从最初翻译莫泊桑的《人心》算起，到翻译《萨朗波》，李劼人已经有十年的翻译实践，已积累了丰富的经验和教训。《萨朗波》的中译本，其影响可能不及《马丹波娃利》，但译文水准有很大提高，仅仅从译文语言看就可以明显感觉到几个变化：一是人名、地名的用字逐渐规范，减少了许多阅读的障碍；二是克服了冗长的欧化句式，某些地方采用意译和直译相结合的方法，使叙事不仅符合汉语的修辞要求，也避免了过去译文中出现的生硬和难懂的言语格式；三是在"信"与"达"的基础上，力求达到"雅"的新高度，使读者阅读起来，既感到文气流畅，又有丰富的审美感觉。譬如写萨朗波与马多爱情的场面，写战场上马多的英勇无畏和从容就义，等等情景，都给阅读者留下了美的享受与深刻的思索。这些不仅是原著者的成功，也有翻译者的功劳。

除了《萨朗波》《脂球》以外，普鲁斯特小说集《妇人书简》第二辑中的一些篇目也是在这时期翻译的，如《晨邮》《礼貌》《我的老友》《海孟德的那一夜》《犯了大过之后》《竞争者》《救援》《床的问题》《归来》《后夫》《热仑坏夫的手册》《合作之约》《和解》《紫丁香》等。这些作品1933年在成都《时事周报》连载，其中有两篇《和解》《海孟德的那一夜》是归国之初翻译的，曾先后在上海的《东方杂志》和《醒狮》发表，此次重新修改后再次刊登。但是这组译作刚连载完七篇，就因为译者要忙于生计而停止了。编辑在停载的《编余闲话》中说："《妇人书简》不能继续了，因译者李君已因紧要的事情到嘉定去了。"李劼人原本还有翻译第三辑的计划，如今也落空了。

暂停翻译，实在是迫于生活的压力而不能不他顾。翻译文学作品"除了给他一些精神上的安慰以外，物质上的帮助，实在是微乎其微。他常常发牢骚说，'一本书的版税，还够不上痛快地喝一次酒，谁愿意做傻子，去关门闭户从事某作家全集的翻译'。"[①]尽管如此，他在为生活奔波后，稍有空闲时，依然会继续拿起笔。

李劼人的文学翻译工作一直持续到40年代。1941年，重庆作家书屋姚蓬子希望出版李劼人以前翻译的几部作品，于是他重新翻译了《马丹波娃利》。这是一部产生了深远影响的译著，多次出版，每一次都有改译，而这一次下的功夫最大，译者对译文质量的要求也很高。此外，重译的作品还有《小物件》，改译书名定为《小东西》，译者写了《〈小东西〉改译后细说由来》，介绍了都德这部作品在中国翻译的情况和自己改译时的心境。《人心》于1942年重译，1944年由作家书屋再版，并于同年先在《抗战文艺》第九卷一、二期合刊上发表；《女郎爱里沙》也改译为《爱里沙姑娘》后出版。

---

① 刘大杰：《忆李劼人》，《文坛》第1卷第1期，1946年。

李劼人1926年翻译的罗曼·罗兰的长篇小说《彼得与露西》，也在1946年由成都人言出版社出版。1947年，李劼人还改译了福楼拜的长篇历史小说《萨朗波》，并于1949年4月至12月在成都《新新新闻》上连载。

上述译著都是李劼人早年的译作，经过了长时间的沉淀，在读者、评论者的批评意见的基础上进行了重译、改译，进一步提升了作品的翻译质量。

这一时期新译的作品只有一部，那就是维克多·马格利特（Victor Maguerite）的长篇小说《单身姑娘》，1944年由成都中西书局出版。出版该书的纸张和装帧都比较粗糙，但翻译的文字水准却很高。

重译《人心》后，李劼人一度决定不再翻译新作品，但是对于法国文学的热爱，终于使他"自食其言"。他在乐山嘉乐纸厂工作期间既无约人打牌饮酒的兴趣，也不喜欢外出游逛，甚至近在咫尺的大佛寺、乌尤寺等风景名胜也少有去游览。因此，工作闲暇之余，李劼人便与书为伴。从1942年5月开始，每日下班后，便在办公室里翻译这部小说，一个月左右便译出一半。李劼人原想暑假前即可完成。却不料纸厂事务缠身，一搁笔竟然就是一年，直到次年5月回到成都家中才有时间继续翻译，并于6月7日译完全书。

《单身姑娘》写一位叫摩理格的"女单身汉"的感情历程和命运的沉浮，涉及20世纪早期法国的政治制度、社会道德、伦理风尚等诸多方面的内容。原著由于"对于第一次欧洲大战后一般法国发国难财的暴发户，和少数出风头无常识，专爱操纵政客的一些女人，稍稍作了一点不客气的描写，于是引起了一场不寻常的风波，由最高检察厅提起公诉"[1]。从而使这部算不得名著的作品顿时销量大增。李劼人之选择这部作品翻译，诚如他所说，是与当时中国社会的"此情此景"有密切关系的。

翻译《单身姑娘》颇费了译者的一番心思。鉴于以前就有评论家提出过中肯批评，此次翻译，李劼人十分较真，常常为一句话字斟句酌，如翻译"夫妇

---

① 李劼人：《〈单身姑娘〉译者序言》，《李劼人全集》第16卷，成都：四川文艺出版社，2011年9月第1版，第1页。

之爱，果能白头偕老吗"一句，专门请武汉大学叶石荪教授帮忙翻阅了好几本法文书。《单身姑娘》是李劼人翻译的最后一部法国长篇小说。此时他已经积累了丰富的经验。如果说，20年代李劼人翻译法国作品还多少有些"稻粱谋"的意思，那么，此时他已经毫无后顾之忧，翻译工作可以从容不迫，因而译文更流畅，也更美。最有意思的是，李劼人将编辑新闻的方法用在了这部作品的翻译中。在结构上，原著仅仅分为一、二、三部，译者认为很老套，因此在每一部分提炼出一个总标题，又将其下的段落分为若干部分，并冠以若干小题目，使阅读者对内容一目了然。

1944年2月，《抗战文艺》发表了左拉的长篇小说《梦》，之后由重庆作家书屋出版了单行本。这本书是由马宗融与李劼人合作翻译的。马宗融是成都人，也是留法学生，著名回族作家、翻译家。《梦》描写一个贫穷、善良的绣花女与大主教的儿子相爱，但由于社会等级观念和宗教的愚昧，女主人公遭遇了种种精神折磨，最后死在了恋人的怀抱。小说以浪漫开始，悲剧结束，这场贫富悬殊的恋爱不过是一场梦，深刻批判了19世纪中叶法国的社会现实。

《梦》出版后，李劼人将自己获得的那一份稿费全部捐给了抗敌文协成都分会。

阅读李劼人的全部法国文学译著，可看出他选择的作品有几个倾向：第一，他不以原著者的知名度大小来选译作品，而是看它是否有特色。第二，他选择的作品大致集中在两个方向，一是对女性形象塑造很成功，尤其写女性心理很突出的作品，如福楼拜的《马丹波娃利》，普鲁斯特的《妇人书简》等等；二是地方特色很浓郁，包括描写异域风光的作品，像龚古尔的《达哈士孔的狒狒》，马郎的《霸都亚纳》等等。这些译著对于中国文学而言，不仅开拓了作家的视野，还让他们学到了创作的技巧。"浅草—沉钟社"的代表作家陈翔鹤就曾对儿子说："青年时代得以初步知晓一点法国文学，都是看了劼老这十几部翻译小说开始的。"①在陈翔鹤的书柜里，最显眼的外国文学作品就是李劫人翻译的法国小说。第三，李劫人译文的风格是，在"信、达、雅"三者中重点取其"信"，这一点与鲁迅相同。晚年他曾在致朋友的信中阐述过他对外国文学翻译的观点："就译文而言，吾宁取鲁迅之生涩，而傅东华之过分熟练，则无可取；苟一味中化，文言何若林纾？语体何若伍光建？油头粉面以取悦于世俗，非文学士宜为也。"②用今天的翻译术语讲，李劫人不喜欢对原著进行归化处理，尤其不喜傅东华式对句子成分的归化放置和随意删除原文某些段落。他喜欢异化翻译，尽可能地保持原著的风貌，尊重原作者的习惯。由于李劫人坚持这一翻译理念，今天的读者阅读他的译著，或许会有生涩之感，却又能处处感受到译者工作的严谨，甚至有时还能从他所对应的四川方言词语中读出一种幽默的美感。第四，李劫人译文的另一个特征是尽可能准确、全面地向读者介绍清楚原著者及其作品涉及的历史背景等知识，从而为读者理解作品打开方便之门。这一点，当年的读者就深有感受，文学评论家王冰洋曾在报上撰文说："他的译述工作是如此认真，精美，每一次翻版都要修订，而且差不多每一本译品都附有有价值的介绍参考文字，特别是，他的翻译文学，是曲尽原文的风趣，同时又最为中国化的。"③三四十年代，在翻译法国文学方面，李劫人的确堪称最有成绩并且是富有成效的翻译家之一。

在翻译法国文学作品的同时，李劫人自己也进一步学习了法国作家的叙事技巧和描写方法，为他以后的长篇小说创作积累了丰富的写作经验。

---

① 陈开第：《李劫人与陈翔鹤》，《李劫人小说的史诗追求》，成都：成都出版社，1992年12月第1版，第303页。

② 李劫人：《550112致谢扬青》，《李劫人全集》第10卷，成都：四川文艺出版社，2011年9月第1版，第139页。

③ 王冰洋：《李劫人先生与大波》，《李劫人研究：2016》，成都：四川文艺出版社，2017年12月第1版，第398页。

第九章

辞教开餐馆

在成都大学，李劼人与校长张澜共进退。1930年，当张澜决意离开成都大学时，李劼人思忖自己不能再继续留在大学，遂提前辞职在外租了一间铺面，开起了一个小餐馆，取名"小雅"。既是为谋生，也是对军阀政府的无声抗议，同时还能向市民彰显一下自家的厨艺。

教授辞职开餐馆，大有相如涤器、文君当垆的架势。于是"小雅"一时间名声大振，各家报纸争相报道，李教授虽被卫道者们骂为斯文扫地，但小餐馆却还是时常座无虚席，有钱的绅士、大学的师生、城中的"五老七贤"都慕名而来了，人们既是来见识李劼人的厨艺，也是来看李劼人的热闹。

然而热闹总是会过去的，当小餐馆复归平常之后，李家却被土匪盯上了。

一、与张澜共进退

1931年11月9日，国立成都大学、国立成都师范大学、公立四川大学三校师生在皇城致公堂集会，举行三校合并仪式暨国立四川大学开学典礼，由时任四川省主席刘文辉宣布报请中华民国教育部同意的训令，三校合并统一组建为国

215

立四川大学。从此结束了成都高等教育三足鼎立的格局。

在三校合并前夕，李劼人已提出了辞职请求，张澜未允，李劼人便告假去筹划自己的小餐馆去了。关于李劼人辞去教职一事，历来说法不一。李劼人自己的说法是："成都大学校长张澜为当时军阀所扼制，不能安于其位。原因是张澜先生思想左倾，所言所行，大都不利于那时的军阀。张澜先生要到重庆去，军阀正欲他走。我不能劝张澜先生不走，我自己度力在张澜先生走后，绝难于以个人力量对付那些军阀；甚至还有一个流氓文人，正在为军阀画策。因此在张澜先生走之前，我便提出辞职，张澜先生不允许。"①从这段文字看，李劼人辞职的原因有两个：一是校长张澜辞职后，李劼人会失去支持者和保护者，所以也只能选择一走了之；另一个原因就是反感那个所谓的"流氓文人"。

李劼人之女李眉承袭了这一说法，但增加了一条理由："李劼人也不赞成成大无条件与其他两校合并。"②即是说李劼人不赞成三校合并，故而辞职。另有一个说法是研究者的观点，依据是《吴虞日记》中的记载，即：李劼人是因为学生拒绝交作文愤而辞职。冉云飞据此认为：李劼人所说"也不是完全没有理由，但似乎也有1949年以后的拔高，以便迎合主流意识形态说法之嫌……彼时成大学风不好，学生不爱上课，爱骂甚至驱逐老师，都非绝无仅有，许多人都因此辞职。吴虞的日记也多有记载。让李劼人直接辞职的导火索，并非什么军阀压迫也非什么党派派系斗争，而是'闻李劼人因预科学生拒绝作文事辞职'"③。付金艳也认为李劼人的说法不成立："不过这个说法随着李劼人档案文献整理工作的进一步完善，从新近发现的史料中发现并非如此。"④

研究者们否定李劼人的说法，的确不是空穴来风，而是有文字史料作依据。

---

① 李劼人：《自传》，《李劼人全集》第1卷，成都：四川文艺出版社，2011年9月第1版，第8—9页。

② 李眉：《李劼人年谱》，北京：《新文学史料》1992年第2期。

③ 冉云飞：《吴虞和他生活的民国时代》，济南：山东人民出版社，2009年11月第1版，第258页。

④ 付金艳：《实业家李劼人档案揭秘》，上海：上海书店出版社，2016年8月第1版，第10页。

除了有《吴虞日记》1930年4月3日的明确记载以外，1930年4月6日成都《报报》发表了一封李劼人《致小髭、冯妇》的信，在这封公开信中，李劼人详细说明了他和成都大学预文科三年级学生之间的矛盾过程，认为"更恍然学生之举动，非止感情之作用而已，是不可处矣，乃悠然而归，决意辞职"。这等于是李劼人明明白白地承认了自己无法与学生相处才不得不辞职的。这便是研究者认定的新材料。但此信后面还有几句话却被忽略了："设不再造谣我，至多复职，亦止教书而已，今则不然，已允诺张表方校长于四月八日回任主任，至少亦必将本期办毕而去，在愚未复任前，预文科主任一职尚虚悬也，吴君毅代理之说，自然不确。"[1]这几句话的意思也很明确，李劼人的确因学生不交作业而气愤，并且闹情绪，辞去了文预科主任一职，但并未得到校长批准，所以他又于四月八日，复任了主任职务。然而不料，就在他辞职未获批准这期间，社会上却谣言四起，说李劼人已经被人代替，而且本市各报还刊登了国民通信社的消息，说李劼人讲师被预科学生饱打了一顿。这些八卦新闻不仅将李劼人由教授降格为讲师，而且说他挨了打。这让李劼人颇有些难堪。所以《报报》4月6日专门发表了一篇以"青天"之名写的文章《李劼人教授并未挨打》，予以澄清，只是说李劼人与学生"言语间不免有小抵触，李愤然出校，称病不愿再到校授课，文预科主任一席暂由吴君毅代理"[2]。这位"青天"大概是当时的"狗仔队"，专写名人逸事，李劼人的饮食起居都可以入新闻。3月22日，青天就发表了一篇《李劼人教授易黄饮白》的消息，说李劼人仅能饮黄酒，而李夫人则善饮白酒。李夫人说饮黄酒易患湿气，劝李劼人还是饮白酒为好，所以李劼人已勉励习饮白酒。黄酒是李劼人一生所好，这则"易黄饮白"实质也是一条八卦新闻。不过，从"并未挨打"一文中，我们还是可以看出，李劼人并没有实质性辞职，只是以耍小脾气的方式表示对学生的不满。研究者以此作为李劼人最后离开成都大学的理由，是不确切

①　李劼人：《300406致小髭、冯妇》，《李劼人全集》第10卷，成都：四川文艺出版社，2011年9月第1版，第16页。

②　青天：《李劼人教授并未挨打》，《李劼人研究：2016》，成都：四川文艺出版社，2017年12月第1版，第391页。

的。至于冉云飞所判断的"似乎有1949年以后的拔高，以便迎合主流意识形态"之说，则仅仅是评论者个人的臆想。或者顶多我们可以这样说，李劼人的说法与"主流意识形态"产生了某种巧合罢了。如果说李劼人有拔高、迎合之嫌，那么刘大杰在《忆李劼人——旧友回忆录》一文中也这样说："他从前在成都大学教书时，因为他不能与恶势力和睦相处，他愤而辞职。"难道说刘大杰也是在"拔高""迎合"吗？刘大杰是李劼人离开成都大学来合并后的国立四川大学中文系任教时，经人介绍认识并成了好朋友的。作为朋友，刘大杰在文中"拔高"李劼人倒是有可能，但要说"迎合"就无从谈起了。因为这篇文章发表于1946年的《文坛》第一卷第一期，当时的教授们有必要刻意去迎合什么意识形态吗？

既然李劼人并非因学生拒交作业而辞职，那么，李劼人《自传》中谈及的辞职原因便可能是真实的。但笔者又感觉这还不是最根本的原因。果然，笔者在阅读《四川大学史稿》时，印证了这一感觉。可以这样说，李劼人离开成都大学的真实原因，除了与"恶势力"不能和睦相处之外，还有一个更深层的原因，这是李劼人没有在公开场合中谈及的，那就是经济问题。也就是说，导致李劼人最终辞去教职的根本原因是薪水问题。

要说清楚这一点，必须从三校合并前的经费来源谈起。国立成都大学在成立之初，校长张澜就提出办学经费每年六十万大洋须由盐款支付，事实上虽然军阀政府赖账，甚至七扣八扣，但还是绝对保证了每年四十万大洋的经费。自流井的盐税，历来是四川省的第一大宗税收来源，属于国税。民国以来，四川军阀混战，相互征伐，抢夺地盘，但无论谁占据自流井，都不敢独吞盐税，必须进行统一分配，虽然多寡难免不均。因此，张澜提出用盐款作为办学经费，看中的正是这经费来源的保障性。用国税办"国立"大学，也是顺理成章的逻辑要求。而国立成都师范大学和公立四川大学就没这么幸运了。它们的办学经费都是来自"肉款"，属于地方税收。由于军阀割据，肉税被大小军头层层侵吞，甚至截留挪作军费或进个人腰包，拒绝拨款和少拨款的事随时都在发生。因此，盐税与肉税办学最大的区别就出现了，前者款项足且有基本可靠的保障，后者金额小还没有保障。据《四川大学史稿》第一卷的记载，国立成都师范大学1927年的计划是十五万大洋，实际拨款只有七万；到1930年，计划是九万大洋，实际拨款仅仅六万，不仅计划款项逐年下降，而且实际拨款更是王小二过年——一年不如一年。公立四川大学更惨，以学生人均费用计算，是三所大学中最少的：国立成都大学是人均788元，国立成都师范大学是334元，而公立四川大学却仅仅只有区区115元。

教育经费的严重不足和恶意拖欠，自然影响到了教师的薪资，导致教师不上课，学校时常放大假。终于在1927年底师生中爆发了争取教育经费独立的运动。首先行动起来的正是成都师范大学和国立四川大学的教职员工，当年成都的报纸对此有连续的报道。反观国立成都大学，似乎不见有教职员因薪资拖欠而罢教的事发生。《吴虞日记》中有多处"收到学校欠款"或"补齐欠薪""按月送薪"一类的记载。说明成都大学虽然也时有欠薪的事发生，但终究是要补发的。这也是张澜深受教授们拥戴的原因之一。

对于三校合并，张澜和李劼人都没表示反对。三校合并是根据中华民国大学院院长蔡元培主持制订的《修正大学区组织条例》的规定来实施的。1928年8月，四川军政巨头刘文辉、邓锡侯、田颂尧以三军长的名义成立"筹备国立四川大学讨论委员会"，最初以省教育厅长向楚和李劼人两人为主席，三所大学均有教授任委员，李劼人是成都大学的代表。当时讨论的决议案中第七条是"将三大学经费统统划给合并后的国立四川大学"。于是张澜提出，若新办国立大学，费用应在两百万大洋以上，而且要完全由国库承担。然而军阀刘文辉却不是这么想的。他打的另外一把如意算盘，即：利用国立成都大学现有的资金来办合并后的国立四川大学，另两所大学原来的经费就可以腾挪出来转为军费，为他争霸四川做资金上的准备。这便是他如此积极并且铁腕合并三校的真实意图。因而他对刘湘聘请来的成都大学校长张澜万般刁难。这也是李劼人所说"张澜为军阀所扼制"的原因。以后，在经费问题上，张澜退了一步，提出："经费应由国税项下，于成大旧案盐税六十万元之外，再请拨若干，至低额须拨足一百万，明令定为大学经费，使之独立，不受军事和政潮影响，庶足以兴起四川教育，发皇西南文化。"①但是，张澜的话已经没有人听。

1931年5月，刘文辉任命成都大学教授张铮为教育厅长，取代了向楚。张铮遂按照刘文辉的旨意进行合并工作。李劼人所谓的"流氓文人"，指的可能就是这位教授官员张铮。而张澜见自己的主张无法实现，也深知自己不为刘文辉所欢迎，遂萌生了去意。李劼人听说张澜去意已定，非但为学校将来前途担忧，也深知自己当教授的好日子到头了，便赶在张澜离开之前，率先于1930年6月辞职回家，准备开餐馆维生。其实，此时请辞的不仅是李劼人，据《吴虞日记》1930年6月21日记载，辞职的教授还大有人在，著名诗人吴芳吉也在其中。不过，对李劼人的辞职，张澜并未应允，文预科主任一职也未任命他人，吴君毅只是暂时代理。张澜似乎在等待最后的变局，以便李劼人能够回校继续任教，所以他才会对吴虞说："李小雅不久必倒，预科主任一职，尚留以待之。"②可见张澜对李劼人是很看重的。

李劼人看清了刘文辉的真实意图，对积极协助刘文辉的那位教授官员也深恶痛绝："那个流氓文人果然趁这个时候强接了成都大学，并画策为军阀每年抽出教育经费二十万元，以归私囊；而以下流手段，估将成都大学、师范大学、公立四川大学合并为国立四川大学，反对的教授解聘，反对的学生开除。"③李劼人是属于反对的教授之一，他自然不会被动等到别人来开除自己。

三校合并，师大和成大师生也表示反对，尤其成大十分激烈，该校师生曾以罢课表示反对。但刘文辉坚决不让步，宣布提前放寒假，以分散学生力量，但学生组织了留守人员坚守；刘文辉则直接派兵进校驱逐学生。此时正值九一八事变，遂有人写诗痛骂军阀："噩耗传来举国哀，日军侵占沈阳城。蜀

---

① 四川大学校史办公室：《四川大学史稿》第1卷，成都：四川大学出版社，2006年8月第1版，第141页。

② 吴虞：《吴虞日记》下册，成都：四川人民出版社，1986年8月第1版，第514页。"李小雅"即是指李劼人开餐馆。

③ 李劼人：《自传》，《李劼人全集》第1卷，成都：四川文艺出版社，2011年9月第1版，第9页。

师百万成何用？开到成大吓学生。"①

　　1931年10月16日，刘文辉任命吴君毅为国立四川大学秘书长，向楚为文学院长，熊晓岩为法学院长，魏时珍为理学院长，邓胥功为教育学院院长，令其先到职接事。11月9日，在皇城致公堂举行三大校合并仪式，国立四川大学正式成立。次年3月，四川大学聘请李劼人为中文系教授，讲小说，但李劼人"因不悦张重民之卖大学，及一般混账东西，力拒不受聘"②。当时李劼人宁肯到中学去教零点钟，每周上课二十四小时，却只能挣二十余元，也不愿重回四川大学。

　　从三校合并中，李劼人的确是对军阀的无耻感到愤怒，因为他明白，合并后学校将面临经费的严重不足，教授的薪资也会朝不保夕。果然，三校合并后连原来成都大学的六十万元也不能保障，最多时也只能收到四十万，原来一校的费用，如今是三校共用，经费的严重欠缺可想而知。因此，教职员工的薪资当然也就经常发不出了。到1932年"二刘大战"时，拖欠四川大学的经费已达四十八万元；再后来，因为红四方面军由陕南翻越大巴山，相继在通南巴一带建立红色政权，军阀为了围剿红军筹措军费，竟发展到要变卖四川大学在皇城的房地产的境地了。

　　其实李劼人辞去教职，最初多少还是有些言不由衷的成分。但他又不能不走。李劼人之所以很在意他那份教授薪金，那是因为养家糊口的责任担在肩上。李家既无田产又无房产，全家人的生活就靠他的工资收入，更何况1927年12月，他的儿子李远岑又降生了，一双儿女的成长需要不少的费用。可如今既然薪金已成问题，那他留在大学还有什么意义呢？金钱对他来说，是涉及全家生计的大事，他不能不另想他途。他曾经写信给好友舒新城，谈及他此时的想法："弟现在已将成都大学教授头衔，及预科主任职务，都并辞去。虽学校当局尚在挽留，然而情意已倦，不欲继续作孽，故不许也。但弟近年来为己为

①　采庆云：《国立成都大学兴废记略》，成都：《四川文史资料选辑》第8辑。

②　李劼人：《320609致王介平》，《李劼人全集》第10卷，成都：四川文艺出版社，2011年9月第1版，第26页。

人，负债至七千元之多，每年利息在千元以上，又不能游手好闲也。"①对朋友"叫穷"，难免有点夸张，但"穷"的事实还是存在的。这就不难解释，他在张澜尚未应允他离职时，便决定开餐馆。他是在为彻底离校而留后路。

二 "小雅"夫妻店

李劼人辞职开餐馆的因素是多重的，其中既有对军阀的不满，也有经济的需要。因此，1930年暑假，他借了三百元，在指挥街118号自己租佃的寓所开设了一个小餐馆。一是作为无声的抗议，表示他不回大学的决心。"李劼人先生开'小雅'谋生，是向旧社会宣战，是对军阀、官僚恶势力的不妥协，是对那些寄生虫的嘲讽。"②二是解决辞职后全家的生计问题。

由教授变身为餐馆小老板，身份落差很大，但李劼人是经过深思熟虑的。他曾想过，专搞写作和翻译，抑或是回报馆，似乎都不能解决他的经济窘境。唯有开餐馆可能是一条生财之路，同时还可以发挥夫妻俩的烹饪特长。

李劼人的餐馆是在他所居住的杨家大院旁边一处临街的铺面。杨家大院原在磨子街，后来磨子街被合入了状元街，处于状元街拐角的杨家大院侧面便是指挥街。李劼人在指挥街另租了一间大房子，将墙拆掉改为门面，隔成一前一后两间，大间二十多平方米为店堂，后间作厨房。李劼人又亲自动手，将店堂粉刷、裱糊，装饰一新，摆上几张桌子，十多把椅子，一个像模像样的小餐馆便成了。餐馆的取名，李劼人也颇费了一番思量。想到自己被迫从教授辞职来干这个大众营生，心中依然隐约有些五味杂陈。他把不得已开餐馆的想法告诉了朋友们。吴虞给取了一个名字叫"小雅轩"。吴虞在1930年5月6日的日记中记载："李劼人将开小餐馆，予为拟一名曰'小雅轩'。"③这正合符李劼人的心境！"小雅"典出《诗经》，原本多为吟诵统治阶级的政治危机和忧患的诗，用在此处却另有

---

① 李劼人：《300703致舒新城》，《李劼人全集》第10卷，成都：四川文艺出版社，2011年9月第1版，第19页。
② 钟朗华：《怀念李劼人先生》，《自贡文艺》1980年第4期。
③ 吴虞：《吴虞日记》下册，成都：四川人民出版社，1986年8月第1版，第503页。

一番意思："劫翁身为大学教授为什么突然开设面店？又为什么给面店命名小雅？这里面包含种种潜在的客观因由。可以说，他开设'小雅'实际是对军阀社会的一种抗议，一次尖锐的嘲讽。"[1]不过，李劫人最终确定餐馆名称却没有用"轩"字，只自题了"小雅"两个字，小餐馆算是有了雅号。

"小雅"是典型的夫妻店。从采买原材料到执瓢掌勺都是俩人亲力亲为，另外只聘请了一位白案师傅来做面食。掌厨的师傅则常常是李夫人自己，她每天都要亲手做六种主菜，并且每周变化一次花样。

正式开业前夕，学生钟朗华来家看望李劫人，当他得知老师要开餐馆，当即表示愿意到店里来当堂倌。钟朗华是李劫人竭力帮助的贫困学生，还正在读书，对他来当堂倌的要求，李劫人先是连连摇头，说："你是大学生，那怎么得行呢！"钟朗华却坚定地说："先生能够下厨，学生又怎么不可以跑堂呢？"李劫人看着这位朴实而坚毅的学生，半晌，笑了笑，算是默认。此时正值暑假期，钟朗华的老家在自流井，家境也贫寒。来做堂倌，既是帮助老师，也可以解决一阵自己的生活。

如今的餐馆开业，哪怕是一个小店，总是要热闹一番的，扯个红幅，摆几只花篮，有的还得放一阵炮仗，或弄个鼓乐齐鸣，目的是为广而告之：此间餐馆开张了！但八十年前一位知名教授经营的餐馆却没有这些名堂，"小雅"在清静的氛围中开门营业了。但李劫人也有自己独特的广告方式，他在店铺外墙上贴了一句"六字箴言"："概不出售酒饭，堂倌决不喊堂。"店内也贴了一张声明："本店店小利薄，概不赊账。"许多人不明白李劫人的餐馆为何要做这样的规定，其实这里也有几层意思：一是店面小，根本不需要虚张声势，所以无须喊堂；由因店面小，希望客人流动尽可能快些，而一旦客人喝上酒，时间自然就长了。李劫人自己是善饮之人，深知其中名堂。据谢扬青先生说，李劫人和他一位亲戚一次慢悠悠地喝酒，竟喝了一坛（二十八斤）"渝绍黄酒"。试想，小店若遇上这样的食客，那下一拨食客就别想进店了，店家也就甭想再做生意。此外，

---

① 谢扬青：《李劫人先生与"小雅"》，《成都文物》1987年第2期。

不喊堂，大概也是给自己，给他和堂倌这对大学师生保留一点最后的尊严，否则就真成引车卖浆者流了。当然，不喊堂也许还有一个原因，是怕钟朗华那一口纯正的南路土话招来人们讥笑。

不卖酒饭，不喊堂，这是"小雅"的"店训"，却也是"小雅"的独到之处。"小雅"是靠它的特色食品吸引顾客的。其中一些菜肴品种，相对于一般小餐馆，不光是精美别致，超凡脱俗，而且注重实惠。据李劼人夫人杨叔捃女士对原中共中央党校谢武军教授讲："小雅"每周要换六样菜，菜谱由李劼人定，他告诉她每样菜该用什么材料，用什么火候，然后就由她动手去做。[①]"小雅"的特色面食有：金钩包子、冬菜包子、过江面、炖鸡面、番茄撕耳面、红油素面等；凉菜有：凉拌芥菜宽粉皮、夫妻肺片、金钩萝卜干；荤菜有：酒煮盐鸡、怪味鸡、椒麻鸡、白味青笋烧鸡、姜汁热窝鸡、烧鸡、干烧牛肉、香糟兔、砂仁肘子、干煸鱿鱼丝、干烧鱼、豆豉葱烧鱼、烟熏排骨、肝腰合炒、肚丝炒绿豆芽、牛肉末炒泡豇豆、黄花肉末烩粉丝、青菜头焖酥肉、鲜桃仁烩发菜、腐乳汁蒸鸡蛋、厚皮菜炖猪脚；蒸菜有：粉蒸苕菜；汤菜有：蟹羹、黄花猪肝汤、冬寒菜汤、豌豆汤。李劼人曾留学法国，因此也少不了西洋的冷菜，如番茄土豆沙拉、奶油莎士菜花、奶油卷心白菜等。西菜是李劼人改良的菜品，当年成都没有橄榄油，他就用熟菜油代替，同样受到食客的好评。"小雅"的泡菜也很受食客喜欢，既有现泡的时令蔬菜，曰"洗澡泡菜"，也有泡较长时间的蔬菜，其颜色的青翠和口感的清脆，让顾客啧啧称道，以至于每天都有人来排队专门买"小雅"的泡菜。

李劼人做菜有很多禁忌，这个禁忌实际上也是他的菜品特色。比如，他做菜不用明油[②]，也不用味之素（即味精）。当年日本味之素传入中国，在餐馆中尤为流行，直至今天的大厨也离不开这东西。但李劼人绝对不用，他认为，菜肴添加了味精，既失去了原料的本味，也失去了家庭的味道。李劼人甚至在烧

---

① 谢武军：《杨叔捃谈李劼老》，《李劼人研究：2007》，成都：巴蜀书社，2008年3月第1版，第98页。

② 当时的川菜厨师一般都要在菜起锅后浇一勺熟油，既好看，又增加口感，谓之明油。

224

菜中还忌用茴香、八角之类的香料，认为那会在美食中留下中药的味道，太俗气。他做的砂仁肘子也不上色，保持白味。选佐料当然是更为考究，豆瓣非郫县豆瓣不用；酱油必定要用正宗的中坝酱油和德阳窝油；豆腐乳一定是海会寺的；甚至川菜中流行的潼川豆豉、永川豆豉也不用，而要选口同嗜的豆豉。

做事一丝不苟，是李劼人一贯的风格。我们今天看他当年誊写的作品手稿，蝇头小楷，整洁规矩，毫无潦草，就能切实体会到他青年时期那个绰号"精公"的真实含义。在制作、烹饪美食上，他也展现了"精公"的性格。早在法国留学时，为做烟熏兔，他非要用花生壳熏，法国不产花生，他们又不知道花生的法文该怎么说，于是两个跑采买的同学李璜和黄仲苏只得"画图捉拿"，跑遍了巴黎城的旮旮角角，最后才在郊外一吉卜赛人手中买到少许，被李劼人视为奇珍异宝。这种被吉卜赛人称之为"瓜瓜里赤"的花生，是他们从北非带到法国来卖给儿童玩耍的。

据李璜讲，还有一次李劼人需要豆瓣酱烹制正宗川菜，又逼得采买同学跑遍巴黎。当年的巴黎人不大喜食辣椒，肥厚粗壮的红辣椒很少见，只偶尔在小贩菜摊上能见到十余根，李劼人却非要求买一二斤不可。李璜又是走遍全城，最后找到一位西班牙商贩专程进口了几斤。商贩大或不解："你家到底有多少电灯罩？"原来法国人用辣椒仅仅是作灯罩装饰。[①]李眉曾说她父亲好吃、会吃，其实李劼人的"吃"也有"家学渊源"，是他从艰苦的磨砺中学到的。李劼人的母亲就能够做一手美味川菜，而且在族人中有口皆碑。李劼人少年丧父，与母相依为命，常常跟随母亲做家务，对于烹饪，李劼人观摩有素，从选料、持刀、调味到下锅，及如何掌握火候，都从母亲那里学习到不少，加之他勤于思考，可谓达到青出于蓝而胜于蓝境界。

经营"小雅"，李劼人不但要决定每天的菜品，而且还要担负"账房先生"的职责。事实上，"小雅"是有专职账房先生的，这个人是李劼人的姑奶奶的儿子，李劼人称他表叔。此人平日不说话，做事却极认真，成天算盘拨弄

---

① 车辐：《川菜杂谈》，北京：生活·读书·新知三联书店，2004年1月第1版，第23页。

得噼啪作响，账目也很清楚。李劼人是个极其细心的人，他记账并非担心表叔出错，而是有别的用途，那就是专为文学创作积累生活素材。所以每天晚上打烊后，他就拿出账本，记录下当天每个菜品的实际收入是多少；同时让夫人将一天的开销一一报上，每一种原料花费多少，连一两百文的开支也要记下。若是李劼人自己买东西，记账就更详细，不仅有明确的年月日、价格，还有所买物品的品相，卖主的长相、穿着，双方如何讨价还价，等等。记账已成为李劼人的一种生活习惯，也正因为他有这个好习惯，后来在写作中才会那么得心应手。

"小雅"虽然没有做广告，但李劼人的身份本身就是最好的广告，"小雅"尚未正式开张，成都的报纸已经在免费鼓噪，扯人眼的标题有"文豪当酒佣"、"成大教授不当教授开酒馆，师大学生不当学生当堂倌"，记者濮冠云还在文中配以小标题："虽非调和鼎鼐事，却是当炉文雅人"。一段时间每天都能读到这类新闻，李劼人教授易黄饮白的消息也跟着出来了。

文君当垆，相如涤器。文人开酒馆原本是古已有之的事，并不稀奇。但是具体到李劼人身上，还是有相当的新闻效应，谁叫李劼人是名人呢！追星从来不是当今狗仔队的专利，30年代的记者们也是有追踪名人的职业精神的，于是才有了李劼人的一举一动都可能曝光的报道。不过，也有一些传统卫道士将李劼人视为异端，说他为人师表，竟然如此斯文扫地，难怪当今学风日下，将学校校风不正与李劼人开餐馆硬扯在一起。

李劼人开餐馆之所以被卫道者们嗤之以鼻，不外是一种旧观念在作祟，是传统文化中包含强烈的轻商排商观念的反映！

不过，也有人认为教授开餐馆是大材小用，孙震将军大概就是如此。孙震从报纸上得知李劼人辞教开餐馆的事，当即从绵阳写来一封信，表示愿意聘请李劼人为军部的顾问，保证每月足够的生活经费，对店里的伙计（指钟朗华）可资助其求学。李劼人是个独立意识很强的人，从未想过要依附于别人生存，尽管孙震是他信赖的朋友，他也不会答应去做一个幕宾。他只能谢绝朋友的美意，但对于店里的伙计，则出于对青年人前途的考虑，李劼人很乐意请求孙将军关照。

报纸的报道的确提高了"小雅"的声誉，加之李夫人的厨艺的确特别，所以这个刚刚开业的小餐馆很快就全城皆知。一时间达官贵人纷至沓来，生意十分兴隆，经常是座无虚席，连成都有名的"五老七贤"也都慕名而来。指挥街以前从未停过那么多车辆，如今私包车、小卧车却差点就把街道扎断了，这些都是冲着"小雅"而来的。当然"小雅"的座上宾主要还是教育文化界人士，李劼人的好友、同事，包括张澜校长，都竞相前来品味李教授的烹饪手艺，川大一些老同事还约定，每月30日都到"小雅"来"打平伙"，一是交流学校情况，二是品尝李劼人的厨艺。李劼人还因此获得了一个"大师傅"的尊称。

李大教授的厨艺也引起了学生的垂涎，"小雅"常有三五一伙的学生来就餐，顺带观瞻一番老师今日的模样。当看到昔日长衫大褂、文质彬彬的教授如今短衣短衫，有时身上还拴着围腰，竟与鲁迅笔下站着喝酒的短衣帮没有两样，学生们惊讶得半天无语，尤其见老师亲自端盘上菜，学生们更是傻呆呆站立不知如何是好。若遇此种情形，李劼人总是笑呵呵地说："没见过西汉时代大文人司马相如身穿犊鼻裤，为客人沽酒上菜吗？你们且坐下慢慢享用。在学校我是先生，在这里诸位是客人，不必拘礼！"说到此，李劼人话锋一转，指了指墙上的字："只有一点，小店本钱不多，恕鄙人概不赊欠。"几句话说得学生们哈哈大笑，随后一时传为笑谈。

当然，也有说"小雅"不是的，吴虞便是其中之一。他对名声大振的"小雅"抱有厚望，在1930年7月19日的日记中曾记载："晚君毅来，以所书罗元叔贺李劼人酒店七言古诗见示。其中'番茄撕耳最清新，当归汽鸡脍紫鳞'二句，别饶韵味，一结寓托感慨尤佳，约予明日午前十时过渠，同往'小雅'小吃。"可以说吴虞是抱着兴奋而来的。但结果是带着失望而归，"小雅"没有达到吴虞想象的境地。于是他便在次日的日记中记载："过君毅，同往'小雅'，并约罗元叔。吃菜数件，均贵而平常。唯青果酒尚佳。予早出席而归。"兴冲冲来品美味的吴虞，有些扫兴，未散席便离开了。到22日，吴虞还记载："晚饭后，在表方处小坐，晤叶秉诚，迂谬可笑。表方言，'李小雅'

不久必倒。预科主任一职尚留以待之。"①吴虞是见过世面的人，南北美味都见识和品尝过，他的要求自然很高，更何况百人百味，众口难调，因而吴虞在日记中留下苛刻的记录，倒也不足为怪。

却不料，张澜先生的"李小雅不久必倒"，竟然一语成谶。火红的"小雅"带给李劼人的不是财富，而是一场前所未有的灾难。

三、儿子遭绑票

转眼间到了1931年，"小雅"开业已经近一年，曾经一度兴隆的生意给外界传递出了一个严重的错误信息：李劼人发大财了！于是歹人觊觎上了"小雅"。俗话说不怕贼偷，就怕贼惦记，当人家打他主意的时候，他还蒙在鼓里。军阀刘文辉二十四军的一个连长串通龙泉山的土匪，勾结李劼人家的保姆，于1931年12月15日傍晚，将李劼人刚满四岁的儿子李远岑拐走了。其实此时的"小雅"，生意已经不如开业初的几个月，红火了一阵后，生意逐渐冷清下来，甚至到年底时已有亏损。1932年1月19日致王介平信中，李劼人写道："不佞今年命运太蹇，'小雅'折本至六七百元，以受人造米之赐，不谓室非高明，亦来鬼瞰。"②由盛及衰，这几乎是所有餐馆的宿命，"小雅"亦然。但外界却并不这样认为，尤其是土匪。

民国时期，四川土匪打家劫舍常用的手段之一，是瞄准有钱人家，绑走其家人，然后索取巨额赎金，名曰"拉肥猪"，若家人拒绝交赎金，土匪便杀人质，是为"撕票"。一般遭拉了肥猪的人家，都会倾其所能满足土匪的要求，以保证人质平安。

儿子李远岑遭土匪绑票，顿时急坏了全家老小和亲戚朋友。李家人传至李劼人，已经是数代单传，如今儿子被绑，若有闪失，岂不断了香火，这如何得了！李劼人当即四下托人，并向公安局报了案。易艾迪在成都市档案馆找到了

---

① 吴虞：《吴虞日记》下册，成都：四川人民出版社，1986年8月第1版，第513—514页。
② 李劼人：《320119致王介平》，《李劼人全集》第10卷，成都：四川文艺出版社，2011年12月第1版，第25页。

一份1931年成都市公安局的档案材料，其中就保存有李劼人的报案书：

　　　冬月十五□□□半前后，疑由雇佣仆妇所勾引，失去男孩一名，李远岑，年正四岁，肥面，大耳，两耳轮背各有生成肉眼（小孔）三个，眼睛圆大，和尚头发，长五六分，前右边发上有口灼痕。穿蓝洋布衫，青斜纹布棉袄，油绿布旧棉裤，有补缀处。自知姓名、住所。一女婢年约十三四岁，剪发披额，名雪来，穿口铜色布长衫，花布棉裤。现女仆犹挡留在家。女仆姓宋，□家住南外倒桑树尤家祠内，有母姓宋，一姐嫁胡定安，据说是廿四军军官大队排长，现住将军衙门。其兄名宋春田，据说是廿四军唐有晖师护厂连兵士。其母与姐常来，否则彼去。出事日午后四点半犹出城一次，六点即返。

　　　指挥街一一八号 李劼人具[①]

　　这份报案书透露出几个重要信息，一是李劼人儿子和婢女雪来同时被绑票；二是李劼人家的宋姓女仆内外勾结；第三具体实施绑票行动的是廿四军军人。正是基于这第三点，李劼人最初把求助的希望寄托在军界朋友身上。但李劼人向来不与军人来往，所认识的军人只有二十九军的参谋长汤万宇和副军长孙震。汤是魏时珍的蓬安同乡，李劼人经魏时珍介绍认识了汤，又经汤的中介而认识了孙震，之后他们成了好友，而且以后李劼人接手嘉乐纸厂股份有限公司时，孙震成为最大的股东。孙震早年加入同盟会，1912年入保定军校第一期步兵科学习；先后参加过护国讨袁和北伐战争；抗战时期，先后任二十二集团军副总司令、总司令。1949年去台湾。孙震将军一生，除了抗日救国外，另一大功绩是兴办教育，先后创办了四所树德小学、一所树德中学，为许多寒门出身的学子提供了受教育的机会。

　　但孙将军对李劼人的儿子绑票案并未起作用。

---

① 文中"□"系原文字迹不清。

据易艾迪对档案分析，李劼人只是因汤、孙的关系，托请二十八军第二师的军官刘高槐和贺孝斋，再通过他们向曾担任过二十八军参谋长的成都市公安局局长邱延薰报了案；刘高槐还专门给邱延薰写了一封信："友人李劼人君之幼子李远岑及婢女雪来于昨日傍晚被人拐去，不知藏匿何所。李君开来出事情节一纸，嘱恳吾兄代为饬查，从兹特随函奉上。"邱延薰接到书信和报案，自然十分重视，当即以公安局名义下达了《训令》，命令各处"严密查拿"，"一体认真查缉"。①

然而十分遗憾，过了半个月，官方的渠道也没有任何结果。事件的转机还是在民间。李劼人的一个亲戚，曾在军队中任过职，认识很多人，又有抽大烟和打牌的癖好。于是在一次烟、牌聚会中，有意谈起了外甥被绑票的事。在场的一个成都市宪兵司令部的谍查，绰号"邝瞎子"的袍哥大爷，自告奋勇地提出，由他先去打听消息。这位"邝瞎子"是成都市东北郊区一个不大不小的舵把子，经他出马，便很快就得知李远岑的下落。随后便由这位"邝瞎子"出面斡旋，前后经过了二十七天，交了巨额赎金，总算将李远岑赎了回来。至于婢女雪来后来的下落，李劼人等均没有记载，但愿这个贫苦人家的小姑娘也和她的小主人一样平安无恙！

对于李远岑遭绑票及赎回的过程，李眉有一段记述："1931年冬天的一个早晨，保姆带着刚满四岁的弟弟一去不回。到了晚上，家里明白出了事，全家顿时陷入极端悲痛和恐惧之中，亲戚、朋友四处找人，打听消息，毫无下落。半个多月后，一个亲戚通过一个军官，找到一个哥老会头头，才打听出弟弟被土匪绑架到成都远郊一个地方。"终于，绑匪就通过"邝瞎子"传话，拿一千大洋取人。但碍于李劼人终究是一介书生，实在拿不出那么大笔钱，遂降至六百元赎人。

只有四岁的李远岑，原本长得胖乎乎、虎头虎脑，经过这次惊吓，非但人

---

① 易艾迪：《1931年李劼人为幼子远岑被绑票报案书考析》，《李劼人研究：2016》，成都：四川文艺出版社，2017年12月第1版，第270—271页。

瘦了，眼神也变得木讷了。这次劫难对一个小孩子来说，是终生的创痛。儿子遭劫，对李劼人夫妇来说，也是沉重的打击。

首先是精神摧残。李劼人一介文人，虽说有不小的知名度，却是毫无政治势力，更没有强大的靠山，土匪对待他这样的读书人，可以说是无所顾忌的。在儿子丢失的日子里，李劼人不知道结局会如何，很难判断劫匪会不会做出撕票的勾当来。所以那段时间，全家上下真如他后来所说的是"惶急欲死"。李劼人的夫人杨叔捃女士更是落下头痛病，而且痛了一生。土匪绑票使"小雅"餐馆也就被迫彻底关了张，店中仅有的几个伙计，白案师傅、堂倌、账房也都各自卷了铺盖走路。李劼人那位管账的表叔失业回了金堂老家，当李劼人后来再见到他时，他已经很穷了。

其次，让李家遭遇了一次空前的经济打击，李劼人开餐馆时，便举债三百元，经营一年多，尽管生意红火，但因本小利薄，除了全家的开支和伙计们的工钱以外，盈余已所剩无几。土匪最少要六百大洋的赎金，这使李劼人顿时感到天旋地转，李家没有兄弟姊妹可依靠；母舅家的表亲倒是不少，但杨家早已衰微，杨家子弟已自顾不暇，哪还有能力出资帮助。好在李劼人平日广结善缘，危难之际，朋友都愿意伸出援手。于是李劼人找到了好友刘星垣相助。刘星垣二话没说，立即让家人倾其所有，为李劼人凑足了一千大洋。据刘星垣外孙雷宣说，李劼人急匆匆找到刘星垣时，"刘家里正准备嫁妆和婚庆，刘星垣立即将所有银圆都调出来交给李劼人"[1]。1956年，李劼人曾经在《自传》中写道："这一千元，是好友刘星垣慷慨相助，经了好几年，才陆续还清。"除了刘星垣之外，当时还有好些朋友表示愿意相助，李培甫就邀约一帮同事，凑齐了六百元，要借给李劼人。但李劼人一事不烦二主，不愿多累朋友，便婉谢了这份美意。不料反而得罪了这些朋友，一度认为他是看不起人。

六百大洋"孝敬"了土匪，另四百大洋则作为托人跑路、说情的烟酒、饮

① 雷宣：《追忆李劼人先生和外公刘星垣的友谊》，《李劼人研究：2016》，成都：四川文艺出版社，2017年12月第1版，第369页。

食和酬金。从精神到物质都遭遇重创的李劼人，在与人谈到此次灾祸时，字里行间无不充满悲愤。1932年，他在致王介平的信中写道："冬月十五日傍晚，小儿远岑，竟为匪人勾结保姆掳去，举室皇（惶）急欲死，幸后托有力袍哥多方说和，越二十四日始以六百元赎回，而前后所用之跑路费、谢金、烟酒、伙食之费，又达四百元，咸与高利贷借与，典质而来，至今日穷极矣！而精神痛苦，复不可言。成都社会如此，若不佞所遭，真是家常之至，盖军匪合作，且有政府保障，人民非听其鱼肉，革命则无所措其卒也！终是以暴易暴，种姓如此，不亡何待。"①一向不问政治的李劼人，此时已经想到了革命的合理性，可见那个军匪横行的社会已经把李劼人逼到了何等地步！不过，这封信中提到的"高利贷"却令人质疑。刘星垣是李劼人挚友，绝没有趁火打劫，他借钱给李劼人救难，完全是无息且无期限的。李劼人自己在《自传》中也没说到高利贷之事，而李眉却说得很明白："这时候，父亲的一个朋友慷慨相助，拿出一千块银圆借给父亲，不要利息，不限期限。"②那么，李劼人为什么会在给学生的书信中如此说呢？这可能涉及到他微妙的心理变化。他儿子之所以被"拉肥猪"，就是人们都认为李劼人开"小雅"发了大财，如今他不能不逢人就"叫穷"，就像他说嘉乐纸厂曾经"终日在闹穷"一样。只是在一个比自己更穷的人面前叫穷，这未免有点怕人借贷的嫌疑，更何况无中生有称自己借了高利贷，又不免对借贷者刘星垣的好心是一种玷污。

儿子遭绑票，对李劼人家庭是一次灾难，却又给李劼人的文学积累带来了意想不到的收获，实在应验了古人的那句话，"祸兮福所倚，福兮祸所伏"。帮助李劼人寻找儿子的那位袍哥大爷邝瞎子，因为没有子女，李劼人便答应儿子救出来后就拜他为干爹。后来，李劼人履行诺言，当即让儿子认了干爹。邝瞎子极其喜欢这干儿子，便经常到李劼人家走动，李劼人遂从他那里了解到不

①　李劼人：《320119致王介平》，《李劼人全集》第10卷，成都：四川文艺出版社，2011年9月第1版，第25页。
②　李眉：《回忆我的父亲》，《李劼人研究：2011》，成都：四川文艺出版社，2011年12月第1版，第392页。

少有关袍哥组织的人和故事，邝瞎子后来便走进了李劼人的创作视野，成为长篇小说名著《死水微澜》中一个重要角色的原型。

李劼人说，1931年是他人生中最黑暗的一年。其实这一年，对于中国文学，对于整个中华民族，又何尝不是最黑暗的一年。这年的2月7日，五位年轻的作家——柔石、胡也频、殷夫、李伟森、冯铿在上海龙华被国民党秘密杀害。他们中年龄最大的柔石不过29岁，最小的殷夫仅仅22岁，正是人生鲜花盛开的年华，却戛然终止在黑暗的枪口下。"左联五烈士"的鲜血开启了现代普罗文学血染的一页。鲁迅为此写下了《中国无产阶级革命文学和前驱的血》《为了忘却的纪念》《白莽作〈孩儿塔〉序》等一系列文章来纪念这个悲剧事件。"中国无产阶级革命文学在今天和明天之交发生，在污蔑和压迫之中滋长，终于在最黑暗里，用我们的同志的鲜血写了第一篇文章……我们同志的血，已经证明了无产阶级革命文学和劳苦大战是在受一样的压迫，一样的残杀，作一样的战斗，有一样的命运，是革命的劳苦大众的文学。"[1]苦难是文学成长的土壤，实际上中国新文学正是由此出发走向了新的辉煌。

1931年，还是中华民族遭遇强敌入侵的一年，九一八事变的发生，标志着日本鲸吞中国的罪恶计划正式开始实施，但同时也拉开了中国人民十四年抗日战争的伟大序幕。

尽管民族危机日益逼近，可是在祖国内地，内战的硝烟却尚未消弭，国共之间的战争打得正酣。在江西，蒋介石已经先后调集数十万人马对中央苏区进行了两次围剿，如今还在组织第三次围剿。鄂豫皖的工农红军也遭遇到大规模进攻，迫使红四方面军向西挺近陕南，并越过秦岭，建立了以通南巴为中心的川陕革命根据地。而四川的军阀此刻也没有闲着，正在为争夺地盘大打出手。这一年，上海有一家报纸发表了一幅漫画：院子中央有四根木柱，搭一藤架，上面坐着一只猴子（暗指二十八军军长邓锡侯，因其绰号"水晶猴子"），藤

---

① 鲁迅：《中国无产阶级革命文学和前驱的血》，《鲁迅全集》第4卷，北京：人民文学出版社1981年版，第282页。

上吊一个胖冬瓜（二十九军军长田颂尧绰号"田冬瓜"），藤下有两条牛（分别指刘文辉和刘湘）正在角力相斗，死命攻击。结果二牛把藤架冲垮了，冬瓜摔得稀烂，猴子吓得惊叫，两条牛也两败俱伤。[①]这幅漫画十分生动地画出了20世纪30年代初期四川军阀混战的情形。从辛亥革命以来，军阀们就相互攻战，已经在四川陆续进行了二十余年的内战，至九一八事变后的1932年，再次爆发了四川境内最大规模，也是最后一次军阀混战。"二刘"及其各自的追随者，从川北一直打到川南，又打到川西，最后以"岷江战役"收官，以刘文辉败退西康作为结束。全省人民为这场战争付出了惨重的代价，其中成都巷战给人们造成的生命和财产损失不计其数。1935年李劼人写了一篇报告文学《危城追忆》，记录的便是邓、田和"二刘"在成都打巷战的灾难，称这场战争是自张献忠屠城以来两百多年，成都遭遇的最大一次劫难。

人民在盗匪兵燹祸乱的社会中生存，其艰难困苦、拼命挣扎的境况是可想而知的。李劼人自儿子遭匪劫后，非但餐馆被迫关了门，起早贪黑辛苦经营一年多成了为土匪打工，而且还欠下了一大笔债务，真的是如李劼人所说的"穷极矣！"没有了"小雅"，李劼人为全家人生计，只得另谋出路。1932年春，李劼人不得已受聘担任国立四川大学的特聘教授。上一年的秋天，国立四川大学成立之初，曾聘请他为中文系教授去主讲小说，是李劼人"力拒不受聘"，不料至今为了生计，不得不自食其言。好在此时的四川大学掌门人已不是他先前厌恶的人，而是经张澜推荐，由国民政府行政院任命的王兆荣，文学院长也是李劼人佩服的向楚。因而，李劼人此时回校任教也就算不得为五斗米折腰。王兆荣任四川大学校长后，首先整顿校务，其中第一要务便是落实办学经费。教师的薪资只发到上一年的10月份，经过多次与刘湘谈判，刘湘总算答应从3月起，学校可以每月直接向川南盐务稽核所提取一万六千元的经费。李劼人正是在3月接受了四川大学的特聘，去继续讲授古典文学和屈原等课程。

---

① 黄应乾：《刘湘、刘文辉混战始末》，《四川文史资料集粹》第1卷，成都：四川人民出版社，1996年12月第1版，第586页。

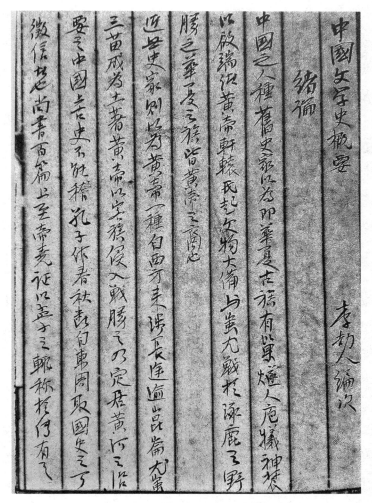

李劼人在四川大学任特聘教授
时编写的《中国文学史》讲稿

　　为了尽快积攒些钱还清债务，一段时间内，李劼人除了在大学授课，还同时应聘在几所中学去教国文，每周要上三十八小时的课，整天都在忙碌，直至累到患上胃病。

四、黑暗中的文学之光

即使在遭遇生活坎坷甚至严重打击时，李劼人的文学翻译也没有废止。这期间他连续翻译和重译了好几部法国文学作品。不仅仅是为谋生，更是为了他心中的理想。

文学是他在茫茫黑夜中看到的一束光芒。

从1931年到1933年，李劼人时时都在为家人生存与还清债务忙碌着。这是他生命中最灰暗的一段时间。虽然败走麦城，但他却并未潦倒，他生性达观。文化界的活动，朋友间的聚会，他照样时常出席，《吴虞日记》曾有多处记载李劼人参与朋友聚会，依然如过去一样。1932年5月22日，周太玄、周晓和两兄弟在共和里新建住宅，为表祝贺，李劼人请吴虞代拟一副对联表示祝贺："锦里德星明，喜华萼交辉，开阁公称王母寿。画堂春日永，傍芙蓉卜筑，高门长见子孙贤。"李劼人对此联极为赞赏，当即交与书法家刘鉴泉书写。不过，《吴虞日记》记载也有可疑之处，1932年8月11日载："闻李劼人在北门止戈里买地二亩，有草房三间，去大洋七百余元。"[①]此时的李劼人正债台高筑，哪里能够去置办房地产？这不仅没有任何史料表明有这件事，而且李劼人的后人也说，从未听到过李家有止戈里的房地产。不知吴虞当年是从哪里"听闻"来的。

1932年5月29日，李劼人的成都大学同事、朋友吴芳吉在江津老家不幸辞世。噩耗传至成都，朋友们惋惜不已。29日，由李劼人、张采芹、向楚、庞石帚、彭云生、刘鉴泉、李培甫、程之轩、廖石带、李淑仪等四十多位大学教授和文化界知名人士发起，成都文学、艺术、教育等各界人士五百余人，在国立四川大学皇城校本部致公堂，为吴芳吉先生举行了隆重的追悼大会。吴芳吉（1896—1932），四川江津（今重庆江津）人，字碧柳，号白屋吴生，世称白屋诗人。他曾先后辗转于上海、西安、沈阳、成都、重庆等地教书。1927年受聘为成都大学中文系教授兼系主任，成为李劼人同事。 1929年，吴芳吉辞职，

---

① 吴虞：《吴虞日记》下册，成都：四川人民出版社，1986年8月第1版，第641页。

后去参与创办重庆大学，任文预科主任。1931年受聘为江津中学校长。九一八事变后，吴芳吉创作抗日诗作《巴人歌》，并多次到各处演讲，他慷慨激昂、声泪俱下，感动了无数人。正是在一次演讲中他晕倒在讲台上，随后便去世了，时年三十六岁。吴芳吉生前留下了六百多首优秀的诗篇，其代表作《婉容词》，被诗家誉为可与《孔雀东南飞》媲美的名篇，在中国现代诗歌史上具有举足轻重的地位。吴芳吉也因此成为二三十年代著名爱国诗人。

　　吴芳吉追悼大会由李劼人主持，他在讲话中对吴芳吉的高尚人品和诗作魅力予以了热情的肯定，赞扬吴芳吉"是具有杜甫悲天悯人的思想，白香山平易近人的社会观念，逐处要想救国救民，逐处要想在民众悠悠的冤枉路上开一条直径，要想在森严黑暗中放一道明光，要想解除人民的烦恼，要想促进人类的幸福"的"穷愁孤愤，抑郁牢骚的一位诗人"。同时李劼人也借诗人离去的悲痛表达了对黑暗社会的控诉："不幸我们社会的警钟，民众的喉舌，一旦赍志殁了，那么，今后的一切痛苦生活，黑暗状态，辽阳的烟火，海上的风云，还有哪个来替我们悲愤的描写，代鸣不平，或者洒一掬同情之泪呢？"[①]李眉在《李劼人年谱》中将吴芳吉的追悼会记成了1933年5月，刚好把时间后延了一年。造成这一误会的可能是1933年成都出版的《悼念吴芳吉纪念》的文集，李劼人的悼文正刊载其中。不过这个纪念刊是为纪念吴芳吉逝世一周年而编辑的。

　　一篇短短的悼词表达了李劼人对一位卓有成就的诗人的高度评价，也寄托了他对于英年早逝的好朋友无尽的哀思，更饱含了对动荡不安、内忧外患、人民不能安居乐业的社会的极大悲愤。李劼人把回国以来感受到的种种社会腐朽和黑暗现实，都通过这篇悼文淋漓尽致地呐喊出来。

----

① 李劼人：《悼念诗人吴芳吉》，《李劼人全集》第7卷，成都：四川文艺出版社，2011年9月第1版，第8—9页。

第十章

破碎的实业梦

与许多民族企业家一样，文学家李劼人也曾有过实业救国的梦想，而且进行了有效的实践。

"小雅"餐馆关闭后，为生活计，李劼人一度又回到大学讲堂，同时还在几所中学兼课，累得够呛。但这段时间不长，很快就开启了他的另一段人生经历。

1933年，受著名民族企业家卢作孚之邀，李劼人前往重庆民生轮船公司任职。卢作孚给了李劼人两个选择，一是任民生公司总务经理，一是任民生机器厂厂长，李劼人毫不犹豫选择了厂长一职。因为他心中有一个梦想，欲把机械化推广至全川，还想制造抽水机和配制木炭汽车，并且还要能修理大型轮船。正是带着这份理想，李劼人勤勉地工作，在短短的时间内，让民生机器厂有了新的发展。

然而正当他准备大展宏图之际，无情的现实却让他的梦想破灭了。

一、为和平奔走

1933年4月中旬的一天，一个神秘的陌生人突然来李劼人家中造访。

此人自称是由重庆秘密过来的，受二十一军军长、四川善后督办刘湘之托来请李劼人去重庆。李劼人虽然与刘湘曾经晤过面，但并没有更深的私交，尤其是经过1927年的"三三一惨案"后，李劼人对刘湘的看法完全改变了，认为刘湘和杨森实际上都是一丘之貉，天下的军阀都为一己私利而不顾百姓死活，此刻他派人来找自己干啥子呢？

李劼人很是疑惑。

来人毕恭毕敬递上一封信札，声称刘督办欲借先生名望为四川谋求一个和平的局面。李劼人拆开信函，署名果然是刘湘的手迹。刘湘盛邀他去重庆面谈。字里行间颇为客气，大意是为了和平统一全川，减少多年以来人民饱受的战乱之苦，需要劳烦先生往川北保宁府（今四川阆中）辛苦一趟，劝说二十九军军长田颂尧与之合作，共创四川新局面，云云。原来是刘湘要请李劼人出马去做"说客"呀！

为全川和平，那自然是一件天大的好事。四川人民苦于军阀混战久矣！从辛亥革命以来，二十余年间战火不断，军阀之间的相互争战已打了三四百场，大规模的内战就有二十多次，遭殃的全是黎民百姓。若果真能够为和平尽一份绵薄之力，李劼人心中还是很愿意的。他知道，川内不少有名望的人士都在为和平奔走，竭力劝说各路军阀罢兵熄火，消弭纷争，卢作孚就一直在劝和杨森与刘湘这对老冤家。

思索一阵后，李劼人答应了信使，表示愿意到重庆会见刘湘。

随后，李劼人辞了几所中学所兼国文教职和四川大学特聘教授的教职，于4月24日动身乘汽车前往重庆。次日抵渝后，很快便会见了刘湘。听完刘湘的详细谈话，李劼人总算摸清了这位督办大人的真实意图，原来他是要李劼人到保宁去拆田颂尧的台。刘湘已经派过几次代表去，田颂尧均不信任，明确表示要请一个没在军政界担任过职务，而又有社会影响的人去做中间人，才好说真话。于是有人便给刘湘推荐了无党无派，又有一定名望的李劼人。恰巧李劼人与刘湘、田颂尧二人都相识，于是便成了刘、田之间的不二人选。李劼人并不知是谁推荐的自己，但抱着和平的一线希望，李劼人同意去保宁走一趟。因考虑到刘湘的真实意图，自己不能被他所利用，因此李劼人对刘湘表示，为了四川和平，他可以去保宁说服田颂尧，但绝不做任何一方的代表，也不要分文盘缠，只求把话带到，至于将来结果如何，则由他们双方自己去协商，他不再做中间人。刘湘对此表示同意。

李劼人将自己的想法告诉了好友卢作孚。对李劼人的这个想法，卢作孚大为支持，当即决定由民生公司给予李劼人旅费资助。如此，李劼人在重庆郊游并会见了一些老朋友，逗留至5月3日，便起身赶往保宁。

保宁即今阆中市，属于南充市所辖的县级市，是一座历史文化名城，战国时就曾作过巴国的国都，蜀汉时期为巴西郡郡治所在地，张飞在此当太守。古时候的保宁一直是蜀地东北部的重镇，素来有"巴蜀要冲"的称谓。明末清初，成都城因为战乱被毁坏，在清初的二十多年时间里，四川省的省会便设在保宁。此地还以盛产丝绸和"保宁醋"闻名于世。如今却为川陕边区剿匪督办田颂尧及所属的二十九军所盘踞。

20世纪30年代的川东北一带交通不发达，加之军阀割据，沿途关卡重重，李劼人由重庆到保宁，路上竟然走了六天。

李劼人风尘仆仆于9日到达保宁，次日便与田颂尧面晤。却不料，正当二人谈话之际，电报传来两个军阀再次开战的消息，刘文辉和邓锡侯又在成都打了起来。田颂尧称要去支援"水晶猴子"邓锡侯，而此刻杨森又恰巧驻扎在顺庆（南充），田颂尧怕他从中抽出兵力去支援"多宝道人"刘文辉，于是田颂尧中断了同李劼人已定的话题，转而请李劼人赶快回重庆去劝说刘湘，叫他一面趁机出兵去攻打刘文辉，一面出兵监视杨森。"田冬瓜"的如意算盘真是打得噼啪响，非但没有罢兵熄火之意，反而要李劼人去重庆串联刘湘出兵，以免自己被掣肘。这岂是李劼人来保宁的初衷？不过，李劼人也知道，自己与杨森是交了恶的，也的确怕他趁机蠢蠢欲动，从而断了回重庆的路。所以，李劼人不敢停留，仅仅在保宁耽搁了一天，便匆匆离去，再以四天半的时间奔波七百多华里，于15日回到重庆去给刘湘"复命"。然而，鉴于军阀之间的钩心斗角，李劼人并没有直接去面见刘湘，而是托人带了一封信过去，李劼人在信中说："形势已变，前之所谈，一切作罢。"便借此脱身。在给学生王介平的信中，李劼人谈到了这次保宁之行的目的："所以仆仆道路者，盖以朋辈强挽而出，欲为川事稍尽绵薄耳！"①但是李劼人的和平希望最终还是落了空！

二、厂长的远大抱负

见到李劼人从保宁归来，卢作孚很高兴，知道他此次为和平奔走，已经辞掉了教职，遂热情挽留他在民生轮船公司任职。卢作孚给李劼人提供了两个职位供选择，一是任民生轮船公司总务经理，另一个是去公司所属民生机器厂担任厂长。

卢作孚的邀请顿时激起了李劼人的浓厚兴趣，办实业一直就是李劼人的梦想。所以他在回国之初就根据现实需要，倡议创办造纸厂。然而，由于军阀连年混战，设备配件运不进来，工程技术落后，再加之沉重的苛捐杂税，使得嘉乐纸厂多年来总是处于开开停停，倒死不活的境地，生产的大量纸张卖不出去，已经卖出去的又收不回资金；而且纸厂还在军阀混战中一度被攻打，遭遇不小的损失。《吴虞日记》1932年12月10日就记载道："嘉乐纸厂被二十四军打坏。"②九一八事变过后，由于各地抵制日货，洋纸难以入川，嘉乐纸厂才又获得了复工的机会。1932年春，成都几家报馆曾经召开联席会议，邀请李劼人参加，大家都表示坚决不用日本纸，各报将一律采用嘉乐纸厂生产的新闻纸，只是先要谈好价格。当时一令瑞典新闻纸，在上海只卖五元，到汉口加至六元，到重庆卖九元，成都则要十元。上乘的日本新闻纸最便宜，到成都只要八元。黄色的嘉乐纸，与东西洋的纸比较起来，质量

① 李劼人：《330608致王介平》，《李劼人全集》第10卷，成都：四川文艺出版社，2011年9月第1版，第28页。

② 吴虞：《吴虞日记》下册，成都：四川人民出版社，1986年8月第1版，第670页。

很差，所以经各报馆评定，一令只能作价四元五，多一角都算嘉乐纸厂不爱国。可是经过嘉乐纸厂人员的详细核算，即使不计苛捐杂税和运费，仅仅是工料也得五元一令。①目前嘉乐纸厂正由厂长施步阶苦苦支撑着，实业救国真是太坎坷了！

如今，民生公司能够提供这样一个岗位，对李劼人来说实在是一个难得的机会，他心中创办实业的希望之火再次被点燃了。

李劼人很佩服卢作孚，这真是一个了不得的人物，在众多少年中国学会会员中，他是一个脚踏实地并获得了大成功的人。虽然李劼人对卢作孚在1924年接受杨森之邀去办民众通俗教育馆有看法，也曾对他在嘉乐纸厂初创时半道撤退有意见，但当他得知卢作孚是去干更大的事，心中也就释然了。

卢作孚在川江上干的是一件振奋民族之心的伟大事业。近代以来长江水域一直是外国舰船独行的坦途，川江航道自1898年3月9日由英国人立德乐驾驶"利川"号火轮抵达重庆之后，日美等外国的舰船也从下游开了上来，川江航运完全被外国人垄断。直到1908年，中国才有了官商合办的川江行轮有限公司，但业务时时遭到外国公司的打压。1913年，卢作孚乘"蜀通轮"过三峡，一路见到的轮船都悬挂着外国旗帜，就暗下决心，将来一定要将外国轮船赶出长江。他之所以给自己的轮船公司取名"民生"，还寄托了他胸中远大的理想，"其直接而现实之意思是发扬中山先生之民生学说，解决民生问题为富国强兵之本。而深一层更广大的意义则是：以我中华全体国民之生生不息为其根本依归——不是少数富户、才子佳人，而是全体国民丰衣足食，安居乐业，多子多福，文明康乐，生生不息……"②

民生实业公司是1926年起步的，最初仅有一艘小轮船在嘉陵江上来往于重庆与合川之间，短短的数年间，卢作孚就将民生公司经营得有模有样了。更令人刮目的是，卢作孚在北碚出任峡防局长期间，不仅肃清了多年的匪

---

① 李劼人：《自传》，《李劼人全集》第1卷，成都：四川文艺出版社，2011年9月第1版，第11页。
② 张紫葛：《在宋美龄身边的日子》，北京：团结出版社，2003年1月第1版，第305页。

患，而且实施了一系列乡村建设实践，修道路，办工厂、农场，建医院、学校，设图书馆、博物馆，还建设了著名的西部科学院，这些都是在偏僻的北碚前所未有的事业。卢作孚的远见卓识，实可堪称是少年中国学会同仁的光荣和骄傲！

卢作孚与李劼人推心置腹的畅谈，使李劼人大为振奋。卢作孚谈了他的远大抱负，他要让民生公司统一长江的航运，并最终将那些横冲直撞的外国轮船从祖国的江河中驱逐出去。听了卢作孚的设想，埋藏在李劼人心中的实业计划也逐渐清晰起来。于是他毫不犹豫地选择了民生机器厂厂长的职位。"我觉得后者有意思。因为我已感到四川机器工业太不发达，很想以民生机器修理厂为基础，以三年工夫，充实扩充一个制造工厂。首先能制造川江行驶的中型轮船，能一次修理两只大型轮船，能制造小型抽水机和制配木炭汽车。我之作此计画，虽未明显感到一九三七年的抗日战争之必然性，但已朦胧看出国际局势之不妙，长江一有阻碍，而机器工业一切依赖汉口、上海者，必致无法生存。"①从这段话中可以看出李劼人的勃勃雄心，而这雄心又是建立在他对于国际国内局势的洞察之上的。不过，这还不是李劼人计划的全部，他最终的宏伟计划是要让全四川都实现机械化。据《新世界》第三十二期民生公司八周年纪念专号上所记载："将来要办到全四川都机械化，而且机械化的程度要由各城镇普及到各乡间去，这个责任，就由民生公司担负起来，帮助他们制造各种动力机械，供给全川需要。"②李劼人被理想的火焰燃烧着，至于这理想在当时的社会环境中能否实现，将会遇到怎样的阻力和困难，或者干脆说，凭一个小小的民生机器厂如何能实现全川的机械化，他根本就没有更多地去思考，他只是想借民生机器厂一展宏图。

卢作孚非常同意李劼人的见解，对他的计划大加赞赏，他们还共同制订了

---

① 李劼人：《自传》，《李劼人全集》第1卷，成都：四川文艺出版社，2011年9月第1版，第10页。
② 黄泽光：《李劼人在民生公司史料》，《李劼人研究：2007》，成都：巴蜀书社，2008年3月第1版，第191页。

三年规划，甚至在青草坝建设船坞的计划都做好了，费用总计在大洋五十万元左右。不过，在正式入职前，李劼人详细了解了机器厂的现状，并且与现任厂长陶建中进行了长时间的交流。陶建中是个文质彬彬的人，戴一副近视眼镜，谈话很谦逊，他很希望李劼人来接替他的职位。李劼人知道他是民生公司第一艘轮船"民生"轮的经理，又是民生机器厂的创办者，因此李劼人对陶建中很尊敬，陶建中也很乐意曾经留学海外的李劼人来接替自己。与陶建中推心置腹地交流后，李劼人遂向卢作孚提出了另一个条件，"须加聘长才者，以之为助"，即：要招聘一批工程师和高级技工来机器厂助力。卢作孚爽快地答应了李劼人的要求。

于是，1933年5月23日，李劼人未来得及回成都，便前往汉口，随后住进了特三区鼎安里二号的民生公司招待所，在这里亲自主持聘请工程技术人员事项。这次汉口之行，耗时近两个月，李劼人为民生机器厂招揽了一批重要的技术人才，至7月底才返回重庆，受聘的工程师和高级技工也陆续到来，其中有从上海聘请来的总工程师王达生，还有各个部门的领工。

待各路人马到齐后，李劼人便正式上任民生机器厂厂长了。民生公司主办的《新世界》杂志记载了这一天的事情："七月八日，民生机械厂厂长李劼人于今日正式接事。"

是年秋天，李劼人在重庆的江北县城邓家大院租房两间，将家小从成都接来安顿之后，便一心投入到工厂的生产建设中。

三、人文化的企业管理

俗话说，新官上任三把火。李劼人接手民生机器厂自然少不了"三把火"。到任之初，他就从制度与管理着手对工厂进行了一系列整治。从民生公司的档案材料及公司当年所办的《新世界》杂志中，可以归纳出几个方面的工作：第一，从人员基本素质入手，对工人进行技术培训。《新世界》第二十八期载："李厂长接事之初，即派艺徒训练班正副主任张成霖、张伯勤二君前去教授工艺常识。"中国传统的手工业者过去都是师傅带徒弟，代代相因，许多工场作坊也是如此。李劼人如此重视艺徒的理论知识培训，显然这是现代企业管理者的胸怀和眼光。第二，合理调配人力资源，对管理人员和技术人员进行重新调整、分工。民生公司档案中至今还保留有7月20日由李劼人签署的布告①："现总公司聘请王大生君为本工厂总工程师，管理本工厂工务、工程。改聘张干庭为本工厂工程师，襄助王君进行一切。此告。"8月4日再次发了一道布告："着领工周树福君，为钳工间佐理领工，与该间领工陆泰生君，共负管理之责。此布。"第三，堵塞管理漏洞，严惩违规人员。10月15日所发布的"告事"便是对有违规和贪污行为的警告：参师黄俊声、李麟祥在办理职工伙食时，假公济私，大肆侵蚀。查出后，李劼人采取了惩前毖后、治病救人的方法，警示道："本应照前例予以开除。姑念不告而诛，亦非公司立法之至意，着薛志道立令二人将侵蚀之数照数倍赔出，并各记大过一次，暂予存案，以观后效。倘再不法定申报公司，法办该参师等。懔遵之。"这件事体现了李劼人在企业管理中宽严并举，充满温度的人文情怀。李劼人对侵蚀集体利益的黄、李二人是手下留情的，对不服管理的艺徒却没有那么宽容了。10月23日发布的"告事"是，直接将一个新招来的艺徒王作为开除了："为牌告事。兹查有新来艺徒王作为，派在冷作间学艺，性情乖张，不听领工指挥，照前所宣布规条，应予开除，不许再留厂中。此告。"这个新来的王作为看来并不作为，结果被除了名。从告事文中"照前所宣布规条"看，显然，这之前李劼人已制定了一系列相关的人员管理规章。

如今在档案中还能查阅到李劼人当年制定的严格规章制度。其中包括《工务组办事细则》《设计组办事细则》《物料组办事细则》《会计组办事细则》《庶务组办事细则》《民生厂工场规则》《修理部规则》等，从这些规则中就可以窥见，民生机器厂已是一个具有现代管理理念的企业。

李劼人对工厂的管理也体现在职工的生活细节上，并制定了新规定，比如

---

① 民国时期的公文要求可能没有今天严格，所以李劼人用了"布告"；其他如"告事"也与今天的应用文规范不同。

《饭厅规则》《厨房规则》《茶房规则》等。为了让新规深入人心,还以浅显易懂的文字告诫职工。11月12日的"告事"便是以"四言八句"的形式为职工进食堂就餐所作的要求:"食堂人多,贵有秩序。一免拥挤,二免喧闹。近来情形,太为紊乱。观瞻所系,不免人讥。循此不改,且恐生非。即仰工友,以及艺徒。此后用餐,务宜肃静。眠食不言,古有明训。即在今世,亦重节仪。争前攘后,势在必禁。揎拳抵案,更非所宜。公共地方,秩序要紧。团体中人,都应维持。人贵自重,不可自轻。倘不遵依,照章办理。言之在先,其各注意。"这样的"告事"通俗上口,实在是循循善诱,规劝人们遵守现代文明的基本礼仪。

李劼人曾经在法国了解过工厂管理情况,如今轮到自己来管理工厂了,他在借鉴西方的管理模式的基础上,也融合进了东方的文化元素,使现代企业管理模式与传统文化精神有机地结合,充满了人文理念,从而使之成为民生实业公司企业文化的重要组成部分。

在重庆档案馆保留的民生公司资料中,有一份1933年11月23日《厂务会议记录》,可以看出机器厂管理的严格,也能够看到工厂对职工的关爱。从这份会议记录中,我们知道,民生厂职工星期日是有工资的,但上班时却要挂名字牌,类似于今天的"打卡";还规定绝对禁止打架詈骂;如何请事假;工伤重者送医院,费用由厂方负担,且要付伤者半薪;轻伤者在厂中医疗,也要付伤者半薪等等。这其实是对执行规章制度的一次重申。

民生机器厂坐落在重庆市郊朝天门码头对岸一个叫青草坝的地方。虽说名称叫"坝",实则是一个山坡,四周荒凉,道路高低不平。长江和嘉陵江在此交汇,工厂的大门正面临长江,厂区背后的山坡上便是散落的员工宿舍。机器厂始建于1928年,其主要的业务是解决川江航船的中修或大修。在此之前,船舶的修理必须要开到汉口或上海去,既路途遥远,费用又昂贵。自从有了机器厂之后,船舶的一般保养和维修问题就解决了。但是机器厂建厂初期的几年,由于种种原因,发展速度一直很缓慢。

经过李劼人厂长的"三把火"之后,民生机器厂的面貌焕然一新,呈现出一派欣欣向荣的景象，也迎来了一个飞速发展的时期。首先是职工人数增多了。1929年时，只有职工20人，宿舍和办公室也极少，且不够用，江岸边仅有5间房屋。李劼人接手后，全厂职工和艺徒增加至277人，其中不少是由李劼人亲自招收进厂的新工人，他的目的就是要将这批工人训练成机器厂未来的基本技术骨干。除了正式职工外，遇有重要的任务，工厂还随时招聘有临时工，譬如打捞和改建"万流"轮期间，就有30多名临时工人在民生机器厂服务。其次，工厂的规模也在李劼人任职期间扩大了。这体现在两个方面，一是厂区面积大增。李劼人上任后，购买了西辰州会地，随后又买下了原来所租的罗姓人家的地方，机器厂便在这些地方扩建了新厂房。1934年新建了翻砂车间，并且又将机器间后面的石坡地开凿成将近900余平方米的房屋地基，还建了550多平方米的木工车间。另一方面是新添了许多机器设备。刚建厂时只有4台车床，到1933年底车床已经增加至16台，还有4台钻床，3台刨床，1台铣床，2部起重机，3部打风机，4部发电机，7部动力机；1934年又增添了12尺大刨床1台，五分之一吨冷风机1台，130匹马力柴油引擎一部。机器厂的固定资产也从上年度的30万元增加到38万元。如今，我们从民生公司的档案及1934年7、8月李劼人致德人、致郑璧成和总公司的信件中，可以清楚地看到机器厂当年购置设备的情况，进而看出工厂的蓬勃发展。关于"德人"的身份情况不详，郑璧成则是川江航务航政科科长，曾担任过民生公司经理。此二人当时是民生公司的高管，李劼人购进机床设备，大概都要经过他们签字。

一个颇具规模的机器工厂正是在李劼人任厂长期间形成的，可以说是卢作孚与李劼人的共同努力合作，使得20世纪30年代的民生机器厂逐步发展成了当时重庆乃至四川最大的民营机器厂。据卢作孚孙女卢晓蓉在《天价地皮上的人间记忆》一文说，扩建后的民生机器厂"年修船量从1928年的2艘，增加到1936年的28艘"[①]。这其中李劼人任厂长的两年期间，对机器厂的发展，功劳是显而

---

① 卢晓蓉：《天价地皮上的人间回忆》，《我的祖父卢作孚》，北京：人民日报出版社，2012年5月第1版，第26页。

易见的。

上述李劼人对于民生机器厂的劳绩，也被时任民生公司船务襄理张挽澜记录在《本公司之机器业》一文中：

（民国）十八年，职工才二十人，宿舍和办公室，均不敷用，乃于江岸建房五间……二十二年，购买厂西辰州会地，未几又买原租之罗姓地方，并从事新工厂之建筑。全厂工人艺徒，共达二百七十七名。是年春招收艺徒一班，秋间又招收学徒一班，以期训练成未来之基本工人。机器亦大增，计有车床十六部，钻床四部，刨床三部，铣床一部，起重机两部，打风机三部，动力机七部，发电机四部。

二十三年三月，新翻砂车间落成，并将旧机器间后面之石坡开成屋基八十余方丈，于厂之左侧砌就木工间屋基五十余方丈；工人数量如前，唯四月至十一月间，为建造本公司之民权轮，曾先后增加临时工人三十余名，迄权轮完成即解约。又以公司各轮，船舱乏人，更先后调派工厂艺徒三十余名到各船学习加油，又于事务股下，设训练组，负责管理工徒之各种生活。机器方面，增加十二尺大刨床一部，五分之一吨冷风机一部，一百三十匹马力柴油引擎一部，资产则由三十万元增加到三十八万余元。

张挽澜评价李劼人主持新建的翻砂车间，说："唯其前面有比较整齐之一幢，乃系同年建成之新翻砂间，四周砖壁，上架铁梁，面包铁瓦，可容四五十人工作，颇具现代工厂之形势。"

除了机器厂的规模和设备等"硬件"设施的建设外，李劼人对于"人"的建设也十分重视。20世纪30年代的工人，文化程度普遍不高，李劼人心中很清楚，要让机器厂真正走向强大，职工的内在素质和文化水准的提高至关重要，所以他在上任之初，开办艺徒训练班，确立各种制度、措施，都是为了职工的队伍建设。其实不仅如此，他还有更进一步的设想，即《新世界》第三十二期民生公司八周年纪念专号上所记载的："打算办一所补习学校，让一般的技师和工人每天都有读书的机会，使他们能够和总公司的职员一样，一面工作，一面学习。这样，于公司方面，可以提高工作效率，于职员本身，又可以提高办事能力。一举两善，使将来每一个职员的生计，都完全寄托在公司身上。让他们的力量和思想都尽量用到事业上来。这样一来，就完全成功一个社会主义的事业了。"李劼人的这一想法，实际是"五四"时期"少年中国学会"改造旧中国理想的一种具体延伸和实践。

职工的身体健康和劳保福利，也是李劼人颇为关心的。在民生机器厂，从厂长等高级管理人员一直到普通力夫，伙食质量标准都是一样的，没有高低贵贱之别。张挽澜记载道："机器厂打破阶级观念，重视劳工之营养起见，自厂长以至力夫，其伙食之质料，烹饪与数量，完全一致，并无厚薄之分。唯计时制外省工友，因不惯于四川口味，特允其回家自食。"[1]从李劼人给郑璧成的一封信中，还透露了这样一件事：民生机器厂有一个成都去的参师，名叫马锡勋。此人是1934年6月14日进厂的，不料才工作一个月就腰部生疮，医生诊断非但短期不能治愈，而且病情还有滋蔓的可能。工作是不能干了，但因马锡勋到厂工作时间短，估计还在试用期，因此尚未定薪。马锡勋到厂后曾借支过两个大洋，此次厂方又为其支付过两元医疗费。李劼人致信郑璧成，就是为这位仅仅工作一月的职工申请离职的费用："愚意拟请公司方面格外施仁赐与乘轮证一张，准其免费乘至潼南外，再发给大洋六元以作由潼南至成都之用。事属不得已，而情有可矜……"[2]此信是由马锡勋本人带给总公司郑璧成的，结果如何不得而知，想必应该得到了妥善解决。李劼人对于职工的人文关怀已尽在言中。曾智中先生整理出的一份李劼人《为陈请添聘厂医以利职工就医事》，从中可以看出民生机器厂对于员工健康的关切：

---

① 张起：《论李劼人的实业思想与民生公司》，《李劼人研究：2011》，成都：四川文艺出版社，2011年12月第1版，第318—319页。
② 李劼人：《340729致郑璧成》，《李劼人全集》第10卷，成都：四川文艺出版社，2011年9月第1版，第36页。

窃查本公司职工一切生活幸福，素为植（职）所深切顾虑、日思所以营谋之者。劼人就任之初，本厂职工对于厂内一切应兴应革之事多所申述，当处众以徐图改善齐享，以为其中较为重要者，莫若厂医一事。

爰于昨日周会循即将此案提付讨论，并经钟襄理兴义参议，均认为要件，决议报请总所添□等语。劼人覆案此件，有添设之理由：

本厂现在屋窄人多，更且系工场性质，空气龌龊难堪，诸多不合卫生。时值酷暑，尤易发生疾病，而无就医之便。一旦疾疫流行、贻误工作、发生障碍外，职工生命尤觉堪虞。

本厂距城返远，凡属职工每日应行工作之事甚多，纵□强患病，急赴城中就医，往返费时，则工作亦必多所延误。

本厂职工中经济稍裕者固有，而待遇过薄、日困于经济者亦复不少。因困于经济，虽病亦不能就医，纵以病弱之躯强为工作，其对于工作效率之不能增进，理甚明。

设今纵备药品，而无医师加以指示，则一般人多乏医学常识，对于药之性质及分量多所不知；偶一差池，贻误匪浅。

综上各点，无论由本公司之事业或职工之生活幸福，以观医师之添聘，刻不容缓。据周会决议，陈提所希，即公司和职工双方利益关系着想，速予添聘医师或看护，厂用便就医，公私两利。无任此陈。

在担任民生机器厂厂长之前，李劼人只在尚未形成气候的嘉乐纸厂短暂负责过。那么他对于企业的管理经验和对于员工的那份情怀是从哪里来的呢？首先是李劼人留学法国，勤工俭学虽未进工厂，但进行过大量的社会调查，西方企业的现代管理经验已经植根于他的人生经验之中；更重要的是，他是经历过"五四"新文化洗礼的文化人，不但崇尚科学与民主，而且"劳工神圣"的概念已深入骨髓，成为他文化思想的一部分。因此，他一旦负责了一个企业之后，他的人生经验，他的思想价值观都自然化为他进行企业管理的宝贵理念。其次，民生公司数年以来的文化积淀，既为李劼人提供了坚强的支持，也丰富了他的管理经验和管理思想。卢作孚也是一位受过现代文化和现代文明熏陶的先驱者，他创办的民生公司之能够在盗匪横行的环境中一路艰难走来，必然有其过人之处。这与他追求"花园世界"的社会理想无不相关。"每个人可以依赖着事业工作到老，不至有职业的恐慌；如其老到不能工作了，则退休后有养老金；任何时候死亡有抚恤金。公司要决定住宅区域，无论无家庭的，有家庭的职工，都可以居住。里面要有魅力的花园，简单而艺术的家具，有小学校，有医院，有运动场，有电影院和戏院，有图书馆和博物馆，有极周到的消费品的供给，有极良好的公共秩序和公共习惯……"①正是这份美丽的、却又是切实可行的伟大理想，使民生公司赢得了社会的尊重，员工的信赖，使其在黑暗之中能够找到登陆的彼岸。

李劼人在民生机器厂的工作恰恰契合了卢作孚的理想。这是一个实业家和一个文学家的邂逅，是两位有识之士留下的一段值得记忆的佳话。

四、打捞"万流"轮

李劼人担任民生机器厂厂长期间，最受后人称道的是他主持打捞了"万流"轮，并将其改造成民生公司最大的客轮"民权"号。

"万流"轮是英国太古轮船公司旗下的主力船，全长206英尺，主机动力2776匹马力，载重1197吨，总造价60万两白银。1932年5月，"万流"轮航行至长寿县柴盘子水域忽然触礁沉没。消息传出，长江沿岸百姓奔走相告，尤其是往来于江面的船工们简直要弹冠相庆。这艘长江上的"巨轮"平日在水面上横冲直撞，耀武扬威，根本不顾四周小木船的安危，江上航行的中国船只经常被它掀起的巨浪打翻打坏。非但如此，它还是长江上另一桩大惨案的肇事者。1926年8月，"万流"轮在云阳江面野蛮航行，当即荡沉了川军杨森部载军饷的三艘木船，造成杨部官兵和船工50多人被淹死，还直

---

① 卢晓蓉：《花园世界的追梦人》，《我的祖父卢作孚》，北京：人民日报出版社，2012年3月第1版，第120页。

接损失银洋8.5万元和枪械56支、子弹5500发。这起恶性事件激起了人民公愤，杨森在共产党人朱德、陈毅支持下，一面向英国政府交涉、抗议，一面派兵扣押了"万通""万县"两艘英轮。英国政府非但不道歉、赔偿，反而派出"嘉禾""柯克捷夫"两艘兵舰，企图以武力夺回被扣的英轮，自然遭到了中国士兵的还击。于是英国再次派遣原停泊在重庆的另一艘军舰"威警"号，会同先前的两艘兵舰一齐向万县城中炮击，造成了城中平民604人当场死亡，伤者达398人，被毁房屋千余间，财产损失约2000万元。这就是震惊中外的万县"九五惨案"。

　　"万流"轮正是惨案的始作俑者，是名副其实的罪魁祸首。这次真是老天开眼！这艘罪恶累累的巨轮终于在数年之后落得了葬身江底的下场。"万流"轮沉没后，英国太古公司着急万分，委托了当时很权威的上海打捞公司前来打捞。却不料，柴盘子江面水深浪急，打捞公司也束手无策。此消息传至民生公司，卢作孚、李劼人及其一班工程技术人员暗自高兴，因为经过反复商议后，他们认为自己有办法将这艘轮船打捞上来。于是民生公司派出代表与黔驴技穷的太古公司进行谈判，最终以5000大洋的价格购买下了这艘沉没江底的千吨轮船。

　　打捞和改造"万流"轮的任务全部都由机器厂承担，而厂长李劼人和工务主任张廷干则是直接的组织者和指挥者。在设备极端简陋、江段水流湍急的恶劣条件下，他们硬是组织人们用了一个月左右的时间，将这个西方人也毫无办法的庞然大物捞出了江面，并且将其拖回了机器厂。当年他们究竟是用什么办法将这艘轮船打捞上来的，今天已经很难知道，以至于卢作孚孙女卢晓蓉谈及此事时，只能称其为"悬念的绝技"①。当然，也有人写文章推测，机器厂的工程师和技工们采取的是类似"曹冲称象"的简单办法，即将若干木船装载重物沉入江底，派潜水员将木船与轮船绑定，去掉木船所载重物，以木船的浮力将

① 卢晓蓉：《观音庙的前世今生》，《李劼人研究：2016》，成都：四川文艺出版社，2017年12月第1版，第379页。

轮船托起，再使用拖船将轮船拖走并最终拉出江面。这个说法不知真伪，结果是"万流"轮被乖乖地拖到了民生机器厂。

"万流"轮出水消息传出，整个长江船业界都被震动了，太古公司的英国人更是大为震惊，连日本人也大为惊讶，急忙派出人员到民生公司刺探情况。那些自以为是的东西洋人做梦都想象不出中国人究竟用了什么样的手段，将这个他们苦思冥想都无法解决的难题轻易地破解了。

"万流"轮被打捞上来时，民生公司最初的设想是拖到上海去修理，但又考虑水路遥远，川江航道凶险，怕再遭意外，加之费用又十分昂贵，所以放弃了；后又拟修理后作为囤船，但核算下来，仅修理就要贷款八九万元以上。股东们商议的结果是，与其用八九万修造一艘囤船，不如再添些钱将其修造成一艘行船。这一决定做出后，修造"万流"轮的任务就落到了李劼人和他的机器厂员工们的肩上。虽然民生机器厂本身的主要业务就是修理轮船的，但适逢李劼人接任不久，工厂的技术和设备都还相当不足，要修理、改造这样一艘大型轮船，的确是要运用一番智慧，也是要费一番周折的。

1934年初，李劼人全家迁入重庆江北青草坝民生机器厂后小山上工厂为他修建的小院居住，这里对他到工厂上班更加方便。2月初，机器厂正式动工改造"万流"轮。工人们将旧船壳拆开，在三十七八档之处，将船身截断拉开，再接长14尺；同时检查机电设备，能修的进行修理，不能修的加以撤换……由于总公司限定修理的"万流"轮必须在当年11月长江枯水期来临之前完工，因此这一年的工作是十分紧张的。李劼人随时都在现场与工程师和技工们一起商议、研究并解决遇到的难题，根本无法顾及家中妻小。

在整个修造过程中，他们究竟做了怎样艰苦和创造性的工作，今天的人们只能去想象了，我们唯一知道的是功夫不负有心人，仅仅过了8个月时间，经过民生机器厂上下一致的努力，到10月中旬，一艘新的轮船便出现了。新船共长220英尺，3200匹马力，航速达每小时17海里。10月17日新船试车，31日便下水，终于赶在枯水期到来之前完成了全部的修建任务。"万流"轮的修理改造成功，开创了四川造船工程前所未有的新纪录。曾经罪恶累累的"万流"轮，经过李劼人麾下工程技术人员和工人的改造，就像一个洗心革面的罪犯终于成为一个新人。

卢作孚对这艘新的轮船十分欣赏，众人议定将其重新命名为"民权"轮，正式入列成为民生公司船舶大家族的一员，并且一举成为民生公司航行于川江中的主力轮船。"民权"之名，不仅寓意着孙中山"三民主义"理想中最重要的内容，也包含了卢作孚要从长江中驱逐列强、收回祖国内河航行权的决心。次年，"民权"轮在上海舾装后返渝，沿途经过南京、汉口、宜昌、万县等城市，当人们得知这就是以打捞上来的"万流"轮改建的，纷纷要求上船参观，"民权"轮也尽可能满足人们的要求。这次"民权"轮首航，极大提升了民生公司的名声，也大大增长了中国人的自信心。

"民权"轮试水成功后，1934年11月5日，民生总公司和机器厂员工举行了表彰庆功大会。"民权轮及在渝各船职工三百人，在梁沱民权轮开会，庆祝民权轮船建造完成，并祝贺两方对民权工作之职工成功……主席郑璧成致开会辞……主席介绍督率有方的李劼人厂长（众鼓掌）。主席将李厂长邀到主席台，介绍道：劼人厂长留学法国，在成都各大学教书。他同总经理与璧成，皆多年老友，弃了教书生活，来此办厂。此次建造民权，全系李厂长督率之力。"李劼人也在大会上作了讲话，他在发言中首先很自豪地讲道："虽然民生厂非常的幼稚，做起来有些吃力，但当时想，只要肯努力，或许也有成功的可能。果然今天的事实证明了。这次民权轮整旧成新，其实比新做尤难。譬如补破衣服，这里补一方，那里补一幅，又要不现针缝，所以是一件难事。"说到建造的功劳，李劼人完全不谈自己，将全部的辛劳都归于同事们："倘若没有汤主任伟康的努力设计制图，李大东利耀的努力机航修配，张工程师干廷的努力帮助，尤其是张襄理挽澜，天天不辞辛劳地来民生厂督促工程，转述公司与厂方意见，恐也不会有这样快的成功。至于大计，尤在公司方面。所以除了庆贺公司民权轮成功之外，对于各位竭尽心力的人，敬致非常的感谢。至于个人，则无功可言。"（民生公司《新世界》第五十八期）

把功劳归于别人，责任自己承担，这就是李劼人。一个谦虚谨慎、虚怀若谷的文人企业管理者！

除了修造"民权"轮之外，据张挽澜之孙、成都大学教授张起撰文介绍，张挽澜在民生机器厂《八年来之重要工作》中，将李劼人在1934年主持改造的另一艘"民选"轮，置于八年工作之次："民选轮原系瑞典厂制造之二行程柴油引擎，缺陷甚多，公司决计交机厂修改。自二十三年四月泊厂开工，迄二十四年八月完成试航。结果由渝至叙，需时52点30分，需油8220磅。较之未修改前渝叙需行56小时，需油8960磅，实为公司增加莫大之便利。且以后之修理费，亦较前节省，一切皆达于预计之目的，实为机厂设计上之一成功。"①此外，机器厂还大修或小修了本公司和外公司的多艘轮船，其中包括接"民宪"弯地轴，改"民意"气门。大修轮船，则有"民安""民有""民望""南通""联通""民视""民清"以及邮局的"鸿骞"，亚细亚油行的"渝光"。

从张挽澜的文章以及《新世界》登载的消息中都可看到，李劼人在民生机器厂的工作成绩的确斐然。

从1933年7月接任厂长开始，特别是当年打捞和次年修造"民权"轮以及改造"民选"轮，李劼人几乎把全部的精力都投入到了工作中，投入到了那个寄托了他要把机械化推广到全四川的民生机器厂中，他几乎忘我工作到暂时放弃了法国文学作品翻译，也暂停了小说创作。这一年，他除了为民生公司的杂志《新世界》写了点诸如《热闹中的记言》之类的杂感外，几乎没有其他写作。直到"民权"和"民选"下水后，他才松了口气，似乎有了些空余时间。而此时，他与民生总公司，甚至与卢作孚的矛盾开始出现，他感觉自己可能在机器厂不会干得太久了，于是1934年底，他让夫人带着一双儿女先行回成都去。李眉回忆道："1934年底，李劼人已决心辞去民生机器厂厂长职务，我的母亲带

---

① 张起：《论李劼人的实业思想与民生公司》，《李劼人研究：2011》，成都：四川文艺出版社，2011年12月第1版，第320页。

着我和弟弟先期从重庆回到成都。"①家眷离开后，空闲下来的李劼人，创作的冲动重新开始激荡他的头脑。12月21日在致舒新城的信函中，李劼人谈到了自己开始动手写作小说，说："家眷不在身边，工余多闲暇。"②所以又情不自禁拿起笔来。

李劼人在信中委托舒新城办两件事，第一件事是请舒新城为自己在青草坝的新寓所门楣写一幅字（这说明李劼人虽然让家眷回成都去了，却似乎并未最后下定辞职的决心，他正在与总公司争执，如果谈得好，他便可能继续留任厂长之职），名字都想好了，叫"挹清芬室"，取自李白《赠孟浩然》的诗句"高山安可仰，徒此揖清芬"之意。李劼人原本想请"五老七贤"之一的著名大书法家赵熙（字尧生）先生来题写，但赵老先生多病怯寒，临池艰难。李劼人便想到了好友舒新城。他的字体写得"怪"，却也正合李劼人心意，所以请舒新城来题写这幅字，并且要求字应写得有饭碗大小，还要用夹江宣纸三尺长一幅，由右至左横书；在信中李劼人幽默地问，纸由书家捐送如何？第二件事情是请舒新城在上海帮忙为女朋友购买上等衣料，而且明确说要花样最新，颜色最艳的，与二十五六岁的少妇相宜的。对好友舒新城，浸润过法兰西浪漫文化的李劼人，从来不隐晦自己的私人情感。当年他们初次相见，李劼人就将自己法国女友的照片给舒新城看。只是如今这位"二十五六岁的少妇"，还是不是那位法国女友便不得而知了。关于法国女友，李劼人甚至在公开发表的文章中也提到过。1932年10月9日成都出版的《时事周报》第二卷第二十四期，发表了李劼人的《对于四川边地农垦的一番空话》（下）。在该文中，李劼人写到了他的女朋友在嘉定（乐山）种番茄的事："我有一个法国女友，旅居嘉定时，曾种了不少，自己吃不完，送别人，并教以吃法。"③当年的四川人还不习

---

① 李眉：《〈死水微澜〉的诞生及作者自评》，《李劼人研究：2011》，成都：四川文艺出版社，2011年12月第1版，第396页。

② 李劼人：《341221致舒新城》，《李劼人全集》第10卷，成都：四川文艺出版社，2011年9月第1版，第36页。

③ 李劼人：《对于四川边地农垦的一番空话》，《李劼人研究：2016》，成都：四川文艺出版社，2017年12月第1版，第20页。

惯食用这种被称为"番茄"或"洋海椒""洋柿子"的东西，可见，李劼人女朋友的推广，对于丰富中国人的果蔬食物是有贡献的。

也由是可知，有关女朋友的事，李劼人是毫不忌讳的。民国时期的文人，谈及女朋友，并非像今天人们必定视为风流韵事。譬如胡适先生在《四十自述》中就大方地写到他的女朋友陈衡哲，而陈衡哲在与任鸿隽结婚后竟然将胡适的照片放在客厅。二人之间肯定是相互倾慕，却并非如卫道者们想象的不堪，反倒是人类一种十分美好的情感的表露。李劼人与他的女朋友大概也属于这种情况吧。其实，李劼人与他的表妹妻子一生感情甚笃，却并不妨碍他也有红颜知己。像他这样既是才子又英俊潇洒的中年人，身边有异性崇拜者，倒也是很正常的事。

五、功劳竟成过失

李劼人在民生机器厂工作的近两年时间里，投入了他的全部热情和精力，其中有十六七个月，几乎都是在极其忙碌中度过。也恰恰是在这个不长的时间里，使建厂已经有数年的民生机器厂获得了长足的发展，工厂面积扩大，机器添加，人员增多，技术水准提高以及各种管理制度都健全了。可以说，这对整个民生公司的规模建设和企业文化建设都是极大的贡献。《新世界》杂志于1934年第四十一期和六十五期，先后发表了《民生公司一年来之概况》《一年来之民生厂》等文章，真实记录了李劼人工作成绩。其中《一年来之民生厂》是这样记载的：

> 自去年股东会之后，民生厂最值得报告之一事，实无过于改造万流轮船，而为现今川江驰行、尚无如此长、尚无如此高之民权轮船。
>
> 万流轮之历史及其如何转到公司，已详志《新世界》半月刊五十八期，想股东诸君俱已知悉。今所节略报告者，只限于公司决定将其改造行船，并加长十四尺，自动工至东下赴申之一段工作大概耳。按民权动工在二十三年二月初间，一面拆卸旧船壳，并在三十七八档之处，将船身折断

拉开，伴上海来图，接长十四尺，限在水发之前完工。一面整理旧机，考察其可用与否，修理之，更换之。就中除冷作部分，系由厂出图样，分包与冷作工头承做外，其余部分，全系由厂工直接作力。在修造期间，工作俱其紧张。诚以川省建船，实为异数，况所修造者又系空前巨舶。民生厂年来发展虽速，究其幼稚，人才设备，咸有不济之感。因此，民权幸而修成，然吃力则其矣。计民权于十月底完工试水，工作期共九个月。

民权轮之修造，在新四川算开一新纪元，然于民生厂，则不过多增经验，至于声誉，则公司全部之事，民生厂固不敢专有也。其余工程中值得一述者，有改民选机器。接民宪弯地轴，改民意气门。大修之船，则有民安、民有、民望、南通、联通、民视、民清，及邮局之鸿骞，亚细亚油行之渝光。

除此事外，较为值得报告者，乃新厂地之打出。

忆去年三月，股东诸君到厂视察时，原厂右侧，尚自椓石丁丁，仅有建成之新翻砂一座。至去年七月，石工暂停，计已打出平地，长一丈许，宽十丈许。较诸原有工作地，大三倍以上。只以经济关系，不能照原画线路，完全打出，又不能按照图样，立时建修新式厂房，是时洪水已发，只好将河坝中之冷作、红炉、铜工各间，移到新厂地上，暂搭捆绑房一大座。于今已将内外围墙筑起一段，并新建铁厂门一道，为工作人员进出之地。如此一来，规模稍具，秩序亦较赶修民权时完整多矣。

至于内部情况，则天多变化，除赶修民权轮时，增加工人不少，计彼时连同冷作木口包工人计之，全厂直接间接工人，达六百人以上。至石工暂停，民权完工后，减去工作人员一大半。至今职工徒弟小工合计不到二百七十人。工作器具方面，除为修造民权，特制少数工具外，仅由外购入打重二百基罗格兰母子之汽锤一部；十二尺大刨床一部。

此外又安装引擎一部，系镇江轮油机修理而成者，仅用一个汽缸，有马力六十五匹。原有引擎大小四部，共马力三十四匹，暂废置，另想其他用处。

民生厂厂址，向系租罗姓地。二十三年，除买罗姓地外，又买按壤之辰州会地。去年营业，则因修造民权之故，全部达最高额，为四十三万余元，超过以往各年一倍以上，就小民权占十七万余元。对外营业，仅占少数。此非对外而生意之少，实则本厂力量有限，除自行修理公司船只外，无多余力，接受外面生意。倘面面转佳，经济充裕，本厂逐渐扩张，能由修理趋向制造，则将来希望，实不小也。然此须视公司本身力量，与夫股东诸君投资维系之兴会何如耳。[①]

然而，这些被载入民生公司史册的功绩，后来在一些股东眼中竟然成了李劼人的过失！特别是因打捞与改造"万流"轮，耗费了一些资金，被认为是"损害"了股东利益，遭到了许多人的责难。而在办厂方针上，也引起多数资方人士的不满。"公司十分之九的人都攻击我，说我有意使公司受损。我争执了半年，无效。我遂于一九三五年五月（即是在民生厂届满两年日子）坚决辞职，回到成都。"[②]《新世界》第七十三期登载了李劼人辞职的消息："海事新闻：机厂李厂长劼人因病给请长假，公司特调曾任厂长之民主轮陶经理建中继任。陶厂长已于十九日会同张襄理挽澜，到厂办理一切接受事宜。" 民生机器厂厂长的职位在两年后又还给了陶建中。抗日战争时期民生机器厂改由周茂柏担任厂长，抗战胜利后再由陶建中接任，直到中华人民共和国成立后。然而不幸的是，在1951年"三一三大镇反"中陶建中被逮捕，5月即被错误地枪决于青草坝他所创办的民生机器厂前，直到1980年才获得平反。此是后话。

对于股东们的责难，李劼人虽然感到气愤，却多少还能够理解。最让他失望的是卢作孚，当初拟定办厂计划，卢作孚是表示了同意的，如今迫于股东们

---

① 李劼人：《一年来之民生厂》，《李劼人全集》第8卷，成都：四川文艺出版社，2011年9月第1版，第84—86页。
② 李劼人：《自传》，《李劼人全集》第1卷，成都：四川文艺出版社，2011年9月第1版，第11页。

的压力，卢作孚的态度也暧昧了，将早先的计划作了大的修改，这就与李劼人要将机械化推广到全川的理想相去甚远了。这是李劼人无法接受的。二十年后，李劼人在写自传涉及这件事情时，还耿耿于怀："到底是资本家，第一年刚过，卢作孚就把我的计画作了修改。"可见这件事对李劼人刺激很大。然而用"到底是资本家"来评价卢作孚却实在欠厚道。李劼人写自传时是1953年，此时卢作孚已经作古两年，而政治运动却正方兴未艾，李劼人如此说自然有其鲜明的时代特色，但对于逝者卢作孚，则却有点既不恭也不公。卢作孚虽说是民生公司的总经理，但诚如张群曾评价的，他是一个没有钱的大亨。即使是共产党领袖毛泽东也没有将其视为通常意义上的"资本家"，而称赞他是中国不能忘记的民族实业家。

卢作孚和李劼人并没有本质的差异，他们都是想在实业上干成大事业的人，只是两人的理念和走的路径略有不同。卢作孚既有远大的视野，又注重脚踏实地，一步一个脚印地前行。李劼人也有远大的视野，但他却有急于求成的心态，从而使其在理想与现实发生矛盾冲撞的时候，不能转圜。

不过，卢作孚与李劼人终归还是一对志趣相投的挚友。几年后，卢作孚到省里担任建设厅长，依然力邀李劼人做《建设月刊》总编辑。

1938年10月24日上午，"民权"轮在宜昌装载了战时保育院的数百名难童和从上海转运来的战略物资，准备向上游的重庆进发。这是被晏阳初称为中国的敦刻尔克大撤退的第一天，是民生公司抢运人员和民族工业精华开出的第一船。当汽笛拉响，轮船缓缓启动时，数百名难童一面高声放歌，一面挥动着稚嫩的小手，向站在岸上含笑挥手的卢作孚致意告别。码头上的人们也对卢作孚投来赞许的目光。

此时此刻，大概没有人会想到，满载难童和战略物资的这艘大船，是一个叫李劼人的作家领导打捞、改建的。此刻的李劼人可能在成都，也可能在嘉定，正在忙于文化抗战和嘉乐纸厂的事务。

抗战初期，民生公司抢运了30万吨战略物资，为苦难的中国保住了民族工业的基本命脉，之后的八年中，民生公司的轮船还运送了270万将士奔赴前线。

这是卢作孚及民生公司全体员工对中华民族的伟大贡献，其中自然包含了文学家李劼人的一份光荣劳绩。

李劼人的机械梦破碎了，造船计划也被迫搁浅，他怀揣的远大理想在现实中栽了一个大跟斗，他只能重新回到书斋中来。

这里才有他放飞希望的广阔天空！

第十一章

"大河"奔流（上）

离开民生机器厂之后，李劼人一头扎进文学创作中，从这时起至抗战全面爆发前的数年间，迎来了他一生中文学创作最辉煌的高峰期。这是他写作最勤奋、成果最丰硕的时期，不仅留下了一系列散文随笔、短篇小说精品和翻译作品，更是一气完成了近百万字的"大河三部曲"，即《死水微澜》《暴风雨前》《大波》，由此奠定了李劼人在新文学史上的重要地位。

20世纪30年代是中国新文学的黄金时代，而对李劼人来说，则是他汹涌澎湃的"大河奔流"的时代。

一、"大热闹"中的《死水微澜》

1934年12月21日，李劼人致信舒新城，除了请他帮忙办事之外，在信的结尾处，李劼人称"明年川中将有大热闹"，邀请舒新城得空来四川参观，还说这也是人生的一大福气。这个"大热闹"究竟是指什么事，实在令人费解，恐怕今天的研究者已经很难猜测。

然而，1935年的四川乃至中国，的确发生了大事情。从历史上看，中国共产党领导的中央红军离开江西后转战数省，终于到达黔北重镇遵义，并在这里举行了影响未来中国历史格局的政治局扩大会议，即著名的"遵义会议"。随后，这支长途跋涉而来的疲惫之师如有天助，行踪不定地穿梭在川黔交界的赤水河两岸，很快便摆脱了一路跟随而来的国民党大军的围追堵截。因围剿川北红军而早已停止混战的川军部队，此刻再次被蒋介石调动起来，参与到围堵中央红军的行动中。国民党中央政治势力趁机"削藩"进入四川，彻底消除了地方割据的威胁。川中发生的这个"大热闹"，可能比李劼人所说的大热闹还要大。

这一年，中国文学也出现了大热闹，李劼人便是这热闹的制造者之一。这就是如今成为文学经典名著的长篇小说《死水微澜》的横空出世。

李劼人是1935年6月29日从民生机器厂辞职的，很快他就举家迁回了成都，在斌升街11号（李眉说是13号）院租赁了四间房安居下来。此街在少城内，为满人居住区。光绪年间此地开办有新式小学堂，原名为斌升胡同，民国以后更名为斌升街。"斌"同"彬"，寓"士有前途"之意。

初回成都，没有任何公事羁绊，李劼人一门心思地沉浸在文学创作中。在回成都前，他在给舒新城的信中已谈到了书稿出版的事，所以很快他就拿出了初稿。李眉在《李劼人年谱》中说，李劼人"以二十天时间，一口气写完第一部长篇小说"。在《〈死水微澜〉中的几个人物原型》一文中，李眉又说道："1935年7月，父亲在不到一个月的时间内写成了这本书。"[①]此话流行甚广，被许多人误读为《死水微澜》只用了二十天就完成了。

20天完成一部经典名著，恐怕在世界文学史上都是奇迹。巴尔扎克写了《人间喜剧》共九十一部作品，也未必二十天就能写成一部名著。事实上，李劼人创作《死水微澜》时，作品中的人与事已经在他头脑中酝酿了很长时间，即使是动手写作也是在重庆就开始了。他在致舒新城信中曾说："多年拟作之

---

① 李眉:《〈死水微澜〉中的几个人物原型》,《李劼人研究》,成都：四川大学出版社,1996年11月第1版,第84页。

十部联络小说，已动手弄第一部，拟写十万字。今已写得五万余字。阴历年内，可将初稿完成。明春可将二次稿改出。自以为结构尚佳。文字力求平正，不尚诡奇。内容系写改法以前之安定社会，洋货之逐渐侵入，民智之混沌安闲，当今伟人之龌龊出身。写至庚子大变之后，川汉铁路征用时止。"①在这封信中，李劼人还谈到将来出书时准备用笔名"歌书汉"，书名则拟用《暴风雨前》。

这段文字给我们提供了几个重要信息：一是作"大河小说"，即李劼人所说的"联络小说"，并非一时兴起，而是产生此想法已经多年（1955年在《〈死水微澜〉前记》中作者说得更明确：从1925年起，一面教书，一面仍旧写一些短篇小说时，便起了一个念头，打算把几十年来所生活过，所感过，所体验过，在我看来意义非常重大，当得历史转捩点的这一点社会现象，用几部有连续性的长篇小说，一段落一段落地把它反映出来②）；二是已经动手写出了第一部的五万字；三是对已经完成的书稿比较满意，感觉结构尚佳。从作者描述的书稿内容看，这正是《死水微澜》和《暴风雨前》的故事。1935年6月14日致舒新城的信中说得更明确："自本月七日起，继续补作，计在走时，可得四万字，决计在回家之后，专心为之，期在十日内写出四万字，再以二十日之修饰剪裁抄录，则在七月底可得一部十万余言之完整修饰。此部小说暂名《微澜》，是我计画联络小说集之第一部。"③在此，李劼人很明确地说了创作的进度和修改的时间。

由此可见，所谓二十天时间，一口气写完一部长篇小说的事，是不存在的，只是一种夸张性的说法而已。如果真如李劼人在信中所说，1934年底他已经写完了五万字，那么到1935年6月回成都时，尚有半年时间，这期间他必定又

---

① 李劼人：《341221致舒新城》，《李劼人全集》第10卷，成都：四川文艺出版社，2011年9月第1版，第36页。

② 李劼人：《〈死水微澜〉前记》，《李劼人全集》第9卷，成都：四川文艺出版社，2011年9月第1版，第241页。

③ 李劼人：《350614致舒新城》，《李劼人全集》第10卷，成都：四川文艺出版社，2011年9月第1版，第39页。

写了不止五万字吧！按照信中所说在阴历年内完成初稿是完全可能的；不仅如此，可能在回成都之前，李劼人已经对部分章节作了修改。李劼人中学时便有"精公"的绰号，做人做事都讲究精致，他的手稿从来都是端正、整洁的。他在回成都的二十多天里，正如他预计的，是对已经基本成熟的书稿进行了最后的修改和誊抄，即："再以二十日之修饰剪裁抄录。"不过，李劼人信中所说的"龌龊出身的伟人"并未出现，以后的两部作品也不见此人。

然而不管怎么说，从这一年开始，李劼人的文学创作进入了长篇小说的时代，诚如司马长风所说他："一九三五年始专心致力长篇小说创作。"①

《死水微澜》书稿由舒新城介绍，被上海中华书局于1936年7月列为"现代文学丛书"首次正式出版。书名并非李劼人最初设想的《暴风雨前》。严谨的作家一定是遵循文学创作规律的，李劼人在创作过程中一定是有了新的内容和新的想法，所以书名也就随之变动了，而原来想到的书名则成了第二部长篇的名称。

小说自初版后，受到读者的欢迎，于是1940年中华书局又出了再版。此后直到1954年，李劼人应作家出版社之约，在中华版的基础上进行了细微的修订，于1955年重新出版。再之后，1956年、1958年、1961年、1962年先后四次加印。1980年，修订本《死水微澜》被收入《李劼人选集》，2011年，中华本《死水微澜》被收入《李劼人全集》。除了上述版本外，从1980年以来，相继有人民文学出版社、北京燕山出版社、四川人民出版社、四川文艺出版社、译林出版社、天津人民出版社、北京联合出版公司、华夏出版社、陕西师大出版社等多家出版机构出版了各种不同版本的《死水微澜》。

无疑，经过时间的沉淀与淘洗，《死水微澜》历久弥新，愈发显示其独特的文学价值。它已经成为现代文学史上深受读者喜爱的一部经典名著。

《死水微澜》讲述的是1894年甲午战争至1901年签订《辛丑条约》这几年时间，发生在四川省会成都北郊天回镇的故事。描写了当时的两大社会势

———————

① 司马长风：《中国新文学史》上册，台北：传记文学出版社，1992年12月新版，第51页。

現代文學叢刊

死水微瀾

李劼人著

中華書局印行

中华书局《死水微澜》初版封面

力——土生土长的帮会"袍哥"与外国洋教两股力量的较量和它们此消彼长的风云变幻。中日甲午战争后,中国国门进一步打开了,但是除了教堂和洋教在内地兴起之外,社会并未发生多大变化,无论城市或是乡村,生活仍像一潭死水。小说便在这"死水"般的大背景下,叙述了成都北郊天回镇出现的"微澜"。

由于作家在创作之初,设想的就是要写成一系列的"联络小说",即法国文学中的Roman-fleuve(大河小说),因此,《死水微澜》涉及的人物众多,仅出场的人物就有六十余个,其中有名有姓的女性四十二人,许多人物虽然并非本部作品中的主角,但他们将在后面的《暴风雨前》《大波》中成为重要角色。不过在本部作品中初次露面时,这些人物已经显示了独特的性格特征。

《死水微澜》以朴实、沉郁的笔锋描写了成都和天回镇的川西风俗民情,以一系列人物的情感变化来呈现他们的性格特征,进而折射出大时代环境中普通人物的悲欢离合与命运沉浮。小说的叙事中心在天回镇,但是故事的展开却是从天回镇到成都及其周边。

在叙事结构上,《死水微澜》采取的是以"家庭为中心","定点发散"的方式。所谓"定点",即把描写的重要人物和中心场景确定在某一地点,并以此作为辐射源向四周延伸;而"发散"则是由中心点位的主要人物分别联结起若干相互瓜葛牵连的次要人物和场景。《死水微澜》的故事原点在小场镇天回镇"兴顺号"杂货铺,核心人物是掌柜娘蔡大嫂(之前叫邓幺姑,之后相继为蔡大嫂、顾三奶奶)。由她和蔡傻子引出罗歪嘴等,由罗歪嘴又联结袍哥弟兄陆茂林、张占魁、妓女刘三金,以及郫县两路口的土粮户顾天成的家;而顾家又联结钟幺嫂、曾师母以及未露面却是很关键的史洋人;顾天成丢失女儿招弟联结人贩子伍太婆、暗娼王女(即《暴风雨前》的主角伍大嫂);伍太婆又联结到成都暑袜街豪门郝公馆及其主人郝达三、官僚葛寰中等等。随着这些人物的逐一登场,叙事的线索也从天回镇引向郫县乡村、成都城内,并转移辐射至郝公馆等。整个故事情节便在人物的渐次出场和场景的推移变化中起伏跌宕。小说从序幕中的乡村坟园开始,留下蔡幺姐"品行太差"的悬念,到最后邓幺姑历经蔡大嫂、顾三娘子的角色转换，不仅让"品行太差"的悬念得以揭示，也使造成这一悬念的人文环境和社会风云得以逐次地展开呈现。

在小说的场景变幻中，主次人物性格也逐渐分明，蔡大嫂、罗歪嘴、顾天成形成了三个主要人物，其他均为次要人物。但是，这些次要人物并非仅仅众星拱月式地作为主角的烘托，而是对主角的情感历程、命运沉浮起着决定性的作用。

先看邓幺姑，她是天回镇一个农家的女儿。继父溺爱她如同己出，母亲从不让她做粗活，从而养成了她十分倔强的性格。为了追求"时尚"，她宁肯忍受痛苦，也要坚持把脚裹得来与城里小姐一样。邓幺姑人生遇到的第一个"蒙师"是韩二奶奶。这个从城里嫁到乡下的妇人，对邓幺姑从少女向成年转折时期的思想和性格形成起了决定性的影响。邓幺姑正是从她的口中知道了省城成都，并对成都产生了朦朦胧胧的认识和热切的向往。韩二奶奶对农村处处看不顺眼，却把成都描绘成天堂，"连讨口子都是快活的"。韩二奶奶承诺要给邓幺姑保媒，将她介绍给城里人家。邓幺姑便一心巴望着能嫁入城里大户人家。

然而，邓幺姑心比天高，命比纸薄，未等来回信，韩二奶奶就命归西天了，邓幺姑嫁进城里豪门的希望随之幻灭了，甚至想嫁给城里五十多岁的陆亲翁做小老婆的愿望也因父母的拒绝而泡了汤。邓幺姑跑到沟边伤伤心心哭了一场，女儿家终究抵挡不住命运的安排！

邓幺姑后来被父母嫁给了天回镇兴顺号的老板蔡傻子。虽然没能进城当上姨太太，好歹也算是做了小镇上数一数二的杂货铺掌柜娘。邓幺姑身份转变成了蔡大嫂。只是这蔡傻子实在让她不满意，不仅人过分老实，而且长得也难看，"脸子又像胖，又像浮肿；一对水泡眼，简直看不见几丝眼白；鼻梁是塌得几乎没有，连鼻准都是扁的；口哩，倒是一个海口，不过没有胡须，并且连须根都看不见。脸子如此不中看，还带有几分憨像，不过倒是老实人，老实到连说话都有点不甚清楚"。蔡傻子除了人难看，夫妻关系上也是个不谙男欢女爱的"傻子"，整天离了算盘账簿就是吃饭睡觉，毫无情趣可言。蔡大嫂只好认命，在这平庸的生活中厮守着打发日子。

然而，罗歪嘴的出现打破了这般平静无趣，原本就觉得自己"太委屈了"的蔡大嫂，经过妓女刘三金的诱惑与撮合，由平庸的掌柜娘摇身一变成了袍哥大爷罗歪嘴的情妇。这刘三金是简阳的一个流娼，跟着罗歪嘴来到天回镇，她不仅"整卖"给罗歪嘴，也"零售"给罗歪嘴的兄弟伙，如陆茂林等人。就是这样一个妓女再次点燃了蔡大嫂心底已经埋藏已久的欲望："像你这样一个人才，又精灵，又能干，嫁跟蔡掌柜一个人，真太委屈了！说句良心话，成都省里多少太太奶奶，哪里赶得上你一根脚趾拇……"听到这样的恭维话，口头上说"不妄想这些"的蔡大嫂，最终还是向刘三金吐露了心扉："不要说太太奶奶的话，我觉得，就是像你这样的人，也比我强！"这话在当时简直就是惊世骇俗的叛逆之言，一个良家妇女居然认为自己的生活还不如妓女，足见蔡大嫂的胆大，也足见其内心的失望之深和欲望之大。刘三金人虽年轻，却是风月老手，早看出了蔡大嫂深藏的秘密，加之感念罗歪嘴对自己的好处，便以拉皮条的方式报答罗歪嘴。刘三金是蔡大嫂人生经历中遇到的第二个"指路人"，最终造就了她放荡不羁的叛逆性格。

　　罗歪嘴本名罗德生，是蔡傻子的表兄，也就是说，蔡大嫂是罗歪嘴的表弟媳妇。但罗歪嘴是天回镇的袍哥首领，是个吃铁吐火的"歪人"，仅仅凭罗歪嘴的声威就把蔡傻子抬高了几倍。罗歪嘴在天回镇方圆数十里，能够走官府，进衙门，包打赢官司，包收滥账。可见他实际是地方黑恶势力的代表人物。但此人又有仗义豪侠的一面，如在青羊宫面对几个调戏妇女的混混儿，他敢挺身而出，哪怕白刀子进红刀子出也毫无畏惧，谓之曰"大路不平旁人铲"，为素不相识的郝达三一家解了难。罗歪嘴的行为固然有在蔡大嫂面前充当英雄好汉的意思，却也体现了他的江湖本性。正是这个具有复杂性格的袍哥头目，与众多愚民一道参与了打教堂、杀洋人的盲目排外暴行。作品中没有正面写他的这些"英雄行为"，而是通过他与蔡大嫂的对话和那篇"白头帖子"来表现他的所作所为。也正由于他直接参与了打教堂的行动，最终让仇敌顾天成抓住把柄，告到了官府，将其赶出了天回镇。

　　罗歪嘴性格最突出的是体现在他对女人态度的变化上。对于女人，他从来都是采取"常换口味"的玩弄态度，根本谈不上丝毫感情。所以他的兄弟伙们都感到惊讶："像他这种毫不动真情的本事，谁学得到？这种不把女人当人的见解，又谁有？"所以才有他包了刘三金，却又准许她"零卖"的局面。然而，当他和表弟媳勾扯上之后，情况完全变了样。初次面见蔡大嫂，心绪就乱了，猜度"这是个不安分的怪婆娘"。后来经过刘三金牵线搭桥，罗歪嘴竟忘了传统伦理，不顾兄弟情义，公然与蔡大嫂爱得死去活来，而且完全不管周围人的评说。即使抛开传统伦理，袍哥组织还有朋友妻不可欺的规定，更何况蔡大嫂还是表弟媳妇，可罗歪嘴却全然不顾这些了，足见其动了真情，也足见其邪恶之深。

邪恶之人必将遭到邪恶的报复。罗歪嘴最终还是栽到了顾天成，甚至是他的兄弟伙陆茂林手上。顾天成，人称顾三贡爷，是郫县两路口的一个土粮绅，也是一个贪婪好色之徒。他一心想当官，连平日走路都要学点官派。但是土粮绅的身份还是终究脱不掉满身的"苕气"①。因为贪色，在天回镇云集栈，他被罗歪嘴唆使刘三金、陆茂林、张占魁一伙人"烫了毛子"，将原本用来捐官的一千两银子输了个精光，而且还挨了一顿暴打。羞愤不堪的顾天成回到家后，又遭遇老婆病故。双重的打击使顾天成总想着要报仇雪耻。终于，有一天在成都东大街看花灯时，让他发现了罗歪嘴和蔡大嫂一行人。顾天成原本是到热闹场合来看女人占便宜的，这会儿与王刀客一路，又是在省城，于是胆子也就大了，便故意挤到蔡大嫂身上去乱摸，想以此羞辱罗歪嘴。结果引起双方大打出手，差点闹出了血案。混乱中，顾天成再次吃了大亏，非但自己又挨了打，而且连女儿招弟也丢了，气急之下，竟然一病不起，多亏了邻居老相好钟幺嫂从曾师母处弄来洋药，才算保住了性命。洋药的救命之恩和报仇的期待，让顾天成不顾族长的反对，毅然信奉了洋教，再经陆茂林怂恿，向官府告发了罗歪嘴。当罗歪嘴潜逃后，便趁人之危逼迫蔡大嫂改嫁于他。"生人妻"蔡大嫂再次摇身一变，成了顾三奶奶。

---

① 苕气：四川方言，即土气之意。

作品中除三个主要人物之外，其他次要人物也写得非常生动。陆茂林的狡诈，张占魁的凶狠，郝达三的世故圆滑，顾辉堂的守旧无情，钟老幺的憨厚老实，无不栩栩如生；其中对女性形象的描写尤为传神。刘三金既放荡又多情，郝家的女人既胆小又怕事，却不失本心，伍太婆既贫困又邪恶。这些人物着墨虽不多，但性格已显淋漓尽致。特别是那个简阳的流娼刘三金，在小说中没了下落，让许多读者遗憾不已。已故著名作家周克芹曾亲口对笔者谈起过这个人物："如果从创作角度讲，我倒是很喜欢刘三金。这是个妓女，又是个见多识广的女人，很有特点。可惜，后来下落不明了，也许劫老是把她当作一般过场性人物处理，这实在是个遗憾。如有可能，我倒想以刘三金作为主角写个东西。"[①]如今，刘三金这个人物已经成了一个永久的文学遗憾。若李劫人当年能够重新把《大波》写完，刘三金或许会再出现；若给想续写刘三金的周克芹假以时年，或许读者能看到一个别样的刘三金。但如今这些都已成了假设。

　　看《死水微澜》的诸多人物，我们不能不惊叹李劫人小说叙事的成就，不能不深深地为他作品的艺术魅力所折服。以至后来人们一说到天回镇，就会想起《死水微澜》，想起书中的蔡大嫂；或者说到《死水微澜》，就会想到天回镇。1940年，湖南作家易君左入川路过天回镇，便立即就想到了小说《死水微澜》，专门写了一首诗《过天回镇寄李劫人》："天回镇上看尘扬，彩笔轻描画粉香。店冷难逢幺姐蔡，荒冢谁吊贵妃杨。山川接壤通秦陇，烽火连天望鄂湘。结伴本为探桂去，未妨掩泪学轻狂。"作家感叹岁月的无情、战争的残酷，却不忘天回镇"彩笔轻描画粉香"的蔡大嫂。可见《死水微澜》给他留下多深的印象！

　　蔡大嫂这个人物，历来是研究者评价最多的。关于这个形象的形成，的确是凝聚了作者的智慧和心血，而且酝酿了很久。她是融合了作家中西方文学经验和生活阅历所提炼出来的。首先是受到了弗洛贝尔小说《马丹波娃利》中波

---

① 张义奇：《周克芹谈李劫人作品》，《李劫人的人品与文品》，成都：四川大学出版社，2001年6月第1版，第165页。

娃利夫人的深刻启发。爱玛原本是乡下的农家女，嫁给乡村医生后成了波娃利夫人，但她并不安心平庸的生活，加之受到浪漫主义文学的影响，以至于对生活产生了许多不切实际的幻想，导致在爱情上的连连碰壁，并连累到丈夫倾家荡产，最后只好服毒结束生命。蔡大嫂与爱玛的早期经历颇有一些相似之处，这可以明显看出《马丹波娃利》在李劼人小说创作中留下的深深烙印。然而，蔡大嫂却并非马丹波娃利的中国翻版，她是融入了中国文化和中国妇女原型所创造出来的一个新的文学形象。

有的研究者基于作家写蔡大嫂时对马丹波娃利的借鉴，加之写的又是中国社会大变革前夜的故事，便把蔡大嫂贴上阶级的标签，称其为新兴的资产阶级妇女，她所具有的反封建性格特征，表明她"是一个成熟的资产阶级新人"[1]。也有文学史教材认为，蔡大嫂是"由封建主义向资本主义转化中的人物"[2]。这种简单的评判，是1949年以来机械唯物论在文学研究中的反映，其最大的贻害是忽略了民族文化的丰富性和人类生命个体的独特性。蔡大嫂是生活在成都城外一个乡村小镇的女性，她的性格更多表达的是民族文化，包括地域文化所养育出的生命个体的独特性。她具有一般中国女性的秉性，又有川妹子泼辣的特质。但她的抗争，她的追求，与女性的自由解放无关，更与资产阶级的理性觉醒无关，仅仅是对于富贵的向往和人性本能的释放，境界没有像某些评论者说的那么高。试想，如果她是一个理性的新人，怎么可能赞同暴民去毁教堂、杀洋人？其实像蔡大嫂这样敢爱敢恨，具有反抗性的女性，在任何时代、任何地方都可能出现，只是她们是否被作家所发现并且被塑造成文学形象的问题。

因此，蔡大嫂尽管与爱玛有几分相似，但她们是完全不同的。爱玛的时代已经是资本主义的辉煌时代，并且爱玛是受了浪漫主义文学熏陶的；而蔡大嫂不过是一个目不识丁的乡场老板娘。她人生的每一步，都是趋利务实的选择，

---

① 李士文：《李劼人的生平和文学道路》，成都：四川省社会科学院出版社，1986年2月第1版，第11页。
② 十四院校编写组：《现代文学史》，昆明：云南人民出版社，1981年6月第1版，第377页。

最后作为生人妻嫁给顾天成，这有她拯救丈夫蔡傻子出狱的善良，但又何尝不是以堂而皇之的理由实现她心中早已预设的人生目标？"一肥遮百丑"，道出了她人生的终极秘密。从邓幺姑到蔡大嫂，再到顾三奶奶，她完成了从一个村姑向地主婆的华丽蜕变。蔡大嫂是在以小农经济为主体的乡村长大的，她的性格形成的原因只能从中国农耕文化环境中去寻找。

李劼人并没有把蔡大嫂复制成波娃利夫人这样的人物，这正是作品成为经典的关键所在。

其实蔡大嫂以及作品中的其他人物都是有生活原型的。李劼人曾说："蔡幺嫂这样的典型我看的很多，很亲切。她们的生活、思想、内心、境遇，我都熟悉。我是从很多蔡幺嫂身上取出一些东西，加一点灰面，这样捏成一个面人，而不是甲蔡幺嫂加乙蔡幺嫂加丙蔡幺嫂，等于书中的蔡幺嫂。"[①]这就很清楚地说明了蔡大嫂形象的来源，当然就不会有什么阶级属性了。李眉谈得更确切，她认为蔡大嫂的原型有两个，一个是邝瞎子的老婆，另一个是李家的瓜葛亲戚。李眉回忆，邝瞎子的老婆人虽不漂亮，但声音甜美，与李劼人夫人杨叔捃相处很好，人又勤快，来李家时常帮李夫人做菜。《死水微澜》序幕中写蔡幺姐争抢着为主人家做祭祖的菜肴，就来自这位"邝干妈"。后来邝瞎子死后，这邝干妈与人私通，她的儿子竟被那情人杀死在床上。1948年成都的报纸曾报道过此血案，文中特别强调说，这是李劼人的干亲家。"蔡大嫂的长相、身段活脱脱是我家一个瓜葛亲戚的影子。"[②]

罗歪嘴的原型正是李劼人的干亲家邝瞎子。此人是成都东北郊，大约是青龙场一带的袍哥头目。自他从劫匪手中赎回了李劼人的儿子李远岑之后，他不仅成了小孩子的干爹，而且与李劼人来往密切。不过，据李眉回忆，邝瞎子长得斯斯文文，眼睛并不瞎，只是戴了一副近视眼镜；说话声音洪亮，为人

① 李劼人：《谈创作经验》，《李劼人全集》第9卷，成都：四川文艺出版社，2011年9月第1版，第247页。
② 李眉：《〈死水微澜〉的几个人物原型》，《李劼人研究》，成都：四川大学出版社，1996年11月第1版，第85页。

直爽，并没有横眉吊眼、流里流气的样子。李劼人为了听他摆袍哥的"龙门阵"，专门从亲戚家借来一套鸦片烟具，两人便在烟盘子旁交谈。邝瞎子给李劼人绘声绘色地讲述了许多袍哥世界的逸闻趣事。这些后来都汇入了李劼人创作的笔底波澜之中。

一些次要人物也是李劼人从生活原型中提炼出来的。蔡傻子就来源于李劼人在金堂县的一个表叔。李劼人经营"小雅"的时候，曾请这位表叔来帮忙管账。他整天就知道拨弄算盘，常常自斟自饮，说话不多，也说不清楚。此人的憨态、表情就演绎成了蔡傻子。刘三金则主要来自于李劼人青年时期在泸县认识的妓女周七，这个风月场中的女子，颇有姿色，很风骚。青年李劼人和表兄弟曾去周七家打牌、喝酒，后来虽然遭舅父训斥未能再去，但周七的打情骂俏、一颦一笑都给李劼人留下了深刻印象，写刘三金时，周七的影子自然就出现在了作家眼前。

不过，这刘三金也并非周七的翻版，而是综合了许多风尘女子的特点。1929年，李劼人去北京出差，曾在八大胡同很做过一番"功课"。据《沙汀日记》1960年3月17日记载：这年3月，沙汀与李劼人去北京出席全国人大二届二次会议途中，在列车上闲聊新出版的几部文学作品时，不知不觉把话题扯到了北京八大胡同："谈了不少玩世不恭的话；但也对他自己青年时代的胡闹加以嘲笑。他说他初到北京，一个年逾八十的亲戚，江庸的父亲就劝他该到窑子里长长见识！而他在留住北京的三个月中，就有二月半在窑子里混过的。他精精神神地结束道：'喝！这两个半月增长了很多知识！'……"[1]李劼人谈的这事，正是1929年暑期。他受张澜委派去京、沪、杭约聘教授，在北京的时间正好是三个月。

钟幺嫂也是现实中人，连姓氏都是真实的。她是李劼人在重庆民生机器厂任厂长时，住在青草坝观音庙居所的一个邻居，人称钟幺嫂。这人说话声音洪

---

① 陈漱渝、李文儒主编：《沙汀日记》，太原：山西教育出版社，1997年11月第1版，第169页。

亮，平日里风风火火，爱给人帮忙，人缘很好。但这个女人生性风流，先与观音庙的和尚说不清楚，后来那和尚移情别恋，与山上一大户人家的小姐搭上，便把钟幺嫂抛弃了。于是钟幺嫂又和李劼人家的厨子勾搭上。《死水微澜》中写钟幺嫂给顾天成家帮忙的情节，便是从观音庙的钟幺嫂身上获得的灵感。

《死水微澜》从故事内容到人物形象，均来源于生活，却又是经过了作家的提炼构思和艺术匠心创造，才最终成就了这部现代文学史上的经典名著。但是，在1949年之后相当长的时间里，这部作品并未受到评论者重视。除了唐弢主编的《中国现代文学史》在第十一章第五节"其他作家作品"中有大约六百余字对李劼人的介绍之外，其他的文学史著作均未有一字评价。这也难怪，在以革命史作为文学史写作尺度的年代，《死水微澜》自然难以进入文学史家的视野。直到1979年10月中国文联第四次文代会后，因周扬在报告中将《死水微澜》与《子夜》《倪焕之》《家》《骆驼祥子》共同列为20世纪30年代"脍炙人口的作品"，才引起了研究者的关注。作品也被诸多出版社一版再版，成为家喻户晓的文学名著。

鲁迅先生生前曾经感叹现代中国没有一部像样的历史文学作品："即以前清末年而论，大事件不可谓不多了：鸦片战争、中法战争、中日战争、戊戌政变、义和拳变、八国联军，以至民元革命。然而，我们没有一部像样的历史著作，更不必说文学作品了。"[1]1935年3月28日夜鲁迅写下这段文字的时候，《死水微澜》尚在写作中，到1936年7月《死水微澜》作为"现代文学"丛书在上海正式出版时，鲁迅已经病入膏肓，而且10月19日便去世了。鲁迅与《死水微澜》擦肩而过，更不可能知道他的这一遗憾，将由李劼人以大河奔流的气势弥补了。如果鲁迅活着，他对李劼人的名字应该不会陌生，因为李劼人的小说和翻译作品几乎都在沪上出版，并且已有很大的知名度。上海的刊物登载特约撰稿者，李劼人的名字赫然其中，但李劼人本人却并不知道。可见李劼人作品

---

① 鲁迅：《田军作〈八月的乡村〉序》，《鲁迅全集》第6卷，北京：人民文学出版社，1981年第1版，第286页。

的影响。[1]

　　两位新文学大家尽管失之交臂，但或许他们早已通过文字认识了对方；至少李劼人对鲁迅是深知并且很钦佩的。他称赞鲁迅是"成熟颇早的天才"，公开承认自己的早期的小说《儿时影》《盗志》就是受了鲁迅文言小说《怀旧》的启示。对于鲁迅的早逝，没有机会写出像高尔基《四十年代》那样的作品，李劼人也深感惋惜，认为是一个无法弥补的遗憾。[2]

二、"大河"流淌之间

　　写完《死水微澜》后，李劼人并未打算外出工作，而是想要一鼓作气继续完成他成竹在胸的宏大构思。怎奈烦心的事依然找上门来。1935年秋，嘉乐纸厂的股东们集体邀约他去嘉定共同商议公司发展大计。据付金艳《实业家李劼人档案揭秘》所披露资料表明，此时的嘉乐纸厂形势大好。1932年以后，嘉乐纸厂厂长王怀仲在造纸机的构造和造纸工艺上进行了大改良，不仅提高了产量和质量，成本也降了下来。因此工厂的经济状况日渐好转。至1935年，四川结束了二十多年的军阀混战局面，政府开始重视发展地方经济。但由于长江水路畅通，沿路不再有关卡留难，外国纸也相继涌来，各报均有采用洋纸的趋势。为了扶持嘉乐纸厂这个省内仅存的一家造纸企业，四川省政府专门召集纸商和各个报馆开会，并以政府命令的行政手段，勒令各报馆必须一律采用本省的纸张；同时，对于嘉乐纸厂产品存在的质量问题，派出专门人员前往督促指导，务使其积极改良。嘉乐纸长期以来面临的困惑是纸张的漂白问题，如今终于找到了症结所在，原来造纸使用的一直是井水，而井水含有盐质，与碱相遇便产生中和反应，现在改用河水造纸，纸张漂白的问题一下就解决了。1936年《四川经济》第2—3期刊出《嘉乐新闻纸漂白成功》的新闻，省城各报馆、印刷商

---

① 李劼人：《350806致舒新城》，《李劼人全集》第10卷，成都：四川文艺出版社，2011年9月第1版，第42页。

② 李劼人：《遗恨——纪念鲁迅十四周年忌》，《李劼人全集》第9卷，成都：四川文艺出版社，2011年9月第1版，第139—140页。

顿时很乐意使用价廉的嘉乐纸了。

为了尽快把嘉乐纸厂的商品推向市场，创作兴致正旺的李劼人，不能不暂时放下手中的笔，去为纸厂的发展奔走："1935、1936年是嘉乐纸厂扭亏为盈时期，也是李劼人创作的高峰期。在全身投入创作的同时，他仍然利用自己广泛的人际关系，在成都为嘉乐纸厂的发展尽心尽力。1935年底，卢作孚出任四川省建设厅厅长，积极筹划利用四川丰富的造纸资源，建设大规模纸厂。嘉乐纸厂闻风而动，计划加入并积极扩充……"①

因忙于嘉乐纸厂事务，一段时间内李劼人时常在成都和嘉定两地奔走，对于此间的所见所闻令他感慨颇多。于是他在1936年夏，写成了一篇万余字的散文《成嘉来回记》，之后将文章寄给了上海《新中华》半月刊。编辑部原打算当年8月发表该文，并且提前在刊物上登载了广告。但是不知何故，后来并没有刊发这篇散文。2010年，为编辑《李劼人全集》搜集资料，我在南京图书馆查阅了从创刊到闭刊的全部《新中华》杂志，并未见发表该文；随即又查阅了1957年生活·读书·新知三联书店出版的一本小册子《〈新中华〉总目》，亦不见有《成嘉来回记》的踪影。一些专家学者在文章中谈到这篇文章的发表，其实均是以讹传讹，如今看来，这篇散文已经散佚了。李劼人写嘉定的文章并不多，今天能读到的只有总标题为《嘉游杂记》的三篇小文《大佛的脸》《题壁》《明实两致的钱钞》。长篇散文《成嘉来回记》的散佚对了解李劼人的散文创作成就是个遗憾。

正当李劼人全力以赴进行小说创作时，一个噩耗传来：他的好友王光祈在波恩病逝了。乍一听到这消息，李劼人像是头上被人猛敲了一闷棍，只感觉耳边"嗡"的一声，老半天没回过神来，随即一阵悲痛涌上心头。光祈是他最亲密的朋友，也是他同学当中最贫穷最有志气的才子。他们自从十多年前在巴黎分别之后，虽未再见面，但是书信一直不断。那年在巴黎分手，王光祈回到德

---

① 付金艳：《实业家李劼人档案揭秘》，上海：上海书店出版社，2016年8月第1版，第37—38页。

国后，便一头扎进书斋中，潜心读书做学问。王光祈在1920年6月1日致李劼人和周太玄等朋友的信中曾表示："所居法兰克福郊外，开窗临野，碧绿平苑，全系故乡风味。已决心在此专心学习德文，数月中绝不履城市。"①之后，王光祈先后到柏林、波恩等地，一直拼命地勤学苦读，并且靠写作维持基本生计，生活很清苦。直到1932年，王光祈被波恩大学东方学院聘为中文讲师，生活才有所好转。

1934年，王光祈以《论中国古典歌剧》获得波恩大学博士学位，成为首位获得这一学位的中国音乐学家。从留学到去世，王光祈不仅在音乐理论方面取得了重大成就，而且在艺术、政治、经济、外交、国防等诸多领域都作出了令人钦佩的建树，其论著达三十四种之多。留德时期的王光祈，尽管全身心投入到研究学问中，但并未钻进象牙塔，他的目光时刻关注着多灾多难的祖国。日本侵占东北后，一个日本教授在波恩大学作《满洲国与日本》的讲演，愤怒的王光祈当即组织留德学生集会抗议。在民族危机日益严重的时刻，他还腾出很大的精力研究国防和外交问题，《国防潜艇》《空防要览》《未来将材之陶养》等军事译著都是在这个时期完成的。

鉴于王光祈在诸多领域的成就和他在文化上的重要影响，1935年4月20日，国民政府军事委员会委员长蒋介石通过中华民国驻德国大使馆致信王光祈："闻君光祁集学苦行，不胜钦佩；如愿回国，当图借重。"②但心中充满理想的王光祈不愿充当政客，遂以波恩大学执教为由谢绝了。不料，之后不久，王光祈便因长期的贫困和积劳成疾，竟于1936年1月12日患脑出血，猝死于波恩医院，终年仅44岁。

王光祈逝世后，波恩大学校长毕托罗斯向全校发出讣告，并于18日举行了追悼会，对王光祈在东西方文化方面的贡献给予了高度评价。国内，上海《时事新报》于2月28日，以《王光祈先生的哀耗》为题，报道了王光祈的死讯，称

---

① 中共成都市温江区委宣传部、温江区档案馆：《王光祈生平事业年表》，第26页。
② 中共成都市温江区委宣传部、温江区档案馆：《王光祈生平事业年表》，第37页。

赞："王光祈是吾国唯一的音乐史家，平生著作甚富，治事亦极精炼……"3月15日，南京中央大学音乐系举行追悼会，蔡元培、徐悲鸿、田汉、宗白华等一批文化名人以及德国驻华大使陶德曼参加了悼念。徐悲鸿赶画了王光祈遗像，仪式由宗白华主持，蔡元培亲致悼词："王光祈不仅是一个学者，并且是沟通中德文化的重要人物。"同一天，上海国立音乐专科学校也举行了追悼会，著名音乐家、国立音专校长萧友梅敬送挽联："旷代仰宗师，著述等身，寿世更留音乐史；穷年攻律吕，栖迟异地，夜台长伴贝多芬。"舒新城致悼词，他热情地赞扬道："王君留德十六年，从未受公家和私人方面丝毫津贴，平日生活，纯赖鬻文维持。此种坚苦卓绝之伟大精神，洵足为现代青年之表率。"沈君怡称赞王光祈是"能真正本着奋斗、实践、坚忍（韧）、俭朴精神，不参加政治活动，一心一意遵守少中宗旨及公约为事者"①。

在王光祈的家乡，温江和成都都分别举行了悼念活动。4月19日，在成都文庙西街成公中学，即王光祈母校的旧址，也举办了隆重的追悼会，李劼人、周太玄、魏时珍、刘大杰等诸多好友和文化人都出席了大会，李劼人、周太玄分别介绍了王光祈的生平和他组织少年中国学会的历史功绩，人们无不痛惜光祈英年早逝。

同年8月15日，王光祈遗体在波恩火化后，骨灰从德国送归上海，至1938年再由少年中国学会会员沈君怡送回到成都。由于王光祈在家乡已经无亲人，骨灰便一直存放在李劼人家中。

追悼会后，成都的朋友们准备编辑出版《追悼王光祈先生专刊》。李劼人满怀悲伤写下了《诗人之孙》一文。在这篇怀念文章中，李劼人从王光祈的祖父王泽山、父亲王茂生写起，以此说明王光祈的家学渊源，然后追述王光祈家道中落和他艰难困苦的求学经历，最后述说了自己与王光祈的友谊。其实他们的交往还是有个曲折过程的：他们最早认识是在宣统元年（1909），李劼人从高等学堂分设中学堂的丁班被提升到丙班，时常与王光祈在一个自习室里读

---

① 沈怡：《追忆光祁兄》，《王光祈先生纪念册》，上海：1936年。

书，但李劼人很讨厌王光祈那冷僻的样子，认为他是一个怪人，所以一直不喜欢同他说话。直到宣统三年（1911）的春季，李劼人突然发现这个冷僻的怪人还能作诗，于是对于王光祈的看法立即有了大逆转。之后，两人有了交情，在一起饮酒吃茶，谈论理想，谈论生活，也谈论女人。光祈虽然比李劼人小一岁，却是有过婚姻经验的人。他的妻子叫罗次玙，是母亲做主为他娶的温江县镇子乡的一个女子。每每谈到女人，李劼人就不能不让光祈"逞强"，这是他最得意的事……青年时代的交流仿佛还在眼前，可现实是斯人已独去，唯有一众老友还依然在这动荡的世界挣扎、奋进。

李劼人写这篇文章的时候，正值生重病，浑身乏力。但失去老友的悲痛，又催促让他不能不强撑病体，以手中沉重的笔为老友留下一点历史的记忆。

"西安事变"发生前夕，老朋友张秀熟来看望李劼人。张秀熟长年在成渝等地从事地下活动，他们已有多年不见了，李劼人非常高兴，亲自下厨，并特意将开"小雅"时珍藏下的允丰正"仿绍"打开，特以待故人长锢归来。两人从当前的形势谈到九年前的往事，那是"二一六"政府当局欠下的一笔血债，十几位被残酷枪杀的人中，有几个都是李劼人的学生。一想到此，李劼人不觉热血上涌，忽然拍案而起："血债总有一天是要清算的呀！"张秀熟是第一次看到李劼人如此激动，第一次听到他发出如此痛苦的声音。数十年后，张秀熟回忆起这天的情景，还感觉历历在目，认为是时代使李劼人"憬然有觉"。

1936年冬，李劼人将家从斌升街13号院搬迁至比邻的桂花巷64号院。在斌升街只租住了四间房，地方较窄，房屋也不太好；而桂花巷却是一整座小院，有十三间房，门房和厕所一应俱全，而且前后两个院子很大，还有十多株大树。到夏日时，便是浓荫满院，对于怕热的李劼人来说，实在是一处惬意的居所。斌升街和桂花巷是清代满城内相邻的两条东西向的小街，西头是顺城街，东边是东城根街。即使今天，两条小街也是闹中有静。桂花巷原来叫桂花胡同，因小街上曾经栽有桂花树而得名。遗憾的是李劼人当年所居家的两个院子均已拆掉了，原址上都建起了宿舍楼。斌升街11号（李眉说是13号）的门牌号都没有了，9号之后便是17号，其中9号是成都民主党派大楼，17号则是一个五层楼群的院落，原来的11号和13号想必都并入了17号大院中。我问楼下一个卖切面的老板，回答是这里从来没有11号和13号。也难怪，如今城中心多外来人口，哪里知道过往的事情。而这里正是产生了中国现代文学史上的名著《死水微澜》的地方。桂花巷在斌升街北侧，但64号院也不存在了，小街对面的63号门牌恰恰还在，已是楼房，而64号老院子湮没进了60号大院，如今是四川省水文监测勘探局的宿舍区。李劼人当年正是在这里完成了"大河三部曲"中的《暴风雨前》和《大波》两部重要作品。

斌升街和桂花巷都是中国现代文学史上值得提说的地方，除了李劼人和他的重要作品产生在这里，还有好些知名作家都在这里留下了足迹。1938年7月，东北作家萧军与兰州女子王德芬结婚后，由西安抵达成都，先在长顺街暂居，同年10月便经沙汀介绍，搬进了李劼人所居的64号院，分租了两间厢房，直到1940年春天因上了特务的黑名单而不得不离开成都去重庆。在与李劼人为邻的将近一年半的时间里，萧军在这里编辑《新民报》副刊，培养青年作家，写作了大量针砭时弊、宣传抗日的杂文，并与李劼人等众作家一起组建中华文艺界抗敌协会成都分会，同时还完成了著名的报告文学作品《侧面》。萧军从1938年8月1日开始写这部作品，至1939年3月23日晨完成，共计18万字，当年在成都出版。

可惜，斌升街和桂花巷这两处现代著名作家留下的痕迹已经被岁月抹去了。

在桂花巷居住期间，李劼人除了忙于嘉乐纸厂的事务外，主要精力都放在了写小说上。此时刘大杰正担任四川大学中文系主任，数次拜访李劼人，诚邀他去中文系担任讲师，都被他谢绝了。李劼人在致舒新城的信中，曾两次说到刘大杰请他去川大教书，均被他婉言谢绝。当年离开成都大学时，李劼人就暗自下了决心，不再重返大学，哪怕碰到战事，宁肯再去开餐馆也不会再回去。所以刘大杰几次登门均未获应允："我几次邀他到四川大学文学系教书，他说：'教育比写文章还苦。一个月我只要一百块钱就够我的酒饭了。一个月写两万五千字是容易的。我不争名，也不争利，我爱自由。我要什么时候写，就什么时候写，要什么时候睡，就什么时候睡。一上讲堂就变成玩把戏的猴子了。'我不愿破坏他的这种美的境界，不愿束缚他那种自由，再也不向他提到教课的事了。"①刘大杰是李劼人的老朋友，早在20世纪20年代他们就相识了。1935年秋，刘大杰随任鸿隽到四川大学任教，他立即就想到了邀请李劼人一同共事。

李劼人谢绝了刘大杰的美意，却加深了二人的友谊。在那两年多的时间里，两人过从甚密，到李劼人家中喝酒，成了刘大杰理想的乐事，既有好酒好环境，又可以毫不设防无话不谈。喝到酒酣耳热时，李劼人脱光上衣，打着赤膊，手执蒲扇，雄辩滔滔尽情地显露出天真浪漫的面目；刘大杰也在这种无拘无束的热烈氛围中终于酩酊大醉。

这是两个现代文人在20世纪30年代所显示出的魏晋风度！

这段交往也成为刘大杰一生珍贵的记忆。1937年刘大杰回上海省亲，适逢全面抗战爆发，再没机会回到四川大学。但对老朋友却不曾忘记，当李劼人的"大河三部曲"在沪上出版后，刘大杰欣然写下了《赠李劼人》一诗："蜀国多奇士，斯人独可亲。笑书三部曲，醉骂五陵人。怕说中原事，难忘小稚（雅）春。古今同一慨，依旧广文贫。"直到十年后，还写了一篇散文《忆李劼人》，追忆李劼人的文学成就和两人之间的交往。这也可以视为现代文坛的一段佳话。

20世纪30年代中期是李劼人文学生涯的鼎盛时期，而1936年是李劼人文学创作三个高峰期中的高峰，他在这年不仅完成了"大河小说"中的《暴风雨前》《大波》两部长篇，而且还在创作长篇的间歇，创作了几个短篇小说和纪实文学。年初，他曾在《国论》月刊上连续发表了短篇小说《上莲池边》。该作品以后成为《暴风雨前》的重要内容，主要人物即是在《死水微澜》中已经出现的人贩子伍太婆、暗娼王女（伍大嫂）。后来又在当年的《国论》月刊

---

① 刘大杰：《忆李劼人——旧友回忆录》，《李劼人研究：2011》，成都：四川文艺出版社，2011年12月第1版，第386页。

第11和第12期上连载了短篇小说《梦痕——辛亥革命忆旧中的几缕》，内容是写清军川边巡防营的一个叫吴凤梧的管带，因部下犯事而遭革职查办，逃回成都，而后参加了保路运动的故事。在作品出场的人物中，除了吴凤梧，还有半官半绅的黄澜生、学生楚子材、立宪党人罗梓青（即罗纶）以及王文炳等人物。显然，这个短篇小说实际上也是长篇小说《大波》中的几个精彩片段，其中只有很少部分是短篇独有的内容。在这个短篇中，吴凤梧作为李劼人笔下一个重要的角色正式粉墨登场，他狼狈不堪的生活经历，他落魄时谦恭卑膝而又投机钻营的性格特征，都暴露无遗地出现在这里。以后被组合进长篇小说里，进而成为《大波》众多人物中的一个鲜明亮点。

这一时期李劼人的短篇小说不多，但几乎都是精品。其中两个堪称姊妹篇的作品《程太太的奇遇》和《胡团长的本领真大》，可以视为李劼人短篇小说的经典。出色的心理描写构成了这两个短篇小说最显著的艺术特征，并由此为作品布上了一层苦涩、悲悯的色调。

两篇小说都写于1936年9月，先后发表于当年10月四川大学的《前进》周刊和次年2月的《国论》月刊。两篇小说承袭了《大防》等作品中揭露、讽刺军阀恶行的风格特征，但更注重通过细节描写人物性格，尤其重视心理刻画。因此，两篇作品具有很强的艺术张力。《程太太的奇遇》写一个受过中等教育的小资女性，嫁给财政厅一个科员为妻。但她对于相夫教子的呆板生活感到厌倦，也对丈夫程先生不满，使自己在吃穿上都不阔气。有一次在智育电影院看卓别林的电影《淘金记》，竟遭遇邻座胡团长的暗中调戏。程太太非但没有表示反抗，还颇有些感到昏昏然，不免得意自己尚没有衰老，犹然引得动男子的心情。心想："如其当真被团长调戏上了，可就阔了呀！好衣服是有得穿的，金首饰是有得戴的，家庭包车是有得坐的……"殊不知，正是这种虚荣心理埋下了日后悲剧的祸根。作品的重点在写程太太的心理变化，她图慕虚荣，追求物质享受，最后毁灭了自己，葬送了家庭。小说写程先生文字不多，但十分传神。他明明知道自己妻子被军官调戏了，却不敢言语，而是假装妄形地笑道："卓别林演得真好！"把一个无权无势，又胆小怕事的小公务员的本性活脱脱刻画了出来。

《胡团长的本领真大》标题就具有讽刺的意味。作品的叙述视角从程太太转向了胡团长。这个好色成性的魔头尽管已经妻妾成群，却仍然不断在外拈花惹草。自从在电影院调戏了程太太之后，心中就惦记着如何把她搞到手。就在他和几个军官准备去温二公主的秘密台基嫖娼时，却误打误撞闯进了程太太居住的院子。一见到程太太，胡团长就霸道十足地提出要在此过夜，结果遭到院内居民的谴责。胡团长不死心离开后，遂与温二公主密谋。结果是以几场麻将、几场春熙舞台的戏和几身值钱的衣料，就把程太太拿下了。小说若写到此，胡团长也就顶多不过一色鬼而已，他凶狠的本质便无法呈现。于是作者笔锋一转，胡团长玩够了程太太之后，竟叫勤务兵骆占春将程太太拐骗到重庆卖进了妓院。这样恶毒的手段，连胡团长的小老婆吴太太都认为太没良心，质问他就不拍报应吗。胡团长却回答道："我们杀人不眨眼的英雄，怕啥子报应，要说报应，我带的过也多了，报应不到这一桩。"简单一句话，将一个无耻残忍、心狠手辣的军阀魔头的嘴脸顿时暴露无遗。

写程先生的痛苦也仅用了看似很平常的一句话。听到程太太遭遇不幸的消息，程先生却咬紧牙关否认："哪有此事，内人委实是病故了。"程先生的悲戚、无助，又要保全脸面的卑琐神态，都在这简单的话语中鲜明而生动地表现了出来。李劼人很善于通过简洁明白的话语来凸显人物的心理和性格特征。

《胡团长的本领真大》还有一个值得注意的人物，那就是胡团长的四姨太吴太太。这个女人其实本身也是胡团长的玩物，但她自己却并不这样认为。她竟然觉得，妇女天生就是给男子玩弄的，只要男子本领大，有钱有势，无论玩多少都应该；而妇女本身，同时也该放出本领，抓住机会，能够玩几个男子就玩几个。所以她虽然嫁给了胡团长，同时又与几个别的男子相好。她正是由于具有这种玩弄的心态，所以对胡团长的胡作非为，非但不制止，而且助纣为虐，实在是一个可悲、可恨又可叹的女人！可悲，是她根本没有认识到妇女自身的悲剧性命运，对程太太不仅毫无同类人的恻隐之心，而且还巴望着这个"正经人"下水。因为她自己就是这样的人。可恨，她不但怂恿胡团长勾引程太太，而且知道程太太被糟蹋后竟然比胡团长本人还高兴，这是怎样的变态？可叹，是她也不甘心委身于胡团长一人，其骨子里有一种不该从一而终的抗争精神。

这个吴太太真是一个具有多侧面、多人格的极其复杂的性格组合。这个被读者和研究者都忽略了的人物，既有《死水微澜》中青年邓幺姑宁肯给人做小也在所不辞的追求，又有《暴风雨前》中伍大嫂被迫依附于人的无可奈何，同时还有《大波》中将男人玩弄于股掌之间的黄太太的野心。可以说，在李劼人作品中一闪而过的这位吴太太，是作者笔下诸多女性的性格结合体。

1936年的李劼人，除了写长篇小说、短篇小说，还写了一组纪实文学。以前没有纪实文学的概念，所以老一代研究者都将其归入散文类。这组作品包括《为的公馆》《战地在屋顶上》《抓兵》《开火前的一瞥》《飞机当真来了》《夺煤山与铲煤山》六篇，连续发表于《新中华》1937年第五卷一至六期。1936年11月5日，作者为这组作品拟了一个总标题叫《危城追忆》并作了序。这组文章记述的是1932年成都市区发生的第三次惨烈的军阀混战，即川军刘文辉二十四军和田颂尧二十九军的一场大规模的城市巷战，作者描写了战火给成都人民造成的生命与物质的空前灾难。在其序言中，作者历数了成都城近二百多年的宁静，被辛亥以来的三次军阀战争打破了，而他自己便是"亲身经历了三次关着城门打仗的盛世，犹然是好手好脚的一个完人，于是就悠悠然提起笔来，把他们一段一段的写出了"。作者庆幸自己能够生存下来，于是深感有责任将这段过往记录下来。

《危城追忆》是作者对成都历史上一段亲眼所见亲耳所闻的军阀战争场景的真实记录，因此这是李劼人当年留下的纪实性文学，或者说是他的作品中不可多得的一组报告文学。

三、《暴风雨前》来了

《暴风雨前》是李劼人长篇小说创作计划中构思最早，书名也确定最早的一部作品。在1934年12月21日致舒新城的信中，谈到他打算写十部联络小说，其中第一部便是《暴风雨前》，称这部作品拟写十万字，并已经写了五万字，"内容系写法改以前之安定社会，洋货之逐渐侵入，民智之混沌安闲，当今伟人之龌龊出身。写至庚子大变后，川汉铁路征用时止。且因内容颇有关系，不便以真名发表，拟用'歌书汉'来出之……书名尚未定，拟用《暴风雨前》，或否视稿成在斟酌。"①从作者自述的内容看，这的确有点像《暴风雨前》的内容，但并不是他"大河小说"的第一部，也没有出现所谓龌龊出身的伟人，所以如今我们已经很难理解作者所说的"内容颇有关系"是什么意思。

在具体写作过程中，可能是涉及的内容太多，李劼人发现事先设计的内容，在一本书中写不完，于是改变计划，将甲午战争至义和团运动前的故事确定为《死水微澜》，而将1900年至1911年辛亥保路运动前的故事确定为《暴风雨前》。李劼人在实际创作中对于写作计划的不断校正和修改，不仅使他书写的历史事件线索更清晰，也更加充分尊重了文学创作的规律，体现了一种严谨而成熟的创作风范。

《暴风雨前》写《辛丑条约》之后，中国门户大开，民智渐渐开启，救亡图存的维新运动在内地悄然兴起，一部分思想活跃的知识分子已经不甘心做专制制度的奴才，要求社会改良的政治呼声日益高涨；同时，革命党人也在加紧活动，希望以暴力推翻清政权。而一些官僚面对改良与革命的纷乱局面，也开始动摇，不得不为自己的将来寻找出路。原本死水一潭的内地社会已经处于暴风雨的前夜。

这部作品中的人物，绝大多数都是在《死水微澜》中出现过的，只是主次做了反转，从前的次要人物，即《死水微澜》中的陪衬，如今反客为主正面登场了。作家的叙述场景也从成都城外的小乡场转移到了成都市区，小乡镇"兴顺号"主人的活动转而被市民——城市的官绅和平民所取代。而叙述场景的转换也就自然带来了叙述视角与叙述方式的变化。非但《死水微澜》中曾经一笔

---

① 李劼人：《341212致舒新城》，《李劼人全集》第10卷，成都：四川文艺出版社，2011年9月第1版，第36—37页。

带过的次要人物，如王女（伍大嫂）等成了城市的主角，而且过去那种任意驰骋的文学虚构，转而成为在历史大框架限制下的非自由书写。说直白一点，一面带着"历史的镣铐"，一面跳着文学艺术的舞蹈。直接呈现在《暴风雨前》中的内容，既有历史的现场，又有文学的想象空间。这是《暴风雨前》不同于《死水微澜》的地方，杨义称这部作品为"近代思潮史小说"[①]，这是很准确的。

《暴风雨前》仍然以"家庭叙事"为原则，作品力求以小见大，欲通过微观的生活来展开宏观的历史叙事。为达到此目的，作者在艺术架构上已经悄然从《死水微澜》的"定点发散"变成了"多点联结"，即故事的原点不再局限于一个家庭，而是由一个家庭延伸至另一个家庭，再以此辐射更广的社会面。作品设置了都市大环境中贫富悬殊的两个家庭，即暑袜街的郝公馆和下莲池的伍家，并且通过这两个家庭所发生的故事，和他们与社会形成的广泛联系，使清末成都的历史大事件与各阶层的人生态度和生存状况得以多层次多角度呈现。

因为"多点联结"的结构，《暴风雨前》形成了"两主一副"的线索。一条是"公馆系统"，由围绕郝公馆活动的人们展开官绅贵族的生活，这条线索更多联系的是历史现场；另一条"平民系统"，是伍大嫂及其有所关联的普通城市平民的生存状态，主要展开的是清末成都普通人家的市井生活；两条主线之间还有一条文字不多但十分明显、十分重要的副线，这便是革命党人的活动，是对历史现场的补充。官绅、平民、革命党各色人物的思想、活动，立体构成了辛亥革命之前成都社会的广阔画面。

首先让我们来看公馆系统的人物。这条线上有新老两代官绅。老的有郝达三、郝尊三、葛寰中以及郝太太、姨太太等。他们在《死水微澜》中已经出现过，那时成都社会还处于"死水"中，他们已经对外面的世界有朦胧的感知，郝达三看过葛寰中送给他的《盛世危言》，家中使用的也有不少洋东西，"感觉洋人到底也有令人佩服之处"。不过，他们的感知是浅表的，"洋人之可佩

---

① 杨义：《中国现代小说史》第二卷，北京：人民文学出版社1986年9月第1版，第435页。

现代文学丛刊

暴风雨前

李劼人 著

中华书局印行

中华书局《暴风雨前》初版封面

服，除了枪炮兵舰，也不过这些小地方，至于人伦之重，治国大经，他们便说不上了"。最愚蠢的是他们认为："洋人都是很穷的，他不做生意咋个过活呢？"可见，郝达三等官绅对西方的感知仅仅只限于"奇技淫巧"，谈不上"春江水暖鸭先知"。他们实质上只是生活在城市中的地主，思想依旧停留在农耕时代的自我满足之中，与土财主顾天成并没有本质的区别。

到了《暴风雨前》，郝达三、葛寰中等人，终于受到了时代潮的冲击。满口维新名词的苏星煌，被葛寰中恭维"天上有，地下无"，郝达三也感觉他"学问不坏，一开口就长江大河般滔滔不绝"。正是感觉到了新时代的来临，所以郝达三非但不反对儿子郝又三加入苏星煌的文明合行社，并且还捐助了五十两银子。郝家人从此耳目一新，郝达三也可在鸦片盘子旁就能看到《申报》《沪报》，"一纸在手，而国家之事尽来眼底"。然而，郝达三、葛寰中毕竟是朝廷命官，终究不似年轻一代跟随历史进步，他们不过是新潮中的旧浪而已。作为旧官吏，他们只是感觉到了清朝统治有可能大势将去，于是他们在保守的基础上，更凸显了世故圆滑和自私自利的本性。面对革命党人的活动，葛寰中处处布局"烧冷灶"，意在为自己留后路；郝达三虽然极不满儿子郝又三把革命党人尤铁民隐藏在家中，却又吩咐家人办一桌丰盛的酒席来为尤铁民压惊。像郝达三、葛寰中这样精明的官吏，懂得在什么时候要将思想的保守转化为行动的自保，这正预示了大清王朝必然崩溃的命运。

真正被裹挟进新思潮中的人物是青年一代。在"公馆系统"中汇集了一批性格各异、思想价值取向不同的年轻人。正是他们的活动构成了山雨欲来风满楼的"大波"前夜。作品描写了青年一代的觉醒成长，也充分地揭示了他们各自的性格局限。

最早觉醒的人是苏星煌、尤铁民。他们主张讲新学，创办文明合行社，吸引了许多有识之士，郝又三、田伯行等都加入了进来。但苏星煌、尤铁民二人的政治倾向却各异，前者崇拜康、梁，张口闭口维新，力主中国实行君主立宪；后者崇拜孙中山，提倡暴力斗争，主张以革命手段推翻满清贵族的统治。后来二人都前往日本留学，分别走向了改良与革命的道路，苏星煌成了立宪党人，尤铁民则成为革命家。对于这两个人物，作者写苏星煌的文字不多，他去日本后便未正面出场，只知道他在东京与尤铁民等人"不大合式"。不过从他一出场就口若悬河，让郝家老少都刮目相看来看，他未来势必会成为一个政客；而作品中的尤铁民则似乎是一个空头革命家，一个把革命志士的招牌挂在脑门上的浪漫主义者。他性格火爆而急躁，时常将"流血排满""革命救国"等新名词挂在口头，他在东京加入同盟会后四处奔走，忽而四川，忽而上海，忽而南洋，却始终不见他有脚踏实地的行动。避难在郝公馆，一旦与郝家大小姐有了勾扯，便久久不肯离去，若不是怕身份败露，岂肯动身搭船去泸州找熊克武。

在对待爱情上，尤铁民实际上也是一个玩世不恭的人，躲避在郝公馆，利用郝香芸崇拜革命者的心理，勾引她与之发生男女关系，事后却对迎娶之事吞吞吐吐，依然以一大套革命说辞作为遮掩。虽然他"满口在恭维女性，尊重女性，其实他对于女性，只是看着一种顽具，看着是一种男子应该拿来满足肉欲，活动脑筋的工具。他的名言是：'女子根本就说不上人，只是重感情，少理性，又无见识，又无气魄的一种柔弱动物。假使男子不为女子的颜色狐媚所迷，只是用一派连自己听了都要肉麻的鬼话去恭维她，而后再装作恳切的样子，加以殷勤，则女子未有不落到你手上的来。'他不但有此理论，还在日本实验过，愈实验一次，愈证明一次他理论之不错"。①至此，尤铁民的面目已经很清楚了，他的所谓革命的内涵也就不言而喻了。

这是旧版《暴风雨前》中的尤铁民形象。显然，作者对这样的"革命者"是不满的，甚至是讥讽的。作品中所持的批判态度，到了1949年以后就受到了批评，被认为是丑化革命者。所以在修改版的《暴风雨前》中，有关尤铁民丑行的描写被删除了。不过作者也没有按照标准的意识形态要求，将尤铁民写成一个光辉形象。写他在对待爱情问题上，尽管含蓄了许多，却也保留了他不少

① 李劼人：《暴风雨前》，《李劼人全集》第2卷，成都：四川文艺出版社，2011年9月第1版，第165页。

的虚伪性。他明明与郝香芸两情相悦，却偏偏要慷慨陈词"匈奴未灭，何以家为"，而又言不由衷地拿眼睛瞟着郝香芸说："拿破仑也有他自己的约瑟芬呀！"这个细节说明，此时的尤铁民仍然是一个表里不一的虚伪的革命者。

李劼人塑造尤铁民这个形象，虽经修改，但仍没有达到当年官方倡导的"高大全"的境地，这体现了作家对于现实生活的尊重和独立的价值判断。

在苏星煌的文明合行社中还有个田伯行。这是一个很能紧跟潮流的人物。原本他是一介寒士，想通过科举弄个小官做，但一连几科都不曾侥幸，无意中由尤铁民引入文明合行社，读了些新书，方感觉到科举误人。苏星煌、尤铁民去日本留学，他也是想一起去的，但因已有一大家人，生活又只能靠收一点房租为计，所以也断了出国念头。好在新办的高等学堂招生，他得以被录取。毕业之后便可以"出而办学堂，育英才，救国家，吃饱饭矣！"这个初衷倒也无可厚非，但他做事却太过圆滑。他鼓动郝又三考高等学堂，还为他入学考试授秘诀：只管说些大话，搬用新名词，顺便再子虚乌有地捏造点外国儒者的话，日本的给他叫个啥子太郎、二郎，俄罗斯的就称他个啥子拉夫、啥子斯基，这样就定能"麻倒"阅卷先生。田伯行油滑可见一斑。

高等学堂还未毕业，见社会上办小学堂很潮流，田伯行又怂恿郝达三投资创办广智小学。用他自己的话说："先出个名。名之所在，利即随之。"后来办小学堂的热潮过去了，他又接到了一个中学的聘请，每月有八十两银子的月薪，比起当小学教习十几元的收入来，做垫脚石的广智小学自然没有了价值。于是广智小学也就寿终正寝了。田伯行是清末民初许多小知识分子的一个典型缩影！

郝又三才是"公馆系统"的主角，也是整部作品的主角。他作为一个新旧交替时代的富家少爷，人格中充满了矛盾性。他受过旧式教育，也治过新学，但是对新思潮的反应并不敏感，当苏星煌到他家大谈维新时，他与其父一样听不懂，甚至连喜马拉雅也没听说过。后来进入文明合行社，与苏星煌、尤铁民、田伯行等交往多了，又读到了新潮的书报，思想才总算开了窍。他向往新生活，但又胆小怕事，与朋友们去看杀廖观音，竟吓得病了三天；他也想跟苏星煌、尤铁民、周宏道一道去日本留学，却又怕吃苦，一想到远离家乡便犹豫了，竟然叫人家："你们先走一步，且等你们做了开路先锋，把路上的情形，海外的情形告诉了我之后，我再来！"可是等到朋友们把路上和日本的情况详细写信告诉他之后，他更不能走了，因为他要结婚。他和表妹叶文婉谈不上感情，却谨遵母命成婚，结果婚后并没有感觉夫妻间有好大的乐趣，只是"有个女人伴睡，睡得不很着罢了！"直到后来与伍大嫂交好，才算尝到了男女的情趣。可见，郝又三不过是一个十足的贵族公子，怕吃苦，怕冒险，重享受，求安乐，这种人虽然感受到了新时代的来临，自身却不愿意主动栉风沐雨在其中，即使考高等学堂，若没有他妹妹和朋友田伯行的鼓动，也是不可能的。郝又三只是被动地被大潮裹挟着前进，而这种进步是很脆弱的，一旦环境有所变化，他就会从新潮中退回到旧浪中去。所以，在与伍大嫂仅仅有过三四次交易之后，就把一切都忘记了，维新、革命、国家、人民，这些新鲜的概念已经挤不进他的头脑，那些从华阳书报流通处、二酉山房买来的日报、杂志、新书、禁书，也一股脑儿任它闲放在书架上，书桌上摆的都是不能拿给第二人看的艳诗。一个挣扎在新旧交替时代贵公子的形象已经很清晰了，说到底，郝又三本质上还是旧时代的一个纨绔子弟。

苏星煌、尤铁民、田伯行、郝又三等各具特征的青年人和他们的人生轨迹，是新旧交替时代社会的一个审美缩影。小说正是通过他们各自的生活经历和思想的碰撞，展现了旧浪之中逐渐强大的新潮对于"死水"一般的内地的冲击。

然而，《暴风雨前》的女主角终究还是"平民系统"的伍大嫂。这是个与蔡大嫂一样性格凸显的人物。伍大嫂秉袭了蔡大嫂的某些天性。年轻时王四姑和一般少女一样，曾对未来生活有过美好的憧憬，但现实却让她很失望。她父亲原本是郫县的一个小粮户，因打官司而破产，流落到省城成为挑担卖烧腊的小贩。这使得王四姑脾气很不好，"动辄就抱怨吃得不好，穿得不好"，后来父亲将她嫁给下莲池伍家的独子，简简单单乘一顶红布花轿，便转身变成了伍大嫂。丈夫伍平不仅相貌丑陋，而且游手好闲，婚后全家人的生活竟然要靠伍大嫂做手工活来维持。家庭中的地位决定使然，伍大嫂原本泼辣的性格更加张扬，非但丈夫被骂没出息，连伍太婆也得低声下气。后来遇到暴民打抢四圣祠教堂，伍平意外捡了一包洋餐具。官府追责，伍平眼看就要祸事降临，早已对伍大嫂垂涎三尺的地方恶霸魏三爷趁机将伍平支到川边去当兵，进而顺利让伍大嫂成了他的第十七名"干女"。迫于全家人生计，伍大嫂就此沉沦，成了下莲池的暗娼。魏三爷死后，伍大嫂先后被牛老三、吴金廷、何胖子包养，后又经吴金廷撮合，与公子哥儿郝又三搭上关系。

伍大嫂的命运实际上是很悲惨的。每每读到作者对她不幸生活的描写，总会令人想起老舍的中篇小说《月牙儿》，其中那对母女的命运与伍大嫂婆媳的何曾相似。伍太婆年轻守寡，为了养活儿子伍平，便做了暗门子。这也是她在儿子离家后，非但不反对而且还鼓动媳妇重蹈自己覆辙的缘故。

但李劼人与老舍的不同处在于，《月牙儿》的文字风格是悲伤凄凉的，而《暴风雨前》则是冷静客观的。其实他们都是在写女性的悲剧，只是李劼人将这出悲剧用了"喜剧"的包装。而且，伍大嫂与一般暗娼也有些不同，她强势、机警、多情，虽没有蔡大嫂的胆识，却也个性鲜明。对于郝又三，不能说她没有爱，也不能说她爱有多深。这段感情起因是生活所逼迫造成的，因此她拿得起也放得下，一旦能够回到伍平身边，生存问题得到解决，她立即就恢复了作为妻子的模样。难怪郝又三要叹息："夫妇到底是夫妇。"

在性格上，伍大嫂尽管与蔡大嫂有相似之处，但伍大嫂终究不是蔡大嫂，她没有蔡大嫂的胆识，也没有蔡大嫂的叛逆，当然更没有《大波》中黄太太的气魄。她就是清末成都城里一个贫困的小市民女性。她的结局似乎很光明，最后夫贵妻荣，成了一名军官太太，但小市民的形象已然定型。蔡大嫂曾说过的一句话叫"一肥遮百丑"，用在伍大嫂这里是最恰当不过。

李劼人自己对《暴风雨前》的评价前后是有差异的。早期他对这部作品似乎比《死水微澜》更满意。1935年双十节，在致舒新城的信中谈及这第二部长篇小说时，他很是充满自信的："此一部头绪极繁，百倍（于）第一部，故结构抒写，亦甚费心。然自信优于《死水微澜》之处定多，将来必对得起买主也。"①这段话是作者在这部作品创作尚未完稿的时候写下的，当然不免有自我推销的意思，看得出媒体出身的李劼人是很善于做广告的。不过作者之所以高度评价这部书稿，也绝非简单的自吹自擂，而是有由来的，这就是《暴风雨前》的头绪比《死水微澜》繁杂，涉及人物也更多，更主要的是作者写了一部分历史真实，为形成作品虚实相间的叙事风貌，在结构上颇费了些周章。作者认为这部作品创作不易，所以感觉应该不错。加之，周太玄等一般朋友阅读后也认为好，信中就提到刘大杰读了这部作品后，认为比《死水微澜》精彩，于是作者也就深以为然。可是，经过时间的淘洗沉淀后，人们并不认为《暴风雨前》的文学成就超过了《死水微澜》，奠定李劼人在文学上地位的也主要是《死水微澜》。

　　如今海内外的文学研究者，论及李劼人作品时也都大谈《死水微澜》，而对《暴风雨前》一笔带过。作者自己到后来也产生了"不及头一部"的想法，认为当时是为了吃饭而赶出来的。但与批评家认为《暴风雨前》的文学成就不如《死水微澜》的观点不同，李劼人认为《暴风雨前》的缺陷是描写革命的不足。所以，在20世纪50年代重新出版时，竟改写了四分之一，进一步明确了三个青年知识分子的角色定位：一个是前进的，一个是保守的，一个是摇摆不定的。显然，这是李劼人在1949年以后，经过思想改造以后的结果。因此在修改《暴风雨前》时，不仅尤铁民的形象光辉了不少，同时还补充了革命党人的许多史事，如增加了江安起义失败的经过、叙永县制造炸弹发生爆炸的事故、成都起义遭泄露等事件。虽然并没有对这些事件详细展开，但是增加这些内容，使得革命前夜的氛围得以淋漓尽致地体现，从而更符合"暴风雨前"的主题。为了写成都起义的真实，李劼人专门拜访了两位当事人，还参考了周孝怀的笔记，发现笔记中把江永成写成了江问山，还说江问山卖党。为此李劼人翻阅了

---

① 李劼人：《351010致舒新城》，《李劼人全集》第10卷，成都：四川文艺出版社，2011年9月第1版，第42页。

二十多万字的文件，拜访了十几个人，最后书中就用了一句话。①作者对于史事的认真严谨不得不令人佩服，但是这种注重对史事绝对真实的追求，到底对文学有多大的益处，却是值得讨论的。修改后的《暴风雨前》，革命的确是突出了，但是在艺术真实的维度上是否就真的超越了旧版本呢？尤其是尤铁民这个人物的文学含量是不是已经被意识形态冲淡了？值得研究。

不过，修改后的《暴风雨前》也有值得肯定的地方，如对蔡大嫂、钟幺嫂的补充描写。这是《死水微澜》中两个栩栩如生的女性角色，在老版本《暴风雨前》中并没出现，修改本中增加了她们的内容。在这里，她们虽然不再是主角，甚至连配角都算不上，但是她们出现在郝公馆的叙事线索中，则是对她们在上一部作品中形象的继续深化与完善。在修改本《暴风雨前》中，蔡大嫂、钟幺嫂出现在郝家的田产纠葛中：蔡大嫂嫁给顾天成后，发现顾天成与钟幺嫂有勾扯，于是两个女人经常吵架。时间一久，钟幺嫂厌倦了，不愿再做顾天成的野老婆，但分手的条件是顾天成必须给她几十亩就近且无须缴租的好田耕种。顾天成自入了洋教，在乡间已经成为估买估卖、估吃霸赊的歪人。如今又利用教民的身份，把官绅一体的郝达三也没放在眼里，打算强行将顾家族人早年卖给郝家的三十亩田赎回来。郝家听佃客报告了顾天成的意图，郝又三多方打听后，通过蔡大嫂的哥哥陈情利害，由蔡大嫂出面才制止了顾天成。这一段叙事，补充了《死水微澜》的结局，蔡大嫂（顾三奶奶）的泼辣，钟幺嫂的刁钻都得到了更鲜明的体现，同时也增强了《死水微澜》和《暴风雨前》两部作品的联结性。

---

① 李劼人：《谈创作经验》，《李劼人全集》第9卷，成都：四川文艺出版社，2011年9月第1版，第249页。

第十二章

"大河"奔流（下）

　　《大波》是李劼人一生中所费心血最多的作品，也是"大河小说"三部曲中最厚重的一部。但是最初在创作这部作品时，作家的生活状况却有些尴尬。从民生机器厂辞职后，因数次拒绝大学的邀请，没有固定的职业收入，卖稿成了李劼人当时主要的经济来源，因此他不能花大量的时间精力去查阅历史文献，只能凭借自己的生活经历与体验，加上文学的想象进行创作。这反倒成就了一部纯粹文学意义的长篇小说，这就是民国时期中华书局出版的《大波》，简称民国版《大波》。

　　这部以四川保路运动为背景的长篇小说，尽管是波诡云谲的历史大叙事，但活跃在前台的始终是虚构中的文学人物，黄澜生、黄澜生太太、吴凤梧、楚用、王文炳、傅隆盛……这一个个鲜活而充满个性的人物，构成了清末民初成都各阶层人民生活的一幅群像图；尤其是黄澜生太太这个人物，是继蔡大嫂、伍大嫂之后，作家创造的又一个充满艺术魅力的女性形象。

　　即使放在整个中国新文学女性人物画廊中，黄澜生太太也是性格鲜明、不可复制的。

一、《大波》初为稻粱谋

在连续完成两部长篇小说后，李劼人的创作热情空前高涨，立志要以写小说为专业。当时好几所学校来聘请他去教书，均被一一谢绝。时任国立四川大学校长张真如也亲自登门，希望他重执教鞭，他仍然不为所动。李劼人之所以拒绝教书，一是因为他早已决心不再回大学，二是此刻他酝酿许久的长篇小说已经成竹在胸，呼之欲出。他的心思完全沉浸在自己所经历过的保路运动的历史情境中。

《暴风雨前》于1935年10月脱稿后，他本打算立即就投入《大波》的创作。但此时，少年中国学会的创始人之一、也是李劼人的老朋友张梦九与胡选之（《大公报》总经理胡政之的三弟，李劼人的中学同学）由外地来成都，李劼人为尽地主之谊，陪朋友们在成都各处游览、欢宴，一眨眼便去了多日。待朋友们离开后，他才在月底将完成的第二部书稿《暴风雨前》寄给中华书局，并在致舒新城的信中，依旧希望书局先预支三百元稿酬，以解决生活的燃眉之急。

这时的李劼人没有别的工作，稿费收入是关乎全家生计的经济来源，所以第二部书稿寄出后，他迫不及待就开始写第三部长篇小说，这就是《大波》。其中的故事情节和人物，已经在他头脑中像过电影一样放映过许多遍，写作不会太费事。可是这年冬季，老天不给力，刚刚写了四万字，他就被迫放下笔。1936年的冬天，成都遭遇了数十年难遇的寒冷，户外的树叶上都铺上了厚厚的白霜，城外田野间的积水更是冻成了冰块。这样的严寒，在成都城是少有的。坐在家中案前，即使不做事，手脚也冻得直发僵，实在难以握笔。李劼人只能整天坐在火盆前烤火、读书。这一停笔，时间就飞逝了两个月，直到将中华书局预支的《暴风雨前》稿酬用罄，才不得不提起笔，"一面抵御严寒，一面撰绝应酬，以十九日之工，将上卷写成"①。全家人生活所托，李劼人手中的笔不能继续贪闲了。

《大波》上卷于1936年3月寄出去后，成都迎来了春暖花开，青羊宫一年一度的花会又照例地举行了。感到浑身轻松愉悦的李劼人，放下笔杆，开始踏青郊游，访朋问友，不觉之间一晃又过去了两个月，直到腰包又喊告急，方才于5月4日闭门谢客，用二十余天时间，一口气写出中卷。在邮寄书稿时，仍然给舒新城附去一封信，要求在统计完字数后，再预支四百五十元稿酬。

写中卷时，下卷的内容已经在李劼人心中翻滚。照理说，他写作的速度也会很快。却不料，这一稿竟足足写了两个月。因为越往后写，涉及的事情越多，头绪太多，下笔也就不易了。这下卷是写一段改一段，而且老是反复，一直延续到1936年8月上旬，才终于完成。在给舒新城的信中，李劼人再一次要求先兑付四百元稿酬。至此三卷本《大波》，共计五十多万字的鸿篇巨著全部完成，只待出版了。

从李劼人与舒新城的通信看，这一时期李劼人的写作颇有"为稻粱谋"的感觉，生活的压迫促使他不敢停止写作，却也促成了一部现代文学名著的诞生。1936年的李劼人，很容易让人联想到老巴尔扎克的境遇，若不是债台高筑，恐怕《人间喜剧》中的许多优秀作品，如《欧也妮·葛朗台》《高老头》等，大概读者都无缘相见了。

《大波》完成后，李劼人又构思了一部长篇小说，定名为《横流》，并且已经一口气写出了六万字。在这个长篇小说中，作者打算以自己归国后所经历为蓝本，描写20世纪20年代中期的成都生活。李劼人此刻热衷于写长篇，一是有多年的思考与生活积累，二是可以借此解决一家人的衣食之忧。然而，接下来发生的两件事，使李劼人的创作劲头一下懈怠下来。

第一件事是，当年底，一位稍富裕的好朋友见他要靠卖稿为生，十分辛

---

① 李劼人：《360304致舒新城》，《李劼人全集》第10卷，成都：四川文艺出版社，2011年9月第1版，第46页。

苦，一定要借一千元给他，而且不要利息。这使李劼人的经济压力突然轻松下来。第二件事是，1937年4月，老朋友卢作孚回到省里来了。之前卢作孚已经给李劼人来了信函，说自己已经接受了四川省政府的任命，将出任建设厅长，希望李劼人能助其一臂之力，去担任建设厅下属的《建设月刊》总编辑，并承诺了优厚的待遇。李劼人对卢作孚向来是很敬佩的，加之办刊物也是自己十分熟悉的老本行，于是就爽快答应了。李劼人任《建设月刊》总编辑一直到1939年7月。

出任刊物总编辑，全家生活有了保障，李劼人主观上的创作积极性顿时失去了。另外，出版方面也给李劼人浇了一瓢冷水。舒新城来信转达了中华书局的意见：只要政局不变，每年只能买李劼人二十万字的书稿。可是李劼人自感腹中的书稿已达四十万言，足可写三册书，若稍加使劲，半年内即可完成。如今突然没了买家，让李劼人大为灰心；又因《死水微澜》《暴风雨前》和《大波》上册已经出版，回头看这些作品，似乎也有诸多不满意之处，再去看已经写了六万字的《横流》手稿，更是感觉漏洞百出，势必非要重新改过不可。[①]这种种原因使李劼人不得不暂时搁下笔。谁知，这一搁笔，一部四十万字的长篇小说便"胎死腹中"了，连已经写好的六万字手稿也没了踪迹。这实在是现代文学史上的一件憾事！

《大波》上、中两卷均在七七事变之前出版了，而下卷出版时已经是1937年7月底，全面抗战已爆发。其中上、中两卷在初版后，至1940年，由中华书局先后再版三版，而下卷则在1940年再版。之后，中华书局这个三卷本《大波》（俗称老版本或旧版本）便没出版过。直到2011年辛亥革命百年之际，才被收进《李劼人全集》，由四川文艺出版社出版，再后来又有了单行本。

按李劼人最初的创作计划，旧版《大波》是要写四卷的，但由于全面抗战爆发，国内形势大变，又因嘉乐纸厂的事务耗费了许多时间，使原来的写作计

---

① 李劼人：《370622致舒新城》，《李劼人全集》第10卷，成都：四川文艺出版社，2011年9月第1版，第51页。

李劼人与夫人、子女、侄女1935年在桂花巷64号院留影，《大波》创作于此。

划不得不搁浅了。《大波》第四卷和构思好的《横流》一样，从此没了下文。好在中华书局版的这部《大波》，已经写到尹昌衡任都督并斩杀了赵尔丰，算是有了一个相对完整的结尾，因此并没有给阅读留下多少残缺的遗憾。

二、小说人物实与虚

1911年发生的四川保路运动，是中国近现代一次波澜壮阔的群众运动，它直接引发了武昌起义，进而推翻了清王朝，结束了数千年来的帝王专制统治，也由此开启了中国现代化的进程。《大波》便是对这一页历史最真实、生动的文学叙述。作品描写了保路运动的缘起、发生、高潮、结果等各个阶段的历史进程，而且生动地描写了这个历史转折时期，成都各阶层市民的生活状态和命运沉浮。

《大波》集中写的是辛亥年保路运动的史事，但事件涉及的时间要上溯到十多年前。早在光绪十四年（1888）中法战争后，中国西南门户洞开（才有《死水微澜》中郝达三家使用的那些洋货），法国人取得了在云南的通商与筑路权，英、美随后也分别提出了修筑成昆、成汉铁路的要求。光绪二十九年（1903），锡良任四川总督，主张川汉铁路自办，随后便在成都设立川汉铁路总公司，以官商合办的方式募集股份。官府以"租股"的办法强行发行股票，每年可达700万大洋，此外，还在商人中征收土药股、盐茶股。当时，四川全省5000万人，除了边穷地区之外，至少有2000万人成了铁路公司的直接股东，相当于每人日平均有一文钱交给了铁路公司。

　　光绪三十三年（1907），官股彻底退出，川汉铁路股本成为纯粹的民间资本。但是到了宣统三年（1911）五月，盛宣怀推行铁路干线国有化政策，由清廷与英、美、法、德四国银行团签订借款600万英镑的合同，用于修筑川汉铁路。而原先民间资本则一概不退。而这笔钱又被官员用于上海炒股，结果遭遇股灾，巨额亏空。清季四川报业先驱、《蜀报》总编辑邓孝可就认为，如果朝廷将四年来用去的款子和炒股亏空的资金一并用现金偿还民间，四川人还是能接受铁路国有的。[①]由于盛宣怀强力推行国策，顿时激起了四川人民的愤慨，1911年6月17日，由立宪党人主持的川汉铁路股东大会在成都宣布组织"保路同志会"，随即引导市民罢市、罢课；百姓还在街头搭起席棚，供奉"德宗景皇帝"神位，将光绪皇帝御批的"庶政公诸舆论，铁路准归商办"的谕旨作为争路口号。时任四川总督赵尔丰为瓦解罢市罢课风潮，用计诱捕了保路同志会蒲殿俊、罗纶、张澜等九名领导人，准备以谋反的罪名处置。市民得知领导人被捕，纷纷自发拥到督府衙门请愿。却不料遭遇赵尔丰卫队开枪镇压，当即射杀数十人，伤者无数。这是清末著名的"成都血案"，川人俗称"开红山"。

　　血案发生后，革命党人曹笃、朱国琛缒墙出城，在城南农事试验场书写了"赵尔丰先捕蒲罗后剿四川各地同志速起自保"的木牌，将其投放于锦江，名

---

① 张朋园：《立宪派与辛亥革命》，长春：吉林出版集团有限责任公司，2007年8月第1版，第160页。

曰"水电报"。各地同志会收到消息，迅速组织保路同志军围攻成都，并与清军在城外发生了激烈战斗；赵尔丰从雅州调来解围的巡防军周鸿勋部也在新津反正，与侯宝斋的同志军合流了。赵尔丰从省城调集新军围剿新津城，却久攻不下。由于和平保路已经演变成武装起义，清廷急忙调集两标驻鄂新军，由端方率领入川镇压。武昌因此兵力空虚，军中同盟会员趁机发动了武昌起义。四川各地也纷纷宣布脱离清廷，9月25日，吴玉章、王天杰率先在荣县宣布建立革命政权。之后，重庆、泸州等各地相继成立军政府。进入四川的端方，行进至资州时，也被军中革命党人斩杀。赵尔丰在内外交困的绝望之中，被迫交出政权，由蒲殿俊、朱庆澜等人组成"大汉四川军政府"，但赵尔丰并不甘失败，唆使爪牙在蒲殿俊等人东校场点兵时发生兵变，九里三分的成都城随即遭遇了一次大洗劫。情急之下，陆军小学堂总办尹昌衡飞马前往凤凰山，向新军六十五标标统周骏借到三百名士兵入城平叛。之后，重组了四川军政府，由尹昌衡出任都督，并将赵尔丰当众斩杀于皇城明远楼前。

李劼人在青年时期亲历了保路运动的全过程，他不仅熟知其中的历史事件，而且对这一运动的历史意义有透彻的理解和认识，因而在他笔下，叙事如数家珍，结构驾轻就熟，形成了作品的磅礴大气，也造就了"大波"三部曲一部比一部视野开阔、一部比一部人物众多的宏大格局。

不过，《大波》的叙事虽然宏大，但并没有将历史场面铺开去描写，而是从世俗生活入手，从官民对保路不同的态度和市民生活的变化来透视运动的发生、发展。为此，作者在小说中设置了一主二副三条线索。黄公馆是叙事中心，以其中活动的人物构成作品的主要线索。另一条以盐市口伞铺老板傅隆盛的活动作为副线。前者代表了普通官宦与知识阶层的视觉，后者则体现了市井百姓普通民众的态度。还有一条线索便是赵尔丰为首的制台衙门所联系的清朝廷势力。三条线索作为全书的主要构架，连接起了庙堂与江湖的各个层面。

这样的叙事结构，依然承袭了前两部作品"定点发散"的办法，只是更进一步强化了"多点辐射"的广度。《死水微澜》是以天回镇为中心，兴顺号杂货铺为原点，虽发散联结到郝公馆，但郝公馆不是重点，而是作为背景衬托；

《暴风雨前》的原点在暑袜街的郝公馆，发散联结到下莲池伍大嫂家，使其成为另一个副中心，使叙述视野从官绅扩展到普通市民；《大波》的中心点在西御街黄澜生公馆，但发散联结的点已不止一个，而是若干个，进而形成了一个中心和两个副中心，再由中心和副中心辐射至若干点面的格局。

《大波》故事从黄澜生公馆到傅隆盛伞铺，再到铁路公司、同志会、督府衙门、学校、兵营、袍哥会等，逐次延伸，每个联结点又将枝蔓的触须相互勾连，互为补充，由此编织出一张经纬明晰的网状结构，广泛联系至社会各个阶层、各个角落，进而多层次、多侧面、多角度地呈现保路运动的复杂性、尖锐性。使清末社会风云激荡和世道人生百态，都在其中展现开来。

《大波》场景是生活的，但汹涌澎湃的革命大潮却在背景银幕上放映。曹聚仁将《大波》与《战争与和平》相提并论，称其"和托尔斯泰的《战争与和平》一般，乃是时代的真实记录"[①]。的确，就叙事结构看，两部作品多有相似之处。托尔斯泰在反映19世纪初期俄国卫国战争历史时，便是通过保尔康斯基、罗斯托夫、别祖霍夫、康拉金四个贵族家庭生活，设计出了战争与和平两条叙事路线，展现了1805年至1820年间俄罗斯广阔的社会历史画卷。不过，曹聚仁的评价若放在李劼人20世纪50年代的重写本《大波》上可能更准确些。而旧版《大波》则在学习法国小说的基础上，更多吸取了祖国传统经典的精髓，如《三国演义》的宏大叙述，《水浒传》的人物结构，《金瓶梅》《红楼梦》的细腻，甚至一些香艳小说的描写方式等。

由于是描写历史大事件，因而《大波》不能像《死水微澜》那样随意放飞文学的翅膀，甚至也不能像《暴风雨前》那样虚构人物，《大波》在文学书写的同时，必须为历史人物提供广阔的活动空间。于是，作品中的人物设置也被分为两大类：一类是真实人物，从他们的姓名到重要活动均来源于历史；另一类是虚构人物，他们是作者观察、提炼现实生活后创造出来的文学形象。尽管

---

① 曹聚仁：《写实的与理想的——写实主义作家李劼人》，《中国文学概要·小说新语》，北京：生活·读书·新知三联书店，2007年8月第1版，第244页。

这些人物也有真实人物作为原型，如"土端公"，郭沫若认为就是写他们分设中学堂的监督都喇嘛，郝又三也另有其人，[①]还有一类是半真半虚的人物，如吴凤梧，就多取材于民国初年川军第三师师长孙兆鸾。但这些毕竟是经过了文学创造的形象。

《大波》中的虚实两类人物，又可分为若干组，历史人物有赵尔丰、赵老四、王人文、端方、周孝怀、田征葵、杨嘉绅、王棪、路广钟等各级清廷官员；有蒲殿俊、罗纶、张澜、邓孝可、颜楷、蒙裁成（蒙文通之父）、朱三等立宪派人士和铁路公司股东会、保路同志会的绅士；有龙鸣剑、王天杰、曹笃、朱国琛、董修武、夏之时、杨维等革命党人；有侯宝斋、周鸿勋、张捷三、秦载赓、罗梓舟、孙泽培等袍哥与同志军；有朱庆澜、尹昌衡、周骏等新军将领……虚构人物也有几组，有黄澜生、黄太太、葛寰中、郝达三、孙雅堂、陶刚主等官绅及其家庭成员；有郝又三、楚用、王文炳、彭家琪等青年师生；有吴凤梧、伍平等乱世豪杰；还有傅隆盛、陈筱面等基层民众……全书非虚构和虚构人物众多，成分复杂，正是他们的活动构成了辛亥革命时期四川的一幅全景图。

写历史人物，因为受真实史事的羁绊，不能虚构。所以李劼人说："我写《大波》，因为一半是真人，真人局限性很大，的确不大好写。"[②]基于此，作者在写这些历史人物时，遵循着"在齐太史简，在晋董狐笔"的传统，以竭力还原历史本真的美学原则，对历史人物不虚美，不隐恶，尽可能呈现他们的本来面目，还原历史的本色。但是，作为文学作品，写出人物的性格特征才是其要义，因此《大波》写真人物时，也尽量选择其生动的言行，揣摩其内心活动，来重现他们鲜活的性格本真。譬如赵尔丰，不仅通过吴凤梧口述他如何滥杀藏民，而且写他如何用计杀掉最喜欢的男宠小戴来鼓舞士气，使赵尔丰残

---

① 郭沫若：《中国左拉之待望》，《李劼人选集》第1卷，成都：四川人民出版社，1980年7月第1版，第11页。

② 李劼人：《〈大波〉第三部书后》，《李劼人选集》第2卷（下册），成都：四川人民出版社，1980年2月第1版，第1443页。

忍、狡诈的"屠户"本性暴露无遗，同时也写他在保路大潮中如何利令智昏、迷恋权位，最后落了个身首分离的下场。李劼人很善于从细节中看人物的性格：赵尔丰在被军政府士兵抓住并押往皇城砍头的途中，行至学道街，往地上一坐，赖着不走了，居然命令士兵："给我喊乘轿子来！……不然，就把我杀在这里罢！"结果被七八个士兵抓住手脚"软抬"着去了皇城坝。这个简单的细节，把一个封疆大吏平日说一不二的威严和失败后的无可奈何，都活生生地呈现出来。写尹昌衡也同样文字不多，这个陆军小学堂的总办，直到下卷中才正式出场，但是他一亮相就面临惊涛骇浪：东校场兵变，都督蒲殿俊和副都督朱庆澜都吓得越墙逃跑，只有尹昌衡镇定自若，抓住一匹马飞奔至凤凰山军营，向周骏借兵入城平息了兵变。诛杀赵尔丰以后，尹昌衡犹恐人民不知，叫人擎起一面"四川正都督"的大旗，用竹竿挑了赵尔丰的人头，自己骑在高头大马上游街，接受人民的欢呼和赞美，结果被人打了黑枪，差点丧命，脸都骇白了，赶紧飞跑逃回军政府。简短的文字中，一个军人的多面性特征是如此的形象生动！这里既有乱世英雄的横空出世，也有得志后的忘乎所以。

除了上述所列，其他历史人物也多有特点，蒲殿俊的政治幼稚，罗纶、蒙裁成的激昂，张澜的睿智，田征葵的凶残，周孝怀的狡猾，王棪的世故等等。李劼人写这些历史真人，有正面描写，也有侧面叙述，正面、侧面互为补充，从而使人物达到着墨不多却生动传神的效果。这正是深得中国传统文学精髓的滋养。太史公司马迁《史记》之后，中国历代的优秀作家们多秉承了这一优秀的传统。

《大波》人物中最鲜明生动的当然还是虚构的人物，这是作者充分发挥艺术创造的结果。这些人物有师爷孙雅堂，学生王文炳、彭家琪、楚用，有后补官员黄澜生，跑滩匠吴凤梧，伞铺掌柜傅隆盛，小吃摊贩陈莜面，盐市口的朱街正，甚者还有并未直接出场、仅仅凭人转述的尤铁民等，这些角色都有极其生动的个性，给读者留下了深刻印象。

吴凤梧是个很值得一说的人物。他是黄澜生的朋友，一个跑滩匠。早年毕业于武备学堂，曾在赵尔丰的川边巡防营任管带，因为手下人犯事，怕受牵连而逃回成都。刚出场的吴凤梧狼狈之极，身上穿的衣服已经烂得开衩，脚上的青缎鞋底都快磨没了，鞋帮上两个洞像长了两只眼睛，一副穷困潦倒的模样。吴凤梧在黄家认识了楚用，进而与王文炳相识，随即参加同志会的活动，又接受派遣到新津鼓动袍哥组织同志军。吴凤梧借此机会拉起一支自己的小队伍，便有本钱与革命党人尤铁民搭上线，一度幻想成都城混乱时，与尤铁民打进城来："拼赢了哩，我们就是正副都督，你们一个是藩台，一个是学台；拼不赢哩，打他妈个启发，各自跑滩。"结果，成都独立后，尤铁民没了踪迹，吴凤梧则把早先的旧军装穿上，找人借了一把指挥刀挎上，大摇大摆来到军政府投靠军政部长尹昌衡，谎称自己在城外有几营人马。果然在赵尔丰的巡防军叛乱被平息后，急需用人的尹昌衡给了吴凤梧一个标统的编制。吴凤梧在黄澜生的资助下，联络散兵游勇和袍哥，正式组建了部队。军官们均按袍哥的名号排座次，部队赫然采用袍哥的公口名称叫"凤鸣公"。一个极善于投机，满脑子成王败寇的市井无赖在吴凤梧身上得到了集中的体现。

民国初年的四川军队将领，多是吴凤梧这样的袍哥出身，这正是民国四川乱象的根源；也正由于有诸多吴凤梧这样的乱世豪杰，才导致后来四川长时间的军阀混战。吴凤梧这个油滑、狡黠，善于迎逢谄媚、精通钻营攀爬的人，举手投足之间都带着狡诈。他最初认为革命党是犯上作乱，同志会闹得无法无天。所以他在同志会签名时，他不留真名而化名孙凤，为的是事情生变时好逃脱。他之所以答应去新津联络袍哥，也是为生计所逼，黄澜生一针见血地告诉王文炳："这个人是有饭胆没酒胆的，他之答应帮忙，是穷得没蛇耍了，才逼迫到这一步。"吴凤梧谄媚人时，其滑稽媚态王文炳最初感觉很肉麻。他刚到黄公馆，连看门大爷请他坐也不敢坐，只是恭恭敬敬站着答话，见到黄家小孩子更是一番恭维。且看他初次见到中学生楚用时的对答："兄弟贱姓吴，草字凤梧……凤凰的凤，梧桐的梧……老哥姓楚，尊章是哪两个字？……雅致得很！……那就好极了；现在看来，还是老哥们能够读文学堂的高雅些。如今世道只管文武平等了，不像以前，文官开个嘴，武官跑断腿，其实文的还是要高一头。"这是他倒霉的时候的话，到他当了标统，对黄澜生说话却换了另一番口吻："我们武的到底行得多！"吴凤梧的媚态，很有点喜剧的效果。当黄澜生提出借他二十元钱时，他的反应是："冲着黄澜生便一揖到地，又顺便请了个安，站起来又把右手举到耳朵边，行了个军礼……"这一连串的动作描写中，可以看出作者对这个人物的讽刺和揶揄。

这种小丑式的人物也很有"投资"眼光，他劝黄澜生先垫付银子招兵："只要五百两银子，就可招到一千人，若得早点成立，点名发饷，本钱立刻拿回，以后军需就掌管全标官兵薪饷，只要稍稍打个扣头，澜生，你算算看，是多大的利息！"民国四川军阀盘剥人民，从吴凤梧这里已经看到了源头。吴凤梧是《大波》中塑造相当成功的乱世豪杰。

吴凤梧这个人物是有现实原型的。李劼人曾说："吴凤梧这个人，许多熟悉成都故事的朋友，都晓得他身上包含有孙兆鸾的成分。"①孙兆鸾是民国初期川军第三师师长，他的队伍就是由同志军的袍哥改编而来，但孙兆鸾本人后来被袁世凯剥夺了兵权而退出了军界。孙兆鸾是有名的"白字将军"，有关他的笑话，被许多人写进文章，收入书中，至今在坊间流传。此人明明不通文墨，却偏偏装得文绉绉。如给人祝寿时说："你真是人面寿心"；劝老人保重则云："你老人家要饱暖思淫欲"；告诫部下，军人应马革裹尸，则成为"马革里尸"，原来繁体字"裹"与"裏"他分不清。

李劼人笔下的吴凤梧当然不是照搬孙兆鸾，而是综合了许多乱世豪杰形象塑造出来的文学形象，但是从吴凤梧的举止言行中又的确能看出孙兆鸾的影子。这便是文学艺术的魅力。

下层民众中一个十分鲜活的形象是傅隆盛。这个盐市口伞铺的小老板淳朴厚道，深明大义，古道热肠，对保路运动积极热诚，对蒲、罗等领导人充满敬意，他不仅积极参加同志会的各种集会，宣传保路主张，带头罢市，而且当蒲、罗被捕后，他又到制台衙门请愿，差点丢掉性命。他也有一些小智慧，带

---

① 李劼人：《〈大波〉第三部书后》，《李劼人选集》第2卷（下册），成都：四川人民出版社，1980年2月第1版，第1443页。

领街坊在街口建德宗皇帝神位，迫使过路官员不得不下轿步行；当罢市影响到居民生活时，又是他出面解决难题。

但傅隆盛也有一般小市民的狭隘，独立后看有人剪辫子，穿洋装，他就很生气，他认为应当把头发梳成髻子挽到头顶，并恢复汉装，那才叫真正光复大汉，若改穿洋装，还不如就等清朝坐天下。保路运动并没有给傅隆盛带来丝毫好处，他们盼来的不仅是大大的失望，而且还遭遇乱兵打启发的惊慌恐惧。但正是傅隆盛这样的广大民众，才促进了保路运动的最终胜利，也成就了尹昌衡、吴凤梧、黄澜生这些形形色色的既得利益者。傅隆盛是《大波》中塑造最鲜活的普通民众形象。

三、掌握乾坤的女人

《大波》所有人物形象中最具特色的是黄澜生太太，她也是李劼人笔下女性形象系列中独特的一个。黄太太的性格特征，作品中借她的小情人楚用之口作了概括：胆大、武辣、厉害。

黄太太这种性格的养成，与她的生活经历与环境密不可分。黄太太名龙兰君，与蔡大嫂为村姑、伍大嫂为贫民的身份不同，龙兰君是城里大户人家的二小姐，受过私塾教育，生活养尊处优。这龙姓人家保存着祖辈逃离"长毛"来四川时的风气，男女界限没有本地土著那么严格，所以龙二小姐自小就与男孩子一起读书。但她性格天生叛逆，似乎还秉承了一点外家东晋风流的遗传，从来不遵守礼法。十二岁便懂事，十五六岁时已经读过淫秽春宫的书，对男女之事早早形成了自己独到的见解。她很气愤书上把男的写得像天神，个个女子都要来爱他，却不见一个女的来耍男子；更可恨的是，男子随便耍好多女的，三妻四妾，通房丫头不说了，还在外面随便嫖，大家还凑合他风流才子，会做诗的，还要古古怪怪做起诗来给人看，叫做啥子情诗艳体；女的一偷男子，就叫不贞节，就叫淫妇。为啥子大家都是人，男的一辈子就要耍上多少女的，女的若耍两个男子，就该犯罪该挨骂。正是基于这样不服气的见解，她偏偏不肯做一个男子的贞节妇人："只要男子们真正来爱我，我总双手接着……我爱的男子不止一个，对我好的，我都爱，却不能叫我专爱哪一个。"自她十七岁懂得爱欲以来，已经有一堆男子拜倒在她的石榴裙下，除了丈夫黄澜生外，大姐夫孙雅堂、二表哥陶刚主、三妹夫徐独清等都成了她的情夫，如今又把一个晚辈楚用勾引得神魂颠倒。这放荡得已近乎淫乱的行为，在她看来却仅仅是在追求自己的享乐。她把情人们当成年纪不同的陈酒，"斟酌分量兑起来，再加若干新酒，这比光吃一种陈酒，或光吃一种新酒，岂但味儿不同，香儿不同，就是颜色，也看了就叫人爱"。这种强烈追求男女平等甚至女权至上的情欲观，不仅在当时是惊世骇俗的离经叛道，即使在百多年后的今天也堪称十分前卫。

黄太太不仅在情欲上追求平等，而且还强势到把情人捏在手上，要他们必须将就她，服从她。她简直就是他们的女皇。"她觉得凡是与她接近的男性，都应该爱她，都应该颠倒，供她顽（玩）弄，不许背叛她，不许分心向第二个女人，不许批评她一个字的不然。"她把楚用勾引到手后，很得意地警告他说："你是我的人了！……第一，要听我说，叫你咋个就得咋个！……第二，嘴要紧，不准漏半点风声，行为要稳，不准露半点形迹！若不听从我的话，我有本事叫你不得好死！……"口吻之严厉，不容质疑，命令中带着威胁。

除了情欲上胆大、武辣，追求个人享乐之外，黄太太的厉害还表现在能够于乱局中临危不惧，沉着应对，并且能够不失时机把握方向。所以，曹聚仁说她是一个真正能够掌握乾坤的角色。当吴凤梧来通报尤铁民运动的陆军被缴械，负责后勤供应的黄澜生有可能遭牵连的消息后，黄澜生脸都吓白了，又搓手又踢脚地埋怨吴凤梧道："你把我害了……咋个办呢，太太？"此时的师爷孙雅堂，好汉吴凤梧，学生楚用都没了办法，只有黄太太镇定自若道：

不如在妈那里住几天，最近。要送信也方便，幺妹会当心你的饮食，我也少劳多少神。底下人我会嘱咐他们，随便啥子人来找你，我全说到郫县收租去了。如其衙门上的差人来，我会应付他们，挤着几百两银子，光脚板鬼还可买得爬皂角树哩！只是，孙大哥，这事的干系不同了，你是全般知道的，如其你泄漏了一点风声，我是要跟你拼命的，平日的啥子交情，我一概不管！子材在我身边，我倒不必耽心你，就把你抓去拷打，谅你也不敢说！……就这们吧！

这段话有主张，有胆气，斩钉截铁，实在是羞煞了满屋的男人们！

到后来事情逆转后，吴凤梧任了标统，再次请黄澜生出任军需官，但要求先垫支五百两银子作军费。黄澜生迟疑不决，依旧是黄太太拿主意："吴老叔，这样好了，我替他答应下来，你只管把札子拿来就是了。倒是孙雅堂的事情，你咋个说？"黄太太审时度势，一席话便为丈夫和情夫在未来的军队中谋到了官位。黄澜生对太太的举动大惑不解，问她有什么把握代他答应这事。黄太太则说："充其量，四五千块钱罢了！也就把老二（指吴凤梧）扶持起来。老二感恩知己，以后这个标统，还不就是你当了！"黄澜生听这么一说，对太太也佩服得五体投地："哈哈！你真厉害！我看这标统还是你当了罢。就今天这一下，你已把他放在手掌心内了。"

曹聚仁对此拍案称道说："她，和邓幺姑不同，是一个能够扭转乾坤的人……实际上，她才是真正的标统。在革命狂潮中，那些畏首畏尾的男人，连尤铁民、王文炳、楚子材在内，都是不中用的，只有这位有决断的黄太太，才真正把握了'革命'。"[①]这一评价非常准确！

黄澜生太太这个文学形象，几十年来，引起了研究者的不少关注，人们从不同的视角对她进行了分析。归纳起来，不外两方面的结论：一是李劼人因受西方文学和新文化运动影响而刻意创造出来的叛逆女性形象；二是这个人物本身是一个资产阶级的新女性，称她具有强烈反封建意义，是五四时期新女性觉醒的先驱云云。前者固然有道理，而后者却显得尤为奇葩，甚至可以说，这种以阶级论来给小说人物贴标签，实在很是荒谬。龙二小姐虽读过书，却并未受过现代教育，倒是淫书春宫读了不少，她出生的大家庭，也不过是地主豪门；所嫁的黄澜生，仍然是一个靠收地租吃饭的官僚地主。与《暴风雨前》中进过

---

① 曹聚仁：《写实的与理想的——写实主义作家李劼人》，《中国文学概要·小说新语》，北京：生活·读书·新知三联书店，2007年8月第1版，第246页。

学堂的郝香芸不同，黄太太无论从大背景还是小环境，都与资本主义这个词毫无关系，她怎么可能凭空就成了资产阶级女性？说黄太太是五四时期觉醒的新女性先驱似乎也有问题。黄太太的确追求男女平等，甚至女权至上，这的确有社会风气的影响，但是她所争取的仅仅是女性权益的自发需求，并非五四时代在"人的解放"旗帜下的自觉行为。黄太太要达到的仅仅是个人至上、个人享乐的目标，唯有如此，她才不会顾及基本伦理，近乎疯狂地将姐夫、妹夫、表哥直至表侄儿一网打尽据为己有；至于她对男人的掌控，对于时局的把握，那的确可以看出她的气魄与胆识，但这也只是她的环境所形成的个体性格使然，与新时代没多大关系，更与阶级沾不到边。龙二小姐（黄太太）和邓幺姑（蔡大嫂）的叛逆，是同一性质，但黄太太走得更远，"她追求的个性解放，不过是对封建夫权思想在同一水平线上的反动，是对男子玩弄女性的恶意报复"①。其实黄太太这样的女性在中国历史上比比皆是，她那些惊世骇俗的言语与行动，别说在古典小说中早已有之，即使在史书中也不乏其例。《宋书》中就有山阴公主刘楚玉的一段记载："山阴公主淫恣过度，谓帝曰：'妾与陛下，虽男女有殊，俱托体先帝。陛下六宫万数，而妾唯驸马一人。事不均平，一何至此。'帝乃为主置面首左右三十人……主以吏部郎褚渊貌美，就帝请以自侍，帝许之。渊侍主十日，备见逼迫，誓死不回，遂得免。"②读这段文字，再回头看《大波》，黄太太的言语竟与刘楚玉所说如出一辙！唯一不同在刘楚玉乃皇帝的姐姐，更是肆无忌惮、明目张胆。

所以李劼人塑造黄太太这个形象，并没有如评论家想象的那么复杂。作家的主旨很简单，那就是写出一个活生生的独特的中国女人，一个充满个性、不可复制的女性！

其实，李劼人对于自己笔下的这个黄太太形象，是有看法和评价的。他不

---

① 李左人：《〈大波〉里一朵惊世骇俗的浪花——论叛逆女性形象黄太太》，《李劼人小说的史诗追求》。成都：成都出版社，1992年12月第1版，第183页。
② ［南朝］沈约：《宋书·卷七·本纪第七·前废帝》，北京：国家图书馆出版社，2014年9月第1版，第85页。

仅借楚用之口给黄太太下了"胆大、武辣、厉害"的定论，还通过给黄太太的小情人取名"楚用"来表达自己的倾向。

楚用，字子材，是《大波》中一个重要角色。他既是黄太太的情人，也在作品叙事结构中处于联系左右的关键地位。此人的性格特征，李劼人在叙述中直接作了交代："胆小，怕事，不得罪人；讨好，取巧，会使小聪明，但是于自己有损的，却不来。"他的全部言行都体现了这个特征。他是中学生，本在同志会当文牍，因陷入与表婶的不伦之恋中而不干了；他当过学生代表，也上台演讲，好像是个热血青年，但一听到"开红山"的消息，便吓得立即逃回新津，从此没了下落。难怪后来吴凤梧要给他封官时，黄太太要坚决反对。

那么，这个"楚子材"这个名字有何来历呢？

先说一个题外话。好几年前，在一次几个作家聚会时，著名诗人流沙河先生忽然问笔者："你知道李劼老为什么要取'楚用'这个名字吗？"我一下子被问住了，赶紧请求指教。沙河先生说："楚用这个名字呀，我觉得是借用了'楚才晋用'这个成语。李劼老是想通过这个人物的名字来表达他对黄澜生太太的看法。"哦！我当即表示愿闻其详，但沙河先生笑而未答。之后，我一直想再请教，但总没找到机会。如今沙河先生已经作古，当年的话题也就成了谜题。

楚才晋用，这个成语出自于《左传·襄公二十六》："晋卿不如楚，其大夫则贤，皆卿材也。如杞梓、皮革，自楚往也，虽楚有材，晋实用之。"是说楚国的人才跑到晋国去了，后人以此比喻人才外流。

那么，这个成语与黄澜生太太有何关系呢？我许久都没想明白，直到2020年2月闭关在家中，一天翻阅《史记·陈杞世家》，读到有关陈灵公君臣与夏姬通奸的故事，忽然觉得找到了"楚用"的答案。

夏姬是春秋时期一个有名的女人，被史家称为"杀三夫一君一子，亡一国两卿"的艳妇。除了《史记》之外，《左传》《列女传》等典籍都有多处关于她的记载。《诗经·株林》所记载的陈灵公与她私通的事："胡为乎株林？从夏南！匪适株林，从夏南！驾我乘马，说于株野。乘我乘驹，朝食于株！"翻译成现代汉语便是："灵公为何去株林？追随夏南去游玩。原来灵公到株林，不是真去寻夏南。驾起我的四匹马，到达株林郊野就歇息。驾起我的四匹驹，株林郊野找夏姬。"诗歌很隐晦地讽刺了陈灵公君臣与夏姬淫乱的事。

还是从古籍中概括一下夏姬的故事：她原是郑国国君之女，天生妖艳，未出嫁时便与其庶兄公子蛮私通。后来嫁给陈国大夫妫御，即夏御叔为妻，所以称为夏姬，生有一子名夏征舒。夏御叔死后，夏姬不甘心守寡，先后与大夫孔宁、仪行父、国君陈灵公通奸，后发展至君臣中竟公开在朝堂上穿着夏姬的内衣炫耀。对此，夏征舒极为愤怒，趁陈灵公君臣又来与母亲寻欢作乐，采取关门打狗的办法，将陈灵公射杀，孔宁、仪行父却侥幸越墙而逃。二人逃到楚国，称夏征舒弑君。楚庄王立即发兵攻打陈国，处死夏征舒，却将其母夏姬带回楚国。楚庄王一见夏姬貌美，动了淫思欲纳为妃，大夫申公巫臣劝谏道，夏姬乃不祥之人，陈国就因为她而遭灭国。楚庄王于是放弃了这一想法，将夏姬赏赐给死了夫人的贵族连尹襄老。谁知，这连尹襄老艳福太浅，刚娶了夏姬进门不久，便在公元前597年晋楚两国邲之战中阵亡了。连尹襄老的儿子黑要等不及迎回父亲遗骸，便将庶母夏姬占为己有。而早已垂涎夏姬美色的巫臣也发誓要娶夏姬，并设计让夏姬以迎丧之名向楚王请求回郑国娘家。而巫臣则借出使齐国的机会，取道郑国，将带给齐国的国礼作为聘礼，带着夏姬投奔晋国去了。巫臣是楚国的能臣，在各国都很有名。巫臣这样的人才投奔晋国，自然令晋景公喜出望外，当即便封巫臣为邢大夫。而在楚国，也早已垂涎夏姬美色的楚庄公的两个弟弟子反、子重，听说巫臣携夏姬叛逃，立刻将在楚国的巫臣和黑要家族灭族。巫臣听闻后，致信子反："必令子罢（疲）于奔命。"果然，巫臣献计于晋，联络吴国两面夹击楚国，巫臣还亲自跑到吴国去教授吴人驾驶战车。吴国就此崛起成为春秋中期之后强大的诸侯国，而八百年的楚国却从鼎盛开始走向衰落。这就是楚才晋用的结局！

夏姬的故事还没完。夏姬与巫臣生下一女，此女继承了母亲的美艳，长大后与晋国大夫叔向生下一子，取名羊食我（又称杨食我），即史书中有名的羊舌氏。羊舌氏长大后与祈氏联手作乱，结果招致晋国的羊舌氏和祈氏均被灭族，其封地被晋国大夫们瓜分，这些大夫的势力遂由此壮大，并最终导致了韩、赵、魏三家分晋，从而结束了历史上百家争鸣的春秋时代。

饱读诗书的李劼人，对于春秋时期的这段史事一定是烂熟于心的，而对夏姬这个与古希腊美女海伦几乎同时代的东方女人，他也肯定有自己的评价。巫臣这样的人才，就因为迷恋夏姬而叛逃至晋国，进而导致了楚国衰落。李劼人当然不会赞同女人是祸水的陈腐观念，但美丽女人的过分放纵会在一定程度影响历史，则是肯定的。他在设计黄澜生太太这个人物时，或许正是想到了这一点，于是借"楚才晋用"的成语，将黄太太的情人命名为楚用，以此表达他对黄太太的隐晦评价。

不知李劼人当年的创作心理是否这样，也不知流沙河先生要说的是不是如此。不过，"艺术家不是被人聆听，而是被人偷听的。诗人不是不知道他要说什么，而是他不能说他所知道的。"[①]根据英国哲学家约斯·米尔的这一观点，对于上述合乎逻辑的揣度，是应该被允许的，抑或还可能为研究者评价黄太太这个文学形象提供另一种新思路呢！

四、前线将领的惊喜

《大波》1937年初版时，就引起了阅读的惊喜，甚至前线将领也手不释卷。

人们对这部首次描写中国现代历史转折时期的鸿篇巨制，抱着极大的期待和热情。《大波》下卷出版时，正值抗战初期，"八一三"淞沪会战已经打响，上海闸北一带战斗正酣。但李劼人的小说仍然吸引着前线的军人，这不能不说是个奇迹。据曹聚仁记载："有一天，那时我已经随军到闸北，住在四行

---

① 转引自［加］诺思洛普·弗莱：《批评的剖析》，天津：百花文艺出版社，1998年11月第1版，第4页。

仓库。一位指挥那一线的高级将领S军长，他郑重地对我说：'《大波》下卷已出版，你替我到中华书局把它买来！'看他那神情，仿佛是军事上的大事件。那晚，我把《大波》带到了军部。我想S军长那晚一直在看这部小说，没有睡觉。我呢，也就把上中下三卷一齐吞下来，接上去，再看《死水微澜》和《暴风雨前》，觉得不错。我介绍给我妻子和四弟，也和朋友们谈到这几本小说，他们看了，也对我的看法有同感。"①曹聚仁所说的这位S军长，他在《书林又话》中明确说是孙元良将军。孙元良在淞沪会战时任国军72军中将军长兼88师师长，守卫四行仓库的著名"八百壮士"就出自其麾下的524团1营。孙元良是四川华阳（今成都）人，生于1904年，是亲历过四川保路运动的孙震将军的侄儿。保路运动发生时，孙元良已经七岁，对这一历史大事件是耳濡目染过的，如今读到李劼人用四川方言写的家乡故事，自然感到十分亲切。此时淞沪的战况已异常紧张，作为前线指挥官居然像对待军事大事一样，在战斗的间歇，还手不释卷来阅读一部长篇小说，足见这部小说本身的魅力。

如果说《大波》吸引孙元良是因为作品有亲切的故乡情结，那么对于浙江出生的新闻记者曹聚仁来说，则可以说纯粹是文学艺术的引力在起作用，阅读竟使他"有一晚，几乎忘了我的战时电讯"。曹聚仁读李劼人的小说由此而一发不可收拾，从《大波》进入李劼人的小说世界，之后又读了《死水微澜》《暴风雨前》，愈发感觉不错，于是竟成了李劼人作品的"义务推销员"，先后推荐给家人、朋友。再后来，曹聚仁又深入研究并多次写文章向读者介绍李劼人作品，并对于李劼人及其作品给予了足够高的评价："现代中国小说家中，李劼人的几种长篇小说，其成就还在茅盾、巴金之上。"②在曹聚仁看来，李劼人不仅是现代中国第一流的作家，"我认为当代还没有比他更成功的作家"，而且是能够与西方文学史上的屠格涅夫、左拉相提并论的作家，因而他

① 曹聚仁：《写实的与理想的——写实主义作家李劼人》，《中国文学概要：小说新语》，北京：生活·读书·新知三联书店，2007年8月第1版，第240页。
② 曹聚仁：《现实主义小说》（下），《文坛五十年》，上海：东方出版社，1997年6月第1版，第251页。

中华书局《大波》初版封面

称李劼人是"东方的左拉"。①

　　称李劼人为中国的左拉，并非曹聚仁所发明，首创者是郭沫若。他读到李劼人长篇小说的时间比曹聚仁略早，是在七七事变之前，郭沫若刚刚从日本流亡后归国。有意思的是，郭沫若和曹聚仁一样，竟然也是首先从《大波》进入李劼人的长篇小说世界的。1937年6月7日，郭沫若欣喜地写成了《中国左拉之待望》一文。此时郭沫若还只读到散发着油墨味的《大波》上卷，中、下两卷尚未出版。他是5月9日从友人刘弱水那里得到的李劼人的三部小说，即《死水微澜》《暴风雨前》和《大波》上卷。当晚便读《大波》，次日继续坐在紫薇花树下阅读，认为表现手法虽然旧式，但感觉亲切有味，尤其是作品中方言的运用。

　　郭沫若用两天时间读完《大波》上卷，又用两天时间读了《暴风雨前》，期间犯了牙痛病，进食颇不如意，却不愿放下手中的书，感觉"李君确有大家

---

① 曹聚仁：《写实的与理想的——写实主义作家李劼人》，《中国文学概要·小说新语》，北京：生活·读书·新知三联书店，2007年8月第1版，第241、251页。

风度，文笔自由自在，时代及环境的刻画均逼真"。最后又是整日读《死水微澜》，阅读至此，郭沫若对李劼人的小说叙事已经"至可佩服"了。几部长篇小说使得郭沫若整整陶醉了四五天，这是郭沫若日记所记载的真实的阅读体验。郭沫若与李劼人是中学同学，尽管早就知道李劼人阅读过古今中外不少文学作品，善于讲故事。但是当他读了老同学的这几部小说后，仍然感到很惊喜，很亲切，抑制不住心中的喜悦。于是在读到作品一个月后，情不自禁地写下了洋洋洒洒数千言的评论《中国左拉之待望》。郭沫若是李劼人长篇小说的最早评论者。在这篇影响深远的评论中，郭沫若写道：

> 他那一支令人羡慕的笔，自由自在地，写去写来，写来写去，时而浑厚，时而细腻，时而浩浩荡荡，时而曲曲折折，写人恰如其人，写景恰如其景，不矜持，不炫异，不惜力，不偷巧，以正确的事实为骨干，凭藉着各种各样的典型人物，把过去了的时代，活鲜鲜地形象化了出来。真真是可以令人羡慕的笔！[①]

郭沫若不仅称颂李劼人文笔好，而且赞扬作者"有大家风度，文笔自由自在，时代及环境的刻画均逼真"，还说作者是"一位健全的写实主义者"，"劼人的小说为'小说的近代史'，至少是'小说的《华阳国志》'。前些年辰，上海有些朋友在悼叹'中国为什么没有伟大的作品'，我觉得这个问题可以消解了，似乎可以说，伟大的作品，中国已经有了的"。

郭沫若的评价应该说是具有一定权威性的。因为李劼人小说中写到的事件，写到的地方，以及所塑造的人物，都是他所熟悉的。亲历者对作品的解读会更准确而公允。

以上谈及的《大波》，属于中华书局版的《大波》，与20世纪50年代重写

---

① 郭沫若：《中国左拉之待望》，《李劼人选集》第1卷，成都：四川人民出版社，1980年7月第1版，第5页。

本《大波》是完全不相同的两个文本。其根本区别就在于旧《大波》重在写世俗生活，社会变革只是背景，而新《大波》则正相反，社会革命是主流，世俗生活退居到了幕后。因此前者是文学文本，是"小说的近代史"；后者却更倾向于历史文本，或者说是"近代史的小说"。

五、小说的地方记忆

"大河三部曲"是清末民初四川社会的经典文学记忆。

从《死水微澜》到《暴风雨前》，再到《大波》，李劼人描写了古老的中国由帝制时代向现代转型时期的社会生活图景，实在堪称中国现代文学史上的伟大史诗。在修改《死水微澜》后所写的前记中，李劼人曾经明确说，要把自己生活过的、具有重大历史意义的事件用连续性的长篇小说表现出来。也就是说，从一开始，他就有意识地要建构自己的"大河小说"体系。

"大河小说"又称"长河小说"，是法国文学的概念，指具有连续性的多卷本历史文学作品，最典型的便是左拉的《卢贡·马卡尔家族》。李劼人"大河小说"虽然没有完成他预想的如左拉"卢贡系列"那样的规模，却在中国现代文学中具有独特的意义。三部小说各自独立，合则成系统，全部作品呈现出一个渐进式发展的趋势，一部比一部结构复杂，气势宏大，人物形象也渐次增多；叙事情节则从以文学虚构为主，真实历史为辅，使文学虚构与历史真实最终达到完美的融合。加拿大著名文学理论家诺思洛普·弗莱在《批评的剖析》一书中，把文学作品分为两类，即：虚构型和主题型。前者以叙述人物和故事为主，后者则以作者向读者传达某种寓意为主。[①]如果我们把"大河三部曲"的历史部分视为作者要传达给读者的某种寓意，那么可以说，李劼人是把两种类型即虚构型和主题型的文学作品成功地捏合在了一起。这是李劼人"大河小说"不同于其他现代作家的最显著特征。美国汉学

---

① ［加］诺思洛普·弗莱：《批评的剖析》第一篇"历史批评：模式理论"，天津：百花文艺出版社，1998年11月第1版。

家司昆仑教授曾经对李劼人历史小说的意义有个结论："邓幺姑是个虚构的人物。即使她存在过，一个历史学家亦不可能在九十年后再现她的生活，甚至对于端方和赵尔丰之间的争斗，凭借历史文献这些原始资料亦很难加以确定。但李劼人的小说却很有说服力地阐明，假如我们不了解人与人之间的关系，以及人们对社会变迁作出反应，我们将永远无法理解帝国主义是如何影响中国的，以及革命是如何在四川发生的。"①可见，李劼人的"大河小说"是具有文学和史学双重意义的。

出色的女性形象塑造也是李劼人"大河三部曲"的一个显著特征。每一部作品都有一个重要的女性角色，邓幺姑—蔡大嫂，王女—伍大嫂，龙兰君—黄澜生太太，她们从少女变为少妇，再到中年妇女，每个人的生活轨迹，都代表了那个时代中国女性不同的生存境遇，读者完全可以从这几个分别为村妇、城市贫民、官绅太太的命运演变中看到一个大时代的社会风貌。

有关作品中的情欲描写，尤其是关于黄太太，以前曾经引起过争议，一些学者认为作者照搬了自然主义的手法。的确，李劼人笔下的女性有西方文学中女性角色性开放的一面，但更不乏的是中国文学传统。李劼人曾致信舒新城所需购买的书可见一斑："上海容易物色未经删节之淫小说（无论版本石印皆好），如《绿野仙踪》《金瓶梅》《品花宝鉴》《痴婆子》《拍案惊奇》《欢喜冤家》及其他新著能无请兄随时代为留心。寄购费若干定兑上。何以必看此等书？此中有至理，缓当详论。"②显然，这些书中的人物的情欲描写，为李劼人写作提供了重要借鉴。李劼人笔下的这些女性形象，可以说是中西合璧的产物。

"大河三部曲"的地方特色一直是被评论者津津乐道的话题。乡土的路径是通向世界文学的路径，因为只有民族性的才是世界性的。

---

① ［美］司昆仑：《李劼人小说艺术的历史观》，1991年6月21日《成都晚报》"纪念李劼人诞辰100周年专版"。
② 李劼人：《350512致舒新城》，《李劼人全集》第10卷，成都：四川文艺出版社，2011年9月第1版，第38页。

李劼人是一位始终坚持地方写作的作家，强烈的地域文化色彩是李劼人不同于四川其他作家的突出而独特之处。李璜曾说，李劼人作品刻画人物至为细腻，呼之欲出，于写实中每带机锋，还加之幽默；又说日本读者却更看重作品采用的成都人的口语方言，"有如老舍《骆驼祥子》之用北京西城俗语，故欲研究成都一般社会之方言，大波之前两册，以及后三册共五本书，可作为成都白话之范本"①。"大河小说"的地方特色首先是生动活泼的方言俗语的运用。在作者笔下，无论是情节叙事还是人物对话，都透露出浓郁的方言韵味。不过，李劼人绝不是仅仅为了表现地方色彩而滥用方言俗语，李劼人的方言叙事有几条标准：一是文化含量的，二是生动形象的，三是当时人们惯用的，四是有独特表现力的。经过艺术筛选过滤的方言俗语，在作品中通俗而不低俗；既幽默又风趣，又富有地方特点。《死水微澜》中罗歪嘴的言行，活生生地凸显了袍哥特点；《大波》中吴凤梧从川边逃回成都后到黄澜生家的那段描写与对话，跑滩匠的滑稽本色尽显其中。再看《暴风雨前》中田伯行劝郝又三投考高等学堂：

　　　　我告诉你一个秘密，包你名列前茅。不管啥子问题，你只顾说些大话，搬用些新名词，总之，要做得蓬勃，打着《新民丛报》的调子，开头给他一个：登喜马拉雅最高之顶，蒿目而东望曰：呜呼！噫嘻！悲哉！中间再来几句复笔，比如说：不幸而生于东亚！不幸而生于东亚之中国……再随便引几句英儒某某有言曰，哪怕你就不通，就狗屁胡说，也够把看卷子的先生们麻着了！

　　　　我再告诉你秘诀啦！老弟……引外国人说话，是再容易没有了。日本人呢？给他一个啥子太郎，啥子二郎；俄罗斯人呢？给他一个啥子拉夫，啥子斯基，总之，外国儒者，全在你肚皮里，要捏造好多就捏造好多。啥子名言伟论，了不得的大道理，乃至狗屁不通的孩子话，婆娘话，全由你

---

① 李璜：《忆在巴黎常聚之几位同学少年》，台北：《中国时报》，1978年4月11日。

的喜欢，要咋个写，就咋个写，或者一时想不起，就把《四书》《五经》的话搬来，改头换面，颠之倒之，似乎有点通，也就行了。总之，是外国儒者说的，就麻得住人。

这段"考试经"中的"啥子""麻"等字词，都是四川人日常用语，经田伯行这一说，立刻就使这个头脑灵活、有几分小聪明的形象鲜活起来。这类的四川方言俗语在作品中几乎随处可见，而对于不易被外地人理解的则有注解说明，完全不会造成阅读障碍，且不妨信手拈来一些词句：谙（猜）、狗（悭吝）、涨水（犯事）、抻抖（风姿出众）、对识（介绍）、乘火（负责）、默到（猜想）、圆范（周密、周到）、将才（刚才）、造孽（可怜）、麻人（骗人）、凑合（抬举、捧场）、安逸（舒服）、苏气（漂亮）、涮谈子（开玩笑）、地皮风（谣言）、精叫唤（高声大叫）、卡七寸（捏人短处）、打锤角逆（打架斗殴）、猴子幺年（遥遥无期）、眼浅皮薄（见识短浅）、收刀捡卦（收拾东西）、倒瓜不精（傻里傻气）、扮姑姑筵儿（小孩以食物扮主客）、黄连树下弹琴（苦中作乐），等等。这些四川土语，包括个别袍哥用语，都是四川人的常用语，至今还挂在人们口头上。

其次是风土人情的描写。这又有两方面：一是人文风情，包括民风民俗，地方生活习性，如人们的衣食住行、红白喜事、年节庆典、餐饮娱乐、生产经营、地方物产等。天回镇赶场的热闹情景，青羊宫人们摸铜羊的习惯，清音戏园的演出，都是地方所特有的风俗。最典型的是写四川人的吃茶，不仅有茶叶产地、水源获取，而且还有各种不同的茶铺，乡村的，城市的，高档的，低端的，什么身份的人进什么样的茶铺，他们在茶铺中怎样活动等，都有详尽的描写，不啻一幅四川特有的民俗图画。二是景观风貌。对成都周边农村景色的描写，春夏秋冬四季变化，无不散发着川西平原泥土的芬芳。写城市景观，如："青羊宫在成都西南隅城墙之外，是清朝康熙年间重新建筑，又培修过几次。据说是道士的原始庙子，虽然赶不上北门外昭觉寺，北门内文殊院，两个和尚的丛林建筑的富丽堂皇，但营造结构毕竟大方，犹然看得出中古建筑的遗规……"赓即，李劼人对青羊宫道观的营造结构、殿堂布局、建筑神韵、铜羊出处等均不吝惜文字。再看武侯祠，依然是从它的地理位置、历史变迁、结构布局直到市民游踪，都有生动描写。所以郭沫若会评价李劼人"写景恰如其景"。

其三是地理标识的文学重构。一是以成都城市为中心，建构鲜明的地理坐标。即使如《死水微澜》故事发生在天回镇，但叙事的焦点仍然以省城为中心："由四川省省会成都，出北门到成都府属的新都县，一般人都说四十里，其实只有三十多里。路是弯弯曲曲画在极平坦的田畴当中……"，"就在成都与新都之间，刚好二十里处，在锦田绣错的旷野中，位置了一个不算大也不算小的镇市……这镇市是成都北门外有名的天回镇。"天回镇的方位和省城间的距离，都有精确的记载。用数字来表现各地方的地理位置，在作品中有多处：如"新繁县在成都之北六十五里"；"出南门到武侯祠有五里路，其实走起来，连三里都不到"；"新场在安德铺正东五里"。由成都城出发，向东南西北四个方向去，小说中都有叙述，如东大路、川南路、川西路、川陕路等。二是对城市中地景、地标、地名的真实而确切的记载。草堂寺、青羊宫、宝云庵、枕江楼、皇城坝、商业场、盐市口、陕西街、春熙路、青石桥、走马街、督院街、东大街、西御街、桂王桥、暑袜街、走马街、粪草湖、柳荫街……这些地标地名，一部分今天已经消失了，但绝大多数还存在。李劼人不仅真实记载了城市的地名地标，甚至从一处到另一处如何走，都写得很准确。比如赵尔丰从总督衙门被押解出来，要经过学道街才能到皇城坝致公堂，都写得清清楚楚。可以说，李劼人的小说，就是一部成都城市的断代史，无论将来城市怎样变迁，它都会作为历史记忆的一部分被保留在文学中。

正因为有鲜明的地域文化色彩，"大河三部曲"成为中国现代文学史上描写辛亥革命历史至今无出其右的文学名著。早在1946年，文学评论家王冰洋就称赞李劼人："这小说是异常美妙而且异常真实，公公道道的说，直到现在为止，还没有任何一部描写四川生活风俗和人物性格的小说，能在艺术的真实性和完整性上超过《大波》的水平，而且直到现在为止，我们还不能够□见任何别□□作家，在描写四川生活风俗和人物性格上，曾表现得比李劼人先生更伟大，更适宜的才能和可能。"①如今，时间又过去了一个甲子，描写晚清历史即辛亥保路运动的小说不可谓不多，但无论在思想深度还是艺术高度上，依然还没有能与"大河三部曲"同日而语的作品出现。

李劼人已经为现当代历史文学竖立了一个让后来者不能不仰望的标高！

---

① 王冰洋：《李劼人先生与〈大波〉》，《李劼人研究：2016》，成都：四川文艺出版社，2017年12月第1版，第398页。

第十三章

抗战中的成都文协

1937年，日本军队悍然发动七七事变，中国人民全面抗战的枪声就此打响。9月5日，四川各界人士在成都少城公园集会，愤怒声讨日寇暴行，同时欢送子弟兵奔赴前线。四川从此成为中国抗战的大后方。

民众的抗日热情也激发了李劼人投身文化救亡的勇气和决心。9月7日，他在成都留法同学录上特意题写了宋代诗人王庭珪《送胡邦衡之新州贬所·其二》中的两句诗："痴儿不了公家事，男子要为天下奇。"并且特别说明："胡淡庵乞斩秦桧得贬，王民瞻诗以送之，有此二句。录于同学录上，愿与诸同学共勉之。"以古诗言志，表明了李劼人要为国家民族，为抗战做实事的决心。

国民政府迁都重庆后，沦陷区大批文化人避难入川，与本土文化人结合在一起，形成了抗战中一支重要的"文化川军"。成都因而成为大后方文学的重要驿站。

李劼人则是这个文学驿站德高望重的领导者。

一、遭遇当局刁难

20世纪30年代中期，是李劼人创作激情大爆发的时期。他一再谢绝了大学的聘请，立志以写作为生。在"大河三部曲"完成之后，他还有一系列的创作计划，若不是历史风云骤变，他所要建构的中国版的"卢贡·马卡尔丛书"会有更大、更令读者惊喜的规模。

然而，李劼人心中宏大的文学创作规划，因日本军阀发动的对华侵略战争而戛然终止了。写完《大波》下卷后，他原本打算暂时换一下文学思维，所以立即着手翻译亚尔费·德·费尼（Alfred de Vigny）的作品《三马儿》。不料，刚翻译了五分之一，七七事变就发生了，翻译和创作均不得不停止下来。"1937年7月7日，抗日战争爆发，我又公开投入爱国的政治运动。"①中国的文人，但凡头脑清醒、有良知者，尽管平时游离于政治之外，但面对异族入侵，都会义无反顾地投身到抵抗的队伍中去。祖国受难时期，绝大多数文化人都是坚定的爱国者，像周作人、胡兰成之流只是极其个别的异类。

因此，李劼人很快就自觉地投入到了民族解放的抗战洪流中。

"八一三"淞沪会战后，云集在沪上的大批左翼文化人先后向大后方转移，位于西南腹地的成都，也自然成为人们流亡的目的地之一。这年秋天，以车耀先为首的中共地下党，在成都组织成立了"文化界救亡协会"。一时间，集合了文学、艺术、教育、新闻各界人士八百多人。他们发表演讲，创办刊物，撰写文章，号召全体人民踊跃投入抗战大潮之中。李劼人和车耀先、张秀熟、杜桴生、熊子俊、李嘉仲一道被选为救亡协会的执行委员。由于协会声势浩大，立即惊动了当局，未过多久，政府便以"成都市人民团体临时指导委员会"的名义，下令强行解散。

"文化界救亡协会"虽然在组织形式上被强令取消了，但是在抗战旗帜下聚集起来的文化人非但没有解散，反而越聚越多，并空前团结。川籍青年作家

---

① 李劼人：《自传》，《李劼人全集》第1卷，成都：四川文艺出版社，2011年9月第1版，第12页。

沙汀也从上海回到四川，并在成都与车耀先、周文等人通过组织带有联谊性质的聚餐会、茶话会等形式，聚拢了一批作家。沙汀（1904—1992），原名杨朝熙，四川安县（今四川绵阳安州区）人，早年毕业于四川省立第一师范学校，深受"五四"新文化影响，毕业后一度前往南京、北京求学不成，返回四川。1927年加入中国共产党，在成都从事地下活动。1929年前往上海，开始走上文学道路。1931年5月在上海街头与刚被英国殖民者从缅甸驱逐回国的同学汤道耕（艾芜）偶遇。当年11月底，他们两人联名就有关小说题材问题致信鲁迅先生求教，并得到了鲁迅的认真答复。随后，沙汀和艾芜均加入了中国左翼作家联盟。

上海沦陷后，沙汀回到四川，在成都停留数月，其间以协进中学教师的身份从事文艺界的团结救亡工作。在这个属于民间性质，却实为中共地下党领导的联谊会里，团结了一大批文化界、知识界的著名人物，其中有李劼人、陈翔鹤、朱光潜、邓均吾、卞之琳、马宗融、罗淑、曹葆华、陈敬容、何其芳、谢文炳、罗念生、毛一波、赵其文、刘涟清、杨波、洪钟、车辐等，他们中包括作家、诗人、教授、翻译家、新闻记者等各行各业的知识分子。沙汀与李劼人就是在这个时候正式相识的。虽然早在省立第一师范学校读书时，沙汀就知道李劼人的大名，但两人并没有交往。从此认识后，他们保持了一生的友谊，直到李劼人去世多年后，晚年的沙汀还撰写怀念文章，称赞李劼人是"为川西坝子人民立传"的作家，并积极呼吁成立李劼人研究学会，保护发掘李劼人的文化遗产。

1937年12月5日，由沙汀、周文、葛乔筹办的抗战杂志《战旗》创刊。但是不幸，仅仅出版了一期便被迫终止，创刊即是终刊。在这个昙花一现的抗战杂志上，发表了宋庆龄的《两个十月》，胡绳的《北京的汉奸文》，黄宪章的《动员民众的几个根本问题》，刘披云的《抗战期中的民主政治问题》，沙汀的短篇小说《出征》等文章。李劼人也在此刊上发表了一篇《对日绝交之我见》，文章很精短，但语气斩钉截铁。在这则短短的宣言式的时评中，作者首先质问当局，中日战争打成这样，我国为什么还不与日本绝交？紧接便一针见血地指出，政府原来是在看约翰牛（即美国）的眼色。作者的意见是："我们的外交，要由我们自主"，"我们便不应该顾虑别人的顾虑"。这篇短文是李劼人的个人宣言，是一位柔弱的读书人在面对异族强敌进攻时发出的战斗誓言，可以说是代表了华夏儿女共同的心声。然而，这个声音注定了是一个不会引人注意的空谷足音。因为，刊物出版后，在送审时便遭到当局的禁止，仅仅被作为"样本"，盖上"奉命暂缓发行"的印章而封存了。

抗日战争是一场全民动员、全民参与的民族解放战争，作为文化人，更应理所当然地积极投身其中。1938年2月，作家周文在成都联络一批文艺界人士准备发起成立"成都文艺界抗敌协会"（简称成都文抗）。随即周文向四川省动员委员会申请立案，而四川省动委会在发出"准予备案存查"的指令后，又同时称，还必须再向国民党成都市人民团体临时指导委员会申请立案，方能发给许可证。但成都市当局却对此置之不理。到5月，周文再次向国民党控制的成都市人民团体临时指导委员会提出立案申请，仍然被搁置。

而此时，中华文艺界抗敌协会已经于1938年3月27日在武昌成立。大会选举了郭沫若、茅盾、冯乃超、夏衍、胡风、田汉、丁玲、吴组缃、杨翰笙、许地山、老舍、巴金、郑振铎、朱自清、郁达夫、朱光潜、冯玉祥、张道藩、姚蓬子、陈西滢、王平陵等四十五人为理事，共产党人周恩来，国民党人孙科、陈立夫均当选为名誉理事。理事会推选老舍为总务部主任，主持文协日常工作。大会通过了《中华文艺界抗敌协会宣言》《中华文艺界抗敌协会章程》，阐明了这个协会的宗旨是："联合全国文艺作家，共同反对日本帝国主义的侵略，完成中国民族自由解放，建设中国民族革命文艺，并保障作家权益。"文协号召作家"文章下乡，文章入伍"，并派遣作家组成战地服务团到各战区采访，慰问将士，编写抗战读物；协会还创办了会刊《抗战文艺》。

抗敌文协总会的成立，使成都的文艺家们更迫切地感到成立分会的必要。同时，总会也致信成都方面："按关于文化团体组织事宜，系由中央社会部主管。顷奉社会部成第833号指令，嘱令从速发动各省分会组织，使各地文艺界人士均能有组织，有计划参加抗敌文化工作……"①总会还指定由朱光潜、罗念生、马宗融、沙汀、周文为成都分会筹备委员，随后又增加了李劼人、谢文炳两人为筹备委员，要求尽快成立成都分会。虽然在组织形式上仍未得到当局批复，但此时成都的各路作家、艺术家已经自觉地集合在一起，而且外地的作家还在陆续不断地赶来。7月18日，萧军与王德芬也从西安来到了成都，不久便住进了李劼人居住的桂花巷64号院子。颠沛流离的萧军不仅在成都找到了栖身之所，也给成都文艺界的抗敌救亡运动带来了很好的鼓励。

正当各路文艺界人士忙于筹建文协分会时，四川大学却发生了"拒程驱孟"的风潮，罢教罢课长达十八天。身在大学校园之外、与此毫无关系的李劼人以及诸多本地知名人士也卷入其中。

事件是由程天放接掌四川大学引起的。1938年，南京国民党中央政府为推行蒋介石提出的"管、养、卫、教"的党化教育方针，任命CC系的领导人陈立夫为教育部长。之后，陈立夫便将其手下干员派往各个大学任校长，以便从组织层面上加强对大学师生的控制。程天放于当年12月13日受命前来接掌四川大学，以加速"地方中央化"的进程。程天放（1899—1967），江西人，教育家，"五四"时期风云人物，曾任上海学生联合会会长。后留学美国、加拿大。回国后担任过安徽省教育厅长、安徽大学校长，其间大力推行国民党党化教育。后又相继担任安徽省代理省主席、国民党中宣部副部长、浙江大学校长、江苏省政府秘书长、湖北教育厅厅长、中央监察委员、中华民国驻德国大使等要职。希特勒承认"满洲国"后，程天放曾代表中国政府向德国提出强烈抗议，并愤而请辞归国。

作为CC系的一员干将，程天放在四川大学遇到了麻烦。当时四川大学的代理校长是张颐，这是一位辛亥革命元老。张颐（1887—1969），字真如，号丹崖，四川叙永县人。现代著名哲学家。早年参加四川保路运动并加入同盟会，辛亥革命后曾担任蜀军政府和四川民政长（即省长）、公署秘书。1913年至

————————
① 谢扬青：《李劼人先生与文抗——文协成都分会片断》，《新文学史料》1992年第2期。

1919年先后留学美国、英国、德国、法国、意大利。 1921年赴德国专攻康德、黑格尔哲学，获教育硕士和哲学博士学位，被聘为英国皇家学会会员；1924年回国后，任北京大学哲学教授，曾与鲁迅同事，其专著《黑格尔氏伦理探究》一书驰名海内外。1936年受任鸿隽之邀，任四川大学教授、文学院长。1937年6月，任鸿隽因故辞职，四川大学校长一职遂由张颐代理。这时的国立四川大学正值困难时期，张颐代理校长后，基本采取萧规曹随之策，继续为学校广揽人才，四处筹集经费，购置图书，增添教学设备，为四川大学的长足发展做了许多扎实的工作。加之张颐德高望重，因此深受师生拥戴。著名美学家朱光潜当年就是由张颐延聘来四川大学任文学院长的。张颐还亲自出面请李劼人回川大任教，因李劼人正痴迷于长篇小说创作，所以没有答应。但李劼人十分尊敬张颐，直到晚年，二人还书信不断。

据《四川大学史稿》记载，程天放到四川大学后，12月9日国民政府行政院以"国拾贰5字14795号训令"饬令张颐移交校政。这一训令立即引起了四川大学师生的愤怒，理学院长魏时珍系青年党人，平日与张颐过从甚密，又恐CC系排挤、压制青年党，所以反对程天放接任；文学院长朱光潜不属任何派别，坚决反对党化教育，他认为，若程天放上台，从此将无学术自由。而四川大学秘书长孟寿椿却积极响应。孟寿椿是四川涪陵人，早年加入少年中国学会，留学美国，又曾经是康白情为首的"新中国党"的骨干。回国后在国民政府机构和多所学校任过职，成了CC系人物。孟寿椿接到训令后，利用手中职权，蛊惑部分四川大学师生积极欢迎程天放。于是，魏时珍、朱光潜和农学院院长董时进共同牵头，联名致电国民政府行政院和教育部，强烈要求收回成命。参与签名的教授除了三位院长之外，还有林山腴、向楚、李植、胡助、何鲁之、罗念生、谢苍璃、曹诚英、周光熙、吴君毅、谢文炳、柯召、饶孟侃、冯汉骥等六十多人。电文指责程天放："近年以来，从事政治活动者，往往排斥异己。世风日下，国亦随之，为校长自宜奖励学术，专心教育，人格焦然者，然后足为青年师表。今必欲去洁身自好之学术界先进，流弊所及，影响士风。"①同时，朱光潜还将电文改成宣言，在报纸上发表。

教授们的主张也得到了地方耆宿的支持，包括地方势力如刘文辉、邓锡侯、潘文华、王缵绪等军方将领不甘心被中央控制，也对"拒程"活动暗中支持。李劼人对国民党CC系掌控教育界本来就十分反感，更何况张颐、朱光潜、魏时珍都是他的朋友，又都是正直而学富五车的学者，声援他们无疑是伸张正义！于是，12月16日，由成都教育界廖学章牵头，李劼人与十多位社会贤达联名发表了"反程代电"，共同签名的还有夏之时、周道刚、周子龙、刘星垣等知名人士。

但是，四川大学和社会的反程声浪，并未改变陈立夫的决定。12月20日，他以复电地方绅耆的方式，强调"维持原案"，并以蒋介石的话做挡箭牌："四川为今后抗战建国之策源地，川大实为西南培育人才之枢纽。"并说"委座对国立四川大学人选审虑周详"。同时训斥地方当局："经行政院会议通过任命国立大学校长，意不能顺利就任，有损中央威信，委座甚为震怒。"

对于教育部的强硬态度，中共地下党要求师生保持冷静，一味地僵持下去，既对师生不利，也会影响统一战线的巩固，不如将"拒程驱孟"改为"欢迎程天放，建设新川大"，"驱逐孟寿椿"，要求程天放保证学术自由，教育改革；提倡民主，支持抗战。对于孟寿椿，师生十分痛恨。在前不久发生的"凤凰山机场事件"中，他伙同当局以诬陷并制造假证据的手段炮制所谓"稻草案"，企图以此打击中共地下党的活动。因此孟寿椿早在川大已经天怒人怨，而程天放却没有如此劣迹。

地下党通过学生将新主张提出后，程天放表示尊重学术自由，现任院长、系主任和教授一律不做变动，同时答应罢黜孟寿椿。这场"拒程驱孟"的罢教罢课并涉及地方文化耆宿的风潮，最终以"驱孟"而告结束。以后的事实表明，程天放接任后，克服经费奇缺、学校迁徙峨眉等重重困难，还增设了师范

---

① 《四川大学校史稿》第1卷，成都：四川大学出版社，2006年8月第1版，第207页。

学院，使四川大学得到了较大的发展。只是朱光潜、魏时珍等一些积极参与"拒程驱孟"的教授自动辞职转而去了他处。张颐、朱光潜改而去了南迁至乐山的国立武汉大学任教。李劼人与张颐、朱光潜后来又在乐山相聚，张、朱二人还成了嘉乐纸厂的股东。

这一年，已经82岁高龄的刘豫波先生为李劼人画了幅兰石图，并题诗勉励："疏淡养心，坚定立骨；三十余年，此心空谷；一笑相逢，还持旧说。"刘豫波是李劼人的中学老师，是李劼人最佩服的师长之一，师生关系亲密。刘先生对这个弟子是充满了厚望。

转眼间到了1939年，筹备了将近一年的抗敌文协成都分会，多次遭到国民党省市党部的留难，官方的批文仍然没有下来。周文、谢文炳、罗念生携带申述文件去成都市政当局交涉，并直接找到市长杨全宇。杨全宇见来的都是教授、作家，也老实给他们交了底：不是市政府方面迟迟不批，而是省市党部不同意。这让作家们十分气愤："他们要一手包办抗战，可又是包而不办！"

于是，总会一面致信成都当局，一面准备派人来成都敦促尽快成立分会。1月11日，国民政府军事委员会副委员长冯玉祥将军和作家老舍来到成都。他俩一位是总会的理事，一位是总务部主任。冯玉祥同时还奉军事委员会之命来视察四川军队，老舍则是受中华文艺界抗敌协会的派遣专门前来指导成都尽快成立文协分会。冯玉祥和老舍对四川省和成都市当局阻挠文协分会成立非常气愤，当面向他们提出质问。

李劼人听从赵其文、周文、陈翔鹤的意见，利用冯玉祥、老舍来蓉的机会，趁热打铁，先召开文协成都分会成立大会，再递呈文。一番商议，决定由李劼人和谢文炳亲自前去交涉。呈文直接打出冯玉祥、老舍的名号，颇有先斩后奏的意味：

敬陈者，

中华全国文艺界抗敌协会理事冯玉祥先生及老舍先生来蓉，指导成都分会成立。兹订于本月十四日下午三时半假春熙路青年会开成立大会，乞钧府届时派员指导，无任感祷，此呈。

李劼人　朱光潜　罗念生　谢文炳　周文

4月14日，在批文没有下达的情况下，在蓉的部分文艺界代表六十余人，齐聚春熙路基督教青年会的二楼会议厅，举行了中华文艺界抗敌协会成都分会的成立大会。周文报告了分会的筹备过程，冯玉祥代表文协总会致贺词，老舍报告了总会的活动情况。大会随后选举了李劼人、罗念生、谢文炳、陈翔鹤、萧军、周文、刘盛亚七人为理事；选举熊佛西、叶麐、邓均吾为候补理事；选举周文、萧军、罗念生为常务理事；除上述理事、候补理事外，到会的会员还有郭有守、周太玄、刘开渠、刘念渠、顾绶昌、穆济波、萧蔓若、郭子雄、方白飞、叶菲洛、毛一波、刘延年、杨波、车瘦舟（车辐）、陈敬容、曹葆华、陈思苓、方敬、蔡天心、赵其文、水草平（钟绍锟）、章泯、王影质、周熙良、吴先忧、王集丛、王白野、王冰洋、孟引、罗永培、苏子涵、张履谦、王民凤、陶雄、叶丁易、王含沙、勾荣燊、周文耕、饶余威、程丽娜、欧阳冠玉、罗毅文、石璞、黄岛晴。

会议还通过了数个重要决议，决定出版会刊，刊物名称由李劼人取名《笔阵》，获得一致同意；与总会合编《通俗文艺》；定期举行座谈会，交流创作心得。分会属下设立有总务、组织、研究、出版四个部门；同时又按文学、戏剧、音乐、美术四大艺术门类组织活动。其中文学又细分有小说、诗歌、理论、翻译等小组。萧蔓若教授曾告诉笔者，他当年经常参加小说组的活动，后来从日本回国来成都的李华飞先生也说，他时常参加诗歌组的活动。

分会成立半个月后，姗姗来迟的官方许可证终于下发了。不过，最初向成都市人民团体临时指导委员会登记的卷宗，已经转手给新成立的国民党成都市执行委员会。许可证则是由这个新机构发给的。成都市档案馆还保留着当年的文件：

成都市政府市长杨全宇批复文协成都分会筹备员李劼人等呈文

二十八年四月

　　具呈人：中华文艺界抗敌协会成都分会筹备员李劼人等二十八年四月二十六日呈一件：赍呈许可证暨章册名单，请予查验并请派员出席指导成立大会由。

　　呈附均悉，准予备查，许可证验讫发还，并候派员届时出席指导，章册名单存查。

　　此批

　　计发还许可证一张

市长　杨

中华民国二十八年四月

　　按照当局的规定，必须重新召开成立大会。于是，4月30日，中华文艺界抗敌协会成都分会再次召开成立大会，将前次会议的程序又重复了一遍，文艺家们才总算有了一个合法的组织了。

　　抗敌文协成都分会的成立可谓一波三折，姗姗来迟，实在是成都现代文艺史上一件令人哭笑不得的事情！

二、文协的灵魂

　　文协成都分会的成立，对于繁荣成都及四川的抗战文艺，传播抗日救亡的思想，都产生了极大的促进作用，尤其是为年轻一代文艺家的成长营造出了有利的氛围。在文协的旗帜下，成都地区出现了一大批活跃的文艺社团和文艺刊物。分会所办的机关刊物《笔阵》自不待言，分会还在《华西晚报》上开辟了一个"文讯"副刊，专发会员作品，也注重培养青年作家。同时，一批以年轻人为主体的文艺社团和刊物如雨后春笋般涌出，较有影响的如华西文艺社与《华西文艺》；挥戈文艺社与《挥戈文艺》；拓荒文艺社与《拓荒文艺》；平原诗社与《平原诗丛》；燕风文艺社与《燕风文艺》；野马文艺社与《野马》；此外还有《四川风景》《诗与散文》《西部文艺》《诗星》《金沙》

《文境丛刊》，以及叶圣陶、陈翔鹤、王冰洋等人编辑的《堤上曲》等等。其中有的刊物虽然仅仅出版了一两期就遭查封，却昭示了在文协旗帜下，成都抗日救亡文艺空前的繁荣。

从文协成都分会成立到抗战胜利的数年间，会员们来来往往，但活动一直不断，有力配合了总会的工作，成为中国抗战文艺的一支重要方面军。1939年3月1日，成都分会在罗念生家举行晚会，四十多人参与，朗诵散文诗歌，演唱中英俄文歌曲，还进行了戏剧表演；1939年6月，总会王锡礼率作家战地访问团来成都交流，周文代表成都作家致辞，作家集体在签名簿上题诗留言，萧军题写："一支笔，一头颅；头断，笔不可侮！"1940年8月两次举行鲁迅诞辰六十周年纪念会；1945年5月4日，成都分会举行大规模纪念会，叶圣陶讲《五四运动》，周太玄讲《五四精神》；1945年8月5日，成都分会举办暑期文艺讲座会，一百五十多位学员参加，叶圣陶、姚雪垠、叶丁易等十多位作家出席，与学员一起讨论了文艺的前途；此外，成都分会每逢屈原、鲁迅、高尔基、马雅可夫斯基等中外作家诗人的忌日都要举办纪念会。

文协成都分会历年活动中，几乎都有李劼人的身影，有时他是大会主席，有时是主讲人，更多的时候他还是东道主，要负责招待从各处聚拢的作家们。

文协成都分会成立前，筹备工作一直是由周文和赵其文领导，1940年初周文离开后便由杨波、陈翔鹤负责。1941年"皖南事变"发生后，特务机关为配合当局的第二次反共高潮，查封了一些进步文艺社团，不少进步作家也上了黑名单，文协成都分会一些作家相继离开，有的去了重庆，有的去了延安，沙汀、萧军、周文、曹葆华等人撤退去了延安。但是文协成都分会并没散，因为李劼人、陈翔鹤、罗念生、陈白尘、刘盛亚等许多骨干还在，以后又陆续有叶圣陶、叶丁易、庞薰琴、吴作人等作家、艺术家相继到来。李劼人、叶圣陶虽不主持日常事务，但他们是成都文协的灵魂。陈白尘回忆说："叶、李二老是我们的旗帜，不管日常工作，分会会务由陈翔鹤、丁易和我主持。"[①]

① 陈白尘：《哭翔老》，北京：《新文学史料》，1980年4期。

李劼人不仅以令人瞩目的文学创作实绩赢得了文协成都分会会员的尊敬，而且以他的人格魅力获得了一致拥护。文协成都分会在1940年2月6日、1941年1月1日、1942年3月1日以及1943年、1944年先后进行了多次改选，李劼人均高票当选为理事，并且从1941年起作为代表文协成都分会的总会理事。据沙汀、谢扬青回忆，文协成都分会从成立之初，李劼人就被推举为理事长，历次改选中，依然是理事长或主任委员。李劼人实际上成了文协成都分会的灵魂。王冰洋曾在1946年撰文赞扬："李劼人先生对于文艺工作，特别是对于文协成都分会的工作之伟大贡献，是值得大书特书的。成都文协工作，八年来一直在李劼人先生的领导之下进行着，主要是他在成都文协分会理事会中有着一种坐镇性似的安定力量……"[①]李劼人对于文协成都分会的贡献既是精神的，也有物质的。

　　政府当局虽然批准了设立文协成都分会，但是并不提供办公场所，经费也是聊胜于无。会员活动无固定地址，无固定时间。会址只能东迁西搬，活动则有时在会员工作处，有时在会员家里，理事们开会甚至不得不在茶社举行。秘书长谢扬青说当时的文协成都分会，就像云游的和尚或道士挂单。周文、萧军等作家离开后，形势进一步恶化，理事及会员们的活动时常受到特务的监视骚扰。

　　因此，为文协成都分会解决一个固定的会址，以摆脱尴尬的处境，已经成为保证文协成都分会不致散伙的关键问题。于是李劼人毫不迟疑提出，就将会址设在他的办公室，他此时是嘉乐制纸公司的董事长，公司在中东大街崇德里23号有一办事处，这里是李劼人的好友、嘉乐纸厂股东刘星垣的房产。为便于嘉乐公司使用，刘星垣将原本出租的房屋全部收回供公司使用，因而地盘较宽敞。经李劼人提议后，文协成都分会便从东城根街的半截巷迁到了下中东大街崇德里，从而结束了会址迁徙不定的局面。

　　搬迁工作完成后，陈翔鹤问李劼人，是否将文协成都分会的牌子挂出来，

---

① 王冰洋：《李劼人先生与〈大波〉——并祝他五十六岁寿辰》，《李劼人研究：2016》，成都：四川文艺出版社，2017年12月第1版，第397页。

李劼人则很风趣地说："我们是舞笔杆、搞文学的，招牌这个东西有没有，这倒没个啥！只消大家的心里边有块亮亮晶晶的招牌，比起挂啥子真金字的招牌还要好呵！……我这里纸墨笔砚、桌椅板凳、粗茶白水、电灯电话，全部现现成成，我就负责一概包啦！"①在场的人们不仅心领神会了李劼人的意图，也对李劼人的慷慨相助感激不尽。

《笔阵》是文协成都分会的机关刊物，是作家们发表抗战文艺作品的重要阵地，也是抗战时期成都影响最大的文艺刊物。创刊于1939年2月16日，前后共出版了三十期。编委有李劼人、周文、萧军、陈翔鹤、冯文炳、罗念生、刘盛亚、赵其文、顾绶昌、毛一波等，以后人员有所变化，又增加了叶圣陶、王冰洋、牧野（厉歌天）、碧野、黄药眠等。李劼人因忙于嘉乐纸厂事务，只担任了第三期和第十三期的主编。但对于文协分会和《笔阵》的办刊方向，李劼人是有明确的意见的："跟着延安走，没有错。事事看《新华日报》的号召，照着办。"②李劼人不仅指出了《笔阵》的方向，也为刊物出版提供了可贵的经济保障。没有李劼人的支持，《笔阵》难以坚持数年之久。

最初，政府当局对文协成都分会有一点津贴，总会也有些补助。但是，随着物价的不断飞涨，津贴已经大大贬值，每次所领到的款项，仅仅只够来回的车票钱；加上总会补助也断了，经济上的困境，使《笔阵》面临停刊之忧。这时多亏有李劼人出手相助。如今从嘉乐纸厂保留的并不完整的档案中，多少还能看到一些当年对文协成都分会的捐赠记载：1940年6月，李劼人提议文协分会募捐的事，决议每月向文协成都分会捐赠现金一百元，连续五个月止；当年12月又捐嘉乐纸六千张；1942年3月捐赠了八令纸后，即按月捐赠四令纸。档案中残缺不全的几张由文协成都分会常务理事、小说家陶雄盖章的收据显示，文协成都分会每个月都收到了四令，即四千张嘉乐纸。以后随着《笔阵》改版增厚，纸张需求增加，捐赠也加大了。甚至于还发生了出版商偷梁换柱的事情。

---

① 谢扬青：《李劼人先生与文抗——文协成都分会片断》，《新文学史料》1992年第2期。
② 洪钟：《抗敌文协成都分会工作见闻》，《成都文史资料选编》（抗日战争卷上），成都：四川人民出版社，2007年5月第1版，第545页。

谢扬青曾回忆，1942年，《笔阵》交给莽原出版社出版，谁知这出版社竟然将嘉乐纸换成了便宜的夹江土纸印刷，而把嘉乐纸变卖了。说是用作了稿酬，实际上是拿去卖了高价，因为战时纸张奇缺，出版社竟动起了歪心思。李劼人对此耿耿于怀了很久。

但是，这并没有影响李劼人对《笔阵》的继续资助。1944年4月28日董事会决议录中有关于"抗敌协会请拨文化辅助金案"的记载。据负责刊物出版的牧野1946年6月10日在成都《新新新闻》撰文回忆，出版《笔阵》每月需要五令纸，一年就是六十令，每令纸当时的币价二万八千元。对这笔不小的开支，李劼人一时感到为难，但终究还是答应了。有了这批纸张，《笔阵》便一连出版了八期。[①]嘉乐纸厂对文协成都分会的现金补贴和纸张捐赠，一直延续到抗战胜利后。1947年8月11日的"第卅九次常务董事会议事录"还清楚地记载道："成都文协会全年补助三十六万元，每年一次付，卅六年一月起。"此时的嘉乐纸厂经济已经不宽裕，但是对文协的补助却未停止。

由于有了嘉乐纸厂为后盾，《笔阵》成为中华文艺界抗敌协会除《抗战文艺》之外最重要的刊物。《笔阵》改版后，每期发表各类作品十多万字。郭沫若、茅盾、巴金、老舍、朱自清、陈翔鹤、王亚平、刘盛亚、欧阳凡海、司马文森、孟超、孟引、陶雄、丁易、碧野、洪钟、戈茅、邹荻帆、柳倩、王余杞、毛一波等许多作家都在上面发表过小说、散文、诗歌、报告文学等作品，其中还包括长篇小说连载。

下面摘录两则《笔阵》当年的编后记和会务报告，从中也可看到李劼人为分会所做的贡献。

其一，是《笔阵》新一期的记载：

按时间，这一期该在二三月出版，但是怎么样呢？如果不是嘉乐纸厂

---

① 牧野：《〈笔阵〉与李劼人先生》，《李劼人研究：2016》，成都：四川文艺出版社，2017年12月第1版，第401—402页。

捐给我们一大批嘉乐纸，我觉得这刊物倒真有问不了世的可疑！提起困难，一言难尽，因此索性就不说了。不过，李劼人先生代我们向嘉乐纸厂说话——这份高德厚谊，本刊怎么也忘不了的。（《编后记》）

这期的会务报告也有如下文字：

> 承本会理事，嘉乐纸厂董事长李劼人先生帮助，捐助嘉乐纸六千张，使《笔阵》再得以与好友见面，实深感谢。

《笔阵》新一卷四期的会务报告说：

> 会友李劼人先生月初（1940年6月）由嘉定归来，给本会带来五百元由嘉乐纸厂募得的捐款。嘉乐纸厂给本会物质上的赞助，这已是第二次了。

1942年6月《笔阵》再次向读者报告：

> 我们应该报告各位会友一个大好消息，就是：今年嘉乐制纸公司在李劼人先生主持下，又捐给我们一大批的上等嘉乐纸。对于李劼人先生和公司的隆情，我们感激得几于涕零，除去永铭肺腑之外，我们决定以加倍的努力来报答他们的期望。

抗敌文协成都分会的会刊《笔阵》办得是如此艰难，若没有李劼人和嘉乐纸厂的捐助，根本不可能维持下去。

嘉乐纸厂之所以能够持续地对文协成都分会进行经济援助，主要得益于李劼人对抗战文化事业的热忱。嘉乐纸厂在他的主持下，依照公司章程，每年都要从"盈利项目中拨出百分之五作为文化事业补助费。他每年都向董事会提出给分会较优渥的补助，以缓解分会的经费困难"①。可以这样说，文协成都分会如果没有李劼人和嘉乐纸厂的资金和物质支持，早就形同虚设，《笔阵》更不可能办得具有全国的影响。正如牧野回忆所说："《笔阵》之能够有三四年的历史，一大半是李劼人先生的力量。"

抗战时期，因物价暴涨，许多作家生活艰难，贫困交加，中华文艺界抗敌协会先后发出过多次号召，希望帮助贫困文化人。如1942年12月12日发表了《保障作家版权税意见书》，要求各地分会积极想办法帮助作家争取版税权益，保证作家生活；1944年7月15日，总会又发出《筹募援助全国作家基金缘起》号召，发起募集援助贫困作家基金。文协总会发起的这些活动倡议，成都分会都积极响应。李劼人、叶圣陶、陈翔鹤等人1943年6月5日在《华西晚报》就发表《成都文艺界为张天翼氏募集医药费为万迪鹤氏遗属募集赡养金启事》，希望各界给予贫困作家援助。文协成都分会还提出在蓉作家各自在报刊指定的时间发表作品，并捐出全部稿酬。张天翼当时身患重病，隐居在郫县高店子养病，是文协成都分会重点资助的作家。据谢扬青说，经他之手就多次向张天翼致送救济款。陈翔鹤之子陈开第也撰文说：1944年，陈翔鹤与巴波、沙汀一道去郫县看望张天翼，由陈翔鹤亲手将李劼人的拨款交给他。而陈翔鹤本人也曾受过李劼人接济：1941年夏"抢米风潮"过后，陈翔鹤回到成都后，当局不许他再教书，全家九口人，过着家无隔夜粮的窘迫日子，而陈翔鹤在文协成都分会工作又没有工资，"劼老得知后，就亲自登门看望，慷慨解囊，使我们全家度过了艰难的岁月。"②这些经济援助的背后都是李劼人及其嘉乐纸厂在支持。

1944年冬，桂林、独山失守后，文协成都分会还成立了"文化人协济委员会"，援助从桂林、长沙等沦陷区来成都的贫困文化人士。同年，沙汀离开重庆回安县，在成都停留期间，遵照中共中央南方局的指示，拜访当地名流，请

---

① 谢扬青：《李劼人先生与文抗——文协成都分会片断》，《新文学史料》1992年第2期。
② 陈开第：《陈翔鹤与李劼人》，《新文学史料》1992年第2期。

他们准备在敌军入侵四川时，设法解决流寓的外省籍文化人的疏散问题。在离开成都前，沙汀去与李劼人告别，同时也谈了疏散外省籍文化人的事。李劼人当即表示，愿尽地主之谊。而对沙汀匆匆离去也感到很歉意，说来不及请他吃顿饭，随即便拿出一个红纸包给他："一点小意思！"因看见沙汀红着脸有些迟疑，李劼人遂以"相濡以沫"加以解释。①多年后，沙汀还记得李劼人的这番深情厚谊，特意在《我在抗战后方琐记》一文中记述了此事。

文协成都分会作家们的活动，也引起了特务机关的注意。特务们采取了明暗两种手段来监视、破坏作家们的行动。明的则是派特务盯梢，暗的则是派特务冒充进步人士潜入分会内部。有个叫孙乃史的人，笔名施弋，曾经在《文艺先锋》上发表过沦陷后的上海生活的小说，加之他和平原诗社的关系较好，遂被介绍参加了文协成都分会。对于孙乃史所写的文章，分会负责人曾请示过夏衍，得到的答复是，只要是批评当局，主张民主自由的都可发表。后来有人却发现孙乃史是中共鄂西地下党的叛徒，当了国民党四川省党部调查统计室的特务。他写过一篇《成都文坛点将录》，公开发表在《成都快报》副刊上，等于是为特务机关开出了一份黑名单。李劼人知道此事后，立即勾掉了孙乃史的名字，将其从会员开除出去。

但是对于另外一些需要团结的人，李劼人个人即使对他们很讨厌，却能从大局出发予以容忍。成都一家自费出版的刊物上，有人撰文批评沙汀的短篇小说是"死鱼的鳞甲"，毫无感情。对这种不怀好意的骂评，李劼人很冒火，"他在陈翔鹤面前大声嚷道：'死鱼鳞甲，这真岂有此理，混蛋！难道你们都不开腔吗？我们文协有刊物，为啥子不开腔？'当他听陈翔鹤说，这是为了团结，争取对方，不要文艺界自起内讧，让敌人看了笑话。他听了这话之后说，好吧，好吧，就这样吧！我也没啥意见啦。只有你们才耐得烦。"②

端午节，当时称诗人节，每年这个时候，文协成都分会都要举行纪念活

---

① 沙汀：《我在抗战后方琐记》，《四川文史资料集粹》第4卷，成都：四川人民出版社，1996年12月第1版，第55页。
② 沙汀：《怀念李劼老》，《新文学史料》1992年第2期。

动。1944年的诗人节，陈白尘、陈翔鹤、林如稷、陈炜谟、刘盛亚、洪钟等人都陆续到崇德里来开理事会。会后由李劼人办招待，宴请大家，想高高兴兴过个端午。忽然，嘉乐公司的工友来报告说，崇德里巷子的两个出口都被"歪人"（指特务）堵死了。气氛立即紧张起来，有人表示赶快散去。李劼人却从容不迫稳定大家，为每个理事斟满一杯全兴大曲：既然特务是存心来找麻烦，肯定一时无法脱身的，不如大家尽兴地吃喝，等到酒酣耳热后，大家一起出去，看那些混账东西敢干啥。结果，大家酒足饭饱后再出去，饿得饥肠辘辘的特务们早已经撤了。仅仅从这件小事便可看出，李劼人真堪称文协成都分会的一枚"定海神针"。

德高望重的李劼人以他卓越的贡献，得到了全体会员的一致拥戴。人们纷纷表示并且谋划着要为他祝寿。为著名作家祝寿是当时的一种潮流。1942年11月16日，重庆总会就为郭沫若举办了五十寿辰庆典，国共两党的高官都出席了庆祝会。周恩来盛赞郭沫若是继鲁迅之后新文化运动的主将，连被关在狱中的叶挺将军都为郭沫若制作了一枚"文虎章"，书写"寿比萧伯纳，功追高尔基"；而重庆的作家还为郭沫若制作了一支特大的毛笔，笔杆上有碗口粗四个大字："以清妖孽"。

成都分会也先后于1943年11月5日和1945年6月24日，分别为叶圣陶、茅盾举行了五十寿辰庆祝会。李劼人是否为叶圣陶写有祝贺诗文，目前尚未发现。但李劼人在《华西日报》纪念特刊上发表的一首《祝茅盾先生五十大寿》五言诗已被找到了。他在题记中写道："一九四五年诗人节，在归途中哦五言律诗一首，以寿雁冰兄五十。"全诗如下："人到知非岁，光阴已半过；文章嗟尔健，饥饿得天多；好战一车鬼，时闻五子歌；廿年曾未面，喜欢读维摩。"李劼人与茅盾是故交，早在20世纪20年代就有文字往来，李劼人的短篇小说《编辑室的风波》当年就是由茅盾编辑在《文学周报》上发表的。这次李劼人贺诗发表数天后，茅盾就给李劼人回了信：

劼人先生：谢谢您给我的诗，谢谢您给我的鼓励；"廿年曾未面"，我那年路过成都，专诚拜访，然而不凑巧，您下乡去了，我又永远不能忘记廿七年春我在香港时得到您的信，您说已经写了一部暴露性极强的小说，没法印出来。有那一天您这作品可以出来和世人见面，那末我要来拜访您也不会像现在那样困难了罢？我们都盼望这一天赶快来到。

弟 雁冰上六月卅

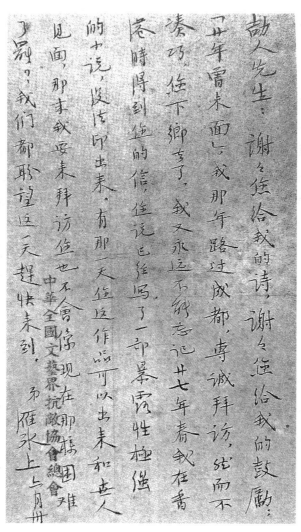

茅盾致李劼人信

抗战时期，为老作家祝寿的主要目的在于肯定作家的文学成就，表达对长辈作家的崇敬，也借此联络文艺界朋友的感情，加强作家之间的团结，巩固文艺领域的统一战线。

　　可是文艺家们为李劼人祝寿却遇到了"麻烦"，因为大家都不知道他的生日是哪一天。问他本人，他自然不说，找人去问他的助手、同事，也没有结果。后来有懂得医卜星象的朋友，使用江湖口诀，在一个集会上声称要给李劼人看相，问他生辰八字，结果李劼人就上了当，不假思索地回答："农历五月十四！"于是，大家便偷偷张罗着这天给李劼人祝寿。这是1946年的6月10日，李劼人年满五十五，虚岁五十六生日。文学评论家王冰洋就此在报纸上发表了热情洋溢的祝寿辞。文章赞扬了李劼人对于文协分会的"伟大贡献"，回顾了李劼人在文学创作、文学翻译上的重要成就。文章说明了祝寿的目的是："第一，希望李劼人先生把他伟大的创造计划实现出来。第二，希望文艺界的朋友虚心学习他的艺术工作。不用说，我们还希望成都文协的工作在李劼人先生的伟大领导之下向前迈进，完成建设民主、幸福的新中国的任务，完成民主而人民化的新文艺的任务。"[1]

三、辞旧迎新岁

　　1945年8月15日，日本天皇宣布无条件投降。浴血奋战十四年的中国人民迎来世界反法西斯战争和抗日战争的伟大胜利。抗战的胜利是近代以来，中国抵御外来入侵所取得的第一次彻底的胜利。

　　抗战胜利后，中华文艺界抗敌协会更名为"中华文艺界协会"，文协成都分会也随之更名。"抗敌"的使命结束了，但文协的历史任务并没有完成。民族矛盾结束后，国内矛盾迅速上升为主要矛盾，政府官员贪污腐化成风，社会民生凋敝，物价飞涨，百姓生存困难；尤其是国共两党的第二次合作随着日寇

---

[1]　王冰洋：《李劼人先生与〈大波〉——并祝他五十六岁寿辰》，《李劼人研究：2016》，成都：四川文艺出版社，2017年12月第1版，第398页。

的投降而走向了终结，国民党急于要消灭共产党政权，以实现国民党的全面独裁。中国再次面临两种前途和两种命运的历史选择。刚刚历经战乱的人民，强烈要求和平、民主，反对国民党一党独裁的呼声日渐高涨。

成都文化界人士也积极投入到了民主运动的洪流中。在1945年"五四"前夕，陈翔鹤、陈白尘、叶丁易三人就以文协成都分会的名义，针对蒋介石的"元旦讲话"和3月1日在重庆的演讲，发表了时局宣言，要求成立联合政府，反对一党独裁；反对美国干涉中国内政。在这份宣言上签名的有二十多个团体，文协成都分会属于领头的。此事立即引起了四川省教育厅厅长郭有守的强烈不满。他立即对中央社记者发表谈话，说文协的宣言未经理事会讨论，是"不良分子伪造，企图混淆视听"。郭有守之所以恼怒，是因为他是主管文化的官员，当时没有文化厅一类的机构，文化工作统归教育厅主管。由于郭有守是政府官员，不便参加文协分会，但为了统战需要，就将他的夫人杨慧云选成了理事。

宣言签名时，因事情仓促，陈翔鹤还未及报告李劼人和叶圣陶，只与陈白尘、叶丁易碰头后便决定了，因此理事会成员也不知这事。当郭有守问及夫人宣言之事，杨慧云自然不知情，陈翔鹤等人因而遭到了郭有守的斥责。事发后，陈翔鹤等三人来向李劼人致歉并商议对策。李劼人听后哈哈大笑，说："那郭某人在唬你们。其实事情再简单不过了，我们常务理事是干啥子的？就说这件事是常务理事开会决定的，她杨慧云只是个理事，当然不会知道有署名这回事。依我看，马上召开常务理事会，在议事簿上写上这个决议案，把开会的日期倒填一下，岂不是就有根有据，还怕他去散播流言蜚语！"[①]这个意见也得到了叶圣陶的赞同，于是国民党人无话可说，一场风波就这样被李劼人化解了。

成都的民主运动也和全国一样发展迅猛。1945年9月，成都文艺界同人联名再次发表了《对时局的呼吁》，希望国共两党携手合作共同建设一个新的国家。签名者达两百多人，李劼人也在呼吁书上签了名。

---

① 谢扬青：《李劼人先生与文抗——文协成都分会片断》，《新文学史料》1992年第2期。

迫于全国人民对于和平民主的渴望，蒋介石先后于1945年8月14日、20日、23日三次电邀毛泽东赴重庆"共商国是"。8月29日至10月10日，国共两党在山城重庆举行了具有重要历史意义的重庆谈判。这是国共两党领袖自大革命二十余年后的再度握手。

　　重庆谈判期间，毛泽东广泛会见各界民主人士，其中一次便是与"少年中国学会"会员的相聚。毛泽东青年时期曾经王光祈介绍加入"少年中国学会"，他在这个学会结识了许多有为志士，对这个早期的思想学术团体和其中的朋友们是充满感情的。在渝的"少中"会员得知毛先生来重庆，提出要集体宴请他，但毛泽东则坚持要由他做东。

　　宴会在鲜特生的公馆"特园"举行，这里是中共南方局和民主党派的重要活动场所。①

　　李劼人因为忙于嘉乐纸厂经销事情，经常往来于成、渝、乐之间，毛泽东来重庆时，李劼人也正好住在重庆，因此理当在邀请之列；同时受邀的还有生物学家周太玄、实业家卢作孚，以及曾琦、李璜、左舜生、魏时珍等青年党人。青年党与共产党原本是敌对的，在抗日战争中出于民族大义，两党结成了盟友，青年党领导人还曾到访过延安。但国共谈判破裂后，青年党则再次追随国民党而去。

　　那天，出席宴会的共产党领袖除了毛泽东，还有周恩来。他与在座的留法勤工俭学生是老相识；民盟领导人张澜住在特园，也参加了宴会。聚会场面热烈而愉快，毛泽东同新老朋友一一握手，随和亲切，众人谈笑风生，气氛十分活跃。

　　毛泽东与在场的会员有的是早闻其名，却是初次见面；有的则是二十多年前便相识，如左舜生、魏时珍。其中魏时珍在赴法留学前夕，陈独秀在上海商务印书馆为王光祈设宴饯行，在场的就有毛泽东和魏时珍。李劼人与毛泽东是首次会见，但毛泽东的文章他却很早就熟知，1919年他在创办《星期日》时，

---

① 李眉著《李劼人年谱》记载，宴会地点在张治中公馆，但文协秘书谢扬青《劼翁二三轶事》说是在特园。本书采用后者说法，但出席者名单采用李眉之说。

就转载过《论民众的大联合》。如今见这位共产党领导人谦虚、大度的气魄，李劼人的谈话也就无拘无束。李劼人首先向毛泽东询问了"二五减租"的情况，毛泽东认真地回答了这个严肃问题，特别说明这是为了建立巩固抗日民族统一战线，在根据地实行的土地政策，是为了充分调动广大农民的生产积极性和抗日的热情。

酒过三巡后，李劼人举起茅台酒，向毛泽东敬酒，再次诙谐地问道：坊间传说，红军四渡赤水，路过茅台村，有人把茅台酒用来洗脚，可有此事？毛泽东粲然一笑，也风趣地回答：哪有那么回事哟，喝都不够呢！满座皆欢笑。[①]

毛泽东转而打听起了王光祈的情况，并问在座的会员能否将少年中国学会重新恢复起来。周太玄回答，王光祈已经在德国去世。谈到少年中国学会时，周太玄如实地说，由于内部政见分歧，这个团体恐很难重整旗鼓。后来周太玄在家中谈及此事，被夫人喻培厚很是奚落了一番，说周太玄真是书生气十足，有毛泽东这样的会员在，什么问题不能解决？[②]周太玄为此自叹没有夫人的政治头脑。

李劼人通过这次会见，从毛泽东、周恩来的身上，看到了中国的未来，心中也升起了一种新的希望。

国共两党经过四十三天的艰苦谈判，终于达成协议，签订了史上著名的《双十协定》。然而，正当全国人民沉浸在和平民主建国的曙光中欢欣鼓舞之际，内战还是不可避免地爆发了，协定很快就成了一页废纸。

1945年12月，美军五星上将乔治·卡特莱特·马歇尔作为美国政府特使前来中国，调停国共纷争。面对日趋紧张的国内形势，陈翔鹤来找李劼人，欲以文协成都分会的名义写一封致马歇尔的公开信，反对国民党一党独裁，呼吁成立联合政府，明确表示拒绝美国干涉中国内政。李劼人十分支持这一行动，立即又请来陈白尘、林如稷、刘盛亚、叶丁易等几位常务理事，共同讨论如何落笔。讨论决定由叶丁易执笔，再派陈翔鹤出面将信交给华西大学教授文幼章，

① 谢扬青：《劼翁二三轶事》，《李劼人小说的史诗追求》，成都：成都出版社，1992年12月第1版，第326页。
② 刘恩义：《周太玄传》，成都：四川科技出版社，1992年6月第1版，第195页。

请他译为英文。之后，这封公开信除了直接寄给马歇尔之外，还分别寄给了英、美、法等国的一些报刊、通讯社，以及驻华的使领馆。公开信在海内外产生了极大的影响，也引起了国民党当局的震怒。四川省主席张群曾大发雷霆，将部下招来狠狠臭骂了一通，叱责他们无能，连个文协分会都看不住。于是特务们加紧了对李劼人等文协成员活动的监视。

然而，这封与中共地下党联名写的揭露国民党独裁、腐败的公开信，在李劼人已经去世数年后的"文革"中，竟成了他讨好美帝国主义的罪状。据陈翔鹤之子陈开第回忆，成都三名外调人员专程赴北京，向陈翔鹤了解情况，在没有得到想要的结果，念了许多条"罪该万死"的咒语后才悻悻而去。①若李劼人地下有知，不知会作何感想。

为了稳定后方，国民党在统治区内加强了对民主运动的镇压。李公仆、闻一多两位民主人士在昆明先后遭到特务暗杀。这一白色恐怖行径立即引发了全国性的抗议浪潮，各地纷纷召开集会，追悼李、闻二人，声讨特务们的卑劣手段。重庆于7月28日举行了追悼会，成都则直到8月上旬还没召开。李劼人对文协成都分会悼念李、闻的迟缓反应是不满意的，他在致分会秘书长谢扬青的信中指出："追悼或纪念李、闻，我们成都文协分会实在太落后了一点。请函告翔鹤君，遇此等事，应随时提醒盛亚君，得上点儿后劲方妙。"李劼人还连夜为追悼会写了一副挽联："死了宋教仁，也死了袁世凯，历史不重演，岂可以不重演！何论校场口，更何论昆明城，自由应该争，再流血应该争！"②李劼人还特别说明，追悼现代文人，而又要涉及时事，而又出诸文协，故不宜掉书袋，所以用白话写出，只在平仄上考究。

在李劼人的敦促下，8月18日，成都文化、新闻界人士在新蓉电影院举行了隆重的追悼李、闻大会。从此，李劼人也就成了特务们监控的重点。

------

① 陈开第：《李劼人与陈翔鹤》，《李劼人小说的史诗追求》，成都：成都出版社，1992年12月第1版，第304页。
② 李劼人：《460801致谢扬青》，《李劼人全集》第10卷，成都：四川文艺出版社，2011年9月第1版，第60页。

扬青兄：

追悼或纪念李闻，我们成都文协分会定在太平洋（？）……请速考翔鹤君遇此等事，忘陷时机。

……或并君得上三[免]儆，新方好，股语极似接到未死[临]时。

施意拟定，追悼既久文人而工要得时事，而文出版文协校名宜揭书笺，因以白话出之，只死单灰上留了一下。

身以为上联妙，有意思，不适用得为，仍次请翔鹤批君撕的心。

股文录如下：

死了宋教仁，已死了袁世凯，历史不重演，岂可以不重演！

校揚映更行论吾此明域自由竞争，再流血雁竞争，何况……

新志二册校抽尚未细阅敬心谢，卯作

　　　　　李劼人
　　　　　八月百廿[三]

李劼人大用笺

李劼人致成都文协秘书长谢扬青信，要求尽快召开追悼闻一多、李公仆大会。

1946年底，一位律师出面想在成都创办一份像《大公报》那样有影响的报纸，报名叫《四川时报》，请李劼人担任其副刊的主编。这是一个为文协朋友们提供作品发表阵地的好机会，李劼人满口答应下，并给副刊取了个地方特色浓郁的名字"华阳国志"。因忙于嘉乐公司的事情，李劼人不可能参与具体编稿，便请洪钟来做编辑，他主要制定办刊方针和标准。于是，"华阳国志"成了《笔阵》之外，文协成都分会的另一处文艺阵地，刊登了会员大量的作品。郭沫若的《王安石的明妃曲》，茅盾的《游苏日记》，杨晦的《论西游记》，沙汀的《还乡记》，以及林如稷、臧克家、陈炜谟等作家的散文，尤其是尖锐犀利的杂文，都得以在副刊上发表，这对当时争民主、反独裁的政治运动起到了推波助澜的作用。

1947年5月，成都各界人士和青年学生掀起了"反饥饿、反内战、反迫害"的大规模群众运动。参与运动的地下党员均被上了国民党特务的黑名单，为了躲避追捕，陈翔鹤避到李劼人的家"菱窠"。明知有受牵连的危险，李劼人依然将陈翔鹤安排在家中住下，而且很轻松愉快地对陈翔鹤说，平时难得有摆龙门阵的机会，借此逍遥清闲一下有啥来头！

陈翔鹤在"菱窠"躲过了风头，但不久成渝两地特务大逮捕，陈翔鹤再次成为追捕对象。他赶紧到东大街崇德里嘉乐公司董事会办公室找李劼人求救。适逢李劼人因公去了重庆。谢扬青听陈翔鹤说想去嘉乐纸厂躲避，便让陈翔鹤带着写给曹青萍厂长的介绍信去乐山，同时用隐语致信通知李劼人："那位送给你一盆文竹的名叫定波的朋友，因急事到乐山，随便游览山水名胜，并打算在厂里小住些时日……"李劼人看信就明白了，随即发电报通知厂方好好安顿，之后又正式任命陈翔鹤为驻厂秘书兼总务主任。嘉乐纸厂现存的档案中，还有几份厂务会议记录，而记录者叫"陈定波"，此人正是陈翔鹤。

陈翔鹤两手空空，搭"黄鱼"匆忙乘货车去了乐山，一直隐藏到1949年底天下大变，才返回成都。陈翔鹤与李劼人患难与共，因而也结下了深厚的友谊。

沙河堡的"菱窠"作为地下党人的避难所，陈翔鹤并非第一人。1946年特务"六二"大逮捕时，洪钟在抓捕之列，可特务在印刷厂抓错了人，报社社长叫他赶紧到李劼人家去避风。洪钟在"菱窠"住了几天，李劼人打听到风声已过，才让洪钟离开。《华西晚报》总编辑、左翼剧联成员赵铭彝为躲避大逮捕，也带着他小儿子在"菱窠"住了十多天，直到在川东找到工作才离开。李劼人对这些避难的朋友都予以了热情招待。

李劼人与文协分会中地下党的密切关系，国民党当局是很清楚的。但是鉴于李劼人的社会声望和影响力，特务不敢轻易逮捕他，却将他的儿女视为猎物。李劼人的女儿李眉（远山）、儿子远岑，都是四川大学农学院的学生。特务先放出谣言，说李远岑是川大学运负责人，于是黄季陆校长的中将秘书便签发了一纸逮捕令。特务们遵命到宿舍抓人，与李远岑正好碰上，但特务不认识他，反而问李远岑在哪里，结果让李远岑略施小计逃脱了，随后躲入了魏时珍家。特务们不死心，又赶到"菱窠"去捉人，翻箱倒柜，将李家折腾得一片狼藉，仍然一无所获。正当特务们悻悻离开时，李劼人无不揶揄捞起所穿长袍的下摆："我还有个胯胯，你们还搜不搜？"一伙特务恨得咬牙，却又无计可施。

就在特务们垂头丧气返城时，意外地在东大街遇到了李远山。一个特务曾是远山小学同学，当即认出了她，因为李眉曾积极参与过"反饥饿"运动，也是属于被抓的人。特务当即将她抓到将军衙门特刑庭关押。

抓李劼人子女，是国民党当局对他的严重警告。之后，东大街崇德里的嘉乐公司被特务搜查，连公司隔壁和巷道大门口都住上了特务，出入的人员均被监视。为了营救被抓的女儿，李劼人四处托人，给特务头子徐中齐写信、打电话的人也不少，国民党四川省参议长向育仁也多次要求徐中齐放人。李劼人在《自传》中说："亏得一个与蒋系最接近的有力人，平日虽然会过面，不算熟人，这人却自告奋勇，每天打电话给特务头子徐中齐，力保李远山无他，要他放人。"这样，在关押了二十七天之后，李眉总算在1949年1月18日被释放了出来。但徐中齐仍然不忘威胁李劼人，特地给他写了一封信，称"俟有机会，再面谈一是"。

辽沈、平津、淮海三大战役之后，国军已呈全面溃败之势。就在淮海战役打响前，李劼人在嘉乐公司办公室与他在军界的朋友、国民党第五绥靖区司令官兼川鄂边区绥靖公署主任孙震进行了一次秘密谈话。具体谈了些什么内容，如今已经不可能知道了。据谢扬青《劼翁二三轶事》介绍，仅仅知道李劼人是"充任策动起义的说客"。显然，这是一次不成功的策反，孙震最终去了台湾，直到1985年在台北病故。但对李劼人而言，在历史走向的关口，既是为老朋友，也为和平尽了责任和义务。

1949年，国民党在大西南的最后一块统治区域已土崩瓦解。12月7日，阎锡山在成都召开了国民政府行政院在大陆的最后一次会议，宣布"政府迁台"；蒋介石组织"川西决战"的意图破产后，也于12月10日登上了早已停在成都凤凰山机场的飞机，向成都，也向祖国大陆作了最后告别。这标志着国民党在大陆的彻底溃败。12月30日，人民解放军举行隆重的入城仪式，成都历史由此翻开了新的一页。

就在解放军入城的前两天，李远岑已经回到家中，照李劼人的说法是"大摇大摆地走了出来"。一家人终于团聚。

1949年12月27日，李劼人主持文协成都分会召开了一次临时理事会。那天，李劼人喜气洋洋，一大早就从乡间赶到城里来。但部分理事却不能到会，陈翔鹤、洪钟、车辐为躲避特务追捕，分别去了乐山、雅安、郫县。不过，绝大多数理事都赶来了，林如稷、谢文炳、陈炜谟、刘盛亚、陈思苓、谢扬青等人，也和李劼人的心情一样激动，他们仰望已久的天终于亮了。到会理事一致推举，要由李劼人执笔写一份宣言。满怀喜悦的李劼人也就当仁不让，挥笔写下了《中华文艺界协会欢迎人民解放军进入成都》，并嘱咐他人要用大红喜色纸印发。

李劼人在宣言中简要回顾了文协成都分会自抗战时期成立以来，在反对国民党政治专制独裁、经济独占剥夺，及残暴惨毒统治的艰苦奋斗中，分会团体与个人所经历的牺牲："我们毫无私图地流过血，出过汗，说损过我们的嘴，挥秃过我们的笔。"最后，李劼人欢欣鼓舞地写道："幸而这黑暗的日子到底过完，蒋中正和他一伙死党到底滚进了地狱之门，中国大陆的最后一个都市——成都，到底看见了光明，这是人民解放军千辛万苦的勋绩，我们为人民大众而欢欣，也为我们自己而欢欣。"①

1950年2月22日上午，在《川西日报》礼堂（原《新新新闻》大楼内），中华文艺界协会成都分会召开了最后一次理事会，理事长李劼人对文协成都分会成立以来的工作给予了全面总结。他在讲话中说："我们的年会原在五四文艺节举行，1947年就受到特务的严重监视，接着就发生了'六二'事件，同人备受压迫，心情却更加愤慨。大家都坚持正义，不投降，不合作。故'六二'以后，团体活动似觉停顿，但私人的反抗则继续保持。看来似乎有些沉寂，其实是蕴蓄了烈火，偶尔也发泄一点。""解放以后，我们的工作活动和写作条件都很自由了，我们今后范围还要扩大，我们需要新会员参加，以充实我们的阵容。"②随后李劼人代表文协宣布理事会全体辞职。

当天下午，举行了"成都市文学工作者协会"成立大会，举出了包括来自解放区和旧文协成都分会在内的十七位新文协常务委员：李劼人、李长路、张非垢、林如稷、陈炜谟、沙汀、常苏民、西戎、朱丹、蔡国铭、洪钟、杨白萍、陈翔鹤、石丁、萧英、谢扬青、车辐。沙汀当选为主任委员，李劼人、常苏民、陈翔鹤当选为副主任委员。这是来自解放区和国统区成都的两支文艺队伍的胜利会师，四川文学艺术界从此步入了一个新时代。

《川西日报》在会议报道中高度盛赞了李劼人："这位少年中国学会的老战士，四川新文化运动的先辈，在反动派几十年来的压迫之下，他没有放弃过文学岗位。近年来，由于他特别不满美蒋狼狈为奸，祸国殃民，窒息民族工业和文化诸种罪行，便一步一步地向人民阵营来了。"③川西区文教委员会主任杜心源、军管会文艺处处长张非垢出席了大会。

杜心源在讲话中高度赞誉旧文协说："在反动统治下奋斗的成都文艺工作

① 李劼人：《中华文艺界协会成都分会欢迎人民解放军进入成都》，《李劼人全集》第8卷，成都：四川文艺出版社，2011年9月第1版，第87—88页。
② 李眉：《李劼人年谱》，《新文学史料》1992年第2期。
③ 《成都文协成立大会小记》，《川西日报》1950年3月12日。

者，并不是大家所说的散兵游勇，而是在敌后打了艰苦的游击战，现在则是作正规战和新的建设工作了。"张非垢也在补充发言中明确指出旧文协是一个进步分子的战斗组织。①

大会还决定在"成都市文学工作者协会"的基础上，筹备成立川西区文学艺术工作者联合会，李劼人再次被推举为筹备委员会副主任。川西文联便是今天四川省文联的前身。

四、长篇小说《天魔舞》

从抗战到40年代末，李劼人把大量的精力和时间都投入到了嘉乐纸厂的经营中。文学不再是他这一时期的主题，写作回归到了业余状态，因此无论创作或是译著，没有像二三十年代那样丰富。但李劼人毕竟是作家，文学依然是他心中的挂念，即使有短暂的空闲，他也会拿起笔来。

法国文学方面，这期间他主要是改译旧著，新翻译的著作只有维克多·马格利特的长篇小说《单身姑娘》，并于1944年在成都出版。

但是在创作和办刊方面，这一时期还是有重要收获。1943年8月，李劼人在成都创办《风土什志》，他担任社长，谢扬青和向宇芳任主编，发行人为著名杂文家、有"小铁锤"称号的樊凤材。这是一份人文地理色彩极其浓厚的普及性文化刊物，历时六年，共出版了三卷十四期。许多著名的史学家、民族学家、文化学者及作家都在该刊上发表作品，出版不到两个月，销路就达十多个省，影响直至国外。

李劼人这一时期写作的重要散文、文化随笔，几乎都发表在《风土什志》上，计有：追忆性散文《忆东乡县》《追忆刘士志先生》《敬怀刘豫波先生》等，还有长篇人文历史散文《漫谈中国人的衣食住行》《二千余年来成都大城史的衍变》《旧账》。其中《二千余年来成都大城史的衍变》是作者的一部历

---

① 李士文：《李劼人的生平和创作》，成都：四川省社会科学院出版社，1986年12月第1版，第62页。

史文化书稿《说成都》的第一章，该书稿文字约十七万字，除了说大城之外，还有说沟渠，说街市，说名胜古迹，说土特产等。遗憾的是李劼人逝世后，书稿尚未出版便散失了。这些作品对于读者认识李劼人这位文化大师，具有重要的参考意义。

1945年5月，李劼人将二三十年代创作的短篇小说编辑成了一个集子，由中华书局在1946年出版，收录了《好人家》《大防》《只有这一条路》《湖中旧画》《编辑室的风波》《对门》《兵大伯陈振武的月谱》《市民的自卫》《程太太的奇遇》《胡团长的本领真大》，共计十篇小说。

小说集收录有两篇序言，一是李劼人的《自序》，另一篇是周太玄写的《周序》。李劼人在自序中谈及数十年来自己曾写了六十余篇短篇小说，而收进书中的仅仅只有十篇，而且还是儿女们在翻检旧报刊时选出来的。李劼人将其中的《好人家》《大防》《只有这一条路》三篇略作了修改。关于书名，李劼人最初拟用《对门》，周太玄则认为《市民的自卫》较合适，最后采用了谢扬青的建议，按照作品发表的时间顺序，将1924年发表的《好人家》作为书名。

《好人家》是李劼人一生出版的唯一短篇小说集。

20世纪40年代李劼人最重要的创作成果是小说《天魔舞》，这是继《大波》出版十年后的又一部长篇。

这部二十五万字的长篇小说于1947年5月9日起，在成都《新民报》副刊《天府》上连载，至次年3月18日连载完毕。李劼人曾在《自传》中说，这部小说是针对买办资本家和特务们而作的，但未写完，而且并不精练。然而从这部小说的结构和故事情节发展看，似乎并不残缺，不知作者所说的"未完"是什么意思。但作者本人对这部作品感到不满意，则是肯定的，他曾多次表示要修改。

由于作家自己都认为《天魔舞》没有写好，因此也就被研究者忽略，评论文章极少，出版社过去似乎也兴趣不大，直到1981年，四川人民出版社出版《李劼人选集》时，才作为第三卷中的一部编辑成书。其实，《天魔舞》是一部相当有分量的作品，足可与巴金的《寒夜》相提并论。我将李劼人的《天魔舞》与巴金的《寒夜》视为现代文学的双璧，它们是大后方抗战文学的双城记。①这两部分别描写成都和重庆抗战时期知识分子生活的小说，从不同的视角真实地记录历史的一段黑暗岁月。《寒夜》写重庆一个逃难来川的知识分子及其家庭的悲剧命运，《天魔舞》写成都一群小资奸商的生活。如果说《寒夜》是通过知识分子的悲惨命运来揭露社会的腐败与黑暗，《天魔舞》则是从知识分子的堕落去揭示造成社会腐败和黑暗的根源。

《天魔舞》设计了两组人物两条线索，一组是交际花陈莉华与"八达号"的陈登云的同居生活，另一组是中学穷教员白知时和有钱的寡妇唐淑贞的情感历程。前一组人物居于上流社会。"八达号"的象征意义是非常明确的，指的就是大发国难财，导致民生凋敝的国民党官僚集团的吸血公司，那个未露面的"大老板"正是孔祥熙之流的高官。陈登云、陈莉华不过是依附于官僚资本为自己牟利的小角色。后者是处于市民阶层的小人物，但白知时和唐淑贞也有自己的投机之道，他们可以到安乐寺倒买倒卖。两组人物地位不同，所处环境迥异，但却都在参与发国难财的行列中。这就提出了一个问题，究竟是什么样的力量，把这不同身份的人变成了群魔乱舞中的相同角色。

抗战后期，物价飞涨，民不聊生。在国家民族存亡之际，浑浑噩噩的这伙人一心只想为自己谋利益，而致使他们本性扭曲的根本原因，正是那不合理的社会制度。其实，两组人物并不是天生的奸商。陈登云也曾经是有理想的青年，两次高考失败，暗恋的女同事又成了别人的"安琪儿"，他一气之下还想到延安去上抗大，结果被二哥安排进了"八达号"。陈登云这种原本思想志趣并不高的青年，如果有一个好的引导，完全可以是另一番人生，但他经历的恰恰是二哥的"安排"。这个安排正是罪恶社会的"金苹果"，将他引进了官商集团。女主角陈莉华原本也是个普通女人，过早失去双亲，读完小学便辍学，跟着贫病交加的姨妈吃了许多苦头，十八岁便嫁给大她十六岁的小官僚做"填

① 张义奇：《大后方文学的双城记——〈寒夜〉与〈天魔舞〉异质同构的悲剧叙事》，陈思和、李存光主编《珍藏文学记忆》，上海：上海三联书店，2015年10月第1版，第173页。

房",生育了三个子女后,发现丈夫与奶妈私通,出于报复心理,才从重庆跑到成都与陈登云同居,顺便也参与了八达号的投机生意。

生活在底层的唐淑贞和白知时原本是很不幸的人。唐淑贞的前夫也曾是小官,因得罪军阀,被科以匪谍罪杀害。唐淑贞成了寡妇,回到成都,一个偶然机会发现安乐寺黑市生意很赚钱,于是走上了投机道路。不仅如此,还裹挟自己的房客白知时也走上了投机之道。白知时本来是个有教育救国理想的教师,可是穷得来头上戴的帽子连车夫都不如,脚上的皮鞋补了又补,但即便如此贫困,他依然保持善良、正直的心。他面前有三条路可走:一是回到家乡去当县参议员,衣食无忧;二是到偏远点的县份去教书,生活也能混下去;三是与有钱的寡妇唐淑贞结合,成为她装点门面的男人。此三条路他都不想走,当县参议要昧良心,他不干;偏远县份山高皇帝远,社会更黑暗;娶唐淑贞也不是他本意,他对她并没有感情。然而,住房租金不断暴涨,他若不答应她的要求,实在找不到别的出租房;更悲催的是,他在大街上莫名其妙被特务抓进了牢房,是唐淑贞花钱托人情才将他救出来。一半感激一半被迫,白知时不得不选择唐淑贞,从而也走上了投机商的道路。结果让唐淑贞都没有料想到的是,白知时聪明的头脑,丰富的知识,竟比她唐淑贞有更大投机本领。

白知时从一个正直善良的知识分子蜕变为投机商人,被严酷现实一步步逼上这条"沉沦"之路。他的转变所蕴含的巨大悲剧意义是不言而喻的。

《天魔舞》是一部社会悲剧。通过几个人物的命运起伏,将一个群魔乱舞的时代淋漓尽致地暴露在光天化日之下,堪称一部直接描写抗战时期社会黑暗的批判现实主义力作,在现代文学史上与《寒夜》具有同等重要的美学价值。

李眉曾说《天魔舞》是1947年"旋写旋发"①。给人留下的印象,这部作品是匆匆写就。其实,《天魔舞》极有可能是在抗战时期就有初稿。1945年6月30日,茅盾在写给李劼人的信中,有一句:"我又永远不能忘记廿七年春我在香港时得到您的信,您说已写了一部暴露性极强的小说,没法印出来。"廿七

---

① 李眉:《李劼人年谱》,《新文学史料》1992年第2期。

年，即1938年，《天魔舞》的写作似乎应该在这年，否则李劼人不会在信中向茅盾提及。但是仔细推敲，1938年李劼人又不太可能写出这部小说，理由很简单，全面抗战初期，全国救亡运动高涨，投机商人还不至于如作品中写的那样猖獗；而李劼人所写的投机商们，显然是他在经营嘉乐公司时，从与各类商人打交道的生活积累中提炼出来的。正如李劼人自己所说："数年以来，算盘账簿，花面逢迎，虽是当了一名公司职员，而无异于一名未入流小官，业已是吃铁吐火，更无法舞文弄墨。"[①]如果没有这一段经营嘉乐纸厂的生活，作者不可能了解到那么多官商勾结、囤积居奇、倒买倒卖的内幕，也就写不出如此深刻直面黑暗的作品。那么，信中所谓"暴露性极强"的会不会还有另一部作品呢？可纵观整个抗战期间，作者并没有创作有其他暴露性极强的小说，哪怕是一个短篇也没有。

《天魔舞》创作的具体时间成了难以说清的问题。我们只能笼统地说，这是李劼人在抗战胜利前后完成的一部优秀小说。

---

① 李眉：《李劼人与嘉乐纸厂》，成都：《四川工人日报》，1987年6月20日，第2版。

第十四章

半生苦心营"嘉乐"

嘉乐纸厂是寄托着李劼人文化理想的企业。从1925年筹建开始，到1952年将工厂交给政府，在前后二十七年的时间里，李劼人为嘉乐纸厂的创建、生存、发展耗费了大量的时间和精力，甚至搭进许多资金积蓄。他像对待自己的孩子一样，呵护这个弱小的民族企业逐步成长。

李劼人历经了工厂从举步维艰到鼎盛，再到衰落的全过程。创业时，他充满信心；困难时，他四处奔波；兴旺时，他不忘初衷；衰退时，他竭力维持。

依托这个自己一手创办的企业，李劼人也实现了青年时期立志做祖国西南部新文化运动踏实基础的宏愿；特别是在抗日战争时期，李劼人与他的嘉乐纸厂为保存、传播中华文化，做出了自己卓越的贡献。

可以说，实业家是李劼人继文学家、翻译家身份之外，另一个重要的身份，他对民族工业的坚守应当被历史记住。

一、坎坷创业路

嘉乐纸厂是浸透了李劼人半生心血的企业。

当初创办这个造纸厂时，他的目的就很明确：拟做中国西南部文化运动之踏实基础。实业救国是一代知识分子梦寐以求的理想。醉心于文学创作的李劼人，其实更热衷的事业是办企业，这种强烈的愿望是和他身处四川环境的生活生存经历密不可分的。他早年在报馆工作，深感纸张对文化传播的重要性，渴望有自己的造纸业；他身处在交通不发达的四川，因此他想造船、造汽车。

然而，老天似乎喜欢和他开玩笑，造船造车梦破灭了，造纸厂的发展也是一波三折。纸厂建成的头几年，因产品质量问题，一直打不开销路，他将自己在大学教书的收入大部分都投进纸厂的改造中，也未能扭转乾坤。"三角债"压得纸厂喘不过气来，开工没有钱，还欠不少债，而以往卖出的纸款又收不回来。所以到1929年纸厂只得歇了业，李劼人只好应了张澜的委托，到京、沪、杭去为成都大学招揽人才。到1930年夏，李劼人和一般股东实在不甘心投入了大量心血和钱财的纸厂就此彻底关闭，于是又聚在一起会商救困办法。一方面再凑了几千元资金，一方面强行推举嘉裕碱厂经理施步阶出任嘉乐纸厂经理，李劼人任协理，王怀仲任工程师兼厂长，并且要求他无论成败都不能离职。于是，嘉乐纸厂才又复了工。可是好景不长，由于资本太小，机器设备太差，出品的纸张质量仍十分不如人意，加之各种苛捐杂税，导致成本过高，再加上商品跌价、倒账等种种因素，使纸厂生产不仅没赚到一分利润，还耗光了所有资本，并且欠下了上万元的债务。不得已拖到1931年4月，纸厂只得第二次关了门。

这一次，股东们都真的灰了心。此时正逢二十四军提倡实业，大家便决议将纸厂折价，但是商谈了几次，均未谈成。

进入20世纪30年代后，内地洋纸来源时断时续，特别是九一八事变后，全国人民抵制日货，本土纸厂似乎看到了一丝希望。1932年春，成都各报馆召开联合会议，邀请李劼人出席，人们纷纷表示要爱国，不再用日本纸。他们希望嘉乐纸厂开工生产，各报馆都愿意用嘉乐纸。但在价格方面却要求必须优于洋纸。当时，报馆一般使用的都是瑞典纸和日本纸。瑞典纸在上海是每令五元，到汉口卖六元，重庆则是九元，到了成都已涨至十二元；日本纸在成都则只卖每令八元。嘉乐纸在质量上劣于西洋纸和东洋纸，因此，报馆评定颜色泛黄的嘉乐纸每令必须低于日本纸,只能买四元五,多一角都不能算爱国。但是,经过嘉乐纸厂的计算,即使不计税费和各种杂费,仅工料就得投入五元。这个生意实在没法做。

既然产品不愁销路,李劼人便又与股东们商议,还是得想办法节省成本,重新开工。好在这时,一位有气魄的商人看准了造纸业的巨大商机,认定投资会有回报,便有条件地接办嘉乐纸厂。施步阶仍然被推举担任经理。

嘉乐纸厂第三次开工了。虽然依旧困难重重,债务缠身,想改善的机器设备无法购买,但是一些小的改造还是给企业带来了新气象。一是工人的技术熟练了,主人意识也得到增强,二是某些设施的重要零部件找到了替代品。所以到1934年,纸厂的形势有了好转,开始有薄利,产品销售有基本保障,销售收入总算基本能够维持企业运转。

像嘉乐纸厂这样设备落后、产品质量相对较差的企业能够在举步维艰的条

嘉乐纸厂大门

件下，磕磕绊绊地坚持下来，首先是因为创办者，也就是包括李劼人在内的股东们心中的理想未灭。其次是因为大时代的来临：国内，日本对我国东三省的侵占，激起中国人的极度愤慨，抵制日货几乎成为全民的自觉行为，相较西洋纸价廉物美的东洋纸，在中国自然失去了市场；在省内，红四方面军于1932年冬越过秦岭，进入通南巴地区，建立了川陕苏区。四川各路军阀为保住既得利益，停止了从辛亥革命以来二十余年的相互攻伐。内战结束，尤其是军阀防区制的结束，使社会环境大为好转，而日本的猖獗，也让地方政府感觉到了发展经济的迫切性与重要性。嘉乐纸厂便在这个缝隙中站稳了脚跟。

1935年底，李劼人在《嘉乐纸厂的来踪》一文最后信心满满地写道：

> 现在工程师王怀仲先生正本其十年苦干的经验，作了一个踏实的扩充计划，大概得资数十万元便可日出上等新闻纸若干顿（吨），或许这是一个转机。且等他的计画拿来，再在报纸上披露，要是能够感动有力量人的热心，那吗，我们的十年旧梦未始没有实现的一天。不过……①

这"不过"以后，是李劼人已经切身感受过的艰辛，他知道创业的道路上还有许多困难。

虽然时代已经为嘉乐纸厂的复苏带来了生机，省内新闻界也纷纷表示愿意放弃洋纸而改用嘉乐纸，但各报馆所提出的价格和质量方面的要求，仍然是嘉乐纸厂不能不面对的问题。好在当时省内有规模的机器造纸企业仅此一家，政府又有心发展经济，因此对嘉乐纸厂给予了大力扶持，其中有两条十分关键：一是行政支持，二是技术指导。为此省政府还直接发出省主席刘湘的指令，明令成都各报馆，新闻纸一律采用本省纸，这等于给嘉乐纸厂生产的新闻纸彻底打通了销售渠道；但同时，鉴于嘉乐纸的质量问题，指令也措辞严厉饬令嘉乐

---

① 李劼人：《嘉乐纸厂的来踪》，《李劼人全集》第7卷，成都：四川文艺出版社，2011年9月第1版，第312页。

纸厂进行技术改造，并由省建设厅派出专家进驻工厂，帮助其进行技术改良。《实业家李劼人档案揭秘》所收录1935年的一份《省政府令改良嘉乐纸》，说明了政府对嘉乐纸厂的高度重视：

    省政府编审委员会，日前两请建设厅，派员赴嘉定，指导嘉乐纸厂，改良纸张，以应蓉市各报馆需要。兹悉省府已令建设厅技士黄代镕，前往督促改良，限期考察进展，并出牌告晓谕该厂等遵照。兹将原令录后：

    "建设厅案呈，查改良土产，为挽救四川经济之要图，本主席于上年春间，曾以四川善后督办名义，召开全省生产建设会议，并组织土产改进委员会，专司其事。对于改良纸业一项，特别召集纸商及各报馆开会讨论，并饬令各报馆，一律改用本省纸张，以示提倡而资鼓励在案。殊自明令采用以来，该嘉乐纸厂等，袭故蹈常，毫无改进。出品既劣，价值尤高。不特大悖政府改良初衷，转成纯为少数厂家维持特殊之利益。比来由渝运省外纸，因沿途无重征留难之烦，价格减低，成都各报馆为减低成本，增加销场起见，均有改用外国纸张之趋势。长此以往，其何以塞漏卮而维土产？本主席既经明令提倡，兹当贯彻主张，期收实效。兹特派该员前往嘉乐等厂，督促指导，务使积极改良，俾可代替舶来品。尤当使其制造程序，日趋于合理化，适合于购买者之经济力。并应限定期间考察进度，除牌告嘉乐纸厂知照外，合行令仰该员遵照克日前往，仍将到达日期，暨督促办理情形报查，此令。"

从这份主席令可以看出四川省政府欲发展地方经济的决心，而又对嘉乐纸厂的产品质量极度不满："袭故蹈常，毫无改进。出品既劣，价值尤高。"批评口气十分严厉。其实这并非嘉乐纸厂的本意，只因资金少，设备落后，才致产品成本高，质量低。如今有了政府的强力扶持，不改自然是不行了。

长期以来，困扰嘉乐纸厂的一大技术难关是漂白问题，所出的产品纸不仅比较粗糙，而且还呈现淡绿或淡蓝色。省里专家考察后发现，嘉乐纸使用的是井水，而井水含盐分重，与碱相遇，化学反应起了中和作用，纸张始终不能漂白，如今改用河水，问题立刻就解决了。

难题解决了，产品质量也自然有大幅提升，嘉乐纸的市场优势顿时体现出来了。嘉定地区造纸原料丰富，嘉乐纸厂就地取材，和洋纸同等质量，首先在价格上就战胜了竞争对手，省内的报馆当然乐意使用嘉乐纸。因此，至七七事变爆发前夕，嘉乐纸厂已经逐渐扫去多年阴霾，从困境中走出来。

然而，正当嘉乐纸厂大展宏图之际，经理施步阶病逝了。这对嘉乐纸厂的全体员工实在是一大噩耗！施步阶是嘉乐纸厂的创始股东之一，当年李劼人去嘉定与陈宛溪商谈办厂事宜，最先拜访的便是这位白手起家的实业家施步阶。施步阶以嘉裕碱厂经理身份，来参与创办嘉乐纸厂。在嘉乐纸厂最困难，尤其两度面临关闭的时候，都是他在苦撑危局，可以说他为嘉乐纸厂呕心沥血，鞠躬尽瘁。正是在他的坚守、坚持下，嘉乐纸厂才熬过了最黑暗的日子而起死回生。谁也不曾料想，正当员工们满怀希望在施步阶经理带领下走向成功时候，他却离世了。

二、忙碌的董事长

1937年春，嘉乐纸厂召开股东大会，选举陈子光接替施步阶任经理，王怀仲仍然担任厂长兼工程师，同时推举李劼人出任董事长。[①] 由此开始，以后的十多年间，李劼人把大部分的时间和精力都投入到了这个命运多舛的嘉乐纸厂的管理和产品营销之中。

李劼人对嘉乐纸厂的管理是从清理账目开始的。

李劼人是一个十分精细的人。经营"小雅"时，他都要坚持每天亲自记账，如今面临的是嘉乐纸厂这么大一个企业，他更需要弄清账目的来龙去脉。

---

① 李眉在《李劼人年谱》中说，李劼人在1935年秋被推选为董事长，可能时间上有误。此时李劼人刚从民生机器厂辞职不久，正全力以赴创作"大河小说"，虽然也为嘉乐纸厂奔走，但投入的时间和精力有限。李劼人首次担任嘉乐纸厂董事长应该是在1937年施步阶病逝之后。《实业家李劼人档案揭秘》的说法更正确。

于是，他接任的第一件大事便是清查账目，摸清家底，厘清几年以来经营的亏盈。但是，1930年至1937年6月底以前的账目，由于施步阶病故，已经理不清楚，会计师也不愿清理。仅仅由工厂人员自行清理，结果还真就查出了当年下半年出现的重账、舞弊、多付等问题，其错误账竟达四千九百余元。

账目清理后，紧接着便是健全企业的规章制度。李劼人当过民生机器厂的厂长，积累了不少现代企业的管理经验。而且更早在留学的时候，他就认真考察过法国的工厂管理，尤其在拉密尔养病期间，他曾详细地调查过小城中企业的生产经营和生活管理制度。所以在1935年秋，他在嘉定出席股东会议时，就明确主张要建立健全各种制度，而会计制度是其首要。如今李劼人担任董事长，最重要的便是通过董事会完善一系列管理制度。"于是正式成立股份有限公司，组织董事会，制定章程。"①嘉乐公司档案中所保存的董事会议事记录和股东会决议等诸多原始文件，都可以看到当年纸厂管理措施的建立和健全，从生产经营、财务管理直到职工生活福利等，都有相应的规章。许多规章制度都是由李劼人亲自拟定，少则三五条，多则十多条，每个岗位都有严格的规范要求。譬如1938年3月1日召开股东大会就制定有关于股东往来的差旅、食宿的《旅费规章》。

纸厂财务账目在李劼人经手时更是清楚明白。1942年4月10日的第七届股东大会决议案中明确记载："李总经理报告数月中收款、借款、用款经过情形，并就会计半年结算各项数字逐一加以说明。"这份决议中还记载有"修改章程案"。这些都说明，嘉乐纸厂完全是按照当时《公司法》的管理规定在操作。

在制定和完善管理制度的同时，李劼人又向董事会提出变更企业名称，将嘉乐纸厂变更为"四川嘉乐纸业股份有限公司"。1938年第三届股东大会决议中有明确记录。纸厂名称变更的目的，李劼人说得很明白，就是按照《公司法》的规定进行招股融资。资金的短缺是嘉乐纸厂多年以来面临的难题，没有

---

① 李劼人：《自传》，《李劼人全集》第1卷，成都：四川文艺出版社，2011年9月第1版，第12页。

钱购买新设备，产品质量低，生产成本高，因而缺乏市场竞争力。如今纸厂变更名称，就是要招募新资本来实现工厂的升级改造。

1939年春，嘉乐纸厂的股东们盼望了十多年的分红终于要兑现了，但为了进一步积累资金来扩大再生产，股东们决定将红利再次转换成股本。嘉乐纸厂分红和招股的消息同时不胫而走，顿时引来了投资者，一些有实力的股东陆续加入进来。1939年12月1日的公司监察人调查报告第一条就称"增加之资本二十万零九千二百元已如数认定"，第二条进一步说明此款已经收足；在另一份股东会议记录中，董事张寿林、监察人邓华民、黄远谟也分别报告了增加资本收足的情况。到了1940年，股东会议记录显示，又增加了股本32万元并已收足。此时的公司股东已经有207户。自此以后，档案材料显示，一直不断有新股东加入，1942年，已增加到150万元。至1942年12月31日，据嘉乐公司会计组登存的一份《股东名簿》（封面上被人写了"吸血鬼名册"几个大字，大概是20世纪50年代公私合营时写上的）看，股东已有240余户，50元一股，已达10万股，共计500万大洋。这些股东分布在全川各地，尤以乐山、成都、重庆为最集中，而股东的身份，除了最早的来自新闻界、实业界的创办者之外，新入股的有军方将领，如孙震、田颂尧、邓锡侯、汤万宇、董长安等；有国民政府官员，如梁颖文、李璜、何北衡、李伯申等；有工商界人士，如谢勖哉等；还有文化界的一些学者名流，如张真如、魏时珍、谢无量、陈翔鹤、朱光潜、刘永济等；另外，更多的便是拥有数十股的身份各异的小股东。这些大大小小的股东，多是在李劼人任董事长之后，逐次投资嘉乐纸厂的。

在这些股东中，孙震是最大的股本持有者。嘉乐纸厂档案中，有人在公私合营时，抄写了部分股东投资情况，其中有王利贞1941年投资400股，何北衡1941年280股，树德中学董事会（代表吴照华、张秀熟）1940年1.2万股，树德中学申太夫人奖学金1941年1800股，孙德操，即孙震1925年1872股，□□中学1940年163股，徐静芳1941年500股，徐淑芳1941年500股……从这张名单表中看，孙震才是嘉乐纸厂的股东巨头，不仅以他的名号入股，实际上以树德中学申太夫人奖学金以及他儿子孙静山名义参股的，都是他的股本。不过，据付金艳考证，孙震的入股时间是1937年，股数也应该是1827股，是抄录者把年代和股数写错了。

陆续加入的股东，不仅现金入股，也有化学工厂投入进来。造纸离不了烧碱，蜀新碱厂的加入，无疑解决了纸厂生产原料供应的一大问题。

增加了资本，李劼人开始考虑嘉乐纸厂设备更新，扩大生产经营规模，以适应大后方抗战的文化之需。1938年他赴重庆，一面游说民生公司入股纸厂，一面争取政府部门的支持。从国民政府经济部，嘉乐纸厂获得了4万元贷款，李劼人以此向刚迁来重庆的顺昌铁工厂新购了两部造纸机和打浆机、动力机等设备及一批零配件；还向美国订购了相当数量的毛布、铜丝布等。

正当一切向好，生产经营正迈上新台阶，李劼人感觉可以松口气时，一件对嘉乐纸厂来说几乎难以承受的灾祸从天而降。

1939年冬，厂长王怀仲前往重庆接收新设备，在顺昌铁工厂办事处忽然遭遇日机轰炸并导致身亡。消息传来，李劼人顿感五雷轰顶，简直蒙了，他不敢相信这是真的。王怀仲是厂长，不仅直接管理纸厂的生产，而且他才是造纸专家，技术尽在他的掌握之中。于公，王怀仲是纸厂不可或缺的人，而且是一位任劳任怨的实干家，甚至连局外的叶圣陶先生都对他有高度的评价。王怀仲逝世后，叶圣陶曾写诗称赞这位仅有一面之缘的工程师："孟实坐中一面缘，渝州惨祸忽惊传。人生自古谁无死，公而忘私君独贤。"[1]于私，王怀仲是李劼人要好的朋友和亲密合作伙伴。二十年前，他们同船赴法留学，在一起度过了许多难忘的时光。李劼人还清楚地记得他们曾经在拉密尔和格勒诺布尔相处的情景，自己大病后去拉密尔疗养，多亏了王怀仲鼓励、照应，他们不仅食宿一室，而且同在一所学校补习法语。后来又一道去格勒诺布尔市，再次合租一屋。在这里，王怀仲进了造纸学校，李劼人则转道蒙彼利埃继续学文学。回国后，李劼人一封信将王怀仲"召"回来筹办纸厂，王怀仲便为了建厂四处奔走，调查研究、寻求资金与技

---

① 商金林：《叶圣陶年谱长编》第2卷，北京：人民教育出版社，2004年10月第1版，第103页。

术支持。可以说，没有王怀仲就没有嘉乐纸厂的今天。想到如今纸厂失去了一位栋梁，自己失去了一位好友，李劼人顿感阵阵心痛。

可是纸厂还得继续办下去，对已故朋友的最好纪念，是把他要做的事业做好。李劼人既是董事长，只得自己把公司这副重担担起来。

但李劼人毕竟不懂技术，厂长的空缺还得亲自去请一位行家来担任。是时，李劼人正患严重的风湿病，身体左肢几近偏废。但为了刚有起色的纸厂能正常运转，他不得不拖着沉重的病体去昆明请工程师梁彬文来当厂长。梁彬文当时在利昌转运公司昆明分公司当经理，其妻薛马德（后改中文名梁明兰）系法国女人，正是发国难财的时候，根本不允许丈夫回四川。李劼人好说歹说，费尽口舌，梁彬文总算同意三个月后回来任厂长，但只管技术，还要求高薪，分红时必须有特别酬报。为工厂大局起见，李劼人被迫答应了这些苛刻的要求，董事会却不理解李劼人的苦衷，责备他太过让步。

可梁彬文却直到1940年夏天才姗姗来迟，此时工厂的新机器已经快安装完毕。梁彬文刚来工作一周，逢其老父病故，遂回长宁县奔丧，从此一去不返，任随李劼人多次函邀电请，都不来。梁彬文离开时推荐了他的同学桂迺黄来接替他的职位。但桂迺黄在嘉乐纸厂短暂工作一段时间后也离开了。梁彬文则直到1944年4月，因利昌转运公司改组，才不得已回到四川，李劼人鉴于他有做生意的经验，遂经董事会同意，依旧聘请他来担任总经理。

1940年，随着民生公司和孙震及树德中学大宗股金的参入，为了开拓更广阔的市场，李劼人提议董事会应迁往成都，在成都设立嘉乐造纸厂股份有限公司总公司；在重庆和乐山两地设分公司。但这个提议遭到了乐山股东们的激烈反对，仅仅同意在成都设立办事处，而总公司则一直拖到1944年才迁移。

1941年，造纸专家陈晓岚来乐山县筹划建一家纸厂。他原是浙江嘉兴民丰纸厂的工程师，抗战初与人在重庆办了家半机器半手工的云丰造纸厂，但失败了；后又担任重庆四川造纸厂的厂长，却因日机轰炸不能开工，因此打算来乐山谋划另起炉灶。李劼人闻讯，立即约请他来嘉乐代理厂长，结果两人一拍即合。不过，陈晓岚也提出三项条件：一是重庆那个四川纸厂要折价合并；二是将来嘉兴路通，他仍然要回云丰纸厂去；三是董事长必须住在工厂，负经济方面的责任。这些合理要求，李劼人都一一答应了。嘉乐纸厂遂与四川造纸厂合并。同时董事会还决定，由李劼人任董事长兼总经理。"自从1941年6月1号，我便全副精神都投入了这个内忧外患的纸厂中来。"十多年后，李劼人在《自传》中写下这句话时，似乎还透露出当时肩上沉重的压力。

其实自担任董事长后，两三年的时间里，李劼人就几乎完全停止了写作，时常来往于成、渝、嘉等地，为嘉乐纸厂的发展忙碌奔波。如今又兼任总经理，公司的大事小计都要他拿主意，实在是忙得不可开交。

然而，李劼人为公司所付出的辛劳与心血并没有换来某些股东们的理解，乐山方面原来就反对将总公司迁往成都的几位股东黄远谟、牟云章、金存良，联络另一些人，指责李劼人生意做得不好，该赚的钱没赚，股东分红太少，而照顾职工福利却过多。李劼人回忆说：

> 嘉乐开董事会，有两位热心公益的人纠举我两年以来，办理不善，以致公司不惟不赚钱，反而欠到四百五十余万的外债。我自己本非这种材料，在民国三十年勉强出头，就时时在打退堂鼓的事，如此一来，正合孤意。于是立刻引咎辞去总经理的兼职，并于四月十五日股东会后，确实因为眼睛生了病，湿气疮发作了，等不及新任到来，便从乐山一溜回到菱窠，高卧养病，又感到一回轻快闲暇，乐哉乐哉！[①]

一气之下，李劼人遂于1943年4月辞去总经理职务，推荐由宋师度来接替，自己总算落得一段相对轻松时间来继续翻译他的法国小说《单身姑娘》。他在《自传》中说："忙累了几年，一旦乡居，身心倒为之一爽。"

然而，轻松的时间并不长。几个月后，董事会又派人来请李劼人回去，经

---

① 李劼人：《小东西改译后细说由来》，《李劼人全集》第9卷，成都：四川文艺出版社，2011年9月第1版，第198页。

营上的大事仍需要他去把脉，嘉乐公司离不开他。

这些股东对李劼人的指责，站在投资者的立场似乎也是有道理的，资本的性质原本就是为了逐利，当然要追求利益的最大化。而李劼人与他们根本不同的地方就在于，李劼人是经过"五四"洗礼的文化人，"劳工神圣"的观念刻骨铭心，他知道职工才是企业生存的基本。所以当纸厂刚有利润时，他就提出了先酬职工，次还贷款，再次分红的原则。在档案保存的历届董事会、董监会会议记录中时常可以看到职工红酬、福利方面的讨论和决议。譬如，第十一次常务董事会决议中就有"至职工红酬予缓分发，后有余款先行酬发工人，再次分配职员"的记载。此时原材料和电价飞涨，资金周转困难，但企业首先想到的是工人的酬劳。

嘉乐公司的职工福利在当时当地是很好的。原嘉乐纸厂副厂长曹青萍之子曹治炜曾回忆道：

> 凡纸厂职工皆居有定所，虽散落各处，或租民房，或修宿舍，但都有个家，上下班不过步行一二十分钟；生了病找关爷庙药铺老中医（兼厂医），打摆子，拉肚子，两服中药喝下去，都管得了事；生活有津贴，其中有个米贴（人人有份）是发实物，秋收后，纸厂就开始屯米，来年青黄不接涨价时，工薪不减米照发，自又省了各家一笔不小的开支；加班计酬还有夜宵，特别困难户还发实物券；民以食为天，要人干活让人吃饱；连娃儿念书都可免费，到公司全额资助的私立兑阳小学去读；下班累了的年轻人，到球场转转，或打或看，图个热闹，头发、胡子长了的，去理发室凭票请刀儿匠剃个光头、刮刮胡子也不要钱……各项工薪福利的总和，竟比得上五通桥从南京迁来的侯德榜的永利大碱厂。[①]

---

① 曹治炜：《漫说李劼人和嘉乐纸厂》，《李劼人研究：2011》，四川文艺出版社，2011年12月第1版，第407页。

曹治炜的说法在嘉乐纸厂留存的档案中均能得到印证。工厂设立有职工福利委员会，有专项划拨资金，负责保障职工生活问题。到了年底，工厂不仅要发放奖金，而且金额十分可观，1945年6月29日的董事会记录了陈晓岚厂长的提议，工厂工作人员生产奖金最高额按原薪二十倍发给。除了奖金，还有双薪，而且在物价上涨的时候会发两个双薪，即阳历年底发一次双薪，阴历年底再发一次双薪。1945年1月3日第十八次董事会的决议中就记录的此事。

　　关于职工住房，档案中也有记载，第六届首次董监联席会的记录就说，乐山方面职工增多，住房不够分配，演武街有空地一块，拟在此修建宿舍，由公司出料，职工担负工价："修造职工宿舍，安定工作人员生活，为公司应有之设施，公司原拟在彼处修建，嗣以地皮未收回，经济不许，致未进行，今既有需要应由公司修造，其所需费约一百万元。"

　　抗战后期及胜利后，物价不断上涨，企业经营困难，职工生活更不易。纸厂便不断调整职工津贴，如：1946年4月2日，董监会有"职工薪津……按二万元比例调整"的记录；4月21日常务董事会又有"技术工人生活津贴自本年四月份起，不依等级一概予以调整"的记载。这份记录还记载了公司职员怠工的情况，原因是"工人生活津贴与职员比较相差甚多"。这也再次证明了李劼人"先酬工人"的理念是落到实处了的。

　　为了应对法币贬值，保障职工利益，李劼人等可谓费尽了心思。职工津贴原本三个月调整一次，后改为两个月调整一次，而且各级职工各照原版增加百分之四十；薪资也改为每月15日和30（或31）日两次发，而且为了保证职工领到的钱不致贬值，还采用了"综合纸价增加职工生活津贴"的办法，其具体操作是：15日发薪照10日的牌价，与上次调整时币价之差，求其增减百分率，再以此百分率乘上次基本数字（薪津）即为增加之数目。30日发薪则以25日牌价为标准。1948年6月29日的厂务会对计算方法列有专门说明。如此算来，每月公司的支出没有增加，而职工所得的金额和实物也没有减少。真是一个很有智慧的办法！

　　职工因病死亡或因公殉职，嘉乐公司也制定有《职工死亡残废抚恤暨医药条例》。任何人都必须按照规定给予补偿抚恤，即使是工厂元勋施步阶病故，也是按照规定支付三个月薪俸；车夫黄安患病请假，李劼人也致信董事会秘书谢扬青，"如实支予医药之费"。但对因公殉职人员的抚恤则有所不同，如有关王怀仲的抚恤直到1944年还见诸董事会决议中，而1940年3月董事会第七次议事录中，记载有董事陈凤鸣和厂长王怀仲的抚恤办法。其中对王怀仲的决议是：继续为王怀仲发工资，并且工资由原来每月一百元增加至一百五十元，以后职工加薪时依然享受同等待遇，直至三个子女长大成人，具体时限是两个儿子读书至大学毕业，女儿至高中毕业。若其子大学毕业出洋学习造纸，承继父业，公司再送资三年，学成回国后服务嘉乐纸厂。

对于辞退的员工，嘉乐公司也规定，要支付三个月的薪金，名曰遣散费。1945年10月28日第六届董监联席会议记载了乐山分公司、重庆分公司辞退的几个职员名单及未列名字的工人，但明确指出孤儿祝德泰要继续留用。此刻的嘉乐纸厂机器停产，产品滞销，处于极度困难中，对于辞退人员仍尽可能地给予了人性化的安排。

三、鼎盛不忘初心

嘉乐纸厂在李劼人的带领下走向了鼎盛时期。

这一方面体现了李劼人对于企业的经营管理才能，他不仅善于调动各类人员的聪明智慧与积极性来为工厂发展服务，而且也充分地利用自己广泛的人脉关系促进产品销售；另一方面，全面抗战的爆发也给嘉乐纸厂带来了机遇。随着中央政府各机关、大批企事业单位和学校入川，嘉乐纸一下有了广大的市场，加之长江水道阻隔，外纸无法入川，而本省成规模的机器纸厂又极其罕见，尤其在抗战前期，市场环境为嘉乐纸厂的发展壮大提供了得天独厚的条件。

由于战时物资紧缺，国民政府经济部专门设立了"日用必需品管理处"，所有国产机器纸都由该处实行统筹分配。对于嘉乐纸厂，管理处还直接下达了生产计划，要求每月须提供米色报纸一千五百令，以此保障政府部门的纸张供应。而且在计划之外常常又增加新的生产订单，以确保政府机关的纸张供应。这实际上是形成了一种变相的统购统销，对嘉乐纸厂来说无疑是一件好事。但即使如此，仍然难以满足需求。随着时间推移，纸张需求越来越大，一些党务或政府部门遂直接到嘉乐纸厂来订购纸张。从档案中保留的国民党中宣部、财政部盐务总局、交通部材料供应总署以及重庆、乐山税务局等机关的函件看，均表明嘉乐纸供不应求。

嘉乐纸厂档案材料还显示，除了必须满足政府机关办公、宣传用纸外，学校、部队机关、文化团体等单位所需的纸张，也多由嘉乐纸厂供应。各报馆的新闻用纸也采用嘉乐纸，成都各报刊自不待言，重庆的《大公报》《新蜀报》

嘉乐纸厂办公楼

《新民报》《时事报》《新报》等大报也都是用嘉乐纸印刷。由于市场需求量大，供需难平衡，嘉乐纸成为战时的紧俏商品，一些地方机构和文化名人购买嘉乐纸，也得事先申请等候，如教育家陶行知先生需要购买十令嘉乐纸，还得通过朋友找关系先提出申请。

大后方印制教科书的纸张是一大宗。嘉乐纸保证了大后方各中小学课本的出版用纸，政府曾指定商务印书馆、中华书局、正中书局、世界书局、大东书局、开明书局、文通书局七家出版机构（简称"七联处"），担负国定本教科书的印刷出版。"七联处"采用的纸张全部是嘉乐纸，"从1943年到1945年，嘉乐纸厂股份有限公司为七联处供应了上千万册的教科书用纸"①。这是抗战时期，嘉乐纸厂对中国文化的一大贡献。

嘉乐纸对于抗战中的文化人而言，记忆是美好且终身难忘的。台湾著名学者齐邦媛在《巨流河》中竟数次提及嘉乐纸："我买了当年最好的嘉乐纸笔记……""我去嘉乐纸厂买了三大本最好的嘉乐纸笔记本，从里到外都是梦幻般的浅蓝……"齐先生不仅用"最好"来赞誉嘉乐纸，还深情地写道："那著名于大后方的嘉乐纸有千百种面貌，从书法珍藏的宣纸，到学生用的笔记簿都是艺术品，是由精巧的手，将峨眉山系的竹木浸泡在流经嘉定乐山大佛脚下的岷江水制成。一位博物馆专家说，数百年后芳香仍在纸上。我何等幸运，由这样一个起点记忆那住了三年的山城。"②

由是可见，李劼人创建嘉乐纸厂的初衷已经完全实现。

时代为嘉乐纸厂的发展提供了机遇，盈利后的嘉乐纸厂在这个时候也不断地更新技术设备，扩大生产，不断地成长壮大，走向鼎盛。而纸厂的发展也为李劼人提供了实现理想夙愿的强大物质基础。1925年9月4日，李劼人在填写《少年中国学会改组委员会调查表》时曾在"事业"栏中写道："拟作西南部文化运动之踏实基础。"当时的嘉乐纸厂尚在酝酿之中，如今经过十多年的坚持，企业已经蔚为壮观，李劼人的心愿俨然已达成。嘉乐纸厂的产品不仅行销四川、云南、贵州、广西，而且还远销至陕甘宁等地。嘉乐纸非但满足了政府部门大量的纸张需求，而且为教育、新闻、出版等部门提供了必需的纸张来源。很难想象，如果没有嘉乐纸厂，抗战时期大后方的教科书、报刊会是什么样子。

李劼人以自己的辛勤努力与多年坚守，兑现了一个"少年中国学会"老会

---

①　付金艳：《实业家李劼人档案揭秘》，上海：上海书店出版社，2016年8月第1版，第158页。

②　齐邦媛：《巨流河》，北京：生活·读书·新知三联书店，2011年4月第1版，第84、112、103页。

员的诺言。但他与文化事业的关系，并没有就此局限于商人与文化的关系。李劼人自己本质上是文化人，对于文化人的关注、帮助，也成为嘉乐纸厂事业的一部分。嘉乐纸厂每年都从利润中拨出一定比例的专项资金支持文化事业，这是对于社会的一种爱心回馈，也是企业文化理念的体现。

前述嘉乐纸厂对抗敌文协成都分会的资助，仅仅是嘉乐纸厂支持文化事业的一部分，嘉乐纸厂还以真金白银支持过一批中小学、大学、社会团体以及个体文化人士。从档案中看，嘉乐纸厂的文化专项基金分为两部分：一是用于公司内部职工教育，如建读书社、图书馆、资料室，也包括清贫股东和职工子女的教育费，如陈义训堂的子女教育费，王怀仲之子王明毅的教育费等；二是对外资助各类学校。从档案中现存的公司董事会的议事记录和一些信函、收条等材料中显示，受到资助的中小学有树德中学、私立醇化中学、私立敬业中学、私立成公中学、私立铭章中学、私立浙蓉中学、湖南明德中学、乐山私立兑阳小学、私立建本小学、复兴小学等等。这些学校与嘉乐纸厂、与董事长李劼人都有密切的关系，树德、醇化是嘉乐公司的股东学校；敬业是中国青年党办的学校，主事的曾琦、李璜、魏时珍都是李劼人的同学、朋友；兑阳小学为乐山县社会贤达所创办，嘉乐纸厂职工子弟多在该校就读，几乎成为嘉乐的子弟学校；成公中学是教育家夏斧私所办，该校建在李劼人中学时就读的高等学堂分设中学旧址，夏斧私也是李劼人好友；铭章中学是以抗日将领王铭章的名字命名的，旨在纪念为国捐躯的民族英雄，该校董事长是抗日名将孙震；私立建本小学是井研县的一所学校，校董事长是夏斧私；私立浙蓉中学，董事长是孙元良，校长则是孙震将军之子孙静山。

受到嘉乐公司文化资助的大学有国立同济大学、私立川康农工学院等。档案中保存有国立同济大学理学院院长谢苍璃写给李劼人的两封信和收条。前一封信写于1944年3月20日，后一封写于五天之后，两封信均表达一个意思：该校化学系学生毕业前夕，需要外出参观各工厂，但学院苦于经费困难，希望嘉乐公司能够在文化事业补助项目下给以经费补助。李劼人回信如何作答不得而知，但有一张同年7月5日谢苍璃的收条，表明已收到嘉乐纸厂"惠赠"同济大学理学院化学系参观旅行费国币一万元。谢苍璃是李劼人在成都大学执教时的同事，又是嘉乐纸厂董事魏时珍的德国同学，李劼人对谢苍璃的这份求助自然是不会袖手旁观。私立川康农工学院是魏时珍1939年应蒋介石的要求创办的一所院校，1940年开始招生。院校名为私立，实为国民政府兵工署拨款运作，所以到1947年更名为国立成都理学院。该校由国民党、青年党和社会知名人士张群、邓锡侯、刘文辉、王世杰、陈布雷、黄季陆、张道藩、任鸿隽、胡次威、左舜生、李璜、卢作孚、魏时珍组成董事会，张群为董事长，魏时珍任院长。学校初设应用化学、农垦、工商管理三个系，后来又增加了数学、物理两系。抗战后期，兵工署的经费发生了困难，使得学院添置必需的教学设备也无力支付。魏时珍于1944年3月向嘉乐纸厂求助："素仰贵厂倡导文化，不遗余力，于每年赢余项下并有文化补助费之设用，敢不揣冒昧，拟恳就上年文化补助费项下酌拨款项，以补本院添置设备之需，解囊助学。"李劼人的回复和魏时珍的收据显示，川康农工学院很快就收到了法币两万元。

抗战中，国立武汉大学西迁乐山，在艰难困苦中继续办学，以保存民族文化的根脉。对该校部分清贫教授，嘉乐纸厂也伸出了援手。据1944年5月4日召开的第五届董事会首次常务董事会议决议录记载，其讨论事项第一条即是资助武汉大学教授案。同年9月13日，第十一次常务董事会议决议录显示，韩文源再次提出援助武大教授一事，决定由董事会派常董张颐（真如）专程去乐山县与武汉大学当事人"商酌进行所拟补助，不致较其所提为低，补助人数也不止二三人"；最后决定费用在五万至六万之间，"每人以三千元为标准，每年致送四次"。经张颐与武汉大学当事人商议，最终确定了十二位教授为资助对象，给予他们无期无息贷款，并且每人所贷金额增加为四千元。这十二位教授是：曾昭安、李华宗、李国平、徐天闵、陈登恪、孙祥钟、钟心煊、张蕴胎、杨东莼、丁人鲲、杨人楩、陈鼎铭。或许是出于爱护知识分子面子，嘉乐纸厂的资助是以"贷款"的名义发放的，却又是无期无息，而且每个季度都要"致送"一次，显然，这个"贷款"是不用还的。嘉乐纸厂不仅资助贫困教授，对生病后需要治疗的教授还进行了救济，陈登恪、万卓恒、汪诒荪、张挺四位教授就得到了各一万元医药费贷款，据嘉乐公司1945年6月29日的第二十四次常务董事会记录，这笔钱由张颐所转交。

1944年黄方刚教授不幸因肺病辞世，年仅四十四岁。黄方刚系黄炎培长子，是我国著名的哲学家，曾经历任广西、东北、北京、四川、武汉各国立大学教授。黄方刚教授去世后，嘉乐公司立即拨出一万元，捐赠给国立武汉大学，作为黄方刚奖学基金，以纪念这位英年早逝的清贫教授，同时也是奖励积极向学的贫困学生。朱光潜是这笔奖学金的临时保管人，他曾留下一张盖有私章的收据，如今依然保留在乐山档案馆的嘉乐纸厂档案中。

还有一些教授则是以嘉乐公司顾问的身份获得经济援助的。嘉乐公司1944年11月2日第十五次常务董事会记录：给与武汉大学教授徐贤恭、叶峤两位每月致送舆马费三千元。徐、叶是武汉大学化学系教授，嘉乐纸厂遂聘其为技术顾问。以后随着物价上涨，顾问的舆马费也随之调整。档案材料显示，除徐、叶两位教授之外，还有徐光谱、余绍庚、陆荫池、高淑钧、马寅初等被聘为顾问，直到1946年10月他们陆续离开四川，舆马费才停止致送。另外，还有本土籍四位学者也被聘为顾问，他们是李璜、向楚、田明谊、钟继豪。档案中保留的一封丁人鲲教授写给嘉乐纸厂厂长梁彬文的信，反映了受资助的教授们对嘉乐公司的真诚的感谢："上学期承蒙贵公司送交无息贷款三千元，本学期又承蒙送交鄙人无息贷款四千元。祗领之余无任感谢。夫雪中送炭，古人犹难，况今日世风日下乎。贵公司嘉惠敝校清贫教授之情，更可铭感矣。"

远在重庆的经济学家马寅初也作为经济顾问享受到了嘉乐公司的礼遇。嘉乐公司1945年1月召开的第十九次常务董事会议决议录载："马寅初先生为我国经济学家，现闻生活困苦，渝各公司均有补助，本公司拟聘为经济顾问……每月致送舆马费五千元。"公司充分考虑到中国知识分子无功不受禄的气节，因此以"经济顾问"的名义，使马先生可以名正言顺地接受资助。后来物价暴涨，马寅初的舆马费也随之翻了一番。1945年4月26日嘉乐公司第六届首次董监联席会议记录："马寅初顾问舆马费拟予增加案：除原定每月致送舆马费五千元外，自本年六月份起，每月增送五千元，连前每月共致送一万元。所赠之数，列于本公司职工教育费项下。"马寅初对于嘉乐公司聘其为顾问是充满感激的，在与李劼人面晤之后，专门致信：

> 劼人先生道席：今日畅领教益，感佩之至。承赐厚贶，殊不敢当，大有却之不恭，受之有愧之感。且无以为报，深滋汗颜耳。余言不尽，专肃鸣谢。
>
> 顺颂　道绥！
>
> 弟　马寅初　拜启
>
> 五月十六日

嘉乐公司还资助过一些文化社团，比如新世纪学会，这是周太玄、叶圣陶、黄药眠等一批学者于1945年1月在成都创办的一个学会，由周太玄和叶圣陶分别任正副理事长。这些人都是李劼人的同学或朋友，思想志趣都一致，他当然是要倾力支持的。而对一些青年文艺社团，李劼人出于关心爱护，也常常伸出援手，即使在公司资金困难，也丝毫没有吝惜。如1948年，就补贴过骷髅文艺社三百万法币，使他们的刊物得以出版。

四、胜利后的艰难

1945年8月15日，日本宣布无条件投降，中国人民坚苦卓绝的十四年抗日战争取得了最终胜利。抗战胜利了，人民生活却没有根本好转，由于长期战争耗尽了国力，加之国民党政权贪腐成风，国内经济一片萧条。

民族企业的日子举步维艰，不少工厂关门倒闭。嘉乐纸厂也再次面临巨大的困境，市场竞争的压力不断加大，一是外援物资大量倾销国内，洋纸纷纷登陆，其质优价廉，抢走了大批客户；国内的造纸企业也如雨后春笋，或复工复产，或投资新建，形成了"众诸侯分疆土"的局面，原有的市场格局被打乱；在四川，国民政府还都南京后，中央机关和大批企事业单位也相继复原南迁，纸张需求市场大大缩小。另一方面，四川本土造纸企业的产品也纷纷登场，铜梁纸、万县纸以及一些作坊生产的土纸、土报纸，都出来抢占本地原本已经萎缩的市场，因而形成了更加激烈的竞争局面。其中叙府（宜宾）的中国纸厂、中元纸厂等，构成了嘉乐纸厂最大的市场威胁。中国纸厂是个后来居上的企业，1943年筹建，1944年在重庆正式成立，厂址设在宜宾县安阜乡，以生产新闻纸为主业。该厂背后有一批国民政府经济、教育、文化等部门的各类专家、官员及造纸专门人才为后盾，竞争力是嘉乐纸厂难以匹敌的。1950年后，在四川乃至全国都鼎鼎有名的宜宾造纸厂，其前身正是这个"中国纸厂"。嘉乐纸厂的另一个竞争对手——中元纸厂也是后起之秀，但实力更雄厚，其前身是1939年初江苏浒墅关的"中元造纸试验所"，同年4月迁至宜宾县下江北白沙乡。这个纸厂不仅机器设备先进，而且管理和技术人员多是留学德国的专家，更厉害的是它的官方背景，曾在贵州、甘肃、陕西、湖北等地都有联营企业，抗战胜利后又在上海接收了敌伪纸厂，这样的实力可想而知。1950年后，中元纸厂发展成为"四川省长江造纸厂"。

　　李劼人在致嘉乐公司重庆分公司销售主管沈迪群的信中，多次谈到中国纸厂，其中1946年1月18日的信明确写道："我纸省方销售，现亦被中国厂白纸夺去了一半。"在1947年2月8日的信中谈及纸张售价时，再次说"中国厂纸实为我纸大敌"。[①]造成这一被动局面的根源，是嘉乐纸厂与中国纸厂在竞购建国纸厂设备中失败。据1946年3月19日嘉乐公司第二十九次常务董事会的主席报告：建国纸厂奉命结束，嘉乐公司原本打算全部购进其先进的机器设备，结果却让有中国银行背景的中国纸厂以一亿二千万元（法币）买走。这个价格与嘉乐公司的出价相差无几，很是可惜。建国纸厂的这台造纸机，用电极省，且采用木浆造纸，一斤木料可用十分之七八，还不需要蒸汽和碱料，相对于嘉乐纸厂使用草料造纸大大降低了成本；更可怕的是中国纸厂购买的机器所造的是白纸，而白纸是当时正在形成的流行趋势，从而形成了中国纸厂绝对的市场竞争优

---

① 李劼人：《460118致沈迪群》《470208致沈迪群》，《李劼人全集》第10卷，成都：四川文艺出版社，2011年9月第1版，第58、66页。

势，使其产品不仅抢占了重庆等地市场，竟然让嘉乐公司的大本营成都的市场也被夺走了一半。嘉乐纸厂市场连连失守，正是与其产品不能适应消费者的新需求有关，尽管嘉乐黄纸韧性好，价格低廉，却在色泽上吃了大亏。

因此，购置新设备，改进技术，尽快造出白纸来适应市场需求，便成为嘉乐纸厂的当务之急。但是，技术改造又谈何容易？维持现状已经是很困难的事。由于物价不断暴涨，工厂生产的成本不断增加，电力、煤炭、运费、造纸原料价格都在猛涨，职工工资也不得不跟着上提，而且为加薪的事已经闹过罢工。这些都增加了公司经营的压力。李劼人在致沈迪群、曹青萍、谢扬青等诸多同事的信中，多次谈及成本加剧带来的困境。

为了求得发展，嘉乐纸厂也曾试图合并中央纸厂，因资金不足而失败；还曾想购买上海江南的纸板机，也因资金问题没谈拢；而白纸生产也进行了多次试验，终因成本过高难以盈利而作罢。在此期间，梁彬文还与法国工商界商谈改制白纸的事宜。

嘉乐纸厂多年以来均是以价格优势取胜于市场，也因此得到各报馆的青睐，如今这一优势丧失了。中国纸厂不仅纸白，而且价格一降再降，意欲将嘉乐置于死地。若加入这一恶性竞争，嘉乐公司就得将价格降得低于成本。这种赔本的买卖，李劼人自然是不愿做的，因而也就得罪了一些报馆老客户。成都《新新新闻》就因价格问题与嘉乐公司发生重大分歧："蓉市销纸因新新新闻坚欲低价购进，故交易搁浅，该报乃发动新闻攻势，意拟诋毁我纸，并改用中国纸。然目前纸张价格猛涨，渝电中国纸已涨八万，中元八万二，该报此番与我硬拼，无异自杀，而我实无所惧也。"[①]

当外部大环境恶化时，嘉乐纸厂内部也出现了危机。厂长兼总工程师陈晓岚离职了。这是他当年来厂时，与李劼人事先约定好了的，抗战胜利后民丰纸厂复工时，他仍然要回到嘉兴去。因此，1946年陈晓岚便返回民丰老厂去了。

---

① 李劼人：《470320致曹青萍》，《李劼人全集》第10卷，成都：四川文艺出版社，2011年9月第1版，第77页。

这对嘉乐纸厂来说无疑是个重大打击，顿时失去了一大支柱。陈晓岚非但是技术专家，而且善于组织生产和职工管理。而继陈晓岚任厂长的曹青萍："既非内行，能力亦实有限，且太无野心，不唯不能以资统率，且连函惶恐，表示难负全责。"①可见陈晓岚离职对嘉乐纸厂的损失；更关键的是，他与董事长李劼人合作融洽，心灵相通，所以在他离开两年后，李劼人还愿写长信向他倾诉纸厂的事。

总经理梁彬文倒是懂技术的专家，但他却在关键时刻回昆明探亲而迟迟不归，非要等到飞机复航才能返回。李劼人曾打电报到昆明，希望他能改乘汽车回川，结果电报被退回，邮局称查无此人，令李劼人深感诧异。梁彬文我行我素并不是第一次，早在抗战初期经李劼人三请四请他才来就职，而在任总经理期间，也未全心履职，否则建国纸厂那部九千美金的造纸机和三千美金的压光机，也不至于被中国纸厂抢购走，进而使嘉乐纸厂错过了第二个黄金时期。李劼人对此是耿耿于怀的，在致陈晓岚信中谈及此事，虽然自己承担了责任，但对梁彬文的不满也是显而易见。此刻工厂正是缺乏主事人之际，梁彬文再次迟迟不返，李劼人心中的焦急程度可想而知。所以他令沈迪群由重庆再次发电报至昆明，催促梁彬文立即改乘汽车回川。

然而，令李劼人未料到的是，梁彬文迟迟归来之后，工作没有多久便因染性病去世了，更让李劼人没料到的是，梁彬文身后竟给他带来一系列的麻烦。那段时间，李劼人实在是身心疲惫至极，既当董事长又兼总经理，既要管成渝各地的销售，还要过问乐山工厂的生产和工人生活。1948年4月15日，在致谢扬青的信中，李劼人谈及自己的疲惫不堪："愚月来过度辛劳，至于今日颇难支撑，必须休息数日，方能为公司作（做）事。"②李劼人此时已经是临近六十岁的人，又时常遭遇病痛折磨，牙痛让他寝食难安，还有一种难治疗的湿气病也

---

① 李劼人：《480417致陈晓岚》，《李劼人全集》第10卷，成都：四川文艺出版社，2011年9月第1版，第95页。
② 李劼人：《480415致谢扬青》，《李劼人全集》第10卷，成都：四川文艺出版社，2011年9月第1版，第86页。

经常来"光顾"他。

20世纪40年代末期，中国正在经历一场历史大变局。为了工厂能在乱世中继续生存下去，李劼人不能不想尽一切办法来挽救。一方面投资碱厂自己制碱，以减小原料上涨带来的压力；另一方面商议将公司名称再次更名为"嘉乐实业股份有限公司"，以便募集新股，解决资金短缺的困境；同时还压缩公司多余人员，将重庆分公司降格为办事处。但这一切努力终究无法抵御社会动荡造成的经济混乱局面。嘉乐纸厂因资金断供而被迫停止生产，大量存货无法销售。到1949年底，工厂已经停工九个月，公司有三个月未做生意，职工生活只能靠借贷度日。

这是嘉乐纸厂自创建以来经历的又一次至暗时刻。

五、向老友求援

1950年，国民党军在大西南的最后残余势力被人民解放军扫荡，国民党政权在大陆彻底崩溃了。

历史出现了新气象，国家百废待兴，嘉乐纸厂新生的机会也来了。为了让纸厂尽快起死回生，李劼人再次用自己的声望和广泛的人脉关系推销嘉乐的产品。嘉乐纸厂档案中保留有两封李劼人的书信，是分别写给黄炎培和胡愈之、叶圣陶的，可以看到李劼人在中华人民共和国成立初期，为嘉乐纸厂的复苏所做的努力。两封信均没有写明日期，前一封信还没署名（估计是草稿），但据付金艳考证，是李劼人的亲笔信。给黄炎培的信写于1950年4月7日后；给胡愈之、叶圣陶的信写于1950年5月。黄炎培时任国家轻工业部部长。从信的内容看，是李劼人以公司名义对轻工业部4月7日的指示和专家意见的反馈：

炎培先生：四月七日来示和轻工业部专家们宝贵的意见，都已收到。我已遵照先生的指示，将它交给西南区各方面的主管当局，希望他们重视这件事，一如您的重视一样。因为我们的纸厂，目前正遭逢了没有销路而形成周转上极度的困难，不得不再来麻烦先生，向您申诉，希望获得先生的同情而加以特别的，迅速的伸一伸援助之手！我们的纸厂，素为先生所瞭解，在过去廿五年的历史中，对于社会文化的贡献，曾留有不可磨灭的印象。自而我们的厂所遭到的实际的困难情况，兹只举几项事实如下：（一）欠职工的薪水达一个半月之久；（二）负债约计食米贰仟四五百双市石，中间以不合理的高昂电力费为最；（三）员工伙食已经无肉维持，随时都有断炊之虑；（四）派认了胜利折实公债六千九百分（份），催索至急，大有非在几天内缴纳不可，有时候，确有不大顾忌事实困难的趋势。

这封信的中心意思就是希望轻工业部能够"特别的，迅速的伸一伸援助之手"，给予资金上的支持。

黄炎培收到李劼人求助信后，也及时做出了反映，致函中国人民银行请给予嘉乐公司低利率贷款，又请国家出版总署转四川各出版社，印制秋季教科书尽量采用嘉乐纸。有了轻工业部的批文，银行于"5月给予嘉乐纸厂押借、押汇贷款4.1万元，10月人民银行再次贷款3万元。嘉乐纸厂由此解决了原料购买资金，年底共生产纸475吨，职工的生活困难也得以缓解"[①]。

在给胡愈之和叶圣陶的信中，李劼人再次请求"特别的、迅速的援助"：

愈之、圣陶先生：

因为弟主持的"嘉乐纸厂"目前正遭逢了没有销路所形成周转上的极度困难，而此事与您处不无关系，特冒昧奉渎，殷望阁下加以特别的、迅速的援助。

我们的纸厂，圣陶先生很瞭解，是西南最早一家机器纸厂；过去对于社会文化的贡献，曾留有不可磨灭的印象。自从去年遭到反动政府经济的压抑，整年停工达九个月之久，历年所蕴蓄的资力，消耗尽罄，至本年一月七日接受此地新华书店的定货，才复工。这样平顺的生产了两个月，每

---

① 付金艳：《黄炎培与李劼人的交往》，《浙江档案》2017年第9期。

月生产量达到三千多令，最近更做到四千令以上的超额。但是，销售的对象，因为购买力普遍贫弱的关系，只有政府的机构才有购买的力量；而这些机构，为了执行"精俭紧缩"的政策，停止了对我们纸张的收购，于是我们的厂即面临空前的危机：几乎两个月以来，生产品始终找不到出路。

我想，这些事实对于政府"公私兼顾"的政策是相违背的。所以，只好向阁下发出迫切的呼吁：

一、本年秋季教科书瞬即开始，请即电令川西、川南、川东各行署普遍采用我厂的纸张印制教科书，以符"公私兼顾"的政策。

二、请电令成都与重庆的人民银行，随时予以较长时间的贷款，以资周转。（事实上此间贷款非常困难的，并且利息也很高。）

三、如上列两项有碍难的地方，那吗只好请阁下设法由政府投资合办或租办。

目前，我厂的纸张有两种：（一）嘉乐米色纸每令现价为食米二百三十二斤半；（二）嘉乐白道林（纸），每令现价为食米三百一十斤。（西南一般物价都很高，我们的纸张在四川算是最便宜的，所定的价钱，连百分之二十的合法利润都没有做到！）

附上样张，希望您的批评和指教！

依现在四川机器纸的情况来说，剩下已经开工的没有多少家，产量方面，单只供应西南区印制教科书恐怕数量上不见得很够。因之据弟推测，纸张绝对有出路，问题在上气不接下气的时候，万分希望政府的帮助。公营的暂不说，私营的如我们的厂，其严重情形可以想象的。所以，请相信我们向阁下所发出的迫切呼吁，是真确绝无虚妄的。

敬候阁下的惠助和指示！耑致

敬意

弟 李劼人手上①

---

① 付金艳：《李劼人与叶圣陶》，《新文学史料》2019年第4期。

李劼人之所以写信给胡愈之和叶圣陶，因为他们是国家出版总署的正副署长，四川的新闻出版部门乃是他们的下属机构。更何况，抗战时期，叶圣陶在乐山和成都，与李劼人多有交往，称得上是老朋友。

两封殷殷恳切的信，李劼人一是请求贷款，一是推销产品，为的是盘活工厂。正是因为有了新政府的领导和朋友们鼎力相助，嘉乐纸厂积压的产品终于被《川西日报》等单位一口气买光；又有了贷款，濒临死亡的工厂立刻恢复了活力。但这一时期的产品销售，始终是嘉乐纸厂的一大难题，地方领导也曾出面让一些单位使用嘉乐纸。到1951年，中共川西区党委第一书记、川西行署主任李井泉都亲自出面，让百货公司购买了四千令嘉乐纸，让嘉乐公司渡过难关。①

税收问题此刻也找上了李劼人。照章纳税本是企业应尽的本分，但如果超出了企业的承受力，那就要把企业置于死地了。1951年第三季度，嘉乐公司就遭遇了重税。原因在于税务局的主任李子俊把工业当成商业来收税，认为4—6月的营业额理应比1—3月加三倍，7—9月又比4—6月加一倍。这样一来已经超出了嘉乐纸厂两部造纸机所生产商品的价值，更何况还有产品没有完全卖出去。李劼人向税务局再三申述，均未得到李子俊回复。于是李劼人又给工商、统战部门写信，直至给成都市市长李宗林写信申述。李劼人的诉求是按照商品的实际销售纳税，即"查账收税"，并且要求和启明电灯公司"一律待遇"。②李劼人的这一诉求是合情合理的，但最后结果如何，现在已不得而知。

内部管理上，自梁彬文去世后，李劼人再次兼任起总经理职责，上下里外都需要他打理，尤其是厂长和总工程师一职，几年来一直不稳定，这使得工厂出现了不少问题，劳资矛盾突出。在新时代背景下如何管理工厂，李劼人心

---

① 李劼人：《511129致李宗林》，《李劼人全集》第10卷，成都：四川文艺出版社，2011年9月第1版，第121页。

② 李劼人：《511129致李宗林》，《李劼人全集》第10卷，成都：四川文艺出版社，2011年9月第1版，第120页。

中是很清楚的。在给新任厂长陈晓初的信中，李劼人告诫他要"一切依靠群众"，"策动职工激发其责任心，合作精神"，"以后所谓厂长，其责任只在代表对外"①。社会发生了巨变，工人成为工厂的主人，工厂的经营管理必须适应历史的新变化。

李劼人的思维跃动始终踏在时代的脉搏上！

1952年3月，已经身心疲惫的李劼人终于为他亲手创办的嘉乐纸厂找到了最后的归宿——工厂被批准公私合营。

此时，国家对民族资本主义工商业大规模的社会主义改造尚未开始，距离政务院1954年9月2日颁布的《公私合营工业企业暂行条例》也还有两年半时间。由此看来，嘉乐纸厂公私合营在全国范围都是很早的。其实，李劼人早就急不可耐地希望将工厂交给新政府，从1950年起，他先后多次找成都市市长李宗林谈及此事，只是政权鼎革初期，百事纷扰，一时没顾及过来。

将嘉乐纸厂交给政府，李劼人从企业繁重的事务中解脱出来，他终于卸下了沉重的负担，顿时感到身心前所未有的轻松。早在1948年写给陈晓岚的信中，他就曾说，董事会三年届满，他已年满六十，必须退休了。如今，他六十一岁了，退休的愿望总算达成了。政府接收工厂后，清查账目，特别是在"三五反"运动中，派出工作组到李劼人家中来查他的私人账簿，结果发现李劼人的所有银钱往来均用蝇头小楷记载得详详细细，每一笔账都清清楚楚，非但没有一分钱贪污行为，反而没有领够他应得的工资。后来工厂还给他补发了这部分钱。在金钱方面，李劼人也无愧于他学生时代得到的绰号"精公"，明明白白，一丝不苟！

从1925年到1952年，在二十七年的时间里，李劼人为嘉乐纸厂的生存、发展投入了太多的精力和心血；但同时，他也依托这个企业，实现了青年时代发下的宏愿："拟作西南部文化运动之踏实基础。"

---

① 李劼人：《501005致陈晓初》，《李劼人全集》第10卷，成都：四川文艺出版社，2011年9月第1版，第104页。

对于李劼人经营嘉乐纸厂，《实业家李劼人档案揭秘》的作者付金艳有一段文字："李劼人一直与嘉乐纸厂休戚相关。在草创时期，他利用自己的社会关系，四处筹款募集资本；在经营困难的时候，他负债坚守；在快速发展的时候，他始终不忘初衷，资助于文化，效力于社会；在经济衰退时，他殚精竭虑，力图打破僵局。"①

这是研究者对实业家李劼人创办、经营民族工业的准确评价。

不过，也有人对李劼人办企业不以为然，认为他仅是为"营财"而已。李劼人当初开餐馆时，吴虞就在日记中发杂音，这回仍然是一位姓吴的学者在日记中贬损李劼人，这就是吴宓。1944年12月24日《吴宓日记》载："蜀士多资性聪明，而境丰裕（独碧柳乃真特性独立者）。入川以来，所见旧识之文士诗人，其愚者，则奔走末职而扬扬得益，如刘庄。其诈者，则一意营财以致富，如冯飞，如李惟建，如李劼人等皆是。总之，皆《浮华世界》（名利场）中之人物。于安之在家僧，出世人根本径庭。独李哲生（思纯）尚能勉为真名士，真学者，笃于故旧之情，而气味渊雅，高出一切人之上，为难能而可贵矣。"不仅如此，吴宓还赋诗一首，题记说："旧识一首有感于冯若飞、李惟建、李劼人等人而作：旧识多文士，群起货殖营。时危能致富，世乱务逃命。乡可温柔老，圆同水绘争。自怜孤僧业，淡泊任枯荣。"②学贯中西的吴宓何以如此诋毁李劼人？

吴宓（1894—1978），字雨僧，陕西泾阳人，著名西方文学家，国学大师。他之所以贬斥李劼人，除了他在诗中所表现的清高孤傲性格外，还因为二人对待传统文化的迥异态度。早在"五四"时期，李劼人在成都办报，与北京遥相呼应，竭力鼓吹新文化运动；而吴雨僧则是著名的"学衡派"代表人物，主张尊孔复古，攻击白话文。思想观点的分歧之外，又不免有私人的感情倾向：吴

---

① 付金艳：《实业家李劼人档案揭秘》，上海：上海书店出版社，2016年8月第1版，第48页。

② 吴宓：《吴宓日记》第9册，北京：生活·读书·新知三联书店，1999年3月第1版，第385、386页。

宓与史学家李思纯又是好朋友，而李劼人与李思纯从留法归国后即反目成仇。种种因素相加，导致吴宓扬此李而贬彼李，在所难免。其实在《吴宓日记》中被毁损的人何止李劼人，甚至谢无量这样的学术大师在他笔下也不过是个"赌徒"而已。

吴宓记载的李劼人，仅仅是吴宓个人狭隘的偏见而已。李劼人创办、经营嘉乐纸厂，是一介书生对于民族工业和民族文化的一个重要贡献，是任何偏见都不能抹杀的。

第十五章

"长袍市长"的政绩

李劼人生命历程的最后十三年是在中华人民共和国时代度过的。他一生历经晚清、北洋军阀、国民党统治几个时期,数十年中,他无论作为报馆编辑、大学教授、餐馆老板,抑或是经营实业,始终是一介平民书生。他以文化人身份立足于社会,是成都人眼中的"社会贤达"。但是到1949年以后,这一身份发生了巨大变化,他被推选为成都市第二副市长。

中国文人历来秉承"穷则独善其身,达则兼济天下"的传统。李劼人对副市长一职从推辞到认同,并很快进入角色。他用这个新的身份为成都人民做了许多实在的事情。他当年的政绩至今还留在城市的记忆中,被人们时时传诵。

一、进入新政府

1949年12月,古老的成都翻开历史新的一页。

12月6日,人民解放军从北、东、南三个方向入川,打响了成都战役。随后,国民党地方实力派刘文辉、邓锡侯、潘文华在彭县宣布脱离国民党政权;12月27日,国民党军第十八兵团司令李振率部在川东易帜,国民党在大陆的最后一支主力部队被瓦解，共产党和平接管了成都。

三天后，人民解放军十八兵团六十军官兵举行了隆重的入城仪式。从北门外的驷马桥到盐市口，道路两侧挤满了欢迎解放军的人群；城内大街小巷到处贴满了标语，树枝上、房檐上挂满了红旗。"天亮了！天亮了！"人们抑制不住内心的激动，纷纷奔走相告。近一段时间以来，弥漫在李劼人心中的阴霾一扫而空，紧锁的眉头彻底舒展开来。他的一双正在读大学的儿女曾经遭遇特务或抓捕或追捕，如今都出来了，正扬眉吐气地公开参加社会活动。

30日下午，李劼人从城里回到沙河堡乡间，一走进"菱窠"的龙门口，就扬着手中红字印刷的"号外"，兴奋地喊道："快看！快看！解放军入城了！"当晚，李劼人吩咐老妻做几个可口的菜肴，召集家人举行了一次特别的家宴。这是自李眉被抓，李远岑逃亡以来，全家人第一次其乐融融地团聚在一起，大家都庆幸，总算熬过了最黑暗时刻，生活又重新回到了正常轨道。李劼人手握酒瓶，高兴地说："天亮了，今天都要喝酒，庆祝解放！"

"天亮了！"这是当年成都人的口头禅，以此表达他们开始了新的生活。

那段时间，李劼人心情非常愉快，经常出席军管会组织的各种活动和会议。有一次，军管会在原四川省参议会召集各界代表召开了一个"安民会"，出席者有工人、军人、学生、教授、作家、演员，以及实业界、地方名人等。李劼人以著名作家的身份出席，会议一致推举李劼人为新政权的代表，来接受国民党旧政府人员的投诚。于是李劼人勒令前来投诚的国民党省会警察局和一批特务，要他们规规矩矩，不得妄动，否则将严惩不贷。李劼人洪亮而威严的声音，不仅使在场的旧政权人员胆寒，也对一些潜伏的破坏分子形成了严厉的威慑。多年后，马识途还记得当时的情景：他"受大家委托，代表人民，当场接受反革命分子的投降。他那种审判官式的威严神态和他那种义正辞严的训斥话语，我至今还有印象"①。

1950年3月16日至22日，成都市召开了第一届各界人民代表大会，出席代表

① 马识途：《应该好好研究李劼人——在李劼人研究学会成立大会上的发言》，《李劼人研究》，成都：四川大学出版社，1996年11月第1版，第4页。

三百零一人。贺龙司令员到会讲话,李井泉作接管成都工作报告,川西军区副司令员王新亭作剿匪报告,余秋里作征粮工作发言;此外周士第、王维舟等党政军领导也莅临了会议。

李劼人作为文化界知名人士当选为主席团成员。大会结束时,由李劼人致闭幕词。这次代表大会,确定并通过了成都市当前需要办理的三大任务:一是彻底肃清匪特,建立革命秩序;二是恢复发展生产,迅速推销胜利折实公债,克服眼下困难,支援解放战争;三是开展新民主主义的文化活动。李劼人在热情洋溢的讲话中,称"大会始终充满民主、团结的精神","是有史以来第一次人民自己的会议"。闭幕词结尾,李劼人号召"全市人民团结起来,建设人民的,生产的新成都!"①

就在这届人民代表大会上,李劼人被提名任命为市人民委员会副主席;是年7月市政府改选,李劼人又被提议担任第二副市长,经中央人民政府政务院批准,川西行署于九月一日发布了正式命令:

川西人民行政公署关于任命成都市人民政府市长、副市长、委员的命令

(一九五〇年九月一日)

奉

西南军政委员会一九五〇年八月十九日民会令字第〇〇二二号令:"中央人民政府政务院一九五〇年七月六日政人孙字第二八四号令知第三十八次政务会议通过你处及所属成都市人民政府工作人员,附发任免名单乙册到会;除任命通知书俟奉到另行转发外,特抄发原名单一份。所有工作人员希转知到职视事。"

希即转知你府所有工作人员到职视事。

---

① 李劼人:《成都市第一届各界人民代表会议闭幕词》,《李劼人全集》第8卷,成都:四川文艺出版社,2011年9月第1版,第90页。

附抄名单一份

主　任　李井泉

川西区成都市人民政府市长、副市长、委员名单

市　长　李宗林

免去周士第原任成都市人民政府市长职。

副市长　米建书

免去闫秀峰原任成都市人民政府副市长职。

李劼人

免去李宗林原任成都市人民政府副市长职。

委员二十九人（依姓氏笔画为序）

王永和　王彦立　王兴智　白　天　江子能　朱戒吾　宋望飞　宋　应　李宗坊　李嘉仲　周能泮　金力声　徐达浩　马识途　张明辉　张静山　陈君谟　陈礼辉　陆　秀　彭少农　彭　塞　冯焕武　冯静川　黄孝宜　黄宪章　廖家岷　赵　方　刘堃南　罗任一

以上市长等三十二人，由政务院批准任命。[①]

已近六十岁的李劼人，对于此时出仕为官是始料不及的。他从小在清朝的衙门里长大，成年后又在民国的衙门里当过小吏，对于官府的腐败与黑暗深恶痛绝，所以在青年时期就发誓，此生永不再进入官场。如今突然叫他当副市长，他没有多想便退回了任命。许多人对李劼人竟然推辞市政府副市长的任命很不理解，有人甚至问他，难道不喜欢共产党？不愿跟他们合作吗？李劼人哈哈一笑："这是什么话？我早就跟共产党合作了，而且合作得很好。"的确，早在抗战初期，自抗敌文协成都分会成立起，作为理事的李劼人就一直与共产党人有亲密的合作。此刻他不愿担任政府职务，应该是有几个方面的担心：其一，自己年轻时曾发誓不涉入官场，如今已老，还出仕为官，岂不是自食其

<hr>

① 《成都解放六十年》，北京：中国档案出版社，2009年9月第1版，第288—298页。

言？其二，他怕接受了委任之后，将来遇到意想不到的麻烦。所以在市长李宗林找他谈话时，他便说："我是成都人，亲戚故旧门生太多。我若当了此职，找我的必多，将来必将弄出许多麻烦。"李宗林却回答："我还不是一样的，麻烦一定会有，能推脱的，就推，实在不能推，可交我那里（指统战部）代你办理。"①其三，恐怕还有一个重要原因，就是对新政府的工作还不了解。"我还没有在思想上做准备，没有实际工作的经验。"对于这个说法，雷兵先生认为李劼人的"谦退实则表明他自知对当时成都'新社会'和新型政治的不够了解，以及他本人'兼济天下'时机是否已经到来还不够确定，故对这一任命基本采取一种'顺水推舟'态度"②。

李劼人推辞任命后，一些老朋友，特别是共产党员朋友都来做他工作，其中有市长李宗林找他谈过话，张秀熟也劝他"应该出来挂个名"，统战部的领导则告诉他，为七十万成都人民做事更有意义。这些语重心长的谈话，表明中华人民共和国成立之初共产党对李劼人是充分信任的，而且也需要他这样一位民主人士作标杆。所以九月一日西南行署命令发布后，他不好再推辞。

而家人对他先推辞，后又接受任命还是有些不理解。女儿李眉就问起过这个问题。李劼人很认真地回答："这有什么奇怪？我只想恪守年轻时候的誓言。再说，我年纪也大了，时间不太多，想集中精力写一点像样的东西，以了心愿。""清朝时候的官，我看过；民国时候的官，我也看过，真是腐败透顶。共产党的朋友，我认识不少，都是好人哪！我们这个国家，国民党搞不好，看来，只有共产党来。我参加工作，时间是要花费一些，不过，我要写作，我想共产党是会支持的。"③这语气中还透露出另一种担心，怕任职后便没有时间进行文学创作了，这大概也是导致他最初迟疑不决的原因之一。

---

① 李劼人：《511219致熊扬》，《李劼人全集》第10卷，成都：四川文艺出版社，2011年9月第1版，第124页。

② 雷兵：《改行的作家：市长李劼人角色认同的困境1950—1962》，《李劼人研究：2007》，成都：巴蜀书社，2008年3月第1版，第320页。

③ 李眉：《回忆我的父亲》，《李劼人研究：2011》，成都：四川文艺出版社，2011年12月第1版，第390页。

然而，种种担忧还是没有能够抵挡住中国传统文人所谓立德、立功、立言"三不朽"的诱惑。李劼人自幼饱读诗书，深受儒家文化熏陶，"穷则独善其身，达则兼济天下"的信条已深入骨髓。此刻新政权刚刚建立，国家百废待兴，能获得一个服务乡梓父老的机会，自然不应该轻易错过。

　　人民是这个时代高于一切的主旋律，"人民"一词也是最富魅力的汉语词汇。随后，李劼人在《川西日报》副刊《笔阵》上，发表了长篇论文《从文学史上说明中国文学原本就是人民大众的产物》，从历代优秀文学作品的产生、发展，论述了人民对于文化的无穷创造力。

　　李劼人在略有忐忑和矛盾的心境中接受了委任，从纯粹的一介文人转而成为一个省会城市的副市长。而一旦确认了自己的新身份，李劼人便尽全力地投入其中。

　　20世纪50年代的最初几年中，李劼人一直是很忙碌的，心情也是愉快的。除了副市长，他还担任了一系列职务：1950年8月，出席成都市第二届人民代表大会协商委员会，任该会常务委员和副主席，同时兼任该委员会所属的五个工作组之一，即市政建设组组长，被选为川西区人民代表；还被选为中国人民保卫世界和平委员会川西分会委员、成都市分会副主席等等。

　　为了更方便参加新政府工作与社会活动，李劼人一度住到东胜街原嘉乐纸厂总经理程云集家中。到1952年春，他干脆将全家从沙河堡的"菱窠"搬进城里，住到了红墙巷11号市政府宿舍。

　　每天忙于开会、参观、视察，出席各种社会活动，李劼人的文学创作基本停止了。这一时期，他写下的多是些与国家建设和政治活动有关的文章，如《中共建党三十周年祝词》《谁是真正的朋友谁是真正的敌人》《川西区、成都市一年以来的抗美援朝运动》《我感到〈中国共产党历史〉是一部毛泽东思想与非毛泽东思想斗争消长的记录》《报告成都市市政建设及文化建设提纲》《欢迎印度朋友》《欢迎朝鲜人民访华代表团全体代表》《访朝散记》《遗恨——纪念鲁迅十四周年忌》《记先烈赵世炎》……这些文章只有极少篇目属于文学作品。这对心中始终挂牵着文学创作的作家来说，实在是很遗憾的事。

所以他矛盾的心态又活跃起来。他曾请周太玄带话给政务院总理周恩来，希望上面不要让自己再担任副市长，好腾出时间一心写书。周恩来总理的答复则是："再搞三五年好了，成都的建设也很重要。"①李劼人此时萌生退意，并非矫情，而是切切实实感到了时间的紧迫。

但既然共产党需要自己，那就只能认真去做好分内的事，况且经过自己的亲自参与，更能深切感受到国家正在发生的巨大变化。李劼人作为副市长，分管文化、教育、卫生、城建四个部门，他竭力地在自己管的领域做出成绩来，当年的某些"政绩"直到今天，人们还看得见摸得着。

1952年6月，四川东西南北四个行署合并组成新的四川省政府，李劼人当选为省政府委员。是年7月1日，成渝铁路正式通车了，同时另一条宝成铁路也正式开工建设，难于上青天的蜀道正在日新月异地变为坦途。他作为成都市代表团成员，乘坐首趟列车前往重庆，仅仅用一天时间就到达了，使他切实感受到了时代的飞速进步。青年时代出国留学，由水路去重庆最少要五六天，后来走陆路坐木炭汽车往来成渝，少则三五天，多则七八天。有一次他由渝回蓉，汽车走走停停，竟然走了十余天，其中内江到成都就费了五六天，道路颠簸，崎岖不平，汽车时常也出毛病。这样的旅行不啻一次痛苦的历程。如今好了，通了火车，不仅缩短了成渝两地的距离，更是实现了自晚清以来多少人的期待！

成渝铁路是川汉铁路的一段，人民曾经贡献了巨大的财力人力，旧时代非但铁路没建成，连清王朝也因此而垮台了；民国历经数十年，因为战争不断，也没有建成。而如今，共产党执政才两年多，成渝铁路就通车了，这对李劼人不能不说是一个巨大的鼓舞。

在重庆，李劼人与沙汀带领的西南区、重庆市文艺界的朋友们实现了一次胜利的会师，他们在一起回忆过去，畅谈未来，纷纷表示要更加积极热情地投入到新中国的建设中去。1953年1月23日，四川省隆重召开第一届文学艺术工作者代表大会，沙汀当选为省文联主席，同时兼任中国作家协会四川分会主席；

---

① 刘恩义：《周太玄传》，成都：四川科技出版社，1992年6月第1版，第243页。

李劼人、艾芜则分别当选为省文联副主席和作协四川分会副主席。同年夏天，李劼人在成都会见了苏联著名战地记者和作家波列伏依，让李劼人的目光进一步注意到了苏俄文学的成就。

在1953年9月23日至10月6日在北京召开的中国文学艺术工作者第二次代表大会上，李劼人当选为中国文联委员。之后，李劼人参加了中国人民赴朝慰问团，并且担任西南团四川分团的副团长。在慰问志愿军战士和朝鲜人民过程中，李劼人采访了大量的创作素材，打算回国后写一部抗美援朝的文学作品，结果因为所谓保密的原因，笔记本被审查人员大加涂抹，以后李劼人也就没有以此题材创作的兴趣。只有在回国途中已写成的一篇无标题的未定稿，后来冠以《访朝散记》的名称发表。

1954年之前，李劼人作为副市长，他既有职有权，也尽职尽责，为成都人民做了许多至今仍被称道的好事情。

但这一时期也出现过一些不愉快的事情。李劼人虽然青年时曾游学法国，但终生都喜欢穿长袍，当副市长后，非但服装依旧，而且以黄包车代步，被市民称为"长袍市长"。他去省府办事就被挡了驾，只好徒步进入。他坐黄包车去市人民委员会上班，前几次都没遭遇阻拦，有一天却突然被拦下。李劼人表明身份，说是来办公的，警卫仍然要他步行。相反，坐汽车的人却可以冲进冲出，未见任何人下车。为此李劼人大为光火，与警卫大吵了一场，然后扭头回了家。

关于成都的黄包车，新政府建政初期就发生过一段"故事"：据马识途回忆，有一位解放军看见黄包车夫拉着有钱人飞跑，认为很不人道，将坐车的人训斥了一顿，说这是剥削和压迫。结果以后就没人敢坐黄包车了。成都数千名黄包车夫突然失了业，纷纷聚集到军管会门口，要求拿饭来吃。虽然经过说服工作，车夫们散去了，但仍然拉不到客。贺龙知道此事后很生气，叫人上街宣传，准许人们坐黄包车，后又叫人穿上解放军服装专门坐黄包车去城里绕行了一圈，街上的黄包车才又正常营运起来。①但是，政府要员坐黄包车进出政府机关，李劼人却是独一无二，很是惹眼。而士兵从朴素的阶级感情出发，认为这就是压迫人，阻止李劼人坐黄包车进入市政府，也是很正常的。

李劼人却真生气了，他不是为自己不能坐黄包车生气，而是不服坐汽车的人凭啥就可以自由出入，坐黄包车的却非要下车。所以他一连几天都没去上班。李宗林市长了解情况后，亲自出面作解释，此事才了结。1956年，市政府为李劼人配备了一辆三轮车，已经六十五岁的"长袍市长"李劼人，才终于告别了黄包车，有了一部上下班不再独特的"座驾"。

另一件不愉快的事是1950年8月，李劼人所在东胜街的家中，突然闯进几个公安兵，不由分说便在寝室内搜查非法武器，结果固然是一无所获。后来开居民会，李劼人没有去街道组织委员会报到，也受到户籍警责难，要房东转告李劼人无纪律，他到底仗的什么势。此事让李劼人十分气愤，感到自己虽做了副市长，却连个行动自由都没有。一气之下，他向市长请假，回到沙河堡"菱窠"去了。

对李劼人任副市长头两年的工作，共产党组织基本上是认同的。旧书市场流出一份盖有"中国共产党成都市人民政府党组"鲜红印章的《李劼人材料》，从中既代表了党组织对他的看法，也可以看出李劼人的思想与态度的转换。全文如下：

李劼人材料

本人在政治上是靠拢我们的，旧社会恶习还不多，为人尚正直。从五〇年八月到市府工作后，对我各项政策与各种运动，抱拥护态度。当然，其思想上，旧意识与资产阶级观点还浓厚，最初认为共产党气派大，

---

① 马识途：《成都解放断忆》，《成都解放六十年》，北京：中国档案出版社，2009年9月第1版，第388页。

能容人，说如我们这些人在国民党时永远不能得志；另一方面，对我们统战工作表示怀疑，估计我们要他当市长不过名义而已。当时他任嘉乐纸厂经理，几天到市府一次，主要是经营纸厂，正由于他与资本家常有连（联）系，曾替地主、资本家讲话，如说"商人账基本是真实的，应该搂大查账计征□，税收民主评议，是听工人乱说。"退押时说"振（整）的地主脑（恼）火"，外县农民武装进城扣地主，说搞的乱七八糟，尤其对我税局、派出所干部作风上，认为对资本家要税，对管制地主振（整）的太厉害了。在工作上，感到政府给他的工作太少，不能掌握实权，发挥不了他的才干，说他一天尽办的是红白喜事，以后经过工作分工，薪资调整，物质上给予照顾，情绪逐渐安定，经常来府办工（公）。经过"三反""五反"运动后，揭发出资本家好多"五毒"行为后，给资本家叫嚣减少，尤其在统战部整风后，看到与他在一起的民主人士有好多也乌七八糟，感到旧社会切实是很可恶，但他又自家认为清白。从五二年下半年后，对我政策逐步有所了解，对我工作人员实事求是、艰苦朴素的工作作风有所感激，工作上也能够与同志们商量，讲话也怕出错，看我们党员如何讲，他（便）如何讲。统战部嘱其领导参事学习，他每礼拜准时参加，对政府进一步靠拢。

本人有自高自大表现，看不起青年人，认为青年人没社会经验，办不了事，好出头露面，好打听领导□□，好宣传领导上未宣布的非正式消息，这是其思想作风中很大的缺点。总之，李劼人，根据其二年多来的表现，本人有代表性，还能够与我们合作，进步虽漫（慢），但还是有进步，民主人士中还算比较好的。

市府党组意见（章）

三月十八日

文中除个别错漏和看不清楚的字迹之外，意思是很明确的。从文中意思看，这份呈送上级领导参考的鉴定材料，时间应该是1953年。雷兵先生所撰《"改行的作家"：市长李劼人角色认同的困境（1950—1962）》论文中所提到的中共四川省委1953年4月给李劼人的鉴定，应该是参考了市府党组的意见做出的。

那么，其中提到的"为地主、资本家说话"是怎么回事呢？

二、"为地主、资本家说话"

如果说上述之事多少是因为李劼人还不适应新政权而引起的"误会"的话，那么他为一些被确定为"地主""资本家"的人四处说情的事，则实在是"不识时务"，既惹恼了党的干部，自己也落下"武断偏听，轻率挥笔"，"地主一言，重如泰山"，"如此市长之感"等恶评。

1951年，四川开始全面实行土地改革。土改是中共建政之初，继镇压反革命、抗美援朝之后，实施的三大运动之一。土改的第一个步骤是减租退押，即地主在按政策规定减去地租之后，还必须退还农民租佃土地时交给地主的押金。减租退押，新政府是制定了严格政策的，但是土改工作队在具体执行过程中时常有偏差，尤其是被鼓动起来的农民，甚至根本不顾政策规定，从而导致一些所谓的地主走投无路。

李劼人的亲朋故旧与门生当中有不少人被划定为地主，也面临着退押的难关。如今李劼人做了共产党的高官，他们自然是纷纷找上门来。李劼人对这些请托说情的要求，一般都采取了回避拒绝的态度。但对一些特殊情况，或是出于政策的考虑，或是出于人情使然，最终还是无法一概拒绝。比如，李劼人的表弟杨为尹，因为其堂姐夫何鲁之是青年党的秘书长，遂有人诬告杨为尹也是青年党员。青年党可是共产党的敌人，这还了得！杨为尹被吓得神志恍惚。杨家人请李劼人出面证明，担保其政治清白。最终组织上以"查无此事"作了结论。

1951年1月至1952年2月，李劼人致各级领导的十八封书信中，除了一封致市长李宗林的信是为嘉乐纸厂申述税收问题外，其余的几乎都是在替别人说情。

这些信函，有两封致成都市长李宗林，六封致中共川西区委第三书记龚逢春，四封致中共川西区委副秘书长、川西七县农民协会联合办事处主任王定一，四封致成都市委统战部部长熊扬，一封致七联处负责人，一封致邓泽。① 信函涉及的人员，有的是大学教授，有的是社会名流以及这些人的遗属，包括李劼人同事、朋友，学生等；内容除个别是为证明某人身份外，其余全部是反映这些人在土改退押中遭遇的困难。

致李宗林的有三封信。除1951年11月29日，是为自己的嘉乐公司申述税收问题反映情况以外，其余都是为他人说情。1月16日的信，一是受老友谢苍璃之托，证明青飞确系精神病患者，并且此青飞不是青年党的卿飞；二是为原成都大学的学生欧克明说情，具体事项未在信中说明，但从信中提到"七联办事处"看，是为退押的事。1月28日的信，是替华西大学教授萧仲仑说情。萧已经中风，其妻也老病不堪，其子萧蓬父曾做过地下工作，为退押，将东马棚街20号的住宅也卖给了房产公司，公司催促搬迁，但萧家无钱再租赁房屋，只能搬到小天竺街华西大学教员宿舍去住，但工作组却不准其搬迁。李劼人的信便是请求李市长过问一下，准许萧仲仑搬迁。

致龚逢春的有六封信。1951年3月29日，是为陈佩鸾夫妇请求免除"恶霸地主"的名号。说他们只有城边上坟地五亩，连地主都算不上："仅仅有附郭坟地五亩，又从未与农民发生直接联系，实在也说不上地主。"信中还为青翰南的老婆青黄绪飞退押的问题，认为"协助恶霸退押而损害及于工厂，似乎不上条例所许"。李劼人在此信中显然不仅仅是说情，而是提醒当局要按政策办事。4月6日，是为树德中学退押之事，请求解决。树德中学是国军将领孙震创办的，如今为退押的事，学校决定将暑袜街和三圣祠街仅有的房产变卖。但川西行署对于私立学校的退押做出了明确指示，而工作组却威胁要"限期缴清，否则农民直接行动，即不负责"。李劼人也是该校的校董之一，对于学校的情况自然有义务向上反映。4月20日，是致龚逢春和杜心源（杜时任军管

---

① 《李劼人全集》第10卷，成都：四川文艺出版社，2011年9月第1版，第106—128页。

会文教主任）两人的，是替魏时珍的川康农学院退押问题做出说明。该地三十余亩原是邓锡侯捐给川康农学院作为学生实习场所，学院停办时，魏时珍再三将地退还给邓锡侯，可邓不肯接收，于是魏时珍交给原来的管理人员，仍然请人种植果木蔬菜，但由于管理不善，不唯毫无收获，反而倒赔钱财。所以魏时珍才将土地租给原来的雇工田富成。此时江山易主已经半年多，人人都知道土改即将开始，所以魏时珍根本就没有收过田富成的押金，并且有契约和田富成的证言。工作组却不管这些，斥责魏时珍隐匿押金不报。5月22日，是为中学时的英文老师、现为成华大学英文教授廖学章说情，称廖学章为了退押，"凡房屋、衣物、家具等都已卖完，至今，除身上衣物外，只有一床二椅，除必须用之教本外，其余书籍、字画、片纸无存。但他的本身人物虽已了清得奖，而协助祠堂之担子犹难放下。廖先生向来反对宗法主义，然为族中坏人胁迫，仍不能完全摆脱，痛苦异常"。李劼人请求豁免廖先生所负担祠堂的一千三百斤米款。12月18日，是替苏兆祥求情。苏兆祥是国民党统治时期四川最后一任高等法院院长。李劼人为他退押的事，向张秀熟、杜心源、邓泽等人都写过信。在致邓泽的信中，李劼人说苏兆祥年过七十，因被罚站，已双腿浮肿，工作组仍限令他按时缴足，否则将严办。苏兆祥恐慌万状，家中现在已经一贫如洗，李劼人希望政府当局念在他已经捐献了价值十万美金的唐画，免去他无力再缴的四百四十担。李劼人之所以四下为其求情，乃因为捐献唐画一事是由他所鼓动，若不能照顾，非但对不住苏兆祥，也会影响将来鼓动他人。所以李劼人再次致信龚逢春为苏兆祥求情。

在致龚逢春这六封信中，数8月2日的最瞩目，这是为川中名儒刘咸忻（字鉴泉）的遗属求情。信函写道：

逢春先生鉴：

兹又有一件事，代人恳求。缘老友刘鉴泉君，为成都亦可说是川中文化界、教育界最有成绩，亦最有身后之名者。其人历任大学教授，并未作过其他事情。平生积蓄全用买书，死已二十年矣。因有祖遗田二百亩，自

400

从开始退押，其妻子便百方设法，卖房卖物，竭尽能力，仅退还一部分。现在将其全部书籍二万三千余册，交与文教厅，转与文物保管委员会。以书籍购价言，已属不赀，何况更有极可宝贵之手稿，实为不可数计之文化遗产。张秀熟、谢无量以及川大各名宿皆知之。然文教厅文管会只能接管此种书籍手稿，而却不能付出食米二百双市石，为此孤孀代了任务。文管会虽已函知七联，请与照顾豁免，但恐七联未必能允。因思刘季似确有困难，而其先夫又确系有功文化之人，并已将其书籍手稿全部送交政府，酌情酌理，似乎可以予以特别照顾。倘得鼎力函商七联，念其种种，将此实无力筹退之二百担食米，赐准豁免，则所感谢者，实不止刘君之孤孀孤子已也。兹将刘季似女士来件附上。祈赐裁夺为祷。此致

敬礼！

李劼人 拜上 八月二日

刘咸炘是著名国学大师，槐轩学派的代表人物，早在1932年就去世了。但遗留有祖上田产二百余亩。李劼人与刘咸炘是老朋友，见其遗孀在土改退押时的艰难，忍不住要说几句话，这也可看出他对文化人的尊重。

致王定一的信有四封。4月2日，谈树德中学退押问题，附该校校长何绍先、江东之致李劼人的信。4月26日，是替两位年近七旬的老人说情。一位是程茂年。程茂年是嘉乐公司总经理程云集的父亲，但程云集从小就过继给别人了。李劼人说程茂年："以自己一手一足之劳动起家，平生并未做过恶事，只是读书不多，又未离开过家乡，不知世事，以致平生辛苦所积，全用买田置地。"现在已退还了大部分押金。程云集为协助父亲退押，已将所有积蓄和成都的一处院落出售，所得款项全部给了老家云阳的农民协会。但云阳农会还是派人来成都要押解程茂年回去，并且还要退押一亿元。后经程家所在地斌升街工作组解释，云阳来人对押金有所松动，但仍然要程茂年返乡。程茂年身患眼疾，形同半瞽，加之年纪已大，老家房屋家具用具均已经为农会处置，程茂年既无隐瞒破坏，又两手空空，回乡无异于待毙。李劼人希望上面指示下去，允

401

许程茂年留在成都。另一位是文天龙。此人一生只是中学教师，为族中的义冢退押，已经将房屋书籍字画出售捐献，如今个人生活已成问题。李劼人为其请求指示，一、义冢是否可以按照条例予以照顾；二、应退义冢之押已经由众人退了四分之三，其余一千余斤之米，可否免缴；三、文天龙本人实在无力再协助缴纳，可否不必将其牵连在内。5月6日和5月8日两封信，分别谈陈启銮（即致龚逢春信中的陈佩鸾）五亩新开坟地和树德中学退押的问题，此不赘述。

致邓泽的信有一封。邓泽是何许人，今不知，想必还是与土改有关的负责人。此信所谈是苏兆祥退押问题。另一封是李劼人与钟体乾、谢无量、杨啸谷、芮敬于五人联名致七联负责人的信：

七联负责同志：

　　陈益廷因协助慈惠堂退押，他已将家中全部文物供（贡）献与川西文教厅请求照顾。最近他本人每天向各方面设法，陆续的都在缴款。我们是希望他早日克服困难的；同时也希望贵工作同志多多怜他年过七十，照顾于他，使他每天能够安心的去设法借款，顺利的完成任务。　此致
　　敬礼！

　　　　　　　　　　　　钟体乾、李劼人、谢无量、杨啸谷、芮敬于

　　　　　　　　　　　　一九五一年五月十日

这几人中，除钟体乾是协助潘文华起义的前成都市长，其余几位都是著名学者。他们之能联合为前成都商会会长说情，想必此人在成都并非恶人。

致熊扬的信有四封。其中1951年8月1日和1952年1月19日两封信，都是为并不认识的人转递信件，代为反映情况。1952年1月4日，是转递老同学蒙文通的信。蒙文通又是替他们共同的中学同学敬百谐寻求一张统战部的证明，以便在前往顺庆途中免遭留难，李劼人希望统战部能为其开具证明。

李劼人"为地主说情"的事最终引起了有关领导的不满，所以1951年12月29日，李劼人给熊扬写了一封长信：

熊部长鉴：

顷得十二月廿八日来信，及附华阳县土改工作分团的"关于评定张文湘先生阶级成份的问题"一件。仔细看后，我于张文湘的处理，没有意见。因我与他并无多大的私交，只是以往同在大学教过书，自一九三九年我因疏散到沙河堡住居后，与之有过来往；其家的情形，略知一二。当其他因划成份时来找我代他反应，我确实未经深切了解，亦未经过缜密思考，只凭其一面之词，即为写信到你处。但我的原意，也只是请你代为反应（映）而已，并非即生硬地而为之主张定要如何办理。所以有一次，你找我面谈，问我对张文湘处理意见如何时，我不是曾说过吗："一切凭土改条例办理，只在可能照顾时略予一点照顾便了。"这话我说了两遍，想你还一定记得。至于张颐事情，我亦只是代为反应了一次，以后，我连"代为反应"也谢绝了，请其有话直接向你处申述。有一次，陈翔鹤也批评了我，说我爱管闲事；并且说我未将事实弄清，就到处写信。我曾向他辩过说："你可晓得来找我的人太多了？有时推也推不了，即如张颐的事，我接到他写来的信，前后不下十几封，推无可推，因此才找统战部的。"这番话，你可以去问陈君。本此，足见我代些人写信反应，只是为了扫除不了的小资产阶级意识中残存的人情关系，而绝非有意混淆黑白，要人违反政策也。至于华阳土改工作分团说到郭先声之妻吴兆兰"确是非法地主"，"确实能拿出来"二点，关于第一点，似乎还须再深入了解，必须有确切事实，始能下断语；关于第二点，则因吴兆兰几次来向我借钱吃饭，所以我知其没有钱，"穷困不堪"。至于我去信后的第三天，她竟交清了下余的三千斤米款，是如何弄到的，我不知道。在未借到钱后，一直到今天，未来找过我。至批评我"身为人民政府副市长，地主一言，重如泰山，不加分析，武断偏听，轻率挥笔，实在不好，因此，北京民主人士也有'如此市长之感'！"批评的好意，我诚挚接收，但是批评语调，则我不能接收，第一我为吴兆兰写信去郝德青团长，是因为吴兆兰

403

写了一封申请书寄我，托我反应，我反应时，是连那申请书封去的，只在我的信上说她确是军属，是守法地主，并举出她来向我借钱，我无钱借予的事实，只说明她已缴过罚米二千斤，其余三千斤，可否再加了解，予以照顾豁免，原信具在，可查。我何曾是"武断偏听，轻率挥笔"？第二别人既有文件请求代为反应，难道我就可以不就我所知道的写出吗？土改条例明明定有某些可以照顾之处，为什么我就不能援引？而且我尚说请再加了解，可否如此办，我并未硬性地请求必如此办，可办不可办，办得到办不到，其权尚在土改工作团，我何曾因了"地主一言，重如泰山"？此种不顾事实，而且挟有意气的批评，实在不是好的批评。至北京民主人士也有"如此市长之感"，则望你重视这句话，务请去信请其将事实详细告知我，以便我切实改正！我写这封信回你，并非哓哓争辩，拒绝批评，因为事实并不如其所批评者，而且批评的话，不惟主观太甚，抑且迹近轻薄。记得去年李宗林市长初次劝我接受副市长任命时，我曾说过，我是成都人，亲戚故旧门生太多，我若当了此职，找我的必多，将来必弄出麻烦。李市长当时回答我说："我还不是一样的？麻烦一定有，能推脱的，就推，实在不能，可交我那里（指统战部）代你办。"此话，我记得很清。在此一年多，我差不多已做到了"六亲不认"，来麻烦你同诸公的，已经是千分之一二，而你同诸公已经感觉我为地主说话已经太多，"北京民主人士也有'如此市长之感'"了，请你代我想想，我之麻烦、我之感，又当如何？斩断封建尾巴，是容易的，但是必须不在当地负责任，必须与这些东西保持距离，起码也得与这些东西不见面，不通信。我希望你与诸公随时批评我，不过不要太笼统了，例如只是"身为人民政府副市长，地主一言，重如泰山，不加分析，武断偏听，轻率挥笔，实在不好，因此，北京民主人士也有'如此市长之感'"如此笼统而轻薄的批评，并不把我的信仔细看一看，是否"武断"，那我要痛改，也难于着手啊！而且我也痛感到，像我这样的人，确实也不配充任现在这个职务，更希望你代为反应，如何将我调一调，这不是闹情绪，因为我有自知之明，这样拖下去，

只有公私交弊而已！未尽之处，自然等有机会时，再一一面谈。此复，并颂

健康！

李劼人
十二月廿九

再者，关于各方面对我的意见与批评，不管笼统与否、切实与否，仍望听到后随时告诉我，写信也好，面谈也好，我总之愿望知道，我很愿意做到"有则改之，无则加勉"，虽然有时我不免哓哓好辩，一如这封回你的信；但是千万希望你做我的一个好朋友，不要管我这些，凡听到的或看到的，仍然尽量告诉我，帮助我把思想彻底改造好。

从这封信看，李劼人在土改中为他人反映情况的事还的确不少，而找他的人就更多。四川土改中，农会之所以敢违背了土改政策，搞出许多过火的事情，是因为"在中共西南区建政初期的特殊时期，为支持人民币信用体系的建立，以及保障抗美援朝战争对于经费的需要，新政权并未顾及乡村金融和押金制度的历史实际，采用种种政治手段，强化和放大了'退押'工作，使之成为西南区土地改革的重心所在，实质是鼓动农民从地主手中夺取粮食与金银；再于次年，以调整物价和增加1951年农业税方式，将农民获益收归国有，予以支付巩固新政权所需的经济开支"①。

身为副市长的李劼人应该是看到了一些问题，所以才会出现"为地主说话"的情形。这一方面体现了他一贯仗义执言的秉性，同时也反映出他对于共产党的土改政策没有深刻认识和理解。从政治角度讲，他还是"不识时务"，他以为自己是从政策条规出发在反映问题，以尽到作为副市长的责任。但在别人眼里，他终究不过是党外人士，他反映的情况，即使是属实的，实际上也成

---

① 贺宏亮：《并非无故代地主说情也——1951年川西土改前李劼人书信中的"退押"问题》，《现代中国文化与文学》2014年第2期。

了一种刺耳的声音。

在致熊扬的这封信中，李劼人一方面诚恳接受批评，另一方面也为自己的行为作解释，他尤其不能接受"地主一言，重如泰山""如此市长之感"的评语。李劼人激动的情绪，在信中字里行间十分明显；他对熊扬的态度从称谓上显现无疑，之前写信，开头均称"熊扬兄"，很亲切，但此信则是直接称官衔"熊部长"，很公式化。后来写信似乎又有变化，称"熊扬先生"，再后来又恢复了"熊扬兄"的称呼。信函的称谓，往往体现出写信人的心境，也不难看出两人关系的微妙变化。

"为地主说话"是李劼人在1949年之后，受到的来自当局的第一次严厉的批评，也是他在新政权下遭遇到的第一个挫折，他不会料到，以后在"反右运动"中还有更加令他难堪的事情发生。

三、主持市政建设

虽偶有不愉快，但1954年之前的李劼人总的说来心情是不错的。作为副市长，他对于城市建设的规划、设想都逐步得到了实施。

新政权建立之初，国家百废待兴，经济建设迫在眉睫。成都这座千年古城，祖国西南地区最重要的省会城市，由于数十年来的战争动荡，城市设施建设已经相当滞后。生于斯长于斯，又游历过西洋现代化都市的李劼人，对于成都城市落后的面貌是深有体会的。

川西平原河道纵横，沟渠密布，处于平原腹地的市区，由于城市设施落后，河道年久失修，更是构成了对城市人民生命财产安全的严重威胁。几年前的大洪水和霍乱流行，夺走了多少鲜活的性命！殷鉴不远，成都人记忆至今难磨灭。因此，在李劼人心中早已萌生了改造城市旧貌的设想。

据雷兵《改行的作家——市长李劼人角色认同的困窘（1950—1962）》一文所披露的中共四川省委统战部档案，在1950年7月省委召开的党外人士座谈会上，李劼人就提出了成都市政工作亟待解决的三项大事，即：下水道修缮，路面建筑，疾病预防。并且说："这三件事是异常艰巨的工作，须做准备，希望将来政府同时即在座朋友们对建设发展成都各方经验意见提供市府，大家根据此来制定计划。"

　　会后不久，李劼人正式出任成都市副市长，于是他便按照已有的设想，开始有步骤地落实城市建设改造计划。在新政权建立不久，就组织建设者们对成都的自然及经济情况，包括气象、水文、地质、地形、生产、人口、建筑、交通运输等，做了详细的调查、勘察。李劼人领导的城建部门，正是根据已调查掌握的资料，初步制定了成都市城市建设的规划设计，使今后城市得以按规划发展。[①]1953年9月（或12月），李劼人在《报告成都市市政建设及文化建设》中说明了规划的实施情况。首先改造、修整了市区的排水系统。在测量了全市的地形的基础上，设计了三条下水干道，到1953年5月，第一条下水干道已经修建完成，以直径三尺的水泥圆筒，从新西门沿金河北岸一直铺设到老东门铁板桥，横贯全城十余华里，可以容纳沿线二十万人的废水以及夏天从各个沟渠中汇集涌来的雨水。当年经过了雨季，特别是经过了几次封门大雨的考验，证明这条下水干道排洪十分有效，一改自民国以来大水大淹、小水小淹的局面。

　　其次，整治了御河。这是明洪武十五年（1382）开挖的一条拱卫蜀王城（成都人俗称皇城）的护城河。该人工河以前在西御街与金河相通，是一条流动的活水。御河由南向北，环绕蜀王城后，经玉带桥向东，在北门外流入府河。晚清以后，皇城周边即御河沿线，逐渐形成了一个贫民窟，御河自清末以来就无人管理，泥土、杂物淤积，河床抬高，而两岸居住着贫苦人民，其茅草屋多东倒西歪；人们的垃圾、排泄物也倾倒河中，早把原本青花亮色的小河变成了一条臭不可闻的阳沟，非但滋生大量蚊蝇蛆虫，而且每逢暴雨季节，便会臭水四溢，贻害穷人。"一九五〇年三月间，发动民众疏淘河沟时，这烂泥沟，不但臭得令人难受，不但从烂泥臭水中淘出许许多多猫犬老鼠甚至婴儿尸体骨骸，而且好些人因为光脚杆在烂泥中站上两三个小时，两腿中毒，肿了烂

————————————

①　雷兵：《改行的作家——市长李劼人角色认同的困窘（1950—1962）》，《李劼人研究：2007》，成都：巴蜀书社，2008年3月第1版，第322页。

了，所以，成都人好多年来，都将这一带唤着'瘟疫养成所'，而它又恰恰处在城市中心。一九三一年和一九四六年成都两次霍乱流行，都从这里开始，都以这一带的劳苦贫民死得顶多。"①可见，成都这条御河，在1949年以后已经和老舍笔下北京城的龙须沟差不多。

经过治理后，御河恢复了河道本来的面目，金河清亮的河水再次哗哗流进了御河，两岸的贫民窟撤迁后，改造成人行道，并且种植了芙蓉、柳树，使之成为市中心的一处风景区域。

李劼人领导城市建设的另一重要成就，是修整了城市道路，确定了现代成都市主城区道路的基本构架。民国时期，成都人有个口头禅：电话不灵，电灯不明，道路不平。经过中华人民共和国成立后两年多的建设，不仅电话、电灯的问题得以解决，而且道路建设也取得了很大成就。城内外的交通状况可谓出现了翻天覆地的变化。郊区新建的几条道路，里程达六十多公里，其中东门外有新建的牛龙公路，将原来牛市口和龙潭寺之间时断时续的鸡公车小路，拓展成一条通汽车的大路，坡道也被放平，极大方便了人们运输通行，使沿途的场镇和工厂、学校连成一线。牛龙公路因此为成都东北部正在兴建的工业区奠定了交通基础；另一条城北萧家碾至文殊院之间的人民北路，这是由火车北站进入市中心的必经之路，此路的建成意义也是非同小可。

市区内有六条干道也得到了修整和扩展，原有的石板或泥土路面，被分别改建成水泥和柏油路面。水泥路过去在成都是前所未有的，而柏油路则是成都人闻所未闻的，如今它们赫然出现在成都市区的大地上。道路两旁还种上了浓荫蔽日的法国梧桐（悬铃木）。这六条市区的"骨架"道路是：第一条路从将军衙门（少城公园）起，经祠堂街、西御街、东御街、盐市口、东大街，直抵东门大桥，全长四千多米，全部拓宽改为混凝土路面，两旁人行道也铺上了混凝土砖地面；第二条路从盐市口经锦江桥、粪草湖（今大业路）、红照壁、上

---

① 李劼人：《报告成都市市政建设及文化建设》，《李劼人全集》第8卷，成都：四川文艺出版社，2011年9月第1版，第117页。

下南大街，到南门大桥，长两千多米，将南门城外刚建成的"新马路"（今为武侯祠大街）以及去往双流、新津、彭山、眉山的"南路"连接起来；第三条路东起玉带桥，经西玉龙、骡马市、青龙街、八宝街、西大街，达老西门，长两千多米；第四条路更长，从盐市口起，经西顺城街、玉带桥、锣锅巷、草市街，出北门过大桥再经北大街、簸箕街，到梁家巷，全长四千多米，路面均铺上了柏油；第五条路较短，从提督街经总府路至春熙路北口，原来道路狭窄，行人拥挤，路面一下被扩展至二十多米宽，并铺了柏油；第六条路从新南门外混凝土钢骨平桥经由城内的四维街、丝绵街、南打金街，连接东大街。这六条市区道路的建设基本上确定了成都老城区道路的格局，这是人民政府在中华人民共和国初期的重要政绩，也是副市长作家李劼人留在成都城市版图上的一段历史记忆。

李劼人主持建设的城市道路中，数人民南路最具有前瞻性。这条路正好在成都市区的中轴线的中段。所谓中轴线，是指从北门外萧家坝火车北站经人民北路、人民中路、骡马市越过旧皇城（今四川科技馆）向南延伸至黄家埝（火车南站）的十里长街。整条路原本取名为人民路，李劼人想将全线建成一样宽的路面，但大量的拆迁和新政府的财政都无力支撑这个超前的思路。因此，最早按照李劼人的想法建成的实际上只有从旧皇城门洞到红照壁六百三十多米长。这条路的宽度是六十四米，是当时成都最宽最美的道路，道路中间有街心花园，两旁每根灯柱上都有四支玉兰灯，与两边新建的新华书店、人民剧院、百货大楼形成城市的一道风景。但是，李劼人似乎并不满意，他认为还没有达到明代旧皇城御道百米的宽度。他之所以要建设这样一条宽广的道路，是想说明新社会的可爱，增强人民对美好远景的憧憬和对社会主义建设的信心。[①]同时他还说，人民南路之南，将来会出现不少崇丽宏伟的大建筑。今天城南的发展早已实现了李劼人的预言。

---

① 李劼人：《成都的一条街》，《李劼人全集》第7卷，成都：四川文艺出版社，2011年9月第1版，第446页。

然而，李劼人确定的人民南路的宽度并没有得到省委主要领导的认可。领导认为他是"好大喜功"，"搞那么大的动作"，只准开一条七米宽路。但李劼人的想法得到了省建委主任马识途的支持，于是在未经省委领导同意的情况下，李劼人采取"先斩后奏"的方式修建了这条宽阔的道路。[①] 为此李劼人受到了严厉批评，多次在大小会议上做检讨。如今六七十年过去了，城市发展的历史证明，李劼人是正确的，具有文化人的远见卓识。

李劼人当年的正确决定不止在道路建设上，成都火车北站也是他坚持要建在城北，并在萧家坝规划了一万多亩土地。而当时多数负责人却从行政影响力的角度，竭力主张建在骡马市。若非李劼人当年力排众议，今天成都市主城区的格局恐怕是另外一番风貌了。

正是城内外这些道路的建成，为成都大规模的经济建设提供了前提，也为城市公共交通的发展创造了条件。不久之后，在新建的道路上就陆续出现了1、3、4、6、8、16路公共汽车，再后来又有了1、2、3路无轨电车，这都仰赖于城市道路的畅通。

20世纪50年代短短的四五年间，李劼人领导下的成都城市建设所取得的成就是斐然的。1956年7月4日李劼人在《成都市概况》中统计道："随着生产的发展，进行了规模较大的市政建设工程。一九五〇年至一九五五年，总计历次修淘和新建的河道、下水道总长度约九十五公里；翻修和新建的街道道路共一一一公里多，市区的主要干道都已铺成沥青混凝土或洋灰混凝土高级路面，并行驶了公共汽车。这样就根绝了水患，恢复和发展了交通运输事业。在水、电公用事业上也逐年发展。电业设备容量比解放前增加了约一倍，街灯比解放前增加了二倍多；新安装的自来水干管比解放前增加了五倍多，每月售水量增加约二十倍，并曾先后降低自来水价六次。一九五〇年至一九五五年十月止，全市还修建了工人和劳动人民住宅七万四千多平方公尺（不包括工业区工人住

---

① 雷兵：《改行的作家——市长李劼人角色认同的困窘（1950—1962）》，《李劼人研究：2007》，成都：巴蜀书社，2008年3月第1版，第323页。

宅）。"①

四、决策修复杜甫草堂

李劼人在谈及城市建设时曾经强调道："城市必须是一个统一、和谐、美观的整体，因之城市建设工作，必须注意艺术的和谐，必须注意表现民族的气派和风格，和注意保存名胜古迹。"②李劼人到底是有深厚中西学养的文化人，在主持城市建设的过程中，时刻不忘文化的和谐建设。文化是一座城市的软实力，李劼人在六十多年前就深刻认识到文化建设之于城市发展的重大意义，实在是具有文化人可贵的前瞻性！

20世纪50年代的城市建设，处处都体现出新社会人民至上的主题，为劳动者提供休息、娱乐的公共空间成为城市文化建设的重要内容。即使在政府财政极不宽裕的情况下，依然对一批园林和名胜古迹进行了修葺、保护。而李劼人正是这一工作的具体组织者和领导者。首先得到整修的是市区的两个公园，即少城公园和中山公园。民国时期的少城公园，是清末最后一任成都将军玉昆的私家园林，后玉昆将其开放成收费的公园，民国后称其为少城公园，卢作孚20世纪20年代曾在此创办民众通俗教育馆，成都最早的动物园就在这里，1913年建的"辛亥秋保路死事纪念碑"也矗立在公园内。20世纪50年代后更名为人民公园，占地面积一百七十多亩，重新规划了林区、小溪、池塘、土山；还有花园、喷泉、金鱼池、鸟林；有博物展览所、文化室、儿童乐园；特别开辟了一个足以容纳一千五百人的露天舞场，每周举行三至五次舞会。

市区的另一个公园即中山公园，后更名为劳动人民文化宫，修整后也增设了娱乐场所，设置有戏院、电影院、图书馆、音乐室、球场、茶社、饭厅；有

---

① 李劼人：《成都市概况》，《李劼人全集》第8卷，成都：四川文艺出版社，2011年9月第1版，第146—147页。

② 李劼人：《在四川省人民政府委员会第一次全体会议上〈关于成都市市政建设工作的发言〉》，转引自易艾迪《李劼人与杜甫草堂博物馆的筹建》，《李劼人研究：2007》，成都：巴蜀书社，2008年3月第1版，第358页。

可供千人集会的会场；有可容纳五六百人的露天舞场。新建的劳动人民文化宫由此成为成都两代人的文化记忆。

其次，一批寺庙丛林与名胜古迹也得到了整修恢复。成都的园林名胜虽不少，但多被地方军阀或霸占或摧毁，真正能够让普通人民瞻仰怀古的地方非但不多，而且破烂不堪。为了保护这些民族文化遗产，1952年，成都市成立了"名胜古迹整修委员会"，李劼人担任了主任委员，政府在财政困难的情况下，仍然挤出专项修复资金。李劼人不但主持领导了这项工作，而且为修复保护工作制度确定了具体的原则方针。在李劼人和"名胜古迹整修委员会"的指导下，昭觉寺、文殊院、大慈寺、杜甫草堂、武侯祠、望江楼、百花潭等一批风景名胜古迹得到了修复。

川西第一禅林昭觉寺最早得到修整。昭觉寺建于唐贞观年间（627—649），原名建元寺，唐宣宗时改为昭觉寺，是成都东北部一处历史悠久的寺庙丛林，已经有一千三百多年历史，其间历经多次战乱，又多次得到修葺恢复。李劼人对这个著名的禅林是极其熟悉并印象深刻的，青年时期留学法国时，到巴黎的第一天去游览郊外的布洛涅森林，首先想到的便是家乡的昭觉寺以及它不小的林盘，满地的落叶。"森林是我自小就喜欢的，又从未满足过那欣赏的欲望，成都北门外昭觉寺的林盘也不小，然而何尝能如小孩子的空想，走半天也走不完。"[1]昭觉寺虽然不是大森林，却是李劼人自小就熟知的胜景。保护好这座寺庙丛林对于成都是具有重要文化意义的。

修复后的昭觉寺，占地四百多亩，其中宏大的殿堂、楼阁、廊房等建筑就占一百三十多亩，其余三百多亩全是林园。这样大的地方实在是劳动者旅游揽胜的好去处。李劼人还预测，昭觉寺周边将来会处于轻工业的边缘或中心，后来事实证明周边的确兴建起了不少的工厂。

修复昭觉寺的同时，城北的另一座寺庙文殊院也得到了修葺。文殊院的建

---

① 李劼人：《正是前年今日》，《李劼人全集》第7卷，成都：四川文艺出版社，2011年9月第1版，第283页。

筑虽然没有昭觉寺的宏大，但其营造却很壮丽，加之有八十多亩林园，夏季每天来此乘凉的市民竟有五六千人。东门外的大慈寺也获得了整修。这也是一座兴建于唐代的丛林，曾占据了半个东城。李劼人说，从前的和尚太俗恶，把可以培植林园胜景的地方全出卖或出租了，修成了若干条街，如纱帽街的旧名叫东禅堂，还有一条街叫和尚街，这些都曾是大慈寺的地方。大慈寺虽然变小了，修整后也成为东城的一道胜景。

寺庙丛林之后，武侯祠、望江楼、百花潭以及石羊场的近慈寺、永靖街的清真寺也得到了修整恢复。其中数武侯祠整修的工程量最大。这个著名的三国遗迹，两年前刚遭遇了一场劫难。1949年12月，胡宗南部队盛文第三军向西康溃败时，与川军二十四军在城南激战一天一夜，武侯祠的庙宇、塑像、古柏都遭遇了很大损毁。人民政府建立之初，将武侯祠从住持道人手中接管后，就计划重新修葺。

虽然整修这些文化名胜、古迹遗址已不可能彻底恢复旧观，但李劼人也为修复工作制定了明确的"恢复旧观"的原则，强调整修工作不能随意乱拆乱建，用他自己的话说，不能粗暴地搞得来倒新不旧，倒俗不雅。据林延年在《李劼人先生关心文物事业之轶事》一文中回忆，为了使参与修整工作的人员有所借鉴，李劼人还特地将自己珍藏的《故都文物略》以及有关南京名胜古迹的图书贡献出来，人们顿感眼界大开，获益匪浅。如今看来，李劼人当初坚持修旧如旧，雅俗有别的修葺理念，是很具有文化眼光的。正是他的这种坚持，使我们今天仍能看到古老成都的文化原貌，并从中窥见历史的一角，这应该感谢李劼人先生。

李劼人主持修整恢复的文化遗迹中，最值得后世记住的是杜甫草堂。这里凝聚了李劼人的智慧和远见卓识。

草堂寺是成都一处极为著名的风景名胜。此地原有一个很古老的寺庙，叫梵安寺，由于杜甫来成都后，在距梵安寺不远的地方建了居住的草堂，后世人便习惯将寺庙和杜甫故居合二为一称为草堂寺。"安史之乱"爆发后，唐肃宗乾元元年（758）春，杜甫由剑门入蜀来到成都，先栖身在寺庙，不久后便在浣花溪畔搭建了几间草屋。和平宁静的成都为饱受战乱之苦的杜甫提供了一个安宁的环境。他一共在蜀流寓五年，其中将近四年是在浣花溪草堂度过的，直到永泰元年（765）四月离开成都。杜甫在成都留下了二百多首诗歌，绝大部分是在草堂写成的，如脍炙人口的《春夜喜雨》《绝句》《茅屋为秋风所破歌》《蜀相》等等。

草堂因为诗圣杜甫而驰名古今，从五代时期诗人韦庄重建杜甫草堂，至20世纪50年代，杜甫草堂历经千年，屡毁屡建，始终是中国人向往的文化圣地。

然而，进入民国后，四川军阀混战多年，草堂也难免战祸之苦，长时间沦为兵营。川军、中央军曾轮番进驻，到1949年，胡宗南所部竟把杜甫草堂当作了马棚。据易艾迪《李劼人与杜甫草堂博物馆的筹建》所记载当事人看到的境况，草堂内到处是马粪，珍稀树木遭大量砍伐，只剩下低矮的树桩；门窗匾额也被当作劈柴烧掉，连何绍基题字的楹联"锦水春风公占却，草堂人日我归来"也被扔进了垃圾堆。面对此情此景，李劼人和在场的文化局干部无不深感痛惜。草堂的抢救性修复已经迫在眉睫。因此，1952年，政府组织成立了"草堂寺管理处"，将梵安寺和杜甫草堂合二为一，进行了初步的整修，毁损的房屋、庭院和林园均得到了整修，栽种了一批树木。当年10月便作为公园对外开放。

1954年，成都市筹建杜甫草堂纪念馆，李劼人作为筹备委员会主任，开始规划实施对杜甫草堂的进一步全面整修，同时组织专家学者搜集、整理与杜甫相关的文物资料。对于草堂的整修建设，李劼人在调查研究的基础上，提出了一套完整的方案。据当年参与此项工作的林延生回忆："在整修开始时，李劼人先生特别到草堂，查看现场。他根据杜甫草堂遗存的清乾隆、嘉庆石刻少陵草堂图，提出：既要恢复原来建筑面貌，又要考虑今天使用需要。因此，他决定保留影壁、草堂正门、大廨、史诗堂、工部祠中轴线建筑以及祠左右的'恰受航轩''晨光阁'等建筑体系。至于立在大廨与史诗堂之间左右的'露稍风叶之轩'和'独立楼'两座不伦不类的建筑，他大胆而果断地主张拆除，同时将大廨与史诗堂两侧以及拆除后的东面空地，以回廊绕之（据石刻草堂图），形成四方游廊，互相衔接，成为整体。既得保持原状，又增添新景。这一决定（在当时也有人反对），实在高明，时至今日，仍获得建筑专家，同广大群众交相称赞。"①此外，草堂中的许多景点，如柴门、水槛、花径等都得到了修复，特别是嵌有"草堂"二字的影壁最令人流连，用青花碎瓷镶嵌的两个大字，乃是根据周孝怀在光绪三十四年（1908）所书写"草堂"影壁的照片复原的。周孝怀为此曾致信询问此事。李劼人1955年10月12日致信市文化局长吴汉家，指示将影壁复原后拍摄的照片尽快通过向仙樵（即向楚）寄给周孝怀。②从当事人的回忆和李劼人当年的书信和批示，都清楚地说明，杜甫草堂今天的建筑布局与园林风貌，都是李劼人当年亲自规划确定的。

修复后的杜甫草堂影壁

李劼人不仅决定了草堂整修的大格局，而且对于杜甫资料的搜集、整理、研究等工作，也有具体的布置。作为杜甫草堂纪念馆筹备委员会主任，李劼人对如何组织专家，派多少人外出搜集资料等事情都一一过问，可谓事无巨细。重庆的吴鼎南著有《杜甫草堂与草堂寺》，李劼人阅读后，认为优于冯至

① 林延年：《李劼人先生关心文物事业之轶事》，《成都文物》1987年2期。
② 李劼人：《551018致吴汉家》，《李劼人全集》第10卷，成都：四川文艺出版社，2011年9月第1版，第142页。

的《杜甫传》，专门致信文化局赵知闻科长，在出版前先油印若干份，并特别嘱咐"字迹必须写得清晰，行列要疏，应提行应低几字写处，皆应格外注意……"①文化局派人外出搜集有关杜甫文献，李劼人指示应多派一个人作为助手，并明确指出要去杭州文澜阁找马一浮先生。成都市文化局得知天津的赵元方先生藏有宋刻王洙本《杜工部集》半部，曾托上海有关方面转天津赵元方出让给成都，得知赵元方已经将此书送藏北京，为此李劼人特别致信国家文化部文物局局长郑振铎："窃以北京图书馆已有宋刻杜诗两部，而成都草堂尚无宋刻，草堂又正为中外注目之地，凡来蓉人士靡不到此景瞻对□文物□□照全。职此之故，敢请先生统筹兼顾，大力促成。赵先生之半部宋刻如能藏之成都，不仅为草堂增色，即于研究方面得益亦复不鲜。"②正是由于李劼人和文化部门领导以及专家们的不懈努力，杜甫草堂纪念馆得到了全国有关专家学者的支持，陆续搜集到了宋代以来的各种杜诗刻本，其中包括南宋建阳刻本《杜工部草堂诗笺》等。黄裳特意将自己保存的明代杜集残本寄给了李劼人。1964年，李一氓还为草堂购得海内孤本南宋淳熙刻本《草堂先生杜工部诗集》。"到今天，杜甫草堂纪念馆已收藏有历代杜诗版本、诗话等有关书籍和各种资料一万多本（件），成为杜甫文物资料的收藏中心。"③成都俨然成为全国杜甫研究的重镇。这是和李劼人当年重修杜甫草堂时的组织领导工作密不可分的。

对于杜甫的研究，李劼人也曾予以细心指导。据林延年回忆，1955年杜甫纪念馆开馆不久，即组织人员对所获资料进行整理、研究。四川大学教授、省文史馆研究院彭云生先生撰写了《草堂文献汇编》《杜甫草堂诗集目录提要》等著作。其中《草堂文献汇编》内容庞杂，资料最丰富，李劼人因此亲自出面邀请专家、学者在文殊院寂寥轩专门开会听取意见，为这部学术著作增色

① 李劼人：《530911致赵知闻》，《李劼人全集》第10卷，成都：四川文艺出版社，2011年9月第1版，第135页。
② 李劼人：《550606致郑振铎》，《李劼人全集》第10卷，成都：四川文艺出版社，2011年9月第1版，第140页。
③ 易艾迪：《李劼人与杜甫草堂博物馆的筹建》，《李劼人研究：2007》，成都：巴蜀书社，2008年3月第1版，第355页。

不少。

　　杜甫纪念馆筹建之初，经费是不足的，为此，李劼人也是多方奔走，四处化缘。先后向省文化局、省文联各筹集了五千元。所以林延年说，杜甫草堂之所以有今天的盛况，李劼人先生功莫大焉。还有一段题外话，也是林延年提到的，即李白纪念馆的建立，李劼人是首倡者。《人民日报》社长范长江来成都拜访李劼人，二人本是老友，私交甚厚。李劼人请范长江在杜甫草堂吃豆花饭，席间谈论中国文学，李劼人说李杜均系伟大的诗人，如今已有杜甫纪念馆，李白也应该建立一座纪念馆。这直接促使范长江前往江油考察。之后，范长江回复李劼人：我回去之后即向中央反映。不久，中央便指示四川省文化部门筹建李白纪念馆。

　　诗圣和诗仙两位中国古代文学的巅峰诗人，若天上有灵，得知一千多年后，有一位作家会如此高扬他们的诗歌精神，一定会从心底感到无比的欣慰。

第十六章

政治运动中

20世纪50年代后，中国的大小政治运动不断。从来对政治不感兴趣的李劼人，由于身兼政府和文艺界的多种职务，此刻已经身不由己，不能不紧随潮流而动。1955年，全国上下掀起了声势浩大的批判"胡风反党集团"运动，由此开启了中国文化人命运多舛的年代。李劼人也不可避免地加入到了批胡风的"大合唱"中，并写下了声色俱厉的声讨文章。

殊不知，仅仅两年之后的反右运动中，他自己也陷入了受批判的境地。尽管最终没有被戴上"右派"的帽子，但无休止地检讨和批判，使他的精神受到严重打击，也让他更进一步看清政治的险恶。大病一场之后，深知老之将至的李劼人，将生命的最后几年时光全部托付到文学创作中。

一、回归作家本位

1954年，是作为副市长的李劼人一个带"转折"意义的年份。李劼人后来曾说："从1954年夏天我从朝鲜回来后，就逐渐进入真空地带，下面的干部不向我谈工作，也不和我接触，开会才叫我去，要我主持会议也是临时告诉，事前没有交代会议的要求、目的，主持会议要说话也好比'打屁股不沾大胯——空空洞洞'。因为对工作情况不熟，以后干脆叫干部给我拟讲稿，开会就叫我来，来了就照念。有些市民给我写信反映情况，交下去办就如泥牛入海，办或未办，从不向我汇报。米建书也曾问下面干部说：'有事情为什么不找李副市长？'但也从来没人找我，我对工作越来越生疏，找我也不解决问题。从此，他那里有了宗派主义，我这里成了真空地带。既把我摆在真空，我就乐于真空，发展了惰性，安于官僚主义，越来越不想说话，不想做事。"[1]也就是从这时开始，李劼人明显感觉自己这个副市长已成摆设，于是他就干脆甘为摆设。其实，有李劼人这种想法的非党干部，绝不止他一人。另一个副市长张为炯也有同感，1957年大鸣大放时，张为炯说："感到自己作为副市长是'名不符实'，说是'有职无权'也可以。他说，自己站到一个位置，没什么事情可做，感到很惭愧，很苦闷……"[2]

非党的政府领导干部都产生了这种有职无权的感觉，看来并非一个孤立的现象，而是当年的用人政策有了变化。

具体到李劼人之所以也出现这种微妙的心理变化，是否由于在修人民南路一段等城建过程中太有自己的主张，而引起了省委主要领导不满有关，现在已很难说清楚。但李劼人因赴朝期间有大约三个月时间不在副市长领导岗位上，则是一个直接的诱因。

1953年10月，李劼人参加中国人民赴朝慰问团，任西南团四川分团副团长。11月初抵达朝鲜，在异国他乡慰问志愿军达两个多月时间，其间搜集、采访了大量的创作素材，原本打算回国后写一本反映中国人民志愿军在前线作战生活的文学作品。却不料，笔记本被审查人员以"保密"原因大加删涂。这大大地挫伤了李劼人的创作激情，除了途中写的那篇未定稿之外，李劼人再没有

---

① 雷兵：《改行的作家：市长李劼人的角色认同的困窘》，《李劼人研究：2007》，成都：巴蜀书社，2008年3月第1版，第327—328页。
② 《机关内部党和非党人士合作共事关系如何——非党负责干部继续发表了意见》，1957年5月17日《成都日报》。

创作别的有关朝鲜前线的作品。相反，其他作家从前线回来后却写出了一批优秀的作品。魏巍的散文特写《谁是最可爱的人》家喻户晓，自不必说；以小说而论，巴金创作了《团圆》，路翎创作了《初雪》《战时的心》《洼地上的战役》《你永远忠实的同志》等。这些作品有的已经成为现代文学的经典名篇。而李劼人却没有留下这样的作品，这是憾事，却也可能是幸事。殊不知，路翎的《洼地上的战役》后来就成了大批判的箭靶。

李劼人（右二）在赴朝慰问期间，与志愿军战士留影朝鲜东海岸。

1954年之后，已经"无事可做"的李劼人，索性将全家从城里的市政府宿舍搬回到乡间"菱窠"，而他自己则趁机回归至文学本位。恰巧这年5月收到了作家出版社的信函，希望他将《大波》修改后重新出版。于是他可以名正言顺地回家创作了。

不过，写作依然是时断时续，虽然没有早先忙碌，但副市长一职并未免除，何况还兼有多种社会职务。而且在这一年，李劼人又当选为全国人民代表大会代表，9月便到北京出席全国人大一届一次会议。

在北京，李劼人认识了成都籍的另一位著名作家艾芜。艾芜（1904—1992），原名汤道耕，新繁人。以短篇小说《南行记》驰名文坛，到20世纪50年代初，已经有《故乡》《山野》《丰饶的原野》《石青嫂子》等大批作品问世。李劼人早已知道这位成都名作家，只是因为艾芜抗战胜利后一直在重庆工作，因而迟迟无缘相识。艾芜对年长于自己的李劼人也是早闻其名，"五四"时期他是读着李劼人编辑的文章成长的。因此仰慕已久。而且在相识前，"我已读过他的小说《死水微澜》《暴风雨前》《大波》和其他短篇小说，早就想认识他了"。如今，两位同乡作家在首都相见相识，自然是分外亲切。艾芜比李劼人小13岁，对这位早年成名的作家格外尊敬。而李劼人在同乡面前则表现出他一贯直率、爽朗的本色，健谈而幽默的"龙门阵"给艾芜留下了深刻的印象。多年后，艾芜还记得那天李劼人讲的一个笑话：说程天放在出任住德国大使期间，一次在意大利请客，对客人说招待不周，尤其饭菜没做好，务请来宾原谅。结果遭到了意大利餐馆兴师问罪，要求恢复名义，因为饭菜正是这家餐馆厨师做的。①

在京开会期间，陈毅元帅约李劼人吃茶，邀请了沙汀、艾芜两位川籍作家陪同，另有重庆市委组织部长李唐斌和他夫人廖苏华以及周岳钦等。领导人除了陈毅，还有聂荣臻元帅。据艾芜回忆，他以为是在人民大会堂某一会议室②，结果小汽车一直开到了西郊动物园，国家和军队的领导人像普通游客一样坐茶铺，与友人叙谈友情，使作家们心中十分愉快。陈毅、聂荣臻、李劼人三人都是留法的勤工俭学生。陈毅于1919年10月先期到法国，是第五批乘法国邮轮"麦浪"号抵达的；聂荣臻、李劼人是1920年1月乘法国邮轮"斯芬克斯"（又名凤凰）号到达的，只是当时他们没有交往。此刻，三位留法老同学坐在一起吃茶、聊天，三十年前的留法生活自然又浮现在眼前，勾起了他们青年时代许

---

① 艾芜：《回忆李劼人先生》，《新文学史料》1992年第2期。
② 艾芜回忆有误，人民大会堂是1959年才建成的。

多难忘的记忆。因为在座有几位作家，话题自然又扯到了文学上，陈毅对艾芜的作品十分赞赏。

这次茶会，给几位作家留下了深刻印象。共产党的高级领导干部与普通百姓一样坐茶铺，同作家、友人联络感情，使李劼人感到由衷的愉快，艾芜心中也受到震动，真切感觉一个新时代来临了。

出席全国人大一届一次会议返回成都后，李劼人把家从城里迁回沙河堡狮子山麓的"菱窠"，开始集中精力投入到文学创作中。

可是，李劼人副市长的负担虽然减少了许多，但职务毕竟没有免除，仍有不少事情要找他，加之他又身兼多种社会职务，于是，经常有学习、开会、接待外宾等繁杂的任务。写作的事还是时断时续，不可能像普通作家那样全身心"躲进小楼成一统"，用李劼人自己的话说，他从来不是专业作家，而只是"业余创作"。

20世纪50年代的中国，政治运动一个接着一个，镇压反革命、抗美援朝、"三反""五反"接踵而至，其中还有一个批判电影《武训传》的运动。这些运动与李劼人个人基本没有直接的关系，但是从1954年开始，文艺界的政治运动，却几乎波及了每一个作家。先是有俞平伯《红楼梦》研究的大批判运动，赓即而来的是1955年开始的批判"胡风反党集团"运动。尤其是后者，对每个作家都提出了如何"过关"的问题。李劼人也不能例外。

胡风（1902—1985），湖北蕲春人，原名张光人，现代著名文艺理论家、翻译家和诗人。20世纪30年代任左翼作家联盟宣传部长，与鲁迅关系密切。抗战前提出"民族革命战争中的大众文学"的口号，进而引发了同"国防文学"之间著名的"两个口号"论争。由于同周扬等人的宗派矛盾，加之文艺观点的差异，1949年后，胡风一直受到批判。1952年6月8日，《人民日报》转载了舒芜的文章《从头学习〈延安文艺座谈会上的讲话〉》，"编者按"则指出胡风的文艺思想实质上属于资产阶级、小资产阶级个人主义的文艺思想。之后，胡风遭遇了更严厉的批判。1954年7月22日，坚持"主观战斗精神"的胡风向中共中央政治局递交了《关于解放以来文艺实践的报告》，即所谓三十万言书，反驳舒芜和编者按的观点，从而遭受到更猛烈的批判。1955年5月13日、24日和6月10日，《人民日报》分三批将胡风以前写给舒芜的私人信件摘录"反党材料"，并加上由毛泽东亲自改写的"编者按"发表，性质立即变了，胡风等一批作家顿时被确定为"反党集团"，中国当代文学史上的一桩大冤案也就此酿成。胡风一案，有2100人被打成"胡风分子"，92人被捕，62人隔离审查，73人停职反省；胡风本人则先是被判处有期徒刑14年，后又被改判无期徒刑。"文革"结束后，从1978年至1988年，中央分三次完成了对胡风案的彻底平反。

但是，反胡风运动涉及的不仅仅只是所谓"胡风分子"，而是所有文化人。作家们在这次运动中，或主动积极，或被动表态，都得"过关"。巴金在上海几次主持批判会，写了《必须彻底打垮胡风反党集团》等三篇文章，丁玲写了《敌人在哪里》，老舍写了《看透了胡风的心》，曹禺写了《胡风，你的主子是谁？》……作家们对胡风手推脚踹，唯恐自己表现不积极而遭祸殃。数十年后，巴金老人在反思自己当年的行为时，内心非常痛苦，认为自己曾经"向着井口投掷石块"，他翻看自己当年的批判文章，"我好像挨了当头一棒！印在白纸上的黑字是永远揩不掉的。子孙后代是我们真正的裁判官"[1]。

李劼人没有活到胡风平反的时代，我们无法设想他以后的心思。只能从他留下的文字来判断他对胡风的态度，这是"永远揩不掉的"历史记录。其实，李劼人与胡风并无个人联系，或许在1954年9月之前，二人根本就不认识。但在出席全国人民代表大会第一届一次会议时，他们有可能认识了，因为胡风是作为四川人大代表出席大会的，既然在一个代表团，那么听报告、学习、讨论都会在一起。

胡风被定性为"反革命"后，立即成了文艺界的公敌，作家们为自身"进步"，不得不紧跟形势，纷纷撰文批判胡风。四川文艺界负责人沙汀，多次组

---

① 巴金：《怀念胡风》，《随想录》，北京：生活·读书·新知三联书店，1987年9月第1版，第886页。

织作家对胡风进行猛烈批判。1955年5月23日，正好是毛泽东《在延安文艺座谈会上的讲话》发表十三周年，成都文艺界一百多人集会，愤怒声讨胡风。李劫人在会上作了慷慨激昂的发言，后来以《我们不能容忍》为题发表于《西南文艺》当年7月号上。李劫人的这篇讲话，用语非常刻薄，说"胡风是人不是人，还应该打个问号"，还形容胡风"狡猾得像狐狸，穷凶极恶得像豺狼"，又说胡风是用"一口含有毒素的獠牙，在向工人阶级政党进攻"。[①]李劫人几乎用了最恶毒不堪的词汇来糟蹋胡风。从文中看，李劫人先是对胡风写的文章感觉"晦涩难懂"，可自从读到《人民日报》连续抛出的舒芜的揭发材料，他便被激怒了。李劫人的愤怒是发自肺腑，每天坚持读报并认真学习的李劫人，思想感情已经完全站在了"工人阶级政党"这边，绝对不能容忍有人向党猖狂进攻，更何况胡风还是被毛泽东主席"钦点"的"反革命分子"。此刻的李劫人已经不是早年不关心政治的局外人，或者说即使他不想关心政治，政治也会主动找上门来。因为他还是新政府的高级干部，岂可能游离于政治之外？

可是李劫人不知道，胡风事件主要是文艺界长期以来宗派斗争的结果；也不知道，胡风的文艺观点与主流的现实主义理论并无本质区别，其文艺思想分歧完全属于人民内部矛盾。李劫人不会想到，胡风案件会成为共和国早期最大的冤案；李劫人更不会料到，胡风事件不过是当代中国知识分子多舛命运的开始。

同年7月，李劫人再次前往北京出席全国人大一届二次会议，胡风自然是没有机会露面了，正如李劫人所说，"一个反党、反人民、反革命的家伙，无论如何是不配再充任全国人民代表大会的光荣代表的。我想，四川人民也不会再信任这样一个代表"。

不过，这次会议也让李劫人情绪振奋，尤其是听了李富春副总理的报告后，其中关于黄河治理、"一五"计划让李劫人感慨不已，由此创作了散文《是一幅画，是一首诗，是一支歌》加以讴歌。该文发表于1955年《西南文

---

① 李劫人：《我们不能容忍》，《李劫人全集》第8卷，成都：四川文艺出版社，2011年9月第1版，第150—151页。

艺》9月号上。

　　1956年，李劼人是在兴奋与愉快中度过的。这年1月14日，周恩来在中共中央召开的知识分子工作会议上作了《关于知识分子问题的报告》，向全党全国发出了"向科学进军"的号召。毛泽东也到会讲话，指出技术革命、文化革命，没有知识分子是不行的。中央的态度，让全国各行各业的知识分子们激动不已，欣喜若狂，都以为知识分子大显身手的时代来临了，他们以巨大的热情投入到了祖国的社会主义建设中。李劼人自然也是很兴奋的。

　　2月7日，李劼人参加了"四川省慰问宝成铁路全线职工代表团"，先后在成都、宝鸡、双石铺、黄沙河、白水江、阳平关等地展开了慰问活动。宝成铁路是继成渝铁路建成通车后，四川省开建的第二条铁路，是我国西南连接西北、中原直至首都北京的重要交通干线，这条铁路的建设，打破了千年以来"蜀道难，难于上青天"的交通天堑。

　　慰问活动对李劼人产生了很大的鼓舞作用。慰问团回到成都后，李劼人于3月在四川省第一届人民代表大会第四次会议上作了《关于四川省慰问宝成铁路全线职工代表团工作情况的发言》。在这个发言中，李劼人不仅汇报了代表团慰问工作的情况，还以热情洋溢的语言讴歌了沿途所见所闻的英雄事迹，从中不难看出李劼人此行所受到的感动、震动。不仅如此，两年后，当宝成铁路通车时，李劼人还满怀感激之情写了一篇散文《致敬，现代的"五丁"们——为庆祝宝成铁路通车作》。在这篇作品中，作者谈古论今，讲述古代五丁开道的历史，说五丁不是一个人，也不是五兄弟，而是一群古蜀国的石工。作者以近一半的文字颂扬五丁开道的艰辛，以及五丁所开金牛道给蜀地带来的城市建筑、道路开凿、农田水利、开辟商场、发展渔业、振兴工业、普及文化等诸多的好处。随即笔锋一转，谈到宝成铁路的"好处是数不清的"，而建设者们的功劳"更千万倍于古之五丁，四川人永远记得，永远感谢！"李劼人不愧是老作家，谈古论今收放自如，把铁路建设者的功绩一下提升到了历史高度。

　　然而，1956年也是国际国内局势风起云涌、变幻不断的一年。国际上，苏联共产党于2月14日至25日在莫斯科召开了二十次代表大会，有五十五个共产党和工人党的代表应邀参加。大会的最后一天，苏共总书记赫鲁晓夫突然作了一个秘密报告，对斯大林进行了全面否定。苏共二十大在国际上产生了巨大的影响。苏共的这次大会，对中国而言，既破除了以前对斯大林，对苏联经验的迷信，使我国能够探索适合自己国情的道路，同时也导致了中共领导人对于阶级斗争问题向更"左"的方向转变，而中苏两党的裂痕也就此显现。

这年4月25日，毛泽东在中共中央政治局扩大会上作了《论十大关系》的报告，提出要调动国内外一切积极因素为社会主义建设服务，同时要探索适合中国国情的社会主义道路。5月2日，毛泽东在最高国务会议上的发言中，正式提出了"百花齐放，百家争鸣"的双百方针，在文艺界和学术界产生了深远影响。6月，李劼人前往北京出席全国人大一届三次会议，其间听了中宣部部长陆定一所作的阐述"双百方针"的报告，重申在文学艺术和科学研究工作中要有独立思考的自由，有辩论的自由，有创作和批评的自由，有发表自己意见、坚持自己意见和保留自己意见的自由。

12月，深受"双百"方针鼓舞的李劼人，满怀信心地参加了四川省文联召开的全省文学创作会议。时值巴金回到成都，也参加了这次会议；同时出席的还有沙汀、陈荒煤等。李劼人在会上作了即兴发言，工作人员黄丹将其记录下来，后被冠以《李劼人谈创作》的标题，发表于1957年4月的《草地》杂志上。李劼人在讲话中回顾了自己几十年来的写作情况，从发表处女作《游园会》到其他短篇小说创作，再到长篇小说的创作过程，他声明，"重新改写的前两部书，现在看来还是不成功，但比二十年前写的东西要高一层，脉络清楚一些"[1]。这两部书指的是《死水微澜》和《暴风雨前》，对于正在重写的《大波》，李劼人特别强调自己参加了政治学习，并且学习是用了功的，所以回头看辛亥革命运动，比二十年前更透彻了。

李劼人这番谈创作，实际上表明了两方面的意思：一是检讨自己，说修改

---

① 李劼人：《谈创作经验》，《李劼人全集》第9卷，成都：四川文艺出版社，2011年9月第1版，第250页。

后的作品还是不成功。不过，这种谦虚仅仅是一种言不由衷的姿态而已，其勉强的心思是明显的，所以他又说，比二十年前的东西要高一层，脉络清楚一些。二是强调自己的创作是用了历史唯物主义作指导的，即所谓参加了政治学习，而且是用了功的。李劼人之所以要作这样的表态，很显然是听到了某些人对他作品的批评。

二、为《草木篇》辩解

1956年，全国绝大部分地区已经完成了生产资料私有制的改造，"一五"计划的许多目标也提前完成。9月，中共中央召开第八次全国代表大会，宣布生产资料社会主义改造基本完成，国内的主要矛盾已经不是无产阶级同资产阶级的矛盾，而是人民对于建设先进工业国的要求同落后的农业国的现实之间的矛盾，是人民对于经济文化迅速发展的需要和当前经济文化不能满足人民需要的状况之间的矛盾。11月，中共中央又召开了八届二中全会，决定在1957年开展党内整风运动。

八大和八届二中全会极大激发了全国人民建设国家的热情，也使知识分子备感鼓舞，人们都相信，即将掀起一个新的经济建设高潮。殊不知，另一个影响深远、改变数十万知识分子命运的轰轰烈烈的反右运动也不期而至了。

1957年1月，四川省文联主办的诗刊《星星》创刊。这是一个专业性的诗歌刊物，在创刊号上，青年诗人流沙河发表了一组托物言志的诗歌《草木篇》。这是流沙河1956年春去出席中国作协和团中央联合召开的"全国青年文学创作会议"后，返程途中在火车上写成的。应该说是受到了中共"八大"宣布阶级斗争运动结束所受鼓舞的结果。在这组小诗中，诗人分别以白杨、仙人掌、梅、藤、毒菌五种植物为意象，隐喻了几种不同的人在现实中的生存状态。赞颂像白杨一样刚直不阿，像仙人掌一样坚贞顽强，像梅一样纯洁高尚的人生；同时也讽喻了藤的损人利己，毒菌的表里不一。

"寄言立身者，勿学柔弱苗"，诗人开篇借白居易的诗句点明了作品的主旨。托物言志一直以来就是中国文学的传统，这几首小诗并无多大创新。却不料引起了轩然大波。流沙河随即遭到批判，有的评论说这是针对共产党和社会主义发泄不满，作者是对共产党怀有"杀父之仇"心理的人。流沙河的父亲的确是国民党时期金堂县的兵役科长，20世纪50年代被镇压了的。由于这组小诗，名不见经传的青年诗人流沙河顿时出了名，并引起了最高当局的注意，毛泽东数次谈话提到流沙河，说《草木篇》是政治问题。于是流沙河便成了某些人眼中的"钦定右派"。流沙河（1931—2019），原名余勋坦，四川金堂县人。1949年考入四川大学农化系，1950年任《川西农民报》副刊编辑，1952年调进四川省文联，先后任创作员、《四川群众》编辑、《星星》诗刊编辑。

当流沙河受到批评的时候，李劼人和四川的作家们还沉浸在"双百"方针的欢欣鼓舞中。省委宣传部分管文艺的副部长多次来省文联主持召开会议，讨论如何繁荣全省的文艺创作。

5月1日，《人民日报》发表《关于整风运动的指示》，动员党外人士向党提意见，大鸣大放开始了。李劼人对于繁荣文艺创作是有想法的，认为只要正确贯彻"双百"方针，一定会把我国科学和文化艺术推进到一个高度繁荣的新阶段。

其实早在1953年，他就曾打算与四川大学教授陈炜谟联名提请省文联召开会议，讨论文艺评论中存在的诸多问题。陈炜谟也认为教条主义批评，处处用框子去框，与框子尺寸不合，就一棍子打死。两人商定了时间，打算一起到文联，豁出胆量来谈问题。但是到约定的时间，陈炜谟并没有来，李劼人一直等到下午5点也不见他人影。李劼人明白了，陈炜谟的意见大概只是私底下说说罢了，并且后来陈炜谟也在1955年9月离世了，再也没机会来谈论这些问题。

但耿直的李劼人却没有忘记自己意见。1957年4月30日，终于有机会将自己压在心底的意见对记者杨蓓、黄泽荣谈了。5月4日，《成都日报》报道谈话内容。李劼人说："今天主张大胆'放'和'鸣'，目的是非常明确的。春秋战国时，百家不仅争鸣，并且还有人率领学生各地游说，目的是为了'治国平天下'；我们今天把思想盖子揭开，不是为了使天下大乱，而是为了建设社会主义。"在称赞"双百"方针的同时，李劼人提出"繁荣文学创作，要重视培养新生力量"，"批评当然也需要，但要与人为善，是为好而批评，不是为一棒子打死人而批评，总之对青年人不要责备求全，要很好地培养和爱护他们"。①后一段话，很显然是针对正在狠批《草木篇》的现象而说的。这是李劼人在反右运动中的首次正式表态。

5月16日，成都市人民委员会召开政权机关党外局长座谈会，李劼人也在会上"鸣放"了一通。他先谈到几件小事：公安人员对他的随意侵犯，副市长连行动自由都没有；自己进出机关单位被挡道，而坐小汽车的却可以任意进出，他认为这就是脱离群众的官僚主义；他还谈到统战部开会净说好话，有点挡老爷下坎②；他还对自己副市长被架空发牢骚，说已走入真空地带，说话无人听。对一些党员干部，他觉得"他们很神秘，既然神秘就要保密，别人没开门，我何必去敲门"③。次日，《成都日报》便以《机关内部党和非党人士合作共事关系如何》为题，摘要发表了座谈纪要。

5月17日，李劼人在四川省委统战部召开的座谈会继续发言，重点谈了"有职无权"的问题，说成都市政府工作中的缺点，省领导要负责等。

李劼人在座谈会上就官僚主义表达不满时，他不知道就在头一天，即5月15日，毛泽东写了一篇党内阅读材料《事情正在起变化》，首次明确提出了右派问题。气氛便日渐紧张起来。很快李劼人也似乎感觉到山雨欲来，却并没有引起高度警觉。6月1日，沙汀、李亚群、张东丹、段可情、常苏民、林如稷、萧崇素等人前往"菱窠"拜访李劼人，商议如何继续鸣放的问题。李劼人还在谈话中继续"鸣放"，并且更加明确表达自己的观点。那天的谈话被在场的记者杨蓓、邱乾坤记录整理成文，次日便发表出来。李劼人说："前一向文联的会

---

① 杨蓓、黄泽荣：《把我国的科学和文化艺术推向新的繁荣——老作家李劼人畅谈"百花齐放，百家争鸣"》，1957年5月4日《成都日报》。

② 挡老爷下坎：一句川话俚语，"挡"即"掀翻"之意，"挡老爷下坎"即是掀人下坎。

③ 李劼人：《在成都市人委召开的政权机关党外局长座谈会上的发言》，《李劼人全集》第8卷，成都：四川文艺出版社，2011年9月第1版，第160页。

犹如一张幕，只露了一角，有待继续全盘揭开，摊出问题。目前，要造成敢于大胆直言的气氛，把大胆说话看成是党的净友。净友说话是为好，而不是挡老爷下坎。"对于受到粗暴批评的《草木篇》，李劼人第一次明确地提出：

　　流沙河、邱原、晓枫这些朋友，还需要帮助他们发挥所长，不可打击。他们都有才华，年青；但是由于社会经历少，所以看问题往往只看见半面。他们应该多读书，多接触社会，只要好好干，都会有出息。就是怕自满，必须时时提醒他们："还很不够。"

　　对于《草木篇》，不能说这组诗已达到大师的境界，咏草木，古已有之，《草木篇》无甚新意。这样的文章，可以做，做来放在箱柜里留存，或给少数朋友看，可以；如要发表，则必须考虑效果如何，你懂得诗中寓意，别人不懂怎么办？①

　　此次谈话中，李劼人还从"诗无达诂"的角度，对比了古人的作品，说"关关雎鸠"几千年来解释就不一致；唐代韦应物的"独怜幽草涧边生，上有黄鹂深树鸣。春潮带雨晚来急，野渡无人舟自横"明明是写景的，后人却解释为讽喻之诗；谭子和的《咏菊诗》如果发表，比《草木篇》更坏。他认为："对《草木篇》的批评，把这首诗看得影响太大，似乎一首诗便能移风易俗，其实何尝如此，未免有些小题大做。"老作家对青年诗人的爱护和殷殷希望可见一斑！同时也对文艺界的粗暴批评表达了不满。

　　当着省委宣传部领导的面，明目张胆地为《草木篇》鸣不平，已经是很严重的问题；而更严重的则是6月3日在省文联座谈会上的发言。记录者以《李劼人在省文联第七次"整风座谈会"上的发言》为题整理成文，并配以小标题记录在案，6月4日《四川日报》以《李劼人的发言》为题作了摘要报道。这个发言表面上也批评了省委宣传部和省文联的官僚主义作风，并继续为《草木篇》

---

① 杨蓓、邱乾坤：《菱窠逢佳会　劼老话"放""鸣"》，1957年6月2日《成都日报》。

叫屈，实质上最核心的是把批评的矛头指向了中宣部和文化部，其中一部分文字是这样的：

　　我在文联也只是个挂名……挂到什么程度呢？1953年文联改组，安排了我这个人事我都不知道，也记不得。像我这个改了行多年的人谬充作家，文联改组时应找个像样的作家，不应把我这个人安在这里。当然，这个不能怪文联，而应怪省委宣传部……我虽负了个名，但在个人交情上，与文联的领导同志、省委宣传部的领导同志却是很浓的，毫无隔阂。"墙"和"沟"在我都是不存在的。但在工作上、业务上，却就隔得很远，不只有"墙"，有"沟"，而且要以道里计。

　　我常深思，何以在解放前，在那样恶劣势力包围、压迫下，少数几个人搞文协，搞得很有趣味，每个人见面时间多，开会也多，有时还偷偷摸摸地开会。解放后，文联有坚强的党领导，反而觉得与文联的关系淡薄了，没有发生血肉关系，个人之间感情有，而与文联机关感情却没有？

　　刚才何剑熏同志说，不能专打梅香和姑娘，也要责怪老夫人，我很同意。文联这个群众团体，虽已成了机关，但像衙门。它上面又是省委宣传部领导，许多事它做错了，或许有些事应该做而未做，若都要责怪它，就不对。文联是梅香，省委是姑娘，现在已从梅香责怪到姑娘了，是对的。还有个老夫人。老夫人遥遥在北京，还不止一个，有几个；明确地说，这中间还有中央宣传部。中央宣传部的错误大得很，应该受责备。

　　陆定一同志的发言不是随随便便的，我相信文联同志也学习过，但未发生好的影响，还有搞个《草木篇》的批评。粗暴批评《草木篇》，假如发生在"百花齐放，百家争鸣"讲话未公布前，尤可恕也。当时大家没有看清楚，那时水浑得很，运动、口号、清规戒律很多，把大家从思想上绳捆索绑起来。但对《草木篇》的批评却发生在陆定一同志"百花齐放，百家争鸣"讲话公布以后，这说明文联同志们学习文件不够得很。我之所以说，以前尤可恕也，因为我有亲身经历。1953年，我同已故的陈炜谟先生不知在何处碰头，陈向我说，现在清规戒律多得很，照这样下去，谁还敢提笔？中国文学还有什么前途？当时大家对党中央方向摸不清楚。我就说，好不好大家来开个座谈会？便与陈炜谟约定第二天下午两点钟，先找内部人来谈谈，把问题提出了。当时不知我何以有如此胆大，我历来就是易胆大的班子。但到第二天下午，等到5点钟陈炜谟都未来，使我孤掌难鸣。现在回想起来，即使那天会开成了，如果传出去，一定会遭来雷霆火爆的可能。从此种种看来，造成今天的形势，是积累起来的，而且源远流长，并非这一地方造成的……今天的错误在于对陆定一同志"百花齐放，百家争鸣"讲话不注意，没有看清敌我矛盾已经结束，现在是内部斗争。必须要等到今年毛主席讲话出来后才恍然大悟，说明我们好多人都没有脑筋，不能独立思考。

我虽然今天才参加座谈会，但所有见诸报端的发言我都是看了的，乃至北京、上海登载的我都要读……我感到非常高兴，我还有点怕，怕这次又是个运动，如果搞运动提问题就不同了……省外、四川好多人都还有顾虑，因为经过几次运动，在运动中也鼓励发言，但鼓励发言实际是积累材料。大家怕报复，怕零存整付。我是笨人，我看这个顾虑用不着……有顾虑的人恐怕是遭过蛇咬，见了绳子都怕。我没有被咬过，所以我是相信的。何以毛主席在这个时候要鼓励大家说话呢？我体会：一、最近三个主义如三座大山，压得太厉害，大家心中都有点愤愤不平，尤其是高级知识分子。毛主席说过，百分之九十五的人都是爱国的，对党表同情的。现在国家兴旺起来了，何以反而产生生疏了呢？这是可怕的事。火是盖不住的，总有一天会冒出来。毛主席通达人情，他对中国历史很熟，这个盖盖非揭开不可，以舒不平。二、现在要整风，整风就是要整掉这三个主义。

《人民日报》5月31日登载的那个讲师的发言好厉害①，把我都吓了一跳。幸好说出来了，而且还登在党中央的报上，这点我感到太伟大。那位先生说来说去，他还是爱国爱党的，说他把共产党都杀死了，他都不卖国。这位先生的发言，其言虽不可取，其心却可嘉。②

李劼人出席的这次座谈会，已经是省文联召开的第七次会议，前几次他都没有参加。正如他在发言中谈到的，他有点怕，担心这又是一场运动，鼓励发言就是在积累材料。所以当6月1日沙汀、李亚群等到"菱窠"动员他出来参加反击右派时，被李劼人断然拒绝了。违背心愿地加入官方的唱和，这是他不愿做的。之前的批胡风运动，大概他已有所悟，回想1949年以来的历次政治运动，已给他提供了足够多的教训。

此番大鸣大放，李劼人明显已经再次闻到了运动的味道。所以他不仅拒绝了沙汀、李亚群等人要他出来反击右派的请求，而且告别时把沙汀拉到一边，给他悄悄地说："老沙，现在水浑得很，你不要发言呵！"③

李劼人叫沙汀不要发言，自己却没有管住嘴，不过他不是反击右派，而竟然是替右派"张目"，这非但让官方十分尴尬，而且使上级领导大为气恼。

三、与"右派帽子"擦肩而过

李劼人的一系列发言太不识时务，但他还是说了。这不能不引起上面的注意。

果然如他担心的，鼓励发言，实际正是为了"引蛇出洞"。6月8日，《人民日报》发表社论《这是为什么？》，称少数右派分子在帮助共产党整风的名

---

① 讲师系指中国人民大学物理教师葛佩琦。他是中共老地下党员，因上线被捕而中断了组织联系。1957年大鸣大放中，因其激烈言辞，被断章取义为要"杀共产党"。于是被划定为右派，随即又以"反革命罪"判处其无期徒刑。1980年"反革命"冤案得以平反，1982年再次改正错划右派。
② 四川省文联1957年11月10日所编《四川省文艺界大鸣大放大争集》。
③ 沙汀：《漫忆李劼老》，《沙汀文集》第10卷，成都：四川文艺出版社，2018年3月第2版，第430页。

义下，企图趁机把共产党和工人阶级打翻，把社会主义伟大事业打翻。同时，毛泽东为中共中央起草了党内指示《组织力量反击右派分子的猖狂进攻》。6月10日，《人民日报》再次发表社论《工人说话了》，以京、津、沪、沈阳、鞍山等地工人座谈会为由，说明工人阶级对右派言论的愤慨。6月14日，《人民日报》再发社论《文汇报一个时期的资产阶级方向》，点名批评了《文汇报》《光明日报》，称："大鸣放，有人说是阴谋，我们说是阳谋。因为事先告诉了敌人：牛鬼蛇神只有让他们出笼，才好歼灭他们，毒草只有让它们出土，才便于锄掉。"

大鸣大放的气氛和性质陡然变了。1957年6月26日，李劼人前往北京出席全国人大一届四次会议。在进京途中，李劼人与沙汀再次谈到《草木篇》，李劼人仍然坚持认为对这组诗的批评是"小题大做"。沙汀为了说服李劼人，只得将党内的一份文件，即省委宣传部工作组赴金堂县调查流沙河所写的调查报告，给李劼人看了。

沙汀此举当然是上面的授意，沙汀在《漫忆李劼老》回忆道："我把自己在省委一位负责同志指示下，通过报社记者了解到的一些关于流沙河同志的家庭情况向他谈了……这一来，他被我说服了，同样认为一个恶霸家庭出身，父亲又被镇压了的人，不会对党和我们的新社会有什么好感，《草木篇》无疑是棵毒草！"[1]

两人最终达成了一致意见，于是便有了7月8日两人在人大会议上的联名发言。

联名的发言稿，系沙汀执笔起草，由李劼人在大会上宣读。主要谈了《草木篇》的问题，其中说到流沙河之所以一向对党的各项方针不满，其根本原因是他父亲在镇反运动中被镇压；此外还谈到《文汇报》记者范琼的报道《流沙河谈〈草木篇〉》，认为："是同《文汇报》几个月来坚决执行章罗反共、

---

[1] 沙汀：《漫议李劼老》，《沙汀文集》第10卷，成都：四川文艺出版社，2018年3月第2版，第430页。

反人民、反社会主义的资本主义路线，猖狂向无产阶级进攻这一事实分不开的。"①这样的语气，显然只有沙汀才写得出。不过，既然是联名，当然是李劼人同意了的。

李劼人的言论语调不能不变化了！

这个联名发言立即引起了最高领袖的注意。毛泽东不以为然地说："这两个人咋能联到一起呀！"显然，毛泽东已经知道了李劼人在四川座谈会上发言的内容。沙汀听到毛泽东的质疑，惊出了一身冷汗。

7月1日，毛泽东亲自为《人民日报》撰写社论《〈文汇报〉的资产阶级方向应当批判》，明确指出《文汇报》有一个右派系统，反驳了所谓阴谋论，申明这是阳谋。7月9日，毛泽东在上海干部会议上发表讲话《坚决打退资产阶级右派的进攻》。8月3日，毛泽东在青岛召开省市委书记会议期间，再次写了《一九五七年夏季的形势》，重申右派是反动派、反革命派，右派与共产党的矛盾是敌我矛盾。

由于最高领袖的深入参与，反右运动步步升级。至此，运动已经发展成燎原之势。

李劼人在统战部和文联座谈会上的言论，惹恼了党内从省至中央的领导。从北京回来后，在省人代会召开前，有关部门正式找他谈话，指出他在座谈会上的发言是个严重错误，必须做出检讨。李劼人此时才真切感到了问题的严重性。省文艺界开会声讨右派时，许多人要求批判李劼人。此时的李劼人，实际上已经被视为右派的"候选人"。

沙汀是党在四川文艺界的负责人，消息自然很灵通。当他得知李劼人有可能被划定为右派，心急如焚，要林如稷连夜去"菱窠"劝说李劼人写检讨谋求过关。林如稷之子林文询回忆当年的情形："父亲常外出开会，除学校的会以外，还有省文联的（他是常委）。有一天很晚回家，父亲神情很严峻紧张，对

---

① 《李劼人、沙汀代表的联合发言》，《李劼人全集》第8卷，成都：四川文艺出版社，2011年9月第1版，第171页。

我的继母说，情况不妙，劫人在会上放了炮，上面很生气，要他写检讨，不然副市长保不住不说，还可能划成右派。沙汀得到内部消息，很紧张不安，要他连夜去沙河堡劝说劫人，写个检讨过关，等等。说罢，匆匆吃几口饭便风风火火去了。"[①]李劫人最初并不打算检讨，但一帮老友反复劝说，还让李劫人子女规劝父亲。倔强的李劫人甚至一度与家人动了气，却最终还是犟不过众亲友，同意做检讨。

8月20日，四川反右运动进入了高潮。李劫人被迫在四川省人代会预备会议成都小组会上作了初步检查。他谈了几件事：第一，没有把《草木篇》和作者的政治思想联系起来，"不知道流沙河是阶级异己分子，和共产党有杀父之仇，是极端仇视共产党的人，因此，对《草木篇》批评很轻松。我把时代搞错了，把白居易所处的时代搬到今天来……我认为对《草木篇》的批判是小题大做，是使竖子成名，是浪费精力，我在四川、北京大都作如是想……"第二，又说在开研讨会"附会了张默生，完全站在张默生的立场，甚至对何剑熏认为文联的错误不在梅香、小姐，还要打老夫人——中央文化部这句话，也加以引申，说还要打到中宣部去。这是我思想糊涂，是旧思想的一种条件反射。"第三，"我还犯了一个最严重的错误——说葛佩琦的话是：其言虽不可取，其心却可嘉。"第四，他还检讨了以前所说的处于真空地带，有职无权问题："实际上这都是党对我的照顾，叫我安心从事创作，而且党也是信任我的……那阵子违背良心说出，现在检查起来非常痛心。"对于以前的言论，李劫人自我批评说自己是："捏造事实，颠倒黑白，真是糊涂，非常糊涂。"

"我把时代搞错了"，这句话很是耐人寻味，说明李劫人的初次检讨并非发自心底，而是被迫的。

21日，《成都日报》发表了一则小消息《李劫人初步检查错误言论》。而《四川日报》则在24日刊登了《李劫人对自己的反动错误言论进行了一些检查》的通讯。显然，李劫人的检查难以过关。一些代表如刘承钊、卞介秋、吴

---

① 林文询：《大波身后事》，《龙门阵》1994年第2期。

景伯、雷瑶枝、王伯宜、彭塞等，认为很不深刻，要求他从思想深处找根源。袁志先认为，李劼人只谈了事实，没有接触到思想。四川大学教授石璞的发言很威猛，她先厉声质问李劼人，把矛头指向中宣部是何用意？说葛佩琦要杀共产党的话是"其心可嘉"作何解释？又质问李劼人对党是什么样的思想感情？应该检查一下对社会主义生活方式是否感到不舒服……列席代表吴汉家也对李劼人提了三点意见：一是未挖掘思想根源；二是对文艺战线上的思想斗争的认识极端错误；三是对党领导文艺的看法也是完全错误的。吴汉家是市文化局长，是李劼人的下级，批评语气还算温和。

8月29日，在四川省人代会一届五次会议上，李劼人再次做了检讨。次日《成都日报》以半版的篇幅，全文发表了这份检查《我已走到泥坑的边缘》。李劼人详细历数了自己自"鸣放"以来的"严重错误"，"不仅止于同右派分子起了共鸣，还确实为右派分子尽了一次'点火'的义务"，"我还完全用了右派分子的语言，鼓动心怀不满和对党有宿憾的人乱鸣乱放"。他还着重从思想深处挖根源，说自己是旧知识分子，满脑子孔孟老庄陈腐学理和欧洲18世纪民主自由博爱学说充斥；还检讨了历次政治运动中自己的消极表现，说自己"成了右派分子的思想俘虏，毫无分别地认为帮助党整风，应该像当时右派分子所胡说的'不谈成绩只讲缺点'；并错误地认为要使领导注意，对缺点就夸大些也不妨；曲解了'言者无罪'的本意，不知道反社会主义的言论，也构成罪行，所以才无原则性的鼓舞别人乱鸣乱放（实际上是鼓舞别人向党进攻）"。最后，李劼人对自己的行为上纲上线，说自己"反动到那种地步"，是邪恶的资产阶级思想没有改造好。

李劼人几乎把自己全盘否定了，检查之深刻，语气之诚恳，今天读起来依然感到很沉重。一位在军阀横行的时代也毫不畏惧的耿介之士，如今为了自己说过的几句真话，已缴械投降了。

但是，一些人仍然不依不饶，强烈要求批判李劼人。据常崇宜回忆："1957年9月，在省人代会上，在成都分团内，曾奉命对劼人先生展开激烈的政治批判，几乎打成右派。"①批判的人群中萧崇素的言辞最为激烈。9月1日《四川日报》用三分之一的版面摘要发表了他的文章，标题为《李劼人思想深处还潜藏着与党、与社会主义相对立的右派情绪》。萧崇素在逐条批驳了李劼人的言论后，认为李劼人的检查是在为自己辩护，对自己的言论错误轻描淡写，未认识错误的实质和严重程度；谈客观、偶然原因多，分析检查自身思想感情少。

既然有人认为检查还不深刻，那么李劼人自然就难以"过关"。沙汀在《漫忆李劼老》中记载了这次检查的情形："省人代会后，文艺界又开会批右，不少代表要求批判李劼人。因而省委同志要我找李劼人在大会上检讨。由于我青年时代对他的所作所为印象太深，一向认为此公性情直傲，他曾在省人代会上公开检讨，已经很不错了，他不可能检讨了又检讨。事实证明我对老一辈知识分子估计不足，他们在人民当家作主的新社会的态度，跟以往基本两样，因为我一提谈，他立刻就同意了。这同会场上已经出现了两三张大字报和漫画批判他，也不无关系，但这绝非根本原因。"

于是，李劼人被迫在成都市人代会上又作了第三次检查。9月15日《成都日报》以《我要坚决爬出泥坑，转变我的立场》。李劼人在检讨中对自己的否定又一次升级，说自己绝不是走到泥坑边缘，而是已经掉进泥坑中，辜负了党的信任和成都人民的重托；还说自己当过嘉乐纸厂董事长，以成分而论是资产阶级；说自己以往的言论是"反动言论"，"反动思想"；甚至说抗战时期负责"文协"的工作也仅仅是"洁身自好"，并没有投入到火热的斗争中去；过去对共产党寄予希望，只是一种个人利益要求，并没有真知灼见；还把土改时期"为地主说话"，"三反五反"运动中，牛范九、谢无量等人的家属来找自己

---

① 常崇宜：《李劼人先生二三事》，《李劼人研究》，成都：四川大学出版社，1996年11月第1版，第305页。

代为申述①，自己虽然拒绝了他们的要求，但思想上却对运动产生了抵触情绪，所以在对反动错误言行，便如磁吸铁，不知不觉深印在头脑里，到"鸣放"时，便本能地站在资产阶级反动立场，不自觉地站在右派一边，帮他们点火，为他们辩护。李劼人彻头彻尾将自己的光荣历史也否定、痛斥一番后，表示要转变立场，努力改造思想。

到10月，市人代会还在西玉龙街福建营继续召开反右斗争大会，李劼人再次受到猛烈批判。省委主要领导李井泉也到会讲了话，但总算没有给李劼人带上右派帽子。在场的成都市市长李宗林、市委统战部部长彭塞都为李劼人松了口气。

李劼人连续在省市做了数次检查，而且一次比一次深刻，一次比一次痛彻，直至将功劳也变成罪过，仍然还没有完。1958年2月11日，在出席全国人大一届五次会议时，李劼人提交书面发言，再次表示《我要坚决改正错误》，此文当然是老调重弹，继续痛批自己的种种"反动言论"，并从更深的思想深处挖根子，找原因，最后再次表示要在有生之年改正错误，转变立场。2月14日《人民日报》第十版发表了这篇检讨。

之后，李劼人继续从灵魂深处检查自己，写了《与党交心》一文，从政治和文学两方面，分二十五条，对自己进行了全面反思，表示要"做一个又红又专的有出息的人民作家，竭尽能力，毫不苟且地为工农群众，为社会主义而服务！"

或许是李劼人多次检讨，态度诚恳，又或许是李宗林、沙汀等诸多党内朋友斡旋，更主要的可能是上面有人表了态，甚至极有可能是中央有人发了话，李劼人总算没有被划为右派分子。在当年的政治气候下，就李劼人批评中宣部的言论，被定为右派是绰绰有余，若非上面有人表态，是很难逃过一劫的。要知道，许多老资格的共产党员和著名的民主人士都被划成了右派，李劼人凭什

---

① 在"三反五反"运动中，著名学者、时任川西博物馆馆长的谢无量，竟被当成偷盗古物的犯人，遭批斗、关押，甚至游街示众。此事对李劼人刺激很大。他曾在私底下为谢的冤案大鸣不平。此事沙汀在《从川西文联到西南文联》中有记载。

么能躲过？毛泽东与李劼人早年曾同为少年中国学会会员，李劼人办《星期日》还转载过《论民众的大联合》，他们不仅早有神交，而且1945年还在重庆见过面；至于李劼人与周恩来、陈毅、聂荣臻等当年的留法勤工俭学生，则更是有过"同学"之谊。凡此种种，或许让北京当局动了恻隐之心？当然，这些没有资料证明，仅仅是一种推测而已。

总之，李劼人与"右派"擦肩而过，这是幸事，使老作家得以有机会继续文学创作。否则，我们就不会读到重写本《大波》了。

经过这次反右运动，李劼人精神受到严重打击，也真正彻悟了政治的险恶，看清了某些人的嘴脸。一些平日对他毕恭毕敬的人，此刻下手最狠，表现最积极的则是一些非党人士，恨不能立即将他划定成右派。人心的不可测，都在这场运动中淋漓尽致地表现出来。

李劼人1957年在菱窠院中观鱼。

从此以后，李劼人行事更加谨小慎微，处处小心，生怕再出错误。有一件小事可以看出他此时心境的变化。1962年出席全国人大二届三次会议时，他不慎将周恩来《政府工作报告》文件搞丢了，着急得四处寻找，先后用了一个月时间查问、搜寻，最后还给全国人大秘书处致信，汇报、检讨了文件丢失和寻找的过程，承认自己过失。

1957年9月，对官场失去最后一丝眷恋的李劼人，执意不再住在西马棚的副市长公寓，坚持要搬回"菱窠"去。西马棚公寓是专门为三位副市长所建的小院，李劼人仅仅在此住了不到三个月。

李劼人淡出了政治，也淡出了许多人的视野。

不过，李劼人虽远离政治江湖，却与文化更近了。他对成都文艺事业的关注从未停止过，尤其对于川剧艺术的振兴，抱着十分的热情。李劼人非一般川戏迷，而是对川剧艺术有透彻理解与研究的文艺家。1957年2月2日，他还在《人民日报》上发表了《从"谦"德说到成都市川剧团来京演出》，从演员的谦德说起，一直到剧目、剧团都有介绍。并且十分内行地评述了川剧中的"昆""高""胡""弹""灯"的历史演变、艺术特征及其演员名角。对于演员，李劼人也有独特的看法："一个出色的演员，嗓子差一点不要紧，做功却不许不到家。"所以看川戏与"听"京戏不一样，川戏重点在"看"，即：看演员的做功，"除了台步、身段、水袖、褶子、甩发、翎子和手背的屈伸比画等之外，尤其重要的，还在随着唱词的内容，表达感情的眉眼神色，嘴唇口辅"。他担任副市长，分管的文化中就包括戏剧，所以他有时候甚至会亲自过问川剧团的剧目和演出。《沙汀日记》中曾多处记载李劼人与作家、艺术家讨论川剧《卧薪尝胆》等剧目的事。唯有这种对川剧艺术至深至诚的钟爱，李劼人才会对川剧艺术家表现出那样的深情。

当李劼人得知川剧表演艺术家廖静秋身患不治之症，便联络巴金、沙汀联名向上级部门致信，请求将廖静秋主演的《杜十娘》拍成电影。正是在几位老作家的呼吁下，为重病的廖拍摄了川剧电影《杜十娘》，为一代名伶，也为一个川剧的著名剧目留下了历史的影像。1958年2月25日刚从北京开人代会回成都，就听到廖静秋的死讯传来，28日又接到巴金的信，不胜惆怅，3月4日，正在病中的李劼人致信巴金，无不惋惜地写道："闻廖静秋死讯。明知其不起，仍悲泪欲滴。诚如尊言，她的生命力如此顽强，而近代科学竟不能挽救于九死之中，令人扼腕之至！"[①]

1958年，回到乡间后的李劼人再次大病了一次。之后，老年人的诸多病症，如心脏冠状动脉硬化、高血压、肺气肿等都找上了他，并且一直折磨着他，直到生命终结。

[①] 李劼人：《580304致巴金》，《李劼人全集》第10卷，成都：四川文艺出版社，2011年9月第1版，第150页。

十七章

书信中的饥馑年代

20世纪60年代，国家遭遇"三年困难时期"，李劼人的生活不无例外地陷入困境。虽然他有比普通人家高出许多的工资收入，但因家中人口众多，更加之社会物资短缺，物价上涨，使他也深感经济上难以应付。

生存的不易所带来的人们情感的变化，以及造成的社会问题，都被李劼人写进了晚年与家人亲朋的书信里。从这些书信中，可以清楚地看到四川人民在三年困难时期的生存状况，也能看到李劼人本人的生存状况。这是研究那个时代最原始的史料，也是研究李劼人晚年人生的珍贵文字。

一、荒谬的浮夸风

回到乡间后，李劼人蜗居在"菱窠"，极少露面，除了参加必要的会议与活动，他连城里也难得进，报纸上没了他的名字。

他沉寂下来，一心只在他的小说创作上。

而此时的中国，即将面临一场轰轰烈烈的"大跃进"和持续三年的饥馑岁月。

1957年11月，毛泽东出席苏联十月革命胜利四十周年纪念活动，苏共总书记赫鲁晓夫宣布苏联将在十五年内超过美国。中国不甘落后，毛泽东提出十五年后，中国也可能赶上或超过英国。很快，"超英赶美"就成了神州大地上最为时髦的口号。1958年3月，中共中央在成都召开了有各省市、自治区第一书记参加的政治局扩大会议，即著名的"成都会议"，毛泽东提出了"鼓足干劲，力争上游，多快好省地建设社会主义"方针，同年5月召开的八届二中全会上，正式将这一方针确定为社会主义建设的总路线，"大跃进"的帷幕由此全面拉开。8月，中共中央再次在北戴河召开政治局会议，提出1958年全国的钢产量要在上一年的基础上翻一番，以此作为实现"大跃进"的主要步骤。随后中国各地一片热气腾腾，大批的古树名木被砍伐，森林变成了秃山，城市乡村四处冒黑烟，到处可见土高炉；机关、学校直至街道都在大炼钢铁。由武兆堤导演的一部儿童电影《红领巾的故事》，讲的就是一群小学生炼钢的故事。

城里大炼钢铁，农村则一方面在搞除"四害"运动，将麻雀定为与苍蝇、蚊子、臭虫一类的四害之一。于是老老少少齐上阵，全民吆麻雀，让这种飞翔的小鸟没有片刻歇脚的机会，活生生累得从空中坠地而死。另一方面，公社化运动也搞得如火如荼。人们深信"人民公社是桥梁，共产主义是天堂"，家庭的铁锅被交出去炼钢铁，生产队的公共食堂遍地开花。不用花钱，全民吃食堂，大块吃肉，大碗喝酒。

共产风、浮夸风愈刮愈猛，虚报粮食产量，一个比一个高，"人有多大胆，地有多大产"，亩产几千斤、几万斤、甚至十几万斤，就看谁的胆子大。连大科学家也上阵撰文："把每年射到一亩地上的太阳光能的30%作为植物可以利用的部分，而植物在阳光下，能把空气里的二氧化碳和水分制造成自己的养料，供给自己发育、生长结实，再把其中五分之一算是可吃的粮食，那么稻麦每年的亩产量就不仅仅是现在的两千斤或三千斤，而是两千多斤的二十多倍。"[①]科学家还举例说，河南某些特别丰产田要在一亩地里收160万斤蔬菜。

---

① 钱学森：《粮食亩产量会有多少？》，《中国青年报》1958年6月16日。

蔬菜虽不是粮食，但到底是亩产160万斤。

科学家都相信了这样的高产，而且还有计算论证。可见这样的"大跃进"已经荒唐到了何种地步！

"大跃进"、浮夸风的直接结果便导致一场长时间的大饥荒，人们饿肚子的岁月开始了。这便是所谓的"三年自然灾害"。

从1959年下半年开始，到1962年连续三年的大饥荒，导致了人口锐减。据国家档案馆解密的档案，三年中，我国非正常死亡的人数是3755万。在四川，中国财经出版社1988年出版的《中国人口》四川分册的记载，1957年四川人口为7081万，1961年为6459万，人口净减了622万。参照1950年至1957年八年中人口平均增长率为19.1%算，1961年全四川的人口应该达到7637万才对，但实际上未达到1957年的人口数，这就意味着非正常死亡和减少出生的人口达了1178万。

这是官方的数据。至于当事人的回忆和民间的统计，三年困难时期，四川非正常死亡的人数要远远高于公布数字。

自然灾害几乎年年都有，但导致像20世纪60年代这样持续的大饥荒，却是历史罕见。从李劼人1959年至1961年的书信看，四川虽有地方受灾，但粮食总量却是增产。结果却是，四川死亡的人数远远高于其他省份。

全国、全省都处在饥馑状态中，李劼人的日子也不好过。但他毕竟是高级知识分子，又是高级干部，能够享受某些"特供"。即使如此，他这三年中写给其子女和老友的书信，几乎无时不在谈吃。谈食物的配给，谈食品价格，谈黑市交易，谈人们的饥饿状态，谈人们就食方式，谈因饥饿引起的社会问题等。李劼人的这些书信，当年曾被公安人员拆封、拍照、留存，直到2006年一个不愿透露姓名的人将照片卖给了李劼人故居文管所，因而得以保留下一份珍贵的当代史料，让我们看到"三年困难时期"的某些侧面。

二、社会的饥饿状态

下面就从书信中来看饥馑年代的李劼人。[①]

1959年11月13日，李劼人曾致信沙汀，订于16日下午在芙蓉餐厅聚餐。从信中所附菜单看，虽然菜品中没有海味，也没有鸡（李劼人自圆其说是为了"不太奢侈""不太浪费"），但菜肴终归还有熏鱼、香酥鸭、夫妻肺片、甜烧白之类的肉食，并且有四个寸盘，七个大菜，外加一汤。这顿食物对于既"好吃"又"好客"的李劼人来说，未免寒碜了点，却还算得上丰盛。

全国的大饥荒从1959年下半年就开始了，但在李劼人这儿似乎还不很明显，居然还能摆宴席请客。然而，一年以后的情形就完全不同了。

1960年，李劼人书信中记载的是丰收年，仅成都郊区而言，头一年冬播种的小麦已经由原来的5万亩扩大到13万亩，且获得了大丰收，"领导已有经验，知四川小麦从未遇灾，且无一年不丰收，故今年全省都重视了小麦"。就全省来看，尽管40个县有灾情，但实际收成却比1957年还多。1957年收获粮食425亿斤，而1960年是465亿斤，多出了40亿斤。

然而，这一年城乡居民的粮食供应却大大地受限。11月2日，李劼人在给李眉的信中写道：

> 四川今年也是个丰收年。但为了救灾准备，粮食定量仍低。以成都市看，八九两月，一般市民为二十五斤，农民有高达三十二斤的。从十月起，突出压低城市，尚好一般压低二市斤，而农村则压至原粮二十市斤，实耗大米十四市斤，小孩子有压低至每月三市斤者，不足则以杂粮瓜果济之。平均拉扯，仍在二十五市斤以下。我家每月粮米不足约十余斤，前此尚可米易面粉（以米四十斤换面粉五十斤）以补不足。而到十月，面粉忽然不够，（前此有两个月，全市净吃面粉，不配一斤米，大约把小麦吃光了。）不但以米掉换，从一斤顶一斤四两改为一顶一，而且成为珍品，以我之身份，每月只

---

① 以下所引用书信文字均出自《李劼人全集》第10卷。

446

能掉换五市斤，因此，也只能以蔬菜及自种少许红薯掺和食之。至于猪肉，除我可用票四斤，每月买猪头接近项圈处之肥肉二斤，用以熬取少许油脂，以供全家所需外，尚可买猪蹄四斤。（猪头肉一斤肉票买一斤。但大肠与肚，大抵陈货，臭不可吃。肺亦难于洗净，肝则无油可炒，故数月来，光买猪蹄煮之。）然全市居民，能如我家者颇少，绝大多数已是半年以上不知肉味，且不知油味。此种情形，恐尚需经历若干时日也。

10月19日，李劼人宴请刚回到成都的巴金，依然在芙蓉餐厅，同席的客人还有张秀熟、李宗林、沙汀夫妇及其子，李劼人一家。这一餐，李劼人没有留下菜谱，只在信中告知李眉，"花钱不多，包席颇不容易，须经市人委办公厅正式开出通知，而后由餐厅把菜单呈商业局核定配与材料。当然便非寻常人所能办，而如我辈，也只能一年当中，只此一次而已。"在座的巴金是著名大作家，张、李都是省市政府高干，请客吃一餐饭，竟需要如此费事审核，可见食物匮乏的程度已很严重！而且令李劼人耿耿于怀的是，这次宴客没有吃一碗米饭，依然付了七斤半粮票，因为菜肴凡用了淀粉的，都必须付粮票。

写此信一个月后，李劼人给在中共中央对外联络部工作的女婿王岳去信，再次谈到"成都中小餐饮店早不易入门，而较大餐厅近来也形同停业"。谈及家中情况："只是粮食紧张一点，幸而乡居自种蔬菜红薯尚足接济耳。"食物的严重匮乏，使市面一片萧条。12月18日致李眉信中，李劼人说："成都粮食和副食品都抓得紧一点，一般人业已四个月不见油荤。无论何种饭铺，除了粮票，还要证件。（例如出差证、搭伙证等。）大餐厅则要机关介绍信。"

人们如此缺少食物，但"大跃进"的步伐却丝毫不减，以至于连城市的公交都用于工业生产去了。"短程运输越来越紧，几乎所有交通工具，十之八九都用于运煤运矿，全市公共汽车，只留了火车站到南门、牛市口到新西门、盐市口到老西门外金牛坝三线，而且车辆也减少了一半。三轮车全市不到一百辆。各机关小汽车，因每月每车只发汽油十七公斤之故，不得已不使用。"李劼人家的生活则是："粮食从十月份起，异常紧张，原因是十月以前，我们尚能每月以大米三十六斤半换面粉五十斤，此中无形多食米十三斤半！从十月起，因面粉奇缺，此种办法已经取消……从十月以来，我们每天两顿饭都要搭菜，夜间一顿有时净吃白水煮菜。不过菜亦不易满足。"

李劼人家都已经"净吃白水煮菜"，而且李劼人名下尚有专用肉票四斤，普通人是没有的，其获取食品的艰难程度是可想而知的，诚如李劼人所说的半年不知肉味和油味，已经很普遍。

1961年，四川仍然是丰收年。"小春已经丰收，大春仍然有望"，但是人们的生活却在继续恶化。粮食不够吃，物价飞涨，黑市盛行。1月1日，李劼人告诉李眉：

　　告尔几件使人不高兴的事：一、自从十二月中旬十二条下达，恢复场期，允许农民出售自己出产的东西起，市场情形非常紊乱，黑市价钱节节高……例如红苕，由每斤五角，爬到每斤六角，（如其以米掉换，则每一斤米，可换红苕四斤，折合人民币，每斤红苕不过才二分五厘许耳。于此，足见米之可贵，实为家中之宝，而国家之人民币则未免太贬值耳！）红萝卜由每斤三角几，爬到每斤四角几至五角，厚皮菜亦由每斤一角，爬到二角以上。沙河堡成为这一路的定点市场，每天由城内涌来抢购红苕、蔬菜的，足在六百人至千人。从四点钟天未明时，直到下午三四点钟，络绎不绝。前此尚看得出是一些小买小卖。至昨天，竟有用板车来拉，用口袋来装的了，这说明配给的粮食、蔬菜，实在太紧张的结果。

1月13日，李劼人继续在致李眉信中说：

　　黑市蔬菜，尤其可以作为粮食用的蔬菜，价日涨日高，红苕由于渐渐稀少之故，每斤已涨到六角五分左右。刻下最兴旺的红萝卜，每斤也涨到四角五分左右。每天总有上千的人（大约是公务人员、工人和一般居民等）骑着脚踏车到东门外，远至大面铺、龙潭寺一带购买。不到一个月，估计现金流入近郊（特别是丘陵地带的东郊）农村的，总在百万元以上。最苦的是一般每月只挣二三十元的人家，设若家有五口，每月收入，将不足吃菜。我家在不足一月中，光买红苕，业已超过二百元。（杀猪之后，便未买过红苕，但红萝卜却不能免。）因蔬菜之故，其他农产品和小家禽等，俱因而带动。鸡蛋每枚涨至六角五分，鹅蛋每枚达一元九角。而且都不易买到。好在都不是必需品，不买倒可。不过却也给我们带来了一些麻烦，便是偷鸡偷菜的人特别多。

粮不够，瓜菜代。这是20世纪60年代初的流行语，但若真吃得起瓜菜，倒也不失生存之道。问题是大多数低收入的人群，面对上乘一点的"瓜菜"价格不断攀升，已经无力购买，许多人只能买厚皮菜充饥。这种菜生长快，叶片肥厚，在今天主要用于喂猪，但当年却是许多人的救命菜。其实这也是催命菜，在没有丝毫油腥、只有白煮的情况下，长时间食用这种食物，结果不知导致多少人双腿肿胀，最后不治身亡。笔者至今不愿食用这种蔬菜，无论厨师将其搞得如何美味。因笔者幼年时期便亲眼见家中叔伯曾祖因长期吃水煮厚皮菜而死。

尽管人们已知厚皮菜的诸多害处，但这菜的价格还是不断上蹿。距上一封信十余天后，李劼人致李眉信，再次谈到蔬菜奇缺，黑市的红苕涨到每斤七角，厚皮菜二角五分。家有四口而月薪五十元者，只好酱油下饭。厚皮菜也买不起！

1961年6月，李劼人年满七十岁。人们常说年过七十古来稀。中国人的习惯，老人七十岁，家人是要为其做大寿的。李劼人的儿女远在北京，又适逢国家困难期间，自然无法团聚。但子女并未忘记老父的寿辰，李眉、远岑都寄来了祝福信和寿礼，儿子的寿礼是非常珍贵的食品，一大包鱼干。然而在李劼人家里却非但没有

1961年的李劼人

449

丝毫寿庆的痕迹，而且还清淡到了不能再清淡的境地。6月24日李劼人给李眉回信说："我的生日如以阳历计，是六月二十日……就在二十日那天，我们家仍未动荤。"美食家的七十大寿，竟然连荤都没沾，而且"仍未"，说明李家没沾荤已经很长时间了。

这可能是李劼人一生当中过得最寒碜的一个生日。

李劼人属于当时的高工资阶层，还有副市长的"特供"，饿肚子的事还不至于发生。但由于他家中人口多，亲戚、佣工一大家子，都要靠他的工资支出，常常令他捉襟见肘。所以1961年6月9日，他在致人民文学出版社中国现代文学编辑部的信中，毫不忌讳催问稿酬的事："写东西，口口说钱，似是鄙事。但窃思之，到底也算劳动的结果，非常正当，故不解以鄙事视之。何况目前生活之资，除主粮一项外，一切有所调整，日常开支，视前增加了好几倍，每月工资收入有限，时感不安，顾不关心鄙事，殊不可能。目前亟亟矣。"[1]这次询问稿酬与他以前给李眉信中所说的"即令不给稿费，我还是要写"，时间仅仅相隔了半年。写作的从容度已经被现实生活逼得大打了折扣，这时的李劼人仿佛又回到了年轻时卖文为生的境地。由是可见，物价上涨的压力，连他这样高工资的人都感到难堪了。

三、困难中的亲情

好在李劼人家地处郊区乡村，佣工吴嫂在"菱窠"内外开辟了菜地，除了种各种蔬菜，还养了不少家畜，有鸡、鸭、鹅、兔，每年还要养头肥猪。这不仅解决了很大程度上的生存问题，而且多少还有点油水。李劼人外孙女李诗华回忆说："一年四季家里吃的新鲜蔬菜大部分来自这个园子，特别是三年困难时期，口粮不够，靠吴婆婆种的菜李家人才没有饿肚子。"[2]不过，在1960年

---

① 李劼人：《致人民文学出版社中国现代文学编辑部》，《李劼人全集》第10卷，成都：四川文艺出版社，2011年9月第1版，第236页。
② 李诗华：《我的菱窠》，《李劼人研究：2016》，成都：四川文艺出版社，2017年12月第1版，第334页。

初，人都吃不饱，猪儿也就无力喂肥了。架子猪喂大以后，得靠精饲料才能催肥。市场出售的红苕，连人都不够吃，哪里还有猪的份；米糠也已经有人抢食，所以价格一路高扬。李劼人的收入已经无力再过多投入到猪饲料中去，于是架子猪也就提前被宰杀了。

1960年腊月杀了一头猪，李劼人原斟酌给亲友每家都送点肉，但需要吃肉的人太多了，实在应酬不过来，包括沙汀、林如稷以及远在乐山的亲戚都喊拿肉来吃。李劼人只好本着"君子周贫不济富"的原则，赠予一些"太穷了"的亲戚朋友，曹三姑、汤万宇、魏时珍等亲戚和朋友都分得了二至三斤猪肉。另一些没有分得猪肉的亲友，则会闻讯赶到"菱窠"来打牙祭。对此，李家当然是以礼接待。

李劼人是乐善好施的大方人，子女从父母的营养考虑，劝他不要把猪肉送人，李劼人回信斥责说："这未免太自私！"

1961年腊月，李家又杀猪了。据李劼人的私人秘书龚宜昭之女龚哲维回忆：一天他父亲背一个大背篓回家来，她以为是李家送的萝卜、南瓜之类的蔬菜，揭开一看，竟然是层层叠叠的大土碗。这是李劼人委托龚宜昭带给李家各亲友的蒸肉，每一碗足有一斤半肉，都用红纸覆盖着，红纸上还写着一个大"福"字。龚宜昭家当然也得到了"一碗祝福"。时隔数十年后，龚哲维还记得当年的情景。是啊，在那个饥饿的年代，别说获赠一大碗肉，即使得到一两油都是上天的恩赐！龚哲维羡慕父亲在李家"吃安逸了"，龚宜昭告诉女儿："人都吃不饱，尽喂猪草，猪咋个长得起膘嘛？吴嫂辛苦喂了一年，才把猪儿喂到勉强可杀，除了猪杂、骨头，就腌了点腊肉、香肠，以后好带到北京（李先生的儿女均在北京）。好点的，都拿来做蒸肉，自己只留了几碗，全部送了人。李先生自己都那么'痨'，还这样照顾别人。"龚哲维无不感慨地说："我当时觉得李家仁义、大方，长大后才懂得，那便是大爱。"①

---

① 龚哲维：《永远敬重、感恩的人》，《李劼人研究：2016》，成都：四川文艺出版社，2017年12月第1版，第360页。

龚宜昭是李劼人聘请的私人秘书，毕业于武汉大学中文系，曾在嘉乐公司工作，文化根底扎实。1954年，李劼人重写《大波》时，因急需一个助手帮忙誊抄稿件兼对外跑路处理杂事，便邀请正处于待业状态的龚宜昭来"菱窠"担任私人秘书，工资按月发放，平日食宿均在李家。龚哲维回忆说，"这个工资在当时属于中上水平"，"以后，曾有过几次安排工作的机会，父亲从未动摇，根本没去报过名，以报李先生的知遇之恩"。

到1960年，成都市居民实施粮食定量供应，月口粮减少至二十三斤。龚宜昭正值壮年，又时常干些体力活并外出跑路，加之缺油少荤，粮食根本不够吃，即使吃八分饱，也需要李家匀出一定的口粮给他。子女不知情，写信给父亲说，龚宜昭非体力劳动，不宜使其过分多吃。李劼人回信"某人正由于体力劳动，乃需多吃"，并详细述说了家中每人每天的劳动状况。而龚宜昭"打扫庭院、担水，每天到沙河堡甚至牛市口买东西，几乎每周必有几次进城送信，买这买那。而一走动，便是二三十里（指步行），其实此人在我家，能粗能细，非常重要，若无之，将使我与尔母感到无匹困难。例如虎儿有时小病或牙痛，必须进城，总是有尔母偕同此人，苻虎儿步行到牛市口，往往由此人背行四五里，而后搭公共汽车。若无此人，尔母与尔九舅母均无此力量。因此，我与尔母、尔九舅母每天挪出大米三大两许与之，实是应该，而且必要"。

李劼人的语气斩钉截铁，显然对儿女们的规劝十分不满。数日后，在给儿子的回信中还很生气斥责道："信上对儿母胡诌八道一气，使尔母大为不怡。当此粮食紧张之际，尔母为了吃饭问题，所费精神之巨，绝非尔等脱离实际，光说空话者所能想象。关于龚宜昭非吃饱不可一层，我已详述于一月二日寄尔姐的长函中。"

信中这些语句，既包含着老作家对于劳动者的体量与爱护，更闪耀着老作家内心善良的光芒！

其实，李劼人非但对龚宜昭这样家里的工作人员充满关爱，他在书信中多次提及那些收入只有二三十元、三四十元的家庭生活如何艰难。"家有四口而月薪五十元者，只好酱油下饭"，"除我家之外，绝大多数知识分子和靠低工资为生的，早已困顿不堪"。言语之间充满了忧虑与同情。关心民生疾苦，是中国文学的一个伟大传统，杜甫自己在遭遇"八月秋高风怒号，卷我屋上三重茅"，"床头屋漏无干处，雨脚如麻未断绝"的绝望境地时，心中挂念的却是"安得广厦千万间，大庇天下寒士俱欢颜"。李劼人在谈及自家困难时，对比的常常是别人的更加艰难。这难道不是一种对苍生的挂念，一种博大的人文情怀吗！

李劼人的确也有"小气"的时候。一方面腾挪粮食给龚宜昭，另一方面又似乎不乏"斤斤计较"。对于夫人的一位堂姐，李劼人就有"微词"，他写信告诉李眉："唯尔三姨母最为糟糕，半年以来，常常闹吃不饱，吃不好"，"尔三姨母毫不劳动，每天只做一点最轻巧的事，比我的劳动量还差，但她的消化确实太快了，我每月的糕点一斤（成都市每人每月配售糕点一斤，包括糖果，只凭购买证而不像北京还要粮票）大约让虎儿一半，尔母、尔九舅母、吴嫂与龚宜昭全让与虎儿，只有尔三姨母不让，不唯不让，而且还时常闹不够。以前她常以为秀气，现在却变成了一个老饕。"①

李家亲友多，李劼人又是名人，来往的客人自然不少，但在粮食严重匮乏的年代，待客已经成为很大的负担。1961年1月9日，李劼人致信儿子远岑："至于客来吃饭，凡属亲戚，都带有粮票、搭伙证或生米前来，不特未揩我们的油，甚至还有多余。只有一些不大懂事的朋友，才诚心来揩油，例如元旦那天，沙汀夫妇约巴金、张秀熟来大吃一顿，他们不带粮票与米来，难道我们便不招待不成？沙汀夫妇、巴金等，在三个月内，已吃过我三次了。一次在和平餐厅包的席，使我花了七斤多粮票。两次在我家便饭。最近一次，是一九六○年十二月三十一日沙汀打电话来说，元旦一天，非来吃一顿不可。再三拒绝不脱，只好答应。幸而前一天市人委会配售来香肠一斤（不但味道恶劣，而且干得同于木渣，显然是存留久了），烟熏瘦腊肉一斤，凤尾鱼一听，肥而嫩的牦牛肉二斤，张秀熟带来省委分送给他的非常之好、已经三年未曾见过的嫩韭黄一斤，也是非常珍贵的蒜薹半斤和大花椰菜一个。得尔母精心做出，大家都说吃得极好。好酒吃得倒有限，只是各吃白米饭两碗，走时仍与以前一样，

---

① 虎儿：即李劼人嫡孙李诗云；三姨母疑为七姨母。

并不缴出一两粮票和生米，而且把我们可能吃三天的荤菜（最可系念的，便是那二斤牦牛肉，被客人吃得连汁水都不剩）一下吃光，试问尔等际此，作何搭置？"李劼人满肚子嘀咕，却又无可奈何。沙汀、巴金、张秀熟都是他最好的朋友，更何况以前他也时常嚷嚷过要"老巴拿点标点符号来吃"。只是在目前的处境下，粮食实在是一个大难题。

然而，李劼人的窘迫旁人是难以理解的，甚至连他女儿都在信中说父亲家里的饮食不错。李劼人却回信告知："这是尔的偏见。据实言之，我家并不比市人委的食堂好。虽然每人有菜油每月三大两五钱，我又有专用菜油一斤半，但许久没有猪油，而我又常需一点熟油辣子，故用之炒菜，实在便之又俭，即如本月，便已吃了好几天的干锅炒菜。"

干锅炒菜，成都人又称为红锅炒菜，即不用油的干炒，这是那个年月的特殊现象。可是外界绝不会相信李劼人家也会干锅炒菜，人们看到的是，他本人高工资，家里种地、养家畜，简直是大大的财主，日子肯定好过。这就难免引起有人觊觎。

四、家中进了盗贼

饥馑的年代，人已经饿昏头，见到食物就会扑上去。于是李劼人家被偷盗便几乎是不可避免的。

首先是吴嫂种植的红苕、红萝卜、油菜薹、莴笋之类能当粮食用的蔬菜不能幸免，其次便是李家所养的家禽惨遭黑手。1961年3月，短短二十多天内，李劼人家就连续被贼盗了两次。第一次是3月7日，失窃母鸡四只，大母兔一只，另丢失竹编大背篓一个，锑铁盆一个。当夜，吴嫂曾听到鸡喔喔叫，忙起床检查，见鸡笼兔笼都无异样。到清晨起早去舀水，找不到面盆，方想起半夜之事，再细查鸡笼，才发现只剩下一只雄鸡和一只黑母鸡，其余五只皆不见了踪影；此外，刚生完小兔的大黑母兔也不见了。全家人四处寻找，发现竹篱被人拔起，男厕所内有鸡屎一堆，鸡毛十余片。

龚宜昭当即前往沙河堡派出所报了案。此刻，家人却发现，丢失的一只秃头黄母鸡从邮电学校后面竹篱间回来，鸡脚微跛，且落下数片鸡毛。显然这是从远处奔脱逃回来的。李劼人的家"菱窠"与邮电学校紧邻，学校的竹篱早被人拆得七零八落，到处是缺口。该学校也曾数次被盗，尤其是所种的蔬菜，已经被盗去有数亩之多。可见，贼是从学校来的，但并不是学校中人所为。

派出所来人查看，说盗贼并不远。公安人员告诉李劼人，近月来，此地偷盗鸡鸭兔、粮食、蔬菜，已经蔚然成风。派出所每天都要接到报案。即使破案之后，对于偷盗者，除了教育之外，实无他法处理。公安还说，李家对门一户，便是贼窝子，曾经偷吃鸡三十多只，但判断此次作案者并非此人。

李劼人家被盗，派出所和邮电学校都在查。失鸡事小，但贼娃子偷到了副市长家，影响实在太恶劣。所以，邮电学校赶紧派人将拆开的竹篱重新补上。但案子最后还是不了了之。李家此次被盗的四只鸡，价值在百元以上，当时活鸡已卖至八九元一斤，可谓一笔不小的损失。

无独有偶，第一次的案件尚未破获，3月26日夜，盗贼又第二次来"光顾"李家了，而且这次竟面对面与李劼人搏斗了一番。李劼人说，这次与贼遭遇，可以写成一篇有趣的特写。于是他在4月9日给儿女的信中，详细地讲述了与贼相遇的经过：

> 告尔等一"惊人之事"，即三月二十六日夜（其实是二十七日晨）我家又有盗贼侵入，且与我大大搏斗了一场。此事细细写来，可以成一篇有趣特写，我无时间，只得说个大概。当三月二十七日晨三时，吴嫂忽然大呼"有贼把鸡偷走了！"（按是日为星期一，龚宜昭是三月二十六日晨回家，需二十七日上午八点后方来。再，三月二十七日，上距三月七日晨失母鸡四只，恰为二十天。）我与尔母，尔九舅母等，即刻穿好衣服，走到室外，前后阶檐上电灯已为吴嫂打开。当同去查看，鸡笼门大开，所钉铁扣及铜锁俱在，（系三月七日起钉上安上的。）只将铁环扭去，笼内但剩黑母鸡一只，（两次俱不偷黑鸡，大概由于忌讳之故。幸上次失而复回之一黄母鸡，恰于二十六日孵卵，另设置在浴室内，故未遭灾。）而公

鸡已失，下面鸭六只全在。即因鸭子不断呷呷作声，吴嫂乃起，打开灶房电灯，方见鸡笼门大启。是贼仅仅得一公鸡而不甘心，再偷鸭子，鸭子始出呷呷声也。吴嫂力言贼娃子没有走。我等初不之信，吆喝巡视一遭，乃与三月七日晨同样，不见盗口。及巡查到第二遍，我等刚走到茅房门前，忽然一个二十多岁小伙子从男茅房门后冲出。我正与之对面，来不及回避，手上只执电筒一个，不能作为武器，但我极为镇静，执去电筒，顺手抓住偷儿衣领，（身穿蓝布中山服，蓄长发未戴帽，因在暗中，看不清面目。）极力一摔，居然将其摔在地上。（我自己亦诧异何以有如许大力气。）我遂力扼其项，吴嫂力抱其两脚，设此时再有一有力之人，本可将其缚住，即不然亦可用砖头柴块将其打伤，乃尔母与九舅母只能拼力呼援，（结果，邮电学校不但无人出援，连声音都不出，连电灯都不开。）尔母且力挽我臂，予我以极大妨碍，不过一二分钟，此贼竟将吴嫂蹬开，一跃而起。我则一因只有一般之力，稍久即气力不佳，二因相持至一二分钟，我已气喘不住，以致不能再与之搏。吴嫂手持木叉，（即用以叉晒衣竹竿之，木叉并不重。）追至大门，贼仓促不能开门，乃翻过门旁竹篱而出。我喘定之后，即用电话告知沙河堡派出所，命其即刻来人，但至三时五十分，派出所方来了两人，（此时始查明，除公鸡一只外，又失去灶房内煮猪食的大铁锅一口，猪食倾倒在饭锅内。又失去尔母卧室后，阶檐所放的洗脸帕四张，尔母所用的锑铁漱口盅一个。其余经索置放在室外之物如洗脸瓷盆等，都在三月七日后，每晚收入室内，且各处房门都内闩或外加锁，只灶房未锁，固贼乃能入，只洗脸家什未收，故贼乃只偷得这些小东西。并查明鸡笼内有火烧过的草纸及干毛巾一块，因贼无照明之具，烧此以取光也。）问询之下，有电话告其所长，约二十分钟，所长来，又电话告公安大队，到五点五十分，公安大队十余人乘摩托车四两，携警犬二头来。细问之后，认为前后两次皆出于一手，而此贼必不甚远。到天色微明，大队长始携警犬先嗅贼翻过之竹篱，而后沿篱而西，嗅至我家所播麦地内，公鸡丢在烂泥沟。（即井坎竹篱外之泥沟。后检查出两次贼俱由此

456

翻入翻出。现已将此处篱加高，将足以搭脚的砖瓦移开了。）直嗅至堰塘边一魏家，便失贼踪。我们及许多人，都认为贼即此家之魏德元其人。此人为魏长良之子，年二十余，五二年曾与李二兴之长子怀全一同到工厂当工人，后调入勘探队，吃不得苦，于五八年退职回家加入公社务农。其妻叫罗淑群，向不安分。两夫妇平日便爱顺手牵羊，偷窃公社蔬菜和邻家鸡兔。是晨，经公安人员查询时，又有可疑之点，当被公安大队带去。我对公安人员说，别无所求，但求迅速破案，以保此地安宁。缘两月以来，此地偷盗成风，鸡兔之失（当然还有别的东西）几无家无之，仅二十天我家便被侵入二次。设此次再不重视，不免尚有三次四次。且第一次盗踪只在厢房之后，第二次便到正房之后，更进，不免登堂入室了。以我之身份尚不能安处，一般群众，情如之何。何况，此贼既已惊动事主，并不逃走，且与我搏斗，其心何居。我作此言，盖欲加重公安人员之责任，不使其再似前次之不在意下耳。彼等亦力任不断，并将本公社管区书记队长等五人召至我家，当面商决排队清查。此即三月二十七日，清晨从三时到九时之经过。事隔三日，魏德元竟被释放回家，公安人员李同志来报说，魏只是嫌疑特重而已，但彼坚决不承认，而又无赃，警犬又未入其家，故不能久羁之。并言，沿菱角堰有七家，都曾偷过东西，有凭无据，而邮电学校中，分子亦甚复杂，彼等尚需多作调查云云。（忘记了一件事，当公安人员来细查时，在茅房之外凤尾竹丝丛处，找得原子笔一支，尚是新的，当然系此贼与我搏斗时所失者。）前二天，邮电学校职员五人曾来我家，细问三月廿七日晨间之事，说公安人员到其学校调查，并出示原子笔，彼等承认学校中分子复杂，也曾出现过两次盗窃，虽破案，但根株未绝。对我家出事，彼等亦有责任，自当加紧调查。尔母告彼等，三月廿七日晨，我与贼搏斗之际，大声呼援，该校无一人声应情形。彼等深为致歉，面承设以后有事，必不再致前愆。不过自四月三日以来，已不再见公安人员踪迹，而本公社管区负责人亦不再有何举动。看来，此次仍然是个冷下台，仅止开场时，锣鼓喧天，热闹了一阵而已。

457

自从三月廿七日夜起，李二兴之次子幺满即宿在我家，多一年轻力壮人，究竟可以壮胆。且相信纵不破案，似亦不会更有类似之事发生了。

在这封颇有幽默感的信中，李劼人讲述了一个惊心动魄的故事。有个细节很有意思，李劼人一个七十岁的老人，竟将二十岁的小伙子摔翻在地，而二十岁的青年差点被两个老弱之人捉住。说明李劼人为保家财不失已不惜拼命；反观那盗贼，尽管年轻，终究不壮，也许正是饥饿所致。老少两人都在为填饱肚子战斗，只是一正一邪而已。

饥饿使许多人铤而走险。非但李劼人所处的郊区农村偷盗情况严重，即使是城里，按李劼人的说法，也是"盗风盛烈"。笔者幼年时就亲历过几起被盗甚至食物被抢的事情，其故事情节也不乏"有趣"，但不属于本书叙述的范围，只是想进一步说明李劼人记载的确实是一段真切难忘的史实。

饥饿也毁灭了许多人的身体健康乃至生命。对此，李劼人书信中也有体现："肿病蔓延由乡及城，遍于各阶层。大抵先由眼眶开始，而后是头，而后是四肢与小腹部，若肿至胸口，便不可救。去年即流行于各专区，但尚限于农村及矿区，今年逐渐传至城市、工厂、学校。据卫生部门报告，患此病者，占全市人口五分之一。我们亲友中，一半以上都患此病。病人别无痛苦，只感饿得发慌，什么东西都想拿来吃，而且吃不饱。""肿病蔓延愈广，而势亦愈烈。某些学校中患肿病的，达到百分之九十，早已放假。农村中因肿病而死者也不少。"李劼人还谈到音乐学院一批女教师，包括著名女高音歌唱家郎毓秀都患上了血虚和营养不良，全身浮肿。

李劼人熟知的朋友中，也有人因肿病而故去。1960年12月28日致刘侗仁："久不得尊公消息，兹接来信，惊悉以肿病致死，不胜哀悼。月来，老友逝世者不少，而皆较余年轻。古人云：既念逝者，所自伤也。余实有之……"

在全民饥饿的大环境中，高工资的李劼人，其实也难免营养不良："现在的人，几乎绝大多数都面有菜色，目含饥火，不肿便瘦。即以我而言，便何人都说我瘦了。固然，瘦于我是好事，而非坏事，是我前几年求之而不得者。但到今年下半年来方瘦，却也与营养有关。"

延续三年的困难生活，终于从1962年开始逐渐好转，李劼人的书信中也有明确的记载。1962年1月4日，在致巴金的信中，李劼人写道："成都的物质生活开始好转，黑市浪潮已被压退，生活费用开始降低。不过要回复到一九五七年的成都，似乎还有待耳！"7月19日在给李远岑的信中再次说："市面亦渐渐恢复，唯如大病初愈之人，好生调理三年，庶可恢复到五七年光景，若要恢复到五四年，恐怕尚需几年。"紧接着不久，在8月17日，李劼人给远岑更详细述说了各种商品价格回落，从酒类、肉类、蔬菜、粮食的具体价格，一直谈到商店经营的情况。这些文字表明，国家的经济状况正在复苏。

但居民的口粮标准却并没提高。9月11日致李眉信："成都今日之问题，仍在口粮标准之太低（以全省县市比起来，不算低。），小春丰收，大家希望有一次调整。结果失望。今大春特大丰收了，但李省长已有言曰：恐怕无可能调整。理由之一，是个别地方仍有灾情，之二是三年来家底都扫空了，必须把仓填满后再说吃饱。如果不变实实不得人心，到底如何，且看下月分解。"

至此，我们从李劼人的信中看到，四川是连续数年丰收。但四川的灾情相较全国，却是严重的。共产风、浮夸风，加之上级屡要四川调粮，致使粮食大量外运，直至超出了全省所能承受的负担，进而造成城乡人口大量的非正常死亡。但另一方面也应看到，三年困难期间，四川粮食的外运，实在是自抗战以来，四川人民对于国家的又一重要贡献！也是四川人民为国家度过三年困难时期所付出的重大牺牲。

李劼人这期间的书信，无疑是来自民间的一份最原始的记录，是研究中国当代历史的一份弥足珍贵的资料！

国家度过困难，李劼人的思想情绪也好了起来。1962年冬，《西安晚报》向他约稿，他欣然地写了散文《春联》。这是李劼人存世的最后一篇散文，文章精短而老道，讲各行业对联的风趣故事。其中也有一联是他自己题写的："人尽其才，地尽其力，物尽其用；花愿长好，月愿长圆，人愿长寿。"

这正是刚从饥馑岁月走出来的李劼人此刻的心境。

第一八章

夕阳辉煌

20世纪五六十年代，李劼人开始了他文学生涯的最后一个时期。这是个辉煌的夕阳期，重点是重写《大波》。

晚年的李劼人，写作兴趣从过去的虚构转向了非虚构。除了两个短篇小说外，这时期写的散文也倾向于引经据典的历史叙述。重写《大波》更是一改世情叙事的态度，转到了历史叙事的层面。不仅如此，重写《大波》透露出了老作家的一个雄心壮志：他要建立中国现代历史小说宏大叙事的新模式。为此，他不断地阅读借鉴外国文学的经典范例，以便创造自己的独立文本。

然而，岁月不假年，李劼人的宏愿没能彻底实现。他耗尽生命重写的鸿篇巨制也成了"断臂维纳斯"，重写本《大波》成为一部最有争议的作品。如今，"大河"已东去，重写已成"此情可待成追忆"了。

一、最后两个短篇

晚年的李劼人全身心地投入到长篇小说创作中，因为身兼数职，社会活动占据了不少时间，加之年岁渐高，除了一门心思欲完成重写《大波》的计划，已经很难有精力再兼顾其他创作和翻译。不过有两个短篇小说是例外，这就是《解放前夕一小镇》和《帮林外婆搬家》。写这两个短篇小说时，距离上一次写作短篇已经过去了十多年，晚年的李劼人，精力都放在长篇上，因此这两篇作品对李劼人而言，一定是有了强烈的创作冲动才写成的。

《解放前夕一小镇》（后更名为《天快亮了》），听其篇名就知道是写时代巨变前夕一个小地方的人生世态。写的是成都东大路上的一个小镇，实际上就是作家所居住的沙河堡。1949年冬，面对解放军即将打来，小镇上的"歪人"们陷入了一片惊恐万状的混乱中。小说并不刻意正面塑造某一个人物，而是善于营造氛围，通过各色人物在特殊气氛下的表现，来显示其性格，也揭示社会的变迁。

小镇上的袍哥头目陈大爷，原本是以前垮了台的旅长的马弁，抗战时期为躲避日本飞机轰炸，从城里疏散到这小镇来。陈大爷到来不久，便把场镇上的十几个小伙子"栽培"成了自己的"护脚毛"，而他本人便成了这小镇上吃铁吐火的歪人，包开了三十几家烟馆和十多处赌场，还招了几个"粉头"在烟馆和赌场中钻进钻出。陈大爷凭着这袍哥身份，拜见过上海青帮老大杜月笙，自然也就成了稽查处、统调室之类国民党特务机关的特务，而且又受过"游干班"的训练，他在小镇上的声望更不得了。但自从听说解放军已经打到资中，国军溃兵源源不断从小镇上开过，陈大爷就像变了个人，长满横肉的脸上挂起了笑容，他打算将靠近公路的几个保的团丁抓在自己手上，声称要保境安民，结果被抟拢来的保丁们仅仅住了一夜就鸟兽散去，于是人人都看清了陈大爷的把戏。

溃兵一拨又一拨从镇上走过，居民却遭了殃。一拨路警住进一户人家，将主人的粮食、鸡鸭鱼肉吃了个精光，还要打骂主人供应大曲酒，镇上人去找陈大爷，号称"保境安民"的袍哥老大却毫无办法。最后还是一个曾经因当过国军士兵又被解放军俘虏过的人力车夫出主意，放出风说，在乡场上已经发现了戴八角帽的共产党便衣队，这伙手持长短武器的家伙竟无须人劝说，立即惊慌失措地向牛市口奔去。以后，又有川军溃兵经过，小镇人如法炮制，称戴八角帽的人已经过了高店子，这话竟然比王道灵的灵符还灵。

作品并未正面写陈大爷平日里如何作恶多端，在小镇最混乱的时候，他也没露面，只说当城里在组织"反共救国军""反共自卫队"时，陈大爷也忙活起来，好几天不到镇上吃茶。但是陈大爷这个平日骄横跋扈，在历史大潮前又自不量力的挡车螳螂，其丑陋状态已经很清晰地凸显在读者眼前了。小说最后还不无幽默地写道："至于陈大爷本人，如其真个'再世当个好人'是属实的话，他应该九岁了罢！"不仅生动地暗示了陈大爷最后的命运，也巧妙交代了作品创作的时间。

《解放前夕一小镇》全文不足五千字，但是艺术结构平淡中显奇特，将大时代的风云压缩在一个小小乡镇人物的生存状态中，以各色人等的言谈举止折射出历史的巨大变迁；人物性格在简洁的文字中活画得入木三分，叙事内涵丰富而含蓄，尤其是保持了老作家惯常讽刺的手法，字里行间充满了作家的睿智以及幽默、诙谐的文风。著名文学评论家谭兴国曾评价这篇小说："显示了这位老作家独特的艺术风格。那充满幽默感的文学化了的四川方言，真实地描写了国民党溃逃时的惊恐、狼狈景象，非常简练而又精确地勾勒了小镇上那些地痞、流氓、袍哥舵把子、滚龙烂眼的可笑形象……他的描写简直达到了绝妙的地步。"①

这篇小说创作于1959年，发表在《峨眉》创刊号，是老作家给中华人民共和国成立十周年的献礼作品。李劼人在全力以赴写作《大波》的同时，特意腾出时间创作这个短篇，一方面是应文学杂志稿约，另一方面也许还有别的深意，应该是李劼人"向党交心"的一种具体表现。刚刚历经反右运动并被迫多次做深刻检讨的老作家，需要写这样一篇讴歌新政权的作品来表达自己的心迹和立场。但小说毕竟是艺术，小说家不会无知到露骨地将艺术堕落成政治宣传的传声筒。李劼人的高妙就在于，他能够从自己丰富的生活阅历中找到思想与

---

① 谭兴国：《四川十人短篇小说选·代序》，成都：四川人民出版社，1978年4月第1版，第3页。

462

艺术二者都能够兼备的题材，并且运用自己娴熟的艺术手法将其表达出来。

《解放前夕一小镇》便是那个时代思想与艺术充分结合的短篇小说。

《帮林外婆搬家》写于1960年7月，同年9月由《上海文学》杂志发表。这是李劼人创作的最后一个短篇小说，也是他唯一的一篇描写1949年之后现实生活题材的作品，是他所有小说中的"另类"。小说以工厂的几个青年工人为主角，但作者并没有直接写工业生产，而是着力呈现一代青年工人的精神面貌。钟天生是大东铁工厂的青年工人，他有几个十分要好的同事，休息日经常相约一起去林外婆家聚会。但是自红旗竞赛以来，大家投入到火热的工作中，已经整整五个星期都忘记了休息，直到生产指标超额完成，领导才决定休息一天。如何有意义地利用好这个星期天，几个青年人商量了一阵，最终决定去帮林外婆搬家。因为林外婆居住的南门一巷子大杂院，在建设人民南路时面临拆迁，政府已经替林外婆在陕西街选好了新居。林外婆是钟天生的外婆，但并不是亲生外婆，而是一个孤寡老人。但钟天生曾经与林外婆相依为命。在抗战前，钟天生的母亲领着儿子到成都谋生，因有拖累，很难找到工作，林外婆便收养了钟天生。钟天生在林外婆看护下长大成人，婆孙俩不是亲人却胜似亲人。所以，钟天生工作之后，时常带着几个要好的哥们儿到林外婆家来喝茶聊天。当得知林外婆要搬家，便一致决定一起来帮忙。然而，当他们一行来到大杂院时，见到的则是一片瓦砾，房屋都已经拆了，只有一群学生和干部在挖下水道。原来学生们早已经帮林外婆搬了家。钟天生和他的朋友们立即商议决定，以大东铁工厂青年小组的名义支援学生们劳动一天。

这个作品没有被评论家关注过，几乎被人遗忘，因为它太一般，既非重大题材，也没有多少故事情节的起伏跌宕。但是若联系到作品写作的时代背景，这个短篇仍可视为历史的一页记录。"大跃进"以来，中国各行各业都在倡导社会主义劳动竞赛，劳动奉献成为那个时代最响亮的口号。李劼人想用文学作品来表现这个火热的时代，但是他并没有当时的工厂或农村的生活经历，因此他只能从他熟悉的生活出发去寻找创作的素材。《帮林外婆搬家》极有可能是他在主持兴建成都人民南路时听到的某些故事而激发了创作灵感，作品中涉及的诸多地名，如一巷子、陕西街、汪家拐以及大杂院等真实的存在，几乎信手拈来，使之成了成都城市变迁的一页文学记忆。当然，也有可能是作家与工厂业余作者交谈时受到了启发。李劼人与业余作者们时有交流，据田文《作家和演员、业余写作者》介绍，某小厂青年工人曾全才就向李劼人请教过如何写小说。另外钱玉趾也告诉笔者，1960年，由红光电子管厂（即773厂）出面，曾经请李劼人为东郊军工厂的业余作者们举行过文学讲座。这些交流也可能启发李劼人的创作灵感。

《帮林外婆搬家》的叙事很具匠心，现实当下与历史过往熔为一炉，时空跨越自然巧妙，时代的变迁，社会的进步，从几个青年人的精神面貌中得到了淋漓的表达。艺术结构上，这篇作品亦不同于以往，尤其特别是结尾出人意料，一群学生打乱了钟天生们的计划，而钟天生们又决定以大东铁工厂青年小组的名义支援学生们劳动，这写出了当年社会风尚，结构上又异峰突起，既在情理之中，又出乎意料之外，颇有些欧·亨利小说的味道。

《解放前夕一小镇》和《帮林外婆搬家》的风格和结构，与作者之前的短篇小说都大相径庭。尽管老作家晚年只留下了这两个短篇，但看得出他晚年仍然在不断地吸取现代短篇小说的新表现手法和新技巧。

二、成都城市的文化叙述

20世纪50年代李劼人还写过《中国人的衣食住行》《成都历史沿革》和《话说成都城墙》等一系列历史文化散文。这是李劼人晚年创作中颇有地方意义和影响的作品，其中《漫谈中国人的衣食住行》《二千余年成都大城史的衍变》两部作品最为重要。

其实，这两部作品最初都写于20世纪40年代后期，至50年代后相继进行过修改，并在报刊上陆续发表了其中一些章节。

1943年8月，李劼人在成都创办了一份地方文化刊物《风土什志》。主编为谢扬青、向宇芳，李劼人任社长。这是一本立足于地方本土，但文化视野广阔的人文地理类的刊物，发表了许多著名文化学者富有见地的文章，内容涉及领域包括社会学、民族学、历史学、人类学、经济学等多种学科。杂志共出版了十四期，至1949年10月终刊。李劼人的一些历史文化散文多发表于该刊，包括有《忆东乡县》《追念刘士志先生》《敬怀豫波先生》《旧账》等，而《漫谈中国人的衣食住行》则是其中尤为重要的一篇。

《漫谈中国人的衣食住行》从1946年7月出版的第二卷第三期开始连载，至第六期结束。所发表的文字实际上只是全部书稿的第一部分，即文中所标注的"第一分目 饮食篇"。此稿又于1947年以《谈中国人的食》为题，在《四川时报》副刊"华阳国志"上连载。1956年，应中国青年出版社之约，作者续写了"衣、住、行"三个部分，但不知何故，此书并未出版，后来连书稿也散佚了。从目前残存的饮食篇来看，全部书稿至少有十多万字，应该是有关中国人衣食住行的历史小百科一类的大文化散文。李劼人称这部书稿是散文随笔，想到哪里就写到哪里。正是这种文风，决定了其文字轻松活泼，行云流水，可读性极强。残存的饮食篇，由宏观叙述到微观剖析，先漫谈古今中外饮食文化，继而论及中国各地的饮食的历史、饮食习惯、食材原料、饮食种类、饮食滋味、饮食意义；再讲述中国的各大菜系，讲述川菜时，既有川菜的源流、派别，又有具体的菜肴品种、名称等等。仅这个饮食篇，就堪称中国饮食文化的难得的佳作，难怪直至今天，烹饪专科院校还将该文作为重要的参考教材，写饮食文化的书籍也几乎没有不提及李劼人的。且看他写成都一道名菜肺片的文字：

牛肺片，名实之不相符，无过于明明是牛脑壳皮，而称之曰肺片。中国人吃猪皮已为西洋人所诧异，（猪皮做的菜颇多，至高能冒充鱼翅，而以热油发成的响皮，简直可媲美鱼肚，此关乎食谱，非本文旨趣所应及，故不细论。）而况成都人且吃牛脑壳皮焉。牛脑壳皮煮熟后，开成薄而透明之片，以卤汁、花椒、辣子红油拌之，色泽通红鲜明，食之滑脆辣香。发明者何人？不可知，发明之时期，亦不可知。在昔，只成都三桥上有之，短凳一条，一头坐人，一头牢置瓦盆一只，盆内四周插竹筷如篱笆，牛脑壳皮及牛脸肉则切成四指宽之薄片，调和拌匀，堆于盆内。辣香四溢，勾引过客，大抵贫苦大众，则聚而食之，各手一筷，拈食入口。凳上人则一面喝卖，一面叱责食客曰："筷子不准进嘴！"一面以小钱一把，于食客食之，辄置一钱于有格之木盘中以计数，食毕算账，两钱三块，三钱五块也。有穿长衫而过者，震其色香，欲就而食，则又腼腆，恐为知者笑，越趄而过，不胜食欲之动，回旋摊头，疾拈一二片置口中，一面咀嚼，一面两头望，或不为熟人察见否？故此食品又名"两头望"。今则已上席列为冷荤之一，皇城坝之摊头亦易瓦盆为瓷盆，于观感上殊清洁多也。

将一道地方名菜的原料、发源地、制作方法以及名称的来历用通俗、简洁的语句介绍出来，字里行间不乏幽默、诙谐，让读者过目不忘。对牛肺片的散文化描写也在新版《大波》中出现过，大汉军政府成立那天，黄澜生去皇城坝看热闹，就差点撞翻一大瓦盆肺片。

李劼人对于地方美食的叙事，出现在小说中，丰富了地方人文风情，也有力地提升了作品的文化品位。

再看一段《大波》中写河鲜的文字：

乐山的江豚——一般人称江团、甚至在团右一鱼字旁，其实即江豚之讹——泸县之癞子鱼、雅安之丙穴鱼（又名嘉鱼）、涪陵之剑鱼、峨眉之泉水鱼，都不亚于松花江之白鱼、黄河之鲤鱼、江南之河豚、松花江之鲈鱼、长江之鲥鱼和鳜鱼也。（岷江流域也产鳜鱼，也产四腮鲈鱼，成都市上偶尔可见。）虾亦好，虽不肥大，但无土气。所最称缺憾者，只是没有螃蟹，但仁寿的蟹即是南蟹种，苟得其法养育之，亦可弥此缺憾。且峨眉山出产之梆梆鱼，即食用蛙，若有饲之，其壮大嫩美且过于美国之牛蛙，而昆明翠湖之螺黄，则又特产中之特产。

466

短短一百多字，天南地北，侃侃而谈，娓娓道来，包含很大的信息量。已故车辐老先生最爱这段文字，称其有比较，有分辨，有类比，有考证，博大精深。

文化散文在李劼人笔下不仅仅是为散文而存在，某些时候它也可能会成为小说的有机部分。这也是人们把李劼人的小说称为风俗史的原因之一。

《二千余年成都大城史的衍变》写于1949年夏，《风土什志》第三卷二期发表了其中第一章。该文是李劼人《说成都》书稿中的第一章。全书分为说大城，说少城，说皇城，说河流，说街道沟渠。共五章，约十六七万字。据《风土什志》第二卷六期预告：这部书系"说成都风土什志丛书之一，介绍成都的历史，禁城的，及街市衍变，风土人情。全书约十余万字，印刷中。李劼人先生著"①。但是该书一直没有人寻得过，原稿也在"文革"中遗失了。

《说成都》是李劼人晚年的一部非常重要的历史散文作品，内容非常丰富，遗憾也是残篇。但从仅存的残篇中，我们依然能够感受到李劼人写作的认真。作品对成都城的选址、名称到城市中的街道、河流、手工业等历史变迁以及历代城墙的毁坏与重建、战争与杀戮都有详尽的描述。李劼人写这部作品，叙述虽然较文学化，但引经据典，史料运用准确而严谨，绝不逊色于史家著作，甚至连史学家也在其中找论据。著名历史地理学家任乃强在谈及古代成都市区的两条江以及金河能行船的史事，就采用李劼人之说。②《说成都》可谓一部严肃而通俗的地方历史人文读本。这样的历史叙事，文字轻松活泼，不时还幽他一默，从而大大增强了历史的可读性。

《二千余年成都大城史的衍变》尽管是残篇，但李劼人以后还不断地修改完善，1953年写的《成都历史沿革》，1959年写的《话说成都城墙》，都是由此引申出去的作品。李劼人在写这些文章时是很认真的，他曾在几封致李友欣的信中谈到这些散文，认为文艺性太少，只是尽量让语言活泼些。其中《话说

---

① 《二千余年成都大城史的衍变》编者附记，《李劼人全集》第7卷，成都：四川文艺出版社，2011年9月第1版，第425页。

② 任乃强：《四川上古史新探》，成都：四川人民出版社，2019年11月第1版，第145页。

成都城墙》第一段就"已经费了大劲，几乎写了二十天，改了五道稿"①。可见李劼人对于历史文化类散文的重视，哪怕是一篇短文也要一丝不苟。

晚年的李劼人，精力很有限，在重写《大波》之外，热衷于对成都地方历史的考证书写，甚至到痴迷的境地。一方面与他的工作有关，他作为副市长主管城市建设，无论是他或他主管的部门，都需要了解这座城市的过往；另一方面是刊物向他约稿，《话说成都城墙》就是应《峨眉》杂志的稿约写的；同时这也与作者正在重写《大波》的创作心境是一致的。重写《大波》注重准确的历史叙事，与老作家晚年对于历史的深研细读是密不可分的。或许正是基于此，李劼人在忙于长篇小说创作的同时，还不惜腾出时间来他顾。

《说成都》虽系残稿，但对于今天欲了解成都历史的读者来说，仍然具有很高的参考价值。

三、重写《大波》

1954年5月，作家出版社根据冯雪峰的建议，致函李劼人，共同商议再版《大波》的问题。但李劼人没有同意只修改《大波》，而是提出将"大河三部曲"重新修改后一并出版。于是，从是年11月开始修改《死水微澜》和《暴风雨前》，至次年6月两部作品相继改毕并寄给了出版社，但对于《大波》，是修改还是重写，李劼人却迟疑了许久，最终还是决定重写。后来他在致一位读者的信中谈及这次重写的事："《死水微澜》改得不多，《暴风雨前》改了四分之一，《大波》完全重写，内容与结构都不相同。"②

重写《大波》也和以前一样，写好一部出版一部。重写本第一部由作家出版社1958年出版时，谓之"上册"，但之后并未再出中册和下册，而是改由人民文学出版社出版，而作家出版社出版的"上册"也改为"第一部"由该社统

① 李劼人：《600112致李友欣》，《李劼人全集》第10卷，成都：四川文艺出版社，2011年9月第1版，第159页。
② 李劼人：《601126致仲舜湖》，《李劼人全集》第10卷，成都：四川文艺出版社，2011年9月第1版，第168页。

一出版。因此作家出版社的《大波》上册遂成绝版，几乎不被人所知了。

那么，李劼人为什么要重写《大波》？

在新文学史上，对同一题材的作品进行二度创作的现象十分罕见，李劼人是个特例。由于李劼人的日记和有关的书信散佚，我们今天已经很难知道他重写的真正原因，但是若联系到李劼人曾经花大力气搜集保路运动史料以及他所处时代的文学生态，那么我们或许可以一窥其中的缘由。

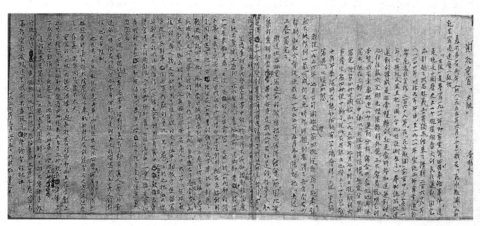

李劼人《关于重写大波》手迹

一般研究者都认为，李劼人重写《大波》是由官方意志所定，这种说法或许有一定道理，但并不十分准确。从李劼人留下的文字看，主要还是他自己的意志："说要重印我写的《大波》，叫我改写。我大吃一惊。《大波》我不愿提及，要我改写，这倒给了我业余创作的勇气，但一翻原来的作品，我又出汗又脸红。不行，得重写！"①"一九五四年五月，作家出版社给了我这个机会，叫我把《大波》大大修改一下重印。我考虑之后，仍然主张《大波》必须

---

① 李劼人：《谈创作经验》，《李劼人全集》第9卷，成都：四川文艺出版社，2011年9月第1版，第249页。

重写，而且是另起炉灶地重写。"①李劼人多次说到自己决定重写。这里所用的"不行""仍然""必须""而且""另起炉灶"等关键词，都强调了"重写"的必要性。因为他翻阅原来的作品，感到又出汗又脸红，已不愿提及。显然，是李劼人自己认为旧版《大波》是有许多缺点的，这应该是他重写的原初动力。

官方并没有强求作家必须重写，但是这"大大修改"却又的确表明了官方的态度，旧版《大波》已经不适应新的意识形态，原有的生活情景描写，尤其是黄太太和楚用的情欲描写，与官方倡导的思想价值观相距甚远。所以，才由作家出版社出面，"授意照中共文艺路线改写"②。问题是从不惧外界压力且极富个性的李劼人这回却比官方还显得积极，这一方面固然是时代使然，是他努力学习的结果。他为了紧跟社会前进的步伐，每天都要读四种报刊，其中《人民日报》《红旗》杂志每天必读的。但另一方面也恰恰体现了他个人的意志，正如海德格尔在《荷尔德林与诗的本质》一文中所指出的，"人在自由决断的过程中，他才能确证自身的生存并由此达到本质的完美。这种决断的自由能把握必然，同时又受制于人的崇高使命"③。李劼人正是被创作的"自由决断"和"人的崇高使命"所支配，才毅然地要坚持重写；加之在重写初期，1956年的5月2日，毛泽东在最高国务会议上提出了"百花齐放，百家争鸣"的方针，这对当时的文艺界是个很大的鼓舞，已经六十五岁的李劼人无疑也是振奋的，更增添了重写的信心。

总的来说，李劼人之所以坚持重写，主观上有几个原因：首先是对旧版不满意。当年创作《大波》时，因为要卖文为生——这从他每次致信舒新城提出预支稿酬可以看出——因此写作很匆忙，史事掌握不太充分，大事件的遗漏之

---

① 李劼人：《〈死水微澜〉前记》，《李劼人全集》第9卷，成都：四川文艺出版社，2011年9月第1版，第243页。

② 司马长风：《中国新文学史》上册中卷第十九章，台湾：传记文学出版社，1991年。

③ ［德］海德格尔：《海德格尔诗学文集》，武汉：华中师范大学出版社，1992年第1版，第212页。

处不少。李劼人后来也在《〈死水微澜〉前记》中说自己的大河三部曲，"偏以《大波》写得顶糟。预定分四册写完，恰第四册才开始，而一九三七年七月七日对日抗战的大事发生，第四册便中断了。从此，在思想上背了一个包袱，十几年来，随时在想，如何能有一个机会将《大波》重新写过，以赎前愆。"正是这个"以赎前愆"的想法构成了老作家重写的初衷！

其次，促使李劼人重写的另一个动力是强烈的历史责任感和使命感。他是四川保路运动的亲历者、参与者，深感责任重大，作家有义务把中国近代历史上极其重要的一页以文学艺术形式完整地呈现出来。而他对于已经出版的旧《大波》在史料上的不足又十分不满，"其中好多是我以前不知道的，好多是知道得不十分清楚的，甚至有些还证明我以前弄错了的"[1]。同时他对其他作家描写保路运动的作品也不满意。例如，早在1936年他就批评老同学："郭沫若之《反正前后》，真是打胡乱说。"[2]他认为，四川保路运动，是晚近中国历史上一个规模相当大的民众运动，因它才引起了武昌起义、各省独立，结束了清王朝二百六十七年的专制统治。但这运动构成非常复杂，即使当时参加这运动的人，也往往蔽于它那光怪陆离的外貌，不易说清它的本质。因此他便有意要把这一个运动分析综合，形象化地具体写出。

其三，李劼人重写《大波》可能还有一个心愿，那就是建构一个宏大的历史文学叙事。只要我们从他晚年阅读的世界文学作品就可看出来。李劼人青年时期深受法国文学熏陶，尤其是福楼拜、左拉、莫泊桑影响，这自不待言。到20世纪30年代他创作"大河小说"时，为写好市井生活，参考的则多是中国传统的小说。1935年5月12日特致信舒新城，请其在上海购买未删节的《绿野仙踪》《金瓶梅》《品花宝鉴》《痴婆子》《拍案惊奇》《欢喜冤家》等，可见此时的作家并未将宏大叙事摆在首位，而是将世情叙事作为重点。但是到重写《大波》时，李劼人建构宏大历史文学叙事的意识已经非常明确，因此他阅读

---

① 李劼人：《关于重写〈大波〉》，《收获》，1957年第9期。
② 李劼人：《360304致舒新城》，《李劼人全集》第10卷，成都：四川文艺出版社，2011年9月第1版，第46页。

的外国文学多与宏大叙事有关。据沙汀回忆，为了重写《大波》，"他曾经跟我说，作为借鉴，他看过很多世界名著，特别是苏联阿·托尔斯泰的《苦难的历程》和《彼得大帝》，还有费定的《初欢》和《城与年》"①。李劼人的学生钟朗华50年代想写小说，写信请教老师，李劼人回信开了二十几种书目，除了中国的《红楼梦》《水浒传》《二十年目睹之怪现状》《官场现形记》之外，特别列举了列夫·托尔斯泰、屠格涅夫、肖洛霍夫、福楼拜、左拉等一批外国小说名家的作品，可见晚年的李劼人在法国文学之外，很重视对俄罗斯文学甚至美国文学的吸收。他在与亲友的通信中也多次谈到《战争与和平》等俄国小说，其中在与儿子远岑的通信谈及《大波》时，再次写道："《大波》之语言文字，所以不同于他书，（我只能说不同，实不想说优于。）因为知道人物的语言，必须从属于每个人物的阶级、阶层和每个人所受的教育以及在一个什么样的典型环境的时段。当代许多流行极广的杰作（尤其中国方面的），好像都不注意于此。但《水浒》《金瓶梅》《红楼梦》都示了范。我从写《大波》的实践中，愈益懂得这些古典作品之所以能永垂不朽，而外国的许多古典作品之所以可议，（老托尔斯泰除外。他的每一个作品都可与我国古典作品相匹敌。）即在于此。《大波》之难写，此亦一端，然对此，尚无人道及。"②老托尔斯泰在李劼人笔下被特别推崇，可见他对托尔斯泰作品的研究程度很深。

至于美国文学，李劼人尤其看重现代女作家玛格丽特·米切尔的长篇小说《飘》。李劼人喜爱这部作品，不仅觉得作品中的女主角斯嘉丽与自己笔下的龙兰君，即黄澜生太太性格颇有几分相似，而且很佩服米切尔小说艺术结构的能力。《飘》叙事的壮阔和谨严都给李劼人重写《大波》重要的启发。

从萌生重写《大波》的念头开始，李劼人就不遗余力地四处搜集资料，抗战时期，每每到重庆，总是不顾日机轰炸，跑出城到南岸大石坝杨庶堪家中去

① 沙汀：《漫忆李劼老》，《沙汀文集》，成都：四川文艺出版社，2018年3月第2版，第429页。
② 李劼人：《620817致李远岑》，《李劼人全集》第10卷，成都：四川文艺出版社，2011年9月第1版，第261页。

寻觅核实史料。杨庶堪（1881—1942），字沧白，四川巴县人，同盟会元老，辛亥革命时期与张培爵等人一起领导了重庆起义。李劼人在四川高等学堂分设中学读书时，杨庶堪是该校英文教员，二人有师生之谊。暮年的杨庶堪疾病缠身，蛰居家中从不跑警报，而李劼人也就不惧被炸的风险去拜会老师，目的便是能从老师那里尽可能地获取保路运动的准确资料。可见他为重写而准备素材真有些"奋不顾身"了。

从那之后，李劼人一直没有停止过搜集史料的工作，他向辛亥革命的当事人请教，也与学者交流。1954年，他听闻四川省图书馆馆长伍非白搜集有不少辛亥材料，遂前往"访候借抄，以作印证"。保路运动研究专家戴执礼就与李劼人有资料上的交流。直到1962年1月4日，还收到巴金寄来的《北洋军阀统治时期史话》第六册，李劼人回信说"将来于我参考时大为有利"。

到了晚年，由于时代变迁，思想与艺术重塑，老作家建构宏大叙事的意识愈发强烈，重写《大波》已成他创作的必然。所以在1961年元旦他给女儿李眉写信才会坦言"即令不给稿费，我还是要写，写作已成为我生命力的泉源"。这便是李劼人重写《大波》最本质的动因和态度！

四、两个版本两种评价

重写本《大波》，的确如李劼人所说，与旧版《大波》内容和艺术结构都不同。这种巨大的殊异性，使我们完全有理由视其为同一题材的两部作品，而非单纯的修改。

从叙事规模看，新版是在旧版基础上的扩容。旧版分上、中、下三卷，五十余万字；新版《大波》分四部，共九十五万余字，内容几乎增加了一倍。新旧版两种《大波》都不是完整本，旧版第三卷完成后，作家因抗战爆发而中断了第四卷创作，按照作家的设想，第四卷将会写到吴玉章主持重庆蜀军政府平叛、成渝军政府合并、胡景伊主政、尹昌衡西征等事件，这样，四川保路运动暨辛亥革命便会组成一个完整的历史文学画卷。不过，从文学艺术的角度看，三卷本的旧版《大波》，结构上还是相对完整的，因为在下卷第二部分的十六、十七节已分别写到了诱杀赵尔丰和主要人物齐聚黄澜生酒宴，即作品中每一个重要人物的去向都作了交代，尤其赵尔丰之死，表明保路大事件已基本完成。因此，旧版《大波》在读者看来还是一个完整的版本。可是新版《大波》却明显是残本，作家刚写完第四部第四章第五节，第六节则刚写了个"六"，便成绝笔，使之成了中国当代文学一个永远的遗憾！

由于容量不同，两种《大波》涉及的人物数量不同，描写的重点也大不相同。新版中涉及有名有姓的人物多达438个，尚不包括无姓名的串场性的人物；旧版中的人物，则不超过新版中人物数的一半。两种《大波》所描写的人物都可分为三大类，即：虚构人物、历史人物和半真半虚人物。

虚构或半虚构的人物又分为：黄澜生夫妇、郝达三父子等公馆人物；傅隆盛为主的基层市民；吴凤梧、伍平等来往于官绅与民间的旧军人。故事的主干都是围绕这几组虚构人物来展开的，这应该说是作品的"小说"部分，也是作品最出彩、最富有艺术性的地方。

历史人物也可分为几个部分，即：赵尔丰、端方等为首的清廷官僚；蒲、罗、张等绅士；朱庆澜、尹昌衡、夏之时、陈锦江等新崛起的军人；革命党人；广大的袍哥民众；以及知识分子和青年学生。虚实两大类人物在作品中并非泾渭分明、截然分割的两类，而是具有密切关联的。李劼人文学创造的高明处就在于，不仅在整个叙事中把虚实两类人的活动捏合成浑然一体的艺术群体，而且将半真半虚的个人塑造成一个"新人"。如葛寰中，是以周善培为原型创造的，但他既似周善培，又非书中的历史人物周善培；再如吴凤梧，他既是民国初年的川军第三师师长孙兆鸾，但他又绝非真实的孙兆鸾（若新版《大波》写完，第四部将出现历史真人孙兆鸾）。

尽管两种《大波》的人物形象都由虚实两部分构成，但虚实人物在两个版本中所占的比例和所起的作用却是截然不同的。在旧版中，作家重点着力描写的是虚构人物，他们才是作品的主角，如黄太太、楚用、黄澜生、吴凤梧、孙雅堂、傅隆盛、王文炳、彭家琪等；而历史人物在这里只是陪衬，历史事件则仅仅是作品中的一道布景。曹聚仁在评价旧版《大波》时曾说："《大波》中

474

的黄太太，乃是一个贯注了全局的角色，她是一个真正能够掌握动乱场面的角色。"①这正说明了旧版追求的是小说的艺术性，而不是历史的完整性。准确地说，旧版《大波》是一部世情叙事小说。

然而，到了新版《大波》中，人物的主次关系几乎打了颠倒，原来虚构的人物，有的被淘汰出局，如黄太太身边的情人陶刚主、徐独清便"失踪"了；更重要的是，黄公馆内的许多生活情景被大大地压缩，其中黄太太与楚用的情欲描写被删减改写了许多。黄太太虽然依旧是主角，但却与"能够掌握动乱场面的角色"相去很远了，代之而起的是众多的历史真人和历史事件。这些真人真事与虚构的人与事在作品中形成了平分秋色的局面，并且虚构人物与情景还有"退居二线"，成为历史点缀和陪衬的趋势。对于虚构与史事在新版中的颠覆性变化，李劼人曾作过说明："因为一半是真人，真人局限性很大，的确不太好写。为了写得透彻，写得全面，有必要创造几个人来，从旁发挥，笔在于此，而意却在于彼，分而观之，是两人或数人，合而观之，固一人也。"②显然，新版中虚构的人物与故事是为写实的历史服务的，仅仅是为了对历史"从旁发挥"而进行的艺术处理而已。因此可以说，新版《大波》是一部历史叙事小说。

从以虚构人物为主，真实人物为辅到真实人物为主，虚构人物为辅，表明长篇小说《大波》从旧版到新版，内容已经发生了"革命性"的变化。历史从背景转换为场景，革命已经从幕后走到了前台。两种《大波》因作家落笔重点不同，自然而然形成了完全不同的两种艺术风貌。

叙事结构上，两个版本也迥异。旧版《大波》是通常的"小说写法"，对声势浩大的革命运动，作家并没有从正面去描写，而是非常巧妙、智慧地从饮食男女和普通的市民日常生活入手。黄公馆是叙事的中心，以其中活动的人物

---

① 曹聚仁：《写实主义》，《文坛五十年》，北京：东方出版中心，1997年第1版，第252页。
② 李劼人：《〈大波〉第三部书后》，《李劼人全集》第4卷，成都：四川文艺出版社，2011年9月第1版，第1166页。

构成作品的主要线索；同时，为了拓展叙述视野，又设置了盐市口伞铺老板傅隆盛这一副线。黄公馆代表了官宦阶层的视觉，傅隆盛则体现了市井百姓的态度。两条线索作为全书的主要构架，连接起了庙堂与江湖的各个层面，所有重大的事件和重大的情节都围绕着这两条线索来建构和设置，即：以这些线索上的人物的活动来展现波澜壮阔的保路运动，通过他们的视觉来体察与检视这场大革命的实质。在此，历史作为背景材料，有的是他们亲历，有的是他们耳闻。虽然他们也是历史的参与者，如吴凤梧之于同志会，楚用之于学生军，傅隆盛之于市民，但他们似乎总是与历史保持着某种距离。他们之于历史仅仅是承担着第二叙述者（第一叙述者当然是作家）的角色，而他们自身的故事才是第一叙述者津津乐道并要传达给读者的。因而我们似乎可以这样说，旧版《大波》是以家庭生活与市民生活为主要内容，以历史作为背景的小说叙事。旧版《大波》在文学传承上，更多的是吸收了

李劼人在重写《大波》。

我国古代经典小说与法国近代写实小说的长处。

新版《大波》虽然部分遵循"家庭原则"的结构方式，但全书不再以贯穿始终的中心人物为线索，而是把人物融汇在宏大的历史中去凸显，所有人物都随着事件的演变而登场、退场。作品更注重的是全域视觉叙事，使广阔的历史情景与世俗的市民生活形成有机的整体。这种叙事结构曾被学者称为"散点透

视"，认为读李劼人的《大波》便犹如欣赏宋人张择端的《清明上河图》。①
这个说法有一定道理。不过，就一部史诗性的历史小说而言，我更愿将李劼人
与托尔斯泰相提并论，视新版《大波》为"中国的《战争与和平》"。《大
波》的场面固然还赶不上《战争与和平》宏阔，但二者毕竟有许多共同之处，
首先，《战争与和平》写到的人物有500多个，若《大波》完成，人物大概也
不会少于500人；《战争与和平》的时间跨度是15年，但重点在1812年的卫国战
争，《大波》的时间虽然只是1911年，但前后的跨度也在10年以上。更为重要
的是，这两部书都有一个共同的特点，把历史人物与虚构人物巧妙地融合在一
起。于是复杂的头绪，众多的人物，纷繁的事件，使这两部作品都采取了异乎
寻常的艺术结构，即：打破传统小说的封闭式结构，以开放的框架去容纳各式
各样的人物，并使之与宏大的时代共同组成一幅完整鲜活的历史画卷。读者从
任何一个局部，都能感受到作品的立体面。这种结构犹如浮雕，它的底色是历
史，人物则是底色上的一处处风景。《战争与和平》是影响深远的伟大作品，
而李劼人从老托尔斯泰作品中获取的营养是显而易见的。

李劼人在重写《大波》一开始时不断征求意见。"我就先重写《大波》。
写完后，寄给艾芜看。艾芜说可以。我又寄给我儿子看，可是我儿子这个外行
却说不行，批评得一塌糊涂。后来我考虑一下，觉得儿子的意见对，就丢掉重
写的十几万字初稿，还是从《死水微澜》起按顺序修改。"②尽管老作家对重写
本《大波》精心修改，但新书出版后仍然存在着不绝的批评之声。这倒并不足
为怪，一百个读者心中便有一百个哈姆雷特。这正是文学艺术的特性。

半个多世纪以来，对《大波》的评论，一直存在着两种倾向：一种是高度
赞扬，如郭沫若、曹聚仁者；一种是赞扬中的质疑。质疑者普遍认为《大波》
的成就远不如《死水微澜》，因为它冷峻的历史降低了炽热的人性温度，是

---

①　阿明：《李劼人历史小说结构谈》，《李劼人作品的思想与艺术》，北京：中国文联出
版公司，1989年第1版，第97页。
②　李劼人：《谈创作经验》，《李劼人全集》第9卷，成都：四川文艺出版社，2011年9月第
1版，第248页。

"历史挡住了人"，于是有学者就明确提出了"历史该如何艺术地回首"的问题。①其实赞扬也好，质疑也罢，两种观点都具有它的合理性、正确性。但有一个现象却不能忽视，即：高度赞扬的评论，往往论及的是旧版；而质疑的声音，针对的则是新版。前者多出自老一辈学者，后者多是年轻一代评论家。造成这种差异的根本原因，是他们面临的文本不同。老一辈案头的多是旧版，而年轻一代阅读的多为新版，他们根本没有读过甚至没有听说过旧版《大波》。在2011年《李劼人全集》出版之前，民国时期中华书局版的《大波》一直没有再版，绝大多数读者看到的都是重写的新版本。评价自然与老一辈有差异。

由于两种倾向的观点笼而统之地论及《大波》，便造成了一笔糊涂账，不知研究者评论的是新版还是旧版，从而形成了要么欠准确，要么失公允的评价。两者都可能产生片面性。胡适在谈论中国古代经典小说文学地位的时候，说过一段很重要的话：

> 我建议我们推崇这些名著的方式，就是对它们做一种合乎科学方法的批判与研究（也就是寓推崇于研究之中）。我们要对这些名著做严格的版本校勘和批判性的历史探讨——也就是搜寻它们不同的版本，以便于校订出最好的本子来。如果可能的话，我们更要找出这些名著作者的历史背景和传记材料来。这种工作是给予这些小说名著现代学术荣誉的方式；认定它们也是一项学术研究的主题，与传统的经学、史学平起平坐。②

胡适虽然论及的是对古代经典小说的版本校勘，但作为一种文学研究的方法与范式，也适合于现代名著的研究，尤其适合像《大波》这样两个版本内容差异很大的作品。因此，科学的研究应该是将两个《大波》文本分开，以相应

---

① 吴兴明：《历史该如何艺术地回首》，《李劼人小说的史诗追求》，成都：成都出版社，1992年第1版，第43页。
② 胡适口述，唐德刚译注：《胡适口述自传》，桂林：广西师范大学出版社，2005年第1版，第226页。

的艺术尺度进行分别的斟量，这或许才能得出准确的结论。

关于旧版《大波》，老一辈学者已经有精彩的评论。郭沫若在1937年6月写的《中国左拉之待望》一文，便以"中国左拉"来赞誉李劼人。虽然李劼人自己对这一评价并不太赞同，认为左拉学派重实验科学而忽视心灵的力量，但这一论点对作家的创作依然是一个很高的评价，也生动地诠释了李劼人与法兰西文学的密切关系。曹聚仁在《写实主义》中，也认为《大波》"是扛鼎的大力作，无论取材、组织、以及描写，都非茅盾的《子夜》所能企及；比之巴金的作品，那更高得多"①。这是迄今为止学者们对旧版《大波》最高的评价。之后，一些文学史家也给予了旧版《大波》非常高的评价，尤其是作品中女主角黄太太的形象，受到人们的一致赞赏，司马长风就称"在中国文学史上，这是前无古人的笔法"。而对于《大波》及作家的文学史地位，曾有评论家说："倘若要我设计中国现代小说史的框架，那么，我将把李劼人的《死水微澜》和《大波》作为最重要的一章。"而马悦然则因此把李劼人与鲁迅、沈从文相提并论。

以上论述充分表明了旧版《大波》所取得的艺术成就是罕见的，李劼人不仅创作了《死水微澜》这部不朽的名著，也创作了《大波》这样的史诗性作品。

然而，新版《大波》的宏大历史叙事，在国内并不被评论家普遍看好，许多人认为小说家在历史叙事中过分地扮演了历史家角色，由此而冲淡了文学的本色。

相反，海外学者不这么认为，仍然是曹聚仁指出新版《大波》是"和托尔斯泰的《战争与和平》一般，乃是时代的真实记录"，并还将《大波》与《三国演义》比较，认为后者真实性很低，而前者真实性很高。但他又强调，

---

① 曹聚仁：《写实主义》，《文坛五十年》，北京：东方出版中心，1997年第1版，第252页。

"《大波》是小说，不是历史，却又不是传奇小说"①。日本学者竹内实亦的评论也得很中肯："（《大波》）对于中国民众来说，是描写了辉煌历史转折点的作品，但作者的视线绝对没有离开当时的男女日常生活，而只在观念和说教里去理解。可以说是有着学习了雨果和大仲马小说的情趣的作品。"②从竹内实的文章看，他的阅读非常仔细，拨开了重重历史迷雾，而窥视到新版《大波》的艺术魅力。

竹内实正是由于对"大河三部曲"非常的喜爱，所以从1960年开始，他便陆续将修改后的《死水微澜》《暴风雨前》与重写本《大波》译成日文，介绍给日本读者。李劼人生前，于1960年7月10日致信竹内实，表示："深为感谢你对我著作的赞许！"竹内实曾经两次访问中国，其中一次还到了成都，遗憾二人最终失之交臂。

从日本学者的高度赞誉中，我们似乎可以这样说，新版《大波》在世情生活、风土民俗等描写方面依然努力地保存了旧版精髓，并没形成某些评论家认为的艺术滑坡（虽然在黄太太的情欲描写上作了较大的删改），只是因为庞杂的历史场景遮蔽了世情生活的光芒。犹如一株大树，虽然苍劲，因枝叶繁茂而难见主干。新版《大波》的世情生活尽管五彩缤纷，但在历史大树的掩映之下，很难像在旧版中那样无遮无拦地放出耀眼光芒，更何况还有30万字没有完成，使作品首尾无法相顾，实难呈整体面貌。

但是，在历史叙事方面，新版《大波》取得的重要成就却是不能忽视的。李劼人的确充当了历史家的角色，但他更是身兼了历史家与小说家的双重身份。如果说在旧版中充满了作家人性的温度，那么在新版中则又增添了史家求真的执着和严谨。李劼人以史家的眼光和文学家的艺术功力，为后世留下了一幅幅生动鲜活的历史画面。龙泉驿兵变，杀端方，三渡水惨案，学生军血战，等等，把史

---

① 曹聚仁：《中国文学概要·小说新语》，北京：生活·读书·新知三联书店，2007年第1版，第240页。

② ［日］竹内实：《埋没的作家》，《李劼人研究：2007》，成都：巴蜀书社，2008年第1版，第460页。

书一笔带过甚至忽略的历史细节，翔实而精彩地保留了下来。不仅使它们成为辛亥革命大时代的真实存在，也作为这个大时代的一种永恒的艺术存在而镌刻在历史的记忆中。这是新版《大波》的另一种重要价值。诚如张秀熟所说："如《大波》那样包含百卅余县，几千万人参加的大斗争，他大胆地企图重点而又全面地加以反映，这不能不说是一种雄大的气魄，也不能不算是又一种处理形式。"①日本近代文学改良的先驱者坪内逍遥说："（历史小说是）补充正史所缺漏的事迹，将正史中所未详述的时代风尚、习惯，十分精细地写出，使之如身临其境，如耳闻目睹，形成一部风俗史。因此，这种裨益为时代物语（描写过去时代的小说）所独占，其他种类的小说是没有这种裨益的。"坪内逍遥还引用英国小说家沃尔特·司各特话说："时代物语（历史小说）对两种读者有益：第一种读者是读了虚构的历史小说之后，才对历史感兴趣，自然而然地希望了解作为小说典据的史实，进而抛开稗史、传说，将兴趣转向正史。第二种读者倘非为了消遣是不肯翻书的，他们并不知道以往有过什么事，只知道当前的世情，只有读了历史小说，才得知历史的大概。"②坪内逍遥对历史小说的论述很精彩，他并不是针对《大波》说的，但又简直像是评说《大波》。

在艺术上，新版《大波》另一个独特的贡献是，突破了传统长篇历史小说章回体的外衣，形成了中国历史小说一种全新的开放性结构。这是李劼人学习西方历史小说的结果。但新版《大波》又不像西方历史小说那样随意地处理历史。在大仲马眼里，"历史是什么？是我挂小说的钉子。"③而李劼人则严格遵循了中国史传小说"大事不虚"的传统。因此，新版《大波》融合了东西方历史小说之长，创造了中国历史小说的一种崭新叙事文本。

新版《大波》这部迄今描写四川辛亥革命运动最成功的小说，也是中国当代最气势磅礴的文学作品之一，它开启了中国历史文学的新篇章。人们称赞旧版《大波》是一部晚清成都的风俗史诗，而新版《大波》则不仅是晚清成都的

---

① 张秀熟：《忆李劼人》，《二声集》，成都：巴蜀书社，1992年第1版，第451页。
② ［日］坪内逍遥：《小说神髓》，北京：人民文学出版社，1991年6月第1版，第72页。
③ 柳鸣九：《法国文学史》中册，北京：人民文学出版社，1981年9月第1版，第260页。

风俗史诗，更是中国从专制走向共和的一部革命史诗。因为它叙述的是"一件与一个民族和一个时代的本身完整的世界密切相关的意义深远的事件"①。

当然，新版《大波》的历史叙述也的确有可商榷之处，过分追求历史的真实必然会冲淡艺术的浓度，好些历史背景的交代，显得冗长又沉闷，很容易造成阅读者的审美疲劳。如小说开头写蜀通轮上，本可以简约些，作家却用了整整一章，一万多字。这种近乎于痴迷的历史情结，暴露了作家某种"把玩"古董的心态。而把玩历史，恰恰是小说家最应该忌讳的。

无论如何，新版《大波》重建了历史，激活了历史，并赋予了冰冷的历史以生活的温度和文学艺术的审美品质，其价值仍然是巨大的。

这也正是李劼人重写《大波》的意义！

五、新《大波》未竟

重写《大波》非常缓慢。

晚年的李劼人，已经没有了当年的创作速度。虽然已经做了十多年的创作准备，但是重写的难度还是出乎预料。面对如此宏大的叙事，如何准确地把握历史与文学的关系，是李劼人时常在思量的问题，尤其涉及真实人物的艺术处理，很费脑筋，当年许多事件的当事人都还健在，写作稍有不慎即会遭到非议。譬如《大波》第三部写重庆反正时涉及青年学生张颐，书中写他"满身是劲，原本五短身材，爬坡上坎，走得比马还快"。不料这位北京大学的哲学教授，在给李劼人回信中说"未免太夸张了"。张颐是李劼人好友，当然没有丝毫指责的意思，却也说明了许多当事人或是他们的后人是很注意李劼人是怎样描写他们的。

正因为处处面临艺术处理历史事件、历史人物的难点，使原本就很严谨的老作家如今更是十万分地谨慎，特别是对一些历史细节，譬如端方西上的时间，行辕驻扎的街道名称，夏之时龙泉兵变的过程与东下遭遇的人与事，等

---

① ［德］黑格尔：《美学》第三卷（下册），北京：商务印书馆，1981年第1版，第107页。

士兵进城以后处处，要是常委对着去提讯，是去不准探讯会判何？

按着，驻军在四外会多访工以及同志军委剖析系临时总信连夜班队陆续全起来，回省城开来。

据看，驻省有各地的民团及各军政府由各州会的会合同志军扑打要产盘研究，来是有军务军大过进，那是理

按看这两所有各地的民团此套列军政府由各州会的会合同志军扑打要产盘研究，来是有军务军大过进，那是理

虽不听，却个返来看。

六

有了这些紧急延化，而史剖史因对另工天，城内纷乱没乱情况断断相差，领千开展纷多了，要聚毁财扒扒上了纷紧绕

闹店破铺的生态热闹起来神空紧束的正有此全开恢复及为及天下午严会衡走身私自搬为走入来了各纷闹闲空亦

扒此皆报变进防的处防爽拾安之后，城内纷乱亦知危孤才研究完全流天人民此亦才真正歇了严都首纷威率批图刘四搏。

等，都要查阅大量的史料。难怪张秀熟曾惊叹，端方被杀的具体时间地点，他们花了几个月时间才搞清楚，而李劼人在小说中竟叙述得清清楚楚。1962年8月17日，李劼人在写给儿子远岑的信中，借沙汀、艾芜、陈白尘的话说，评论《大波》是不易的，不但要熟悉史事，还要熟悉当时各阶级、各阶层人物的生活和思想情况，尤其要熟悉当时社会与经济形态的变革、转化，还要了解历史与历史小说的界限。这其实说的正是作家写这部小说的不易。把握好历史与历史小说的界限，是李劼人重写《大波》时时牢记的。

重写面临的另一问题是时间难以自我掌握。1958年后，李劼人回到"菱窠"书斋中，没有事绝不进城。然而，虽然躲进小楼，却难成一统。由于身兼数职，有许多会议与活动又不得不出席参加，每年有全国和省市的"两会"，逢年过节率团四处慰问，文艺界的重要活动……这些都占据了大量的时间，更令他没料到的是，由于掌握的素材太多，原本只打算写两部的书稿，结果写到了第四部第五章还没结束，而时间已经耗费了七年之久，与写作旧版比较起来，所费的精力与时间都太多了。

晚年李劼人疾病缠身是导致重写缓慢、最终未竟的根本原因。重写《大波》的年代，时值国家"三年困难时期"，李劼人自己虽不至饿肚子，但因为物资匮乏，导致身体营养不良则是肯定的。加之他患有多种老年疾病，高血压、气管炎、肺气肿、冠状动脉粥样硬化常来找麻烦，1958年大病一场后，这些病便始终未能痊愈，每每稍过劳累，病即复发。在李劼人晚年致亲友和读者的书信中，随处都可看到他说因病的缘故，不得不暂停写作。1960年11月16日致楼适夷信中谈及第三部书稿写作："我在今年一二季中，因心脏病有所发展，至八月中始渐动笔写初稿。"①

尽管时常遭遇疾病困扰，"精力精神实不如昔，然伏案奋笔时，不独不知老之将至，且雄心勃勃，不可抑止，唯走路气喘，乃愀然身抱不治之病，然亦

---

① 李劼人：《致楼适夷》，《李劼人全集》第10卷，成都：四川文艺出版社，2011年9月第1版，第166页。

不甚注意之。"①进入写作状态的李劼人"不知老之将至，且雄心勃勃"，这不仅体现了老作家的写作使命感，而且更透露出他的写作焦虑。从1961年到1962年，他曾数次在写作时昏倒在书桌上，也不知过了多久才醒过来。此事他从未告诉家人，直到他去世后，子女才从他的日记中了解此事。

李劼人其实早已感到死亡在向自己逼近，唯恐创作计划不能完成。

1962年，在北京开会期间，他的脚肿了二十多天，回到成都才痊愈。他对魏时珍说，自己原以为活不过七十岁，因为祖父只活了二十一岁，父亲活了四十一岁，可"我今犹健在，即令遗传有传，然后天固足以变之"。话虽是这么说，但对于生命无常的无奈，仍然在时时困扰着李劼人："《大波》尚有四卷须续写，此后将写袁世凯叛国到五四时代，将写第一次大革命失败及四川军阀混战，将写抗日时期大后方，将写到解放前后，可写正多，但行年已七十，不知有此岁月容我写完否乎？"②不久，在致黄仲苏的信中，李劼人再次写道："弟不知岁月能我许否耳？"平静的言语中已透露出伤感与无奈。

真是一语成谶！李劼人宏伟的创作计划最终还是戛然而止了。

重写本《大波》只写完第四部第五节，第六节刚写了一个"六"字，老作家就溘然长逝了，此时距他计划完成的书稿还差三十万字。日本文学家竹内实对李劼人去世深感遗憾，他在《死水微澜》《暴风雨前》日文版译后记中写道："倘若老天爷踌躇一下，迟一年夺去他的生命，那么在四川这个具有独特文化生活的地方，我们肯定会体味到历史变动时期中出现的新社会风尚；同时透过这一社会现象，窥视即将出现的新时代的面貌，沉浸在波澜壮阔的历史画卷之中。作者溘然辞世，毫无疑问令人们万分痛惜，同时，他理应写出的有名和无名的命运不同的书中人物，由于没有机会再进入作品，又该是多么失望啊！"③

---

① 李劼人：《620722致魏时珍》，《李劼人全集》第10卷，成都：四川文艺出版社，2011年9月第1版，第256页。
② 李劼人：《610127致贺联奎》，《李劼人全集》第10卷，成都：四川文艺出版社，2011年9月第1版，第200页。
③ ［日］竹内实：《〈死水微澜〉〈暴风雨前〉译后记》，《四川大学学报丛刊》1981年第12辑。

重写《大波》从此无缘显示它的全貌，这是中国当代文学的一大损失！

关于李劼人的死因，曾经流传着不同的说法。李眉《李劼人年谱》是这样记载的："12月12日，在四川省文联会议室听报告。天极冷，受了过堂风，返家后感到身体不适。午休后，仍伏案写作。夜半，《大波》四部第四章第五节写完，旋即在日记中记下：'……写到第四章第五节，今日共写三十一行，计一千四百余字，哮喘发作，不能执笔……'"这里看来，老作家发病的诱因是"受了过堂风"，像是感冒了。吴福辉《沙汀传》的记述更进了一步："李劼人生性怕热，豪饮。夏天吃东西赤膊上阵，冬天只穿薄薄的棉衣，从来不着皮袄。这天省文联开会，他恰好坐在风口。上面的人尽讲尽讲，他穿得很单薄，便受了冬天的穿堂风。过了午饭时间，一二点钟才回到'菱窠'。一进门便高喊：'给我下面！红重！'红重就是熟油海椒放得重的意思。他空肚喝了一杯大曲，又吃很辣的面条，当晚便发起高烧，第二天送进医院。他原来就有胰腺炎。"这段话显然是沙汀对吴福辉转述的，李劼人病发的诱因竟然是空肚喝酒并吃很辣的面。

但车辐先生却有另一种说法："1962年正是困难三年之末，家人从外地买回卤牛肉，未经消毒，食后腹部不适，上吐下泄，以致痛得休克。临床诊断为急性坏死小肠炎。"①这个说法流行很广，后来竟演变成李劼人贪嘴，是吃了瘟牛肉中毒死的。某次笔者在雅安开会，一位先生还如是讲，并声明是他父亲亲口告诉他的，说他父亲与李劼人是老熟人。

这话听起来近乎天方夜谭！晚年的李劼人，自己家杀了猪他都很少吃肉，而多喜用骨头熬汤，他会贪吃瘟牛肉吗？

还有一种情况是李劼人的病情因医院的延误而恶化了。《沙汀日记》1962年12月26日有一句语焉不详的记载："我有点担心李师母会对进院那天夜里的拖延表示意见。"这说明医院对李劼人的病治疗是不及时的。这是否也是导致

---

① 车辐：《李劼人与食道》，《川菜杂谈》，北京：生活·读书·新知三联书店，2004年第1版，第25页。

他去世的原因之一呢？

无论如何，李劼人的确是由高血压、心脏病等病症转换成了急性坏死小肠炎，并且病情急遽恶化，虽然经过多日抢救治疗，最终未能留住他的生命。

1962年12月24日晚8点05分，李劼人与世长辞，享年71岁6个月零4天。

住院期间，李劼人在昏迷中曾醒过来，向医生述说，《大波》还有三十万字未完……他多么盼望老天能多给他延长一点生的时间啊，好让他完成未竟的鸿篇巨制！

然而，天不假年，李劼人最终带着遗憾走了，他身后留下的是一部让人无限遐想的宏大的文学史诗。

1962年12月30日上午，成都市人民委员会为李劼人举行公祭。

逝者入殓穿什么衣服，家属与人商量。最后由市长李宗林拍板："要尊重劼人先生习惯，还是穿长袍吧！"①这位被称为"长袍市长"的老人，最后是穿着长袍走的。

追悼会却遇到了问题，在预定的时间内，除了逝者的生前好友之外，前来悼念的人寥寥无几。原因是，自反右运动后，机关的人们便对李劼人敬而远之，时刻保持距离。情急之下，市委有关领导决定统战部全体人员参加，市政府也要求办公厅的全体人员前往，这样总算凑齐了人数，终不致公祭大会显得冷落。但时间却整整延误了一个多小时。此情此景，若李劼人地下有之，不知会作何感想！而在今天的人们看来，这实在是不可思议的一幕。

不过李劼人的丧事终归还算办得很风光，从当年留下的照片看，中共中央统战部、西南局统战部、中国文联、四川省文联、中共成都市委、市政府以及李维汉、李井泉等领导都送了花圈；追悼会后，送葬的小轿车都有十余辆，长长的车队从皇城明远楼开出，浩浩荡荡一直开到磨盘山公墓。

大病初愈的好友林如稷在公祭会上讲述李劼人的生平后，有人劝他不要去墓地，他边跺脚边哭道：我要去，我要去！林如稷之所以坚持要送李劼人最后

① 李眉：《李劼人轶事》，《四川工人日报》1987年8月29日周末版。

为李劼人送葬的车队驶出市政府。

一程，除了二人之间固有的深厚友谊之外，还因为林如稷十分感激不久前李劼人"救"了他一命。林文询告诉笔者，当年他父亲患了脑梗，有人主张送到外地去做手术，是李劼人坚持在本地保守治疗，才让病人转危为安。林文询不无感慨地说，如果不是李劼人先生的坚持，或许他父亲早已没命了。

李劼人是在生前老朋友们依依不舍和深情的怀念中走的，他的在天之灵应该感到欣慰。

李劼人去世后，老朋友沙汀想写一点文字，尚未完成，便传来了省委宣传部领导的指示。12月29日沙汀在日记中道："李累昨天傍晚跑来传达了亚群同志几点指示，中间有一点与李劼人有关：我最好不要写纪念文。"看来，反右时他们联手发言引来的那柄达摩克利斯之剑还高悬在头上。直到20世纪80年代，中国文联出版公司出版《李劼人作品的思想与艺术》，沙汀为之作序，才终于写成《为川西坝子人民立传的李劼老》一文，表达了他对崇敬的老作家的纪念。

但是在民间，李劼人当年就享受到崇高的礼遇。自12月25日遗体运至成都市殡仪馆后，就相继有人民团体代表、李劼人作品的读者前往吊唁，直到29日遗体火化。

故乡人民对于自己杰出的儿子是充满爱戴和敬意的！

20世纪中国新文学史上一位杰出作家走了，但是"大河小说"三部曲留下了。它不仅是一页重大历史的文学记忆，也是一位杰出作家的永恒纪念碑。

李劼人欲建构中国文学史诗性鸿篇巨制的雄心与真诚，正激励着一代又一代的作家。

十九章

附录："菱窠"旧事

一、菱窠的格局

成都市区东部沙河左岸、狮子山麓，有一处被高楼环抱、充满老成都味的"东门市井"，这处仿古的商铺、茶社、酒肆集合体，开市时间并不长，却热闹得很，休闲的、喝茶的、经商的，远道来寻觅美味的，每日络绎不绝，把个曾经冷清的地方弄得车水马龙，人来人往。

紧邻热闹的茶社旁有个幽静的去处，一个绿荫掩映的庭院。院中四季花香，鸟语阵阵，于纷繁喧嚣之中，显得更加宁静而通幽，常引得大门之外的游客到此流连。

这处幽静的庭院，在20世纪80年代《成都晚报》发起的评选蓉城新景点时，曾被市民评为成都市区的新八景之一。它就是本土文化大师李劼人的故居——菱窠。

一幢坐北朝南的二层小楼，掩映在翠绿的树木之中，小楼正面的墙上有两块木刻板，镌刻着"大河三部曲"的人物故事，楼前有一片不大的空地上，矗立着汉白玉的李劼人半身塑像。塑像是由创作过"川军抗战无名英雄纪念铜像"的著名雕塑家刘开渠所作，塑像的基座后有张秀熟撰文、马识途书写的"李劼人先生像赞"，简明地概括了李劼人一生的成就。主楼两边各有一排辅助建筑，西侧展室加办公室，展室中陈列的是李劼人生前收藏的字画，西北角还有一间小平房，那是李家当年的厨房；主楼东侧是李劼人生平事迹展览室，屋外一小方水池，绿水之中锦鲤游动，更增添了园林的生动情趣。

这是"菱窠"现在的格局，与几十年前相比，已经大相径庭。初建的"菱窠"完全是一个极其普通的川西农家小院，林盘中的建筑也是土墙草顶，可视为成都东门外的另一个"草堂"，李劼人的一系列作品，包括重写《大波》就是在这里进行的。

1938年，抗日战争进入相持阶段后，日本为了打击中国人民的抗战意志，对我国大后方城市进行了无差别的狂轰滥炸。成都市区从1938年11月就开始遭遇日机的轰炸，而且一次比一次猛烈，1939年6月11日，日机将东大街、盐市口至少城一带炸成了火海。李劼人当时正赁屋居住在少城桂花巷，正处于日本飞机轰炸的范围，家人整天都过着担惊受怕的日子。为躲避轰炸，城内居民纷纷外迁避难。李劼人选择了东大路上沙河堡附近农村的一个地方。这里处于浅丘与平原的接壤地带，地形起伏不大，却有利于隐蔽。坡上是果林，低洼处有大片的堰塘，大关堰、小关堰都在附近。李劼人看中的是菱角堰边的一个地方，这是四川大学农学院好友谢苍璃的果园。周太玄也选中了菱角堰边的另一片地，于是两人各自从谢苍璃手中买下一块地。周太玄将土地作了家族的墓地，李劼人则在土地上搭建起供全家居住的"疏散房"。于是，谢、周、李三家人的土地便环抱在菱角堰的四周。

李劼人购买的这块土地大约两亩多点。随即他就在此赶筑了几间简陋的草坯房，因为草庐地处菱角堰边，乃"菱角堰边的窠巢"，遂取名"菱窠"。最初由李劼人自己在红纸上书写两字，贴在龙门口的门楣上，后来又请谢无量题字制成匾额挂上。

"菱窠"地处乡间，是一处风景宜人的农家院落。据当年去过"菱窠"的老一辈作家说，菱角堰旁边向南是一条蜿蜒土路，长满了茂盛的茅草，几乎挡住了菱窠内低矮的草屋，走到土路尽头才能看见院子内有二十多株江南垂柳，茅屋正在柳下；一条小溪沿着小路蜿蜒，流水潺潺，沟沿种满了铁蒺藜和七里香，暮春开满小白花，空气中弥漫着阵阵馨香。院子较大，东面是果林，西面则是一片修竹。院子正面则是一片碧波荡漾的堰塘，水面菱角漂荡。这的确是一处既隐蔽又风景美丽的地方，直到20世纪60年代初，有人去探访菱窠，李劼人还得在信中特别强调："来菱窠，最好到沙河堡场上，但问李劼人住处，大都知道，自可指引不致迷路。否则，走到师范学院马路小半处，向右手一望，正在邮电学校背后，而绿柳成荫之所，亦是也。"[①]足见当年之偏僻。

买地建房，李劼人视为家中的一件大事。"几间茅草屋比较简陋，但在我李家人说却是破天荒的一件事。因为自我八世祖入川定居以来，从未有过自己的房子，搬一次家，东西损失不少，特别是书籍。"这是李劼人在《自传》中强调的菱窠对李家的意义。

李劼人之孙李诗云手绘菱窠初建的草图

---

① 李劼人：《610320致蓝子玉》，《李劼人全集》第10卷，成都：四川文艺出版社，2011年9月第1版，第213页。

初建的菱窠草庐，据李劼人的外孙女李诗华撰文："只有正房三间，坐北朝南，西侧建了厨房及几间厢房，正房和厢房均为干打垒式墙壁，麦草盖顶的川西民居式斜坡房顶。房间之间的墙壁非常简陋，是按照川西民居标准方式（篾笆笆抹泥灰）建造。层高也没有现在的高度。抗战后维修，升高屋顶，在一楼之上形成暗楼，即在一层顶上铺一层楼板，成为二楼；茅草房顶的前后均无窗，应该在东西的山墙处有窗、门，通气，进出。二楼与一楼的分隔一样，都是三大间和北面的一间小屋；二楼南面三大间均无窗，仅在各房间中部开有一个门，成了大通道，可以从西房走到东房，再拐进北面的小房间。当时二楼是没有环廊的……此格局一直保持到1960年大修前。"[1]李劼人生前，曾对菱窠进行过数次大修，其中最重要的是1960年，他把重写《大波》的稿费全都投入其中，将原来的草房顶换成了瓦，篾笆笆土墙和外廊的木柱都换成砖墙砖柱，原来的暗楼也正式升高成为宽敞的书房。

菱窠紧邻菱角堰，门口有溪水流过，应该是不缺水的。但上天似乎成心要和李劼人开个玩笑。家人刚入住的当年秋天，成都便出现干旱天气，面积达三十余亩的菱角堰竟然干涸见底，吃水顿时成了问题。李劼人致友人信记载道："从筑菱窠，水干见底，买一小羊放牧期间，今已肥硕可卖十七八元。大家没水吃没水用，遂存心打一水井。然而买烂砖破石，每万斤要六十五元，雇泥工掘井，估需百余工。每工自六角二分上涨至一元四角……"[2]打井工程一直到3月14日完工，"泉水涌出，历半日即深六尺许；方正在欣喜，而十五一雨。井周黄土全坍，工友以术堵之，术不验，不顾而去，诿运气不好。井深四丈，黄土占多半，红砂石占少半，费工一百零五个，大约六十余工，穷诸虚牝矣。雨我公田诚可喜，而瞻顾断井，则又怅怅。"[3]眼见水井大功告成，花钱费事自

① 李诗华：《我的"菱窠"》，《李劼人研究：2016》，成都：四川文艺出版社，2017年12月第1版，第322页。
② 李劼人：《400308致赵其文》，《李劼人研究：2016》，成都：四川文艺出版社，2017年12月第1版，第33页。
③ 李劼人：《400316致萧蔓若》，《李劼人研究：2016》，成都：四川文艺出版社，2017年12月第1版，第34页。

是应该，却突遭坍塌，并工则不顾而去，这让李劼人十分沮丧，分别给两个朋友写信诉苦。

水井最终当然还是打成了，只恐怕是又费了不少周章。如今水井依然存在，在四周高楼林立的情况下，水井居然还有水，只是水早已不能饮用。但水井乃是菱窠一景。

二、隐喻的"小菜园"理想

菱窠的格局是开放式的，站在各房门前，堰塘、田野均可收来眼底，小院仅有简单的篱笆围栏。附近乡间的邻居随时都可以走进菱窠来，或在水井取水，或与李劼人闲聊，李劼人若有空闲，也喜欢与农民兄弟摆龙门阵，顺便了解一下民情。

我一直很纳闷，李劼人建菱窠，为何不修围墙，为何不把房屋建成四合院或是川西农村常见的封闭院落呢？围屋而居可是中国人的文化传统，从三千多年前的西周宫殿到北京紫禁城，再到民间的四合院，无论庙堂还是江湖，都喜欢筑墙深居，所以宫殿与民居只有奢华与简陋之别，没有建筑格局的差异。这是中国农耕文化在居所上的体现。以前在乡下，别说有身份的人，凡稍微有经济能力的人家，建房都会是紧闭的院子，称为"一门关尽"。

菱窠却是让外面一览无余，李劼人该不会在有意继承荆楚先人的风范？[1]菱窠若是个封闭院落，也就不至于后来被偷儿光顾了两次。

直到阅读少年中国学会会员通信，我才猛然有所悟，感觉菱窠的格局似乎与少年中国学会早年的思想有点儿关联！且看若愚（即王光祈）致左舜生的一封信中的一段："我们先在乡下租个菜园，这个菜园距离城市不要太远，亦不要太近，大约四五里路最为宜。这个菜园不要太大，亦不要太小，只要够我们十余人种植罢了。菜园中间建筑十余间房子，用中式的建筑法，分楼上楼下两

---

[1] 秦灭蜀之前，成都一直没有城墙。古蜀的统治者从杜宇到开明，都没有建城的习惯。杜宇是嫘人，乃是荆人的一支，开明更是地道的荆人。荆人住在农村公社，聚落四周仅插荆棘作为防御。荆楚即是此来历。

494

层。楼上作我们的书房、阅报室、办公室、会客室、藏书室、游戏室等等，楼下是我们的卧室饭厅等等。园子西南上建筑一个厨房，东北角上建筑一个厕所，房子后身砌一个球场。园子周围挖下一条小溪，溪边遍植柳树，柳树旁边就是竹篱，竹篱里头就是我们的菜园了。"①王光祈在"五四"时期描述的这个"小菜园"，不正与李劼人的菱窠有惊人的相似吗？除了厨房、厕所的位置有所不同（菱窠东北面坡地乃是人家的果园），其他的如房屋格局、楼层设计、房间用途、园子外的溪流，以及种植的柳树，都好像是王光祈生前安排好的一样。

唯有不同的是，菱窠乃私人住宅，而"小菜园"是设想的集体居所。王光祈设想的是，少年中国学会的会员们在这个园子里种菜、读书、翻译书籍，同时开设一个平民学校，让附近农家子弟全来读书。王光祈还说："我们纯洁青年，与纯洁农夫打成一起，要想改造中国，是很容易的。"这是王光祈的理想！少年中国学会还曾就此专门发起了一场关于"小组织问题"的讨论。

王光祈的"小菜园"是基于工读互助的实验，不过是一种空想社会主义理想，在当时的中国现实环境中根本不可能有实施机会。李劼人是否参与了这场讨论，没有文字依据。但是这场讨论无疑在他的思想上打下了深深的烙印。所以修建菱窠时，无论他有意识还是无意识，"小菜园"的理想都被完整地保存了下来。

或许是冥冥之中有安排，菱窠建成后，迎来的第一个"客人"正是王光祈。李劼人与王光祈这对老朋友，自1920年7月5日在巴黎分别后，便天各一方再未见面。王光祈带着失恋造成的巨大精神打击，回到德国便一头扎进书斋，苦读苦修，终于成就了大器。然而由于长期的艰苦生活，积劳成疾，1936年1月12日下午2时，因突发脑出血，王光祈病逝于波恩大学，终年仅四十四岁。

王光祈逝世后的当年10月，骨灰由友人从德国运回上海，至1938年再由少年中国学会老朋友沈君怡带回成都。由于王光祈已无亲人，骨灰便由李劼人保

---

① 若愚：《与左舜生书》，《少年中国》，1919年8月第1卷第2期。

存着。直到李劼人搬进菱窠后，与周太玄共同商议决定，将老同学的骨灰埋在菱角堰边周家的坟地里。一代"五四"英魂总算有了安息之所！

骨灰下葬，天空也仿佛在落泪，痛悼这位优秀的学人，这是1941年12月的一天，由李劼人主持，周太玄、魏时珍等一批知名学者齐聚菱角堰边，参与了王光祈的骨灰安放仪式。据当时在场的周太玄之子周孟璞回忆："那天到墓地来的人很多，天正下着蒙蒙细雨，墓穴里放了骨灰盒后，石碑平卧在上面，离地约一尺多高。这样的方墓和周围墓地的圆包墓迥异。石碑由我父亲亲笔书有'温江王光祈先生之墓'。"

墓碑是李劼人特意请人从乐山选购的青石打制的，它寄托着李劼人对老朋友的深切哀思。

可惜，王光祈墓在"文革"时被夷为平地。1981年7月13日《成都日报》锦水副刊刊登了一则百字短消息《一通风格典雅的墓碑》，称在沙河堡菱窠附近挖出一通墓碑，长1.6米，宽0.7米。正面四周是芙蓉花朵组成的花环，碑额的周围有五线谱音符，背面是一行阴刻的大字"温江王光祈先生之墓"。如今，王光祈墓碑存放于四川音乐学院，算是对一代"五四"先贤保留的永久纪念。

三、往来的客人们

菱窠地处郊野，是一处世外桃源。20世纪40年代，李劼人的一些受到特务跟踪、监视的地下党人朋友，常把这里视为暂时栖身的隐蔽场所。洪钟、陈翔鹤、赵铭彝等人都在菱窠避过难。李劼人对于来客都是热情接待，一日三餐，十分周到。许多年后，这些人回忆起当年在菱窠避难的情景，仍充满着感激之情。

到了50年代，菱窠非但是李劼人的家，更是他在喧嚣世界之外的一处宁静的精神港湾。他担任成都市副市长，政府在城里给他分配了住房，但他总是喜欢住到乡下去，特别是当他感到郁闷和心情不爽时，菱窠总能给他极大的心灵慰藉。1954年，他感觉副市长的话已无人听，便索性搬回菱窠，许多天才去市政府一趟。1957年遭批判后，更是坚决搬出了组织上分配给他的市长小院。从此在菱窠工作、写作，包括会客，无事一般不进城，直到他去世。

李劼人历来就十分爱好整洁，在菱窠，打扫卫生是件大事，丝毫不能马虎。每天清早，李劼人夫人的第一件事也是打扫房间。楼上楼下家具很多，每天都先要用湿帕子全部抹上一遍，然后还要用旧绸子再擦一遍，因为菱窠建在堰塘边，空气潮湿，用绸子擦过，家具会发光。最难打整的是李劼人的房间。书报杂志太多，书柜顶上、床头柜上都是书；还有纸笔墨砚以及尚待回复的书信等，都放得整整齐齐的；书桌上还经常摆着插有野花的小花瓶和一些瓷人儿、瓷狗儿之类的小玩意儿。稍不留心，就会把书房搞乱，因此打扫书房总是由李夫人亲手去做。

菱窠房屋虽是茅草盖顶，但室内陈设颇为讲究。家具式样是李劼人亲自设计，请木匠专门定制的，木材则取自李家祖坟上的楠木。李家祖坟在青羊宫旁边。《死水微澜》序幕中写到的坟园，"中间全是大柏树，顶大的比文庙，比武侯祠里的柏树还大。合抱的大楠树也有二十几株。浓荫四合，你在下面立着，好像立在一个碧绿大幄中似的。"这就是以李家祖坟为背景写的。

到20世纪40年代后青羊场道路扩展，李氏祖坟便被铲平了，部分楠木遂被李劼人打了家具。这些家具料好，做工精致，直到今天依然光亮如新。此外，沙发椅靠背、坐垫所需的广藤皮，是专程从藤器店订购的。1947年3月4日，李劼人专门致信沈迪群请人订购这批藤皮。沈迪群是嘉乐纸厂重庆分公司营销主管，中共地下党员，1948年在渣滓洞监狱被国民党杀害。现在发现的李劼人十余封致沈迪群的书信，多是谈论如何在重庆定价销售嘉乐纸厂产品，唯有两封信是请沈迪群代为购买、运输藤皮这件私事。可见李劼人经营菱窠这个家是颇费心思的。

李劼人的确把菱窠经营成了一个舒适的窝。每天早饭过后，李劼人就开始工作，或创作，或写信，或与来客交谈，包括与乡间农民朋友交谈。李劼人在菱窠曾接待过巴金、叶圣陶、沙汀、林如稷、艾芜、伍非白、戴执礼、桑原武夫等中外著名作家和学者；还与张秀熟、李亚群、张东生、段可情等文艺界的领导在菱窠研讨过四川文艺的发展大事；《文汇报》《成都晚报》的记者也到菱窠采访过；还有一些业余作者也慕名而来。

日本学者桑原武夫是李劼人在菱窠接待的第一个外国朋友。1955年6月，李劼人在菱窠热情招待了来访的桑原武夫，他还有幸品尝到了李劼人夫妇的厨艺。回日本后，桑原武夫在《四川纪行》一文中记述了这次愉快的交流。李劼人端出一道汤对桑原武夫说："这道汤，你喝了一定会觉得是螃蟹做的，但其实不是，猜猜看，是什么？"桑原武夫品尝后，果然是螃蟹味，且汤中有蟹肉般的东西。桑原武夫立即推断出是瑶柱和蛋黄做成的。一语猜中，主人拍手称乐。桑原武夫见李劼人对美食如此精通，遂在文章中臆测，李家以前可能是大地主。

这一有趣的中日作家会见，再后来又被日本著名文学评论家花田清辉写入《美味救市》一文。花田清辉很推崇李劼人的"大河三部曲"，将李劼人与日本作家岛崎藤村相提并论，岛崎的历史小说《黎明之前》在日本文学史上被视为里程碑式的作品。

1960年10月9日至1961年2月8日，巴金回成都创作。在蓉四个月中，巴金与

今日菱窠主楼

李劼人数次见面，有文字记载的就有三次。一次是10月19日李劼人在人民南路芙蓉餐厅请客，专门宴请巴金，同席的除李劼人全家，还有张秀熟、李宗林、沙汀夫妇与其子。第二次是12月5日李劼人与巴金、沙汀在张秀熟家聚谈。第三次则是1961年元旦，巴金与张秀熟、沙汀相约到菱窠玩了一天。这几次相聚在《巴金日记》和李劼人致李眉的信均有记载。

1961年元旦在菱窠的这次聚会，可能是李劼人与巴金在成都的最后会面。等到巴金再来时，已经是二十六年之后的1987年10月13日，当天巴金与张秀熟、沙汀、马识途一起前往菱窠看望老友，而此时菱窠的主人已经是小楼前一尊汉白玉的半身雕像。四老与雕像合影后，巴金用颤抖的手写下留言："一九八七年十月十三日，巴金来看望劼人老兄。我来迟了！"

巴金对李劼人的情深厚谊均体现在这句朴素的话语中了。

1961年5月3日上午，叶圣陶与秘书史晓风来菱窠访问李劼人。叶圣陶上一次去菱窠还是在1946年，李劼人在菱窠宴请文协成都分会的理事们，实际上是为抗战胜利后即将返回故乡的朋友们饯行。那次相聚的作家有叶圣陶、陈白尘、陈翔鹤、叶丁易、牧野、谢文炳、陈炜谟、罗念生、刘盛亚等。十五年后，当叶圣陶再次寻访菱窠时，道路已经有很大变化，二人在沙河堡问了好几个人，才终于踩着泥泞的小路走进菱窠。这次相聚，老友二人相谈甚欢，李劼人谈了《大波》的写作情况，两人还交谈了对昭觉古寺建筑的看法，谈到了吴三桂和陈圆圆曾送昭觉寺的僧鞋；还谈了川剧《卧薪尝胆》的艺术特征；李劼人还请叶圣陶参观了菱窠的卧室、书房，观赏了他收藏的字画，最后李劼人请叶圣陶为他的书房题"劳余"二字。不知是叶圣陶时间安排紧凑还是别的缘故，这次会面只进行了两个多小时便匆匆互道珍重而别，叶圣陶既未题字，也未在菱窠午餐。后来得知李劼人去世的消息，叶圣陶大为悲伤，也十分后悔没及时给李劼人书房题字，于是才有唁电中"嘱书劳余字额，犹未奉缴"之句。叶圣陶与李劼人的这次会面，后来由叶圣陶的秘书史晓风写成《菱窠之忆——记叶圣陶与李劼人最后一次晤谈》，收入《圣陶下成长》一书。

李劼人在菱窠接待的最后一批客人是韦君宜等。1962年11月12日，作家出版社总编辑韦君宜与两位编辑在一名省作协干部陪同下访问菱窠，向李劼人约稿。李劼人在北京已同韦君宜认识，因此谈话很随意。

李劼人正在写《大波》第四部，已完成九万字，准备在1963年脱稿。李劼人告诉韦君宜，《大波》完成后，还要继续写，并且下一部的计划已经考虑得比较具体化了，准备写"五四"时代各种各类知识分子的动态，定名为《急湍之下》。在这之前将先写一部中篇历史小说《张献忠》，已经搜集了民间传说、稗官野史，要还张献忠本来面目。之后还要写国民党统治时期、抗日战争时期，一直写到解放为止。李劼人的意图是要写一套类似巴尔扎克《人间喜剧》那样的作品。"我计划写到八十五岁！如果活不到那样岁数，那就没办法，能写多少我总要写多少。"李劼人还向韦君宜谈了《大波》的创作得失："觉得《大波》从正面来写重大史事太吃力，下一部恐怕要从侧面写好……"①

然而天不假年，就在这次谈话一个月之后的12月24日，李劼人就不幸与世长辞了。一心盼望着李劼人新作交稿的韦君宜，听到老作家去世的消息，无不惋惜地在《最后的访问——悼念作家李劼人》一文中写道："这是一个损失！一个很大的损失！这是一个生命力多么强的人，一个使人一见就不容易忘记的人！我怎能相信他那些雄图壮志竟永远不能实现了，他的《大波》竟成为永不能完成的遗稿了。"

李劼人去世后，家人根据他生前的愿望，将李劼人收藏的两万多册图书、字画，连同菱窠全部捐献给了国家。张秀熟曾为李劼人捐赠的书目写序："吾与劼人相知数十年，劼人幼孤，非有家庭余荫；自少即从事新闻工作，以工资稿费为活，亦任大学教授，为书报普及勤办纸厂；风度潇洒峻洁，非其义丝毫不妄取与；其生平所购置图书，盖来自家庭日用之锱铢撙节，而日积月累至二万余册，此其操持之恒，殊为难能……顾所艾故书，旁及四部，版本兼收并

---

① 韦君宜：《最后的访问——悼念作家李劼人》，《光明日报》1963年1月12日，4版。

蓄，尤多四川各州邑刻本；既见其文学素养之植根深厚，而拳拳于乡土文物之保持，与所藏书画同一苦心孤诣。劫人亦每自谓；譬如行云流水得之有意无意间。此与世之敝帚自珍，而炫然以赏鉴收藏名家者，其趣固大异也。"这是对李劫人高风亮节的高度概括！

今天的菱窠已经被建成李劫人故居博物馆，正吸引着无数的中外文学爱好者、研究者前来聆听一代著名文学巨匠的大河涛声！

2020年11月10日 初稿于古望川原

参考文献

[1] 马悦然.答《南方周末》记者问 [N].当代作家评论, 2004 (5).

[2] 沙汀.沙汀日记 [M].太原：山西教育出版社, 1997.

[3] 沙汀.沙汀文集 [M].成都：四川文艺出版社, 2018.

[4] 古洛东.圣教入川记 [M].成都：四川人民出版社, 2008.

[5] 李劼人.成都历史沿革 [A].成都市文联、李劼人研究学会 [编].李劼人研究：2007 [C].成都：巴蜀书社, 2008.

[6] 孙晓芬.清代前期的移民 [M].成都：四川大学出版社, 1997.

[7] 李劼人.李劼人全集 [M].成都：四川文艺出版社, 2011.

[8] 郭沫若.反正前后 [A].郭沫若选集第1卷 [M].成都：四川人民出版社, 1982.

[9] 英国政府刊布中国革命蓝皮书 [A].中国史学会 [编].辛亥革命（八） [C].上海：上海人民出版社, 1957.

[10] 郭沫若.中国左拉之待望 [A].李劼人选集第1卷 [M].成都：四川人民出版社, 1980.

[11] 王云生.六十年来中国与日本第6册 [M].北京：生活·读书·新知三联书店, 1980.

[12] 王光祈.少年中国运动 [M].上海：中华书局, 1925.

[13] 张允侯.五四时期的社团（一） [C].北京：生活·读书·新知三联书店, 1979.

[14] 五四爱国运动（上） [M].中国社会科学院近代史研究所 [编].北京：中国社会科学出版社, 1979.

[15] 李眉.李劼人轶事 [N].四川工人日报1987.8.15—10.3周末版

[16] 孙少荆.1919年以前的成都报刊 [A].四川文史资料集粹第4卷 [C].四川

　　省政协文史委〔编〕.成都：四川人民出版社，1996.

〔17〕吴虞.吴虞日记（上、下）〔M〕.成都：四川人民出版社，1984、1986.

〔18〕王光祈.本会发起之旨趣及经过情形〔J〕.少年中国学会〔编〕.少年中国
　　　学会会务报告.1919.

〔19〕周永珍.留法纪事〔M〕.北京：国家图书馆出版社，2008.

〔20〕王光祈.少年中国学会之精神及其进行计画〔J〕.少年中国学会〔编〕.
　　　《少年中国》第1卷第6期，1919.

〔21〕少年中国学会〔编〕.少年中国学会周年纪念册〔J〕，1919.

〔22〕少年中国学会〔编〕.少年中国〔J〕第1卷第7、9期，1920.

〔23〕林欠云.李劼人先生谈：在四川谁是响应五四第一声〔J〕.青年世界，
　　　1935（5）.

〔24〕巴金.巴金选集〔M〕.成都：四川文艺出版社，2014.

〔25〕艾芜.艾芜选集〔M〕.成都：四川文艺出版社，2014.

〔26〕张秀熟.序.李劼人选集第1卷〔M〕.成都：四川人民出版社，1980.

〔27〕张秀熟.二声集〔M〕.成都：巴蜀书社，1992.

〔28〕成都市文联编研室〔编〕.李劼人作品的思想与艺术〔C〕.北京：中国文
　　　联出版社，1989.

〔29〕成都市文联、成都市文化局〔编〕.李劼人小说的史诗追求〔C〕.成都：
　　　成都出版社，1992.

〔30〕李劼人研究学会〔编〕.李劼人研究〔C〕.成都：四川大学出版社，1996.

〔31〕李劼人研究学会、李劼人故居文管所〔编〕.李劼人的人品与文品〔C〕.
　　　成都：四川大学出版社，2001.

〔32〕成都市文联、李劼人研究学会〔编〕.李劼人研究：2007〔C〕.成都：巴
　　　蜀书社，2008.

〔33〕成都市文联、李劼人研究学会〔编〕.李劼人研究：2011〔C〕.成都：四
　　　川文艺出版社，2011.

〔34〕成都市文联、李劼人研究学会〔编〕.李劼人研究：2016〔C〕.成都：四

川文艺出版社，2017.

[35] 刘恩义.周太玄传［M］.成都：四川科技出版社，1992.

[36] 郭正昭、林瑞明.王光祈的一生与少年中国学会［M］.台北：台湾环宇出版社，1977.

[37] 王独清.我在欧洲的生活［M］.沈阳：辽宁教育出版社，1998.

[38] 吴小龙.少年中国学会研究［M］.上海：上海三联出版社，2006.

[39] 沈云龙.曾慕韩先生日记选［M］.台北：台湾文海出版社，1961.

[40] 李璜.忆在巴黎常聚之几位同学少年：李劼人、李哲生、周太玄、黄仲苏［N］.中国日报，1978.4.28.

[41] 舒新城.蜀游心影［M］.上海：开明书店，1929.

[42] 舒新城.舒新城自述［M］.合肥：安徽文艺出版社，2013.

[43] 付金艳.实业家李劼人档案解密［M］.上海：上海书店出版社，2016.

[44] 冉云飞.吴虞和他生活的民国时代［M］.济南：山东人民出版社，2009.

[45] 《四川大学史稿》编审委员会［编］.四川大学史稿第1卷［M］.成都：四川大学出版社，2006.

[46] 钟朗华.怀念李劼人先生［J］.自贡文艺，1984（4）.

[47] 李眉.李劼人年谱［J］.新文学史料，1992.2

[48] 陈平原、夏晓虹［编］.二十世纪中国小说理论资料第1、2卷［C］.北京：北京大学出版社，1997.

[49] ［美］司昆仑.巴金《家》中的历史——1920年代的成都社会［M］.成都：四川文艺出版社，2019.

[50] 杨义.中国现代小说史第2卷［M］.北京：人民文学出版社，1996.

[51] 鲁迅.鲁迅全集第4、6卷［M］.北京：人民文学出版社，1981.

[52] 张英伦.敬隐渔传奇［M］.上海：上海文艺出版社，2015.

[53] 萧伊绯.左右手百年中国的东西潮痕［M］.福州：福建教育出版社，2015.

[54] 刘大杰.忆李劼人［J］.文坛，1946.1.

[55] 柳鸣九.法国文学史［M］.北京：人民文学出版社，1981.

［56］采庆云.国立成都大学兴废记［A］.四川省政协文史委员会［编］.四川文史资料选辑第8辑［C］，1962.

［57］谢扬青.李劼人先生与"小雅"［J］.成都文物，1987（2）.

［58］车辐.川菜杂谈［M］.北京：生活·读书·新知三联书店，2004.

［59］黄应乾.刘湘、刘文辉混战始末［A］.四川省政协文史委员会［编］.四川文史资料集粹第1卷［C］.成都：四川人民出版社，1996.

［60］张紫葛.在宋美龄身边的日子［M］.北京：团结出版社，2003.

［61］卢晓蓉.我祖父卢作孚［M］.北京：人民日报出版社，2012.

［62］司马长风.中国新文学史［M］.台北：台湾传记文学出版社，1991.

［63］李士文.李劼人的生平与文学道路［M］.四川省社会科学院出版社，1986.

［64］十四院校［编］.现代文学史［M］.昆明：云南人民出版社，1981.

［65］王光祈生平事业年表［M］.成都温江区档案馆［编］.2002.

［66］王光祈先生纪念册［J］.王光祈先生纪念委员会［编］.1936.

［67］张朋园.立宪派与辛亥革命［M］.长春：吉林出版集团有限责任公司，2007.

［68］少年中国通信集［C］.周月峰［编］.福州：福建教育出版社，2015.

［69］曹聚仁.中国文学概要·小说新语［M］.北京：生活·读书·新知三联书店，2007.

［70］曹聚仁.文坛五十年［M］.上海：东方出版社，1997.

［71］胡适.胡适口述自传［M］.桂林：广西师范大学出版社，2005.

［72］［南朝］沈约.宋书卷七·本纪第七·前废帝［M］.北京：国家图书馆出版社，2014.

［73］洪钟.抗敌文协成都分会工作见闻［A］.成都文史资料选编（抗战卷）［C］.四川人民出版社，2007.

［74］成都文协成立大会小记［N］.川西日报，1950.3.12

［75］李眉.李劼人与嘉乐纸厂［N］.四川工人日报，1987.6.20

［76］商金林.叶圣陶年谱长编第2卷［M］.北京：人民教育出版社，2004.

［77］吴宓.吴宓日记第9册［M］.北京：生活·读书·新知三联书店，1999.

［78］成都市档案馆［编］.成都解放60年［C］.北京：中国档案出版社，2009.

［79］贺宏亮.并非无故代地主说情——1951年川西土改前李劼人书信中的退押
　　　问题［J］.现代中国与文学，2014（2）.

［80］林延年.李劼人先生关心文物事业之轶事［J］.成都文物，1987（2）.

［81］机关内部党和非党人士合作共事关系如何——非党负责干部继续发表了
　　　意见［N］.成都日报，1957.5.17

［82］杨蓓、黄泽荣.把我国的科学和文化艺术推向新的繁荣［N］.成都日报，
　　　1957.5.4

［83］杨蓓、邱乾坤.菱窠逢佳会，劼老话"放""鸣"［N］.成都日报，
　　　1957.6.2

［84］四川文艺界大鸣大放大争集［C］.四川省文联［编］.内部资料，1957.11

［85］林文询.大波身后事［J］.龙门阵，1984（2）.

［86］［日］竹内实.《死水微澜》《暴风雨前》译后记［J］.四川大学学报丛
　　　刊十二辑，1981

［87］［日］坪内逍遥.小说神髓［M］.北京：人民文学出版社，1991.

［88］韦君宜.最后的访问［N］.光明日报，1963.1.12

［89］谭兴国.四川十人短篇小说选·代序［M］.成都：四川人民出版社，1978.

［90］任乃强.四川上古史新探［M］.成都：四川人民出版社，2019.

后　记

　　《大河无声：李劼人评传》终于要出版了，这或许可以视为我多年阅读李劼人先生作品的一个心得。

　　从20世纪80年代我第一次关注李劼人先生作品以来，就希望能够读到一本有关这位大作家的传记，为此搜寻过不少的书店和图书馆，结果当然是令人失望的。当年非但读不到李劼人传记，"重写文学史"之前，好些版本的现代文学史教材根本不写李劼人，偶尔有提及小说《死水微澜》的也是几笔带过，至于用专节写到李劼人生平及其文学创作的，那简直是凤毛麟角。以致我在北方去参加培训，班上学中文甚至教中文的同学，真正读过李劼人作品的竟寥寥无几。这也就难怪找不到一部李劼人传记了。

　　但是转机还是来了，1992年，《新文学史料》第2期发表了一组有关李劼人生平与创作的回忆和研究文章，其中最重要的是李劼人之女李眉编写的《李劼人年谱》。这个年谱比之伍加伦、王锦厚1983年发表的《李劼人传略》翔实了许多，读者基本可以从中窥见李劼人一生的概貌了。当时我的脑中就一闪念，可否写一部李劼人评传？无奈，那时我已从学校到报社供职，解决温饱是第一要义。我即使有想法，也实难他顾。这常常令我想起恩格斯那句名言："人们首先必须吃喝住穿，然后才能从事政治、科学、艺术、宗教等等。"业余兴趣总是要让位于养家糊口的。

　　后来终于有了闲暇，也得以有机会参加《李劼人全集》的资料搜集和编辑工作。到2011纪念辛亥革命百年时，《李劼人全集》正式出版，过去难见到的资料大都可以看到，写作评传的条件已基本成熟。于是我曾经的念头逐渐清晰起来。然而又转念一想，为李劼人这样一位文化巨擘作传，似乎应该由学术界的专家来承担更合适，这事若由我等民间学人来做，会存在学术方面的诸多局限。可是，转眼间《李劼人全集》出版已经十年了，至今仍然没看到有学者来做这个工作。于是我以前的想法再次复活。在诸多朋友不断催促鼓励下，加之又被迫"闷"在家中，因此也就不再顾忌自己的专业水准问题了。没想到，这下陆陆续续竟在电脑中敲出了三四十万字。

回眸中国新文学史，"五四"一代大作家已有不少文学传记或学术评传出版。川籍作家中，巴金自不待说，沙汀、艾芜也早有作家、学者为之作传，唯独李劼人这位从新文化运动一路走来的文学大师，至今没有一部比较系统的文学传记，遑论评传。这难道不是后辈学人对于这位文化先贤的一种亏欠？新文学研究中这块本不该荒凉太久的领地实在需要有人开垦了！

不可否认，近些年来，学界对李劼人的研究热闹了许多，特别在高等院校师生的著作或论文中，李劼人及其作品出现的频率大大提高了，完全没有了昔日的寂寞。但热闹中却存在些许遗憾，诚如李劼人先生在《热闹中的记言》中所说："在又热又闹之中而记言，得所记话痕，是什么价值，从可想矣。"不少论著除了一些空洞的概念外，让人耳目一新的东西少，鲜有独创的见解。而有关李劼人的研究，也难免有这样的倾向。一些论文作者之所以选择写李劼人，原本是为了搏得某个学位或职称，一旦目的达到，也就失去了深入研究的动力。读书人谋生的确不易，哪能有更多精力时间去钻故纸堆？这是能够理解的。但令人费解的是，一些以现当代文学授业为生的学者，尽管口头极其赞赏李劼人，实际上对李劼人也是一知半解。有次在某场合偶遇一知名教授，此公先是大谈一番人人都知道的李劼人文学成就，转而又说李劼人的日记内容如何丰富。此番宏论听得我一愣一愣的。我曾亲耳听李眉讲，她父亲的日记早在"文革"中已被销毁殆尽了。不少对此存疑的学者，甚至收藏者都曾费力找寻过，但均一无所获。如今这日记哪来的？我表示疑惑。教授却斩钉截铁地驳斥我，哪个说他的日记被毁了？我都看到了，已经有出版。他还说可以拍个照发给我。这下真把我彻底惊到了，或许是我孤陋寡闻，说不定李劼人日记真的重现江湖也未可知呢！细问详情，从教授言之凿凿的话语中，我总算弄清楚是他记性出了问题，把李劼人晚年书信当成日记了。这不禁令我有些哑然！我举此例，并非要贬损这位教授，而是想说明，即使是在现代文学的学术前沿，李劼人研究其实也缺乏足够的重视，一些学者对李劼人的理解还停留在片面或肤浅的层面上。这可能是"鲁郭茅巴老曹"的学术思维惯性实在太强大的缘故罢！

李劼人先生终究还是有幸，喜爱他的，除了庙堂之外，尚有一股江湖力量。不少民间人士在切实关注李劼人及其作品。虽然这些人打量李劼人的视野可能没有专业学者那么高深，却不乏真性真情。这本身说明了李劼人作品所蕴含的广泛的人民性和强大的艺术生命力！

这本《大河无声：李劼人评传》，也是来自一个民间学人的视野。由于作者既非专业学者，也非专业作家，从而注定书中会存在诸多的缺陷，谬误实在难免；此外书中涉及的作品评论，也无意进行繁杂的理论评述，更无力去追求所谓前沿学术高度，仅仅想朴素地表达个人对李劼人先生及其作品直观粗浅的审美理解。

如今总算了却一桩多年来的心愿！为我所敬仰的本土前辈大师李劼人先生奉献出一瓣馨香。希望这部拙作能够抛砖引玉，引起更多学者对李劼人的研究的兴趣。当然，我也恳切希望得到专家、学者及广大读者诸君的批评匡正。

本书写作过程中，得到了许多朋友的关心支持，他们中有的为我提供资料，有的为我联系出版，甚至从未谋面的朋友的朋友也为本书出版劳神费力，如北京的陈力、王洪波、孙小宁、丛小眉。他们对这本书的关注，使我内心充满感激。书稿最后选定交四川文艺出版社出版，主要考虑《李劼人全集》曾在该社出版，从社领导到编辑都对李劼人作品比较熟悉，便于发现并纠正书中的错误；更何况总编辑张庆宁女士一直很关注本书的写作，早就表示要出版、推荐这本书。在此，我要对四川文艺出版社的领导和编辑老师们表示深深的谢意，尤其要感谢责任编辑周轶先生和最后审读这部书稿的魏宗泽先生。正是他们的辛勤劳动，才使这部拙稿能够面世。

还要特别感谢雷文景、谢天开、曾智中等朋友，他们不仅一直鼓励我完成书稿，而且在资料、写作等诸多方面都给予了宝贵的帮助；李劼人故居博物馆的张志强也给予我很大支持，既热情地接待我的多次探访，又毫不吝啬提供馆藏资料，谨在此一并深表谢意！

　　2023年春天已来临。这本书原是写在李劼人先生诞辰130周年的，又抑或可作为对先生逝世60周年纪念，但如今这份"礼物"显然已经迟到了。

　　经典作家是经过时间无情淘洗而显现出来的。李劼人先生离开我们已经半个多世纪了，但他的作品却越来越受到人们喜爱。我相信，有关李劼人的研究也一定会引起越来越多人的重视，因为李劼人已不仅仅属于四川，也不仅仅属于中国，而是属于全世界。他高洁的人品和气势恢弘的文学作品已经成为人类一座不朽的艺术丰碑。

　　"千淘万漉虽辛苦，吹尽狂沙始到金。"谨以此书向一代文化先贤致敬！

写于2023年春

510